21世纪高等学校教材
供临床、预防、口腔医学类专业用

人体生理学
Human Physiology

第2版

主　编　蒋正尧　谢俊霞

副主编　陈　蕾　姜　宏

编　者　（以姓氏笔画为序）

马泽刚　王　俊　陈文芳
陈　蕾　姜　宏　蒋正尧
谢俊霞　韩晓华　董　静

科学出版社
北　京

内 容 简 介

生理学是研究生命活动发生及其调控规律的科学。本书以器官生理学为主线，在按系统阐述循环、呼吸、消化、泌尿、感官、中枢神经和内分泌系统的核心知识的基础上，适当地探讨了某些生命活动的细胞分子机制。为推进教育全球化和课程国际化，本书采用中英文双语编写，既提供简明扼要的生理学核心知识，又帮助学生迅速掌握医学专业英语。书中采集了许多生动形象的插图、总结性的表格，增加了一些与临床相关的知识，力求生动。

本书可作为医学院校的临床医学、预防医学、口腔医学和药学专业以及综合性大学和师范院校生物学专业本科生、研究生的生理学教材，更适合开展双语教学的院校师生阅读参考。

图书在版编目(CIP)数据

人体生理学/蒋正尧，谢俊霞主编. —2版. —北京：科学出版社，2010. 8
21世纪高等学校教材
ISBN 978-7-03-028622-2

Ⅰ. ①人…　Ⅱ. ①蒋…②谢…　Ⅲ. ①人体理学-高等学校-教材
Ⅳ. ①R33

中国版本图书馆CIP数据核字(2010)第158418号

责任编辑：刘　丹　王国栋　席　慧 / 责任校对：陈玉凤
责任印制：吴兆东 / 封面设计：耕者设计工作室

科学出版社 出版
北京东黄城根北街16号
邮政编码：100717
http://www.sciencep.com
北京凌奇印刷有限责任公司印刷
科学出版社发行　各地新华书店经销
*
2006年1月第 一 版　开本：787×1092 1/16
2010年8月第 二 版　印张：36 1/2
2025年9月第六次印刷　字数：860 000

定价：118.00元

序

生理学在自然科学中具有突出的地位，又是医学的一门重要的基础学科，对人类的生存、健康和繁衍已经并进一步作出贡献。以 William Harvey 在 1628 年出版的 *On the motion of the heart and blood in animals* 作为近代生理学诞生的标志，这门学科已经走过了近 400 年漫长的历程。以系统生理学为发端，近年来对各种器官、组织活动的认识已推进到了细胞和分子水平；而当微观生理学研究正以风起云涌之势，热火朝天地展开时，有远见的科学家又开始强调整合生理学研究的重要性。这种发展进程翔实地反映了人类认识自然界的跃变，也是医学实践对这门基础学科的迫切需求。生理学可谓历久弥新，生生不息。

青岛大学医学院蒋正尧、谢俊霞教授组织本学科的教学团队，编写了《人体生理学》一书，我有幸先睹为快。作者们循着生理学发展的脉络，既介绍了有关的基础知识，又努力将对医学生有重要意义的最新研究成果自然溶入其中，便于读者对现代人体生理学的概貌有较完整的认识。需要特别指出的是，青岛大学医学院的同仁们认识到了英语对于学生进一步从事生理学和医学教学、研究的重要性，在以中文撰写为主体的前提下，加入了相当篇幅的英语说明和附注：在每节开始处有英文撰写的学习概要(Section Outline)，每节后附有英文小结(Summary)；各级标题、关键词均有英注，每章附有英文复习题，反映了他们在探索双语教学中的努力。以本人管见这种方式比完全用英语撰写和讲授更符合中国现实的国情。这也许是他们所讲授的“人体生理学”成为国家双语教学示范课程、山东省高校精品课程的重要原因。

青岛大学医学院的生理学科具有悠久的历史。几十年来薪火相传，一代又一代的教师们筚路蓝缕，辛勤耕耘，使该校生理学教学、科研形成了自己的特色。作为一名生理学界的同行，我特别欣喜地看到，这个团队近年来在教学和研究方面都有显著的成绩，在中国生理学界树立了自己的地位。2009 年获批国家重点(培育)学科就是一个重要标志，在非中心城市达到这种水平，实属不易，我深为感佩。完全有理由期待，在资深教授的带领下，不断涌现的新秀们群策群力，在未来一定会使青岛大学生理学教学、科研呈现一番崭新的面貌！

承正尧、俊霞教授雅嘱，是为序。

杨雄里

庚寅春于上海复旦大学神经生物学研究所

第 2 版前言

新世纪以来，伴随着经济全球化进程，大学也必须适应高等教育国际化的趋势。当今世界，科技资料交流仍以英文为主导，能否更好更快地掌握专业英语已成为人才培养的限速因素。根据国内外高等教育改革发展的现状和趋势，为提高教育国际化的水平，教育部所属众多高校已率先选用国外医学教材，实行全英文或双语教学，积累了丰富的教学经验。我们在学习其先进经验的同时，为适合地方高校医学生的实际情况，与山东大学医学院、海南医学院和天津医科大学合作，尝试编写了《人体生理学》双语教材，并于 2006 年由科学出版社出版。在使用该教材的几年时间里，全国许多医学院校的同行前辈和老师们给予了很多热情的鼓励和诚挚的建议，这是我们此次修订再版《人体生理学》教材的原动力。在施教过程中，个别学生已不满足双语教材的限制，自己购买国外原版生理学教材深入学习，这正是教改探索想要达到的预期目标，因为双语教材仅是适合现阶段学生需求而采取的一种过渡方式。刚刚启动实施的《国家中长期教育改革和发展规划纲要》较为关注的一个重要问题是“提高大学人才培养质量”。俗语说：“书本是死的，人是活的”。我们觉得教师的作用应该是通过自身的教学科研积累，把自己对该学科的疑问与思考以及学术大师们对该学科的贡献与探索过程传递给学生，激发学生的好奇心，这也是教师智慧的体现。

《人体生理学》(第 2 版)在保持简明扼要、易于理解等特色的基础上，对第 1 版作了较彻底的修订。大部分章节都根据老师和学生的建议，参考了国外最新版本的教材和多种辅助资料作了修改，尤其是增加、提高了插图的数量和质量，并增加了总结性表格。为了便于中英文双语施教，本书主体用中文书写，易于学生掌握现代人体生理学的核心知识和最新概念，大小标题均附英文。每一节开头附有英文书写的学习要点(Section Outline)，每一节之后附有英文书写的学习小结(Summary)、重要概念的英文关键词(Key Terms)、英文编写的复习题(Review Questions)，每一章插有英文编写的临床随笔(Clinical Note)，引导学生把生理学知识应用于临床。

本书是我们生理学教学团队集体努力的结晶，全部编者均有海外工作学习的经历，并且活跃在教学科研第一线，具有良好的英语交流能力和较丰富的教学经验。本次修订得到了教育部“生理学双语示范课程”项目、“山东省教育厅生理学教学团队”项目、青岛大学教务处和科学出版社的大力支持，在此一并表示深切地感谢。

由于主编能力有限和经验欠缺，本书难免有疏漏和错误之处，恳切期待兄弟院校的同行前辈和广大师生给予批评指正。

蒋正尧　谢俊霞

2010 年 5 月 5 日

第1版前言

2001年11月，教育部明确规定，北京大学、清华大学、中国人民大学和复旦大学等全国重点高校，必须在3～5年内将其20%以上的教材改为国外一流大学的教材，并实现中英文双语教学。为配合我国高等医学教育教学改革，贯彻教育部关于在本科教学中开展英文教学的精神，青岛大学医学院、海南医学院、山东大学医学院和天津医科大学共同尝试编写了这本中英双语《人体生理学》教材。根据多年的教学体会，我们感到要跟上国际科学发展的水平，快速掌握医学专业英语在所必需。开展中英文双语教学，我们的体会是：教师用英文原版生理学教材备课，用powerpoint制作英文讲稿，口语可以是部分英文和部分中文，甚至全部用中文，不必过于苛求。本教材的特点是：为帮助学生掌握现代人体生理学的核心知识和最新概念，教材主题仍用中文编写；每一节之前附有英文编写的学习要点(Section Outline)；每一节后附有英文编写的摘要(Summary)，并列出本节编写的主要生理学概念的英文词汇(Key Terms)；附有英文编写的复习题(Review Question)。

为了使本教材更贴近本学科发展的前沿，我们编写了一些新的带有发展方向性的内容，如离子通道和分子受体的分子结构、神经系统对运动调节中的外侧运动通路调节随意运动、内侧运动通路调节姿势和平衡、基底神经节功能中直接通路和间接通路的概念。绪论中明确提出"稳态是生理学研究的主题"，生理学研究采用的方法中提出正确的科学思维是：观察→捕捉有趣现象→提出假说→实验验证→正确结论，对青年学生的好奇心有所启迪。

本书在编写过程中，得到了青岛大学教务处和医学院领导的大力支持。本书在形式和内容上都有较大的变化，书中难免有不少错误和不当之处，为争取再版时尽快修正错误，真诚希望专家、一线教师等广大读者给予批评指正。

蒋正尧

2004年0月

目　录

第一章　绪　　论

Chapter 1　Introduction to Physiology

Chapter Outline

- Physiology is a branch of biology that deals with function and coordinated activities of cells, tissues and organs.
- Homeostasis is an integrative process of maintaining a constant internal environment for cellular and organ function.
- Physiologists study the three levels of organization in living organisms, from molecules to whole organism.
- Valid medical practice must be based upon physiological science.
- Human body is worthy of the most rigorous study and eloquent description.

第一节　生理学研究的主题——稳态

Section 1　Homeostasis－the Theme of Physiology

Section Outline

- The human body as a whole is adapted to cope with a variable external environment, but most individual cells of the body can tolerate much less change.
- Homeostasis is the maintenance of a relatively constant internal environment. Parameters that are homeostatically regulated include pH, ion concentrations, and water.
- The body's internal environment is the **extracellular fluid (ECF)**.
- Failure to maintain homeostasis may result in illness or disease.

一、生理学及其任务(What is Physiology?)

生理学是生物科学的一个分支，Physiology一词来源于希腊语(physio＝nature，logy＝study of)，其原意是指对自然界的生物体和非生物体进行系统的探索和研究。Aristotle(384 B. C. ～322 B. C.)用 physiology 一词广义地描述生物机体(living organisms)的功能，并非只限于人体。Hippocrates (460 B. C. ～377 B. C.)认为"physiology"指的是"自然的愈合能力(the healing power of nature)"，提示生理学与医学关系密切。一直到16 世纪的欧洲，认为生理学研究人体的重要功能。本教材为人体生理学(human physiology)，观察对象为生物机体和人体，研究人体各种生命现象和生命过程(Phenomena of life & life process)发生的机制、条件，探索各器官系统是如何相互协调，维持一个生命活动所必需的前提——稳态(homeostasis)。19 世纪法国生理学家 Claude Bernard 于 1865 年首次把浸浴细胞的细胞外液(extracellular fluid, ECF)称之为内环境(internal environment)，内环境的各种理化成分或生命参数(如血糖、动脉血压、体温、pH、渗透压、Na^+、K^+、Ca^{2+}、O_2分压、CO_2分压等)保持相对稳定。在此基础上美国生理学家 Walter B. Cannon(1871～1945)于 1929 年提出"内环境的调控——稳态"的新概念。通过各种调节机制,维持内环境各种理化成分的相对稳定称为稳态。内环境各种理化成分在一个相对狭小的范围变动,并非固定在某一绝对值。如果用一个词来描述"什么是生理学?",这个词就是"稳态"。如果,稳态能够维持,生命得以继续;稳态维持失败,轻则疾病,重则死亡。

人体生活在充满空气的外环境,每个细胞已不直接和外环境进行物质交换,而是从 ECF 中获取 O_2 和营养物质,而把 CO_2 和代谢废物首先排入 ECF,通过 ECF 这一内环境从肺获得 O_2 并排出 CO_2,从消化道获取水、各种营养物质和矿物质,把代谢废物通过肾脏排出体外(图 1-1)。

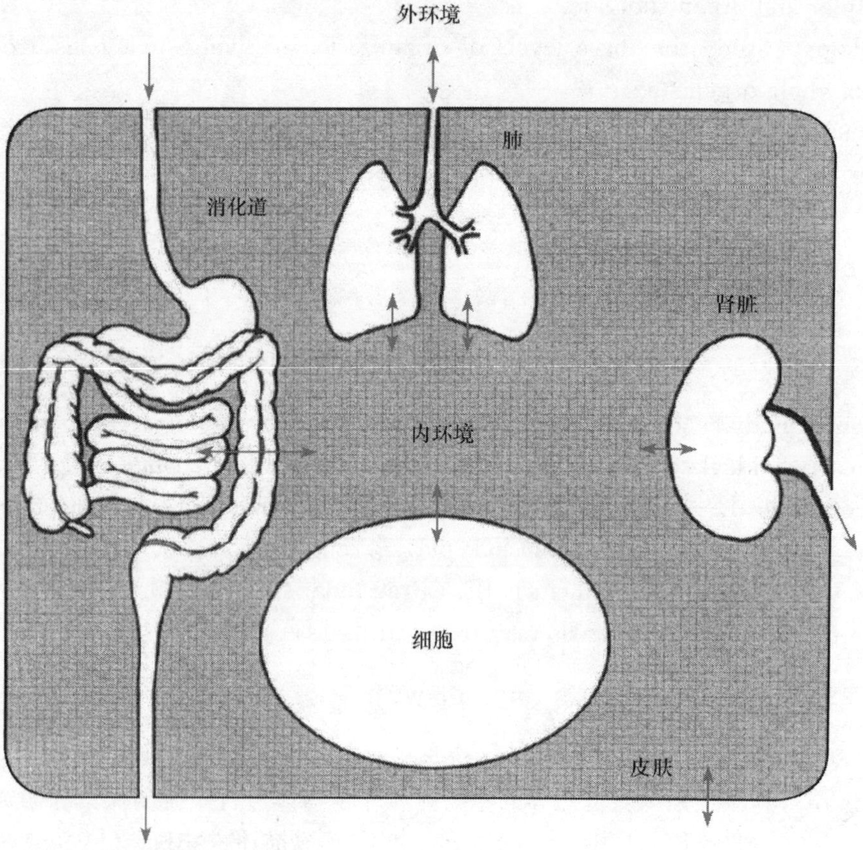

图 1-1 浸浴活细胞的内环境

二、生理学和医学的关系(Physiology Plays a Fundamental Role in Medical Education)

人体生理学是一门重要的基础医学理论课,它以人体解剖学、组织胚胎学为基础,又为学习药理学、病理生理学和后续临床医学课程打下坚实的基础。医学生只有首先懂得正常人的器官如何活动,才能理解和掌握在疾病状态下该器官发生了何种异常。而且,临床医学的最终目标是恢复并维持内环境的稳态。最近，在美国82%的医学院校所做的调查表明，关于生物医学的27个重要概念对临床医学实践极为重要，其中17个重要概念来自生理学，进一步分析指出，以其重要性为序排列的前14个重要概念中，11个在医学生理学课程中予以讲授。

三、生理学研究的三个水平(To Study Processes at Three Levels)

功能(function)指的是"某一器官发挥什么作用"？例如"为什么红血球运输氧气"？如果回答："因为细胞需要氧气，红血球把氧气输送给细胞"，这一回答说明红血球的功能是运输氧气，只解释了红血球运输氧气的理由，并没有说红血球怎样运输氧气。而生理学常常讨论的"机制(mechanisms)"，在本例是要求回答"红血球怎样运输氧气"？答案应该是"氧气结合于红血球的血红蛋白"。从生理学的观点来看，所有的生命现象最终要用物理学和化学的原理加以解释，而解释生命现象的理化原理称为机制。

生理学研究生命活动，例如心脏搏动和血液循环、呼吸运动、消化吸收、泌尿等。例如，要研究循环系统的功能，必须从以下三个水平去观察分析。

(一) 细胞分子水平(cellular and molecular level)

这一水平的研究要回答生命活动发生的分子生物学机制，例如心脏有规律的搏动，是因为特殊传导系统中窦房结的起博细胞4期自动去极化，其离子机制是：在复极化达到最大复极电位时外向电流 I_k 开始衰减，I_k 进行性衰减是4期自动去极化的第一部分。与此同时，以 Na^+ 内流为主的 I_f 逐渐增强，当4期去极化达－50mv时激活T型 Ca^{2+} 离子通道，I_f 和 I_{Ca}-T两种内向电流，加上 I_k 进行性衰减是4期自动去极化的根本原因。窦房结每分钟自动去极化的频率高达100次/min，成为心脏的起搏点(pacemaker)，是正常的心脏节律，称为"窦性心律"。这一水平研究所积累资料称为细胞生理学(cell physiology)或普通生理学(general physiology)。从20世纪80年代开始，由于细胞、分子生物学的快速发展，试图通过人类基因测序，探索生命的奥秘。人类基因组计划(The Human Genome Project，1990～2003)已经完成，十年来，基因测序技术飞速发展。但是我们应该认识到：测定某一细胞蛋白质表达，并非必然告诉我们这一细胞组织发生了何种显著变化。原先认为一个DNA片段只含一个基因，一个基因只编码一种蛋白，现在认为一个基因可编码多种蛋白。基因并不决定一切，例如多发性硬化症是一种遗传性疾病(神经系统疾病，患者自身免疫细胞会错误攻击神经元髓鞘，出现视觉障碍、肌肉无力等症状)，是否患病，原先认为完全由人体内的基因组决定。2010年4月29日出版的《自然》杂志报道了从基因角度来说，一对双胞胎出生时的患病风险是完全相同的，但后来只有一人罹患多发性硬化症，另一人保持健康。这说明除了基因因素以外，发病肯定还受到外界环境因素等影响(Nature，29 April 2010，464:1351)。

(二) 器官系统水平(organ or system level)

这一水平的研究着重阐明器官和系统是如何进行正常活动。例如，在一个心动周期内心脏各部分如何配合完成射血机能，由于窦房结4期自动去极化，兴奋波通过特殊传导系统，依次兴奋心房、心室，引起有次序的房、室舒缩活动，加上瓣膜开闭的配合，引起血液在房室和动脉之间的定向流动，完成向动脉射血，从静脉接受血液充盈。在一个心动周期中产生压力、瓣膜开闭、血液定向流动和容积等规律性变化，最终体现为“心输出量”，是器官水平要研究的主要内容。这一水平研究所获得的资料称为器官生理学(organ physiology)，如心血管生理学(cardiovascular physiology)、胃肠生理学(gastrointestinal physiology)。临床上的相应分科，如心血管内/外科，呼吸、消化内科等等，以这一水平的研究为基础。

(三) 整体水平(organismal level)

整体水平强调各器官、系统之间的相互影响和配合，探讨人类或动物的整体如何适应于环境的变化。在某一特定情况下，例如剧烈运动，在神经、内分泌系统的调节下，心跳加快加强，心输出量增加，而血管系统中的血流量发生重新分配，骨骼肌血流量增多，消化、内分泌系统机能相对减弱，尿量减少。呼吸系统活动增强，呼吸加深加快以满足氧耗量的增加和加快对 CO_2 的清除。此外，机体在环境急剧变化时产生的应急反应，或在特殊环境条件下，如高原低氧、航天失重、潜水高压等情况下的习服(acclimatization)，为适应新环境而发生的一系列适应性变化。

四、生理学研究的方法(Methods Used for Physiology)

生理学研究生物体生命活动的规律，是一门实验性科学。若要从事实验性的研究，正确的方法包括以下几个方面。

(一) 生理学研究的方法和步骤(steps in the scientific methods)

首先通过长期的观察捕捉“有趣的现象”(interesting phenomena)。例如 Loewi 观察到刺激心交感神经，心脏跳动加快加强，而刺激心迷走神经心率减慢。但是，在这两种神经上记录到的动作电位几乎是一样的，为什么同样的动作电位会引起相反的结果呢？这一问题困扰了他很长时间。他提出“化学递质学说(hypothesis)”，虽然两种神经上的动作电位是一样的，但各自的末梢可能释放不同的化学递质。他很长时间苦于找不到一种合适的方法予以证实。后来，他用著名的“蛙心灌流实验”，观察到首先刺激带迷走神经的蛙心标本(图 1-2)，把这一蛙心的血液灌流到另一个无神经支配的蛙心，惊奇的发现两个蛙心的搏动均减慢，推测刺激带迷走神经的蛙心释放一种“迷走物质(Vagusstoff)”，最后证实是乙酰胆碱(acetylcholine)，由此开始了突触化学传递的新纪元，Otto Loewi 于 1936 年获诺贝尔奖。总之，正确的科研思维方法是：observation→interesting phenomena→hypothesis→experiment→conclusion→retesting→publication。

(二) 动物实验(experiments on animals)

一般可分为急性实验和慢性实验(acute/chronic experiment)。急性实验又分为离体(*in vitro*)和在体(*in vivo*)两类。离体实验是指将动物的器官、组织或细胞解剖分离出来，在适当条件下进行实验。例如，坐骨神经腓肠肌标本，蛙心灌流等。在体实验，大多数是在麻醉条件下，观察某一器官系统的功能活动。例如在家兔颈总动脉插入套管测定动

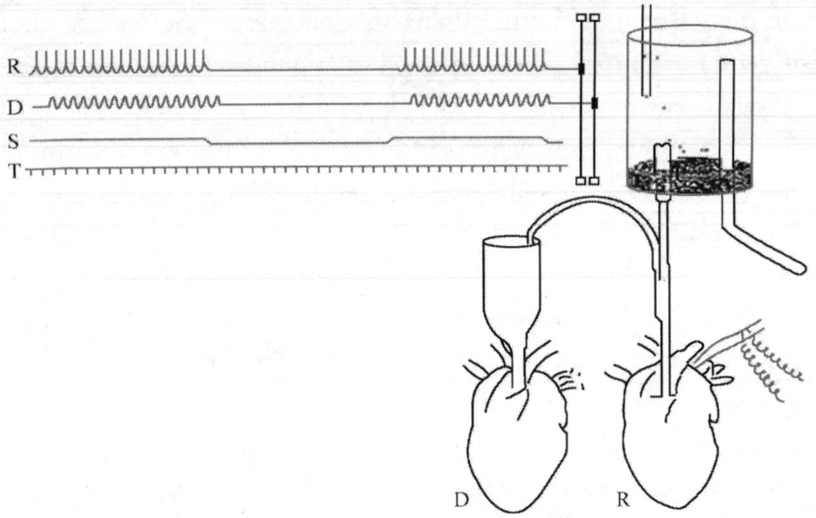

图 1-2 Otto Loewi 的蛙心灌流实验

刺激蛙心 R 的迷走神经，把蛙心 R 的血液灌流蛙心 D，两个蛙心搏动频率均减慢。S：电刺激，T：时间标记

脉血压，刺激减压神经、静脉注射某些药物时观察动脉血压、心率和尿量的变化。在急性实验，一般取得实验结果后，动物按法规处死。慢性实验，是指首先在麻醉条件下，例如摘除某一内分泌腺，等动物恢复后数天，观察可能出现的机能变化。再例如 Pavlov(1849～1936)在狗的腹部做一个胃瘘，长期观察分析胃液分泌。灵长类或小鼠注射 1-甲基-4-苯基-1,2,3,6-四氢吡啶(1-methyl-4-phenyl-1,2,3,6-tetrahydropyridine,MPTP)，可选择性损毁中脑黑质多巴胺能神经元，制作帕金森氏病动物模型，用于慢性实验研究。

20 世纪 80 年代分子生物学的进展，生理学的研究也可以用分子克隆技术将某种受体的基因加以分离，从 DNA 序列和氨基酸的序列研究受体的特性。采用什么方法技术加以研究，要根据实验研究的目的来确定。

Summary

- Physiology is the study of the function of living organs and how they regulated and integrated.
- There are 10 **physiological organ systems.** Four systems exchange materials between the internal and external environments. The respiratory system exchanges gases, the digestive system takes up nutrients and water and eliminates wastes, the urinary system removes excess water and waste material, and the reproductive system produces eggs and sperm. The remaining four systems extended throughout the body. The circulatory system distributes materials by pumping blood through vessels. The nervous and endocrine systems coordinate body functions.
- A stable **internal environment** is necessary for normal cell function and survival of the organism, the extracellular fluid forms the internal environment of the body.
- The body comprises two fluid compartment: the intracellular fluid and extracellular

fluid (plasma, lymph, and interstitial fluid) that surrounds the cells.

- **Homeostasis** refers to control of the internal environment, and the extracellular fluid forms the "internal environment" of the body, allowing it to maintain constant conditions such as temperature. Homeostasis is an integrative process of maintaining a constant internal environment for cellular and organ function.
- In 1929, an American physiologist named Walter B. Cannon created the word ***homeostasis*** to describe the regulation of the internal environment. Cannon explained that the internal environment is maintained within a range of values rather than at an exact fixed value. Thus Cannon's homeostasis is a state of maintaining "a similar condition," also described as " a relatively constant internal environment."
- If the body fails to maintain homeostasis of these parameters, then normal function is disrupted and a disease state, or pathological condition may result. In both internally and externally caused disease, when homeostasis is disturbed, the body attempts to compensate. If the compensation is successful, homeostasis is restored. If compensation fails illness or disease may result.
- The body is organized into cells, tissues, organs and coordinated systems. Function occurs at the levels of single cell, organ system, whole organism.
- It is essential to know how organs and systems function in healthy person in order to grasp which components may be malfunctioning in a patient.
- Physiology plays a fundamental role in medical education. The maintenance and/or restoration of homeostasis is the goal of Medicine. The teaching of physiology to medical students provides an essential foundation for their medical education and future professional practice.
- A recent survey of 82% of North American Medical Schools in which basic and clinical sciences faculty participated, identified a primary set of 27 biomedical concepts that are important in the practice of Medicine. Seventeen of these 27 key concepts are derived from physiology. Furthermore, in the ranked order of topics by relevance to the medical practice, 11 of the top 14 concepts are taught in Medical Physiological Courses.

Key Terms

physiology; organism; homeostasis; internal environment; integration; in vivo; in vitro

第二节 生理功能的稳态调节

Section 2 Homeostatic Regulation of Physiological Functions

Section Outline

- The nervous system in homeostatic control
- The endocrine system in homeostatic control

- The autoregulation
- Components of a homeostatic system
- Negative feedback promotes stability
- Positive feedback promotes a change in one direction
- Feed-forward control

上一节已经提到细胞正常的功能活动必须维持一个相对稳定的内环境，而稳态则是通过许多生理机制的协调所维持的内环境理化性质的稳定。机体对各种功能活动的调节方式主要有：神经调节(nervous regulation)、体液调节(humoral regulation)和自身调节(autoregulation)。生理学另一个重要概念是整合(integration)，指的是把许多变化的成分组建成一个整体，整合并非各种成分简单的相加。例如，我们在"心血管生理一章"学习血压调控，在"肾脏生理一章"学习血容量调控，而心血管和肾脏相互联系、协调。因为血容量的变化将引起动脉血压的变化；血压降低导致肾血流量减少，肾近球细胞分泌肾素，启动肾素-血管紧张素-醛固酮系统，减少尿量排出，恢复细胞外液容量使血压回升。这种不同器官系统相互联系、协调，共同调控某一生理过程称作整合。

一、神经调节(The Nervous System in Homeostatic Control)

神经系统是主要的稳态调节系统之一，其调节的主要方式是反射(reflex)，结构基础是反射弧。例如通过位于主动脉弓、颈动脉窦的压力感受器(baroreceptors)监测动脉血压的变化，把血压突然升高的变化转变为神经冲动，沿着传入神经(迷走神经、舌咽神经)抵达延髓心血管中枢，兴奋心迷走中枢，抑制心交感中枢和交感缩血管中枢，通过心迷走神经、心交感神经和交感缩血管神经，使效应器-心脏搏动频率减慢，心输出量减少，外周血管阻力降低，动脉血压降至正常水平，这个反射称为动脉压力感受器反射，将在第四章循环系统中详细讨论。如上所述，神经调节需要感受器(sensors，receptor)监测内外环境的变化，需要效应器(effector)对环境变化的刺激作出应答性反应。

二、体液调节(The Endocrine System in Homeostatic Control)

由内分泌细胞释放的一些特殊化学物质，即激素(hormone)，进入血流运输到某些器官组织的靶细胞(target cells)，与相应的受体(receptor)相结合，调节着靶细胞的活动。和神经调节相比，体液调节发生作用较缓慢，持续作用时间较长。其作用的范围，有的弥散而广泛，例如甲状腺素(thyroxine)刺激全身细胞的代谢。有的作用局限，例如精氨酸升压素(arginine vasopressin，VP)，只增加肾集合管上皮细胞对水的通透性，使水分重吸收增加，尿量减少，故又称抗利尿激素(antidiuretic hormone，ADH)。只有那些具有相应受体的靶细胞才能对某一激素发生反应。一般来说，激素在调节代谢、生长和生殖中起重要作用。

上述神经调节和体液调节的界线并不是十分清楚的。首先，神经系统调控着内分泌腺的功能。例如下丘脑调控腺垂体的激素分泌，下丘脑的肽能神经元分泌下丘脑调节肽，调节腺垂体激素的合成和释放(详见第11章)。下丘脑的室上核、室旁核的大神经内分泌细胞合成血管升压素和催产素(oxytocin，OXT，称神经内分泌细胞(neuroendocrine cells)。另外，某些由神经末梢释放的神经递质(neurotransmitter)也是激素，如上述血管升压素。许多内分泌腺也接受神经支配。例如，肾上腺髓质受交感节前纤维支配，交感神经兴奋时，肾上腺素释放入血增加，心脏搏动加快加强，这种调节称为神经-体液调节(neurohumoral regulation)。

三、自身调节(Autoregulation)

器官或组织不依赖外来神经和体液因素的作用，自身对刺激产生的适应性反应，称为自身调节。例如在一定范围内，心肌收缩前的初长度对收缩力量起调节作用，即静脉回流量增多，心室舒张期血液充盈量增加，心室舒张末期容积(即初长度)增大，心肌收缩力增强，每搏输出量增多，称为 Frank-Starling 定律(详见第 4 章)。又如肾血流量具有自身调节机制，动脉血压变动于 80～180mmHg 范围内，肾血流量、肾小球毛细血管血压维持稳定，肾小球滤过率基本保持不变。一般来说，自身调节的幅度较小，有一定的生理范围。

四、稳态系统(Homeostatic System)

机体维持稳态的各种机制统称为稳态系统或控制系统(control system)。稳态系统有五个组成部分(图 1-3)。

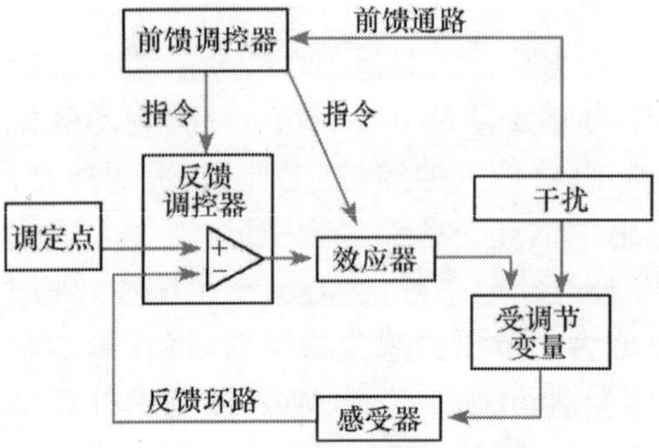

图 1-3 稳态系统和反馈

(一) 稳态系统的组成(components of a homeostatic system)

(1) 调节变量(regulated variable) 机体的体温、血压(blood pressure)、血液葡萄糖、O_2 含量和 K^+ 水平等等都是受监控和调节的变量，变量通常是一些重要的生命参数(vital parameters)。一般来说机体通过各种机制，把这些"调节变量"维持在一定的水平。但是，不可以把所有的变量称为调节变量。例如心率(heart rate)、心输出量(cardiac output)、血管阻力(vascular resistance)、呼吸频率(breathing rate)和尿量(urine output)等并不是调节变量，这些虽然可以发生变化，但是这些量的改变是属于后面要提到的"效应器活动的变化"，是为了使调节变量保持稳定在某一水平。

(2) 调定点(set point) 每一个调节变量都有一个调定点，例如体温为 37℃，平均动脉血压为 100mmHg，调节要以调定点作为参照水平。在生理学的学习过程中，了解正常调定点是重要的，而且在疾病情况下调定点可以发生变化。例如，在原发性高血压病人，血压的调定点被设置在较高水平，因此动脉血压保持在高于正常的水平，称为调定点的重新调定(resetting)。

(3) 感受装置(sensor，receptor) 对每一个调节变量，均有相应的感受装置，例如动脉压力感受器(baroreceptor)感受血压的变化，感受装置监测着内环境的变化，送到整合中枢(integration center)，把这一变化和调定点相比较后得出差异(difference)。

(4) 整合中枢(integration center) 整合中枢也称作 feedback controller，把感受器

送来的信息和调定点相比较，如果有差异则发出传出信号至效应器(effector)，改变效应器的活动，使调节变量回复到调定点水平。调节某一生理功能的整合中枢位于中枢不同水平，将在不同章节讨论学习。

(5) 效应器(effector)　当内环境成分的变化超出某一范围，启动代偿机制(图 1-3)，效应器接受整合中枢的传出指令而产生活动变化，使调节变量恢复至调定点水平。例如，你喝了大量的水，稀释了细胞外液，使抗利尿激素释放减少，从肾脏排出较多尿液，使细胞外液容量降至正常。某种原因使血压突然升高，由动脉压力感受器把这一信息通过传入神经反馈到心血管中枢，把血压升高和调定点 100mmHg 相比较，该中枢通过交感神经和迷走神经控制着效应器，改变心脏和血管的活动，使心脏收缩活动减弱，血管舒张，于是动脉血压恢复至正常水平。

(二) 负反馈调节促进稳态(negative feedback promotes stability)

从工程控制的角度认为通过负反馈控制系统可以达到稳态(图 1-3)。在负反馈控制系统中，信息在一个闭合环路中流动。感受装置监测着调节变量的活动，这一变化信息送到整合中枢与调定点加以比较，如果两者存在差异，则产生一个“差异信号”(error signal)，差异信号驱动效应器，使其活动发生变化，恢复至理想水平。在这一反馈调节中，如果效应器(受控部分)的活动和它原先的活动的方向相反，则为负反馈调节(negative feedback)。上面已提到动脉血压的调控是一个典型的负反馈调节。再比如血糖水平的调控，血糖升高刺激胰岛 β 细胞分泌胰岛素(insulin)使血糖水平降低，血糖降低则胰岛素分泌减少。

(三) 正反馈促进同一方向的变化(positive feedback promotes a change in one direction)

如果反馈调节使效应器的活动与原来的方向相同，即越来越强或越来越弱，或称再生性循环，则称为正反馈(positive feedback)。神经细胞产生的动作电位上升支的生理过程中，细胞膜去极化达到阈值→对 Na^+ 通透性↑→Na^+ 内流↑→膜进一步去极化→膜对 Na^+ 通透性进一步增高。

体内绝大多数调节属于负反馈调节，因为它维持内环境的稳态，而体内正反馈调节则较少。例如，血液凝固，正常分娩和排尿过程则属于正反馈。在病理条件下，正反馈导致恶性循环(vicious circle)。

(四) 前馈调节(feed-forward control)

负反馈调节必须由感受器把反馈信息送到整合中枢，与调定点加以比较之后发出差异信号，再去纠正效应器的活动，这样往往在传入和传出之间有一个“延搁”(delay)，而使某一功能活动发生波动。前馈调节(feed-forward control)与此不同，它是一个开环(opcn loop)，它不需从感受装置获得信息，而是在“整合中枢”发出指令控制效应器活动的同时，运动本身使中枢产生一个“前馈信号”，前馈信号既作用整合中枢又作用于效应器，使调节具有预见性(anticipates change)。例如人体在运动前其心率和呼吸频率已经发生了改变。另外一个例子是如果某一运动技巧和运动员的熟练经验相结合，这种稳准轻快的活动也有前馈调节的参与。我们一看到或闻到美味食物，唾液、胃液即开始分泌，为消化作好准备，是前馈效应。

如上所述，一个重要的生理学原则是每一个器官、系统均为维持稳态作贡献，同时也在稳态中受益。例如，肺和呼吸系统的活动，确保血液 O_2 和 CO_2 分压维持相对恒定，从消化系统获得水、营养物质（葡萄糖、氨基酸等）、矿物质（Na^+、K^+、Ca^{2+}），肾脏排出多余的水、Na^+、K^+、Ca^{2+}，维持水、电解质和酸碱平衡。心血管系统负责运输，神经、内分泌负责各器官活动的配合协调。与此同时，每一个器官的细胞也因此浸浴在相对恒定的 ECF 中，使每个器官的生命活动得以正常进行。

Summary

- Many control systems work to maintain homeostasis, the nervous system is the major homeostasis control system in the body. It employs sensors to detect changes in bodily conditions and effectors to adjust those conditions. In addition to the nervous system, the other major homeostatic control system in the body is endocrine system.
- **Negative feedback** systems work to restore normal value of a variable and thus exert a stabilizing influence.
- **Positive feedback** systems destabilize and thus have limited value in maintaining homeostasis.
- Physiologists are trained to think about the **integration** of function across many levels of organization, from molecules to the living body. To integrate means to bring varied elements together to create a unified whole.

Key Terms

control system; sensor (receptor); integration center; effector; set point; negative feedback; positive feedback; feed-forward control; neuroregulation; humoral regulation; neurohumoral regulation; autoregulation; integration

第三节 生理学发展简史

Section 3 The Brief Survey about the History of Physiology

一、从 Aristotle 到 Galen (Observation of Aristotle and Galen)

中世纪 Aristotle(384B. C～322B. C)描述了以心脏为中心的心血管系统，认为心脏是智慧的发源地，也是加温血液的火炉，因为死后血液的热气不复存在，而血液的热气是生命的源泉。正如血液需要热量，心脏这一火炉需要通风，他认为这是呼吸的目的。Herophilus(335B. C～280B. C)提示脑是智慧的发源地，发现动脉管壁比静脉厚。Herophilus 的助手 Erasistratus(310B. C～240B. C)认为肝脏利用食物制造血液，通过静脉以潮起潮落方式输送到其他器官。他错误地认为动脉充满着空气，把空气称作“精气”(*pneuma*)，具有生命力，从肺吸入后直接到左心，在此转变成一种“生命力”(vital spirit)，这种“生命力”以空气的形式通过动脉运输到全身。虽然，Galen(A. D 130～210)驳斥了

Erasistratus 关于动脉运输空气的论点，也认为肝脏从食物中摄取一种“自然活力”(natural spirits)制造血液，通过静脉运输送到全身各器官。是这种“自然活力”在推动各种功能活动。当“自然活力”消耗殆尽，血液循原静脉路径返回肝脏得以补充。一些含“自然活力”的血液首先抵达右心再到左心；而肺吸收的空气直接送到左心，强调在此“自然活力”和“空气(*pneuma*)”相遇，转变成一种“生命力(vital spirit)”，是 pneuma 的高级形式，这种生命力向上运送至脑，变成“动物生命力(animal spirits)”，认为是各种精气(pneuma)在推动生命过程。

二、欧洲文艺复兴时期的新发现和生理学革命(The Discoveries of the European Renaissance Period-Revolutionized Physiology)

从中世纪到文艺复兴早期 Galen 的理论一直占统治地位，认为暗红的静脉血来自肝脏，鲜红的动脉血来自心脏，血液从心、肝流到全身各处，并在那里被消耗掉，根本没有再循环的概念。意大利学者 Andreas Vesalius(1514～1564)根据自己的解剖观察进行教学，发现 Galen 的许多的错误，于 1543 年出版了 *Structure of the human body*。但是，Visalius 还在重复“血液从右心室直接进入左心室”的错误。仍然坚持认为：空气从肺直接到左心室，在此冷却心脏这一火炉，空气在心脏把生命力(vital spirits)赋予血液。简言之，错误地认为血液和空气相遇在心脏，仍然没有“肺循环”的概念。

英国学者 William Harvey(1578～1657，图 1-4)在意大利 Padua 大学师从 Hieronymus Fabricius 教授。该教授发现了静脉瓣，可惜 Fabricius 教授坚信 Galen 的理论，把静脉瓣误认为是减慢血流速度的装置，其真正的功能不清楚。William Harvey 对这一解释极不满意，他从观察静脉瓣真正的功能出发，作了大量的科学观察，最后发现了血液循环，于 1628 年出版了 *On the motion of the heart and blood in animals*。在这部著作，他明确地指出：①心脏的机能类似一个泵，通过收缩射出血液，推动血流，血液并不是由于心脏或肝脏的吸引作用而流动。②右心室的血流首先输送至肺，并不直接进入左心室。③气体在肺部和血液相遇(肺循环，肺换气)，并不是被送至心脏与血液相遇。④血液在体内为单方向循环流动，离开心脏的血流和返回心脏的血流通过不同的血管，并不是在同一血管作双向流动。他也推测在动、静脉之间可能有毛细血管的存在，但一直到 Marcello Malpighi (1628～1694)发现显微镜才证实了毛细血管的存在。当然，真正认识肺循环的功能还要经过很多探索。Harvey 把创新思维和实验观察相结合，推翻了 Galen 的“血液在血管里双向流动”，空气和血液相遇在左心等错误观点。而他的老师和

Library of Congress

图 1-4　William Harvey(1578～1657)
血液循环的发现者

其他学者，虽然面对“静脉瓣、肺与心脏之间有血管连接”，却总是试图把新发现的事实去适合 Galen 的传统理论，而不提出质疑。

我国现代生理学已有 80 余年的历史。1926 年北京协和医学院生理系主任林可胜(1897～1969)创建了中国生理学会，1927 年他创办了《中国生理学杂志》。30 年代，他系统地研究了脂肪在小肠中抑制胃液分泌和胃运动的机制，发现了肠抑胃素(enterogastrone)，这是中国人发现的第一个激素，是消化生理中一项经典性的工作。1934～1942 年，协和医院内分泌科主任刘士豪与内分泌专家朱宪彝合作研究“骨软化症的钙磷代谢”，首创“肾性骨营养不良”的病名。

1958 年 12 月，我国人工合成胰岛素课题正式启动。中国科学院上海有机化学研究所和北京大学化学系负责合成 A 链；中国科学院生物化学研究所负责合成 B 链，并负责把 A 链与 B 链正确组合起来。经过 6 年多坚持不懈的努力，终于在 1965 年 9 月 17 日，在世界上首次用人工方法合成了结晶牛胰岛素。1966 年 12 月 24 日《人民日报》报道“我国在世界上第一次人工合成结晶胰岛素”。

部分诺贝尔生理学或医学奖获得及其贡献见表 1-1。

表 1-1　部分诺贝尔生理学或医学奖和重大发现

科学家姓名	重大发现和发明	时间
Behring E. A. V.	血清疗法治疗白喉	1901 年获生理学或医学奖
Roentgen W. C.	发现 X-射线	1901 年获物理学奖
Starling EH*，Bayliss WM*	发现促胰液素	1902 年获生理学或医学奖
Pavlov I.	消化生理学新发现	1904 年获生理学或医学奖
Krogh A.	发现调控毛细血管运动的机制	1920 年获生理学或医学奖
Hill A. V.，Meyerhof O. F.	发现运动肌肉的产热、耗氧/乳酸代谢	1922 年获生理学或医学奖
Banting F. G.，MacLeod J. J. R.	发现胰岛素	1923 年获生理学或医学奖
Einthoven W.	发明心电图仪	1924 年获生理学或医学奖
Fleming S. A.	发现青霉素	1928 年获生理学或医学奖
Landsteiner K.	发现不同血型 ABO 血型系统	1930 年获生理学或医学奖
Warburg O. H.	发现呼吸酶的性质和作用方式	1931 年获生理学或医学奖
Sherrington C.，Adrian E. D.	神经元的整合功能	1932 年获生理学或医学奖
Dale S. H. H.，Lowei O.	发现神经冲动的化学传递	1936 年获生理学或医学奖
Heymans C. J. F.	血管压力感受器和呼吸化学感受器反射	1938 年获生理学或医学奖
Muller H. J.	发现 X-射线引起的基因突变	1946 年获生理学或医学奖
Cori C. F. *，Houssay B. A.	糖原分解代谢途径，垂体前叶激素对糖代谢的作用	1947 年获生理学或医学奖
Krebs H. A.，Lipmann F. A.	发现三羧酸循环和辅酶 A	1953 年获生理学或医学奖
Enders JF，Weller TH，Robbins FC	分离脊髓灰质炎病毒，发明其疫苗	1954 年获生理学或医学奖
Ochoa S，Kornberg A.	DNA 和 RNA 的生物合成	1959 年获生理学或医学奖
Crick F. H，C. Watson J. D.，Wilkins M. H. F.	发现 DNA 双螺旋结构	1962 年获生理学或医学奖
Eccles S. J. C，Hodgkin A. L.，Huxley A. F.	发现神经细胞生物电的离子机制	1963 年获生理学或医学奖
Granit R，Hartlin H. K.，Waldt G.	视觉的生理学过程	1967 年获生理学或医学奖
Axelord J.，Katz S. B.，Euler U. V.	儿茶酚胺释放、重摄取，松果体在觉醒-睡眠周期中的作用，微终板电位	1970 年获生理学或医学奖

续表

科学家姓名	重大发现和发明	时间
Sutherland E. W.	激素的作用机制，第二信使 cAMP	1971 年获生理学或医学奖
Guillemin R，Schally A.，Yalow R.	发现下丘脑激素	1977 年获生理学或医学奖
Hubel D. H.，Wiesel，T. N.	视觉信息加工	1981 年获生理学或医学奖
Goldstein J. L.，Brown M. S.	发现胆固醇代谢的调控	1985 年获生理学或医学奖
Cohen S. Levi-Montalcini，R.	发现神经和上皮生长因子	1986 年获生理学或医学奖
James W. Black，Gertrude B. Elion，George H. Hitchings	发现药物治疗重要原理，发明心得安、抗肿瘤药 6-巯基嘌呤、免疫抑制剂	1988 年获生理学或医学奖
Bishop J. M.，Varmas H. E.	发现反相病毒癌基因	1989 年获生理学或医学奖
Neher E.，Sakmann B.	膜片钳与单通道记录及单通道功能	1991 年获生理学或医学奖
Gilman A. G.， Rodbell M.	发现 G-蛋白及其细胞信号转导作用	1994 年获生理学或医学奖
Furchgott R. F.，Ignarro L. J.，Murad F.	发现心血管系统的信号分子——NO	1998 年获生理学或医学奖
Carlsson A.，Greengard P.，Kandel E. R.	多巴胺与帕金森氏病、慢速突触传递、突触可塑性	2000 年获生理学或医学奖
Brenner S.，Horvitz H. R.，Sulston J. E.	细胞程序化死亡	2002 年获生理学或医学奖
Axel R，Buck L. B.	发现气味分子受体和嗅觉系统组构	2004 年获生理学或医学奖
Marshall B. J.，Warren J. R.	幽门螺旋杆菌致消化性溃疡	2005 年获生理学或医学奖
Fire A. Z.，Mello C. C.	RNA 干扰使基因沉默	2006 年获生理学或医学奖
Capecchi M. R.，Evans S. M. J.，Smithies O.	使用胚胎干细胞引入基因靶向	2007 年获生理学或医学奖
Hausen H. z.，.-Sinoussi F.. B.L. Montagnier	人乳头状病毒致宫颈癌，发现人 AIDS 病毒	2008 年获生理学或医学奖
Blackburn E. H.，Greider C. W.，Szostak J. W.	发现端粒和端粒酶如何保护染色体	2009 年获生理学或医学奖

* Starling 虽未获得诺贝尔生理学或医学奖，但发现了第一个激素。首次诺贝尔奖颁发于 1901 年。

Clinical Note

The Discovery of Blood Circulation

Would you like to know how germs were discovered? Who found the first antibiotic? **Who first described blood circulation**? How scientists discovered DNA, and insulin, etc.? If you are curious, then read this story. These are some of the stories about the most important medical discoveries ever made, which have saved millions and millions of lives. These extraordinary discoveries are not a simple matter of luck or talent; they are the results of tenacious hard work and never-ending curiosity. Like Louis Pasteur said, "**Chance favors only the prepared mind.**" There are still many medical mysteries awaiting you to solve. You, as a young doctor, can make a difference and can save more lives.

Fabricius, Harvey's teacher at Padua, had claimed discovery of "valves" in veins, but had not discovered the true use of them. The explanation that he had put forward did not satisfy Harvey, and thus it became Harvey's endeavour to explain the true use of these valves, and eventually, the search suggested to him the larger question of the explanation of the motion of blood. Harvey announced his discovery of the circulatory system in 1616 and in 1628 published his work《***An Anatomical Exercise on the Motion of the Heart and Blood in Animals***》, where, based on scientific methodology, he argued for the idea that blood was pumped around the body by the heart before returning to the heart and being re-circulated in a closed system. This clashed with the accepted model going back to Galen, who identified venous (dark red) and arterial (brighter and thinner) blood, each with distinct and separate functions. Venous blood was thought to originate in the liver and arterial blood in the lung; the blood flowed from those organs to all parts of the body where it was consumed. Harvey further concluded that the heart acted like a pump that forced blood to move throughout the body instead of the prevailing theory of his day that blood flow was caused by a sucking action of the heart and liver.

Summary

- Early Greeks, like Aristotle, searched for explanations of blood flow, temperature, and other aspects of how the body worked.
- Galen's "pneumatology" based on these early studies, dominated western views of body processes until well into the Renaissance.
- Renaissance scientists corrected many errors of Galen's teaching. William Harvey's discovery of closed circulation marked an end of Galen's dominance and the beginning of modern physiology.
- Harvey's discovery of the circulation came about through a combination of **creative speculation** and simple experiment. Not only did he acknowledge the evidence he saw; he went on to conceive an overall scheme that made sense of that evidence.

Review Questions

1. Define each term

1) Homeostasis; 2) Internal Environment; 3) Hypothesis; 4) Negative Feedback; 5) Positive Feedback

2. Choose the best answer

1) The individual who discovered the circulation of blood was:

(A) Galen (B) Harvey (C) Malpighi (D) Vesalieus

2) Which of the following is the first step in the scientific method?

(A) Hypothesis (B) Observation (C) Experiment (D) Conclusion

3) In a negative feedback control system:

(A) The variable is returned toward normal after a disturbance

(B) The system operates to destabilize

(C) The variable never changes

(D) When the value of the variable increases, the system operates to increase it further

3. Answer the following questions

1) Why is the homeostasis so important in cell function?

2) Give two physiology examples of negative feedback.

3) What is the role of feedback in homeostasis?

4) How should we approach new ideas?

(蒋正尧 谢俊霞)

参考文献(References)

朱大年. 2009. 生理学. 7 版. 北京:人民卫生出版社

Boron W F, Boulpaep E L. 2003. Medical Physiology. Philadephia: Saunders An Imprint of Elesvier Science

Ganong W F. 2005. Review of Medical Physiology. Stamford, Connecticut: the McGraw-Hill Companies.

Rhoades R, Pflanzer R. 1989. Human Physiology. 3rd ed. Philadephia: Saunders College Publishing

Silverthorn D U. 2009. Human Physiology. 4th ed. San Francisco: Pearson Education, Inc.

Thiene G. 1997. The Discovery of Circulation and the Origin of Modern Medicine During the Italian Renaissance. *Cardiovascular Pathology*, 6(2): 79-88

第二章　细胞的基本功能

Chapter 2　Basic Function of the Cell

Chapter Outline

- The Structure and Solute Transport of the Cellular Membrane
- Cellular Transmembrane Signal Transduction
- Electrical Properties of the Cell
- Contractile Properties of Skeletal Muscle Cells

细胞(cell)是构成人体的最基本的结构和功能单位。虽然构成人体不同组织、器官和系统的细胞执行不同的功能，但是，对于所有细胞而言，许多基本的功能活动是相同的。因而，了解细胞生理是阐明整个人体以及各系统、器官功能活动机制的基础。本章介绍细胞膜的结构和物质转运功能、细胞的跨膜信号转导功能、细胞的生物电现象和肌细胞的收缩功能。

第一节　细胞膜的结构和物质转运功能

Section 1　The Structure and Solute Transport of the Cellular Membrane

Section Outline

- The structure of the cellular membrane
  —Lipid bilayer
  —Protein
  —Sugar
- Transmembrane transport of solutes
  —Simple diffusion
  —Protein-mediated membrane transport
  —Vesicular transport

细胞膜(cellular membrane)或质膜(plasma membrane)包被机体的每个细胞，使胞质(cytosol)和细胞的周围环境(主要是细胞外液)分隔开来。胞质内化学成分保持相对稳定，对维持细胞正常新陈代谢(metabolism)具有重要作用。由于细胞膜是一个具有特殊结构和功能的半透膜，它能够允许某些物质自由通过，同时又能严格限制一些物质的进出，允许他们在特定的条件下在特殊蛋白质的帮助下选择性通过，从而使胞质的化学成分与细胞外液显著不同，胞内 K^+ 和磷酸盐离子浓度高于细胞外液，而 Na^+ 、Cl^- 、Ca^{2+} 则低于细胞外液。此外，细胞内部的各种细胞器，如线粒体(mitochondria)、内质网(endoplasmic reticulum)、溶酶体(lysosome)等，也被类似细胞膜的膜性结构包被，使其内部的物质构成与胞质明显不同，从而保证细胞器正常的功能活动。

一、细胞膜的结构(The Structure of the Cellular Membrane)

细胞膜主要由脂质(lipid)、蛋白质(protein)和少量糖类(sugar)组成。关于各种物质分子在膜中的排列形式,目前仍采用 1972 年由 Singer 和 Nicholson 提出的液态镶嵌模型(fluid mosaic model)(图 2-1)。这一模型的基本内容是:膜是以液态的脂质双分子层为骨架,其中镶嵌着具有不同结构和功能的蛋白质。

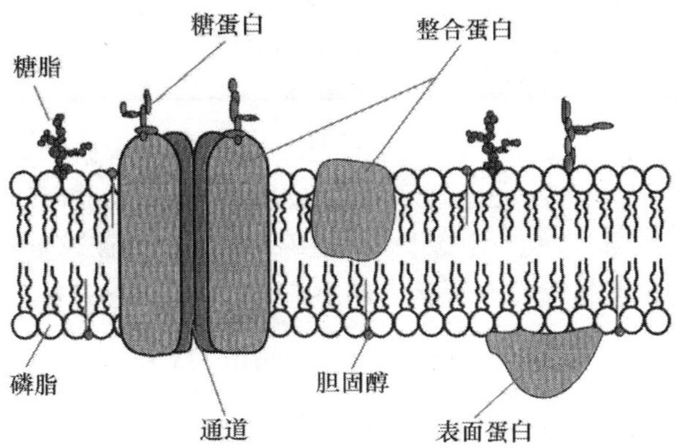

图 2-1　细胞膜的液态镶嵌模型

细胞膜脂质以双分子层形式排列,整合蛋白嵌入脂质双分子层,有些整合蛋白贯穿双分子层形成通道,表面蛋白附着于膜表面

(一) 脂质双分子层(lipid bilayer)

膜的脂质主要由分子结构中含脂肪酸的磷脂(phospholipid)、不含脂肪酸的胆固醇(cholesterol)和少量鞘脂(sphingolipid)组成,其中磷脂约占脂质总量的 70%以上,胆固醇低于 30%。磷脂是一种双嗜性分子(amphiphilic molecule),其主要成分有:磷脂酰胆碱、磷脂酰乙醇胺、磷脂酰丝氨酸和磷脂酰肌醇。每个磷脂分子中的磷酸和碱基形成亲水性基团,朝向细胞外液或胞质侧,而磷脂分子中的脂肪酸烃链形成疏水性基团,在膜的内部两两相对,这样脂质以双分了层的形式构成细胞膜的骨架(图 2-1)。细胞膜脂质双分子层内外两层所含的脂质不尽相同,磷脂酰乙醇胺和磷脂酰丝氨酸主要分布于朝向胞质的内侧,而磷脂酰胆碱和鞘脂主要分布于外层。

细胞膜脂质的熔点较低,在体温条件下呈液态,因而膜具有流动性。膜胆固醇含量升高可抑制脂质和蛋白质在膜内的移动,从而降低膜的流动性。此外,脂肪酸烃链的长度和不饱和度以及膜蛋白质的含量均可影响膜的流动性,较短和不饱和的脂肪酸烃链,可增加膜的流动性,而镶嵌的蛋白质增多,可降低膜的流动性。

(二) 细胞膜蛋白质(protein)

蛋白质分子以 α 螺旋或球形结构分散镶嵌在膜的脂质双分子层中。根据分布形式的不同,膜蛋白可分为整合蛋白(integral protein)和表面蛋白(peripheral protein)(图 2-1)。

整合蛋白嵌入脂质双分子层内，占蛋白质总量的 70%～80%，多数整合蛋白贯穿整个双分子层，两端露出在膜的内外侧，少数蛋白质只穿透一侧细胞膜。这些蛋白质分子的多肽链可一次或多次穿过脂质双分子层，贯穿细胞膜的肽链通常由疏水性氨基酸组成，形成 α 螺旋结构。这些蛋白质的功能主要是可以作为载体(carrier)、通道(channel)、离子泵(ion pump)等，帮助一些物质的跨膜转运。有些位于细胞外侧的膜蛋白属于受体(receptor)蛋白，可特异性识别细胞外液中的某种分子，例如激素，并与之结合，完成信号转导功能。而表面蛋白不穿越脂质双分子层，附着于内侧或外侧脂质双分子层表面，占蛋白质总量的 20%～30%。许多表面蛋白本身是酶。

(三) 细胞膜糖类(sugar)

细胞膜所含的糖类约为 2%～10%，主要是一些寡糖和多糖链，以共价键的形式与膜蛋白或膜脂质结合，形成糖蛋白(glycoprotein)或糖脂(glycolipid)(图 2-1)。这些糖链绝大多数位于细胞膜的外侧，形成一个保护层，被称为"糖衣包被"(glycocalyx)。其主要作用可能是作为它们所在细胞或它们所结合的蛋白质的特异性的"标志"。

二、细胞的跨膜物质转运功能(Transmembrane Transport of Solutes)

细胞在新陈代谢过程中需要不断地从内环境中摄取氧气、糖、氨基酸以及一些离子，同时排出二氧化碳、代谢废物或分泌物。某些特殊类型的细胞还需要转运酶、激素或神经递质等大分子物质。由于细胞膜的特殊结构，因此对不同理化性质的溶质具有不同的转运机制：脂溶性小分子物质以单纯扩散方式直接通过脂质层进出细胞；水溶性小分子物质和离子的跨膜转运需借助细胞膜蛋白质的介导；大分子物质则以吞噬(phagocytosis)，入胞(endocytosis)和出胞(exocytosis)的囊泡转运(vesicular transport)方式实现跨膜转运。

(一) 单纯扩散(simple diffusion)

单纯扩散指气体或脂溶性的小分子物质由膜的高浓度一侧向低浓度一侧的转运方式。扩散的结果是膜两侧该物质的浓度差消失。扩散的方向和速度取决于膜两侧该物质的浓度差和膜对该物质的通透性(permeability)(图 2-2)。细胞膜对各种物质的通透性取决于该物质的脂溶性、相对分子质量及带电状态。通常，脂溶性高、相对分子质量小、不带电荷的物质较易通过脂质双分子层。体内以单纯扩散方式跨膜转运的物质有氧气、二氧化碳等气体分子以及乙醇、尿素、甘油等物质。一些甾体类激素虽然也是脂溶性的，但由于相对分子质量较大，需要依靠膜上特殊蛋白质的协助而完成其跨膜转运。

(二) 膜蛋白介导的跨膜转运(protein-mediated membrane transport)

大部分水溶性溶质分子和所有离子的跨膜转运都是由膜蛋白介导的。物质分子通过膜上通道蛋白(简称通道，channel)或载体蛋白(简称载体，carrier)的介导而进出细胞的过程称为膜蛋白介导的跨膜转运。某些离子或分子也可通过膜蛋白介导穿过线粒体、内质网等细胞器膜。膜蛋白介导的跨膜物质转运包括易化扩散(facilitated diffusion)和主动转运(active transport)，易化扩散属于被动转运(passive transport)，物质顺电化学梯度跨膜移动，不需要消耗能量；而主动转运则是逆电化学梯度进行的跨膜物质转运，需要消耗能量。

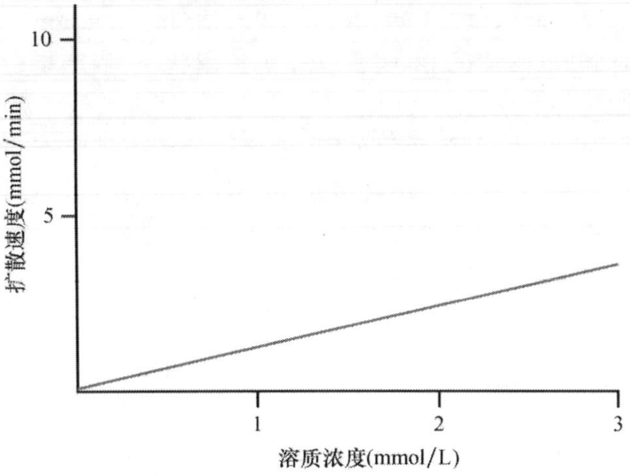

图 2-2 单纯扩散的溶质浓度与扩散速率的关系曲线
溶质扩散速率随细胞外液浓度升高而增加，呈线性相关

1. 经通道介导的易化扩散(facilitated diffusion via channel protein)

溶液中的小离子，如 Na^+、K^+、Cl^- 和 Ca^{2+}，借助细胞膜通道蛋白的帮助，由高浓度一侧向低浓度一侧的跨膜转运，称为经通道介导的易化扩散。通道蛋白是贯穿细胞膜的整合蛋白，通常由几个多肽亚单位组成。

通道蛋白具有离子选择性(ion selectivity)和精密的门控机制(gate)。某种通道的开放只允许一种或几种特定的离子通过，而对其他离子的通透性很小或不通透。如 Na^+ 通道只允许 Na^+ 通过，K^+ 选择性通道只允许 K^+ 通过，N 型乙酰胆碱受体通道允许 Na^+、K^+ 和少量 Ca^{2+} 通过。通道有开放和关闭两种状态，其开放和关闭的速率均非常快。在受到某些特定的刺激时可打开“闸门”(gate)，形成水性通道，从而允许特定的离子通过，离子以易化扩散的方式快速由高浓度一侧向低浓度一侧移动。经通道介导的易化扩散的跨膜转运速率可达每秒 10^6～10^8 个离子，远大于经载体易化扩散的速率。通道开放的频率和每次开放的持续时间具有较大的可变性，离子跨膜转运的速率可由通道开放的频率及开放的时间控制。根据引起开放机制的不同，离子通道分为电压门控通道(voltage-gated ion channel)、配体门控通道(ligand-gated ion channel) 和机械门控通道(mechanically-gated ion channel)。

1) 电压门控通道

电压门控通道是由膜两侧的电位差控制开、闭的离子通道。此类通道包括电压门控 Na^+ 通道、K^+ 通道和 Ca^{2+} 通道。

电压门控 Na^+ 通道存在于大多数组织，由 α、β_1 和 β_2 三个亚单位组成，其中 α 亚单位是形成孔道的单位(图 2-3)。每个 α 亚单位由 4 个氨基酸序列十分相似的结构域Ⅰ～Ⅳ组成，每个结构域含有 6 个跨膜 α 螺旋节段，即 S1～S6。每个结构域的 S5、S6 跨膜节段共同形成孔道的内壁，并决定通道的离子选择性和通透性；而 S4 跨膜节段所含的带正电的精氨酸和赖氨酸对跨膜电位很敏感，膜电位的改变(通常是去极化变化)可使这些氨基酸移动，从而引起蛋白构象改变，使通道开放。电压门控 Na^+ 通道受两重门控，有激活门和失活门，存在备用(resting)、激活(activation)和失活(inactivation)三种状态(图 2-3C)。当激活门关闭、失活门开放的情况下，该通道处于备用状态；当膜电位发生去极化的变化时，激活门被打开，激活门和失活门同时开放的情况下，该通道处于激活状态；而随着膜的进一步去极化，激活门仍开放，但失活门关闭，该通道处于失活状态。电压门控 Na^+ 通道一旦进入失活状态，即使细胞膜进一步去极化，仍不能被重新激活，只有当细胞的膜电位恢复到静息电位的水平，失活门才能够被重新打开，激活门关闭，回到备用状态，才能够被重新激活。

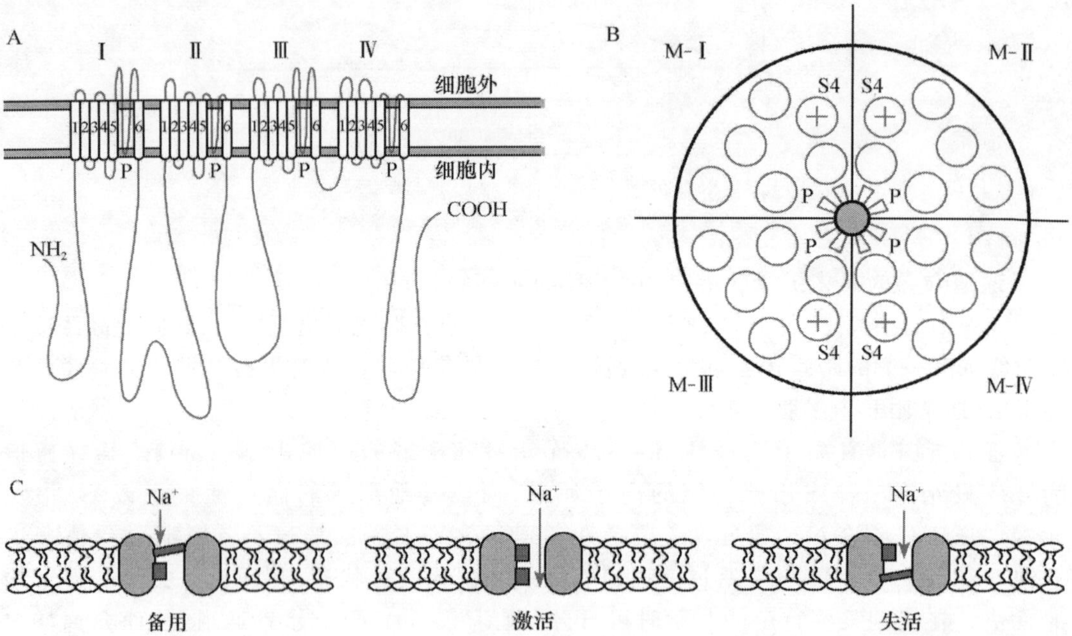

图 2-3 电压门控 Na^+ 通道 α 亚单位的分子结构示意图

A. 每个 α 亚单位有 4 个结构域Ⅰ～Ⅳ组成，每个结构域含有 6 个跨膜节段，即 S1～S6；B. 4 个结构域包绕形成 1 个通道，S5、S6 跨膜节段形成通道(P)的内壁；C. N_a^+ 通道的三种状态

2) 配体门控通道

配体门控通道又称化学门控通道(chemically-gated ion channel)，是由膜外或膜内的某种化学物质控制开、闭的离子通道。配体通常指来自细胞外介质的神经递质或细胞内的第二信使物质。位于神经肌肉接头突触后膜的 N 型乙酰胆碱受体(nicotinic acetylcholine receptor)通道是典型的由神经递质激活的配体门控离子通道(图 2-4)。该通道由 5 个亚单位组成：2 个 α、1 个 β、1 个 γ 和 1 个 ε 亚单位。乙酰胆碱结合位点位于 α 亚单位上。每个 α 亚单位含有 4 个跨膜节段，即 M1～M4，其中 M2 跨膜节段形成通道的内壁。α 亚单位与其他亚单位共同包绕形成一个水性通道。乙酰胆碱与其结合位点结合，可引起受体蛋白质构象发生改变，通道开放，Na^+ 和 K^+ 顺电化学梯度跨膜移动。由细胞内环磷酸尿苷激活的 Na^+ 通道属于细胞内第二信使物质激活的配体门控离子通道。图 2-5 显示环核苷酸门控离子通道(cyclic nucleotide-gated ion channel)的模式图。该离子通道由 4 个亚单位组成，每个亚单位有 6 个跨膜 α 螺旋，其结合位点位于细胞膜内侧。

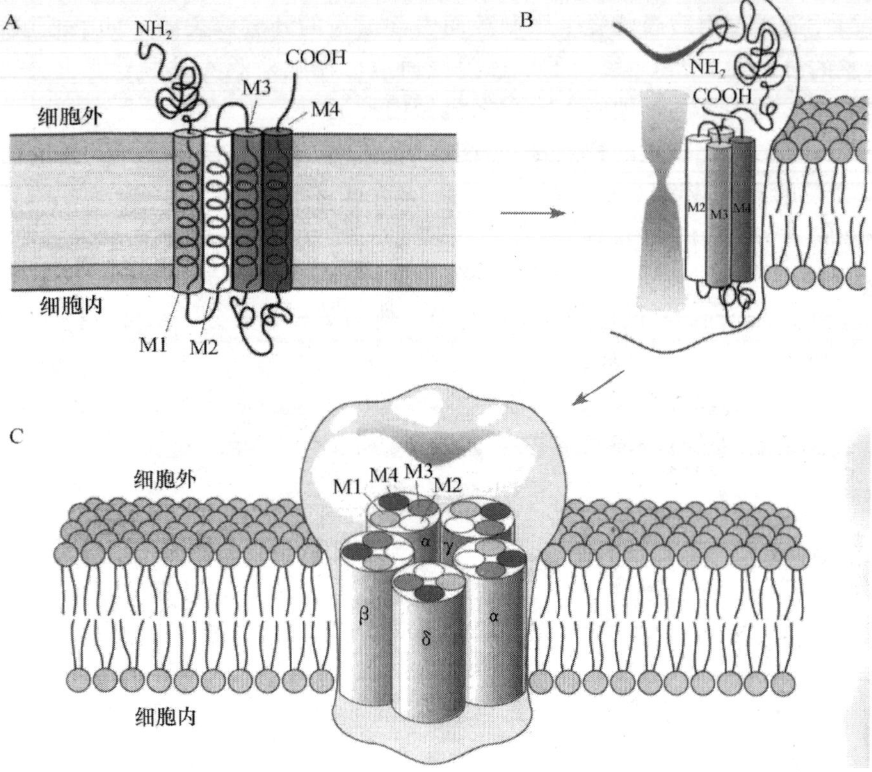

图 2-4　N 型乙酰胆碱受体门控离子通道的分子结构示意图

A. 每个亚单位都 4 次跨膜(M1～M4)；B. 4 个跨膜节段聚合成一个亚单位；
C. 5 个亚单位包绕形成 1 个水性通道，每个 M2 跨膜节段形成通道的内壁

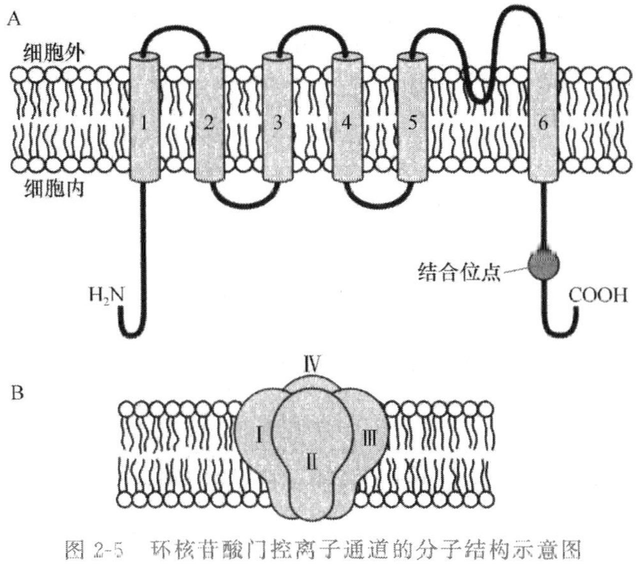

图 2-5　环核苷酸门控离子通道的分子结构示意图

A. 每个亚单位有 6 个跨膜节段，环核苷酸结合位点位于细胞膜内侧；
B. 4 个亚单位聚合形成 1 个水性跨膜通道

3）机械门控通道

机械门控通道是由质膜感受牵张刺激而引起通道的开放或关闭。如下丘脑内有些对渗透压敏感的神经细胞，其质膜上的机械门控通道可在胞外低渗时由于细胞肿胀、质膜张力增加而关闭。而内耳的毛细胞上也存在机械门控通道。

经通道介导的易化扩散的特点是：①速度快。②离子选择性。③受精密的门控。

2. 经载体介导的跨膜转运（transmembrane transport via carrier protein）

是指在膜上特殊蛋白质（载体）的帮助下，物质分子从膜的一侧移动到另一侧。载体也称转运体，是介导小分子物质跨膜转运的一类膜蛋白。它是贯穿脂质双分子层的整合蛋白，有与被转运物质特异性结合的位点。载体与膜一侧的某种物质分子结合后，即发生载体蛋白构象的改变，在膜的另一侧释放出被结合的物质（图 2-6）。经载体介导的跨膜转运方式包括经载体介导的易化扩散（facilitated diffusion via carrier protein）、原发性主动转运（primary active transport）和继发性主动转运（secondary active transport）。

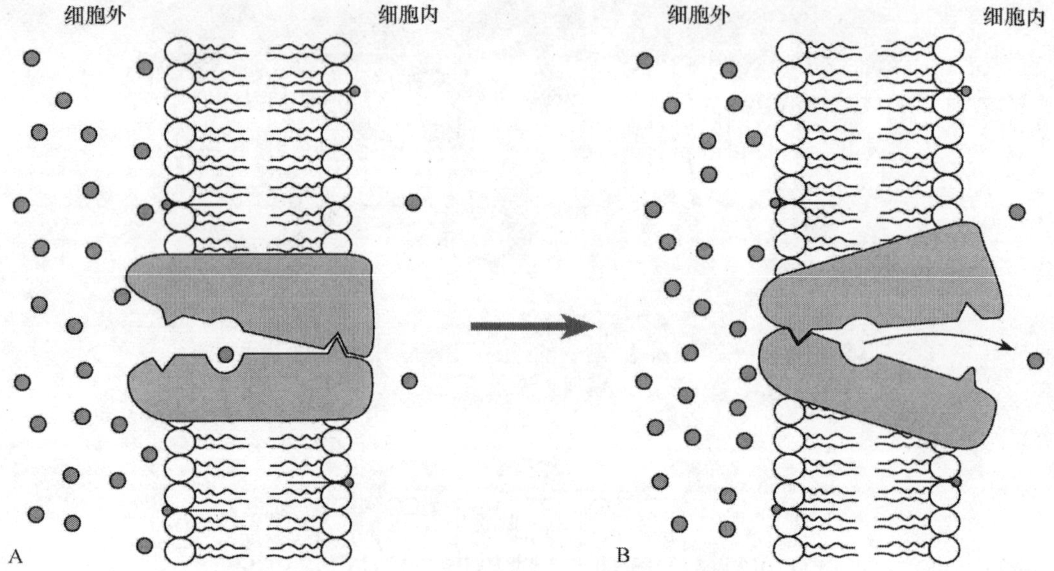

图 2-6 经载体介导的易化扩散示意图

A. 细胞外溶质与载体蛋白结合；B. 载体释放溶质到浓度较低的细胞内

1）经载体介导的易化扩散

经载体介导的易化扩散是物质分子在载体的帮助下从高浓度一侧向低浓度一侧的跨膜转运，不需要消耗能量。许多具有重要生理功能的物质，如葡萄糖、氨基酸、核苷酸等，都是以经载体介导的易化扩散方式跨膜移动，其跨膜转运的速度比由单纯扩散所预期的要快得多，图 2-7 显示扩散速度与溶质浓度的关系曲线。经载体介导的易化扩散的特点是：①载体与被转运的物质具有较高的结构特异性（structural specificity）。②饱和（saturation）现象：因为膜载体的数目和与物质的结合位点的数目是一定的，当所有载体上的结合位点都与被转运物质结合时，转运的速率将不再增加（图 2-7）。③化学结构相似的物质经同一载体转运时，会出现竞争性抑制（competitive inhibition）现象。

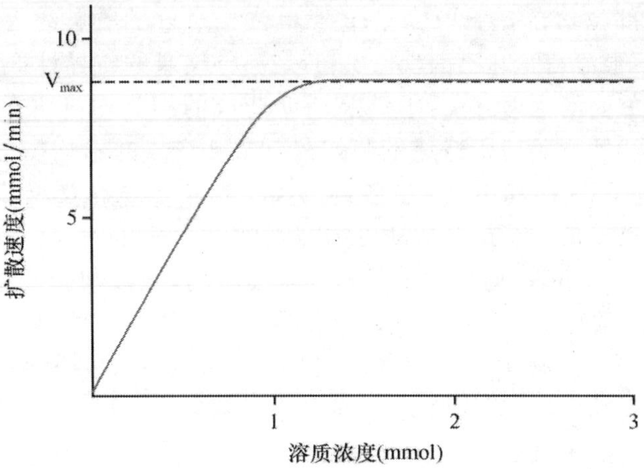

图 2-7　经载体介导的易化扩散的扩散速率与溶质浓度的关系曲线

溶质浓度升高到一定水平时，扩散速率达到最大(V_{max})

2) 原发性主动转运

原发性主动转运指通过利用分解 ATP 产生的能量，将离子逆电化学梯度跨膜移动的过程。介导这一过程的膜蛋白称为离子泵(ion pump)，其能量来自线粒体合成的 ATP。离子泵分解 ATP 为 ADP，利用高能磷酸键储存的能量，完成物质的跨膜转运。由于离子泵有分解 ATP 的能力，又称为 ATP 酶。

哺乳类动物细胞上最常见的离子泵为钠-钾泵(sodium-potassium pump)，或钠泵(sodium pump)，也称钠/钾-ATP 酶(Na^+-K^+-ATPase)(图 2-8)。细胞内 Na^+ 浓度增多或细胞外 K^+ 浓度增多，均可激活钠泵，分解 ATP。每分解 1 分子 ATP，可以泵出 3 个 Na^+，同时泵入 2 个 K^+，从而维持细胞内较高的 K^+ 浓度(约为细胞外的 30 倍)和细胞外较高的 Na^+ 浓度(约为细胞内的 10 倍)，维持细胞内外的不均衡离子分布。钠泵由 α-和 β-两个亚单位组成。α-亚单位相对分子质量约为 100kD，具有多个跨膜结构域，转运 Na^+、

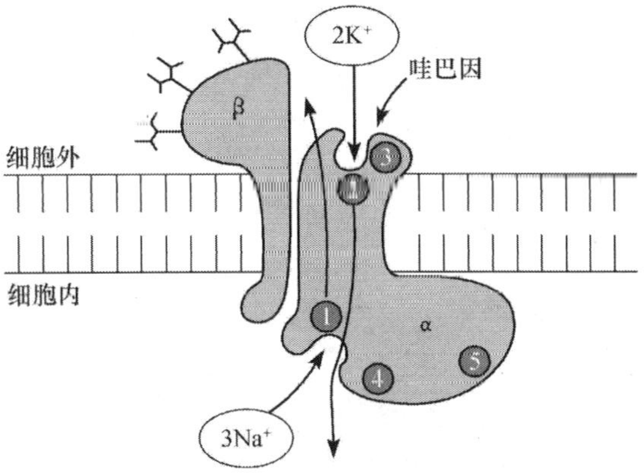

图 2-8　钠泵功能活动示意图

钠结合位点①、ATP 磷酸化位点④及 ATP 结合位点⑤位于 α 亚单位细胞内侧；

钾结合位点②和哇巴因结合位点③位于 α 亚单位细胞外侧

K^+ 和分解 ATP 的部位均在 α-亚单位上；β-亚单位相对分子质量约为 50kD，只有 1 个跨膜结构域，作用还不很清楚。哇巴因(ouabain)是一种钠泵的特异性抑制剂。

钠泵活动具有重要的生理意义：①钠泵活动造成的细胞内高 K^+ 是细胞内许多代谢反应的必需条件。②钠泵活动所造成的膜内外 Na^+ 和 K^+ 的不均衡分布，可建立离子势能储备，在特定条件下，Na^+ 和 K^+ 通过各自的离子通道顺电化学梯度被动转运，从而产生各种形式的生物电现象。③钠泵活动可维持细胞内渗透压和细胞容积的相对稳定，防止由于细胞外大量 Na^+ 进入，而引发水分子进入细胞内，导致细胞肿胀、死亡。④钠泵活动可维持细胞内 pH 的稳定。⑤钠泵活动可以维持胞浆内较低的钙离子浓度。⑥钠泵活动是生电性的，因此参与静息电位的产生。⑦钠泵活动造成的膜两侧 Na^+ 的浓度差是许多其他物质继发性主动转运(葡萄糖、氨基酸的主动吸收)的动力。

另一种较常见的离子泵是钙泵(calcium pump)，又称 Ca^{2+}-ATP 酶。它广泛分布于细胞膜、内质网膜和肌质网膜。细胞内 Ca^{2+} 浓度升高，可刺激钙泵分解 ATP，逆浓度差将胞质内 Ca^{2+} 转运至胞外或内质网及肌质网等细胞器储存起来，从而维持胞质内 Ca^{2+} 浓度在 0.1μM 左右，该水平仅为细胞外液 Ca^{2+} 的万分之一，这对维持细胞的正常生理功能具有重要意义。

3）继发性主动转运

继发性主动转运指物质分子逆电化学梯度转运时，所需要的能量不是直接来自 ATP 的分解，而是来自钠泵活动所造成的膜内外 Na^+ 的势能储备。Na^+ 顺浓度差跨膜转运所释放出来的势能，可用于其他物质逆浓度差的跨膜转运。因此，继发性主动转运的能量是间接来源于 ATP，而直接来源于的钠泵所造成的膜内外 Na^+ 的高势能。继发性主动转运通常由称为转运体(transporter)的膜整合蛋白完成，他们对所转运的物质具有结构特异性、饱和现象和竞争抑制现象。通常存在两种不同的转运体，一种转运体如果只能转运一种分子，称为单一转运体(uniport carriers)；另一种转运体是同时可以转运两种或两种以上的分子，称为共同转运体(cotransporters)。如果被转运的离子或分子与 Na^+ 转运的方向相同，称为同向转运(symport)，其载体称为同向转运体(symporter)；如果被转运的离子或分子与 Na^+ 转运的方向相反，称为反向转运(antiport)或交换(exchange)，其载体称为反向转运体(antiporter)或交换体(exchanger)(图 2-9)。继发性主动转运见于葡萄糖和氨基酸在小肠黏膜上皮细胞的吸收以及在肾小管上皮细胞的重吸收，神经递质在突触间隙被重摄取的过程以及甲状腺细胞的聚碘作用。

图 2-10 是小肠黏膜及肾小管上皮细胞的 Na^+-葡萄糖同向转运(Na^+-glucose symport)和 Na^+-氨基酸同向转运(Na^+-amino acid symport)过程。该同向转运系统可有效地逆浓度差吸收葡萄糖和氨基酸。人小肠 Na^+-葡萄糖同向转运体(Na^+-glucose symporter)，又称为 Na^+-依赖的葡萄糖转运体(Na^+-dependent glucose transporter，SGLT)，由 664 个氨基酸组成，具有 14 个跨膜结构域。另一种转运体是位于小肠黏膜及肾小管上皮细胞的 Na^+-耦联的磷酸盐转运体家族(Na^+-coupled phosphate transporters，NaPi)，该转运体有 6～8 个跨膜段，含有 460～690 个氨基酸。

最重要的反向转运是广泛分布于细胞膜上的 Na^+/H^+ 交换和 Na^+/Ca^{2+} 交换系统。Na^+/H^+ 交换体的主要作用是维持细胞内 pH 及清除细胞代谢产物。该系统被激活时，

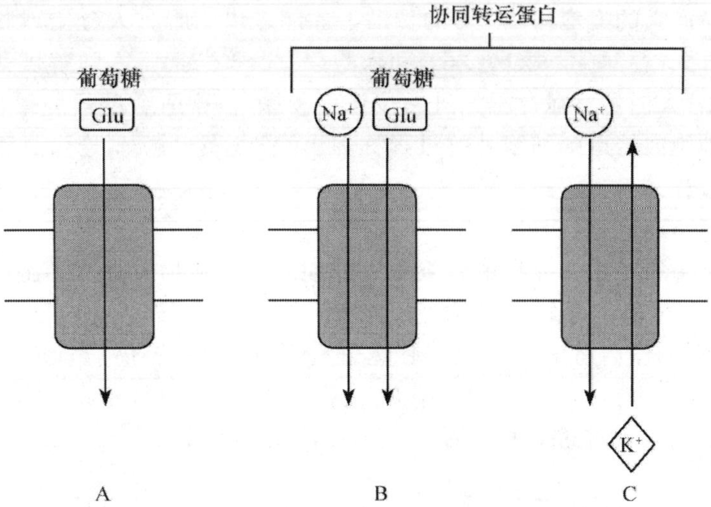

图 2-9　经载体介导的继发性主动转运示意图

A. 单向转运体只转运一种底物；B. 同向转运体转运两种或多种同方向的底物穿过细胞膜；C. 反向转运体转运不同方向的底物

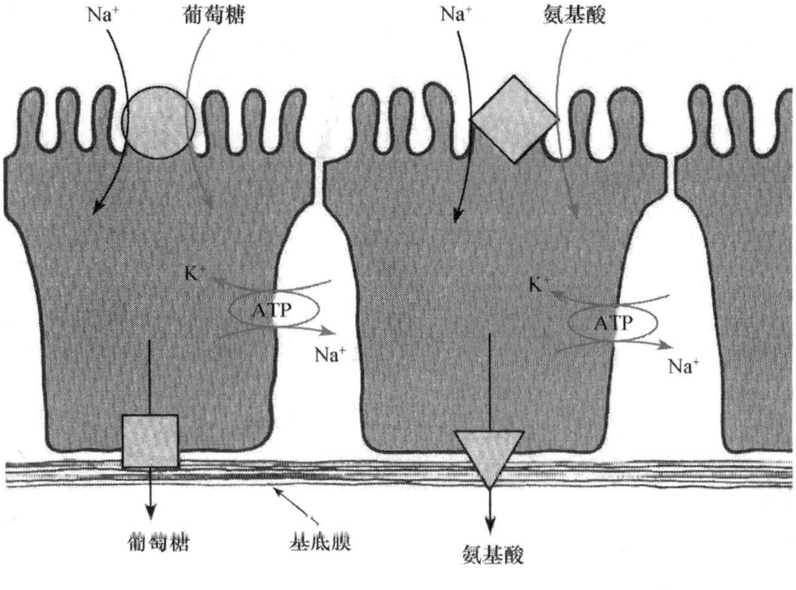

图 2-10　Na^+ 葡萄糖和 Na^+ 氨基酸继发性主动转运示意图

进入细胞内的 Na^+ 与排出的 H^+ 数目相等，方向相反，因此是等电系统(electroneutral system)。Na^+/Ca^{2+} 交换体主要作用是利用膜内外 Na^+ 的浓度差将细胞内 Ca^{2+} 转运到细胞外，与钙泵共同维持细胞内较低的 Ca^{2+} 浓度。由于每 3 个 Na^+ 进入细胞内的同时，可使 1 个 Ca^{2+} 转运到细胞外，因而 Na^+/Ca^{2+} 交换系统是生电系统(electrogenic system)。

（三）囊泡转运(vesicular transport)

大分子物质或物质团块不能在膜蛋白质的帮助下通过离子通道或载体进出细胞，因此需要在细胞膜产生的囊泡(vesicle)的帮助下才能进出细胞。大分子或物质进入细胞内主要通过两种方式:吞噬(phagocytosis)和入胞(endocytosis)。吞噬曾被认为是入胞的一种方式,但是随着人们对吞噬过程的进一步认识和深入,这两个过程是截然不同的。而大分子或物质从细胞内转运到细胞外的过程称为出胞(exocytosis),这个过程基本上可以认为是入胞的反过程。

1. 吞噬(phagocytosis)

吞噬指的是由肌动蛋白介导的将细胞外的细菌或其他物质吞入细胞内形成一个吞噬体(phagosome)的过程。这个吞噬体然后从细胞膜上解离,进入到细胞内与细胞内的溶酶体融合,通过酶的作用将细菌消灭。吞噬过程需要 ATP 提供能量用于细胞骨架的移动和囊泡在细胞内的转运。在人类,吞噬过程发生在一种特定的白细胞即吞噬细胞(phagocytes),这种细胞能够特异性吞噬细菌和其他异体蛋白。如图 2-11 所示。

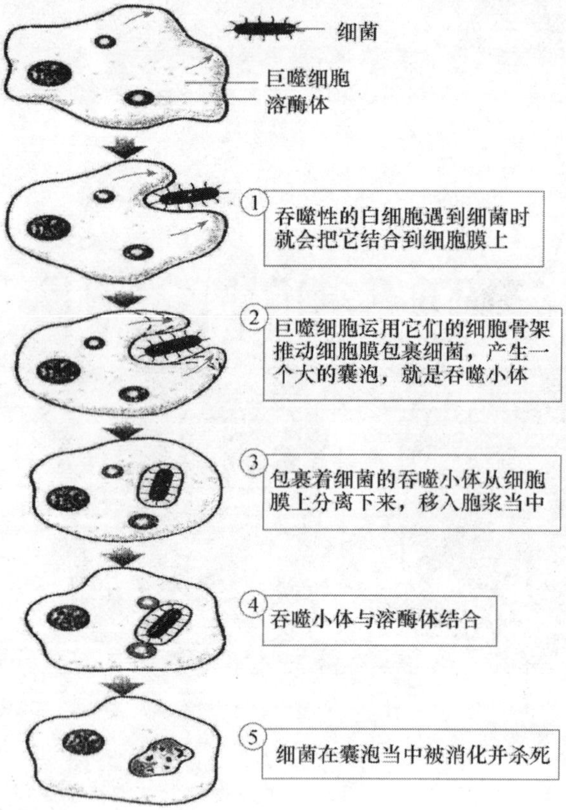

图 2-11　吞噬过程示意图

2. 入胞(endocytosis)

入胞,作为大分子或物质进入细胞内的另一种方式,与吞噬的区别在于,在入胞过程中,细胞膜内陷而不是向细胞外突出,而且形成的囊泡相对较小。而且,某些入胞过程是连续的,也就是说,这个过程是非常重要的一个功能,所以才能经常发生。相反地,吞噬过程必须在有异物侵入时才能被激发。

入胞也是一个主动的转运过程，需要 ATP 直接提供能量。它可以是非选择性的，允许细胞外的液体进入细胞内，这个过程称为吞饮(pinocytosis)，也可以是高度选择性的，只允许特定的分子进入到细胞内。两种方式的入胞需要配体与膜受体蛋白的结合：受体介导式入胞(receptor-mediated endocytosis)和胞饮(potocytosis)。

1）受体介导式入胞(receptor-mediated endocytosis)

受体介导式入胞发生在特定的细胞膜称为网格蛋白包被的凹陷部位(clathrin-coated pits)，这个部位的细胞膜内侧含有较高浓度的网格蛋白(clathrin)，如图 2-12 所示。首先，要进入到细胞内的细胞外的配体与膜上的受体相结合，受体-配体复合物在细胞膜上移行到衣被凹陷的部位。细胞膜内陷，继而从细胞膜上脱落形成细胞内的囊泡。网格蛋白从囊泡上脱离，重新回到细胞膜上再利用。囊泡内的配体和受体发生分离后，将配体包裹形成一个内吞体(endosome)。内吞体或者与溶酶体结合，灭活掉配体，或者与高尔基体结合，进行配体的再加工。同时，受体能够被通过膜的再循环过程(membrane recycling)重新被利用。含有受体的囊泡向细胞膜移动，继而与细胞膜融合，通过出胞的方式囊泡膜能够被重新整合到细胞膜上。在整个过程中，细胞膜的胞浆侧没有发生任何改变，而细胞膜的外表面是囊泡膜的内侧。许多重要的大分子物质(激素、生长因子、血清转运蛋白)以及外来异物都是以此方式进入细胞的。

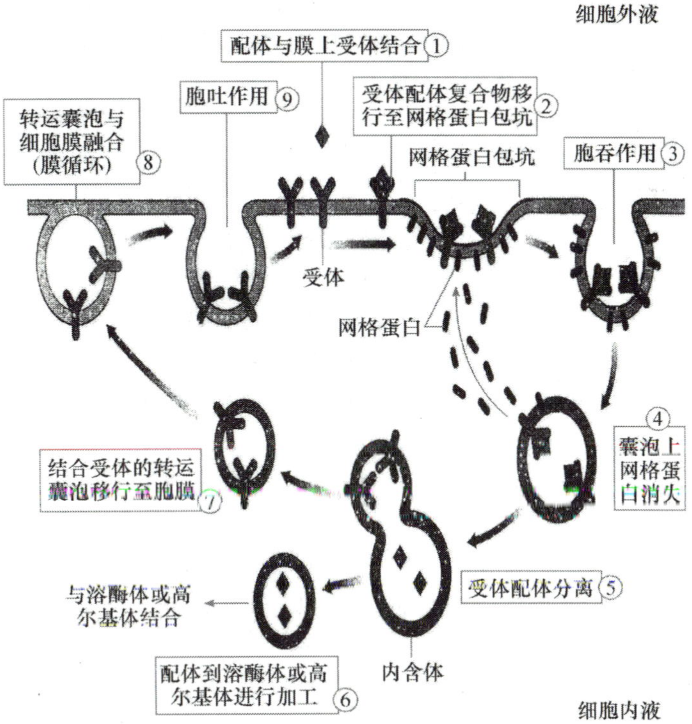

图 2-12　受体介导式入胞

2）胞饮(potocytosis)和细胞质膜微囊(caveolae)

胞饮与受体介导式入胞的主要区别在于，胞饮是通过细胞膜上的细胞质膜微囊

(caveolae)将受体结合的配体转运到细胞内，而不是通过网格蛋白包被的细胞膜凹陷。细胞质膜微囊指的是由细胞膜的脂质双分子层，膜受体和小窝蛋白(caveolin)构成的一个区域。在许多细胞上，细胞质膜微囊是一个小的向内凹陷的结构，由此而得名。

细胞质膜微囊具有以下功能：能够内吞一些小分子，帮助一些大分子物质通过毛细血管的内皮细胞，并且能够参与细胞的信号转导过程。细胞质膜微囊参与一些疾病的过程，包括病毒和寄生虫感染。两种形式的肌营养不良症(muscular dystrophy)都与小窝蛋白的异常相关。

3. 出胞(exocytosis)

出胞与入胞的过程正好相反，细胞内的囊泡与细胞膜融合，将其内容物排出细胞外的过程。细胞利用出胞过程，能够排出一些大的水溶性的分子，如细胞合成的一些蛋白质和溶酶体内的一些废物(图 2-12)。出胞的过程需要有两类蛋白的协助：Rabs 蛋白——帮助囊泡锚定在细胞膜上和 SNAP 受体蛋白(SNAP receptors，或称为 SNAREs))——帮助细胞膜的融合。出胞过程的触发总是由细胞内钙离子浓度的增加引起的。钙离子与细胞内的钙敏感蛋白结合后能够促使分泌囊泡向细胞膜移动，进而锚定和融合。当融合的细胞膜开放后，囊泡的内容物就会排放到细胞外。出胞过程和入胞一样，需要 ATP 直接提供能量。

出胞有两种方式，一种是大分子物质持续不断地排出细胞，如小肠黏膜杯细胞(goblet cell)持续分泌黏液的过程。另一种是细胞合成的大分子物质先储存在分泌囊泡内，只有当特定的细胞外刺激信号到达时，囊泡才与细胞膜融合，释放其分泌物，如许多激素、神经递质及消化酶的分泌。

Summary

- Protein and lipid are the two major components of the plasma membrane of a cell.
- Lipid-soluble solutes cross membrane by simple diffusion.
- Protein-mediated transport may occur by facilitated transport or by active transport.
- Facilitated transport can only transport a substance down the gradient of concentration or electrical potential. Carrier-mediated transport and voltage-gated transport are the two forms of facilitated transport systems.
- Active transport uses metabolic energy to transport substance against its gradient. Primary active transport proteins are directly linked to metabolic energy, most commonly by phosphorylation by ATP. Secondary active transport is driven by the concentration gradient of another actively transported solute, most frequently Na^+ ions.
- The Na^+/K^+-ATPase is an example of primary active transport, and Na^+-coupled glucose transport is an example of secondary active transport.
- Macromolecules cross the plasma membraneby phagocytosis, endocytosis and exocytosis.

Key Terms

fluid mosaic model, simple diffusion, facilitated diffusion via carrier protein, facilitated diffusion via channel protein, voltage-gated ion channel, ligand-gated ion channel, active transport, primary active transport, secondary active transport, Na^+-K^+-ATPase, symport, antiport or exchange, phagocytosis, endocytosis, receptor-mediated endocytosis, potocytosis, caveolae, exocytosis

Review Questions

1. Define each term

1) Fluid mosaic model; 2) Simple diffusion; 3) Facilitated diffusion; 4) Active transport; 5) Sodium-potassium pump

2. Choose the best answer

1) Which of the following would occur as a result of the inhibition of Na^+/K^+-ATPase?

(A) Increased intracellular K^+ concentration

(B) Decreased intracellular Na^+ concentration

(C) Increased intracellular Ca^{2+} concentration

(D) Increased Na^+-glucose cotransport

2) ATP is used indirectly for which of the following processes?

(A) Transport of Na^+ from intracellular to extracellular fluid

(B) Transport of K^+ from extracellular to intracellular fluid

(C) Absorption of glucose by intestinal epithelial cells

(D) Accumulation of Ca^{2+} by the sarcoplasmic reticulum

3) Which is the correct type of transport responsible for the transport of D-and L-glucose proceeds at the same rate down an electrochemical gradient?

(A) Simple diffusion

(B) Facilitated diffusion

(C) Primary active transport

(D) Countertransport

4) The absorption of glucose in the small intestine belongs to

(A) Simple diffusion

(B) Facilitated diffusion

(C) Active transport

(D) Endocytosis

3. Fill in the blanks

1) The two major components of the plasma membrane of a cell are ________ and ________.

2) The movement of large molecules is carried out by ________ and ________.

3) The mechanisms for the rapid movement of ions and solute molecules across the plasma membrane are ________ and ________.

4) The characteristics of facilitated diffusion via carrier protein include ________, ________ and ________.

5) According to the gating mechanisms, ion channels can be classified into ________ and ________.

6) The direct use of metabolic energy to carry out transport defines a ________.

4. Answer the following question

1) How does phagocytosis differ from endocytosis?

2) Name the two membrane protein families associated with endocytosis.

3) Which kinds of particles pass through open channels?

4) Name three ways channels differ from carriers.

5) If a channel is lined with amino acids that have a net positive charge, which of the following ions is/are likely to move freely through the channel? Na^+, Cl^-, K^+, Ca^{2+}

6) Why doesn't glucose cross the cell membrane through open channels?

7) Compare the difference between simple diffusion and carrier proteins mediated facilitated diffusion.

第二节 细胞膜的跨膜信号转导

Section 2 Cellular Transmembrane Signal Transduction

Section Outline

- Signal transduction mediated by G-protein coupled receptor
  —Signal molecules involved in G protein coupled receptor-mediated signal transduction
  —GPCR-mediated signal transduction pathway
- Signal transduction mediated by ion channel-coupled receptor
- Signal transduction mediated by tyrosine kinase receptor
- Signal transduction mediated by integrin receptor

机体内各种细胞间的信息传递是维持机体正常功能最基本的生物学机制之一。细胞之间的信息交换主要是通过各种信号物质实现的,这些物质包括激素、神经递质、代谢产物、气体、离子以及各种化学或物理因子(如光、电和机械信号)。有一些信号物质,如类固醇激素,可通过扩散直接进入细胞,与胞浆或细胞核内受体结合,影响某些基因转录。然而,大多数信号物质不能通过细胞膜,它们首先与靶细胞膜上的特异性受体结合,再通过受体构象的改变或磷酸化等过程,经跨膜的和细胞内的信号转导级联反应,产生各种生物学效应。细胞膜上的受体可以分成四类:受体-通道(receptor-channels),受体-酶(receptor-enzymes),G-蛋白耦联受体(G-protein-coupled receptors)和整联蛋白受体(integrin receptors)。信号转导(signal transduction)指的是细胞外的信号分子通过激活细胞膜上的受体,然后反过来产生细胞内的一些信号分子从而引起细胞产生反应的过程。细胞外的信号分子称为第一信使(first messenger),形成的细胞内的信号分子称为第二信使(second messenger)。因此,跨膜信号转导的路径大致可分为以下四类:G 蛋白耦联受体介导的信号转导、离子通道受体介导的信号转导、酶耦联受体介导的信号转导和整联蛋白受体介导的信号转导,如图 2-13 所示。

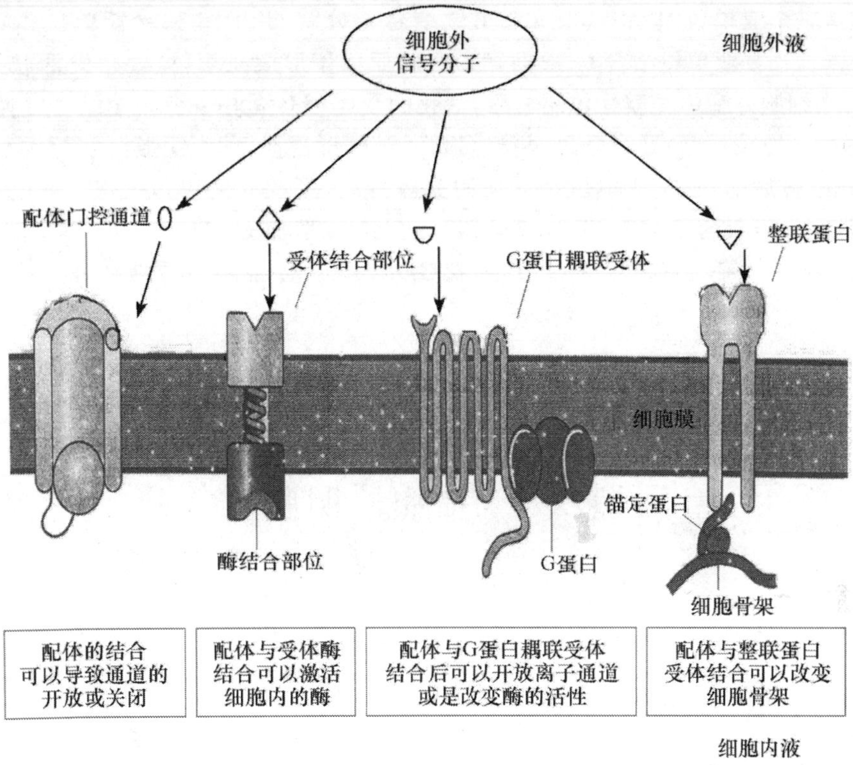

图 2-13 四种膜受体介导的跨膜信号转导

一、G 蛋白耦联受体介导的信号转导(Signal Transduction Mediated by G-protein Coupled Receptor)

大多数激素、生长因子、神经递质和其他信号物质通过 G 蛋白耦联受体介导的信号转导途径，实现对细胞功能的影响。

(一) 参与 G 蛋白耦联受体介导的信号转导过程的信号分子(signal molecules involved in G-Protein coupled receptor-mediated signal transduction)

参与该途径的信号分子包括 G 蛋白耦联受体、G 蛋白、G 蛋白效应器和第二信使等。

1. G 蛋白耦联受体(G-protein coupled receptor, GPCR)

G 蛋白耦联受体是最大的细胞表面受体家族，包括肾上腺素能 α 和 β 受体、γ-氨基丁酸 B 型受体、5-羟色胺受体、嗅觉受体、味觉受体、视紫红质受体以及多数肽类激素的受体等，总数超过 1000 种。这些受体由结构和功能相似的多肽链构成。每条多肽链由 7 个跨膜节段组成，其胞外侧和跨膜节段内部有配体结合位点，胞质侧有与 G 蛋白结合的位点。激素等物质与配体结合位点结合后，通过受体分子构象改变，将信息传递给胞质内调节位点，结合并激活 G 蛋白。

2. G 蛋白(C protein)

G 蛋白指分子结构中有特异的 GTP 结合位点，而且其活性受 GTP 调控的膜蛋白。

它由α、β、γ三个亚单位组成，其中α亚单位结合并分解GTP，β和γ亚单位组成稳定、紧密的二聚体。当α亚单位结合GDP时，它与βγ亚单位形成三聚体，处于失活状态(失活型G蛋白)。当细胞外配体与膜受体结合后，活化的受体与G蛋白α亚单位结合并使之构象发生变化，导致α亚单位与GDP分离，并与GTP结合，形成激活型G蛋白(图2-14)。α亚单位与GTP结合后即与βγ亚单位和活化的受体分离，形成α亚单位-GTP和βγ亚单位两部分，它们进一步激活膜的G蛋白效应器，通过第二信使完成信号转导。α亚单位具有GTP酶活性，可分解与它结合的GTP生成GDP，并与βγ亚单位重新结合，形成失活型G蛋白，从而终止信号转导。

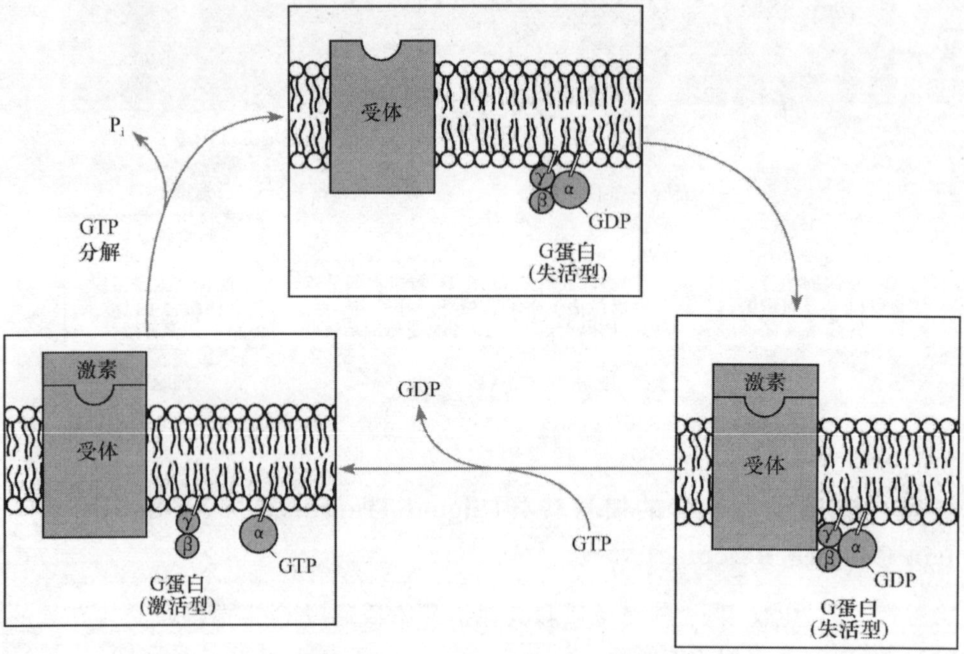

图2-14 G蛋白的激活和失活

3. G蛋白效应器(G protein effectors)

G蛋白效应器指催化生成或分解细胞内第二信使物质的酶。主要的G蛋白效应器是腺苷酸环化酶(adenylyl cyclase，AC)，磷脂酶C(phospholipase C，PLC)，磷脂酶A_2(phospholipase A_2，PLA_2)和磷酸二酯酶(phosphodiesterase，PDE)。

4. 第二信使(second messenger)

第二信使指细胞外信号物质作用于细胞膜后产生的细胞内信号分子，它们可把细胞外的信息传递到细胞内。较重要的第二信使有：环-磷酸腺苷(cyclic adenosine monophosphate，cAMP)，三磷酸肌醇(inositol triphosphate，IP_3)，二酰甘油(diacylglyceral，DG)，环-磷酸鸟苷(cyclic guanosine monophosphate，cGMP)和Ca^{2+}。它们主要作用于各种蛋白激酶和离子通道，调节细胞功能活动。参与G蛋白耦联受体介导的信号转导的第二信使及其作用见表2-1。

表 2-1 参与 G 蛋白耦联受体介导的信号转导的第二信使及其作用

SENCOND MESSENGER	ACTION	EFFECTS
Ions		
Ca^{2+}	Binds to calmodulin Binds to other proteins	Alters enzyme activity Exocytosis, muscle contraction, cytoskeleton movement, channel opening
Nucleotides		
cAMP	Activates protein kinases, especially protein kinase A Binds to ion channels	Phosphorylates proteins Alters channel opening
cGMP	Activates protein kinases, especially protein kinase G Binds to ion channels	Phosphorylates proteins Alters channel opening
Lipid-derived		
IP_3	Releases Ca^{2+} from intracellular stores	Ca^{2+} effects
DG	Activates protein kinase C	Phosphorylates proteins

（二）G 蛋白耦联受体介导的信号转导的主要途径（GPCR-mediated signal transduction pathway）

G 蛋白耦联受体介导的信号转导途径主要有：G 蛋白介导的腺苷酸环化酶体系和 G 蛋白介导的磷脂酶 C 体系。

1. 受体-G 蛋白-AC 途径（receptor-G protein-AC pathway）

参与这一途径的 G 蛋白包括 Gs 和 Gi 两种。许多肽类激素和儿茶酚胺类物质与细胞膜 G 蛋白耦联受体结合后可迅速提高细胞内 cAMP 浓度。介导这一过程的 G 蛋白称为 Gs（stimulatory G protein）。激活型的 Gs 可激活腺苷酸环化酶，后者是一大分子跨膜蛋白质，可分解细胞内 ATP 生成第二信使物质 cAMP。另有一些激素与细胞膜受体结合后，激活另一类具有不同 α 亚单位结构的 G 蛋白（Gi，inhibitory G protein），抑制腺苷酸环化酶的活性，从而降低细胞内 cAMP 浓度。

cAMP 是第一个被发现且分布最广泛的第二信使物质，主要激活蛋白激酶 A（protein kinase A，PKA），并通过蛋白激酶催化底物（酶、离子通道、转录因子等）磷酸化，实现信号转导功能。此外，cAMP 也可不经蛋白激酶，直接结合并改变离子通道的活性。

蛋白激酶 A 由两个催化亚单位和两个调节亚单位组成，其酶的活性位于催化亚单位上。当细胞内 cAMP 处于低水平时，调节亚单位与催化亚单位结合，形成失活型四聚体（图 2-15）。当细胞内 cAMP 升高，每个调节亚单位结合两分子 cAMP，然后与催化亚单位分离，使后者具有活性。催化亚单位可催化底物蛋白磷酸化，从而产生一系列生物学反应。

2. 受体-G 蛋白-PLC 途径（receptor-G protein-PLC pathway）

有些 G 蛋白耦联受体与配体结合后，激活另一类称为 Gq 的 G 蛋白，由其 α 或 βγ 亚单位激活磷脂酶 C。磷脂酶 C 进一步水解膜脂质中的二磷酸磷脂酰肌醇（phosphatidylinositol-4,5-bisphosphate，PIP_2）生成二酰甘油（DG）和三磷酸肌醇（IP_3）两种第二信使物质。二酰甘油在膜内积聚后，可激活 Ca^{2+} 和膜磷脂依赖性蛋白激酶 C（protein kinase C，PKC），

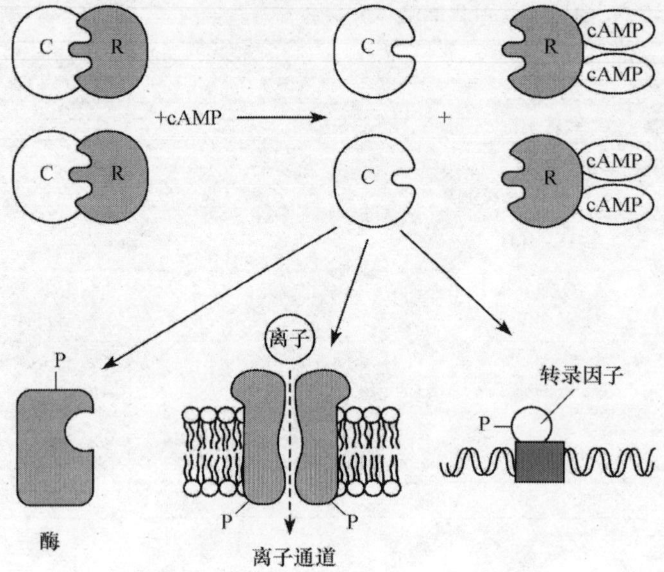

图 2-15 蛋白激酶 A 的激活及功能示意图

R. 调节亚单位；C. 催化亚单位；P. 磷酸基因

蛋白激酶 C 可进一步使下游靶蛋白磷酸化，产生生物学效应，如细胞增殖。三磷酸肌醇可激活其门控的内质网或肌质网的 Ca^{2+} 释放通道（IP_3-gated calcium release channel），释放 Ca^{2+} 入胞质。胞质内 Ca^{2+} 浓度升高可激活 Ca^{2+}-依赖的酶，完成细胞内信号转导功能（图 2-16）。

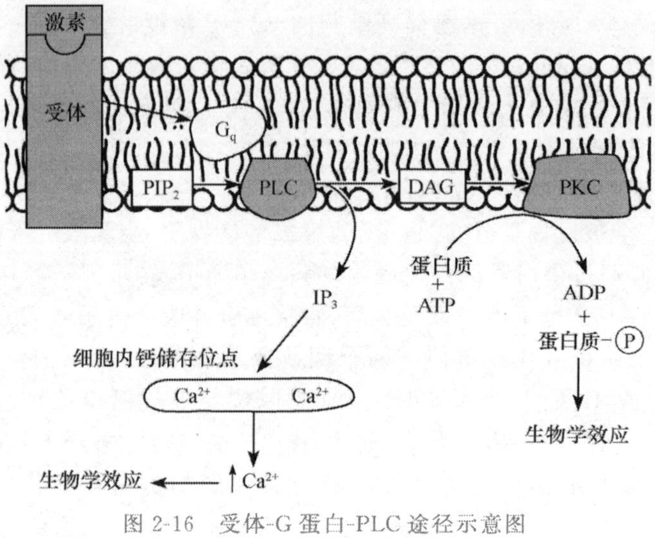

图 2-16 受体-G 蛋白-PLC 途径示意图

二、离子通道受体介导的信号转导（Signal Transduction Mediated by Receptor-Channels）

离子通道受体由多个跨膜亚单位组成，这些亚单位围绕形成“孔道”结构。受体激活后，离子通道蛋白质发生构象改变，使通道开放，离子进出细胞，由于这种受体直接操纵离子通道的开关，因此大都介导快速的信号转导。根据通道对离子的选择性，离子通道受体分成阳离子通道受体（N 型乙酰胆碱受体、谷氨酸受体等）和阴离子通道受体（γ-氨基丁酸 A 型受体、甘氨酸受体等）。N 型乙酰胆碱受体位于神经-肌肉接头处的骨骼肌终板膜上，乙酰胆碱受体结合乙酰胆碱后，构象发生改变，通道开放，导致 Na^{+} 和 K^{+} 经通道跨膜流动，使终板膜发生兴奋性局部电变化，并将信号传播至整个肌细胞膜，引发肌细胞收缩，从而完成乙酰胆碱的跨膜信号转导。γ-氨基丁酸 A 型受体主要位于神经元细胞膜上，由 5 个亚单位组成，与配体结合后，通道构象发生改变，导致氯通道开放，Cl^{-} 跨膜流动，产生抑制性突触后电位，抑制神经元活动。

除细胞外的信使物质，一些细胞内的信使物质如 cAMP、cGMP、IP_3 等，可激活位于细胞内各种膜结构上的受体，通过离子跨膜流动，改变细胞内离子浓度，如前述的 IP_3-门控的 Ca^{2+} 通道。

三、酶耦联受体介导的信号转导（Signal Transduction Mediated by Receptor-Enzymes）

细胞膜的酶耦联受体通常具有两个组成部分：细胞膜外侧的与配体结合的受体部分和细胞膜内侧的具有酶功能的部分。有些膜蛋白同时具有与配体结合的受体部分和酶的功能，而有些膜蛋白仅仅具有与配体结合的受体部分，而与它相连的另一个蛋白质则具有酶的功能。当细胞外的配体与受体结合后，能够激活这个蛋白的酶部分。参与酶耦联受体介导的信号转导过程的受体有酪氨酸蛋白激酶受体（tyrosine kinase receptor），酪氨酸蛋白激酶相关受体（tyrosine kinase associated receptor）和鸟苷酸环化酶受体（guanylyl cyclase receptor）。

酪氨酸激酶受体通常只有一个跨膜 α 螺旋，其配体结合位点位于细胞外侧，而胞质侧为具有酪氨酸激酶的结构域，即受体与酶是同一个蛋白分子。酪氨酸激酶受体与配体结合后，其分子构象发生改变，两个酪氨酸激酶受体聚合形成二聚体（dimer），激活位于细胞内的酪氨酸激酶。酪氨酸激酶进一步磷酸化效应器蛋白的酪氨酸残基，从而改变与细胞增生、分化有关的因子和其他信号介导体系的组成因子的活性，将细胞外的信息传递到细胞内部。这种跨膜信号转导途径没有 G-蛋白及第二信使参与。许多激素、生长因子及细胞因子通过结合具有酪氨酸激酶活性的受体，完成信息传递功能。而酪氨酸蛋白激酶相关受体的膜内侧没有酪氨酸激酶的结构域，当它被激活后，能够与胞浆内的酪氨酸激酶相结合并激活它。如干扰素、白介素、生长激素、催乳素和促红细胞生成素的受体均属于这一类型。

鸟苷酸环化酶受体通常也只有一个跨膜 α 螺旋，其配体结合位点位于细胞外侧，当它被激活后，其胞内段能够激活细胞浆中的鸟苷酸环化酶，进而会促使 GTP 转化成 cGMP，胞浆中 cGMP 浓度迅速提高，能够激活蛋白激酶 G，使得特定的蛋白质磷酸化，从而产生一定的生理学效应，如心房钠尿肽的受体就属于这一类型。

四、整联蛋白受体介导的信号转导（Signal Transduction Mediated by Integrin Receptor）

整联蛋白（integrins）是细胞与细胞外基质连接的一种细胞连接蛋白（cell adhesion proteins,CAM),它能够与细胞外的信号分子相结合,然后将信息传递到细胞内。它与血液凝固、伤口修复、免疫反应的细胞黏附和识别以及发育过程中细胞的移动等功能密切相关。细胞外基质(extracellular matrix),通常又称为基质(matrix),是由细胞合成和分泌的细胞外物质。以前认为,细胞外基质是没有功能的一类物质,只是将细胞连接在一起的一个结构,但是,随着研究的进展,细胞外基质在许多生理过程中都发挥着非常重要的作用。一些疾病,像心衰和癌细胞的转移,就是因为细胞外基质产生过多或细胞外基质的破坏所致。细胞外基质主要包含两种成份:黏蛋白(proteoglycans)和不溶性的蛋白纤维(insoluble protein fibers)。黏蛋白是一种糖蛋白,不溶性的蛋白纤维包括胶原(collagen),纤连蛋白(fibronectin)和层黏连蛋白(laminin)。在细胞膜外侧,整联蛋白受体能够与细胞外基质或者配体如抗体或参与血液凝固的分子相结合。在细胞内,整联蛋白通过锚定蛋白(anchor proteins)与细胞骨架相连,配体与整联蛋白的结合使其能够激活细胞内的酶类或者改变细胞骨架的组构。一种血小板上缺乏整联蛋白受体的遗传性疾病会导致这些病人凝血功能障碍。

细胞的跨膜信号转导途径的基本过程归纳如下:

☆细胞外的信号分子与膜受体结合并激活膜受体。

☆激活的细胞膜受体进一步激活相关的蛋白质。这些蛋白质可能是:

- 激活蛋白激酶,能够使一些特定的蛋白质磷酸化,从而产生生物学效应。
- 激活细胞内的一些酶类,产生第二信使。

☆第二信使进一步产生一些作用:

- 改变离子通道的通透性。
- 增加细胞内钙离子的浓度。
- 改变细胞内酶的活性,如蛋白激酶和磷酸酯酶。

☆钙离子结合的和磷酸化的蛋白质最终能导致如下反应:

- 代谢酶。
- 肌肉收缩和细胞骨架运动的运动蛋白。
- 参与基因活动和蛋白质合成的蛋白质。
- 细胞膜的转运蛋白和受体蛋白。

Summary

- A large number of regulatory substances exert their effects on cellular processes via a relatively small number of signal transduction processes.
- G proteins serve as intermediaries between a receptor that has been activated by binding an agonist and the enzymes and ion channels that are activated by agonist binding.
- An increased level of second messengers increases the activity of a second messenger-dependent protein kinase, such as cAMP-dependent protein kinase, cGMP-dependent protein kinase, or protein kinase C.
- The ion channel-coupled receptors help regulate the intracellular concentration of specific ions.
- Some membrane receptors are protein kinases that are activated directly by binding of

the agonist.

Key Terms

signal transduction, receptor-G protein-AC pathway, receptor-G protein-PLC pathway, second messenger

Review Questions

1. Define each term

1) Signal transduction; 2) Second messengers; 3) Integrin

2. Choose the best answer

1) Second messengers do not include

(A) cAMP

(B) PIP_2

(C) IP_3

(D) DAG

2) The major role of cAMP is activating

(A) G protein

(B) Protein kinase A

(C) Adenylyl cyclase

(D) Protein kinase C

3) The second messengers cAMP and cGMP

(A) Activate the same signal transduction pathways

(B) Are generated by the activation of cyclases

(C) Activate the same protein kinase

(D) Can activate phospholipase C

3. Fill in the blanks

1) Second messengers ________ and ________ are generated by the hydrolysis of PIP_2.

2) cAMP activates an enzyme, ________, which in turn catalyzes the phosphorylation of various cellular proteins.

4. Answer the following question

1) Describe the generation of IP_3 and DAG and their intracellular signaling roles.

2) Describe the activation and inactivation of G protein.

3) Name the four categories of membrane receptors.

第三节　细胞的生物电现象
Section 3　Electrical Properties of the Cell

Section Outline

• Resting membrane potential

—Measurement of the membrane potential

—Ionic basis of the resting membrane potential

- Action Potential

—Action potential

—Ionic basis of action potential

—Initiation of the action potential

—Propagation of the action potential

- Excitation and Excitability

神经细胞的信号转导取决于跨膜电位快速变化，例如眼睛的视杆细胞能够非常敏感地对单个光子刺激产生电反应。身体内的全部细胞，在静息状态下细胞膜两侧均存在一个电位差，称为膜电位（membrane potential）或称作静息膜电位（resting membrane potential）。而在静息膜电位的基础上产生的一过性的电信号变化，例如动作电位（action potential）、感受器电位（receptor potential）以及突触电位（synaptic potential），是神经信号传导的基础。本节先讨论产生静息电位和动作电位的离子机制，而感受器电位、突触电位将在感觉器官和中枢神经系统中详细讨论。

一、静息电位（Resting Membrane Potential）

（一）膜电位的测量（measurement of the membrane potential）

如图 2-17 所示，玻璃微电极内冲灌浓的电解质溶液（3mol/L KCl），Ag/AgCl 细丝插入电极溶液，通过一个放大器连接到阴极射线示波器，示波器显示膜电位幅度的变化。因为电极尖端直径小于 1μm，不但可以插入细胞内而且损伤极小。当两个电极均位于细胞外，记不到任何电位差。当一个电极插入细胞内，示波器显示出一个向下的稳定的电位差，在绝大多数神经细胞，静息电位约 −65mV 左右。膜电位是由于电荷的跨膜分离（separation of charges across the cell membrane），膜外积聚较多的正电荷，膜内积聚较多的负电荷，这种状态称为极化（polarization）。以 Vm、Vin、Vout 分别代表膜电位、膜内电位和膜外电位，则 Vm＝Vin－Vout。通常膜外电位规定为零电位，所以膜电位等于负值的膜内电位，一般神经元的静息电位为－60～－70mV。

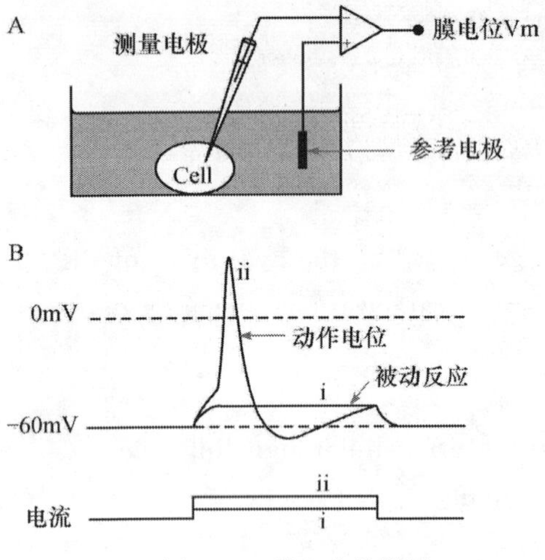

图 2-17 膜电位的测量

A. 测量装置；B. 细胞内注入正电流；i. 电流强度为阈下时诱发一个被动的去极化；ii. 阈上电流诱发一个动作电位

静息电位的产生是由于离子跨膜流动的结果。在静息状态下，细胞的这种内负外正的状态称为极化（polarization）。在静息电位的基础上，任何正电荷进入细胞内，减少外正内负的电荷分离的幅度，即膜内负电位绝对值的减少称为细胞膜的去极化(depolarization)。换言之,去极化是使膜电位从静息电位水平向零电位方向变化。相反,外正内负电荷分离的幅度进一步增大则称为细胞膜的超极化(hyperpolarization),通常有更多正电荷外流或负电荷内流。细胞膜电位发生去极化后再回复到静息电位的水平的过程称为复极化(repolarization)。

(二)静息电位产生的离子机制(ionic basis of the resting membrane potential)

静息电位产生的根本原因包含 3 个方面。

(1) 细胞膜内外离子分布不均,是静息电位产生的基础,如表 2-2 所示。细胞内以 K^+ 为主,细胞内 K^+ 的浓度为细胞外的 20～38 倍,细胞外以 Na^+ 为主,胞外 Na^+ 浓度是胞内的 9～12 倍。而氯离子主要与 Na^+ 一起,存在于细胞外液中,而细胞内的负离子为磷酸根离子和带负电荷的蛋白质。这种离子的分布不均,使膜内外存在离子浓度梯度(ionic gradient)。在一个静息活细胞,Na^+ 顺电化梯度通过非门控通道向细胞内扩散,K^+ 也顺化学梯度经非门控通道扩散至细胞外,这种 Na^+、K^+ 的被动性进出细胞,正好与 Na^+/K^+-ATPase 反方向的主动转运保持平衡,从而维持细胞内外离子的不均匀分布。

表 2-2 细胞内液和细胞外液中主要离子的浓度和电位

组织	离子浓度	细胞外液(mmol/L)	胞质(mmol/L)	平衡电位(mV)	静息电位(mV)
枪乌鲗大神经					−60
	Na^+	440	50	+55	
	K^+	20	400	−75	
	Cl^-	560	52	−60	
	有机负离子		385		
哺乳动物骨骼肌					−90
	Na^+	145	12	+67	
	K^+	4	155	−98	
	Cl^-	120	4	−90	
	有机负离子		155		

(引自 Kandel ER, Schwartz JH, Principles of Neural Science, 4th edition, 和 Schmidt RF, Thews G: Human Physiology, 1st edition)

(2) 静息时细胞膜只对 K^+ 有通透性　假设静息时细胞膜 K^+ 有通透性,而对其他离子都绝对没有通透性。而只有胶质细胞的细胞膜在静息的时候仅对 K^+ 有通透性,其静息电位约 −85mv。静息状态始终保持开放的通道称静息通道(resting channels)或非门控通道(non gated channels),又称为 K^+ 渗漏通道(K^+ leak channel)。在膜内外 K^+ 浓度梯度的化学驱动力(chemical driving force)的作用下,K^+ 顺浓度梯度由膜内向膜外扩散,随着扩散的进行,膜外积聚较多的正电荷,而膜内负离子被阻隔在膜的内表面,形成一个负离子层,由此产生外正内负的电位差(electrical potential diffenrence),而这一电驱动力(electrical driving force)随着 K^+ 外流的进行在逐渐增大,成为一个阻碍 K^+ 进一步外流的力量。当由浓度梯度产生促进 K^+ 外流的化学驱动力和阻止 K^+ 进一步向外扩散的和电驱动力在某一时间内达到大小相等,但方向相反,达到平衡时,K^+ 的净通量等于零,此时没有 K^+ 的跨膜移动,这时的跨膜电位称 K^+ 平衡电位(potassium equilibrium potential, E_k),如图 2-18。

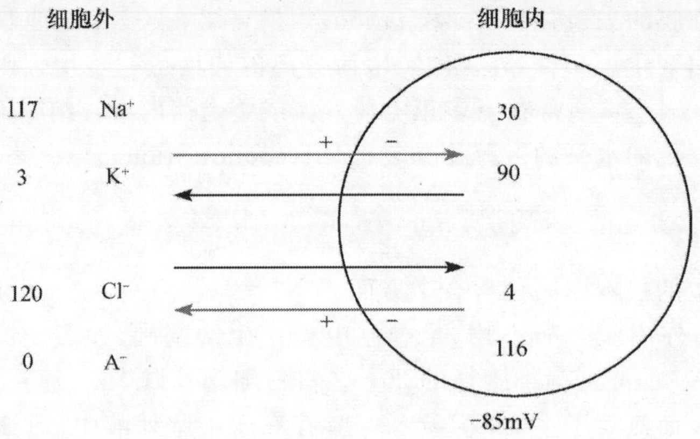

图 2-18 胶质细胞 K^+ 的平衡电位

E_k 可用 Nernst 方程式来计算

$$E_k = RT/ZF \cdot \ln[K^+]_0/[K^+]_i$$

式中，R 为气体常数(8.31Joules/Kelvin/mol)；T 为绝对温度(273＋T celcius)；Z 为离子的化合价；F 为 Farady 常数(96 500C/mol)。假定室温为 25°C，RT/ZF＝25mV，把自然对数转换成以 10 为底应乘以 2.3026，则为

$$E_k = 58\text{mV}\log[K^+]_0/[K^+]_i$$

关于静息电位的产生是由于细胞膜内外 K^+ 分布不均的假说是 Bernstein 在 1902 年提出，但他未能用实验加以证实。后来，Hodgkin 和 Huxley 在枪乌鲗巨大神经标本(squid axon)用电压钳(voltage clamp)方法作了证实。按 Nernst 方程，如果膜电位是 K^+ 平衡电位，因膜内外 K^+ 浓度之比为 40∶1，巨大神经纤维的膜电位应是－93mV。但是，实际测到的是－75～－65mV。Hodgkin 等通过改变细胞外液 K^+ 浓度，把实际测得的膜电位和 Nernst 方程计算所得的理论值加以比较，发现若把 K^+ 浓度对数做横坐标，膜电位为纵坐标，如图 2-19 所示，直线代表细胞外液 K^+ 浓度每改变 10 倍，直线的斜率为 58mV。但是，这一按照 Nernst 方程计算的斜率只有在细胞外液 K^+ 浓度较高的情况下

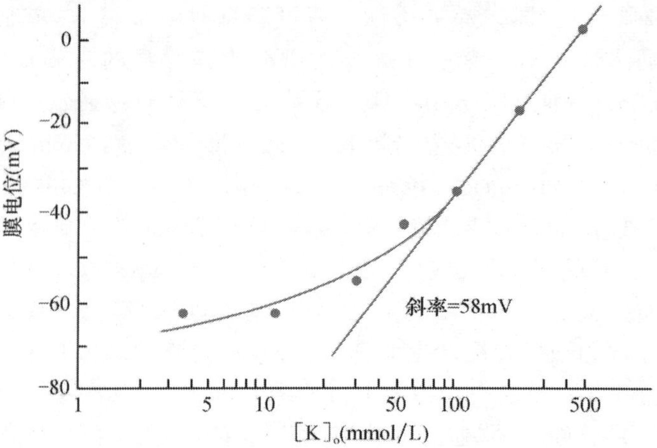

图 2-19 改变细胞外液 K^+ 浓度对膜电位的影响

是吻合的。当细胞外 K^+ 浓度降低时，斜率变得越来越小，实测值偏离直线，提示 K^+ 单独向外扩散并不是静息电位产生的唯一因素，可能还有其他离子参与。

（3）Na^+、Cl^- 通透性对静息电位的影响 从上述枪乌鲗巨大神经标本实验结果，我们的结论是：1902 年 Bernstein 的假说大致是正确的，静息电位值主要取决于膜内外 K^+ 浓度比值，但这不是唯一的决定因素。因为真实的情况是，静息细胞膜对 Na^+ 的通透性大约是 K^+ 通透性的 1/10 000，尽管 Na^+ 浓度差和电位差推动 Na^+ 内流驱动力很大。若起初膜电位在 E_k 水平，此时若少量 Na^+ 经非门控通道内流，引起膜轻度去极化而偏离 E_k，又驱动 K^+ 外流以对抗 Na^+ 内流，最后静息膜电位达一个新的水平，此时 K^+ 外流恰好与 Na^+ 内流相平衡。这一新的平衡电位约 −60mV，和 E_{Na}（+55mV）相差甚远，而和 E_k（−75mV）相比，膜内电位相对较正。

关于 Cl^- 通透性对静息电位的影响，一般认为，大多数神经细胞膜没有原发性 Cl^- 转运系统。因此，Cl^- 在膜两侧的分布是被动的，主要并不是由 Cl^- 决定膜电位，而是膜电位决定 Cl^- 在膜内外的分布，所以 E_{Cl^-} 总是非常接近静息电位。

总之，绝大多数细胞的 Na^+ 和 K^+ 平衡电位都不是其静息电位。因此静息细胞 Na^+ 和 K^+ 均不处在平衡状态，所以 Na^+ 和 K^+ 都经非门控通道而跨膜运动，但重要的是静息细胞膜主要对 K^+ 通透，在枪乌鲗巨大神经，$P_k/P_{Na}=1.0:0.04$，这就是静息电位接近 K^+ 平衡电位的原因。但是由于 Na^+ 和 K^+ 经过非门控通道的跨膜转运，胞内的 Na^+ 和 K^+ 浓度均发生改变，由此而激活 Na^+ 泵，Na^+ 泵活动的结果使 Na^+ 和 K^+ 以 3：2 比例转运，是生电性地转运，对静息电位的贡献是 2～16mV。

二、动作电位及其产生机制(Action Potential and its Ionic Basis)

（一）细胞的动作电位

在静息电位的基础上，给细胞一个适当的刺激，产生的细胞膜电位一过性的剧烈的电位变化，出现的膜电位快速的倒转和复原的现象，称为动作电位(action potential，AP)。由一个快速的去极化和随后的复极化所组成，细胞膜电位经历由静息状态的负值迅速变成零再进一步变成正电位，形成动作电位的升支，随后迅速复极回复到静息电位水平，形成动作电位的降支，两者共同形成尖峰状的电位变化，称为峰电位(spike potential)。动作电位由峰电位和后电位组成。峰电位是动作电位的主要组成部分，具有动作电位的主要特征，峰电位持续约 1ms，在峰电位后出现的膜电位低幅、缓慢的波动，称为后电位，包括负后电位和正后电位。负后电位(negative after-potential)指的是快速复极化之后的缓慢的复极化的电位变化，电位仍小于静息电位，而正后电位(positive after-potential)指的是膜电位水平大于静息电位水平的电位变化。能够进一步爆发动作电位的膜电位临界值称为阈电位(threshold membrane potential)。去极化刺激必须使细胞膜去极化达到阈电位水平，才能引起动作电位。动作电位的主要特点是“全或无”现象(all or none)和可传播性。刺激达阈值则产生一个动作电位，动作电位的大小和形状不随刺激强度改变而变化。动作电位产生后，并不局限于受刺激局部，而是沿质膜迅速向周围传播，直至整个细胞都依次产生一次动作电位，这称为动作电位的可传播性。而且动作电位在同一细胞上的传播是不衰减的，其幅度和波形始终保持不变。

（二）动作电位产生的离子机制

正如 Bernstein 提出静息电位主要决定于细胞膜内外 K^+ 浓度的比值，1902 年 Overton 发现在神经或肌肉细胞，Na^+ 对动作电位的产生是必须的，他略带犹豫地提出“动作电位的发生可能是 Na^+ 进入细胞所致”，这就是所谓“动作电位的 Na^+ 学说”，等待人们去证实。1939 年，Hodgkin 和 Huxley 在枪乌鲗巨大神经纤维的实验观察到：(1)动作电位的峰值出现一个超射(overshoot)，此时膜内电位变为正值，提出 Na^+ 的确参与动作电位的形成，因为 Na^+ 跨膜内流将超过零电位而向 E_{Na} 水平发展。(2)降低细胞外液 Na^+ 浓度，动作电位的超射值相应减少(图 2-20)。

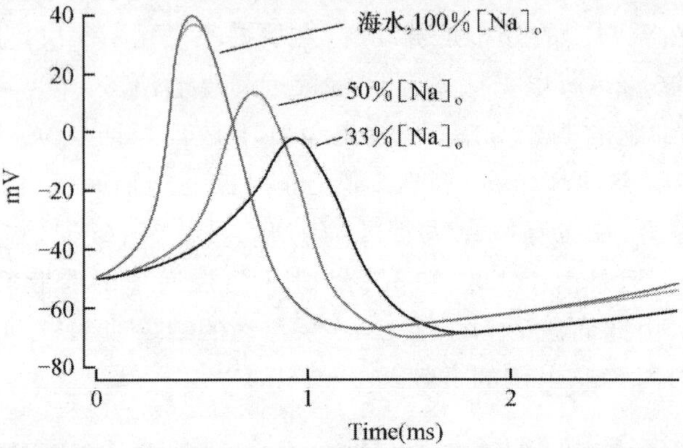

图 2-20 细胞外液 Na^+ 浓度对动作电位的超射值的影响

Hodgkin 和 Huxley 由此得出结论：动作电位的产生是由于细胞膜对 Na^+ 的通透性一过性地增加。下面的疑问是动作电位的下降相是如何形成的？人们也可以简单地推测是由于“Na^+ 通道的关闭”，如果只是这一个因素，动作电位的复极化过程至少持续数毫秒到十几个毫秒，而事实上复极过程也是非常快的。此后的实验证实复极化是由于细胞膜对 K^+ 通透性的增加，膜电位恢复至接近 E_k。

1. 电压钳实验(voltage clamp experiment)

Cole 及其同事首先设计了电压钳实验，Hodgkin，Huxley 和 Katz 对此加以发展。如图 2-21 所示，在巨大神经纤维内插入两个银丝电极，一个电极测量膜电位(V_m)，而且 V_m 值也输入到电压钳放大器，电压钳的另一个输入端连接指令电压，这一指令电压可根据实验设计钳制在某一理想水平。当 V_m 和指令电压有差异时，则自动地由电压钳放大器输出端发出一个注射电流到另一个银丝电极，这一注射电流恰好对抗膜电位偏离指令电压，重新稳定在指令电压水平，而且这一注射电流和要测量的跨膜离子流为大小相等而方向相反。

利用电压钳实验，阻断了“去极化-Na^+ 内向电流”之间的正反馈，而且由于 V_m 不变，电容电流只发生在阶跃电位的始端和末端，很容易消除。这才有可能来分析跨膜离子电

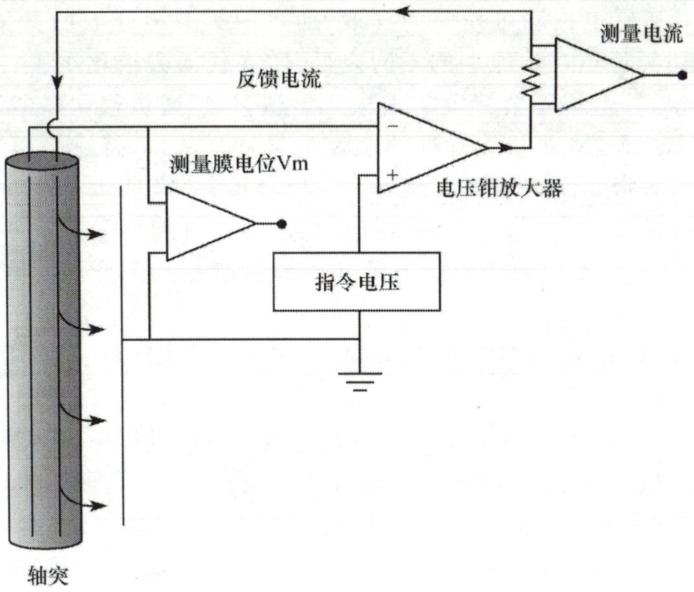

图 2-21 电压钳实验装置

流。如图 2-22 所示，对巨大神经标本给予一个 56mV 的去极化脉冲，在开始端有一个电容电流，随后是一个内向电流和外向电流。早期的内向电流是 Na^+ 跨膜内流，可以被河豚毒(tetrodotoxin，TTX)所阻断；后期的外向电流是 K^+ 的跨膜外流，可被四乙胺(tetraethylammonium，TEA)阻断。由于 $I_{Na}=G_{Na}\cdot(V_m-E_{Na})$，$I_K=G_K\cdot(V_m-E_K)$，所以 Hodgkin 等才可能测出电导：$G_{Na}=I_{Na}/V_m-E_{Na}$，$G_K=I_k/V_m-E_k$。电导(conductance)是膜电阻的倒数，是膜对某一离子通透性的量度，单位是 Siemens，简称 S。

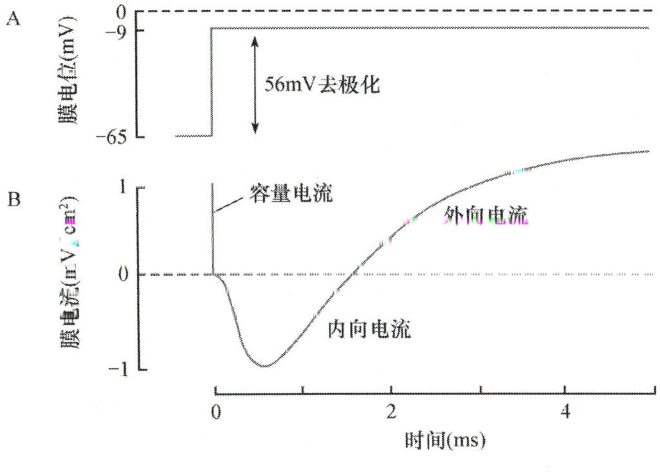

图 2-22 膜电流的记录和分析

2. 膜电导变化的特征(characteristics of the changes in G_{Na} and G_K)

通过将膜电位钳制在不同水平来测量 G_{Na} 和 G_K，发现 Na^+ 和 K^+ 通道在功能上有其共同点，去极化阶跃电位均可使它们开放，而且两类通道开放的概率随去极化程度的增大而增加；两类通道在功能上的不同之处是：在任何去极化水平，Na^+ 通道的开放和关闭均比 K^+ 快，若给予一个持续的去极化电位，Na^+ 通道很快转入关闭（称为失活 inactivation），而 K^+ 通道在去极化脉冲的全过程保持开放，即持续去极化期间 K^+ 通道并不失活。因此，去极化使 Na^+ 通道经历了三种状态：从静息状态→激活→失活（resting→activated→inactivated）。如果 Na^+ 通道已失活，不可能马上被重新激活，只有经复极化回到静息电位水平才能使失活状态转变成静息状态。去极化幅值越大，细胞膜的 G_{Na} 和 G_K 越大。

按照 Hodgkin-Huxley 的实验，细胞膜对 G_{Na} 和 G_K 的变化特征如图 2-23 所示，静息时，膜对几种离子的通透性为 $P_K : P_{Na} : P_{Cl} = 1.0 : 0.04 : 0.45$，而爆发动作电位期间 $P_K : P_{Na} : P_{Cl} = 1.0 : 20 : 0.45$。说明，在动作电位发生的过程中，细胞膜对动作电位的上升相的机制是：去极化→电压门控 Na^+ 通道迅速开放→Na^+ 内向电流增多→膜进一步去极化→更多电压门控 Na^+ 通道开放→Na^+ 内向电流进一步增大，这是一个正反馈的再生性过程（regenerative process），驱使膜电位接近 E_{Na}。而随后由于 Na^+ 通道的失活使 G_{Na} 迅速减小。而此时，由于电压门控 K^+ 通道的开放增多，细胞的 G_K 迅速增高，产生 K^+ 外向电流而导致细胞膜的复极化变化（图 2-24）。负后电位的产生可能是由于快速外流的 K^+ 在膜外聚集，使复极化速度减慢的缘故。而正后电位则是因为复极化进展到膜电位恢复至静息电位后若干时间，电压门控 K^+ 通道仍开放一个短时间后才进入关闭状态，而且由于 Na 泵的活动增强所致。

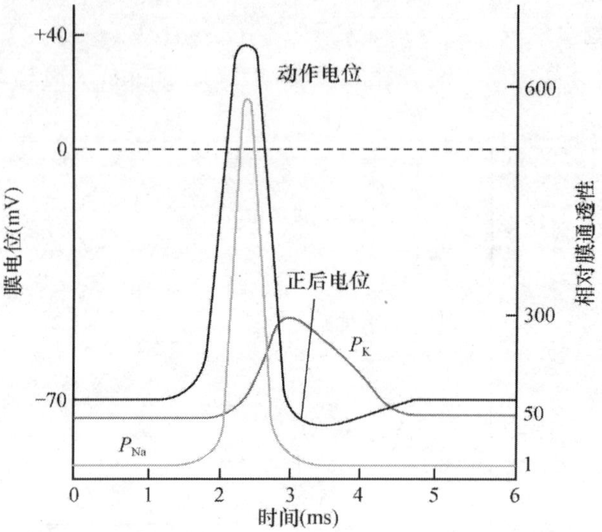

图 2-23 动作电位过程中细胞膜对 Na^+ 和 K^+ 电导的变化

3. 动作电位的引起(initiation of the action potential)

在绝大数神经元，轴丘（axon hillock）或始段（initial segment）是动作电位产生的触发区（trigger zone），因为此处有较高密度的电压门控 Na^+、K^+ 通道，触发动作电位产生的

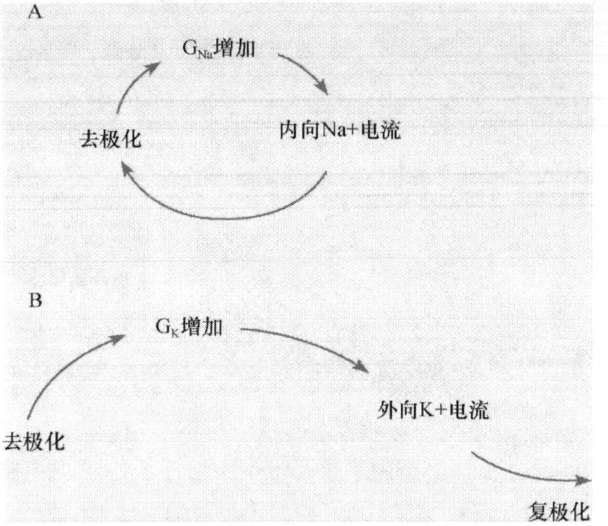

图 2-24 G_{Na}变化的正反馈和G_K变化的负反馈

阈值最低。电压门控 Na^+ 通道在细胞体、轴突始段和郎飞氏结、髓鞘和轴突末梢分别是 50～70,350～500,2000～12 000,25,20～75/μm²。只有能够使细胞膜电位去极化达到阈电位水平的刺激,才能够产生动作电位,而这个刺激称为阈刺激(threshold stimulus)。阈下刺激虽不能引起动作电位,例如 7mV 以下的去极化不足以引起电压门控 Na^+ 通道的开放,所产生的小的去极化称为局部反应(local response)或电紧张电位(electronic potential),是细胞膜的一种被动反应,其特点是:电紧张电位的幅度随刺激强度的增大而增大,而且为衰减式的传导,没有不应期,可以叠加总和,有空间总和(spatial summation)和时间总和(temporal summation)。

4. 动作电位的传导(propagation of the action potential)

动作电位在轴突始段产生后,沿着轴突纤维向末梢传导。在无髓神经纤维,轴突膜上的电压门控 Na^+、K^+ 通道均匀分布,例如轴丘部分已产生动作电位,膜外负而膜内为正电位,临近前方静息部位仍是外正内负,由此产生的局部电流(图 2-25)刺激前方未兴奋部位去极化达阈电位,从而爆发动作电位。以此种方式依次使前方静息部位产生动作电位,使动作电位传至末梢。在有髓神经纤维,由于郎飞氏结无髓鞘包裹,直接与细胞外液相同,而且含高密度的电压门控 Na^+、K^+ 通道,因此,动作电位在郎飞氏结之间传导,一个郎飞氏结产生动作电位迅速跳跃至下一个郎飞氏结,称为跳跃式传导(saltatory conduction)。

三、兴奋和兴奋性(Excitation and Excitability)

兴奋(excitation)指的是产生了动作电位,兴奋性(excitability)指的是能够产生动作电位的能力。而能够产生动作电位的细胞称为可兴奋细胞(excitable cells)。能够使细胞兴奋产生动作电位的刺激称为阈刺激(threshold stimulus),阈刺激必须使细胞膜去极化达到阈电位水平,因此,阈电位水平越高,细胞的兴奋性越低,而阈电位水平越低,细胞的

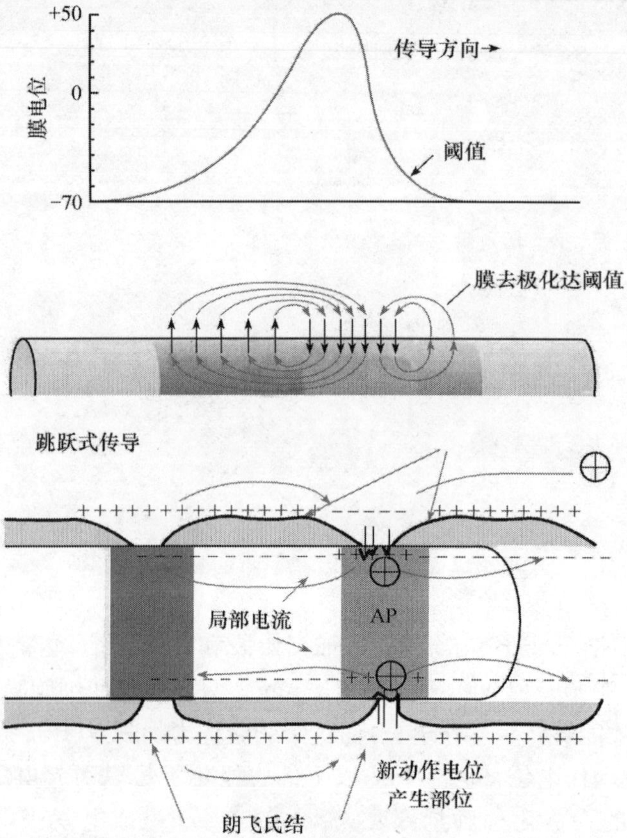

图 2-25 无髓鞘和有髓鞘神经纤维动作电位的传导

兴奋性越高。高于这个刺激的刺激称为阈上刺激，而低于这个刺激的刺激称为阈下刺激。动作电位之后细胞的兴奋性将经历绝对不应期、相对不应期、超常期和低常期四个时期的改变。绝对不应期(absolute refractory period)指的是不论给予多大的去极化刺激，细胞膜均不能产生新的动作电位，细胞的兴奋性是零。相对不应期(relative refractory period)指的是给予阈上刺激，细胞膜才能产生新的动作电位，细胞的兴奋性低于正常。超常期(supranormal period)指的是给予阈下刺激，细胞就能产生新的动作电位，细胞的兴奋性高于正常。低常期(subnormal period)指的是给予阈上刺激，细胞才能产生新的动作电位，细胞的兴奋性低于正常。因此，在产生一个动作电位后，神经纤维不可能立刻产生第二个动作电位，其原因有二：①在动作电位下降相，Na^+ 通道失活达最大程度，需要几个 ms 之后才能恢复；②在动作电位下降相 G_K 仍很大，并且缓慢地减小到静息水平。因此，动作电位的下降相为绝对不应期，此期不论给予多大的去极化刺激，不可能产生新的动作电位。此后进入相对不应期，在此期一部分 Na^+ 通道恢复为静息水平，而且 K^+ 通道仍处于开放状态，故阈值仍较高。绝对不应期的意义有二：①限制了动作电位发生的最高频率；②防止动作电位向反方向传导(图 2-26)。

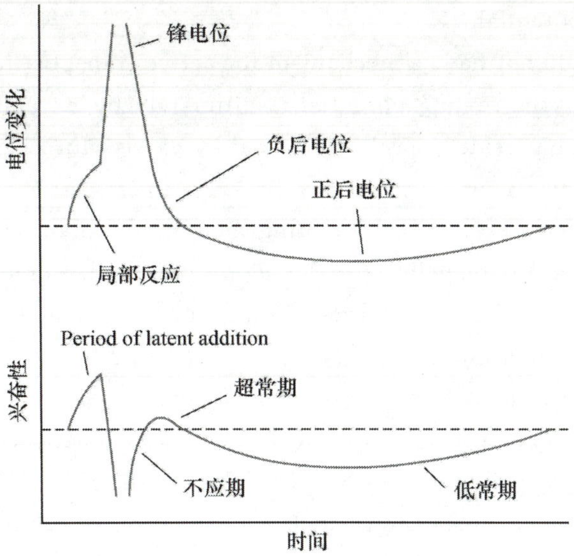

图 2-26 细胞兴奋后不应期的变化

Summary

- Nervous cells have a high intracellular concentration of potassium and low intracellular concentration of sodium and chloride, so that potassium tends to diffuse out of the cell, and sodium and chloride tend to diffuse in.
- In the glial cells permeable only to potassium, the concentration gradient can be balanced exactly by the membrane potential, so that there is no net flux of potassium across the membrane. The membrane potential is equal to the equilibrium potential for potassium. The resting membrane potential of most cells is dominated by K^+ because the plasma membrane is more permeable to K^+ compared to the others.
- Changing the extracellular potassium concentration changes the potassium equilibrium potential, and hence the membrane potential. In most cells, the resting membrane potential is close to the Nernst potential for K^+.
- The plasma membrane of real cells is permeable to sodium, as well as potassium and chloride. In the nerve cells at rest, the permeability ratios of three ion species are as following: $P_K : P_{Na} : P_{Cl} = 1.0 : 0.04 : 0.45$. As a result, there is a constant passive influx of sodium into the cell, and an efflux of potassium via specific nongated channels. These fluxes are balanced exactly by active transport of the ions in the opposite direction, in the ratio of 3 sodium to 2 potassium. Under these circumstances, the membrane potential depends on the potassium equilibrium potential, sodium equilibrium potential, the relative conductance of membrane to the two ions, and the pump ratio.
- Because the sodium-potassium exchange pump transports more positive ions outward than inward across the membrane, it makes a direct contribution of several millivolts

to the membrane potential.

- In nerve cells that do not have a mechanism for active transport for Cl^- against a electrochmical gradient, the resting potential is ultimately by K^+ and Na^+ fluxes, because the Cl^- concentration inside the cell is affected by passive forces, so that E_{Cl} is equal to the resting potential.
- Nongated ion channels establish the resting membrane potential of neurons; voltage-gated ion channels are responsible for the action potential. Nongeted ion channels are distributed throughout the neuronal membrane; voltage-gated channels are largely restricted to the axon and its terminals.
- An action potential is a transient changes in membrane potential characterized by a rapid depolarization followed by a repolarization; the depolarization phase is due to a rapid activation of the voltage-gated Na^+ channel and the repolarization phase to an inactivation of the Na^+ channels and the delayed activation of voltage-gated K^+ channel.
- At the peak of action potential, a quite different set of permeability ratio were assumed $P_K : P_{Na} : P_{Cl} = 1.0 : 20 : 0.45$, the membrane is much more permeable to Na^+ than any other ions, Vm approaches E_{Na}, the Nernst potential for Na^+.
- Initiation of an action potential occurs when an axon hillock is depolarized to a threshold for rapid activation of large number of voltage-gated Na^+ channel. Initiation of an action potential is an "all or none" event, it is generated completely or not at all.
- Propagation of an action potential depends on local current flow derived from the inward Na^+ current depolarizing adjacent regions of an axon to threshold.
- Voltage clamp experiments on squid axon have provided detailed information about the voltage dependence and time course of the conductance changes. When the cell membrane G_K is activated with a delay and remains high as long as the depolarization is maintained.

Key Terms

resting membrane potential, action potential, depolarization, absolute refractory period, negative after-potential, repolarization, threshold potential, Saltatory conduction

Review Questions

1. Define each term

1) Resting membrane potential; 2) Depolarization; 3) Hyperpolarization; 4) Resting channel or nongated ion channel; 5) Membrane conduction; 6) Threshold potential; 7) Action potential; 8) Negative after-potential; 9) Saltatory conduction; 10) Equilibrium potential

2. Fill in the blanks

1) List the two factors that determine the magnitude of the resting membrane potential ________ and ________.

2) An action potential is a transient change in membrane potential characteristic by a ________ followed by a ________.

3) Propagation of an action potential depends on ________.

4) Nongated ion channel establish the ________, voltage-gated ion channels are responsible for the ________.

3. Choose the best answer

1) A pharmacology or physiological perturbation that increase the resting P_k/P_{Na} ratio for the plasma membrane of a neuron would

(A) Lead to depolarization of the cell

(B) Lead to hyperpolarization of the cell

(C) Produce no change in the value of the action potential

2) The negative after-potential phase of the action potential is caused by

(A) An outward calcium current

(B) An inward chloride current

(C) An outward postassium current

(D) An outward sodium current

3) Information is coded in the nervous systerm by

(A) Altering the amplitude of the action potential

(B) Varying the frequency of the action potential

(C) Increasing the velocity of impulse conduction

(D) Changing the type of neurotransmitter used by a neuron

4. Answer the following questions

1) Describe the changes in the membrane permeability and ionic movements that underlie electronic potentials and action potentials.

2) Describe and explain the effects of tetrodotoxin on the resting membrane potential and the action potential of nerve cells.

3) Compare the changes in G_{Na} and G_k during the action potential.

第四节 骨骼肌细胞的收缩特性

Section 4 Contractile Properties of Skeletal Muscle Cells

Section Outline

- Neuromuscular transmission
  - —Anatomy of neuromuscular junction
  - —Sequence of events during transmission
  - —Characteristic of the endplate potential
  - —Nicotinic receptor
- Contraction of the skeletal muscle

—Myofilament：myosin，actin，tropomyosin，troponin
—Molecular basis of contraction
—Excitation-contraction coupling
—Factors affecting the performance of contraction

根据肌肉的功能特征，肌细胞又可分为骨骼肌、平滑肌和心肌，骨骼肌（skeletal muscle）产生随意运动（voluntary movement），平滑肌（smooth muscle）调控内脏器官的功能，心肌（cardiac muscle）泵血活动推动血液循环。本节讨论骨骼肌的收缩特性，平滑肌和心肌将分别在消化和血液循环的章节中予以详细讨论。

一、骨骼肌神经-肌肉接头处的兴奋传递（Neuromuscular Transmission）

神经-肌肉接头（neuromuscular junction）是由运动神经末梢和与它接触的骨骼肌细胞膜所构成，是研究化学性突触传递的理想结构。因为相对而言结构较简单，容易进行实验观察，突触后骨骼肌细胞只接受一根轴突纤维的支配而无会聚现象。突触前膜只释放一种兴奋性递质，即乙酰胆碱，而神经肌接头处兴奋传递效率高，正常情况下，每个终板电位必定诱发肌膜产生动作电位，通过兴奋-收缩耦联引起收缩。

（一）神经-肌肉接头的功能解剖（anatomy of neuromuscular junction）

运动神经末梢在接近肌细胞处失去髓鞘，每个轴突末梢分成数个细小的分支，每个小分支的末端膨大形成突触前小体（presynaptic boutons），其上覆盖一层很薄的施旺氏细胞，这部分轴突末梢膜称为接头前膜（prejunctional membrane），与接头前膜相对的呈现特殊分化的肌膜，称为接头后膜（postjunctional membrane）或终板膜（end-plate membrane），两者之间约有 100nm 的间隙相隔，称为接头间隙（junctional cleft）。每个突触前小体内含有线粒体和大量的囊泡，囊泡内含有大量的乙酰胆碱（每个囊泡内约含有 1 万个乙酰胆碱分子），接头前膜的活化区（active zone）两侧聚集有大量的突触囊泡，活化区是囊泡释放乙酰胆碱的部位。活化区周围的接头前膜上还有很多电压门控 Ca^{2+} 通道，伴随着每个动作电位到达轴突末梢，Ca^{2+} 进入接头前膜，触发活化区的囊泡与前膜融合，诱发乙酰胆碱的释放。终板膜向内凹陷形成许多皱褶，皱褶的顶部含有高密度的乙酰胆碱受体，估计每平方微米含 10 000 个乙酰胆碱受体。终板膜上覆盖一层由胶原和糖蛋白组成的基膜（basal lamina），接头前膜和后膜均向基膜分泌蛋白质，包括乙酰胆碱酯酶；基膜的另一作用是使突触前小体和终板膜皱褶相对排列（图 2-27）。

乙酰胆碱受体是一个典型的直接门控的促离子型受体，也称 N_2 型乙酰胆碱受体。它是第一个从电鳐器官纯化和克隆的离子通道，由 5 个亚单位组成，即由两个 α 亚单位和各一个 β、γ、ε 亚单位形成的 $\alpha_2\beta\gamma\varepsilon$ 五聚体（图 2-28）。每个亚单位的基因均已被克隆和进行了 DNA 序列分析。从推测的氨基酸序列来看，各亚单位之间是高度同源的。每个亚单位有 4 个跨膜 α 螺旋，分别称 M_1、M_2、M_3 和 M_4，每条 α 螺旋约含 20 个氨基酸，氨基末端和羧基末端位于膜外。离子通道的内壁由 M_2 和连接 M_2-M_3 的节段构成。γ-亚基位于两个 α 亚基之间。每个亚单位上带负电的氨基酸从膜外到膜内在通道内壁上形成 3 个

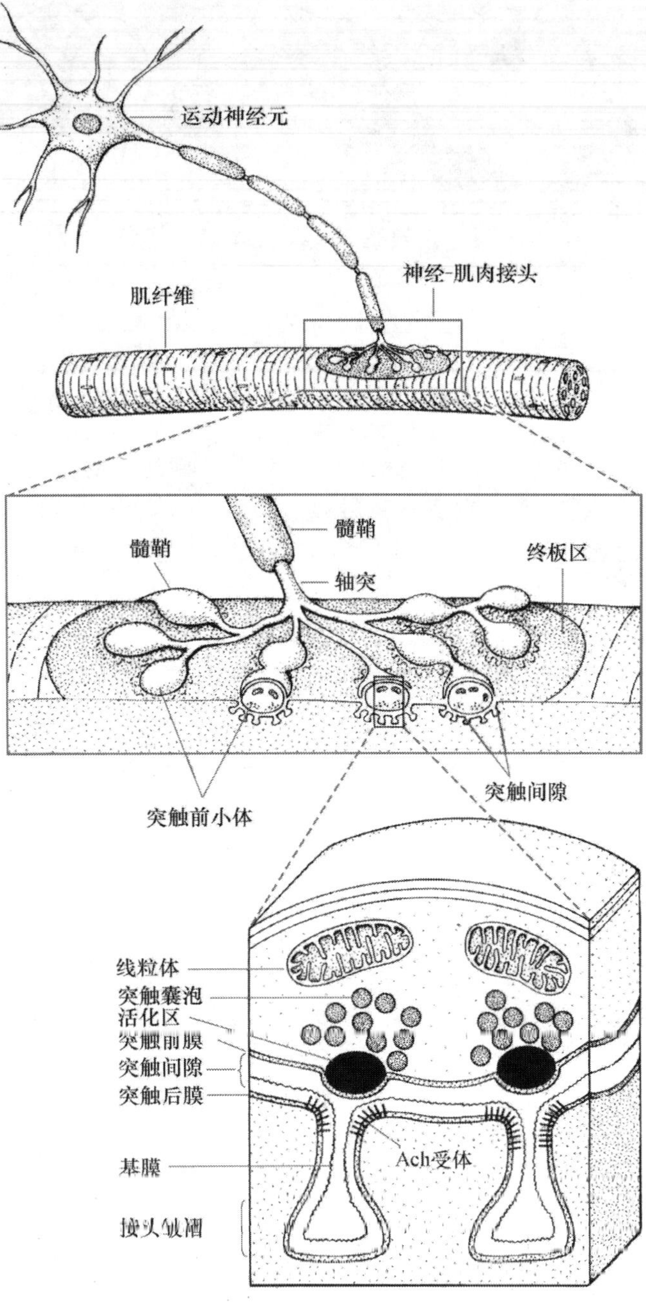

图 2-27　神经-肌肉接头的结构

负离子环，它们起着“选择性的阳离子筛”的作用。通道的外观呈喇叭花状扩大，约 6nm 长，直径约 2.5nm。中间贯穿膜的孔道较窄，只有 3nm 长，决定对阳离子的选择性通透，膜的内口又相对膨大。Unwim 提出 M_2 在通道的门控机制中可能起重要作用，认为 M_2 并不是笔直的，在中间会裂成上下两个圆柱体，通道处于关闭状态时，M_2 中间弯折部向中轴聚拢，在开放状态时，M_2 中间弯折部发生旋转而扩大通道口径(图 2-28)。

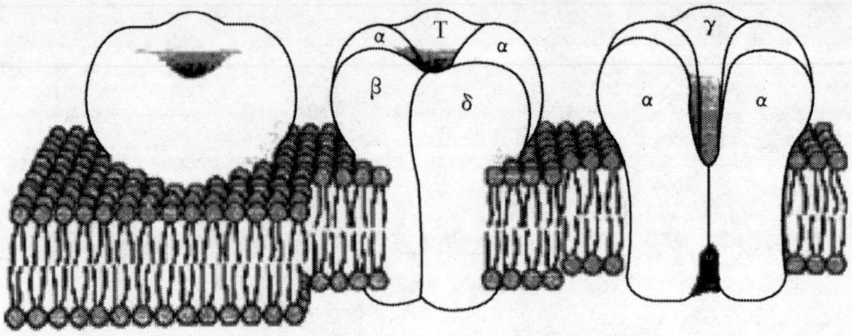

图 2-28 Ach 受体阳离子通道的结构

（二）神经-肌肉接头处的兴奋传递过程(sequence of events during transmission)

神经-肌肉接头处的兴奋传递过程如下：动作电位到达运动神经轴突末梢→激活电压门控 Ca^{2+} 通道，Ca^{2+} 进入接头前膜→突触囊泡和活化区胞膜融合→乙酰胆碱释放→乙酰胆碱与终板膜上的乙酰胆碱受体结合→乙酰胆碱门控通道开放→Na^{+} 内流，K^{+} 外流，但内流的 Na^{+} 远远大于外流的 K^{+}→终板电位→激活电压门控 Na^{+} 通道→爆发动作电位。突触间隙释放的乙酰胆碱主要被乙酰胆碱酯酶分解灭活，终止它的作用。

在人类，每个终板膜约含 1500～4000 万个乙酰胆碱受体，每个动作电位约触发 60 个囊泡释放乙酰胆碱，一个囊泡约含 10 000 个乙酰胆碱分子，而终板膜皱褶的乙酰胆碱受体密度约 10 000 个/μm^2。刺激运动神经引起大量乙酰胆碱释放，使乙酰胆碱浓度迅速增加，但是由于乙酰胆碱酯酶的水解和递质的扩散，在不到 1ms 的时间内，乙酰胆碱浓度下降到零。

（三）终板电位的特征(characteristics of the end-plate potential)

乙酰胆碱与其受体结合后，在终板膜产生的去极化的电位变化称为终板电位(end-plate potential)，终板电位幅度可达 70mV，其大小足以激活终板膜皱褶处的电压门控 Na^{+} 通道。

在研究终板电位时，通常在神经-肌肉接头标本浸浴液中加约 1mmol/L 浓度的箭毒(curare)(乙酰胆碱受体的选择性拮抗剂)，使终板电位幅度降至动作电位的阈值以下，如图 2-29 所示，Fatt 和 Katt 等刺激运动神经纤维，在离终板膜的不同距离处细胞内记录终板电位，发现离终板膜越远，终板电位的幅度越小，而且终板电位上升相的斜率也越小。除了刺激运动神经元之外，如图 2-30 所示，通过一个充满乙酰胆碱的微电极，给予正相的短暂脉冲，即离子电泳的方法，发现给予不同剂量的乙酰胆碱，同一部位细胞内记录所得的终板电位幅度随乙酰胆碱剂量的变化而改变。因此，终板电位是一种局部反应，具有局部反应的一切特点：终板电位的幅度随刺激强度的增大而增大，衰减式的传导，没有不应期，可以发生时间总和和空间总和。

电生理通过测定终板电位的反转电位接近于零，得知终板电位的产生是由于 Na^{+} 的内流和 K^{+} 的外流，而且乙酰胆碱配体门控通道的直径约 0.8nm，远远大于电压门控的 Na^{+}、K^{+} 通道。Ach 门控通道的开放时间约 1ms，每个通道的开放约有 17 000 个离子跨

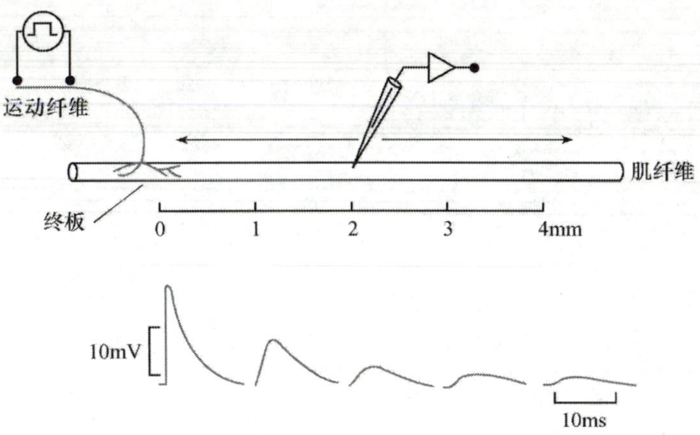

图 2-29　终板电位记录，随记录电极和终板膜之间距离增大而衰减

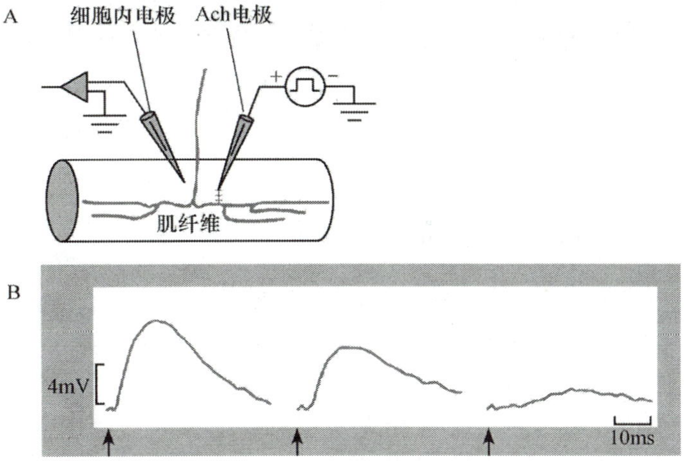

图 2-30　终板电位幅度随 Ach 的剂量而变化

膜移动。两分子乙酰胆碱和通道的两个 α 亚单位结合方能打开通道，通道关闭时，乙酰胆碱与通道解离。刺激运动神经引起乙酰胆碱大量释放，乙酰胆碱弥散越过间隙和通道结合，引起 20 万以上的乙酰胆碱受体通道同时开放。

1976 年 E. Neher 和 B. Sakmann 首次用膜片钳方法在骨骼肌标本上成功地记录了乙酰胆碱门控通道的单通道电流，揭示了单个通道的开放和关闭像一个方波脉冲，是“全或无方式”。在静息电位－90mv 时，单通道电流的幅度为－2.7pA，相当于每秒有 1700 万个离子通过开放的通道。在某一膜电位下，虽然单通道电流的幅度是恒定的，两者之间的关系呈线性，但是每个通道开放的持续时间和开放的间隔变化极大，或者说是随机的。大量的单通道随机的关闭，使得总的终板电流的衰减是平滑的(如图 2-31)。

乙酰胆碱门控的通道和电压门控的通道的不同之处在于：①产生 EPP 只需要两分子 Ach 和通道接合位点相结合，而这一化学门控通道对 Na^+、K^+ 均通透；产生动作电位需先后激活电压门控的 Na^+、K^+ 通道，电压门控通道只对一种离子通透。②产生动作电位

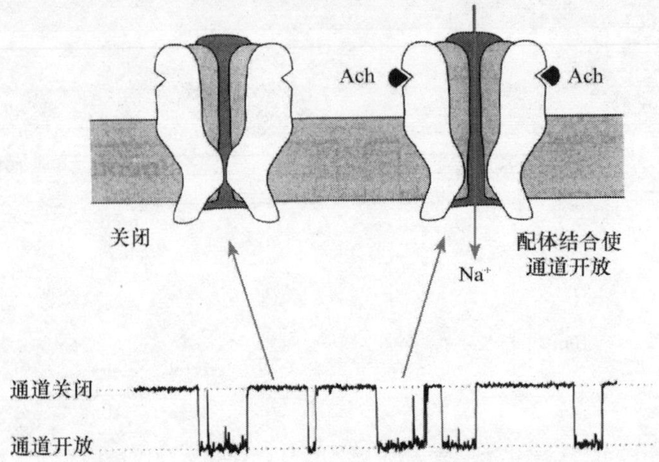

图 2-31 膜片钳记录的 Ach 门控的单通道电流

的电压门控通道是"再生性的",即膜去极化促进 Na^+ 内流,而 Na^+ 内流促进去极化,是一种正反馈,故动作电位具有"全或无"性质;相反,Ach 门控通道的激活开放随所释放的 Ach 数量而变化,是一种等级电位。另外,河豚毒(TTX)阻断电压门控 Na^+ 通道,而 α-银环蛇毒(α-bungarotoxin)阻断 Ach 门控通道。

二、骨骼肌的收缩(Contraction of the Skeletal Muscle)

骨骼肌含有大量的肌原纤维(myofibril)和高度发达的肌管系统(sarcotubular system)。而每条肌原纤维沿长轴呈现规律的明、暗交替,分别称为明带(I band)和暗带(A band),主要由粗肌丝和细肌丝构成。暗区主要是粗肌丝,而明区主要是细肌丝。暗区中央有一条线,称为 M 线(M line),M 线代表与粗肌丝结合的蛋白质;明区中央也有一条线,称为 Z 盘(Z disk),Z 盘是之字形结构蛋白,是与细肌丝结合的蛋白质。两条 Z 盘之间的区域称为一个肌节(sarcomere),是肌肉收缩和舒张的基本单位。暗区中央有一段相对较亮的区域称为 H 带(H band),H 带只有粗肌丝,没有细肌丝。每个肌节长约 1.5～3.5μm,一条静息时长度为 4cm 的肌纤维约有 20 000 个相连的肌节(如图 2-32)。

(一) 肌丝的分子组成(molecular basis of filament)

(1) 粗肌丝(thick filament)　每条粗肌丝由 250 个肌球蛋白(myosin,或称肌凝蛋白)相互缠绕组成。肌球蛋白是肌原纤维的主要动力蛋白。每个肌球蛋白的分子尾部呈杆状,相互缠绕形成粗肌丝的主干,杆的一端有两个象蝌蚪一样的头端(tadpolelike head),通过弹性的铰链区(hinge region)与杆部相连。粗肌丝的中间部分是肌球蛋白的杆状部形成的主干,而头部集中在粗肌丝的尾端,交错地向侧方伸出,可附着于肌动蛋白的结合位点形成横桥(crossbridge),其作用像一个划船的"桨"。每条粗肌丝约有 500 个肌球蛋白头部,头部有一个肌动蛋白结合位点和 ATP 结合位点。粗肌丝的主干是固定不动的,而突出的头端却可以通过铰链区围绕它的结合位点而旋转。

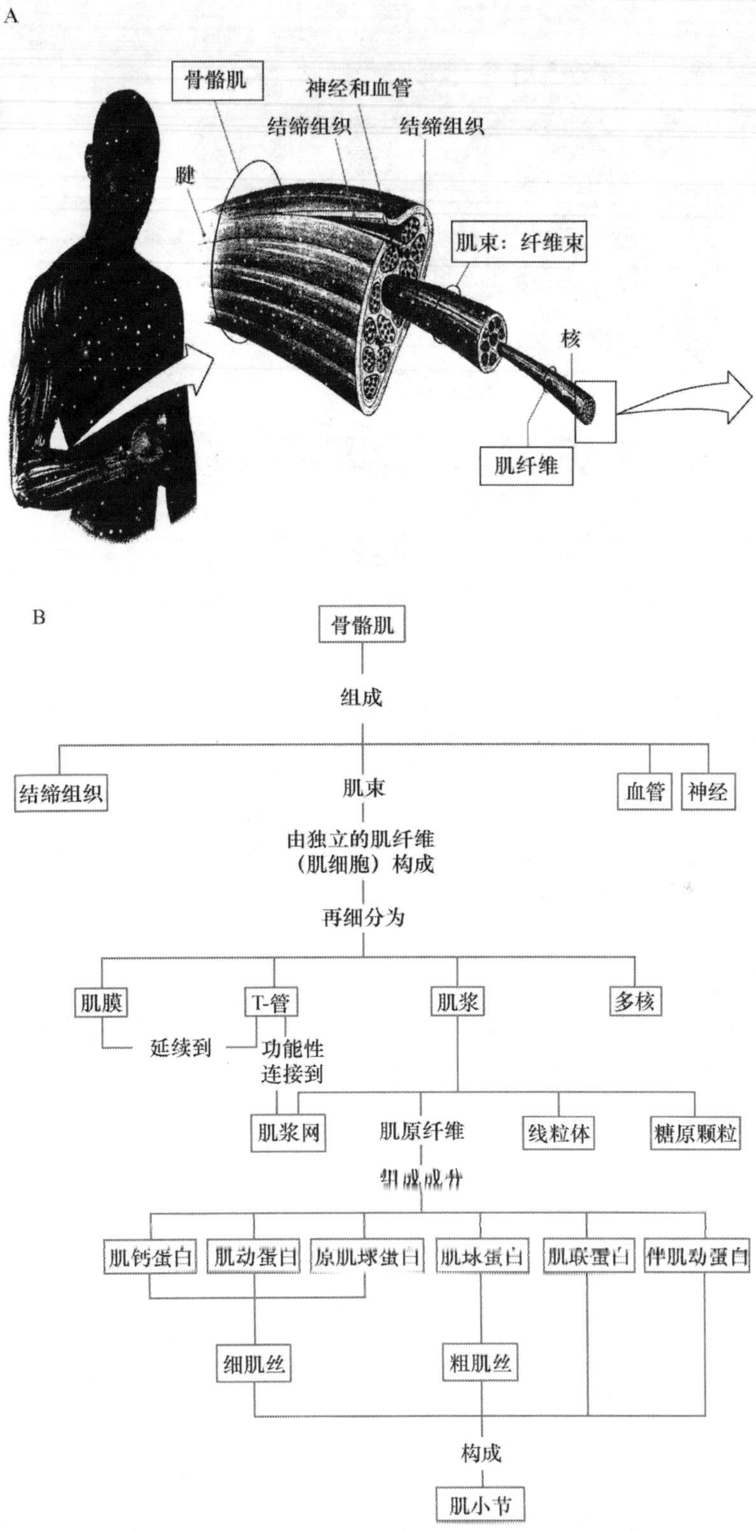
A
骨骼肌
神经和血管
结缔组织
结缔组织
腱
肌束：纤维束
核
肌纤维
B
骨骼肌
组成
结缔组织
肌束
血管
神经
由独立的肌纤维
（肌细胞）构成
再细分为
肌膜
T-管
肌浆
多核
延续到
功能性
连接到
肌浆网
肌原纤维
线粒体
糖原颗粒
组成成分
肌钙蛋白
肌动蛋白
原肌球蛋白
肌球蛋白
肌联蛋白
伴肌动蛋白
细肌丝
粗肌丝
构成
肌小节

图 2-32　肌节的结构

C

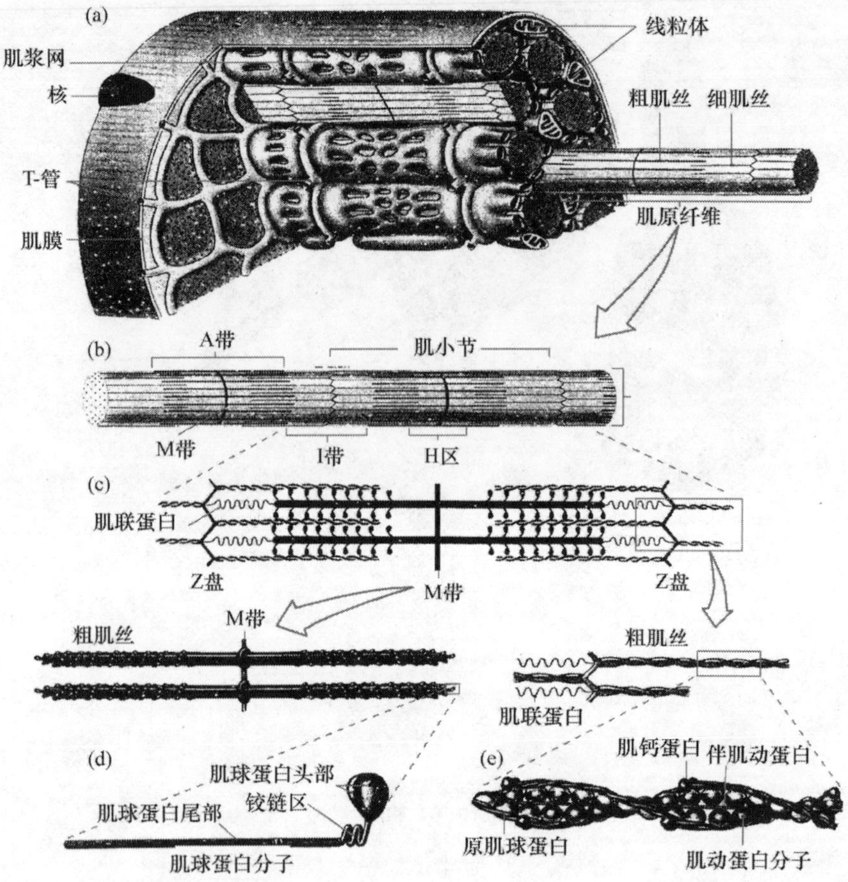

图 2-32(续)

(2) 细肌丝(thin filament) 细肌丝从两侧的 Z 线向中央伸出,由肌动蛋白(actin,也称肌纤蛋白)、原肌球蛋白(tropomyosin,也称原肌凝蛋白)和肌钙蛋白(troponin)组成。肌动蛋白单体是球形分子,它在肌丝中聚合成两条链并相互缠绕成双螺旋,构成细肌丝的主干。

在多数情况下,平行的粗肌丝和细肌丝靠横桥相连,粗肌丝上的肌球蛋白的头端与细肌丝上的肌动蛋白疏松结合,每个肌动蛋白上只有一个与肌球蛋白结合的位点。在三维排列上,肌动蛋白和肌球蛋白分子形成平行网格,粗肌丝与细肌丝重叠,分别附着在 Z-盘与 M-线上。如果从尾端看,每个细肌丝周围有三个粗肌丝围绕,而每个粗肌丝周围有六个细肌丝围绕。

粗、细肌丝在肌节内的有序排列是靠两类蛋白质来实现的,如图 2-33 所示:肌联蛋白(titin)和伴肌动蛋白(nebulin)。肌联蛋白是一个弹性蛋白,是目前知道的最大的蛋白质,由 25 000 个氨基酸构成。一个肌联蛋白分子连接 Z 盘和 M 线。肌联蛋白分子的主要作用在于:它能够维持收缩的肌丝的位置,并且由于它的弹性,它可将收缩后的肌肉回复到安静时的长度。伴肌动蛋白协助肌联蛋白的功能,它是一个大的非弹性蛋白,它与细肌丝排列在一起，并与 Z 盘相连，它主要负责肌动蛋白的有序排列。

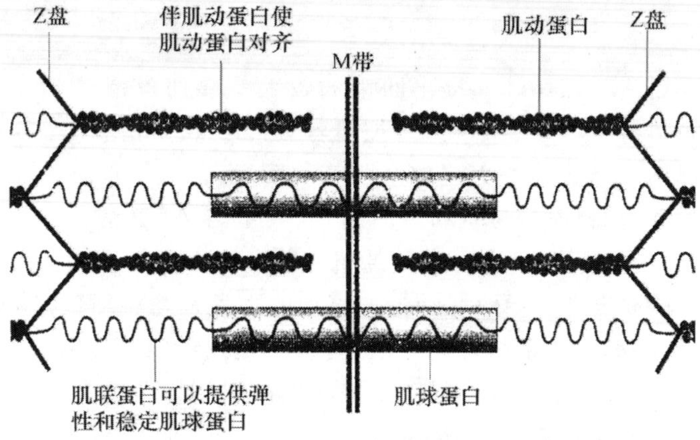

图 2-33　肌联蛋白和伴肌动蛋白

原肌球蛋白分子首尾相连（两条），走行在肌动蛋白双螺旋的沟内，每个原肌球蛋白分子控制 7 个肌动蛋白单体。肌钙蛋白是一种小分子复合体，以规则的间隔附着在原肌球蛋白上，由 T、I、C 三个亚单位组成。T 亚单位使其附着于原肌球蛋白，I 亚单位静息时阻止肌动、肌球蛋白的相互作用，C 亚单位是 Ca^{2+} 结合位点，每个肌钙蛋白可结合 4 个 Ca^{2+}。

（二）肌管系统（sarcotubular system）

骨骼肌细胞有两套独立的肌管系统，如图 2-34 所示，一是细胞膜向内的凹陷形成的 T 管（T-tubules），称为横管系统（transverse tubules），走行与肌原纤维垂直；另一个是纵管系统，是骨骼肌细胞内的肌质网（sarcoplasmic reticulum，SR），走行与肌原纤维平行，包绕在肌原纤维周围的 SR 称为纵行肌质网（longitudinal SR，LSR），LSR 上有大量钙泵。肌质网在靠近 T 管处形成膨大，称为终池（terminal cisterna）或连接肌质网（junctional SR，JSR）。JSR 内的 Ca^{2+} 浓度比肌质中高数千倍。JSR 膜上有 ryanodine 受体（ryanodine receptor，RyR），是一种非电压门控的 Ca^{2+} 释放通道（Ca^{2+}-release channel），因为它可以被一种生物碱 ryanodine 和 caffein 所抑制，因此得名 RyR。与其相对的 T 管膜上有二氢吡啶受体（dihydropyridine，DHPR），因为它可被一种抗高血压药物二氢吡啶所阻断，因此得名。DHPR 是一种电压门控性 Ca^{2+} 通道，当 T 管膜去极化时，可激活 DHPR，导致其构象改变，从而打开位于肌浆网上的 ryanodine 受体，Ca^{2+} 快速从肌质网释放进入胞浆，导致胞浆中 Ca^{2+} 浓度的升高。二氢吡啶受体和 ryanodine 受体组成一个功能单位，称为“接头复合体”（junctional complex）。T 管与其两侧的终池形

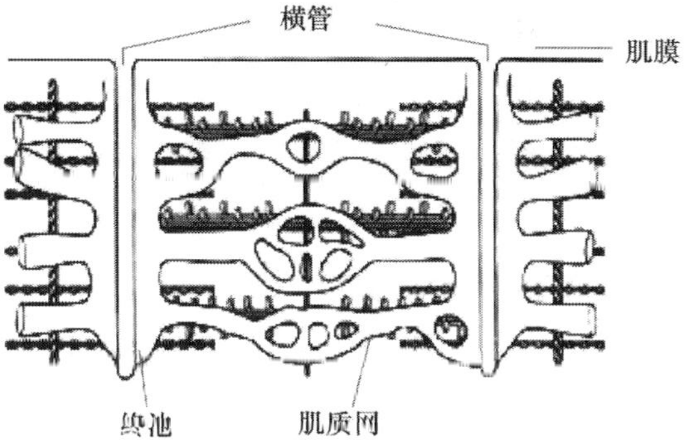

图 2-34　肌管系统示意图

成三联管(triad),是发生兴奋—收缩耦联的结构基础。

(三)肌肉收缩的分子基础(molecular basis of contraction)

20 世纪 50 年代,A. F. Huxley 提出肌肉的收缩是靠肌丝滑动学说(sliding filament hypothesis)。指的是粗肌丝固定不动,而细肌丝在粗肌丝上滑行,A 带(即暗带)长度不变,H 带变窄,相邻两个 Z 盘靠拢引起整个肌节的缩短。

肌球蛋白有两个头端,一个与肌动蛋白结合,一个与 ATP 结合。头部含 ATP 酶,把 ATP 的化学能转变为机械能,而这种存储的机械能只有在肌球蛋白头部与肌动蛋白的结合位点附着时才能释放出来。导致肌动蛋白移动的力量是与肌动蛋白相结合的肌球蛋白的横桥摆动(power stroke)。横桥摆动一次,将细肌丝拉近肌节中央,然后解离后再与下一个肌动蛋白结合,如此反复,将导致整个肌节的缩短。

肌肉收缩的整个过程如图 2-35 所示。

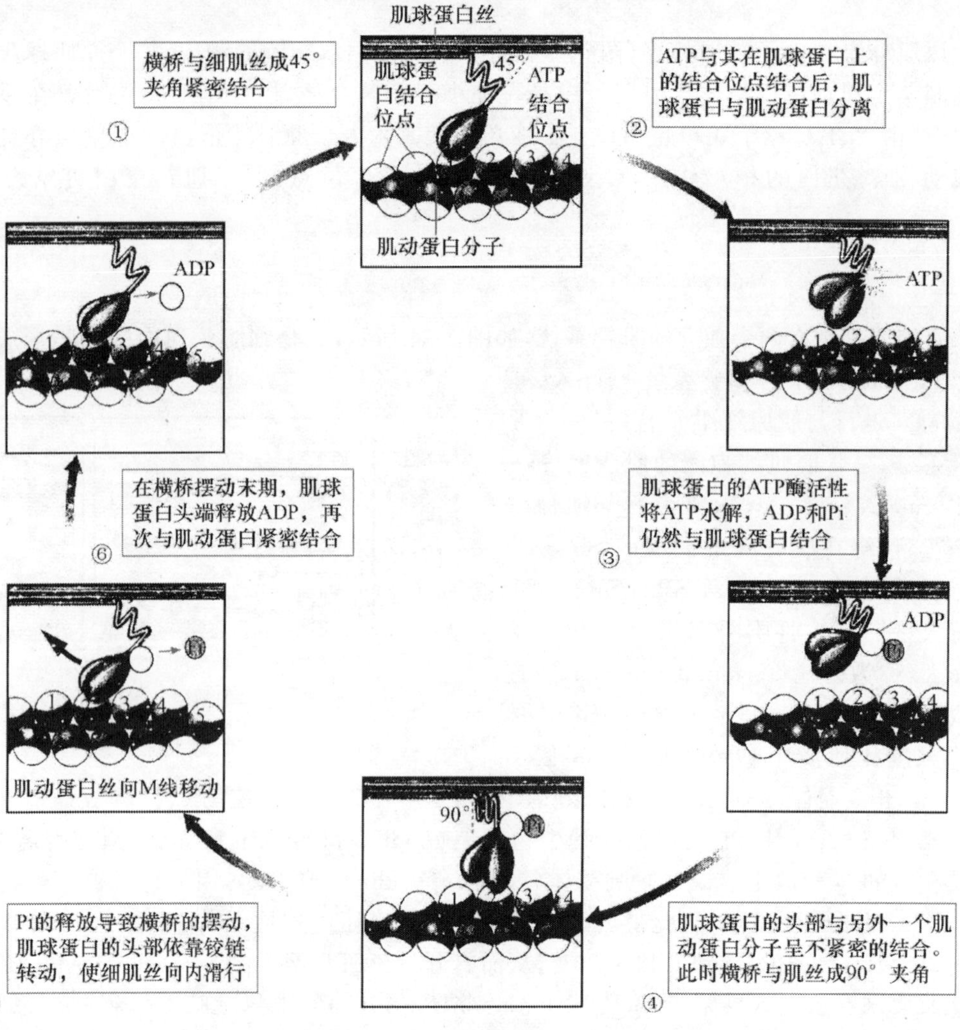

图 2-35 肌肉收缩过程的分子机制

(1) 紧密结合(the rigor state) 肌球蛋白的头端与肌动蛋白紧密结合形成横桥。这时横桥与肌丝成 45°角。在这个状态下，另一个头端不与 ATP 或 ADP 结合。在正常的骨骼肌细胞，紧密结合状态持续时间非常短暂。

(2) 肌球蛋白结合 ATP 后头端解离 肌球蛋白的另一个头端与 ATP 结合，导致肌球蛋白和肌动蛋白的解离。

(3) ATP 水解 ATP 被水解生成 ADP 和 Pi，这两个物质仍然与头端结合。

(4) 肌球蛋白重新结合肌动蛋白 从 ATP 释放出来的能量导致头部的旋转，与另外一个肌动蛋白疏松结合，横桥与肌丝成 90°角。此时的肌球蛋白像一个绷紧的皮筋，随时会产生横桥摆动，将细肌丝拉近肌节中央。

(5) Pi 释放导致横桥摆动 结合在横桥上的 Pi 释放，导致横桥的摆动，横桥头端向 M 线方向旋转，拉动肌动蛋白向同一方向运动。横桥摆动又叫横桥倾斜(crossbridge tilting)，因为横桥从与粗细肌丝形成的 90°角变成 45°角。

(6) 释放 ADP 最后，横桥释放 ADP，肌球蛋白的头端再次和肌动蛋白紧密结合，准备进入下一个收缩周期。

上述横桥与肌动蛋白结合、摆动、解离、复位和再结合的过程称为“横桥周期”(crossbridge cycling)。

尽管收缩的周期是从没有 ATP 或 ADP 结合的紧密结合状态开始，但是，肌肉舒张的时候通常维持在第四阶段，因为，在活的骨骼肌细胞，当肌球蛋白释放 ADP 后，细胞内有足够的 ATP 能够重新与肌球蛋白结合，因此紧密结合状态相对来说非常短。而当人体死亡后，由于没有 ATP 不能再与肌球蛋白的头端结合，因此，肌球蛋白和肌动蛋白永远处于紧密结合状态，导致肌肉的僵硬。

原肌球蛋白和肌钙蛋白在肌肉的收缩过程中起调节作用。原肌球蛋白部分覆盖肌球蛋白与肌动蛋白的结合位点，而肌动蛋白调节原肌球蛋白的位置。当有原肌球蛋白阻碍时，肌球蛋白能够与肌动蛋白疏松结合，但不能发生横桥的摆动，一旦解除原肌球蛋白的阻碍作用，肌球蛋白就能够完全和肌动蛋白紧密结合，导致横桥的摆动。肌钙蛋白 I 亚单位与肌动蛋白紧密结合，原肌球蛋白覆盖着肌动蛋白的结合位点。一旦 Ca^{2+} 和肌钙蛋白 C 亚单位结合，I 亚单位和肌动蛋白的结合被削弱，使原肌凝蛋白向侧方移位，暴露可以与肌球蛋白结合的位点，一个 Ca^{2+} 的结合可暴露 7 个结合位点，从此导致收缩。肌质网通过 Ca^{2+}-Mg^{2+}-ATP 酶回收 Ca^{2+}，当肌质网外 Ca^{2+} 浓度降低至一定程度(1×10^{-8} mol/L)，肌球-肌动蛋白的化学作用终止，肌纤维开始舒张过程。当胞浆 Ca^{2+} 浓度小于 1×10^{-9} mol/L，肌球-肌动蛋白的相互作用被抑制，当 Ca^{2+} 浓度大于 1×10^{-5} mol/L，两者相互作用形成横桥，因此 Ca^{2+} 像一个开关(calcium switch)调控骨骼肌的收缩。

(四) 兴奋-收缩耦联(excitation-contraction coupling)

将骨骼肌的兴奋和骨骼肌的机械收缩联系起来的中介机制，称为兴奋-收缩耦联。兴奋-收缩耦联的基本过程如下：

动作电位沿肌细胞膜经 T 管到达三联管处，T 管膜的去极化激活二氢吡啶受体，其构象发生改变，能够使终池上的 ryanodine 受体开放，触发 Ca^{2+} 从终池释放，胞浆中 Ca^{2+} 浓度增高，与肌钙蛋白 C 亚单位结合，从而消弱肌钙蛋白 I 亚单位和肌动蛋白的结合，使原肌球蛋白向侧方移位，完全暴露肌动蛋白与肌球蛋白的结合位点，一个 Ca^{2+} 的结合可暴露 7 个结合位点，从此诱发肌肉的收缩。肌肉收缩结束后，肌质网通过 Ca^{2+}-Mg^{2+} ATP 酶将 Ca^{2+} 主动泵回肌质网中储存，当肌质网外 Ca^{2+} 浓度降低至一定程度（1×10^{-8} mol/L），肌球-肌动蛋白的化学作用终止，肌纤维开始舒张过程。如图 2-36 所示。

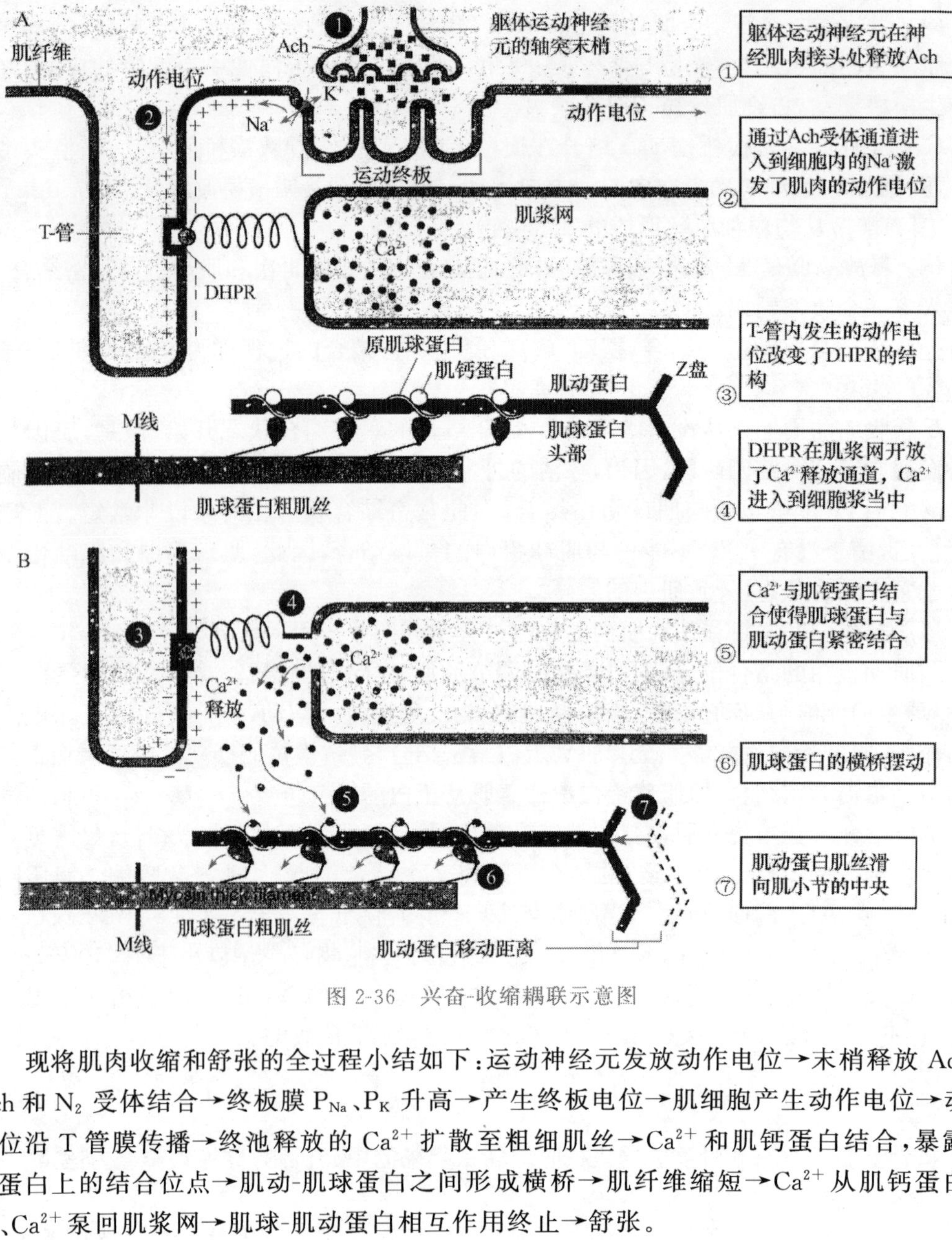

图 2-36 兴奋-收缩耦联示意图

现将肌肉收缩和舒张的全过程小结如下：运动神经元发放动作电位→末梢释放 Ach→Ach 和 N_2 受体结合→终板膜 P_{Na}、P_K 升高→产生终板电位→肌细胞产生动作电位→动作电位沿 T 管膜传播→终池释放的 Ca^{2+} 扩散至粗细肌丝→Ca^{2+} 和肌钙蛋白结合，暴露肌动蛋白上的结合位点→肌动-肌球蛋白之间形成横桥→肌纤维缩短→Ca^{2+} 从肌钙蛋白解离、Ca^{2+} 泵回肌浆网→肌球-肌动蛋白相互作用终止→舒张。

（五）影响骨骼肌收缩效能的因素(factors affecting the performance of contraction)

骨骼肌的收缩效能表现为收缩时所产生的张力的大小、肌肉缩短的程度，以及产生张力或肌肉缩短的速度。根据肌肉收缩的外部表现，收缩可分为等长收缩(isometric contraction)和等张收缩(isotonic contraction)。等长收缩时无明显长度变化而只有张力的增加；而等张收缩只发生缩短而张力保持不变。由于所作的功等于张力和距离的乘积，因此等张收缩做功，而等长收缩并不做功。骨骼肌的收缩效能是由收缩时所承受的负荷、自身的收缩能力和综合效应所决定的。

1. 前/后负荷(preload/afterload)

肌肉收缩前所承受的负荷即前负荷，它决定了收缩前的初长度(initial length)。在等长收缩条件下，固定后负荷不变，测定在不同的初长度情况下肌肉收缩所产生的张力，所得到的反映主动张力和肌肉长度之间的关系曲线，称长度-张力关系曲线(length-tension relationship)(图 2-37)。

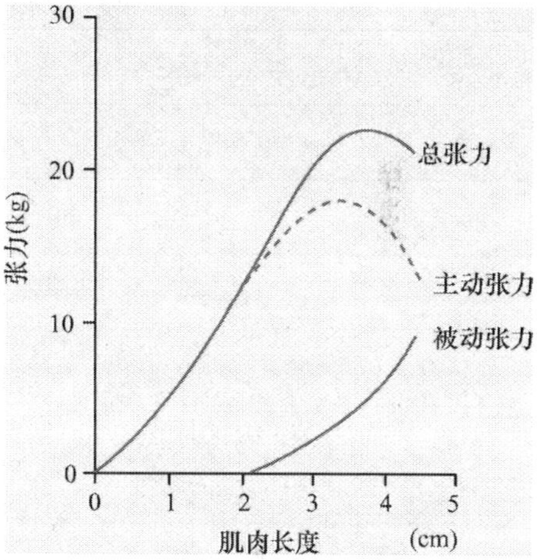

图 2-37 肌肉等长收缩时的长度-张力关系曲线

在每一个初长度，先测定被动张力(passive tension)，然后电刺激肌肉时，测定总张力(total tension)，总张力－被动张力＝主动张力(active tension)。在主动张力达最大值时的初长度称最适初长度(optimal initial length)，一般最适初长度也就是体内静息状态肌肉的长度，静息初长(resting length)的肌肉发生等长收缩时的张力最大。最适初长收缩时张力最大，小于或大于这一最适初长产生的张力均减小。如图 2-38 所示，这与粗细肌丝重叠的程度有关，进而影响横桥形成的数量。当肌节初长度为 3.65μm，即前

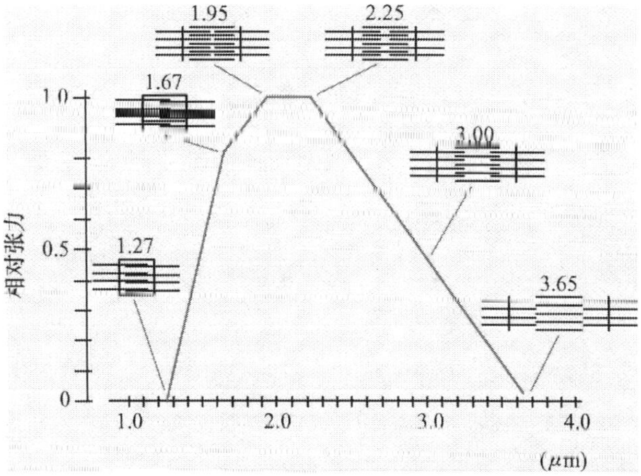

图 2-38 肌节初长度对收缩张力的影响

负荷过度牵拉，粗细肌丝完全不重叠，收缩时主动张力为零；肌节初长度为 3.0μm 时，粗细肌丝部分重叠，主动张力有所增加；初长度为 1.95～2.25μm 时，两者发生最佳重叠，结合的横桥数量最多，张力最大，此时为最适初长度。初长度为 1.27～1.67μm 时，由于两侧细肌丝穿过 M 线相遇发生相互干扰，在肌节处于极短状态时，兴奋-收缩偶联的某些步骤效力降低，包括 Ca^{2+} 和肌钙蛋白结合减少。

后负荷（afterload）指肌肉收缩过程中承受的负荷。固定前负荷不变，作等张收缩记录时，测定不同后负荷对收缩张力和缩短速度的影响，得到如图 2-39 的张力-速度曲线。

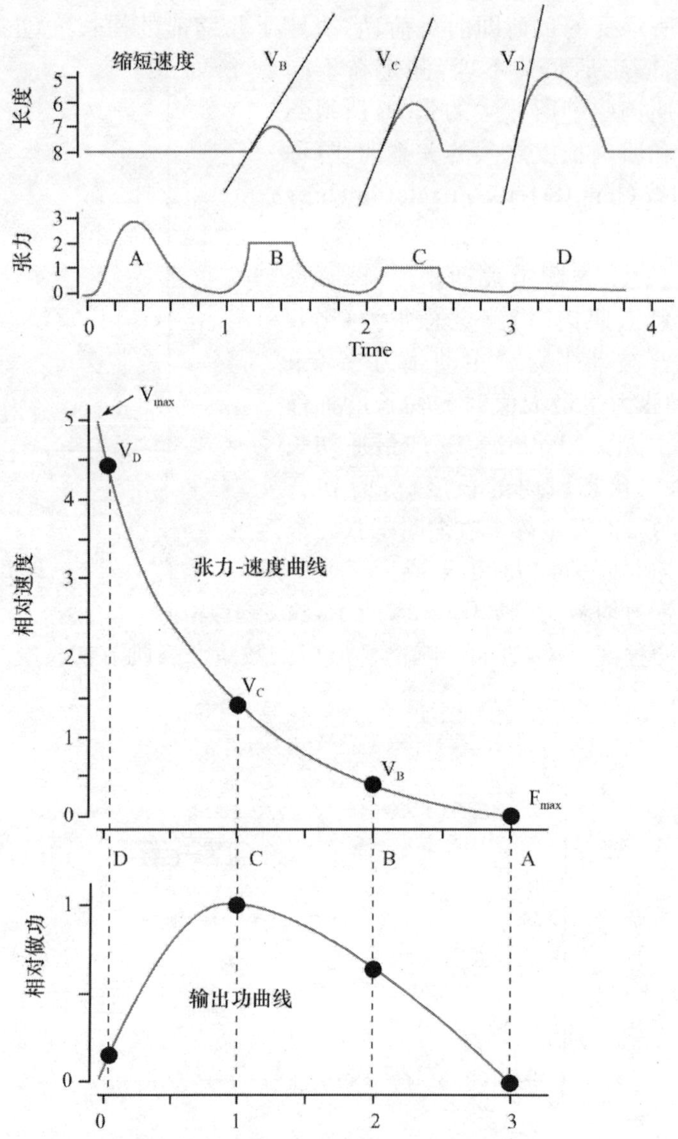

图 2-39　肌肉等张收缩时张力-速度曲线

收缩最初，由于后负荷的存在，肌肉不能立即缩短，但其收缩的张力在增加，此时为等长收缩。当张力增加到某一临界值，即张力等于后负荷时，后负荷已不再阻止肌肉开始缩短，但此后的收缩张力保持不变，进入等张收缩。该曲线表明：随着后负荷的增加，张力也随之增加而缩短速度变小。当后负荷增加到一定程度时，肌肉不能缩短，此时张力达最大（即等于后负荷），而缩短速度为零。理论上可设想当后负荷为零时，缩短速度可达最大，而此时张力为零。

2. 肌肉收缩能力（contractility）

收缩能力与负荷无关，是决定肌肉收缩效能的内在特性。主要由下列因素决定：①兴奋-收缩耦联中胞浆内 Ca^{2+} 的水平。②肌球蛋白 ATP 酶的活性。许多神经递质、体液因子、病理因素和某些药物可以通过这两个途径影响肌肉收缩能力，特别是对心肌（见第四章），例如低 Ca^{2+}、缺氧和酸中毒均使心肌收缩能力下降。对骨骼肌，是外在的神经支配调节参与收缩的运动单位的数量和肌收缩的频率。

3. 骨骼肌收缩的总和（summation of contraction）

沿肌纤维传播的一个动作电位所产生一次短暂的收缩和舒张，称为单收缩（twitch），单收缩产生的收缩力量很小。由于动作电位的时程仅 1～2ms，动作电位的不应期仅限于其上升相和部分下降相，而单收缩的过程持续约几十到几百毫秒，说明在肌肉舒张前肌纤维可以被再激活。重复刺激诱发的后一个收缩可以和前一个尚未结束的收缩发生总和。随着刺激频率的增加，各个收缩反应逐渐融合成为①不完全强直（incomplete tetanus），总和发生在前一收缩的舒张期。②完全强直收缩（complete tetanus），总和发生在前一收缩的收缩期（各次收缩之间完全没有舒张），如图 2-40。

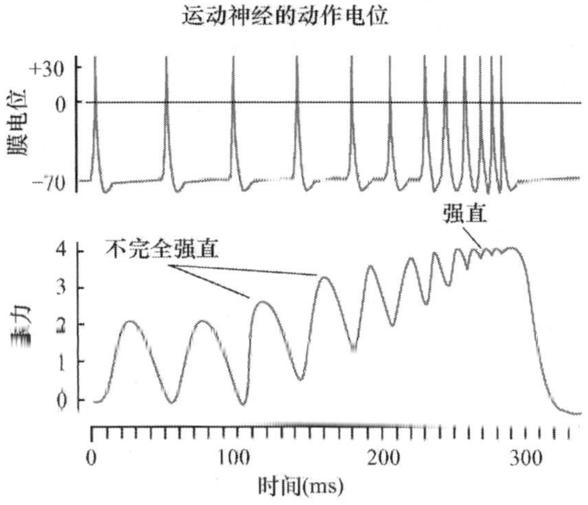

图 2-40　单收缩和强直收缩

完全强直收缩所产生的张力约是单收缩的四倍。一块肌肉单收缩的持续时间决定了强直刺激的频率。例如，单收缩的时程是 10ms，低于 100/s（1/10ms）的频率引起不相连的单收缩，高于 100/s 的频率则引起强直收缩。

Clinical Note

Myasthenia Gravis

Myasthenia gravis is a debilitating neuromuscular disease associated with weakness and fatigability of skeletal muscle. The condition is aggravated by exercise. The muscular weakness and fatigability are in turn associated with EPPs that are smaller in amplitude than normal. Recall that there is generally a one-to-one relationship between an action potential in a motor axon and an action potential in the skeletal muscle cell. This is so because the EPP is normally quite large (50mV in amplitude). As a result, an EPP in a muscle cell with a resting potential of approximately −80mV is always capable of depolarizing the muscle cell past threshold (approximately −50mV) and initiating a skeletal muscle action potential. Note that to reach threshold, an EPP need only have an amplitude of 30mV (eg, −80mV +30mV = −50mV). Thus, there is normally a "safety factor" of approximately 20mV. In myasthenia gravis, the EPP is smaller and there is less of a safety factor. In severe cases, the EPP is so small that it fails to reach threshold, and no muscular contraction is produced.

The fatigability associated with myasthenia gravis is explained by the tendency for transmitter release to depress with repeated activation of a motor neuron. Such depression may be due to depletion of the pool of synaptic vesicles in the presynaptic terminal. In normal healthy adults, depression of transmitter release is of little consequence because the safety factor is so large. For example, the one-to-one relationship between motor neuron activation and skeletal muscle contraction can be maintained even if the EPP is reduced from an amplitude of 50mV to an amplitude of 30mV. In patients with myasthenia gravis, however, the EPP is already reduced. As a result, when the motor neuron is repeatedly activated and transmitter release is depressed, the EPP becomes subthreshold and fails to elicit an action potential in the muscle cell. Thus, whereas initial motor responses in the myasthenic patient may be relatively normal, they fatigue rapidly as the EPP falls below threshold.

At the molecular level it is now known that the reduction of the EPP in patients with myasthenia gravis is due to reduction in the number of Ach receptors in the postjunctional membrane. Because of a reduced number of receptors, the postsynaptic permeability changes and the EPP are smaller. Current evidence indicates that the reduction of Ach receptors is due to an autoimmune response to the Ach receptor.

There is no known cure for myasthenia gravis. A common treatment, however, is the use of neostigmine. Neostigmine, by blocking the actions of AchE, makes more Ach available to bind with postjunctional Ach receptors and thus partially compensates for the reduced number of receptors in the myasthenic patients.

Summary

- Muscle is classified into three categories: skeletal, smooth, and cardiac muscle.
- The contractile proteins of muscle are arranged into two overlapping sets of myofilaments, one predominatly myosin-containing (thick), and one predominatly actin-containing (thin).
- In skeletal and cardiac muscle, the myofilaments are arranged into sarcomeres, the fundmental organizational unit of the contractile machinery.
- The thin filaments are polymers made up of two chains of actin that form a long double helix. Tropomysin molecules are long filaments located in the groove between the two chains in the actin. Troponin T, I and C which contains binding sites for the Ca^{2+} that initiates contraction.
- Sarcotubular system is made up of T tubule system and a sarcoplasmic reticulum.
- Cross-bridge are projections of myosin filaments that make mechanical contact with actin filaments.
- Steps in contraction: discharge of motor neuron → release of Ach at motor end plate → binding of Ach to nicotinic Ach receptors → increased Na^+ and K^+ conductance in end plate → generation of end plate potential → action potential in muscle fiber → inward spread of depolarization along T tubules → release of Ca^{2+} from terminal cisterns of sarcoplasmic reticulum → Ca^{2+} diffuse to thick and thin filaments → binding of Ca^{2+} to troponin C, uncovering myosin-binding sites on actin → formation of cross-linkages between actin and myosin → sliding of thin on thick filaments, producing shortening.
- Steps in relaxation: Ca^{2+} pumped back into sarcoplastmic reticulum → release Ca^{2+} from troponin → cessation of interaction between actin and myosin.
- The cross-bridge cycle is a series of chemical reaction that transform the energy stored in ATP into mechanical energy that produce muscle contraction.
- ATP has two functions in the cross-bridge cycle: to provide the energy for contraction, and to allow the myosin cross-bridge to release from actin filaments.
- Overall muscle force and shortening occur as a result of the cumulative effects of millions of cross-bridge acting to move myolilaments past one another.
- Changes in the length of a skeletal muscle result in changes in the degree of overlap of the myofilaments.
- A twitch is a single muscle contraction, produce in response to a single action potential in the muscle cell membrane. A tetanus is a larger muscle contraction that results from repetitive stimulation (multiple action potential) of the cell membrane. Its force represents the temporal summation of many twitch contractions.
- Isotonic contraction results when an activated muscle shortens against an external load. The external load determines the force that the muscle will develop, and the developed force determines the velocity of shortening.
- The length-tension curve describe the effect of the resting length of a muscle on the

isometric force it can develop: this curve shows that when the muscle is either longer or shorter than optimal length, it produces less force.

- The force-velocity curve describes the inverse relationship between the isotonic force and the shortening velocity in a fully activated muscle.

Key Terms

myosin, actin, tropomyosin, troponin, sarcomere, t tubule system, sarcoplasmic reticulum, sliding filament theory, terminal cisterna, triad, junctional complex, excitation-contraction coupling, dihydropyridine receptor, ryanodine receptor, crossbridge cycle, twitch, tetanus, isometric contraction, isotonic contraction, length-tension curve, force-velocity curve, preload, afterload

Review Questions

1. Define each term

1) Cross-bridge cycle; 2) Excitation-contraction coupling; 3) Endplate potential; 4) Nicotinic Ach receptor; 5) Ryanodine receptor; 6) Dihydropyridine receptor; 7) Sliding filament theory; 8) Triad; 9) Isometric contraction; 10) Iisotonic contraction

2. Fill in the blanks

1) Skeletal muscle controlled by ________ and under ________ control.

2) Thick filaments are composed of the contractile protein ________. Thin filaments are composed of three proteins including ________, ________ and ________.

3) The protein in thin filaments that has myosin-binding sites is ________, these sites are covered by molecules of ________, which are held in a position by globular proteins are called ________. Binding of ________ to ________ causes a change in their conformation such that they move the ________ molecules away from ________.

3. Choose the best answer

1) The function of tropomyosin in skeketal muscle include

(A) Sliding on actin to produce shortening

(B) Releasing Ca^{2+} after initiation of contraction

(C) Binding to myosin during contraction

(D) Acting as a relaxing protein at rest by covering up the sites where myosin binds to acting.

2) During the shortening of skeletal muscle

(A) The distance between Z lines stay the same

(B) The width of the I band changes

(C) The width of the A band changes

(D) All internal spacing between repeating structure change proportionately

3) The endplate potential at the neuromuscular junction is the result of increased postsynaptic membrane permeability to

(A) Sodium first, then potassium

(B) Sodium and potassium simultaneously

(C) Sodium only

(D) Potassium only

4) If transmission at the neuromuccular junction were blocked by the application of curare, which one of the events listed below would fail to occur when a motor nerve impulse arrived?

(A) Depolarization of the postsynaptic membrane

(B) Depolarization of the presynaptic membrane

(C) Entry of calcium ions into the presynaptic membrane

(D) Prysynaptic release of transmitter substance

5) A gardener was accidently poisoned by a weed killer that inhibits acetylcholinesterase. Which of the following alterations in neurochemical transmission at brain cholinergic synapes is the most likely result of this poisoning?

(A) Blockade of cholinergic receptors

(B) Pileup of choline in the synaptic cleft.

(C) A pileup of acetylcholine in the synaptic cleft.

(D) Up-regulation of postsynaptic cholinergic receptors.

4. Answer the following questions

1) Describe the neuromuscular junction, and explain how action potential in the motor neuron at the junction lead to contraction of the skeletal muscle.

2) How does the relationship of actin to myosin explain the length-tension curve of skeletal muscle?

(谢俊霞　姜　宏)

参考文献(References)

蒋正尧. 2005. 人体生理学. 北京:科学出版社

姚泰. 2005. 生理学(供 8 年制及 7 年制). 北京:人民卫生出版社

朱大年. 2009. 生理学. 7 版. 北京:人民卫生出版社

Ganong W F. 2005. Review of Medical Physiology. 22nd Edition. Stamford, Connecticut: McGraw-Hill

Guyton A C, Hall J E. 2000. Textbook of Medical Physiology. 10th ed. Philadelphia: WB Saunders

Johnson L R. 1998. Essential Medical Physiology. 2nd ed. New York: Lippincott-Raven phublishers

Kandel E R, Schwartz J H. 2000. Principles of Neural Science, 4th ed, New York: McGraw-Hill Professional Publishing

Schmidt R F, Thews G. 1983. Human Physiology. 1st ed, Berlin: Springer-Verlag

Silverthorn D U. 2009. Human Physiology. 4th ed. San Francisco: Pearson Education, Inc

第三章　血　液
Chapter 3　Blood

Chapter Outline

- The components and properties of blood
- Physiology of blood cells
- Physiological hemostasis

血液(blood)是由血浆和血细胞组成的流体组织，在心血管系统内循环流动，起着运输物质的作用。因此，运输是血液的基本功能。一方面，血液可将 O_2、激素及各种营养物质运送到各组织、器官；另一方面，将机体代谢产生的 CO_2 和其他废物运送到肺或肾脏而排出体外。血液又具有缓冲功能，它含有多种缓冲物质，可以缓冲进入血液的酸性或碱性物质而维持血浆 pH 的稳定。血液的水分有较高的比热，有利于体温的相对恒定。此外，血液还具有重要的防御和保护功能，参与机体的生理性止血和各种免疫反应。如果血液总量或组织、器官的血流量不足时，可造成组织损伤，严重时可危及生命。许多疾病可导致血液的成分或性质发生特征性的变化。因此，临床血液检查在医学诊断上具有重要价值。

第一节　血液的组成和理化特性
Section 1　The Components and Properties of Blood

Section Outline

- The components of blood
  —Plasma
  —Blood cells
- Blood volume
- The physical and chemical properties of blood
  —Blood specific gravity
  —Blood viscosity
  —Plasma osmotic pressure
  —Plasma pH value

一、血液的组成(The Components of Blood)

血液由血浆(plasma)和悬浮在其中的血细胞(blood cells)组成。

(一) 血浆(plasma)

血浆的主要成分是水、多种电解质、小分子有机化合物、蛋白质、O_2 和 CO_2 等。血浆中含水量达 90%以上，水含量与维持循环血量的相对恒定有密切关系。水和电解质都很容易透过毛细血管壁和组织液进行交换，所以血浆中电解质的含量和组织液基本相同(表 3-1)。

表 3-1 人体各部分体液中电解质的含量(mmol/L)

正离子	血浆	组织液	细胞内液	负离子	血浆	组织液	细胞内液
Na^+	142	145	12	Cl^-	104	117	4
K^+	4.3	4.4	139	HCO_3^-	24	27	12
Ca^{2+}	2.5	2.4	<0.001(游离)	$HPO_4^{2-}/H_2PO_4^-$	2	2.3	29
Mg^{2+}	1.1	1.1	1.6(游离)	蛋白质*	14	0.4	54
				其他	5.9	6.2	53.6
总计	149.9	152.9	152.6	总计	149.9	152.9	152.6

* 蛋白质以当量浓度(mEq/L)表示(引自 Greger R & Windhorst U,1996)。

血浆蛋白(plasma proteins)是血浆中多种蛋白质的总称，含量为 65～85g/L。用硫酸钠或亚硫酸钠盐析法，可将血浆蛋白分为白蛋白(albumin)、球蛋白(globulin)和纤维蛋白原(fibrinogen)三类，含量分别为 40～48g/L、15～30g/L 和 2～4g/L。用电泳法可进一步将球蛋白分为 α_1、α_2、β、γ-球蛋白。除 γ-球蛋白来自浆细胞外，血浆蛋白主要由肝脏产生。严重的肝脏疾病常引起血浆白蛋白/球蛋白的比值下降。各种血浆蛋白具有不同的生理功能，主要包括：①形成血浆胶体渗透压(plasma colloid osmotic pressure)，以保持水分于血管内。②维持正常的血浆 pH。③作为载体运输激素、脂质、离子、维生素及代谢废物等低分子物质。④参与血液凝固、抗凝和纤溶等生理过程。⑤参与机体的多种免疫反应。⑥营养功能。血浆蛋白可被组织摄取，分解生成氨基酸供组织蛋白的合成，或转变成其他的含氮物质。

(二) 血细胞(blood cells)

血细胞包括红细胞(erythrocyte，或 red blood cell，RBC)，白细胞(leukocyte，或 white blood cell，WBC)和血小板(platelet 或 thrombocyte)。取一定量血液与抗凝剂混匀后，置于比容管中，以 3000 r/min 离心 30min，可见全血分为三层：上层淡黄色透明液体为血浆，占总体积的 50%～60%；下层深红色为红细胞，占总体积的 40%～50%，二者之间有一不透明薄层，即白细胞和血小板，仅占总容积 0.15%～1%，在计算容积时常忽略不计。血细胞在血液中所占的容积百分比称为血细胞比容(hematocrit)。正常成年男性的血细胞比容为 40%～50%，女性为 37%～48%。血细胞比容可反映血液中红细胞的相对浓度。贫血患者血细胞比容降低。

二、血量(Blood Volume)

血量(blood volume)是指全身的血液总量。大部分血液在心血管系统中快速循环流动，称为循环血量(circulating blood volume)。小部分血液滞留在肝、肺、腹腔静脉和皮下静脉丛内，流动很慢，称为储存血量(reserved blood volume)。在运动或大出血等情况下，储存血量可以被释放出来，以补充循环血量的不足。正常成年人的血液总量约相当于体重的7%～8%,即每千克体重有70～80ml血液。幼儿体内含水量较多,其血液总量约占体重的9%。正常情况下,由于神经、体液的调节作用,体内血量保持相对恒定,这是维持正常血压和各组织、器官血液供应的必要条件。

三、血液的理化性质(Chemical and Physical Properties of Blood)

(一)血液的比重(blood specific gravity)

正常人全血的比重为1.050～1.060。血液中红细胞数量越多,全血比重越大。血浆的比重为1.025～1.030,其高低主要取决于血浆蛋白的含量。红细胞的比重为1.090～1.092,与红细胞内血红蛋白的含量呈正相关。利用红细胞与血浆比重的差异,可进行血细胞比容和红细胞沉降率的测定,以及红细胞与血浆的分离。

(二)血液黏度(blood viscosity)

血液黏度(blood viscosity)来源于液体内部分子或颗粒间的摩擦,即内摩擦。血液黏度愈高,其流动性愈小。以水的黏度为1,则全血的相对黏度为4～5,血浆的相对黏度为1.6～2.4(温度为37℃)。全血的黏度主要取决于红细胞比容的高低,血浆的黏度主要取决于血浆蛋白的含量。全血的黏度还受血流切率的影响。水、酒精、血浆等液体的黏度不会随着切率的改变而改变,称为牛顿液体(Newtonian fluid)。全血为非牛顿液体,其黏度与切率呈反变关系,即在低切率条件下,血流黏度增大。血流的黏度是形成血流阻力的重要因素之一。当某些疾病使微循环的血流速度明显减慢,红细胞可发生叠连和聚集,血液黏度升高,使血流阻力明显增大,从而影响微循环的正常灌注。

(三)血浆渗透压(plasma osmotic pressure)

溶液的渗透压取决于溶液中溶质颗粒(分子或离子)数目的多少,而与溶质的种类和颗粒大小无关。血浆总渗透压(total osmotic pressure)约为300mmol/L,相当于770kPa。由溶解在血浆中的晶体物质形成的渗透压称为晶体渗透压(crystal osmotic pressure),80%来自NaCl。由血浆蛋白所形成的渗透压称为胶体渗透压(colloid osmotic pressure)。虽然血浆中含有较多蛋白质,因其相对分子质量大,分子数目少,所产生的胶体渗透压很小,一般不超过1.5mmol/L。在血浆蛋白中,白蛋白的相对分子质量远小于球蛋白,故胶体渗透压主要来自白蛋白。若血浆中白蛋白明显减少,即使球蛋白增加而保持血浆总蛋白含量不变,胶体渗透压也将明显降低。

水和晶体物质可自由通过毛细血管壁,因此血浆和组织液中晶体物质的浓度几乎相等,它们所形成的晶体渗透压也基本相等。细胞外液的晶体渗透压相对稳定,对于保持细胞内、外水平衡和正常的细胞体积极为重要。血浆蛋白不能透过毛细血管壁,所以胶体渗透压虽小,但对于保持血管内、外的水平衡和维持正常的血浆容量起重要作用。

(四)血浆pH(plasma pH value)

正常人血浆pH为7.35～7.45。血浆pH的相对稳定有赖于血液内的缓冲物质,以及肺和肾的正常功能。血浆内的缓冲物质主要包括 $NaHCO_3/H_2CO_3$、蛋白质钠盐/蛋白质和 Na_2HPO_4/NaH_2PO_4，其中以 $NaHCO_3/H_2CO_3$ 最为重要，两者之比为 20∶1，才能维持 pH 为 7.4。此外，红细胞内还有 $KHCO_3/H_2CO_3$、KHb/HHb、$KHbO_2/HHbO_2$、K_2HPO_4/KH_2PO_4 等缓冲对，参与维持血浆 pH 的恒定。一般酸性或碱性物质进入血液时，由于上述缓冲系统的作用，对血浆 pH 的影响很小，特别是在肺和肾保持其正常功能，能排出体内过多酸或碱的情况下，血浆 pH 值只在很小的范围内波动。

Summary

- Blood is composed of plasma and blood cells. In the cardiovascular system, the constant motion of the blood keeps all the cells well dispersed throughout the plasma.
- Plasma is the liquid component of blood; it contains proteins, nutrients, hormones, inorganic electrocytes, gases and metabolic end products.
- Plasma proteins can be classified into three broad groups: albumin, globulin and fibrinogen. They are synthesized by the liver, and plays many roles, such as exerting osmotic pressure for absorption of extracellular fluid, maintaining pH, transportation, and participating in the clotting reaction and immune defense.
- The blood cells are suspended in plasma, and include erythrocytes, leucocytes, and platelets.
- Hematocrit is defined as the percentage of blood volume that is occupied by erythrocytes. The normal hematocrit is 40%～50% in adult men and 37%～48% in adult women.
- The volume of blood is approximately 7%～8% of body weight, equivalent to 70～80ml blood per kilogram of body weight.
- Plasma crystal osmotic pressure helps to maitain the balance between the extracellular fluid and intracelluar fluid; plasma colloid osmotic pressure helps to keep water within the blood vessels.
- The normal pH value is between 7.35～7.45.

Key Terms

plasma proteins; albumin; globulin; hematocrit; blood volume; crystal osmotic pressure; colloid osmotic pressure

Review Questions

1. Define each term

1) plasma proteins; 2) hematocrit; 3) blood volume; 4) colloid osmotic pressure

2. Choose the correct answer

1) Plasma proteins are classified into three subgroups except:

(A) albumin (B) globulin (C) fibrinogen (D) transferrin

2) Which of the following is not true about blood viscosity?

(A) The blood viscosity is highly influenced by red blood cells and protein concentration

(B) Increased viscosity can occur from an elevation in cellular components

(C) In veins is greater than that in arteries

(D) Decrease if the plasma proteins increase

3. Answer the following questions

1) What is hematocrit? List its normal values for adult men and women.

2) Describe the main functions of plasma proteins.

第二节　血细胞生理
Section 2　Physiology of Blood Cells

Section Outline

- Location and basic process of hematopoiesis
- Physiology of erythrocytes
  —Counts and morphology of erythrocytes
  —Physiological characteristic of erythrocytes
  —Main functions of erythrocytes
  —Regulation of hematopoiesis
  —Destruction of erythrocytes
- Physiology of leucocytes
  —Counts and classification of leucocytes
  —Characteristic and functions of leucocytes
  —Production and regulation of leucocytes
  —Destruction of leucocytes
- Physiology of platelets
  —Counts and morphology of platelets
  —Physiological characteristic of platelets
  —Functions of platelets
  —Destruction of platelets

一、血细胞生成的部位和基本过程(Location and Basic Process of Hematopoiesis)

（一）血细胞生成的部位(location of hematopoiesis)

能够生成并支持造血细胞分化、发育、成熟的组织器官称为造血器官(hematopoietic organs)。在个体的发育过程中，造血器官有一个变迁的过程。胚胎发育的早期是卵黄囊(yolk sac)造血；从胚胎第二个月开始，肝、脾 (liver and spleen)开始造血；胚胎发育到第 4 个月，骨髓(bone marrow)已具有初步的造血功能并逐步增强；出生后，机体几乎完全依赖骨髓造血。婴幼儿在造血需要增加时，肝、脾又可重新恢复其造血的功能，称为髓外造血(extramedullary hematopoiesis)，它具有代偿作用，但这种代偿作用有限且不完善。4岁以下的儿童全身的骨髓腔内均为红骨髓；4岁以后，骨髓腔的增长速度超过造血细胞增长的速度，骨髓中开始出现脂肪细胞。脂肪化的骨髓称为黄骨髓。至18岁时，红骨髓仅存在于脊椎骨、髂骨、肋骨、胸骨、颅骨和长骨近心端，但造血组织的总量已很充裕。成年人如果出现髓外造血已无代偿意义，而是造血功能紊乱的表现。

（二）造血的基本过程（basic process of hematopoiesis）

造血（hematopoiesis）是指造血器官生成各种血细胞的过程，它是一个受多种因素影响的连续而又分阶段的过程（图3-1）。一般可以将造血过程分为造血干细胞（hematopoietic stem cells）、定向祖细胞（committed progenitors）和形态可辨认的前体细胞（precursor cells）三个阶段。造血干细胞具有自我复制和多向分化的能力。通过自我复制可以保持自身细胞数量的稳定；通过多向分化可形成各系定向祖细胞。由于造血干细胞多数处于细胞周期的G_0期或静止期，机体需要时可从G_0期进入细胞周期，进行增殖和分化。干细胞发育到定向祖细胞阶段时，已经限定进一步分化的方向。将各系的定向祖细胞在体外培养时，可形成相应的血细胞集落，即集落形成单位（colony forming unit，CFU）。定向祖细胞可分为红系祖细胞（CFU-E）、粒-单系祖细胞（CFU-GM）、巨核系祖细胞（CFU-M）

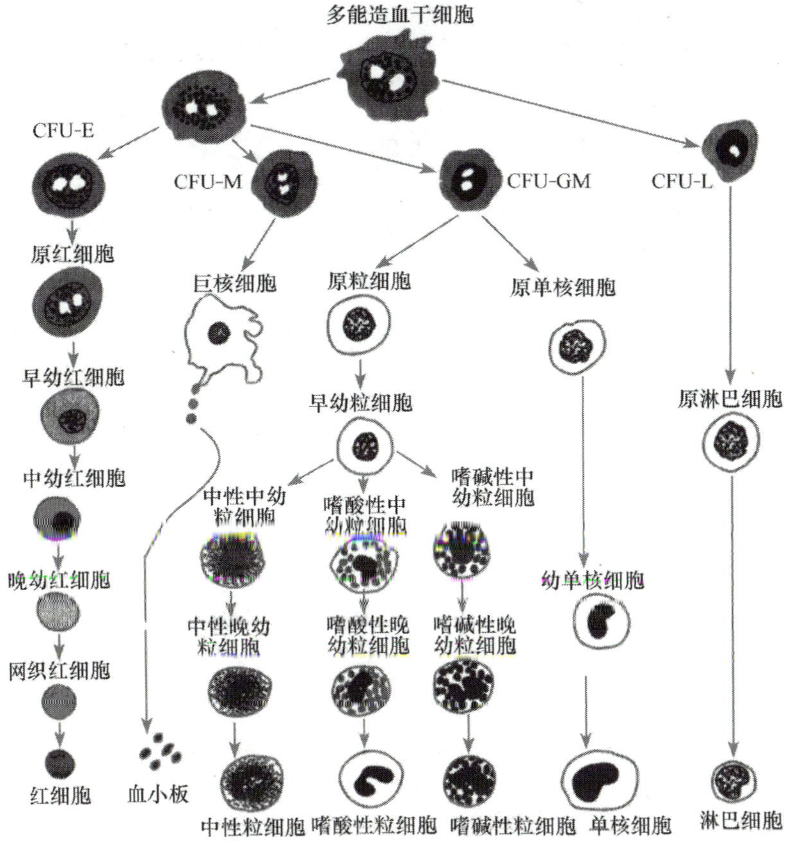

图3-1 造血过程示意图

CFU-E：红系祖细胞；CFU-GM：粒-单系祖细胞；CFU-M：巨核系祖细胞；CFU-L：淋巴系祖细胞

和淋巴系祖细胞(CFU-L)。在前体细胞阶段,造血细胞已经发育成为形态上可以辨认的各系幼稚细胞,这些细胞进一步分化成熟为具有特殊功能的各类终末细胞,然后有规律地由骨髓释放到外周血循环(peripheral circulation)。

造血微环境(hematopoietic microenvironment)是指造血干细胞定居、存活、增殖分化和成熟的场所,包括造血器官中的基质细胞(stroma cell)、基质细胞分泌的细胞外基质(extracellular matrix,ECM)、各种造血调节因子,以及进入造血器官的神经和血管(图 3-2)。当机体受到某些物理因素(如 γ 射线,X 射线)、化学因素(如氯霉素、苯等)和生物因素等损害,造血干细胞可发生质或量的异常,或造血微环境产生缺陷,从而诱发白血病或再生障碍性贫血等严重的血液系统疾病。

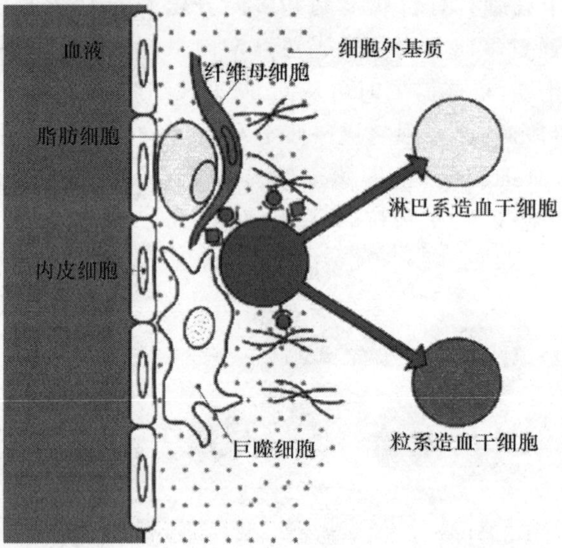

图 3-2　造血微环境

二、红细胞生理(Physiology of Erythrocytes)

(一) 红细胞的数量和形态(counts and morphology of erythrocytes)

红细胞是血液中数量最多的血细胞,约占血细胞总数的 99%以上。我国成年男性红细胞的数量为(4.0～5.5)×10^{12}/L,女性为(3.5～5.0)×10^{12}/L,新生儿在 6.0×10^{12}/L 以上。红细胞内的蛋白质主要是血红蛋白(hemoglobin,Hb),我国成年男性血红蛋白的浓度为 120～160g/L;女性为 110～150g/L。红细胞数量和血红蛋白浓度还受到年龄、生活环境和机体功能状态的影响。例如,儿童低于成人(新生儿例外);高原居民高于海平面居民;妊娠后期由于血浆量相对增多,红细胞数量和血红蛋白浓度相对减少。如果血液中红细胞数量和/或血红蛋白浓度低于正常,称为贫血(anemia)。

正常的成熟红细胞呈双凹圆碟形(biconcave discs),直径约 7～8μm,无核,周边较厚,可达 2.0μm。红细胞保持双凹圆碟形需要消耗能量。成熟的红细胞无线粒体,糖酵解是其获得能量的唯一途径 (图 3-3)。

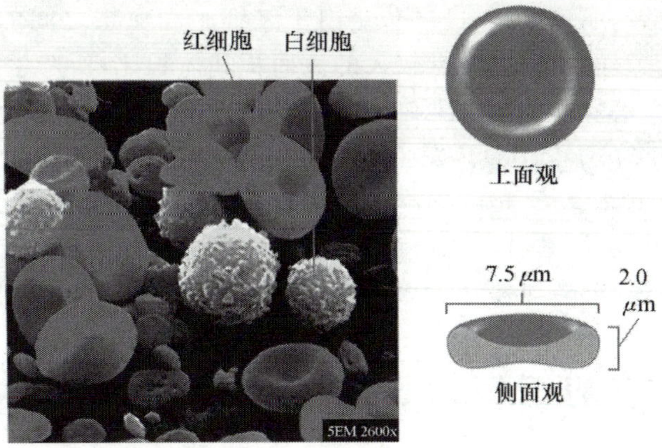

图 3-3 红细胞形态

（二）红细胞的生理特征（physiological characteristic of erythrocytes）

红细胞具有可塑变形性、悬浮稳定性和渗透脆性等生理特征，这些特征都和红细胞的双凹圆碟形有关。

1. 可塑变形性（plastic deformation）

正常红细胞在外力作用下具有变形的能力，外力撤出后红细胞可恢复其正常的双凹圆碟形。红细胞的这种特性称为可塑变形性（plastic deformation of erythrocytes）。红细胞在通过直径小于 7.5μm 的毛细血管，或穿过骨髓和脾脏的血窦和脾索间基底膜上的微孔（3μm）时，要经相当大的变形才能完成（图 3-4）。

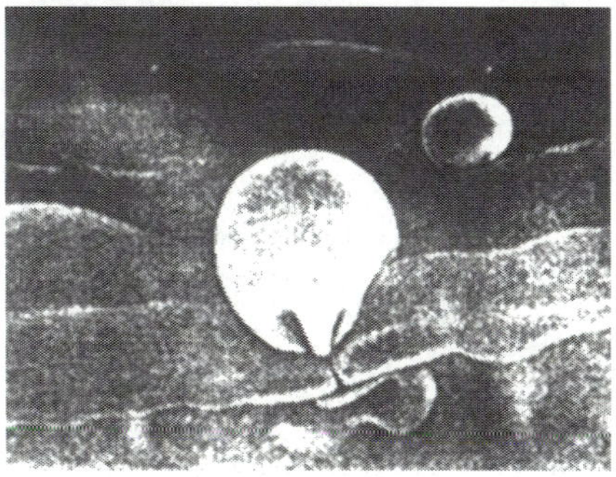

图 3-4 红细胞挤过大鼠脾窦的内皮细胞裂隙

（引自 Greger R. 1996，P1655）

红细胞的变形性主要取决于三方面：①表面积与体积的比值越大，变形能力就越大。正常成人红细胞的体积约 $90\mu m^3$，表面积约 $140\mu m^3$，若红细胞变为等体积的球形，其表面积仅 $100\mu m^3$，故双凹圆碟形红细胞的变形能力远大于异常情况下出现的球形红细胞；②红细胞内的黏度越大，变形能力越小。血红蛋白变性或浓度过高时，可使红细胞内黏度增加，变形能力下降；③红细胞膜的弹性降低，也可使红细胞变形能力降低。

2. 悬浮稳定性（suspension stability）

将抗凝血加入血沉管内垂直静置，虽然红细胞的比重大于血浆，但正常时红细胞的沉降却很慢，这表示红细胞能相当稳定地悬浮于血浆中，这一特性称为红细胞的悬浮稳定性（suspension stability of erythrocytes）。通常以红细胞在第 1 小时末下沉的距离表示红细胞沉降的速度，称为红细胞沉降率（erythrocyte sedimentation rate，ESR），简称血沉。正常成年男性红细胞沉降率为 0～15mm/h，女性为 0～20mm/h。红细胞沉降率越大，表示红细胞的悬浮稳定性越小。

红细胞能相对稳定地悬浮于血浆中，是由于红细胞和血浆之间的摩擦力阻碍了红细胞的下沉。双凹圆碟形的红细胞具有较大的表面积和体积比，所产生的摩擦力较大，红细胞下沉缓慢。在某些疾病（如活动性肺结核、风湿热等），红细胞彼此以凹面相贴，形成红细胞叠连(rouleaux formation)。发生叠连后，红细胞团块的总表面积与总体积之比减少，与血浆的摩擦力也减少，于是红细胞沉降率加快。影响红细胞发生叠连的因素，主要在于血浆，并不在于红细胞本身。现已证实：血浆中球蛋白、纤维蛋白原及胆固醇含量增多，可加速红细胞叠连，沉降加速；而血浆中白蛋白、卵磷脂增多，可使红细胞叠连降低，沉降减慢。

3. 渗透脆性(osmotic fragility)

红细胞在低渗溶液中发生膨胀甚至破裂的特性称为红细胞渗透脆性(osmotic fragility of erythrocytes)，简称脆性。红细胞在等渗的 0.85% NaCl 溶液中可保持其正常的大小和形态。若将红细胞悬浮于一系列浓度递减的低渗 NaCl 溶液中，水将在渗透压差的作用下进入红细胞，使红细胞体积增大，细胞形态由正常的双凹圆碟形变为球形。当 NaCl 浓度降至 0.42%时，部分红细胞开始破裂而发生溶血(hemolysis)；当 NaCl 浓度降至 0.35%时，则全部红细胞发生溶血。这一现象表明红细胞对低渗盐溶液具有一定的渗透抵抗力(osmotic resistance)。同一个体的红细胞抵抗力并不相同。例如，初成熟的红细胞对低渗盐溶液的抵抗力高，即脆性低；而衰老红细胞则脆性高。某些疾病可影响到红细胞脆性，如遗传性球形红细胞增多症患者的红细胞脆性变大。故测定红细胞脆性有助于一些疾病的临床诊断。

（三）红细胞的功能(main functions of erythrocytes)

红细胞的主要功能是运输 O_2 和 CO_2。血液中 98.5%的 O_2 是以氧合血红蛋白的形式进行运输。红细胞运输的氧约为溶解于血浆中氧的 65 倍。血液中的 CO_2 主要以碳酸氢盐和氨基甲酰血红蛋白的形式存在，分别占 CO_2 运输总量的 88%和 7%。在红细胞的参与下，血液运输 CO_2 的能力可提高 18 倍。此外，红细胞内有多种缓冲对，对血液中的酸碱物质具有一定的缓冲能力，可参与血浆 pH 稳态的维持。

（四）红细胞生成的调节(regulation of hematopoiesis)

在成人，骨髓是生成红细胞的唯一场所。骨髓内的造血干细胞首先分化为红系定向祖细胞，再经过原红细胞、早幼红细胞、中幼红细胞、晚幼红细胞和网织红细胞阶段，发育为成熟的红细胞。从原红细胞到中幼红细胞，经历 3～5 次有丝分裂，每次有丝分裂约持续一天。每个原红细胞可产生 8～32 个晚幼红细胞。晚幼红细胞不再分裂，细胞内血红蛋白的含量已经达到正常水平，细胞核逐渐消失，成为网织红细胞。网织红细胞在骨髓中停留 2 天左右。因此，由原红细胞发育到网织红细胞并释放入血，约 6～7 天。

1. 红细胞生成所需的原料(materials for erythropoiesis)

红细胞生成除需要蛋白质、脂质和糖以外，还需要铁、维生素 B_{12} 和叶酸。

(1) 铁(iron)　铁是合成血红蛋白所必须的原料。血红蛋白的合成从原红细胞开始，持续到网织红细胞阶段。成人每天需要 20～30mg 铁用于红细胞生成，但每天只需从食物中吸收1mg以补充排泄的铁，其余95%均来自体内铁的再利用。再利用的铁主要来自破坏了的红细胞。衰老的红细胞被巨噬细胞(macrophage)吞噬后，血红蛋白被分解而释放出血红素中的铁。进入血液中的铁和转铁蛋白(transferrin)结合被运送到骨髓，用于红细胞生成。当铁的摄入不足或吸收障碍，或长期慢性失血导致机体缺铁时，合成的血红蛋白减少，引起低色素小细胞性贫血(microcytic hypochromic anemia)，即缺铁性贫血(iron deficiency anemia)。

(2) 维生素B_{12}(Vitamin B_{12}) 维生素B_{12}又称钴胺素(cobalamin)，是合成DNA所需的重要辅酶。人和动物体内不能合成维生素B_{12}，主要依靠动物性食品获得，在肝、肾和心含量最多，植物性食品含量极少。食物中维生素B_{12}的吸收需要内因子(intrinsic factor)的参与。内因子是由胃底黏膜壁细胞分泌的一种糖蛋白，它与维生素B_{12}结合形成内因子-维生素B_{12}复合体，以抵抗肠道消化酶和肠道细菌对维生素B_{12}的破坏。内因子-维生素B_{12}复合体与回肠末端肠黏膜细胞上的特殊受体结合，通过胞饮作用，维生素B_{12}进入肠上皮细胞，然后与转钴蛋白Ⅱ(transcobalamineⅡ)结合进入门静脉，被运到组织中，参与红细胞的生成。当胃大部分被切除或胃腺细胞损伤，机体缺乏内因子，或体内产生抗内因子抗体时，可发生维生素B_{12}吸收障碍，使幼红细胞分裂增殖减慢，细胞体积增大，导致巨幼红细胞性贫血(megaloblastic anemia)。正常情况下，体内储存1000～3000μg维生素B_{12}，而红细胞生成每天仅需1～3μg，故当维生素B_{12}吸收发生障碍时，常在3～4年才出现贫血。

(3) 叶酸(folic acid) 叶酸又名为碟酰谷氨酸，主要存在于肝、酵母及植物性食品。叶酸是合成DNA所需的重要辅酶。它以碟酰单谷氨酸的形式进入小肠黏膜细胞，在二氢叶酸还原酶的催化下，形成四氢叶酸，才具有参与DNA合成的活性。叶酸的活化需要维生素B_{12}的参与，因此，维生素B_{12}缺乏时，叶酸的利用率下降，可引起叶酸的相对不足。正常人体内叶酸的储存量为5～20mg，每天叶酸的需要量约为200μg。当叶酸摄入不足或吸收障碍时，3～4月后可发生巨幼红细胞性贫血。

2. 红细胞生成的调节(regulation of erythropoiesis)

红系祖细胞向前体细胞的增殖分化是红细胞生成的关键环节。目前已证实有两种调节因子分别促进两个不同发育阶段的红系祖细胞的生长。

(1) 早期红系祖细胞(BFU-E) 又称爆式红系集落形成单位(burst forming unit-erythroid，BFU-E)，这是因为它们在体外培养中能形成很大的细胞集落，组成集落的细胞散布成物体爆炸的形状。BFU-E在体外形成集落依赖于一种称为爆式促进激活物(burst promoting activator，BPA)的刺激作用。BPA是一类相对分子质量为25 000～40 000的糖蛋白，可促进BFU-E从细胞周期中的静息状态(G_0期)进入DNA合成期(S期)，因而增强早期红系祖细胞的增殖分化活动。

(2) 晚期红系祖细胞(CFU-E) 又称红系集落形成单位(colony forming unit-erythroid，CFU-E)，在体外培养中只能形成较小的集落。晚期红系祖细胞对BPA不敏感，主要接受促红细胞生成素(erythropoietin，EPO)的调节。

EPO是机体红细胞生成的主要调节物，是一种由165个氨基酸残基组成的糖蛋白，相对分子质量约为34 000。由于晚期红系祖细胞上EPO受体密度最高，故EPO主要促进晚期红系祖细胞增殖并向原红细胞分化。EPO也可作为存活因子抑制CFU-E凋亡而促进红细胞的生成。此外,EPO可加速幼红细胞的增殖和血红蛋白的合成,促进网织红细胞的成熟和释放。EPO对早期红系祖细胞的增殖和分化也有一定的促进作用。

肾皮质肾小管周围的间质细胞(如成纤维细胞、内皮细胞)是产生EPO的主要部位,另外,5%～10% EPO可由肝脏产生。与一般内分泌细胞不同的是,肾内没有EPO的储存,任何引起肾氧供不足的因素,如贫血、缺氧或肾血流减少,均可促进EPO的合成和分泌,血浆EPO含量增加。严重贫血时血浆EPO浓度可增高1000倍左右,从而促进红细胞的生成;而红细胞增高时,EPO分泌则减少,这一负反馈调节使得红细胞的数量能维持稳定(图3-5)。

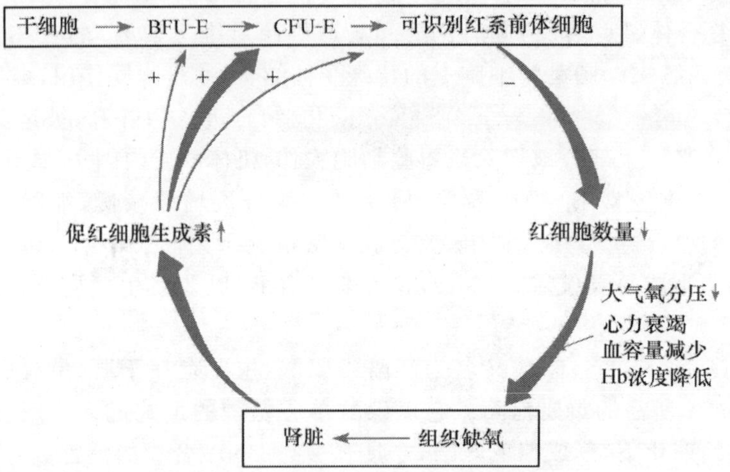

图3-5 促红细胞生成素调节红细胞生成的反馈环
BFU-E:爆式红系集落形成单位;CFU-E:红系集落形成单位
+:表示促进;−:表示抑制(引自Williams Hematology,1995,P437)

除EPO外,性激素也参与红细胞生成的调节。雄激素可提高血浆中EPO的浓度,促进红细胞的生成。雌激素则降低红系祖细胞对EPO的反应,抑制红细胞的生成。这可能是成年男性红细胞数高于女性的原因之一。还有一些激素,如甲状腺素和生长激素,也可促进红细胞生成。

(五)红细胞的破坏(destruction of erythrocytes)

正常人红细胞的平均寿命为120天。90%的衰老红细胞被巨噬细胞吞噬。由于衰老红细胞的变形能力减退,脆性增高,难以通过微小的孔隙,因此容易滞留在脾、骨髓中而被巨噬细胞吞噬,这称为血管外破坏。细胞吞噬红细胞后,将血红蛋白分解为铁、氨基酸和胆红素,其中铁和氨基酸可被重新利用,而胆红素由肝脏排入胆汁。还有10%的衰老红细胞在血管内受到机械冲击而破坏,称为血管内破坏。血管内破坏所释放的血红蛋白立即与血浆中的触珠蛋白结合,进而被肝摄取。当血管内红细胞大量破坏,血浆中血红蛋白浓度过高超过触珠蛋白的结合能力,游离的血红蛋白将由肾脏排出,出现血红蛋白尿。

三、白细胞生理(Physiology of Leucocytes)

(一) 白细胞的数量与分类(counts and classification of leucocytes)

白细胞(leukocyte,或 white blood cell,WBC)是一类无色、有核的细胞,在血液中一般呈球形,正常成年人白细胞数为$(4.0\sim10.0)\times10^9/L$。白细胞是一种不均一的细胞群,根据其形态、功能和来源可以分为三大类:粒细胞(granulocyte)、单核细胞(monocyte)和淋巴细胞(lymphocyte)。根据胞质中颗粒的大小、多少及嗜色性的不同,粒细胞又分为中性粒细胞(neutrophil)、嗜酸性粒细胞(eosinophil)和嗜碱性粒细胞(basophil)(图 3-6)。

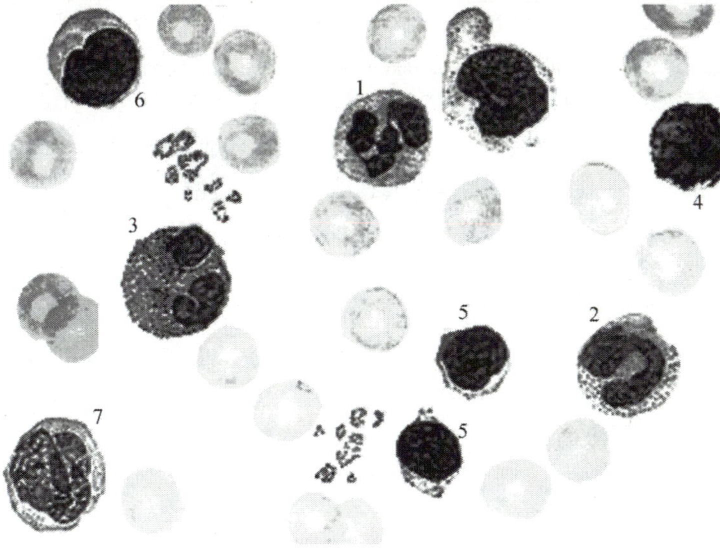

图 3-6　血液中的正常白细胞

1. 中性分叶核粒细胞;2. 中性杆状核粒细胞;3. 嗜酸性粒细胞;4. 嗜碱性粒细胞;5. 小淋巴细胞;6. 大淋巴细胞;7. 单核细胞

正常人白细胞计数存在生理性波动:①新生儿白细胞数较高,一般在$15\times10^9/L$左右,通常3～4天降至$10\times10^9/L$左右,保持约3个月,然后逐渐降低至正常人水平。婴儿期淋巴细胞较高,可达70%,以后淋巴细胞逐渐减少,中性粒细胞逐渐增多,至青春期与成人基本相同。②有昼夜波动。下午白细胞数稍高于早晨。③运动和剧烈疼痛时,白细胞显著增多,平静后迅速恢复至原有水平,这主要与体内白细胞的重新分布及骨髓内的释放有关。④女性妊娠末期白细胞数波动于$(12\sim17)\times10^9/L$,分娩时可高达$34\times10^9/L$。

(二) 白细胞的生理特性和功能(characteristic and function of leucocytes)

各类白细胞均参与机体的防御功能。白细胞所具有的变形、游走、趋化、吞噬和分泌等特性是其执行防御功能的基础。

除淋巴细胞外,所有的白细胞都能伸出伪足作变形运动(ameboid movement)。凭借这种运动,白细胞得以穿过血管壁,这一过程称为白细胞渗出(diapedesis)。白细胞具有趋向某些化学物质游走的特性，称为趋化性(chemotaxis)。体内具有趋化作用的物质包括细胞的降解产物、抗原-抗体复合物、细菌毒素和细菌等。白细胞按照这些物质的浓度梯度游走到炎症部位，把异物包围起来并吞入胞质内的过程称为吞噬作用(phagocytosis)。各类白细胞都具有某些酶，如蛋白酶、多肽酶、淀粉酶、酯酶和脱氧核糖核酸酶等，可将异物分解。白细胞还可分泌白细胞介素、干扰素、肿瘤坏死因子等多种细胞因子，通过自分泌、旁分泌作用参与炎症和免疫反应的调控。

1. 中性粒细胞(neutrophil)

中性粒细胞的胞核呈分叶状，又称多形核白细胞(polymorphonuclear leukocyte，PMN)。在血管中的中性粒细胞，约有半数随血流循环，称为循环池(circulating pool)，半数黏附于血管壁，称边缘池(marginal pool)。这两部分细胞可以相互交换，保持动态平衡。机体受到刺激以后，血管收缩，黏附于管壁上的白细胞脱落，从边缘池进入循环池，致外周血细胞增高。此外，在骨髓中约有 2.5×10^{12}/L 个成熟的中性粒细胞，为外周血中性粒细胞总数的 15～20 倍，机体需要时可在数小时内大量进入循环血液。中性粒细胞在血管内停留的时间只有 6～8 小时，一旦进入组织，它们就不再重返血液。

中性粒细胞是血液中主要的吞噬细胞，主要功能是在细菌感染时杀死细菌和急性炎症反应时调节炎症反应。当细菌入侵时，中性粒细胞在炎症区域产生的趋化因子的作用下，由毛细血管渗出而到达病变部位。中性粒细胞内含有大量的溶酶体，能将吞噬的细菌和组织碎片分解，防止病原微生物在体内的扩散。当中性粒细胞吞噬数十个细菌后，其本身即解体，释放的溶酶体又可溶解周围组织而形成脓液。当血液中的中性粒细胞数目减少至 1.0×10^{9}/L 时，机体的抵抗力会明显降低，容易发生感染。此外，中性粒细胞还可以吞噬和清除衰老的红细胞和抗原-抗体复合物。

2. 嗜酸性粒细胞(eosinophil)

血液中嗜酸性粒细胞的数目有明显的昼夜周期性波动，清晨细胞数减少，午夜时细胞数增多，可能与血液中糖皮质激素含量的昼夜波动有关。当血液中糖皮质激素浓度增高时，嗜酸性粒细胞数减少。嗜酸性粒细胞有弱的吞噬能力，基本上无杀菌作用，其参与的免疫反应主要表现在：①限制嗜碱性粒细胞和肥大细胞在Ⅰ型超敏反应中的作用。②参与对蠕虫的免疫反应。此外，在某些情况下(如哮喘)，嗜酸性粒细胞也可导致组织损伤。

3. 嗜碱性粒细胞(basophil)

嗜碱性粒细胞与肥大细胞在形态和功能上相似，主要参加机体的过敏反应。嗜碱性粒细胞含有多种活性物质，如组织胺、肝素、过敏性慢反应物质、嗜酸性粒细胞趋化因子A、血小板活化因子等。组织胺可使得小动脉和毛细血管扩张，并使毛细血管和微小静脉通透性增强；肝素具有抗凝作用；慢反应物质可使平滑肌收缩，特别是使支气管和细支气管收缩，从而诱发哮喘；嗜酸性粒细胞趋化因子 A 对嗜酸性粒细胞起正向趋化作用；血小板活化因子能使血小板释放 5-羟色胺。

4. 单核细胞(monocyte)

血液中的单核细胞是尚未成熟的细胞，它在血液中停留 2～3 天后进入组织，继续发育成为巨噬细胞 (macrohpages)，细胞体积增大，细胞内溶酶体和线粒体的数目增多，具有比中性粒细胞更强的吞噬能力。但是由于单核细胞的趋化迁移速度较中性粒细胞慢，外周血和骨髓中储存的单核细胞数目少，需要数天到数周时间才能成为炎症局部的主要吞噬细胞。激活的单核-巨噬细胞能合成和释放多种细胞因子，如白细胞介素(interleukins)、肿瘤坏死因子(tumor necrosis factor，TNF)、干扰素(interferon)、集落刺激因子(colony stimuating factor，CSF)等，参与对其他细胞活动的调控。激活的单核-巨噬细胞对肿瘤和病毒感染细胞具有强大的杀伤能力。此外，单核-巨噬细胞还可有效的加工并处理抗原，在特异性免疫应答的诱导和调节中起关键的作用。

5. 淋巴细胞(lymphocyte)

淋巴细胞在免疫应答过程中起核心作用。根据细胞生长发育过程、细胞表面标志和功能的不同，可将淋巴细胞分成T淋巴细胞(T lymphocyte)和B淋巴细胞(B lymphocyte)。T淋巴细胞主要参与细胞免疫，B淋巴细胞主要参与体液免疫。

(三) 白细胞的生成和调节(production and regulation of leucocytes)

白细胞起源于骨髓的造血干细胞，在其发育过程中经历定向祖细胞、可识别的前体细胞，而后成为具有各种细胞功能的成熟白细胞。

白细胞的分化和增殖受造血生长因子(hematopoietic growth factor，HGF)的调节。这些因子是一类糖蛋白，由淋巴细胞、单核-巨噬细胞、成纤维细胞和内皮细胞生成并分泌。由于某些HGF在体外可刺激造血干细胞生成集落，故又称为集落刺激因子(CSF)。能促进白细胞生成的集落刺激因子有粒-巨噬细胞集落刺激因子(GM-CSF)、粒细胞集落刺激因子(G-CSF)、巨噬细胞集落刺激因子(M-CSF)等。还有一类抑制因子，如乳铁蛋白和转化生长因子-β等，它们或是抑制白细胞的增殖、生长，或是限制上述某些生长因子的释放或抑制它们的作用。

(四) 白细胞的破坏(destruction of leucocytes)

白细胞的寿命比较难以判断，因为粒细胞和单核细胞主要是在组织中发挥作用，淋巴细胞则往返于血液、组织液、淋巴之间，而且可增殖分化。一般说来，中性粒细胞在循环血液中停留8小时左右即进入组织，3～4天后即衰老死亡或经消化道黏膜从胃肠道排除；若有细菌入侵，粒细胞在吞噬活动中可因释放出的溶酶体酶过多而发生“自我溶解”，与破坏的细菌和组织共同构成脓液。

四、血小板生理(Physiology of Platelets)

(一) 血小板的数量和形态(counts and morphology of platelets)

血小板是由骨髓成熟巨核细胞裂解产生的有生物活性的小块胞质。静息状态下，血小板呈双面微凸的圆盘状，直径2～3μm。当血小板被激活时，可伸出伪足而呈不规则形(图3-7)。正常成人血液中的血小板数量为(100～300)×10^9/L，血小板计数可有6%～10%的波动。一般晨间较低，午后略高；春季较低，冬季略高；静脉血平均值较周围血稍高；新生儿较婴儿为低，出生3个月后达成人水平，妇女月经前血小板减低，经期后逐渐上升；妊娠中晚期升高；剧烈运动和饱餐后血小板升高。

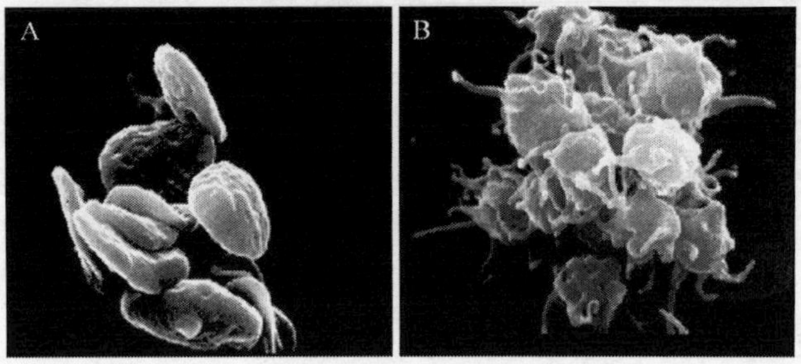

图 3-7 血小板形态

A. 静息状态；B. 激活状态

（二）血小板的生理特性（physiological characteristic of platelets）

1. 黏附（adhesion）

血小板与非血小板表面的黏着称为血小板黏附（platelet adhesion）。血小板不能黏附于正常血管内皮细胞的表面。当血管内皮细胞受损时，血小板可黏附于内皮下组织（主要是胶原纤维）。黏附过程需要有血小板膜上的糖蛋白（glycoprotein，GP）、内皮下组分和血浆 von Willebrand factor（vWF）的参与。当血管壁受损时，内皮下胶原暴露，vWF 首先和胶原纤维结合，引起 vWF 变构，然后血小板膜上 GPIb 与变构的 vWF 结合，从而使血小板黏附在胶原纤维上。在 GPIb 或 VWF 缺乏或胶原纤维变性等情况下，血小板的黏附功能受损，可发生出血倾向。

2. 聚集（aggregation）

血小板与血小板之间的相互黏着称为血小板聚集（platelet aggregation）。这一过程需要纤维蛋白原、Ca^{2+} 和血小板膜上 GPIIb/IIIa 的参与。未受刺激的静息血小板膜上的 GPIIb/IIIa 不能和纤维蛋白原结合。在致聚剂的激活下，GPIIb/IIIa 分子上的纤维蛋白原受体暴露，在 Ca^{2+} 的作用下与纤维蛋白原结合，从而连接相邻的血小板，使血小板聚集成团。

能够引起血小板聚集的因素，称为致聚剂。生理性致聚剂主要有 ADP、肾上腺素、5-HT、组胺、胶原、凝血酶、血栓烷 A_2（TXA_2）等。病理性致聚剂有细菌、病毒、免疫复合物、药物等。这些致聚剂引起的血小板聚集反应常表现为两个时相，即第一聚集时相和第二聚集时相（图 3-8）。①第一聚集时相：发生迅速，能迅速解聚，为可逆性聚集。②第二聚集时相：发生缓慢，但不能解聚，为不可逆性聚集。

血小板的聚集反应可因致聚剂的种类和浓度不同而有差异。例如，低浓度 ADP 引起的血小板聚集只出现第一聚集时相，并很快解聚；中等浓度 ADP 引起的聚集在第一时相结束后不久，又开始不可逆的第二聚集时相。凝血酶引起的聚集反应与 ADP 相似，也呈剂量依赖的方式。胶原只引起血小板单相的不可逆聚集，与内源性 ADP 的释放和 TXA_2 的形成有关。

3. 释放（release）

血小板受刺激后将储存在致密体、α-颗粒或溶酶体内的物质排出的现象，称为血小板释放（platelet release）。从致密体释放的物质主要有 ADP、ATP、5-HT、Ca^{2+}；从

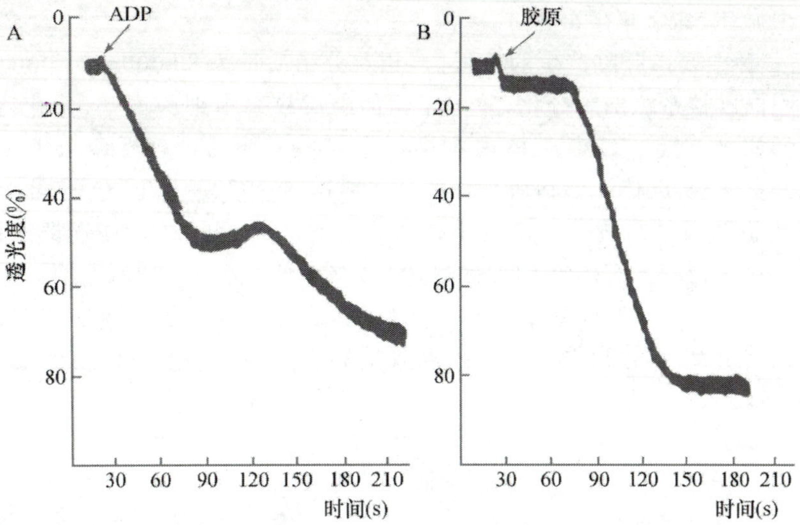

图 3-8 血小板聚集曲线

A. ADP 引起血小板聚集时，血小板悬液透光度的增加呈双相变化，表明血小板先发生迅速聚集，然后解聚，进而发生更强的不可逆性聚集；B. 胶原引起血小板聚集时，血小板悬液呈单相性持续增高，表明血小板呈单一的不可逆聚集

α-颗粒释放的物质主要有 β-血小板球蛋白、血小板因子 4(PF_4)、vWF、纤维蛋白原、血小板因子 5(PF_5)、凝血酶敏感蛋白、血小板源的生长因子(PDGF)。此外，还有临时合成并释放的物质，如 TXA_2。能引起血小板聚集的因素，多数能引起血小板的释放反应，由血小板释放的物质可进一步促进血小板的黏附和聚集，加速止血过程。临床上常通过测定血浆 β-血小板球蛋白和 PF_4 的含量来了解体内血小板的活化情况。

4. 收缩(retraction)

血小板中存在类似肌肉的收缩蛋白系统，包括肌动蛋白、肌球蛋白、微管和各种相关蛋白质。血小板活化后，细胞质内 Ca^{2+} 浓度升高可引起血小板的收缩反应。血小板变形后的伪足可以搭在纤维蛋白上，伪足向心性收缩，使纤维蛋白束弯曲，在挤出纤维蛋白网隙中血清(serum)的同时，也加固了血凝块。

5. 吸附(adsorption)

血小板表面可吸附血浆中的多种凝血因子(如因子Ⅰ、Ⅴ、Ⅺ、ⅩⅢ等)。随着血小板黏附和聚集在血管破损的局部，局部凝血因子浓度升高，可加速血液凝固过程。

(三) 血小板的生成和调节(production and regulation of platelets)

血小板主要来源于骨髓成熟的巨核细胞(megacaryocyte)。造血干细胞在促血小板生成素(thrombopoietin, TPO)的作用下，首先分化成巨核系祖细胞，然后再分化成原始巨核细胞，并经过幼巨核细胞，发育为成熟的巨核细胞。在巨核细胞的发育过程中，细胞膜折入胞质，最后发展成网状，使细胞质被分割成许多小区。成熟的巨核细胞将其胞质变形延伸进入骨髓窦腔，并脱落成为血小板，进入血流。一个巨核细胞约产生 200～700 个血小板。从原始巨核细胞到血小板释放大约需要 8～10 天。进入血液中的血小板一半以上在外周血中循环,其余储存在脾脏。

TPO是一种主要由肝脏产生的糖蛋白,相对分子质量为80 000～90 000。TPO能刺激造血干细胞向巨核系祖细胞分化,并特异地促进巨核系祖细胞增殖、分化,以及巨核细胞的成熟与释放血小板。TPO是体内血小板生成最重要的生理性调节因子,敲除小鼠TPO或TPO受体后,巨核细胞和血小板的数量将减少90%。与EPO不同,TPO的生成速率不受血小板数目的影响。无论血小板数目是否正常,肝脏的TPO都以恒定的速率生成并释放。血小板膜上有高亲和力的TPO受体,该受体与TPO结合从而将TPO从循环中清除。另外激素可影响血小板数量和功能,如肾上腺激素可通过作用于α受体可引起血小板由脾脏释放,导致血液中血小板数量的增加。长期大量应用糖皮质激素可抑制血小板的生成。

（四）血小板的功能(functions of platelets)

血小板的功能主要有两方面:①血小板有助于维持血管壁的完整性。当血管内皮细胞受损后,血小板可黏附并融合到血管内皮中。此外,血小板还可释放血管内皮生长因子(vascular endothelial growth factor,VEGF)和血小板源生长因子(platelet-derived growth factor,PDGF),促进血管内皮细胞、平滑肌细胞和成纤维细胞的增殖,从而促进受损血管的修复。临床上当血小板数降至50×10^9/L时,患者的毛细血管脆性升高,微小创伤或仅有血压升高即出现小的出血点。②激活的血小板在生理性止血中发挥重要作用(见第三节)。

（五）血小板的破坏(destruction of platelets)

血小板进入血液后,平均寿命为7～14天,只在开始2天具有生理功能。衰老的血小板主要在脾、肝和肺组织中被吞噬破坏。此外,在生理性止血活动中,血小板聚集后本身将解体并释放出全部活性物质;它也可能融入血管内皮细胞。由此可见,血小板除衰老破坏外,还可能在发挥其功能时被消耗。

Clinical Note

Iron-deficiency Anemia

Anemia is a disease characteristic of decreased amount of hemoglobin and RBCs. The body needs iron to make hemoglobin. If there isn't enough iron available, hemoglobin production is limited, this will cause iron-deficiency anemia (IDA), a disease very common in children. IDA can be the consequence of several factors: insufficient iron in the diet; poor absorption of iron by the body; ongoing blood loss, most commonly from menstruation or from gradual blood loss in the intestinal tract; periods of rapid growth. Treatment for IDA focuses on increasing the iron stores and controlling any conditions that cause the anemia. Taking iron supplement pills and eating more foods high in iron will correct most cases of IDA.

Summary

- Blood cells are descended from stem cells in the bone marrow. Their production is controlled by hematopoietic growth factors.
- Erythrocytes, which make up more than 99% percent of blood cells, contain hemoglobin, an oxygen-binding protein. Oxygen binds to the iron in hemoglobin.
- The main function of the red blood cells is to transport oxygen to the tissue and carbon dioxide to the lungs.
- Iron, folic acid, and vitamin B_{12} are essential for erythrocyte formation.
- The hormone erythropoietin (EPO), which is produced by the kidneys in response to low oxygen supply, stimulates erythrocyte differentiation and production in the bone marrow.
- Approximately 0.8% of RBCs are broken down daily in the spleen and liver, through phagocytosis by the reticuloendothelial cells.
- According to the morphology, function and origin, white blood cells can be divided into three types: granulocyte, monocyte, and lymphocyte.
- There are three types of mature granulocytes: neutrophils, eosinophils, and basophils. These cells are distinguishable from each other by the presence of specific granules in their cytoplasm.
- Platelets are derived from the cytoplasma of megakaryocytes in bone marrow. They are essential for blood clotting. The hormone thrombopoietin (TPO), which is produced by the liver, stimulates platelet differentiation and production in the bone marrow.
- Normal concentration of platelets in the blood is about (100-300) $\times 10^9$/L. They have 7-14 day lifespan.

Key Terms

hematopoietic stem cell; extramedullary hematopoiesis; hematopoiesis; plastic deformation of RBCs; erythrocyte sedimentation rate (ESR); osmotic fragility of RBCs; erythropoietin (EPO); platelet aggregation; thrombopoietin (TPO); diapedesis; phagocytosis

Review Questions

1. Define each term

1) hematopoietic stem cell; 2) ESR; 3) osmotic fragility of RBCs; 4) platelet aggregation

2. Choose the correct answer

1) The normal sequence of blood cell development is

(A) yolk sac→red bone marrow→liver and spleen

(B) yolk sac→thymus→liver and spleen→red bone marrow

(C) yolk sac→liver and spleen→red bone marrow

(D) liver and spleen→yolk sac→red bone marrow

2) About RBCs, which is not correct?

(A) RBCs make up more than 99% of blood cells

(B) The shape of biconcave disc of RBCs is necessary for its physiological characteristic

(C) The main function of RBCs is to transport oxygen and dicarbon oxide

(D) EPO is the primary regulator for poliferation of BFU-E

3) Deformability may be seen in all of the following cells except

(A) erythrocyte (B) neutrophil (C) lymphocyte (D) activated platelets

4) About platelets, which of the following is not correct?

(A) are formed in the bone marrow

(B) tend to increase in number after tissue damage

(C) have a small nucleus

(D) can alter their shape when they make contact with collagen

3. Answer the following questions

1) Describe the physiological characteristics and functions of erythrocytes.

2) Describe the source and actions of erythropoietin (EPO).

3) Explain the causes of megaloblastic anemia.

第三节 生理性止血
Section 3 Physiological Hemostasis

Section Outline

- Basic process of physiological hemostasis
  —Constriction of injured blood vessel
  —Formation of a platelet plug
  —Blood coagulation
- Blood coagulation
  —Coagulation factors
  —Process of blood coagulation
  —Mechansim of blood coagulation in the body
- Anticoagulation system
  —Humoral anticoagulative system
  —Cellular anticoagulative system
- Fibrinolytic system
  —Activation of plaminogen
  —Degradation of fibrin or fibrinogen
  —Inhibitors of fibrinolysis

正常情况下，小血管受损后引起的出血，在数分钟内就会自行停止，这种现象称为生理性止血(physiological hemostasis)。生理性止血是机体重要的保护机制之一。当血管受损，一方面要迅速形成血栓以避免血液的流失；另一方面要使止血反应限制在损伤局部，以保持血管的通畅。因此，生理性止血是多种因子和机制相互作用，维持精确平衡的结果。生理性止血功能减退，可有出血倾向；而生理性止血功能过度激活，则可导致血栓形成。临床上常用出血时间（bleeding time，BT）的长短反映机体生理性止血功能的状态。用小针刺破耳垂或指尖皮肤，使血液自然流出，然后测定出血延续的时间，即出血时间。正常出血时间为1～3min。

一、生理性止血的基本过程（Process of Physiological Hemostasis）

生理性止血过程主要包括血管收缩、血小板血栓形成和血液凝固三个阶段。

1. 血管收缩（constriction of injured blood vessel）

生理性止血首先表现为受损血管局部和附近的小血管收缩，使局部血流减少。引起血管收缩的原因是：①损伤性刺激反射性地使血管收缩；②血管壁的损伤引起局部血管肌原性收缩；③黏附在损伤处的血小板释放5-HT，TXA_2 等缩血管物质，引起血管收缩。

2. 血小板血栓形成（formation of a platelet plug）

血管受损后，内皮下的胶原纤维暴露，1～2s内即有少量的血小板黏附在胶原上，从而识别损伤部位，这是形成血栓的第一步。局部受损红细胞释放的ADP和局部凝血过程中形成的凝血酶可促进血小板释放出内源性ADP和TXA_2，进而促进血小板不断地黏附、聚集在受损血管的局部，形成血小板血栓，将伤口堵塞，达到初步止血的作用。另外，受损血管内皮的PGI_2生成减少，也有利于血小板的聚集。血小板和内皮细胞中TXA_2和PGI_2合成见图3-9。

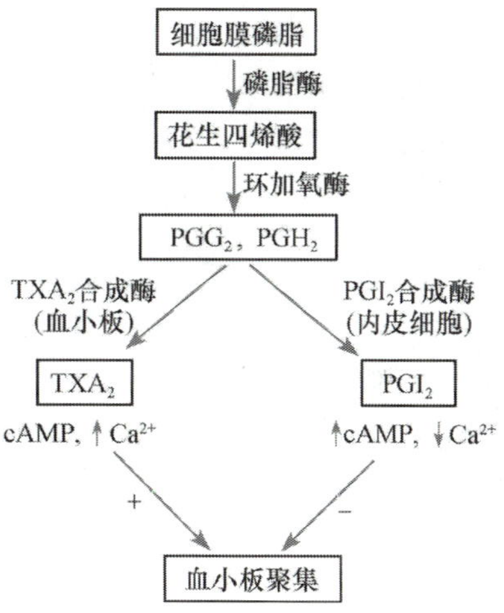

图3-9　血小板和内皮细胞中TXA_2和PGI_2的合成

TXA_2：血栓烷A_2；PGI_2：前列环素；cAMP：环一磷酸腺苷；+：表示促进；−：表示抑制

3. 血液凝固（blood coagulation）

血管受损也可启动凝血系统，在局部迅速发生血液凝固，使血浆中可溶性的纤维蛋白原转变为不溶性的纤维蛋白，并交织成网，将血细胞网落其中，形成红色血栓，起到加固止血的作用。

生理性止血虽然分为血管收缩、血小板血栓形成、血液凝固三个阶段，但实际上它们是相互重叠而且相互促进（图3-10）。只有在血管收缩使血流缓慢时，血小板黏附才易于实现；血小板激活后释放的5-HT、TXA_2又可促进血管收缩。活化的血小板可为凝血因子的激活提供磷脂表面，血小板还可释放纤维蛋白原等凝血因子，从而大大加速凝血过程；血液凝固中产生的凝血酶又可加强血小板的活化。生理性止血的三个阶段彼此相互促进，使得生理性止血能及时和快速地进行。由于血小板与生理性止血的三个环节都有密切关系，因此，血小板正在生理性止血中处于中心地位。

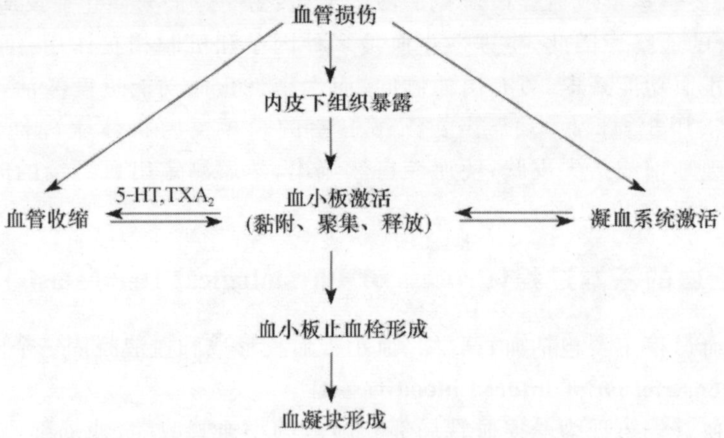

图 3-10 生理性止血过程示意图

5-HT:5-羟色胺;TXA_2:血栓烷 A_2

二、血液凝固(Blood Coagulation)

血液凝固(blood coagulation)是指血液由流动的液体状态转变成不流动的凝胶状态的过程(图 3-11)。血液凝固是由一系列凝血因子参与的复杂的生理过程。

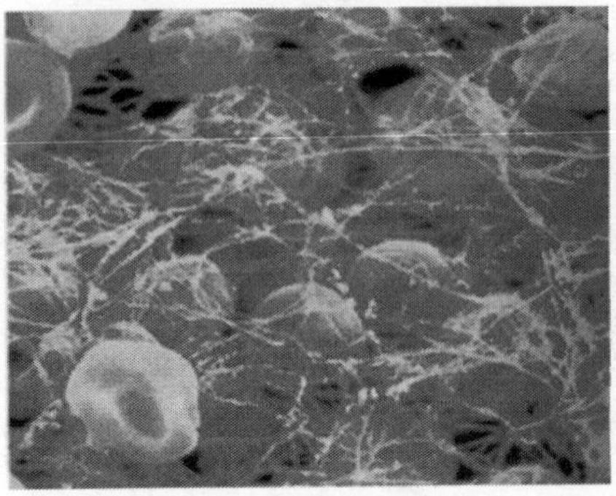

图 3-11 血凝块

(一)凝血因子(coagulation factors)

血浆与组织中直接参与血液凝固的物质,统称为凝血因子(coagulation factors 或 clotting factors),迄今已证实至少有 14 种凝血因子参与凝血过程(表 3-2),其中 12 种按照发现的先后顺序以罗马数字命名,即凝血因子Ⅰ～ⅩⅢ(简称 FⅠ～FⅩⅢ,因子Ⅵ被证实是因子Ⅴ的活化形式)。此外还有前激肽释放酶(prekallikrein,PK)、高相对分子质量激肽原(high molecular weight kininogen,HK)等。这些凝血因子中,除 FⅣ是 Ca^{2+} 外,其他的凝血因子均为蛋白质,其中因子Ⅱ、Ⅶ、Ⅸ、Ⅹ、Ⅺ、Ⅻ和前激肽释放酶都是丝氨酸蛋白酶,能对特定的肽链进行有限水解。但是正常情况下这些蛋白酶都是以无活性的酶原形式存在,必须通过其他酶的有限水解而暴露出活性中心后,才能被激活。通常这些凝血因子的活化形式在它们名称的右下角加一个"a"(activated)表示。FⅢ、FⅤ、FⅧ和高相对分子质量激肽原在凝血中起辅助因子的作用。除 FⅢ外,其他凝血因子均存在新鲜的血浆中,且多在肝内合成。凝血因子 FⅡ、FⅦ、FⅨ、FⅩ的 N 末端有一组数量不等的 γ-羧基谷氨酸(γ-carboxyglutamic acid,γ-Gla)残基,而这组 γ-Gla 残基必须依赖维生素 K 在肝脏合成的最后环节接上去,因此这四种凝血因子也称为依赖维生素 K 的凝血因子(Vitamin K dependent coagulation factors)。

表 3-2　凝血因子及其主要特性

因子	同义名	合成部位	丝氨酸蛋白酶	依赖维生素 K	功能
Ⅰ	纤维蛋白原	肝细胞	－	－	底物
Ⅱ	凝血酶原	肝细胞	＋	＋	酶原
Ⅲ	组织因子(TF)	内皮细胞和其他细胞	－	－	辅因子
Ⅳ	Ca^{2+}		－	－	辅因子
Ⅴ	前加速素易变因子	内皮细胞和血小板	－	－	辅因子
Ⅶ	前转变素稳定因子	肝细胞	＋	＋	酶原
Ⅷ	抗血友病因子	肝细胞	－	－	辅因子
Ⅸ	血浆凝血活酶	肝细胞	＋	＋	酶原
Ⅹ	Stuart-Prower	肝细胞	＋	＋	酶原
Ⅺ	血浆凝血活酶前质	肝细胞	＋	－	酶原
Ⅻ	接触因子	肝细胞	＋	－	酶原
ⅩⅢ	纤维蛋白稳定因子	肝细胞和血小板	转酰胺酶	－	酶原
PK	前激肽释放酶	肝细胞	＋	－	酶原
HK	高相对分子质量激肽原	肝细胞	－	－	辅因子

（二）凝血过程(process of blood coagulation)

血液凝固(blood coagulation)是一系列凝血因子相继酶解激活的过程，最终使可溶性的纤维蛋白原转化为不溶性的纤维蛋白。通常将凝血过程分为凝血酶原酶复合物形成、凝血酶的激活和纤维蛋白生成三个基本步骤(图 3-12)。

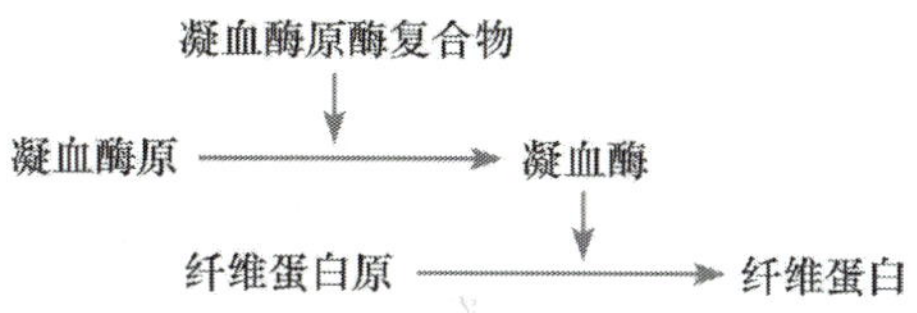

图 3-12　凝血过程的三个基本步骤

1. 凝血酶原酶复合物的形成(formation of prothrombinase complex)

凝血酶原酶复合物(prothrombinase complex)可通过内源性凝血途径(intrinsic pathway)和外源性凝血途径 (extrinsic pathway)生成(图 3-13)。两条途径的主要区别在于启动方式及参加的凝血因子不同。两条凝血途径并不各自完全独立，而是相互联系，在机体的整个凝血过程中发挥不同的作用。

1）内源性凝血途径(intrinsic pathway)

内源性凝血途径是指参与凝血的因子全部来自血液，通常因血液与带负电荷的异物表面接触而启动。当FⅫ在体内通过与损伤的内皮下组分（胶原）接触，或在体外通过接触带负电荷的物质(如玻璃，白陶土)，它被激活成为FⅫa。FⅫa的主要功能是激活FⅪ为FⅪa，它还可通过激活前激肽释放酶(PK)而正反馈促进FⅫa的形成。从FⅫ结合于异物表面到FⅪa形成的过程称为表面激活 (surface activation)。表面激活还需要高相对分子质量激肽原(HK)的参与。

表面激活生成的FⅪa在Ca^{2+}存在下可激活FⅨ生成FⅨa。在Ca^{2+}的作用下，FⅨa与FⅧa在活化的血小板提供的磷脂表面形成复合物(因子Ⅹ酶复合物)，从而激活FⅩ为FⅩa。FⅧa作为辅助因子，可使FⅨa对FⅩ的激活提高20万倍。FⅧ或FⅨ的缺乏可

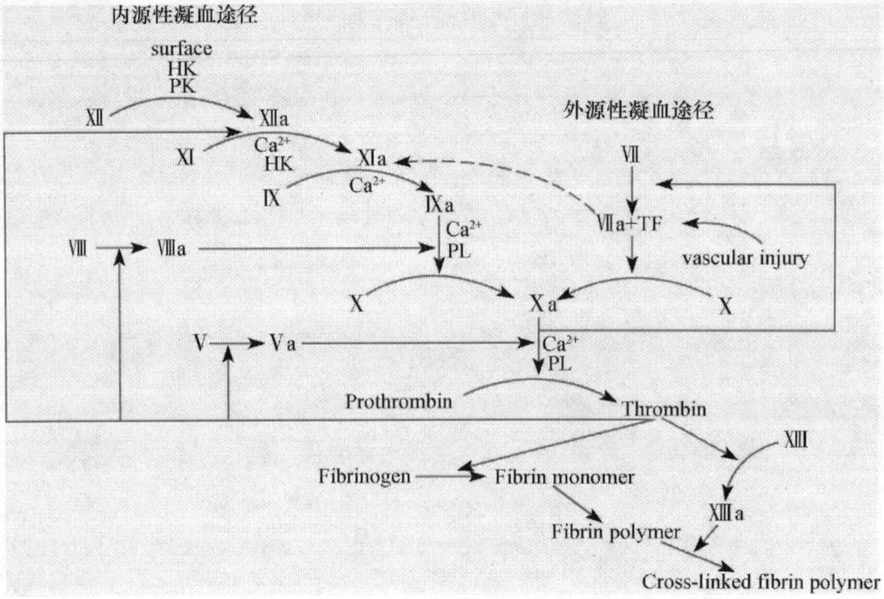

图 3-13 凝血过程示意图

PK：前激肽释放酶；HK：高相对分子量激肽原；PL：血小板磷脂；prothrombin：凝血酶原；thrombin：凝血酶；fibrin monomer：纤维蛋白单体；fibrin polymer：纤维蛋白多聚体

导致因子Ⅹ酶复合物生成障碍，分别称为血友病 A(hemophilia A)和血友病 B(hemophilia B)，临床上表现为出血倾向，轻微外伤即出血不止。

2) 外源凝血途径(extrinsic pathway)

由血管外的组织因子(tissue factor，TF)暴露于血液而启动的凝血过程，称为外源性凝血途径(extrinsic pathway)，又称组织因子途径(tissue factor pathway)。组织因子是一种跨膜糖蛋白，存在于大多数组织细胞。生理情况下，直接与循环血液接触的血细胞和内皮细胞不表达组织因子，但是有 0.5% FⅦ处于活化状态。当血管损伤暴露组织因子后，后者与 FⅦa 结合形成FⅦa-组织因子复合物(Ⅶa-TF complex)，其中 FⅦa 在磷脂和 Ca^{2+} 存在的情况下迅速激活 FⅩ为 FⅩa，而组织因子是辅助因子，可使 FⅦa 催化 FⅩ活化的效力增加 1000 倍。生成的 FⅩa 反过来激活 FⅦ，使更多的 FⅩ激活，形成外源性凝血途径的正反馈效应(positive feedback)。此外 FⅦa-TF 复合物还能激活 FⅪ为 FⅪa，后者又反馈激活 FⅦ，使内源性和外源性凝血途径相互联系，相互促进。病理情况下，细菌毒素、补体、C5a、免疫复合物、肿瘤坏死因子等均可刺激血管内皮细胞和单核细胞表达组织因子，从而启动凝血过程，引起弥漫性血管内凝血。

由内源性和外源性途径所生成的 FⅩa，在 Ca^{2+} 存在时可与 FⅤa 在磷脂表面形成 FⅩa-FⅤa-Ca^{2+}-磷脂复合物，即凝血酶原酶复合物(prothrombinase complex)，进而激活凝血酶原。

2. 凝血酶的形成(formation of thrombin)

凝血酶原在凝血酶原复合物作用下激活成为凝血酶 (thrombin)。复合物中 FⅤa 是辅助因子，可使 FⅩa 激活凝血酶原的速度提高约 10000 倍。凝血酶是一种多功能凝血因子，其主要作用是使纤维蛋白原从N端脱下四段小肽，即两个A肽和两个B肽，转变为纤维蛋白单体。凝血酶也能激活FⅩⅢ，生成的FⅩⅢa在Ca^{2+}作用下使纤维蛋白单体相互聚合，形成不溶于水的纤维蛋白多聚体凝块。此外，凝血酶还可激活FⅤ、FⅧ、FⅪ，成为凝血过程中的正反馈机制。凝血酶还激活血小板，活化的血小板可提供带负电荷的磷脂表面，从而大大加速凝血过程。

3. 纤维蛋白的形成(formation of fibrin)

纤维蛋白的形成包括三个步骤：首先在凝血酶的作用下，纤维蛋白原的的α和β链被裂解，分别释放出纤维蛋白肽A和肽B，此时的纤维蛋白原转变为纤维蛋白单体(fibrin monomer)。其次，由于纤维蛋白单体自身聚合位点的暴露，其自身可以通过氢键聚合，但是很不稳定，称为可溶性纤维蛋白多聚体(soluble fibrin polymer)。最后可溶性纤维蛋白多聚体在FⅩⅢa和Ca^{2+}的作用下，形成不溶性纤维蛋白多聚体(insoluble fibrin polymer)。由于凝血是一系列凝血因子激活的过程，每步酶促反应均有放大效应，整个凝血过程呈现出巨大的放大现象。例如，1分子FⅪa最终可产生上亿分子的纤维蛋白。

(三) 体内生理性凝血机制(mechansim of blood coagulation in the body)

当组织或器官受损时，暴露的组织因子和胶原虽可分别启动外源性凝血途径和内源性凝血途径，但临床观察发现，先天性缺乏FⅫ或前激肽释放酶或高相对分子质量激肽原的患者，几乎没有出血症状。这表明这些凝血因子参与的表面激活在体内生理性凝血的启动中不起重要作用。目前认为，外源性凝血途径在生理性凝血反应的启动中起到关键作用，组织因子镶嵌在细胞膜上，可起到"锚定"作用，有利于生理性凝血过程局限在受损血管的局部。

体内凝血过程可分为启动和放大两个阶段。当组织因子与FⅦa结合成复合物后，可激活FⅩ，从而启动凝血反应。但是由于组织因子途径抑制物的存在，对FⅦa-组织因子复合物有灭活作用，在启动阶段由外源性凝血途径只能形成少量的凝血酶，尚不足以维持正常的止血功能。这些少量的凝血酶通过对FⅤ、FⅧ、FⅪ和血小板的激活而产生放大效应，通过"截短"的内源性途径形成大量的因子Ⅹ酶复合物，从而产生足量的FⅩa和凝血酶，完成纤维蛋白的形成过程。因此，组织因子是生理性凝血反应的启动者，而"截短"的内源性途径对凝血反应开始后的维持和巩固起到非常重要的作用。

三、抗凝系统(Anticoagulation System)

生理情况下，机体常不可避免地出现血管内皮细胞的损伤，产生凝血。但这一过程仅限于受损的局部，不会扩展到全身并阻碍血液循环。这意味着机体内还存在着与凝血系统相对抗的抗凝系统(anticoagulative system)，它们在不同的水平和部位制约着凝血反应。正常的抗凝机制是由细胞(单核-巨噬细胞、肝细胞)和体液两方面因素完成的。

(一) 体液抗凝机制(humoral anticoagulative system)

正常人每1mL血浆充分激活时可生成凝血酶300单位，但在生理性止血时，每1mL

血浆所表现出的凝血酶活性很少超过 8～10 单位，这表明正常人体内有很强的抗凝血酶活性。体内生理性的抗凝物质主要包括丝氨酸蛋白酶抑制物、蛋白 C 系统、组织因子途径抑制物及肝素。

1. 丝氨酸蛋白酶抑制物(serine protease inhibitor)

血浆中含有多种丝氨酸蛋白酶抑制物(serine protease inhibitor)，主要包括抗凝血酶(antithrombin，AT)、肝素辅因子Ⅱ、C_1 抑制物、α_1-抗胰蛋白酶、α_2-抗纤溶酶、α_2-巨球蛋白等。抗凝血酶是最重要的抑制物，负责灭活 60%～70%的凝血酶，其次为肝素辅因子Ⅱ，可灭活 30%的凝血酶。抗凝血酶由肝细胞和血管内皮细胞产生，其分子结构中包含与肝素和凝血酶结合的部位，当抗凝血酶与肝素结合，导致抗凝血酶的构型发生改变，暴露活性中心的精氨酸残基，后者与凝血酶、FⅨa、FⅩa、FⅪa、FⅫa、纤溶酶等丝氨酸蛋白酶的丝氨酸残基以 1∶1 的比例结合，从而使这些酶失去活性。抗凝血酶的直接抗凝作用慢而弱，与肝素结合后，其抗凝活性可增强 2000 倍。但是在正常情况下，循环中几乎无肝素的存在，抗凝血酶主要通过与内皮细胞表面的硫酸乙酰肝素结合而增强血管内皮的抗凝功能。

2. 蛋白 C 系统(protein C system)

蛋白 C 系统(protein C system)主要包括蛋白 C(protein C，PC)、蛋白 S(protein S，PS)、凝血酶调节蛋白(thrombomodulin，TM)和活化蛋白 C 抑制物(activated protein C inhibitor，APCI)。蛋白 C 是由肝脏合成的依赖维生素 K 的生理性抗凝物质，以酶原形式存在于血浆中。当凝血酶和血管内皮细胞上的凝血酶调节蛋白结合后，可激活蛋白 C，后者主要灭活 FⅤa 和 FⅧa，从而抑制 FⅩ和凝血酶原的激活。活化的蛋白 C 还有促进纤维蛋白溶解的作用。蛋白 S 是由肝脏和血管内皮细胞合成的依赖维生素 K 的单链糖蛋白，为活化的蛋白 C 的辅因子，可增强其活性，加速灭活 FⅤa 和 FⅧa。

3. 组织因子途径抑制物(tissue factor pathway inhibitor，TFPI)

组织因子途径抑制物(tissue factor pathway inhibitor，TFPI)是由血管内皮细胞合成的一种糖蛋白，是外源性凝血途径的特异性抑制剂。目前认为，TFPI 是体内主要的生理性抗凝物质，它发挥抗凝作用首先是与 FⅩa 结合，直接抑制 FⅩa 的活性，并使 TFPI 变构，变构的 TFPI 在 Ca^{2+} 的作用下再与 FⅦa-TF 结合，形成 FⅩa-TFPI-FⅦa-TF 复合物，从而灭活 FⅦa-TF 的活性。因此，TFPI 并不阻断组织因子对外源性凝血途径的启动，待到生成一定数量的 FⅩa 才反馈地抑制外源性凝血途径。TFPI 还可与内皮细胞表面的硫酸乙酰肝素结合，注射肝素可引起内皮细胞结合的 TFPI 释放，血浆 TFPI 水平可升高几倍。

4. 肝素(heparin)

肝素(heparin)是一种酸性黏多糖，主要由肥大细胞和嗜碱性粒细胞产生，在肺、心、肝、肌肉等组织中含量丰富，血浆中几乎不含肝素。肝素具有很强的抗凝作用，主要通过增强抗凝血酶的活性而间接发挥抗凝作用。在缺乏抗凝血酶的条件下，肝素的抗凝作用很弱。此外，肝素可刺激血管内皮细胞大量释放 TFPI，故肝素在体内的抗凝作用强于体外。

（二）细胞抗凝机制(cellular anticoagulative system)

1. 血管内皮细胞的抗凝作用(anticoagulation role of endothelium cells)

血管内皮细胞具有重要的抗凝作用，主要表现在以下几方面：①正常的血管内皮作为一个屏障，可防止凝血因子、血小板和内皮下的组分接触，从而避免凝血系统的激活和血小板的活化。②合成硫酸乙酰肝素和抗凝血酶，灭活凝血酶等多种丝氨酸蛋白酶。③合成并在内皮细胞膜上表达凝血酶调节蛋白，激活蛋白C以灭活FⅤa和FⅧa。④合成和分泌TFPI，抑制外源性凝血途径。⑤合成PGI_2和NO，抑制血小板的聚集。⑥内皮细胞还能合成分泌组织型纤溶酶原激活物(t-PA)，后者可激活纤溶酶原，通过降解已形成的纤维蛋白，保证血管的通畅。

2. 纤维蛋白的吸附、血流的稀释和单核-巨噬细胞的吞噬作用(Absorption of fibrin, dilution of blood and phagocytosis of monocyte-macrophages)

纤维蛋白与凝血酶具有高度的亲和力。在凝血过程中形成的凝血酶，85%～90%可被纤维蛋白吸附，这不仅有助于加速局部凝血反应的发生，也可避免凝血酶向周围扩散。进入循环的活化凝血因子可被血流稀释，并被血浆中的抗凝物质灭活或被单核-巨噬细胞吞噬。给动注射一定量的凝血酶时，若预先用墨汁封闭单核-巨噬细胞系统，则动物可发生血管内凝血；如未封闭单核-巨噬细胞，则不会发生血管内凝血，这表明单核-巨噬细胞在体内抗凝机制中起重要作用。

四、纤维蛋白的溶解(Fibrinolytic System)

正常情况下，组织损伤后形成的止血栓在完成止血功能后将逐步溶解，从而保证血管的畅通，也有利于受损组织的再生和修复。止血栓的溶解主要依靠纤维蛋白溶解系统(fibrinolytic system)，简称纤溶系统。纤溶过程是正常人体的重要生理功能，它与血液凝固存在着既矛盾而又统一的动态平衡关系。生理情况下，纤溶系统的活动受到严格的控制。纤溶系统活动亢进，可因止血栓的提前溶解而有重新出血的倾向；纤溶系统活性减低则容易引起的血栓形成。

纤溶系统主要包括纤维蛋白溶解酶原(纤溶酶原，plasminogen)、纤溶酶(plasmin)、纤溶酶原激活物(plasminogen activator)及纤溶抑制物(inhibitors of fibrinolysis)。纤溶过程可分为纤溶酶原的激活与纤维蛋白(或纤维蛋白原)的降解两个基本阶段(图3-14)。

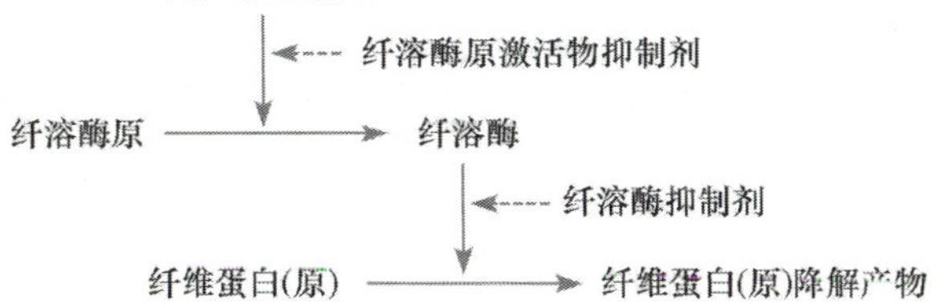

图3-14 纤溶系统激活与抑制示意图

1. 纤溶酶原的激活(activation of plaminogen)

纤溶酶原(plasmainogen,PL)是一种单链糖蛋白,主要由肝脏合成而分泌入血,正常人血浆中的浓度为100～200mg/L。当血液凝固时,纤溶酶原大量吸附于纤维蛋白网上,在纤溶酶原激活物的作用下,肽链发生裂解成为有活性的纤溶酶,而使纤维蛋白降解。

纤溶酶原激活物(plasmainogen activator,PA)主要包括组织型纤溶酶原激活物(tissue plasmainogen activator,t-PA)和尿激酶型纤溶酶原激活物(urokinase plasmainogen activator, u-PA)。t-PA 主要由内皮细胞合成和释放,正常情况下 t-PA 对纤溶酶原的激活作用较低,在纤维蛋白存在时,t-PA 对纤溶酶原的亲和力大大增加,其激活效应可增加 1000 倍。u-PA 主要由泌尿生殖系统上皮细胞产生。t-PA 和 u-PA 均特异性裂解纤溶酶原,并使之激活成为纤溶酶,而对其他蛋白质的作用较弱。

此外,由 FⅫa 激活的激肽释放酶也可激活纤溶酶原,但其激活活性只占总激活能力的15%。当血液与异物表面接触而激活 FⅫa,一方面启动内源性凝血系统,另一方面可通过 FⅫa 激活激肽释放酶而激活纤溶系统,使凝血和纤溶相互配合,保持平衡。

2. 纤维蛋白(原)的降解(degradation of fibrin or fibrinogen)

纤溶酶属于丝氨酸蛋白酶,它最敏感的底物是纤维蛋白和纤维蛋白原。凝血酶只在纤维蛋白原两对肽链的 N-端各脱下一个小肽(肽 A、肽 B),使纤维蛋白原变为纤维蛋白单体;而纤溶酶可使纤维蛋白(原)肽链分子中的赖氨酸-精氨酸裂解,使纤维蛋白(原)分子被分割成许多可溶性的小肽,称为纤维蛋白降解产物(fibrin degradation products,FDP)(图 3-15)。大多数 FDP 具有抗凝作用。此外,纤溶酶特异性较低,对 FⅡ、FⅤ、FⅧ、FⅩ、FⅫ等凝血因子也有一定的降解作用。因此,当纤溶功能亢进,可因凝血因子的大量分解和 FDP 的抗凝作用而有出血倾向。

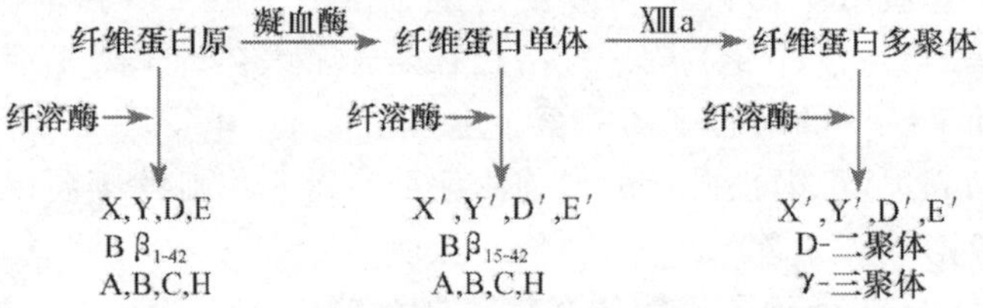

图 3-15 纤维蛋白(原)降解及降解产物

3. 纤溶抑制物(inhibitors of fibrinolysis)

体内存在许多可抑制纤溶系统活性的物质,统称纤溶抑制物(inhibitors of fibrinolysis),主要包括纤溶酶原激活物抑制物-1(plasmainogen activator inhibitor,PAI-1)和 α_2-抗纤溶酶(α_2-antiplasmain,α_2-AP)。PAI-1 主要由内皮细胞和血小板合成,可与 t-PA 或 u-PA 结合形成不稳定的复合物,使它们失去活性。α_2-AP 主要由肝脏产生,它通过与纤溶酶结合形成复合物而迅速抑制纤溶酶活性。因此,纤溶酶的半衰期很短,约 0.1～0.5s。在纤维蛋白凝块中,纤溶酶上与 α_2-AP 的作用部位被纤维蛋白所占据,因此不易被 α_2-AP 灭活。

正常情况下,血管内皮细胞分泌的 PAI-1 是 t-PA 的 10 倍,加之 α_2-AP 对纤溶酶的灭活作用,血液中的纤溶酶活性很低。当血管壁上有纤维蛋白形成时,t-PA 的分泌增多,而纤维蛋白对 t-PA 和纤溶酶原的吸附，即可避免 PAI-1 对 t-PA 的灭活，又有利于 t-PA 对纤溶酶原的激活。结合与纤维蛋白上的纤溶酶还可避免血液中 α_2-AP 对它的灭活。这样就能保证血栓形成部位既有适度的纤溶过程，又不致于引起全身性纤溶亢进，维持凝血和纤溶之间的动态平衡。

Clinical Note

Hemophilia

Hemophilia is a rare bleeding disorder, which the blood doesn't clot normally. About 18,000 people in the United States have hemophilia. Each year, about 400 babies are born with the disorder. Hemophilia is usually inherited from the parents. There are two main types of hemophilia: hemophilia A and B, which miss or have low levels of clotting factor Ⅷ and Ⅸ respectively. Hemophilia can be mild, moderate, or severe, depending on how much clotting factor is in the blood. Hemophilia A is a severe form of the disorder. The main symptom of hemophilia is continous bleeding even by slight injury. The internal bleeding will damage organs or tissues and even threaten the life. The main treatment for hemophilia is called replacement therapy. Concentrates of clotting factor Ⅷ (for hemophilia A) or Ⅸ (for hemophilia B) are slowly dripped in or injected into a the patient's vein.

Summary

- Physiological hemostasis consists of three stages: vasoconstriction, formation of a platelet plug, and blood coagulation. They occur almost simultaneously.
- The initial response to blood vessel damage is vasoconstriction and sticking together of the opposed endothelial surface.
- The next event is formation of a platelet plug followed by blood coagulation.
- Platelet adhesion occurs to the connective tissue of blood vessel in response to injury. The adhesion event activates platelets, and the stimulated platelets release the contents of their granules and promote platelets aggregation.
- Blood is transformed into a solid gel at the site of vessel damage, when plasma fibrinogen is converted into fibrin molecules, which bind to each other to form a mesh.
- The coagulation cascade involves both intrinsic and extrinsic pathway. The intrinsic pathway is initiated by activation of factor Ⅻ when it contacts the surface with negative charges, whereas the extrinsic pathway begins with the activation of factor Ⅶ by tissue factor(TF) located in the membrane of most cells outside blood vessels.
- In the body, the cascade of clotting reaction begins via the extrinsic pathway when tissue factor forms a complex with factor Ⅶa. This complex activate factor Ⅹ, which then catalyzes the conversion of small amounts of prothrombin to thrombin. This

thrombin then recruits the intrinsic pathway by activating factor Ⅺ, factor Ⅷ, factor Ⅴ and platelets, and this intrinsic pathway generates large amounts of thrombin.

- Vitamin K is required by the liver for the normal production of prothrombin and other clotting factor such as factor Ⅶ, Ⅸ, Ⅹ.
- Clotting is limited by three events: (1) Antithrombin inactivates thrombin and several other clotting factors; (2) Protein C, activated by thrombin, inactivate factor Ⅷa and Va; (3) Tissue factor pathway inhibitor(TFPI)inhibits the TF-Ⅶa complex.
- Clots are dissolved by the fibrinolytic system.
- Serum is plasma from which fibrinogen and other clotting factors have been removed as a result of clotting.

Key Terms

physiolgical hemostasis; bleeding time; blood coagulation; coagulation factor; thrombin; prothrombinase complex; intrinsic pathway; extrinsic pathway; tissue factor pathway inhibitor (TFPI); fibrinolytic system; fibrin degredation products (FDP)

Review Questions

1. Define each term

1) hemostasis; 2) coagulation factor; 3) intrinsic pathway; 4) fibrinolytic system

2. Choose the correct answer

1) Prothrombin is converted to thrombin by

(A) calcium ions only

(B) a complex of phospholipids, factor Ⅶ, and calcium ions

(C) a complex of activated FⅤ, platelet phospholipid, and calcium

(D) a complex of activated factors Ⅸ and Ⅶ and calcium ions

2) Antithrombin inhibits

(A) FⅡa (B) FⅩa (C) FⅪa and FⅫa (D) all of the above

3) Which of the following is characteristics of protein C?

(A) inactivates factor Ⅴa and Ⅷa

(B) activated by the complex of TM and thrombin

(C) acts as an anticoagulant and fibrinolytic agent

(D) all of the above

3. Answer the following questions

1) Briefly describe platelet functions in hemostasis.

2) How is the clotting cascade initiated and developed in the body?

3) List three ways in which clotting is limited.

4) Explain the mechanism of fibrinolysis.

(韩晓华)

参考文献(References)

朱大年. 2009. 生理学. 7 版. 北京:人民卫生出版社

Boron W F, Boulpaep E L. 2003. Medical Physiology, Philadephia: Saunders An Imprint of Elesvier Science

Ganong W F. 2005. Review of medical Physiology, Stamford, Connecticut: the McGraw-Hill Companies

Rhoades R, Pflanzer R. 1989. Human Physiology. 3rd ed. Philadephia: Saunders College Publishing

Silverthorn D U. 2009. Human Physiology. 4th ed, San Francisco: Pearson Education, Inc

第四章　血 液 循 环
Chapter 4　Blood Circulation

Chapter Outline

- Origin of the heartbeat & the electrical activity of the cardiac cells
- The heart: A muscular pump. The cardiac cycle. Regulation of cardiac output.
- Dynamics of blood & lymph flow; Capillary circulation; Formation of interstitial fluid; Venous circulation
- Cardiovascular regulatory mechanisms. Neural regulatory mechanisms; Systemic regulation by hormones; Autoregulation.
- Circulation through special rgions. Cerebral Circulation; Coronary Circulation

心血管系统(cardiovascular system)由心脏和血管以及充满其中的血液三部分组成。心脏是产生压力的动力器官(pump),成人每天约射出 7200L 血液,推动血液在血管内循环流动。血管是输送、分配血液的管道,其中毛细血管是细胞进行物质交换的场所。循环流动的血液是运输物质的载体。从生理学角度来看具有两个独立的心泵,血液从右心射出经过肺循环(pulmonary circulation)在肺泡进行气体交换,摄入 O_2 排出 CO_2。在小肠吸收营养物质入血;饱含 O_2 和营养物质的血返回左心再次射入主动脉,经体循环(systemic circulation)输送到全身组织细胞。组织细胞摄入 O_2 和营养物质,排出 CO_2 和代谢废物,分别送至肺和肾脏排出。肺循环和体循环串联排列,左、右心室的每分心输出量相等。体循环具有许多平行排列的器官血管床,在神经、体液调控下各个器官血管床获得不同的血流量分配。

血液循环的主要生理功能是物质运输。把物质代谢所需的原料和代谢产物运送到各有关器官,以保证细胞新陈代谢正常进行;运送激素(hormone)到相应的靶器官或靶细胞,实现细胞之间的信息交流,即体液调节;通过物质运输和热量运输,保证机体内环境的相对稳定。此外,血液的免疫功能也赖于血液循环,心血管自身还有内分泌功能。血液循环过程中所发生的各种生理现象如心率、血压、心音、心电图等对临床诊断和治疗都有重要价值。

第一节　心脏的生物电活动和生理特性
Section 1　Electrical Activity of the Heart & Properties of Cardiac Muscle

Section outline

- Action potentials in myocardial cells vary according to cell type.
- Resting potential of cardiac cell.
  —Action potential of fast response cell (myocardial contractile cells).
  —Action potential of slow response cell (myocardial autorhythmic cells).

- The electrophysiological characteristic features of cardiac cell:
- excitability; autorhythmicity; conductivity and contractility
- Electrocardiogram

一、不同类型心肌细胞的跨膜电位(Action Potentials in Myocardiac Cells Vary According to Cell Type)

根据心肌细胞的组织学和生理学特点,可将其分为二类。一类是具有收缩机能,但无自律性的心肌细胞(myocardial contractile cell),又叫工作细胞,心房肌和心室肌属于此类,这类心肌细胞动作电位去极化速度快、幅度高,称作快反应细胞(fast response cell);房室束、束枝和浦肯野纤维既属于快反应又有自律性,根据电生理特征属于快反应自律细胞。另一类具有自律性(autorhythmicity),是特殊分化了的心肌自律细胞(myocardial autorhythmic cell),胞体小,细胞中极少或没有肌原纤维,且没有肌节,不具备收缩功能,包括窦房结(sinoatrial node,SAN)、房室结(atrioventricular node,AVN)、房室束(bundle of His)和浦肯野纤维(Purkinje fiber),构成了心脏的起搏传导系统。这类细胞只有窦房结、房室结的动作电位去极化速度慢、幅度低,称为慢反应自律细胞(slow response cell)(图 4-1);而房室束和浦肯野纤维属于快反应自律细胞。心肌与骨骼肌不同,触发骨骼肌收缩的"信号"来自支配它的神经爆发的动作电位,而诱发心肌收缩的"信号"来自窦房结的节律性自动去极化。

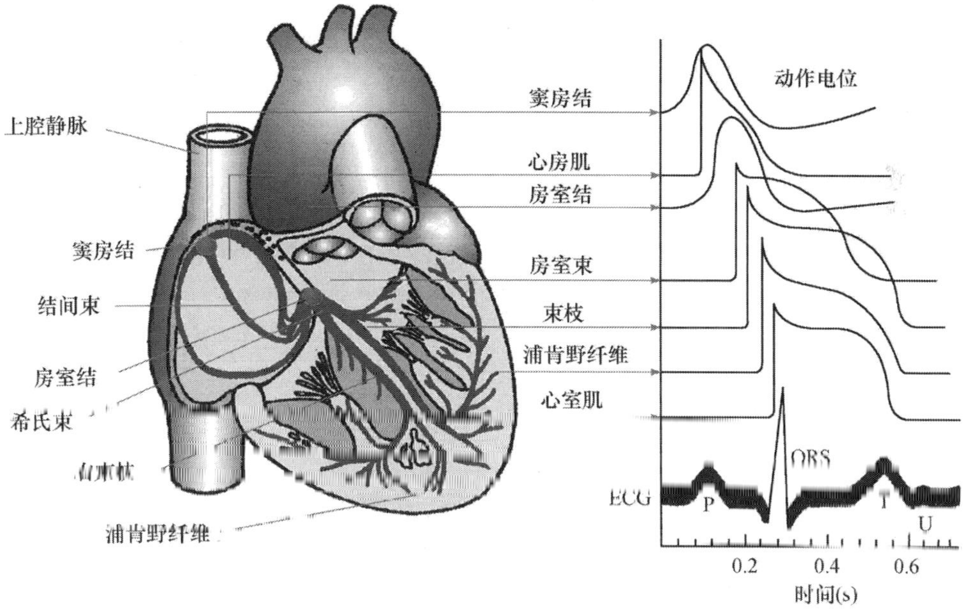

图 4-1 各类心肌细胞的动作电位

(一) 心肌细胞的静息电位(resting potential of cardiac cell)

快反应细胞的静息电位约为-90mV。心室肌细胞的膜内外 K^+ 浓度比为 35 ∶ 1,这与钠-钾泵的活动有关。静息状态下心肌细胞膜只对 K^+ 的通透性高,对其他离子的通透性低。因此 K^+ 将顺着其浓度梯度从膜内向膜外扩散，直至达到 K^+ 的平衡电位(equilibrium potential)，即静息膜电位。心肌膜上有多种 K^+ 通道，如 I_{k1} 通道、I_k 和 I_{to} 通道等。I_{k1} 通道为非门控内向整流钾通道(Inward rectifier K^+ channel)，静息状态下，其通透性高于其他通道，因此 I_{k1} 电流是形成静息电位的主要离子流。Nernst 方程表达了跨膜离子浓度梯度与电位梯度之间的依存关系。根据心肌细胞膜内、外 K^+ 的浓度计算，其 K^+ 平衡电位应为 －95mV，但实测到的静息电值 －90mV，比计算值略小，因为静息电位的构成不完全是 K^+ 平衡电位，还有其他离子活动的参与。

在静息状态，膜外的 Na^+ 浓度为 140mmol/L，而膜内的浓度为 30mmol/L，故 Na^+ 有流入膜内的倾向。虽然在静息状态下膜对 Na^+ 的通透性很低，还是有少量的 Na^+ 由渗漏通道进入细胞，形成了钠内向背景电流，导致静息电位总是略低于 K^+ 平衡电位。心肌细胞膜上的 Na^+-K^+ 泵每分解一分子的 ATP 将泵出 3 个 Na^+，泵入 2 个 K^+。Na^+-K^+ 非对等交换，形成生电性 Na^+-K^+ 泵(electrogenic Na^+-K^+ pump)外向电流，产生不超过 10mV 的电位差。在正常情况下，钠内向背景电流和生电性 Na^+-K^+ 泵外向电流，对静息电位的形成影响不大。与心室肌略有不同，窦房结、心房肌细胞膜 I_{k1} 通道密度缺乏或较低，静息电位分别为 －60mV 和 －80mV。另外，心房肌细胞膜乙酰胆碱依赖性钾通道(acetylcholine-dependent K channel，$I_{K\text{-}Ach}$)密度较高，易受迷走神经、乙酰胆碱的调制，将在心血管活动调节中讨论。

(二) 快反应心肌细胞的动作电位(action potential of fast response cell)

不同部位的心肌细胞，其动作电位的形状、持续时间和产生的离子机制各不相同，因为它们各自具有不同的离子通道和不同的功能。快反应细胞包括心房、心室肌(快反应非自律细胞)和浦肯野细胞(快反应自律细胞)。兴奋时心肌细胞从静息的极化状态，转为去极化(depolarization)和反极化，形成了动作电位的上升相；达到峰值后，继而转入复极化过程(repolarization)，最后又恢复到原先的极化状态。由于在心肌细胞膜上离子通道的多样性，因此心肌细胞动作电位形成机制以及电位变化形式较复杂(图 4-2)。

依照动作电位发生过程，可将心室肌细胞的动作电位分为 0～4 五个时相，0 期为去极化，1～3 期为复极化，4 期为静息期。心室肌细胞有三种电压/时间依赖性离子电流(I_{Na}，$I_{Ca\text{-}L}$，I_k)。

1. “0 期”快速去极化(phase 0，rapid depolarization phase)

心室肌细胞兴奋时，其膜电位从 －90mV 迅速上升到 ＋30mV 左右，出现了去极化和反极化过程。形成心室肌细胞动作电位的上升相，称为去极化 0 期(phase 0，rapid depolarization phase)。从静息电位 －90mV 到峰值 ＋30mV，变化幅度 120mV，历时 1～2ms，最大去极化速率约 200～400V/s。当刺激使心室肌细胞去极化达到阈电位时，激活膜上的快 Na^+ 通道(fast sodium channel)，由于 Na^+ 通道快速激活开放(0.1～0.2ms)，膜对 Na^+ 的通透性迅速提高。大量 Na^+ 顺着浓度梯度(胞外/胞内＝145/10 mM)和电位梯度从膜外快速进入细胞内，形成了快 Na^+ 内向电流(I_{Na})。I_{Na} 的特点是，即使膜电位持续保持正电位，快钠通道也会失活(inactivation)，可被河豚毒(tetrodotoxin，TTX)选择性阻断。在心房、心室肌和浦肯野纤维，快钠通道很丰富($200/\mu^2$)，而窦房结、房室结无快钠通

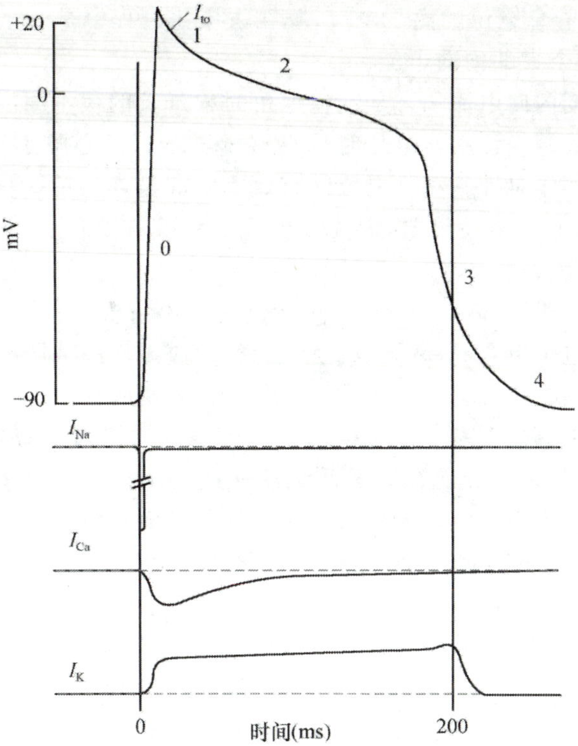

图 4-2 快反应细胞的动作电位和跨膜离子机制

道,这就是窦房结、房室结慢反应细胞的 0 期去极化并非由 I_{Na}所引起的原因。

2. "1 期"-快速复极初期(phase 1, initial repolarization)

继 0 期后,为快速而短暂的早期复极化过程,称为 1 期,即快速复极初期(initial repolarization)。在 1 期内,膜电位由+30mV 迅速下降到 0mV 左右,约为 5~10ms。0 期和 1 期形成了心肌细胞动作电位的峰电位(spike potential)(图 4-2)。

1 期复极过程是由 Na^+通道的关闭和一过性外向离子流(transient outward current, I_{to})共同所致。研究表明 K^+是 I_{to}的主要离子成分,膜去极化至-30mV 时被激活,K^+通道阻滞剂如四乙基氨和 4-氨基吡啶可阻断 I_{to}。

3. "2 期"-平台期(phase 2, plateau)

在 1 期之后,缓慢的复极化使记录到的电位变化曲线停滞于 0mV 附近,酷似平台故称之为平台期(plateau),持续 100~150ms。心室肌细胞动作电位最明显的特征就是平台期,平台期使心肌动作电位的时程显著延长。平台期复极过程之所以缓慢,是由于内向电流 I_{Ca-L}和外向延迟整流钾电流(delayed rectifier K^+ current, I_{KS})处于一个相对平衡的状态。心室肌细胞膜的 Ca^{2+}通道开放过程缓慢,膜去极化达-40mV 时被激活,其激活、失活均较慢,开放持续时间长,属于 L 型 Ca^{2+}离子通道(L type Ca^{2+} channel, long lasting calcium current, I_{Ca-L}),可被 Mn^{2+}、Ca^{2+}通道阻断剂(如维拉帕米,双氢吡啶)所阻断。I_{KS}激活缓慢,0 期去极化达-40mV 时被激活,I_{KS}在 3 期快速复极末期才得以充分发挥。平台期另一种 K^+电流是内向整流钾电流(inward rectifier K^+ current, I_{kI}),即前面已提及

的 I_{kl} 是非门控、产生静息电位的离子电流，膜在去极化过程中是一个微弱的外向电流，只有在超极化时呈现一个大的内向电流。

如上所述，平台期内向电流 $I_{Ca\text{-}L}$ 是动作电位时程延长的根本原因，这与骨骼肌形成鲜明对比，骨骼肌细胞或神经元动作电位时程只有 1～5ms，而心脏工作肌细胞动作电位时程约 200ms，使心脏工作肌细胞动作电位的有效不应期显著延长，确保心肌不会产生强直收缩(tetanus)。这对心脏至关重要，因为在各次心室收缩之间必须要有心室舒张，以确保心室有时间进行血液充盈。

4. “3 期”-快速复极末期(phase 3, late rapid repolarization)

平台期之后，膜电位由 0mV 附近向 3 期过渡，即快速复极末期(final repolarization)；2 期与 3 期之间无明显界限。进入 3 期后复极速度加快，历时约为 100～150ms，当膜电位达到 －90mV，完成了快速复极过程。平台期之后，Ca^{2+} 通道失活，内向离子流终止。这时 K^+ 外流(I_{KS} 和 I_{kI}，以 I_{KS} 为主)不仅仍在继续而且进一步加强。K^+ 外流使膜内电位负值加大，而增大的膜电位又进一步促使 K^+ 外流，膜电位很快达到原先的静息水平。复极化 K^+ 电流启动很慢，膜电位负值时 K^+ 电流极小，随着去极化慢慢激活(20～100ms)，但并不失活。

5. “4 期”-静息期(phase 4, resting membrane potential)

因为心室正好处于舒张期，也称舒张期电位(diastolic potential)，膜电位已恢复到静息电位水平 －90mV，膜内电位所能达到的最大负值水平称作最大舒张期电位(maximum diastolic potential)。心房、心室肌细胞 4 期膜电位保持稳定，若无外来刺激，工作细胞不会产生动作电位。经过离子泵的作用，将内流的 Na^+ 和 Ca^{2+} 排出膜外(钠-钾泵、钠-钙-交换机制)，而将外流的 K^+ 转运进入膜内，从而恢复细胞内外各种离子的正常分布及其浓度梯度，使心室肌细胞又重新恢复原先的静息状态，为再度兴奋创造了条件。Ca^{2+} 的逆浓度梯度从膜内向膜外主动转运的能量是由 Na^+ 的内向性浓度梯度提供的，而 Na^+ 的内向性浓度梯度的维持则依赖钠-钾泵的主动转运。由此可见，Na^+-Ca^{2+} 交换活动是相互偶合进行的，Ca^{2+} 的主动转运也是钠-钾泵活动的结果。

(三) 自律细胞的动作电位(action potential of myocardial autorhythmic cells)

浦肯野纤维属于快反应自律细胞，其静息电位 －90mV，其动作电位和心室肌细胞相似，此处不再讨论。窦房结、房室结为慢反应自律细胞，其静息电位因 －60mV，因为细胞膜 I_{kl} 通道贫乏。窦房结的起搏细胞(pacemaker, P cell)，细胞内肌原纤维少而显得苍白。与工作细胞 4 期膜电位保持稳定不同，自律性心肌细胞没有稳定的静息电位。在没有外来刺激的条件下，当它们复极化达到最大复极电位(maximal repolarization potential)水平时，能够发生自动去极化，因发生在舒张期，故名舒张期自动去极化(diastolic depolarization)。去极化达到阈电位即爆发一个动作电位。

1. 窦房结、房室结 P 细胞(P cells in SAN and AVN)

已提到窦房结细胞膜 I_{kl} 通道贫乏，静息电位为 －60mV。是什么原因使窦房结 P 细胞膜电位不稳定，从而产生 4 期自动去极化？目前的观点是 P 细胞膜含有特殊的离子通道(图 4-3)，有以下三种时间/电压依赖性离子电流的(2 种内向电流和 1 种外向电流)。

(1) 非选择性奇异阳离子电流-I_f(nonselective cation channel, funny current)　I_f 是

一种奇异的离子电流，又称起搏电流(pacemaker current)。所谓“奇异”，是 I_f 通道的超极化激活，cGMP 门控的 HCN 通道 (hyperpolarization-activated cyclic nucleotide-gated, HCN channels)。是一种非特异性阳离子通道，Na^+、K^+ 混合电流(反转电位：-20mV)，以内向 Na^+ 电流为主，类似于神经肌接头终板电位的离子流，即 Na^+ 内流超过 K^+ 外流。在复极化 3 期之末被激活，激活较缓慢(100ms)。TTX 不能阻断 I_f 通道，低浓度铯可阻断之。

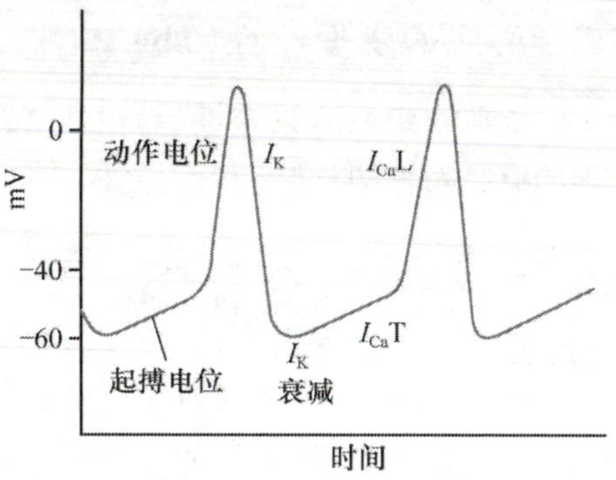

图 4-3 窦房结自律细胞的动作电位

(2) $I_{Ca\text{-}T}$ 电流(T type of C_a^{2+} channels) 是指 T 型 (transient) Ca^{2+} 电流，膜电位 -50mV 时被激活，历时极短即失活，微弱而短暂。可被 Ni^{2+} 和 miberfradil 所阻断。

(3) I_K 离子流的去激活衰减(K^+ efflux decreases) P 细胞的 I_K 通道在动作电位去极化过程中缓慢激活(20～100ms)，缓慢开放形成缓慢的外向电流，引起复极化。当复极化达 -55mV 时 I_K 去激活关闭(deactivation)，延迟整流钾电流 I_K 逐步衰减。I_K 外流逐步衰减造成的最终结果是内向电流的相对增强。I_K 离子流的去激活衰减是 P 细胞舒张期自动去极化最重要的离子基础。

上述三种时间/电压依赖性离子电流的(2 种内向电流和 1 种外向电流)相互作用，即外向电流 I_K 的衰减和两种内向电流随时间增强，使窦房结 4 期的膜电位随时间而波动，是一种内在的自动节律性(intrinsic rhythmicity)。当起搏电流使 P 细胞膜电位去极化达 -50mV 时(阈电位)，激活 $I_{Ca\text{-}L}$ 通道，Ca^{2+} 内流产生动作电位上升相。窦房结 P 细胞的复极化，由延迟整流钾电流 I_{KS} 完成，由于缺乏 I_{kI} 和 I_{to}，其动作电位无明显的复极化 1、2 期，故呈现 0、3、4 三个时相。在各种自律细胞中，窦房结 P 细胞的 4 期自动去极化速率最快，自律性最高(70 次/分)，是正常窦性心律的起搏点(pacemaker)。窦房结、房室结自律细胞动作电位、4 期自动去极化离子机制相似。

2. 浦肯野纤维(Purkinje fiber)

浦肯野纤维自律细胞的动作电位与心室肌细胞的动作电位相似，可明确分为 0～4 期，动作电位 0～3 期的离子机制也相似。浦肯野纤维的最大舒张电位 -80mV，4 期自动去极化速度较慢，其自律性较低(35～40 次/分)。4 期自动去极化离子机制包括 I_K 离子流的去激活衰减和 I_f 非特异性阳离子电流，而以 I_f 为主。现将心肌细胞动作电位的离子机制总结于表 4-1。

表 4-1 心肌细胞的分型和各种细胞动作电位的离子机制

	去极化	复极化	4 期自动去极化	自律性(次/分)	静息电位(mv)
心室肌 心房肌	I_{Na}	1 期快速复极：I_{to} 2 期平台期：$I_{Ca\text{-}L}$，I_{KS}，I_{kI} 3 期快速复极末期：I_{KS}	无 I_f 和 $I_{Ca\text{-}T}$，4 期膜电位稳定， 快反应非自律细胞		-85～-95 -85～-95
窦房结 房室结	$I_{Ca\text{-}L}$	I_{KS}	I_f，$I_{Ca\text{-}T}$，I_k 衰减 慢反应自律细胞	70～80 40～60	-55～-60
浦肯野 纤维	I_{Na}	1 期快速复极：I_{to} 2 期平台期：$I_{Ca\text{-}L}$，I_{KS}，I_{kI} 3 期快速复极末期：I_{KS}	I_f 为主，I_k 衰减 快反应自律细胞	35～40	-90～-100

二、心肌的生理特性(The Physiological Properties of Cardiac Cell)

心肌组织具有兴奋性、自律性、传导性和收缩性等生理特性。其中以生物电活动为基础的有兴奋性、自律性和传导性。

(一) 兴奋性(excitability)

心肌细胞具有对刺激时产生反应的能力,即兴奋性。对于心肌来说,产生兴奋就是指产生动作电位,继而产生机械收缩。一般用刺激强度衡量兴奋性的大小,阈值是引起兴奋的最小刺激强度,阈值大表示心肌的兴奋性低,阈值小表示心肌兴奋性高。

1. 心肌兴奋性的周期性变化(cyclic changes of excitability in cardiac muscle)

在一次兴奋过程中,心肌细胞的兴奋性有一系列变化,相继出现有效不应期、相对不应期、超常期等。心室肌工作细胞兴奋后对刺激的反应有着非常典型的变化(图 4-4)。

(1) 有效不应期(effective refractory period,ERP) 心肌细胞产生动作电位后,从动作电位的 0 期开始到复极 3 期,膜电位复极达－55mV 的时段内,心肌细胞不再对任何刺激发生反应。这一时程称为绝对不应期(absolute refractory period)。此期内膜电位幅度低,Na^+ 通道完全失活。当膜电位由－55mV 继续复极到－60mV 这一段时间内,若给予足够的强度的刺激,只引起局部去极化,即局部兴奋,但并不能产生动作电位。因为膜电位在－55～－60mV 阶段,Na^+ 通道还没有恢复到可被再激活的备用状态。从动作电位的 0 期开始到 3 期膜电位达－60mV,这一时段称为有效不应期,在此时期,刺激不能使心肌细胞产生动作电位。心室肌-工作细胞的有效不应期长达 200ms 以上,图 4-5 显示有效不应期几乎和机械收缩时程等长。如此之长的有效不应期,使得心肌不可能产生强直收缩(tetanus),因为收缩之间的舒张期为心室血液再充盈所必须,对心脏泵血功能有重要意义。

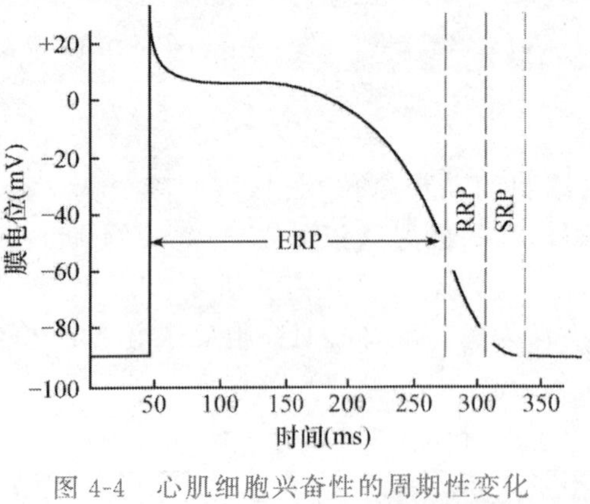

图 4-4 心肌细胞兴奋性的周期性变化

ERP:有效不应期;RRP:相对不应期; SPR:超常期

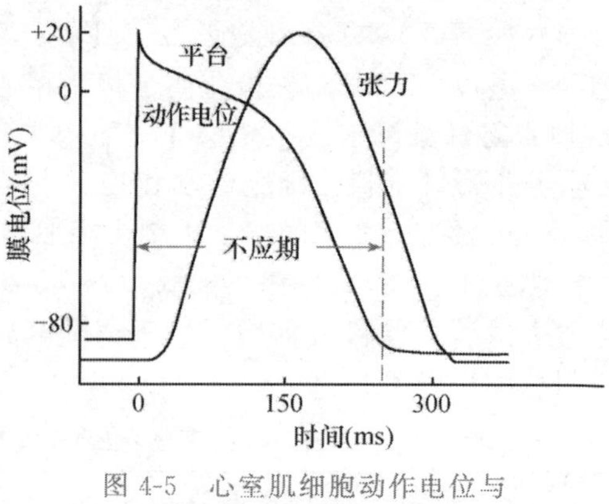

图 4-5 心室肌细胞动作电位与机械收缩的时相关系

(2) 相对不应期(relative refractory period) 有效不应期之后,膜电位从－60mV 继续复极化到－80mV,从－60～－80mV 这一短暂的时段称为相对不应期(relative refractory period)。在这一时期可以产生动作电位。由于膜电位幅度仍然较低,Na^+ 通道的效率尚未恢复到正常水平,所以刺激强度须高于正常阈值。产生的动作电位,其去极化的幅度和速度都低于正常值，而且其传导速度也较慢，动作电位的时程较短，不应期也短。此期尚处于原先动作电位的复极化 3 期，尚有 I_K 外向电流，因为 K^+ 仍在外流，缩短了新产生的动作电位的平台期。

（3）超常期（supernormal period）　相对不应期之后，膜电位由 −80mV 恢复到 −90mV，这一短暂的时段内心肌的兴奋性高于正常水平，故称为超常期。在此期间，心肌细胞的膜电位已基本恢复，Na^+ 通道基本复活到备用状态。因为膜电位水平低于正常静息电位，膜电位水平距阈电位线较近，所以兴奋性高于正常水平。由于膜电位尚低于正常静息电位的原因，Na^+ 通道的效率还没有完全恢复到正常，此刻所爆发的动作电位，其 0 期去极化的幅度和速度以及兴奋传导的速度，都略低于正常水平。

正常心脏的收缩活动，受窦房结所发放的窦性节律电脉冲所触发。如果在心房或心室的有效不应期之后，在下一次窦性起搏电流到达之前，有一人工的或异位起搏点的冲动作用在心房或心室，则心房或心室可以接受这个刺激而产生一次期前兴奋，该兴奋引起的收缩称为期前收缩（premature systole，premature ventricular contractions）或期外收缩（extrasystole）。由于期前收缩也存在自身的有效不应期，在期前收缩之后，窦房结传来的起搏冲动恰好落在该期前收缩的有效不应期之内，心房或心室对这次窦性起搏冲动刺激无反应，等到下一次窦房结的起搏激动传来时，才能引起心房和心室兴奋而收缩。心房和心室在一次期前收缩之后，出现的较长时程的舒张期，称为代偿间歇（compensatory pause）（图 4-6）。

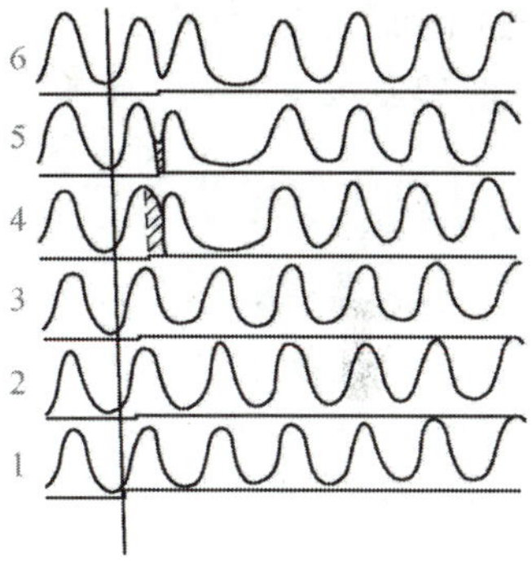

图 4-6　期前收缩和代偿间歇
竖线标志外来刺激给与的时间；曲线 1～3：刺激落在有效不应期，无反应；曲线 4～6：刺激落在相对不应期，引起期前收缩和代偿间歇

2. 影响心肌兴奋性的因素（factors affecting excitability in cardiac cell）

心肌兴奋性过程实质上是细胞膜电位从静息电位，或从最大复极电位，去极化达到阈电位水平，进而引起相关离子通道激活和失活的过程，以及与之相伴的离子进出细胞的过程。因此，心肌的兴奋性受到膜电位、离子通道等因素的影响。

（1）静息电位（resting membrane potential）　如果静息电位幅度增大，也就是超极化，若阈电位不变，膜电位和阈电位之间的距离增大，心肌兴奋性降低。与之相反，在静息电位电位水平线上移（幅度减小），与阈电位的差距缩小，此时所需的刺激强度减小，心肌兴奋性增高。对自律细胞来说主要是最大复极电位的水平会影响到兴奋性。最大复极电位增大或减小，自律细胞的兴奋性相应降低或提高。最大复极电位水平受迷走神经的调制（见第四节）。

（2）阈电位（threshold potential）　如果心肌细胞的静息电位电位保持不变，只是阈电位水平上移，结果阈电位与静息电位之间的差距增大，心肌的兴奋性降低；与之相反，阈电位水平下移，则心肌的兴奋性增高。一般情况下，心肌的阈电位水平比较稳定，很少发生改变，而静息电位或最大复极电位水平易变。相比之下，静息电位和最大复极电位对心肌兴奋性的影响更为多见。

（3）离子通道的性状（functional state of ion channel）　离子通道的功能状态常有激活（activation）、失活（inactivation）和备用（resting）三种状态。激活是离子通道的开放的过程，失活是离子通道的关闭过程。处于失活状态的离子通道不能立即再次激活，只有在膜电位恢复至静息电位水平或最大复极电位水平时，才能复活（reactivation）到备用状态，才具有再次兴奋的能力。由此可见，离子通道的性状是决定和影响心肌兴奋性的重要因素。显然，Na^+ 通道的性状是决定并影响心肌快反应细胞兴奋性的主要因素。Na^+ 通道处于何种功能状态，又取决于膜电位水平及其相关的时间进程；因为 Na^+ 通道的活动是电压依从性（voltage dependence）和时间依从性的（time dependence）。

在－90mV 的静息电位水平时，Na^+ 通道处于备用状态。此时，Na^+ 通道处于关闭状态；一旦心肌细胞应激兴奋，意味着激活了 Na^+ 通道，由于 Na^+ 通道开放，Na^+ 便快速进入细胞内，引起膜电位的去极化和反极化。随后 Na^+ 通道失活，钠离子的内流因 Na^+ 通道关闭而终止，经过复极的 1～3 期，Na^+ 通道又复活，重新进入备用状态。所以，离子通道的功能状态对于心肌的兴奋性起着决定性的作用。

（二）自动节律性（autorhythmicity）

和骨骼肌截然不同，无需神经冲动的触发，即在没有外来刺激作用的条件下，心肌的自律细胞 4 期膜电位从来没有“静息”，自身孕育着 4 期自动去极化，一旦达到阈电位就爆发新的动作电位，这一内在的起搏活动（intrinsic pacemaker activity）称为自动节律性，简称自律性（autamaticity）。自律性的高低常以单位时间内自律细胞发生兴奋的次数来表示。正常心脏窦房结、房室结和浦肯野纤维均具有自动节律性。这三种组织 4 期自动去极化发放动作电位的频率分别为 60～100 次/分、40 次/分和 20 次/分，以窦房结自律性最高。正常情况下，心肌的动作电位起源于窦房结，因为窦房结采用“抢先占领（overrides）”，或直接抑制自律性较低的房室结和浦肯野纤维，成为正常的起搏点（normal pacemaker），而房室结和浦肯野纤维成为潜在起搏点（latent pacemaker）。由窦房结起搏形成的心脏节律称为窦性节律（sinus rhythm）。病理情况下，潜在起搏点取而代之起搏形成的心脏节律称为异位节律（ectopic pacemaker）。

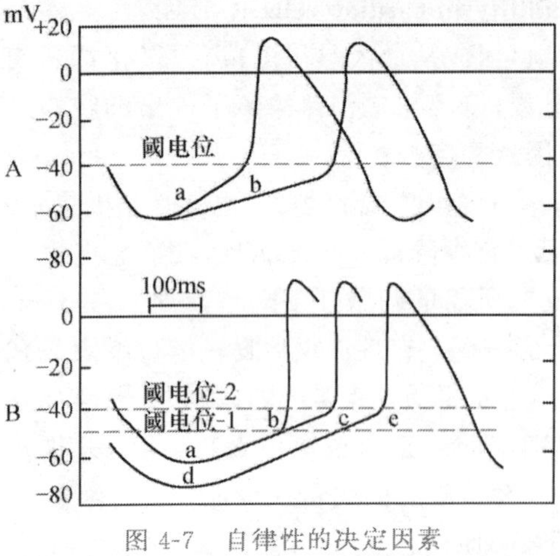

图 4-7　自律性的决定因素

A. 由 a 到 b，4 期自动去极化速率减小，自律性降低；B. a 到 d 最大复极电位增大（超极化），自律性降低；C. 正常，b. 交感神经兴奋、肾上腺素加快 4 期自动去极化速率，e. 迷走神经兴奋、乙酰胆碱减慢 4 期自动去极化速率；TP. 阈电位

1. 影响自律性的因素（factors affecting autorhythmicity in cardiac cells）

最大复极电位水平、阈电位水平、4 期自动去极化的速度是影响心肌自律性的几个因素。

（1）4 期自动去极化的速度（the rapidity of the pacemaker potential）　心肌细胞的 4 期自动去极化速度加快时，达到阈电位水平所需要的时程缩短，单位时间内产生兴奋的次数多，心肌的自律性增高；反之，自律性降低。交感神经兴奋、血液中儿茶酚胺增多可提高自律性，使其 4 期中的 I_f 和 Ca^{2+} 内向电流增强，加速自动去极化过程，导致心率增快，而迷走神经兴奋和乙酰胆碱作用相反（图 4-7），植物神经及其递质调制自律性和心率。

(2) 最大复极电位和阈电位之间的差距 心肌细胞的最大复极电位或阈电位水平线上移或下移，最大复极电位和阈电位之间的差距的增大或缩小，若自动去极化达到阈电位水平所需要的时程缩短，因而自律性提高；反之，自律性下降(图 4-7)。

(三) 心肌的传导性(conductivity)

传导性也是心肌细胞的电生理特性。常以动作电位沿心肌细胞膜传导的速度衡量心肌的传导性。

1. 心脏内兴奋传播的途径(conduction pathway of pacemaker activity)

正常情况下，窦房结细胞的起搏冲动可以沿心房肌直接传播到整个心房，也可沿房间束从右心房传向左心房；并沿着由心房肌组成的优势传导通路(preferential pathway)将兴奋传向房室交界区(1 条房间束，3 条节间束)。兴奋到房室交界区以后，通过房室束及其左右束支，将兴奋传布到浦肯野纤维网及其所支配的心内膜；由心内膜将兴奋向心外膜扩布，引起整个心室兴奋而收缩。窦房结的节律性兴奋传至两个心房和房室结，继而传至室间隔，传至心尖部，从心室内膜到外膜继而传至大部分心室，最后传至心室基底后部。

心脏各部位传导兴奋的速度各异。浦肯野纤维的传导速度最快，可达 4.0m/s；而结区和窦房结细胞的传导速度最慢，仅为 0.05m/s。心房肌和心房内优势传导通路的传导速度分别是 0.4m/s 和 1.0m/s；房室束的传导速度约为 1.0m/s；心室肌的传导速度约为 1.0m/s。从窦房结发出的节律性激动传到房室结需时约 0.06 s，兴奋在房室结内传导约需 0.1s，在房室束和浦肯野纤维内的传导约为 0.03s，在右心室内的时程约为 0.01s，而在左心室内的传播时程则需 0.03s。兴奋在心室内传播的总时程约为 0.06s；兴奋在正常人心脏传布的全部时间，共约为 0.22s。由此可见，兴奋通过房室交界区时，出现传导速度显著减慢的现象，称为房-室延搁(AV nodal delay)(表 4-2)。这一延搁有助于保证心房兴奋收缩之时，心室有时间舒张接受心房来的血液充盈。这样的特性使房室顺序而协调地作舒缩活动，确证保心脏泵血功能。

表 4-2 心脏各部位传导速度

部位	速度(m/s)
窦房结	0.05
心房肌	0.4
结间束	1.0
房室结	0.05，房-室延搁
希氏束	1.0
浦肯野纤维	4
心室肌	1.0

兴奋沿着浦肯野纤维向心室肌内膜传播的速度最快，而且浦肯野纤维呈网状遍布心室内壁，这就使得进入心室的兴奋，得以迅速传遍左右两侧心室壁内膜和肌层，然后再向心外膜扩布。心肌细胞之间具有低电阻的闰盘结构，形成功能性细胞合体(function syncytium)，心肌细胞同步应激兴奋和收缩，才能有效地射血。

2. 影响心肌传导性的因素(factors affecting conductivity in cardiac cells)

影响心肌的传导性的因素有心肌细胞的直径、0 期去极化的速度和幅度以及邻近未兴奋部位膜的兴奋性。

(1) 心肌细胞的直径(diameter ofcardiac cells) 细胞直径的大小与细胞内的电阻呈负相关，细胞直径愈小其内阻愈大，兴奋形成的局部电流较小，因而传导速度较慢；反之则快。末梢浦肯野细胞的直径最大(70μm),因而传导兴奋的速度最快。房室结的结区细胞直径最小(3μm),所以它的传导速度最慢。心肌细胞的直径是形态方面决定和影响心肌传导性的主要因素。

(2) 动作电位0期去极化的速度和幅度(the magnitude and the speed of the action potential in phase 0) 局部电流的形成是兴奋在活组织上传导的电生理基础,心肌细胞兴奋部位动作电位0期去极化的速度愈快,局部电流的形成也就愈快,促使邻近未兴奋部位去极化、达到阈电位水平所需的时程愈短,兴奋在心肌上传导的速度就愈快。0期去极化时的电位幅度愈大,兴奋与未兴奋部位之间的电位差愈大,形成的局部电流就愈强,扩布的范围也愈大,兴奋传导的速度也就愈快;反之,传导速度较慢。浦肯野纤维等快反应细胞的0期去极化速度和幅度明显高于窦房结等慢反应细胞,而且其直径较粗,所以前者的传导速度比后者快得多。

动作电位0期去极化的速度和幅度都与其静息电位密切相关。静息电位幅度越大,则 Na^+ 通道开放的速度越快,0期去极化的速度也就越快。而且,静息电位越大,Na^+ 通道开放的数量也越多,在此情况下,0期去极化的幅度也就越高;如果静息电位幅度小,则与之相反。Na^+ 通道开放的速度快慢和数量多少,称为 Na^+ 通道的效率。Na^+ 通道的效率是电压依从性的,受刺激之前的静息膜电位值影响其效率的高低。所以,静息电位不仅决定细胞兴奋性的高低,而且还决定着通道开放的速度和数量,从而决定了细胞膜0期去极的速度和幅度,进而影响着心肌的传导性。

(3) 邻近未兴奋部位膜的兴奋性 兴奋在心肌细胞上的传导是局部电流作用于邻近未兴奋部位,并依次使其应激兴奋的过程。因此,兴奋的传导受到邻近未兴奋部位膜的兴奋性影响。当邻近未兴奋部位的心肌细胞的静息电位或最大复极电位增大,或阈电位水平上移时,该部位的兴奋性降低;使膜去极化到阈电位水所需的时程延长,在心肌细胞上传导的局部电流速度由此减慢,传导性降低;反之,将提高传导性。

(四) 心肌的收缩性(contractility)

心肌的收缩无需神经冲动的刺激,诱发其收缩的信号来自窦房结。和骨骼肌相比,肌纤维直径较小,每条肌纤维只有一个细胞核,纤维之间有闰盘(intercalated disks),以桥粒(desmosomes)和缝隙连接(gap-junctions)连成功能合胞体,使心房或心室肌细胞可进行①同步收缩。心肌细胞T-管较大且有分支伸入内部。②但肌质网较小,Ca^{2+} 储量较小,类似于平滑肌;依赖胞外 Ca^{2+} 诱发其收缩,若无"Ca^{2+} 诱发的 Ca^{2+} 释放"则不能发生收缩。如果把心脏放在无 Ca^{2+} 溶液,心脏很快停跳,而骨骼肌仍可维持跳动。心肌细胞的线粒体较大,意味着消耗能量大,冠脉血流中70%~80%的 O_2 被摄取并消耗。③有效不应期长,避免发生强直收缩。

在心肌细胞,动作电位启动兴奋-收缩偶联(excitation-contraction coupling),动作电位沿肌膜经T-管传入胞内,T-管膜电压门控 Ca^{2+} 通道开放,胞外进入的 Ca^{2+} 打开肌质网ryanodine-受体通道,形成 Ca^{2+} 诱发的 Ca^{2+} 释放(Ca^{2+}-induced Ca^{2+} release),产生 Ca^{2+} 火花(Ca^{2+} spark)。影响心肌的收缩性的因素:前负荷、后负荷、心肌收缩能力、Ca^{2+}、交感神经及其递质儿茶酚胺。

三、体表心电图(Electrocardiogram,ECG)

每一心动周期,由窦房结细胞所产生的生物电活动,按照一定的途径和时程,依次传向心房肌、房室结区、希氏束及其束支、浦肯野纤维、心室肌。由于人体是容积导体,心脏的电活动经周围的组织和体液,传向全身体表。将记录电极安置在体表某些特定的部位,所记录到的反映心脏各部位依次去极化、复极化和兴奋传导产生的综合电变化的曲线,称为体表心电图。心肌细胞动作电位是微电极细胞内记录所得,电位幅度大;而 ECG 反映心脏各部位依次去极化、复极化和兴奋传导产生的综合电位变化,经容积导体反映到体表,电位幅度小,两者有因果关系,即心肌细胞动作电位是 ECG 的来源,但不应混淆。

(一) 体表心电图导联方式(the ECG leads)

常规记录的心电图均采用统一规定的导联方式,体表心电图导联方式有Ⅰ、Ⅱ、Ⅲ 三个标准导联(standard limb leads,Ⅰ导:左上肢接正,右上肢接负;Ⅱ导:左下肢接正,右上肢接负;Ⅲ导:左下肢接正,左上肢接负),三个加压单极肢体导联(Augmented limb lead,aVR:右上肢接正,其余两肢体共同接负;aVL:左上肢接正,其余两肢体共同接负;aVF:左下肢接正,其余两肢体共同接负),六个单极胸导联(unipolar chest leads,V1-V6)。心电图灵敏度和走纸速度:1mv/cm 和 25 mm/s,记录纸每一纵向小格=0.1 mv,每一横向小格=0.04s。

(二) 体表心电图各波和间期(the names of the various waves and segments of the ECG)

不同导联所记录到的心电图,其波形有差异,但基本构型大同小异。正常人的典型体表心电图有以下各波、各段及间期(图 4-8)。

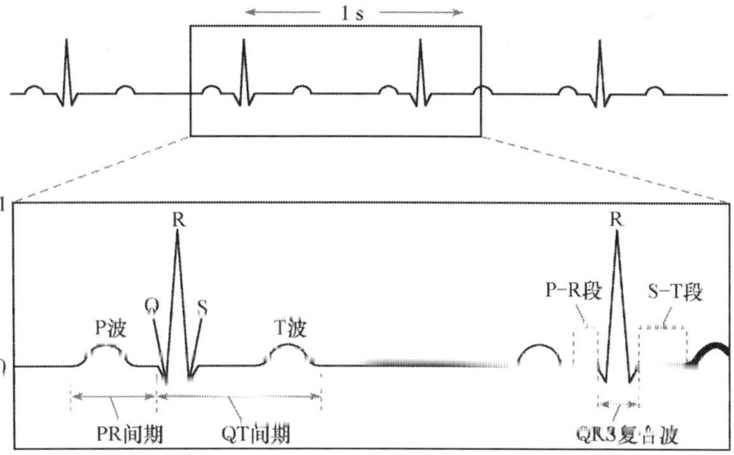

图 4-8 正常人心电模式图

(1) P 波(P wave) 心电图中首先出现的是 P 波,由左右两心房去极化产生。波形小而圆钝,历时约 0.08～0.11s,其波幅一般不超过 0.25mV。P 波的改变,可提示心房去极化过程有变化。

(2) QRS 波群(QRS complex) QRS 波群代表两心室去极化过程。典型的 QRS 波群为三个紧密相连的电位波动。第一个向下的波称为 Q 波;而后是一个向上的峰状波称为 R 波；R 波之后是向下的 S 波。这三个波在各个导联记录到的心电图中波形各不相同，并不一定都出现。正常人的 QRS 波群的时程约为 0.06～0.10s。

(3) T 波(T wave) T 波是心室复极化过程的电位变化。波幅约为 0.1～0.8mV，其方向应与 QRS 波群的主波方向相一致。在 R 波较高的导联中，T 波的波幅不应当低于 R 波的 1/10。T 波的时程约 0.05～0.25s。T 波异常，具有重要的诊断价值。

(4) U 波(U wave) 在 T 波之后约 0.02～0.04s，一个低而宽的电位波动，称为 U 波。其生理意义及成因尚不清楚。U 波的方向一般与 T 波一致，波幅常在 0.05mV 以下，时程约为 0.1～0.3s。

(5) PR 间期(PR Interval) 从 P 波的起点到 QRS 波的起点之间的时程为 PR 间期。代表起自窦房结的兴奋经心房、房室交界和房室束及其分支传播到达心室，并引起心室开始兴奋所需要的时间，又称为房室传导时间。PR 间期约为 0.12～0.20s，在房室传导阻滞时，PR 间期将明显延长。

(6) PR 段(PR Segment) 自 P 波的终点到 QRS 波的起点之间的线段为 PR 段。兴奋在通过房室交界区时形成了 PR 段，因为综合电位微小，无法记录出来，形成与基线水平相同的 PR 段。

(7) ST 段(ST Segment) 从 QRS 波的终点到 T 波起点之间的线段为 ST 段。ST 段代表心室各部均已进入去极化状态，彼此之间已无电位差存在，ST 段保持在基线水平。ST 段异常具有重要的诊断意义，ST 段抬高提示心肌缺血。

(8) QT 间期(QT interval) 从 QRS 波群起点到 T 波终点之间的时程为 QT 间期。正常心电图 QT 间期的时程代表心室兴奋开始至完全复极转入静息状态的时间。

Summary

- The bulk of the heart is composed of cardiac muscle cells, or myocardium. Most cardiac muscle is contractile, but about 1% of the myocardial cells are specialized to generate action potentials spontaneously.
- The signal for myocardial contraction comes not from the nervous system but from specialized myocardial cells known as **autorhythmic cells**, which are also called **pacemakers** because they set the rate of the heartbeat.
- The resting membrane potential of individual mammalian cardiac muscle cells is about −90 mV. In mammalian hearts, depolarization lasts about 2 ms, but the plateau phase and repolarization last 200 ms or more. Repolarization is therefore not complete until the contraction is half over.
- The initial rapid depolarization and the overshoot (phase 0) are due to opening of voltage-gated Na^+ channels similar to that occurring in nerve and skeletal muscle. The initial rapid repolarization (phase 1) is due to closure of Na^+ channels. The subsequent prolonged plateau (phase 2) is due to a slower but prolonged opening of voltage-gated Ca^{2+} channels. Final repolarization (phase 3) to the resting membrane potential (phase 4) is due to closure of the Ca^{2+} channels and K^+ efflux through various types of K^+ channels.

- The voltage-gated Na^+ channel in cardiac muscle has two gates: an outer gate that opens at the start of depolarization, at a membrane potential of −70 to −80 mV; and an inner gate that then closes and precludes further influx until the action potential ends (Na^+ channel inactivation). Both T-type and L-type Ca^{2+} channels are present in cardiac myocytes, but the Ca^{2+} current is due mostly to opening of the slower L type Ca^{2+} channels. The multiple types of K^+ channels in cardiac myocytes include those that are related to the long QT syndrome.
- Rhythmically discharging cells have a membrane potential that, after each impulse, declines to the firing level. Thus, this pacemaker potential triggers the next impulse. At the peak of each impulse, I_K begins and brings about repolarization. I_K then declines, and as K^+ efflux decreases, the membrane begins to depolarize, forming the first part of the pacemaker potential.
- These are of two types in the heart, the T (for transient) channels and the L (for long-lasting) channels. The calcium current ($I_{Ca\text{-}T}$) due to opening of T channels completes the pacemaker potential, and I_{Ca} due to opening of L channels produces the impulse.
- Autorhythmic myocardial cells have an unstable membrane potential called a **pacemaker potential.** The pacemaker potential is due to I_f channels that allow net influx of positive charge. The steep depolarization phase of the autorhythmic cell action potential is caused by Ca^{2+} influx. The repolarization phase is due to K^+ efflux.
- Depolarization initiated in the SA node spreads rapially through the atria, then converges on the AV node. Atrial depolarization is complete in about 0.1 s. Because conduction in the AV node is slow, a delay of about 0.1 s (**AV nodal delay**) occurs before excitation spreads to the ventricles. From the top of the septum, the wave of depolarization spreads in the rapidly conducting Purkinje fibers to all parts of the ventricles in the 0.08-0.1 s.
- Refractory periods: heart muscle cannot be tetanized thanks to the long refractory period of the ion channels. This refractory period lasts almost until complete relaxation of the heart muscle. Thus, the heart muscle has time to recover at least partially before the next contraction.
- Absolute Refractory Period (ARP)-the period of time during which no action potential can be initiated, regardless of stimulus strength, is called the Absolute Refractory Period and is considerably longer in duration than observed in skeletal muscle.
- Effective Refractory Period-the period of time during which no propagated action potentials can be elicited regardless of stimulus strength.
- Relative Refractory Period (RRP)-the period of time in which a response can be elicited but the stimulus required is larger than normal and the amplitude of the action potential is abnormally small.
- Supernormal period (SNP)-the period during which a slightly smaller than normal stimulus elicits a propagated response, although the amplitude of the action potential is reduced compared to normal.

- Refractory properties reflect the recovery of Na^+ channels to a state from which they can be activated. The long duration of the action potential and the refractory characteristics of the cell insure that cardiac cells are nearly completely relaxed by the time they are repolarized. Cardiac muscle cannot be tetanized because of these membrane properties.
- The frequency of discharge of pacemaker cells may be varied by a change in the rate of spontaneous depolarization, threshold potential and maximal diastolic potential.
- The SA node normally inherently fires 70-80 times per minute, atrioventricular node: 40-60 times/minute; Purinje fibers: 15-40 times/minute. As the SA node normally has the fastest firing rate among the automatic cells, it depolarizes the ectopic pacemaker before they can fire spontaneously. In addition, the higher rate actually suppresses the automaticity of the lower rate pacemakers.
- Norepinephrine and epinephrine act on β_1-receptors to speed up the rate of the pacemaker depolarization and increase heart rate. Acetylcholine activates muscarinic receptors and slows down heart rate.

Key Terms

contractile cells; autorhythmic cells; fast response action potential; slow response action potential; maximum diastolic potential; pacemaker potential; sinus rhythm; latent pacemaker; ectopic pacemaker; extrasystole; compensatory pause.

Clinical note

Long QT Syndrome

The long QT syndrome (LQTS) is a rare congenital heart condition with delayed repolarization following depolarization (excitation) of the heart, associated with syncope (fainting) due to ventricular arrhythmias, possibly of type torsade de pointes (the potentially lethal arrythmia), which can deteriorate into ventricular fibrillation and ultimately sudden death. Arrhythmia in individuals with LQTS is often associated with exercise or excitement.

Individuals with LQTS have a prolongation of the QT interval on the ECG. The QT interval is measured from the Q point to the end of the T wave. While many individuals with LQTS have persistent prolongation of the QT interval, some individuals do not always show the QT prolongation; in these individuals, the QT interval may prolong with the administration of certain medications.

LQTS has several forms. Some are inherited channelopathies, in which mutations occur in myocardial Na^+ or K^+ channels. K^+ channels participate in repolarization of the cardiac action potential. Such defective repolarization can lead to premature heartbeats or asynchronous ventricular contraction, with subsequent death. In another form of LQTS, the ion channels are normal but the protein *ankyrin-B* that anchors the channels to the cell menbrane is defective.

Review Questions

1. Define each term

1) L Type Ca^{2+} Channel; 2) Maximal Repolarization Potential; 3) Extrasystole; 4) Compensatory Pause; 5) Pacemaker potential

2. Choose the correct answer

1) Put the following events in their proper order.

a. QRS complex b. T-wave c. P-wave

(A) a,b,c (B) a,c,b (C) c,a,b (D) c,b,a (E) b,c,a

2) The electrocardiogram reflects the electrical activity of:

(A) SA node depolarization (B) Ventricular cell repolarization

(C) Atrial cell repolarization (D) Ventricular cell depolarization

(E) All of the above

3) The major difference between phase 0 in the ventricular cell action potential and that of a sinoatrial node (SAN) action potential depolarization is:

(A) The ventricular cell AP requires Ca^{2+} conductance for phase 0 while SAN cell AP requires Na^+ conductance

(B) Both cell types require Na^+ conductance, the difference is that in phase 0 of ventricular cells the calcium comes from internal sources

(C) The ventricular cell AP requires Na^+ conductance for phase 0 while SAN cell AP requires Ca^{2+} conductance

(D) Both cell types require Ca^{2+} conductance for initiation of the AP (phase 0)

4) Which ion movement through non-gated channels is primarily responsible for the resting potential in cardiocytes?

(A) Potassium influx (B) Sodium influx

(C) Chloride influx (D) Potassium efflux

(E) Sodium efflux (F) Chloride efflux

5) During the peak of the ventricular cell action potential, the membrane potential is said to be close to the Na^+ equilibrium potential because:

(A) The electrical driving force attracts sodium into the cell while the chemical driving force pushes sodium out of the cell

(B) The electrical driving force repels sodium ions from entering while the chemical driving force pushes sodium ions into the cell

(C) The electrical driving force and the chemical driving force both cause sodium to leave the cell

(D) There is no net flow of sodium ions across the cell membrane at this point

(E) Bothe(B)and(D)are correct

3. Answer the following questions

1) Compare the action potentials in SA-node with those in ventricular cardiac muscle.

2) Why does the maximal repolarization potential affect the autorhythm?
3) Cardiac muscle cannot contract in a tetanic fashion, why?
4) What will happen to the action potential of a myocardial autorhythmic cell if tetrodotoxin is applied to the cell?
5) Do you think the Ca^{2+} channels in autorhythmic cells are the same as the Ca^{2+} channels in contractile cells?
6) Name two functions of the AV node. What is the purpose of AV node delay?

第二节 心脏的泵血功能
Section 2 The Heart as a Pump

Section outline

- Mechanical events of the cardiac cycle
- Cardiac output: stroke volume; ejection fraction; cardiac index
- Factors controlling cardiac output: preload; afteload; contractility; heart rate
- Hearts sound

心脏的节律性舒缩活动，产生“房—室、心室—动脉”之间的压力差，这种压力差导致心瓣膜开启和关闭(同时产生心音)，使血液在循环系统中沿着单一方向流动，导致心腔容量的变化，表现为心室的充盈和射血。心脏的节律性舒缩活动是周期性的，它是分析心脏泵血功能的基本单位。

一、心动周期(Cardiac Cycle)

心脏每收缩和舒张一次，为一个心动周期(cardiac cycle)。在一个心动周期中，心房和心室的机械活动分为收缩期(systole)和舒张期(diastole)。心房收缩在先，心室收缩在后，二者的时差约为0.12～0.20s。心脏泵血功能过程中，因为心室起主要作用，通常所指的心动周期是指心室的舒缩活动周期(见图4-9)。一个心动周期中的每次心脏搏动，心脏各部的电活动(上一节)和机械活动(本节)有次序地重复。

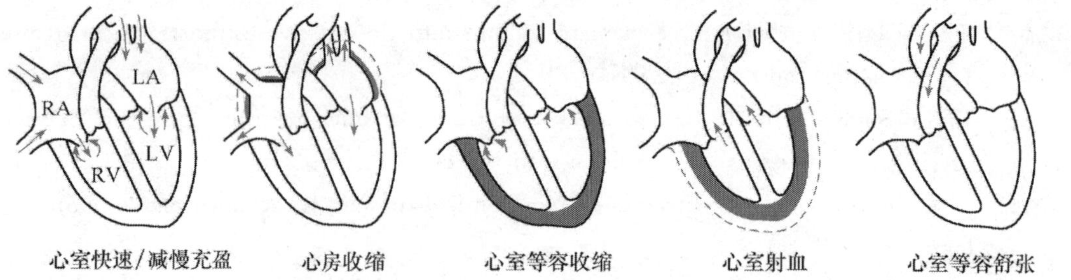

图 4-9 心动周期中心房、心室、瓣膜和血流活动的时间关系

每分钟心脏搏动的次数为心率(heart rate)。心动周期时程长短与心搏频率有关。成年人平均心率75/min，每一心动周期的时程应为60s/75＝0.8s。在此情况下，心房的

收缩期约为0.1s，舒张期约0.7s。在心房收缩时，心室仍处在舒张期。当心房进入舒张期以后，心室开始收缩，为心室收缩期，持续时程约0.3s，然后心室转入舒张期，约为0.5s。在心室舒张期的前0.4s期间，心房也处于舒张状态，这一时期是心房和心室同时处于舒张状态的全心舒张期。全心舒张期对血液回流充盈心室具有重要意义。

在一心动周期中，心房和心室按顺序相继舒缩，左右两侧心房和心室的舒缩活动几乎是同步的。相比较而言，无论心房和心室的收缩期均短于舒张期。如果心率加快，心动周期的时程将缩短，收缩期和舒张期的时程均相应缩短，但是，舒张期的缩短相对较多。因此心率加快时，心肌收缩的时间相对延长，而舒张休息的时间相对缩短。

二、心脏泵血(The Heart as Pump)

以一个心动周期为例，观察心腔内压力、容积、瓣膜活动、血流方向和心音，以及其他一系列的周期性变化(见图4-10)。

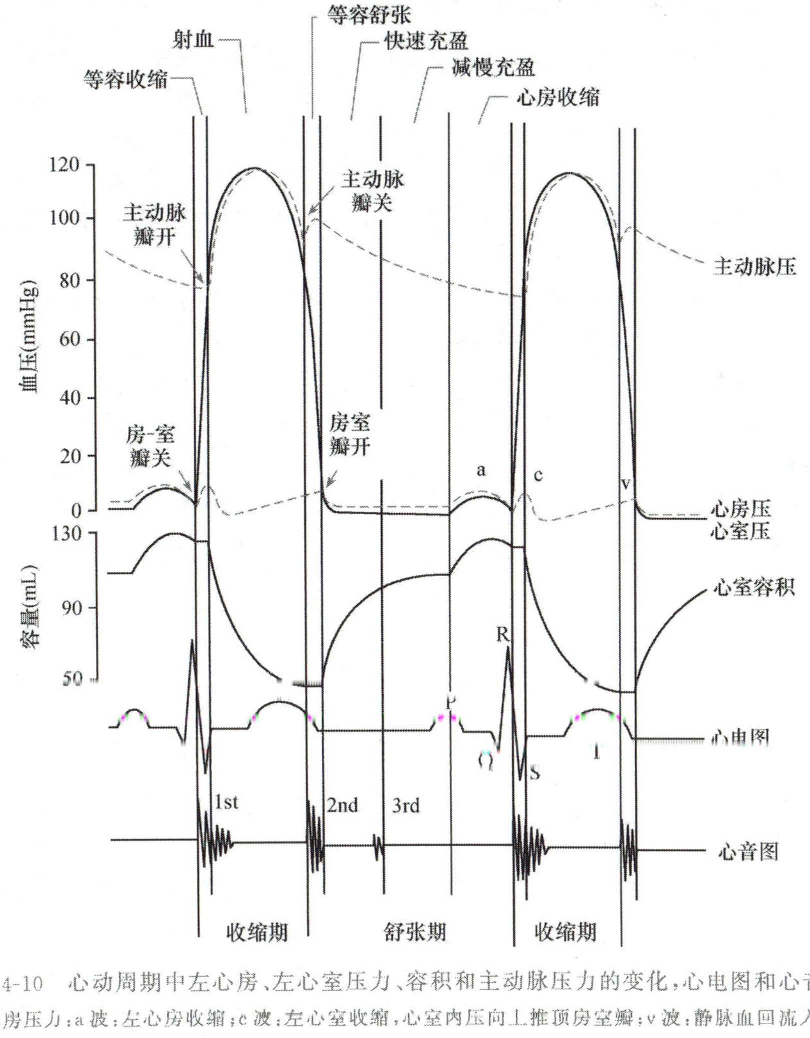

图4-10 心动周期中左心房、左心室压力、容积和主动脉压力的变化，心电图和心音图
左心房压力：a波：左心房收缩；c波：左心室收缩，心室内压向上推顶房室瓣；v波：静脉血回流入心房
(引自Wikipedia，the free encyclopedia)

（一）心房收缩期(atrial systole)

心房收缩之前，心脏已处在全心舒张期。由于心房和心室腔内的压力都比较低，因此静脉血不仅通过腔静脉回流进入右心房，而且通过右心房流入右心室。与此同时，肺静脉内的动脉血回流进入左心房，并经过左心房充盈左心室。此期是左、右心室血液充盈的重要阶段(即后述的快速/减慢充盈期即 diastasis，图 4-9 左 1)。此期内，由于左右两心室的内压远比主动脉和肺动脉的内压为低，所以主动脉瓣和肺动脉瓣处于关闭状态。

ECG 的 P 波之后心房开始收缩(图 4-9 左 2，图 4-10 虚线 a 波)。心房一旦开始收缩，其内压略升高(a 波)而容积变小，心房内的血液将继续流入心室，使处于舒张状态的心室得到进一步的充盈。此期是心室的主动充盈过程，心房收缩可使心室充盈血量再增多 10%～30%，看作心房的初级泵作用。但是，约 70% 的心室血液充盈是在后述快速充盈期和减慢充盈期被动完成。心房收缩期约持续 0.1s，随后转入心房舒张期。当心率加快，心房收缩对心室血液充盈的作用随之增大。

（二）心室收缩期(Ventricular systole)

心房收缩期结束后，心房进入舒张期，ECG 的 R 波之末心室开始收缩，T 波之后收缩结束，称为心室收缩期。心室收缩期是心动周期中的关键时期。左右心室的活动基本相似，现以左心室为例说明心脏泵血过程(图 4-9，4-10，4-11)。一般将心室收缩期又分为等容收缩期、快速射血期和减慢射血期等三个时期。

(1) 等容收缩期(isovolumic ventricular contraction)　当心房进入舒张期后，心室开始收缩。心室一旦收缩心室压很快就超过心房压，血液向上推顶房室瓣使其关闭，阻止血液返流，关闭振动的声音产生第一心音(first hear sound)。也因为血液向上推顶房室瓣，使其向心房鼓凸，形成心房内压上升的 C 波。由于左心室内压尚未超过主动脉压，房室瓣和半月瓣均处于关闭状态，心室成为一个封闭腔。心室肌虽在收缩，但无血液进出心室，其容积尚无改变，此时心室内压急剧上升，故称此期为等容收缩期(isovolumic ventricular contraction)(图 4-9 的左 3，图 4-11 的 B→C)。此期从房室班瓣关闭开始，至半月瓣开放之前，约 0.05s。

(2) 快速射血期(rapid ventricular ejection)　等容收缩期之末，由于心室继续收缩，室内压继续上升，一旦室内压超过主动脉压(舒张压，图 4-10 实线越过虚线，图 4-9 左 4，图 4-11 的 C→D)，主动脉瓣立即开放，血液便从心室射入主动脉。此时，心室肌强烈收缩，射入主动脉的血量较大，血流速度也快，故称之为快速射血期(rapid ventricular ejection)。不但心室内压上升达到顶峰(左、右心室内压峰值分别超过 120mmHg 和 25mmHg)，而且心室内压和主动脉压平行上升。此期的射血量约占总射血量的 80%～85%，历时约为 0.11s。本期内房室瓣继续关闭，由于心室强烈收缩，房室瓣被向下牵拉，心房内压略下降。此期心室容积急剧减小。

(3) 减慢射血期 (reduced ventricular ejection)　快速射血期之后，心室的收缩力量随之减弱，心室内压亦开始下降，射血的速度逐渐减慢，称之为减慢射血期。实际上，此期心室内压略低于主动脉压(图 4-10 实线略低于虚线)，但短暂的时间内，高速射血的动能继续推动血液流向主动脉。历时约为 0.14s。在这一期，心室内压和主动脉压均由最高值逐步下降，心室容积减小。在整个射血期，约 70mL 血液射入主动脉/肺动脉(后述的每博输出量)，心室内余血约 50mL(ESV)。

(三) 心室舒张期(ventricular diastole)

减慢射血期之后，心室开始舒张，称为心室舒张期。该期又被分为等容舒张期、快速充盈期和减慢充盈期等三个时期。

(1) 等容舒张期(isovolumic ventricular diastole)　心室开始舒张，由于室内压急剧下降，主动脉-心室的压力差使血液反流，迫使半月瓣关闭，其振动产生第二心音。半月瓣关闭使得反流的动脉血与瓣膜撞击后又汹涌向前，主动脉压曲线呈现一个小波，小波前的“V”形血压下降为降中峡(dicrotic notch or incisura，图 4-10 虚线)。因为此时室内压仍比房内压高，房室瓣依然处在关闭状态，心室又再度成为一个封闭腔。从半月瓣关闭开始，直到室内压下降到低于心房内压，房室瓣开启以前，这一段时间内，无血液进出，心室的容积没有变化，故称之为等容舒张期(isovolumic ventricular diastole)(图 4-11 的 D→A)。该期的时程约为 0.06～0.08s。

(2) 快速充盈期(rapid filling period)　等容舒张期之后，由于心室继续舒张，室内压不断地下降。一旦室内压低于心房内压时，房室瓣立即开放，心房内的血液迅速流向心室。这一时期称为快速充盈期(rapid filling period)，约为 0.11s。在快速充盈期内，心室容积迅速增大，进入心室的血量约为总充盈量的 2/3，是心室血液充盈的主要部分。此时，心室内压因心室仍在继续舒张，导致室内压不仅低于心房压，而且低于大静脉内压，血液从大静脉通过心房而直接进入心室。

(3) 减慢充盈期(decreased filling，diastasis)　快速充盈期之后，随着血液的不断地向心室内充盈，心房、心室和大静脉之间的压力梯度逐步减小，此时血液以较慢的速度继续流向心室，使心室的容积已达到一个较高的平台，此期为减慢充盈期，历时约为 0.22s。随着 ECG 出现 P 波，下一个房缩期开始。

在减慢充盈期之末，心室仍处于舒张状态，而心房此时开始收缩，将血液主动射入心室，使心室的充盈血量再增加 10%～30%；因此，可以把心动周期中的心房收缩期看作是心室充盈期的最后阶段。此后又开始下一个心动周期，周而复始。也可以把心动周期分为：①心室充盈期(inflow phase，包括：快速/减慢充盈期+房缩期，房室瓣开，动脉瓣关)。②等容收缩期。③射血期(outflow phase，包括：快速/减慢射血期，房室瓣关，动脉瓣开)。④等容舒张期。②③为收缩期(systole，0.3s)，①④为舒张期(diastole，0.5s)。

心室收缩是心脏泵血功能的根本动力。由于心室的收缩，使心室内压从低于心房压的水平快速升高并超过大动脉压，使半月瓣开放，推动血液射入大动脉。而心室的舒张，使心室内压低于心房压，这一压力差是心室血液充盈主要力量。瓣膜引导血液单向流动，但瓣膜的开、闭是被动的，是心房-心室或心室-动脉之间的压力梯度决定瓣膜的开、闭。右心室泵血功能的原理与左心室相同，只是肺动脉的压力较低；肺动脉压仅为主动脉压的 1/6(表 4-3)。

三、心房压力的变化(Changes in the Atrial Pressure)

在一心动周期中,左心房内的压力有三次明显的波动。心房收缩时,心房腔内的压力升高,出现第一个向上的a波,该波是心房收缩的标志。心室开始收缩时,不仅关闭房室瓣,还使其凸入心房腔内,造成心房内压有所增高,形成了向上的c波。在c波之后,由于大静脉内的血液不断地回流进入心房,使心房内压随回心血量的增多而缓慢地升高,形成了V波。右心房和腔静脉直接相通,所以右心房内压力变化必然波及大静脉,而使其静脉压也随之发生波动。心房收缩时,有少量血液向大静脉返流。

心房收缩可以使心室增加10%～30%的充盈血量。此外,心房收缩还有助于防止心房内压的持续增高,利于静脉血液回流。心房收缩起着初级泵(primary pump)或被动的储血库(passive reserviors)的作用。安静状态下,心房初级泵作用对心脏泵血功能影响不大。但在心率增快,心室顺应性下降的情况下,心房初级泵作用显得较为重要。若发生心房纤维性颤动,心室的充盈血量将有所减少,但相比心室纤维性颤动,心房纤维性颤动对心室的泵血功能影响不大。因此,心房发生纤维性颤动一般不会引起危及生命的严重后果。体循环和肺循环各心腔压力的比较总结于表4-3。

表4-3 体循环和肺循环各部位压力的比较

部位	mmHg	说 明
左心房	平均值:8(a波:13;c波:12;V波:15)	a波:心房收缩;c波:心室收缩房室瓣突向心房;V波:心房充盈
左心室	收缩期峰值:130;舒张期末:10	射血压力=130－10=120mmHg
右心房	平均值:2,此时心输出量=5L/min	↑心室泵血→右心房压↓
右心室	收缩期峰值:30;舒张期末:6	
主动脉	平均值:95;收缩期压:130;舒张压:80	
肺动脉	平均值:15;收缩期压:25;舒张压:8	
毛细血管	体循环均值:25;肺循环均值:10	

四、心脏泵血功能的评定(Evaluation of Cardiac Pump)

如何评定心脏泵血功能的有效性,测量心输出量既有理论意义,又有应用价值。

(一)心输出量和心指数(cardiac output,cardiac index)

1. 每搏输出量和射血分数(stroke volume,ejection fraction)

一侧心室每一次搏动所射出的血量,称为每搏输出量(stroke volume,SV),简称搏出量。一侧心室每分钟所射出血液的总量,称为每分输出量,简称心输出量(cardiac output,CO),心输出量等于搏出量与心率的乘积。左右两心室的输出量基本相等。

正常成年人的左心室舒张末期容积(end diastolic volume,EDV:图4-11的B点)约为135mL,左心室收缩末期容积(end systolic volume,ESV:图4-11的A点)约为65mL,每搏输出量等于两者之差70mL,即SV=EDV－ESV。由此可见,所射出的血量,只占舒张末期容量的一部分，每次心室收缩并未将室内充盈的血液全部射出。通常将搏出量占心室舒张末期容积的百分数，称为射血分数(ejection fraction，EF)，即：EF＝SV/EDV×100％。健康成年人的射血分数约为55％～65％，例如，70-kg男性，静息射血分数＝70mL/135mL(52％)，剧烈运动每搏输出量增至100mL，射血分数增至74％。

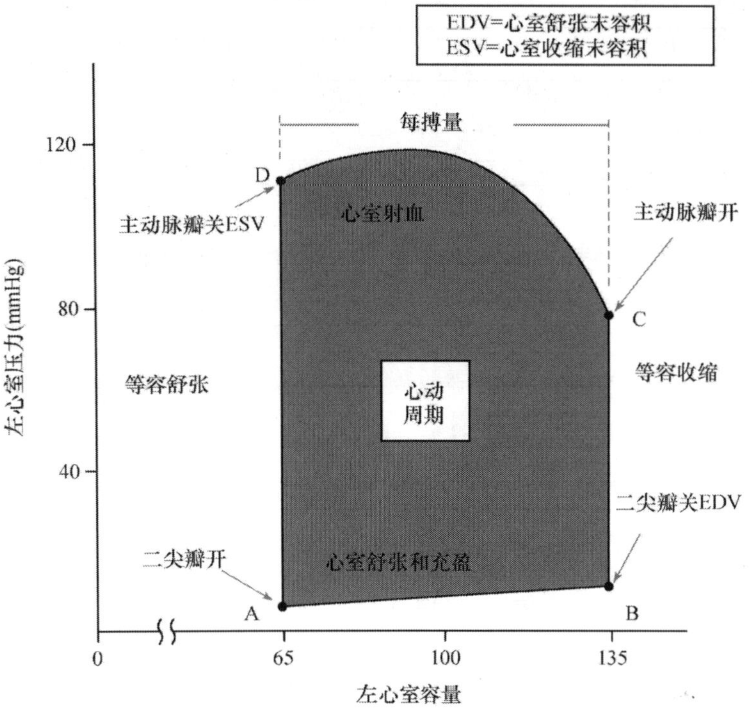

图4-11 左心室的压力-容量曲线环

纵坐标：左心室压力；横坐标：容积变化；A→B：快速、减慢充盈期＋房缩期；

B→C：等容收缩期；C→D：射血期；D→A：等容舒张期

(Silverthorn DU. 2009第4版HUMAN PHYSIOLOGY，San Francisco：Person Benjamin Cummings)

图4-11表示左心室的压力-容量曲线环(pressure-volume loop)，A点表示左心室刚刚结束射血，心室处于收缩末期容积(ESV)，此时心室内压最低，肺静脉血流入左心房。一旦左心室内压低于左心房内压，二尖瓣开放，血液从左心房流入左心室(从A到B，包括：快速、减慢充盈和房缩期，B点达EDV＝135mL)，此时心室内压略有升高。左心室收缩开始则二尖瓣关闭，进入等容收缩期(B→C)，两个瓣膜皆关，压力急剧上升而容积不变，直至左心室内压高于主动脉压(C点)，射血开始(C→D)，射血期末(D点ESV＝65mL)，从D→A点为等容舒张期。

心功能减退的患者，由于舒张末期的容积增大，尽管其心搏出量与正常人差别不大，但射血分数却明显降低，表明心脏泵血功能已经失常。所以在评定心脏泵血功能时，除了观测心脏的搏出量之外，还应当注意其射血分数的变化。

正常人的心输出量与机体的代谢水平、性别和年龄等因素有关。健康成年男性在安静状态下，若平均心率为75次/分，平均搏出量70mL时，心输出量应为5L/min。正常人的血容量约为 5L，意味着静息时在 1 分钟内一侧心室射出了全部血容量。相同体重的女性比男性心输出量约低 10%，青年人的心输出量高于老年人的心输出量。正常人在剧烈运动时，其心输出量可高达 30～35L/min；而在全身麻醉情况下，心输出量可降低到 2.5L/min。

2. 心指数(cardiac index)

以单位体表面积计算的心输出量称为心指数(cardiac index)。人的身材大小不等，新陈代谢的水平亦因人而异。因存在这些个体差异，难以直接相互比较心输出量。在安静状态下，心输出量与新陈代谢一样，与体表面积成正比。用心指数，即以每平方米体表面积的心输出量，作为衡量心脏泵血功能的指标，可消除一些个体差异，使个体间的比较成为可能。

中等身材成年人的体表面积约为 1.6～1.7/m^2，在安静空腹情况下的心输出量约为 5～6L/min。其心指数应在 3.0～3.5L/(min · m^2)之间。安静空腹时的心指数称为静息心指数，是评定心脏泵血功能时常用指标。在不同生理条件下心指数各不相同。10 岁左右时，静息心指数最大，在 4L/(min · m^2)以上。10 岁以后随年龄增长，心指数逐渐下降，80 岁时可低到接近 2L/(min · m^2)。妊娠、进食、运动和情绪紧张时，心指数均增高。

（二）心脏做功量(work of the heart)

心室在泵血过程中所做的功，为血液在循环系统中流动提供了能量，一部分变为动能，推动血流。因为动能在心脏做功中只占很小部分，故忽略不计。按照：功＝力×距离，心室的每搏功(stroke work)，即每搏动一次所做的功，用下列公式予以估算：每搏功(W)＝搏出量(SV)×射血压力(ΔP)。参照表 4-3，射血压力(ΔP)＝130－10＝120mmHg。故计算每搏功可以简化如下：每搏功(J)＝搏出量(70mL)×120mmHg×血液密度(g/mL)×(1/1000)×9.807 更简化的估算：每搏功(J)＝每搏输出量(L)×平均动脉压。每分功是指心室每分钟做功，等于每搏功乘以心率，即：每分功(J)＝每搏功×心率。正常人右心室做功仅为左心室的 1/6。这是因为两心室的心输出量虽然相等，但是肺动脉的平均压仅及主动脉平均压的 1/6 所致。

（三）心脏泵血功能的储备(pumping function reserve)

心脏的泵血功能具有广泛适应性，使心输出量可随机体代谢水平的改变而相应调整，以满足机体不同生理条件下的代谢需要。这一特性表明心脏的泵血功能具有储备能力。心输出量可随机体代谢加强而增长的能力，称为心脏泵功能的储备(pumping function reserve)，或心力储备(cardiac reserve)。健康成年人安静时心率约为 75 次/min，心搏出量约为 70mL，心输出量约为 5L 左右。在重体力劳动时，心率可达 180～200 次/min。此时，心搏出量可增加到每搏 150mL 左右，心输出量可高达 25～30L，约为静息状态下的 5～6 倍。由此可见，健康人的心脏泵血功能具有较大的储备力量。青年人的心力储备是 300%～400%，运动员可达 500%～600%，老年人为 200%～250%。

1. 搏出量储备(stroke volume reserve)

心脏的搏出量是心室舒张末期容积与收缩末期容积之差，而心室舒张末期容积和收缩末期容积都有一定的储备力量。相比较而言，左心室的舒张末期容积的储备量比收缩末期容积的储备量小得多。静息状态下，左心室舒张末期容积约为 145mL；随着静脉血流回心充盈量的不断增多，心室舒张末期的容积将有所扩大。但是由于心室的容积不可能过分扩大，通常至多只能扩大到 160mL 左右。因此，舒张期容积的储备量只有 15mL 左右。然而，左心室收缩末期的容积一般约为 75mL；当心肌收缩能力增强时，心搏出量增多，残留血量相应减少，此时心室的残留血量可以减少到 20mL 左右。安静状态下，收缩末期的容积与心搏出量增加后的最少残留的血量之差，即为收缩期容积储备，应为 55～60mL。当人体在进行剧烈的体力活动时，机体通过动用心率储备和收缩期容积储备，使心输出量迅速相应增加，以适应机体活动的需要(表 4-4)。

表 4-4　运动时心功能的变化(心率>160b/per min 时，每搏量下降)

心脏作功 (kg · m/min)	耗氧量 (mL/min)	心率 (b/per min)	心输出量 (L/min)	每搏量 (mL)	动-静脉氧含量差 (mL/dL)
静息	264	64	6.4	100	4.3
288	910	104	13.1	126	7.0
540	1430	122	15.2	125	9.4
900	2143	***161***	17.8	***110***	12.3
1260	3007	173	20.9	120	14.5

引自 Asmussen E, Nielsen M: The cardiac output in rest and work determined by the acetylene and the dye injection methods. Acta Physiol Scand 1952; 27: 217.

2. 心率储备(heart rate reserve)

假如搏出量不变，心率在一定范围内加快，心输出量可增加至静息时的 2～2.5 倍。但心率过快，由于舒张期过短，心室血液充盈不足，导致每搏量减少。剧烈运动时，心率增加至 160～180 次/分，每搏量仍可不减少，从而心输出量显著增加。心力储备的大小反映心脏泵血功能的适应能力。健康人具有很大的心力储备，根据代谢需求，通过调用心力储备，可将心输出量迅速提高 5～6 倍。坚持体育锻炼的人其心肌纤维增粗，心肌的收缩力量增强，因而收缩期储备能力增加。同时，由于运动员的基础心率比一般健康人低，故其心率储备也大。剧烈运动时，其心率可增快到静息时的 2～3 倍。适当的体育锻炼，可以有效地提高心力储备，增强心脏泵血功能。

五、影响心输出量的因素(Factors Controlling Cardiac Output)

每分心输出量等于每搏心输出量与心率的乘积，凡是影响搏出量和心率的因素都会影响心输出量。现将这些影响因素分述于下。

(一) 每搏输出量(stroke volume)

心率不变时，每搏输出量增多，可使每分心输出量增加；相反，每搏输出量减少，将使每分心输出量相应减少。影响每搏输出量的因素有以下几方面。

1. 前负荷(preload)

心肌在收缩前所承受的负荷,为心肌的前负荷(preload)。心室肌的前负荷可以用心室舒张末期容积(EDV)来表示。心室舒张末期容积与心室内的压力有一定的相关性,所以舒张末期心室内的压力也反映了心肌在收缩前的初长度。虽然,心室舒张末期的容积和压力均可反映心室肌收缩前的初长度,但舒张末期心室内的压力还受到心室顺应性的影响。

早在 1895 年,德国生理学家 Frank 在离体蛙心已观察到"心肌收缩力随心肌初长度而增强的现象"。1914～1918 年,Starling 在狗的心-肺制备标本,较为系统地研究心肌纤维初长度对心肌收缩强度的影响。他指出心肌收缩产生的能量是心肌纤维初长度的函数。增加心室舒张末期容积,即心肌纤维初长度,可增强心肌收缩产生的张力(可用收缩压表示),称此现象为Frank-Starling 心的定律(Frank-Starling law of the heart)。通过改变心肌纤维初长度而使心肌收缩强度改变的过程,又称为异长自身调节(heterometric autoregulation)。

在心肌的功能状态和动脉血压保持恒定的条件下,增加静脉回流量(venous return),可使心室舒张末期容积增大,亦即心室收缩前所承受的前负荷随之增大,心肌的初长度也相应增长,结果导致心肌的收缩力增强,每搏输出量增多。但是,在前负荷增大到超过一定的限度后,心肌纤维的初长度就不再明显增长,每搏输出量也就不再增加。

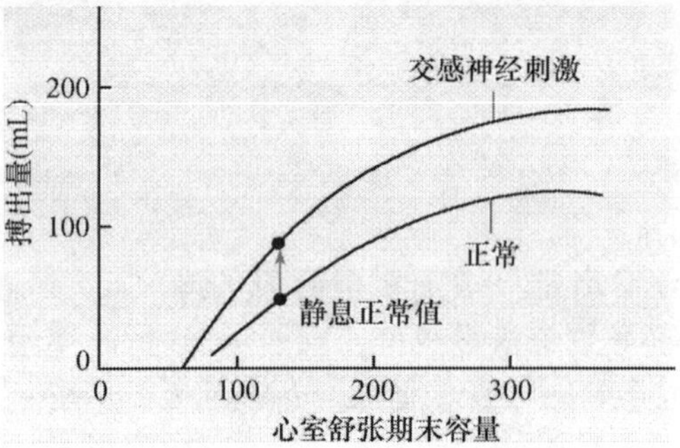

图 4-12 心室功能曲线,描述每搏输出量和心室舒张末期容积关系的曲线(Frank-Starling 曲线),交感神经兴奋使曲线向左上方移位

在完整的心室肌上,保持动脉血压稳定不变的条件下,心室舒张末期容积或压力对搏出量或每搏功的影响是非常明确的,该关系曲线被称之为心室功能曲线(图 4-12)。

从 Frank-Starling 心的定律,了解到以下几点:①前负荷或初长度尚未达到最适水平之前,心搏出量随初长度的增加而增加,说明心肌的前负荷或初长度有一定的储备。当增高心室舒张末期的充盈压,使心室的前负荷处于最佳状态,此刻心肌细胞肌小节中的粗、细肌丝达到最佳重叠(肌节初长为 2.2μm 时),结合的横桥数目最多,所以心肌的收缩最强。②若充盈压在此基础上继续增高,心室功能曲线即转为平坦,但不出现明显的下降,因为健康心脏肌节长度不可能大于 2.4μm,心肌细胞的伸展性较小,心室肌具有较强的对抗过度延伸。③在心功能衰竭的情况下,此时心室功能曲线将明显下降,向右下方移位。④交感神经兴奋释放去甲肾上腺素,或其他正性变力药物(positive inotropic agents, eg.,glicosides)增强心肌收缩力,心室功能曲线向左上方移位(图 4-12)。⑤心脏移植患者起初缺乏交感神经支配,仍可通过 Starling 机制,运动时心搏出量随初长度的增加而增加,运动时肾上腺素释放增加也参与搏出量调节。

心室肌顺应性(ventricular compliance)是指在单位压力差作用下所引起的心室容积改变程度($\Delta V/\Delta P$),心肌纤维化、心肌肥厚时顺应性降低,舒张期心室的充盈量减少。

在心室肌的顺应性不变的条件下，凡是能影响心室充盈量的因素，均可通过异长自身调节使搏出量发生相应的调整，静脉回心血量和心室射血后残留血量构成心室的充盈量。以下因素均可影响静脉回心血量：①心室舒张充盈期的时程，在心率增快时，舒张充盈期的时程相应缩短，心室不能充分舒张充盈，心搏出量将随之减少。②静脉血流的回心速度，静脉血流回心的速度愈快，心室的充盈量愈大，搏出量也就愈大。静脉血流的回心速度取决于外周静脉压与心房压和心室压之差。压力梯度愈大，愈有助于静脉血流回心。

正常左右心室输出量相等。若两侧心室输出量不相匹配，此时心室的充盈量出现微小变化，均可通过异长自身调节机制，使搏出量与充盈量之间达到新的动态平衡。

2. 后负荷(afterload)

动脉压(Aortic pressure or arterial pressure)是心室收缩时所遇到的阻力也是所承受的负荷，是心肌的后负荷(afterload)。左心室射血必须在心室内压大于主动脉压打开主动脉瓣方可进行。如果前负荷不变，后负荷的增加将使心肌收缩张力增大。在心率、心肌初长度和收缩能力均保持不变的条件下，如动脉压增高，将使等容收缩期延长，射血期相应缩短。同时，射血期中心肌纤维缩短的程度和速度也均将随之减小。高血压患者、主动脉硬化(顺应性减小)后负荷增大，为了维持每搏量，左心室收缩增强，氧气和 ATP 消耗量增加，久而久之则心肌肥大。

动脉血压突然升高，使心肌收缩时的后负荷增大，因而导致心搏出量的减少。但心搏出量减少又使得心室内剩余血量增多，舒张末期容积必然增大。由于心肌初长度增大，通过“心的定律”机制，使心输出量又回到正常水平。

3. 心肌收缩力(contractility)

心肌收缩力是指心肌内部的功能状态。通过心肌改变本身收缩活动的强度和速度进而影响每搏输出量。这种调节心脏每搏输出量的机制，不依赖心肌纤维初长，又称等长自身调节(homometric regulation)。这一自身调节过程有赖于兴奋-收缩偶联过程中被活化横桥的效率和肌球蛋白的 ATP 酶活性。

影响心肌的收缩力的主要因素有：①交感神经活动的增强。②血液中儿茶酚胺浓度增高(肾上腺素、去甲肾上腺素)。两者均使心室功能曲线向左上方移位，心肌收缩力增强。儿茶酚胺与 β_1 受体结合，通过 Gs-AC-cAMP 途径，打开 L-Ca^{2+} 通道和“Ca^{2+} 诱发-Ca^{2+} 释放”增加胞内 Ca^{2+}，表明心肌收缩力依赖于可利用的 Ca^{2+} 数量。通过肌质网膜上的调节蛋白 phospholamban 磷酸化，增加肌质网 Ca^{2+}-ATPase 活性，肌质网储 Ca^{2+} 能力增强，一旦需要时 Ca^{2+} 释放增多，活化横桥数量增多。同时，心肌舒张时清除胞内 Ca^{2+} 速度加快，因为舒张依赖三个过程：Na^+-Ca^{2+} 交换把 Ca^{2+} 排出到 ECF，肌质网摄取 Ca^{2+}，Ca^{2+} 和肌钙蛋白 TnC 解离。心肌舒张时清除胞内 Ca^{2+} 速度加快，舒张加快。③某些强心药物(cardiac glycosides)的作用，延缓胞内 Ca^{2+} 清除速度，即增加胞内 Ca^{2+} 增强心肌的收缩力，增加每搏输出量。自 18 世纪洋地黄类药物用来治疗心力衰竭(heart failure)，其机制是抑制 Na^+-K^+-ATPase 活性，胞浆内 Na^+ 增多，Na^+-Ca^{2+} 交换减少，胞浆内残留 Ca^{2+} 增多而起到强心作用。而缺氧、酸中毒和心力衰竭等，均可使心肌收缩能力减弱，减少每搏输出量。

影响心肌收缩力的药物(inotropic agent)有两类:正性变力作用(positive inotropic effect),例如肾上腺素、去甲肾上腺素和强心药物洋地黄(digitalis),增强心肌收缩力。负性变力作用(negative inotropic effect),减弱心肌收缩力,如心抑制药。

(二) 心室顺应性(compliance)

顺应性是指物体受外力作用能发生变形的特性。常用心室内压变动时,心室容积应变的程度来表示(ΔV/ΔP)。在顺应性良好的情况下,心肌就能较好地适应前、后负荷的变化。心肌梗死使心室壁僵硬、顺应性降低,舒张期心室的充盈量减少(EDV),每搏输出量随之减少。

(三) 心率(heart rate)

安静状态下健康成年人,其心搏频率平均 75 次/min 左右,正常范围为 60～100 次/min。心输出量是搏出量与心率的乘积。在一定范围内,正常人心率增快,可使心输出量随之增多。一定范围内心率增快可增强心肌的收缩产生的张力,因动作电位频率加快,进入胞浆内 Ca^{2+} 增多。1871 年,Henry Bowditch 把这种心肌的收缩产生的张力随心率而升高的现象称为阶梯现象(staircase phenomenon)。实验中期外收缩的幅度较高(postextrasystolic potentiation),是因为胞浆内可利用的 Ca^{2+} 增多。但是,超过 170～180 次/min 时,因为心室的充盈时间明显缩短,其充盈血量减少,此时每搏出量可减少到正常时的一半左右,所以心输出量不但没有增多,反而降低。但剧烈运动时,只有当心率超过 200 次/min 时,每搏出量才减少,因为交感神经兴奋和儿茶酚胺释放,机制如上所述(参见 3. 心肌收缩力)。如果心率过度减慢,低于 40 次/min 时,心室的充盈时间虽有所延长,但由于心室的充盈量早已达到它的极限,每搏输出量也不可能增多。心率已过度减慢,心率与心搏出量的乘积必然减少。

上述影响心输出量的各种因素相互协调(图 4-13),共同使心输出量水平满足当时细胞新陈代谢的需要。

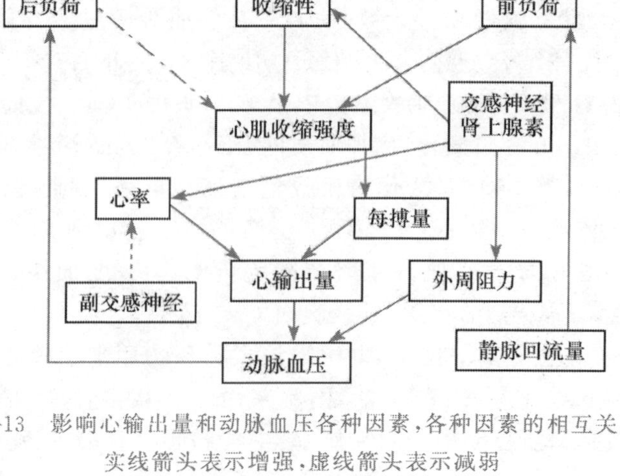

图 4-13 影响心输出量和动脉血压各种因素,各种因素的相互关系,实线箭头表示增强,虚线箭头表示减弱

六、心音(Heart Sounds)

心肌的收缩和舒张，心瓣膜的开启和关闭，血液的加速和减速流动对心血管壁产生的作用及其所形成的湍流等因素，均可引起机械振动而产生心音。用心音图机将心音记录下来，便可得到心音图(phonocardiogram;PCG)。心音图记录下来的心音，可分为四个心音，即第一心音(the first heart sound)、第二心音、第三心音和第四心音。第一心音出现在心室等容收缩期，标志心室收缩期开始。第一心音的音调较低(25～45Hz)、时间较长(0.15s)，主要是二尖瓣、三尖瓣突然关闭的振动所产生。第二心音(the second heart sound)音调较高(50Hz)、时间较短(0.12s)，发生于心室舒张的早期，标志心室舒张开始。第二心音的产生与主动脉瓣和肺动脉瓣的突然关闭有关。此外，心室壁的振动，也参与第二心音的形成。从第一心音到第二心音所经历的时间为收缩期，从第二心音到下一个第一心音所经历的时间为舒张期。第三心音低音调、柔软，出现在心室快速充盈期，由于血液快速流入心室，使心室壁和心瓣膜发生振动而产生。偶尔在下一个第一心音之前可听到第四心音，是心房收缩和心室充盈所产生的振动，也称心房音，在心室肥大心房高压的患者有时可听到，在正常人极少听到第四心音。

房室瓣和半月瓣关闭不全或狭窄时，因出现湍流，而产生各种杂音(murmurs)。临床上，杂音对诊断心瓣膜病变具有重要价值。

Clinical Note

Auscultation

The simpliest direct assessment of heart function consists of listening to the heart through the chest wall, a process known as *auscultation* that has been practiced since acient times. In its simplest form, auscultation is done by placing an ear against the chest. Today, however, it is usually performed by listening through a *stethoscope* placed against the chest and the back. Normally, there are two audible heart sounds. The first("lub") is associated with closure of AV-valves. The second ("dup") is associated with closure of the semilunar valves.

Murmurs are abnormal heart sounds caused either by blood forced through a narrowed opening or by backward flow(*regurgitation*) through a valve that has not closed completely. *Valvunar stenosis* may be an inherited condition or may result from inflammation or other disease processes. At which steps in the cardiac cycle would you expect to hear a murmur caused by the following pathologies?

(1) aortic valvular stenosis, (2) mitral valve regurgitation? (3) aortic valve regurgitation?

- A person's aortic valve opening has become constricted, creating a condition known as aortic stenosis. What happens to the afterload on this ventricle?

Summary

- One cardiac cycle includes one cycle of contraction and relaxation. **Systole** is the contraction phase; **diastole** is the relaxation phase.
- Most blood enters the ventricle while the atria are relaxed. Only 20% of ventricular filling at rest is due to atrial contraction.
- The AV valves prevents backflow of blood into the atria. Vibrations following closure of the AV valves create the **first heart sound.**
- During **isovolumic ventricular contraction**, the ventricular blood volume does not change, but pressure rises. When ventricular pressure exceeds arterial pressure, the semilunar valves open, and blood is ejected into the arteries.
- When the ventricles relax and ventricular pressure falls, the semilunar valves close, creating the **second heart sound.**
- The amount of blood pumped by one ventricle during one contraction is known as the **stroke volume.**
- **Cardiac output** is the volume of blood pumped by per ventricle per unit time. It is equal to heart rate times stroke volume. The average cardiac output at rest is 5L/min.
- The homeostatic changes in cardiac output are accomplished by varying heart rate, stroke volume, or both.
- **The Frank-Starling law of the heart** says that an increase in **end-diastolic volume** results in a greater stroke volume.
- End diastolic volume and **preload** are determined by venous return. Venous return is affected by skeletal muscle contractions, the respiratory pump, and constriction of veins by sympathetic activity.
- **Contractility** of the heart is enhanced by catecholamines and certain drugs. Chemicals that alter contractility are said to have an **inotropic effect.**
- **After-load** is the load placed on the ventricle as it contracts. After-load reflects the effort required to push the blood out into the arterial system. Mean arterial pressure is a clinical indicator of afterload.
- **Ejection fraction**, the percent of EDV ejected with one contraction (stroke volume/EDV), is one measure of evaluating vetricular function.

Key Terms

cardiac cycle; systole/diastole; heart rate; cardiac output; Stroke volume; cardiac index; the Frank-Starling low of the heart; heterometric autoregulation; homometric regulation; heart sound; ejection fraction; (positive/negative) inotropic effect; preload; after-load; contractility; isovolumic ventricular contraction; end-diastolic pressure (EDV).

Review Questions

1. Define each term

1) cardiac cycle;2) cardiac output;3) stroke volume

2. What is the proper term for each of the following

(A) number of heart contractions per minute

(B) volume of blood in the ventricle before the heart contracts

(C) volume of blood that enters the aorta with each contraction

(D) volume of blood that leaves the heart in one minute

(E) volume of blood in the entire body

3. Answer the following questions

1) What events cause the two principal heart sounds?

2) Define inotropic effect. Name two drugs that have a positive inotropic effect on the heart.

3) Describe in sequence the events that occur in the heart during the cardiac cycle.

4) Outline the changes in the duration of systole and diastole that occur with changes in heart rate, and discuss their physiologic consequences.

5) Give the definition, normal value and variations of cardiac output. Explains the factors regulating cardiac output.

第三节 血 管 生 理
Section 3 Vascular Physiology

Section outline

- Characteristics of various types of blood vessels in humans
- Dynamics of blood & lymph flow: flow, pressure, & resistance, Poiseuille-Hagen formula
- Arterial pressure: cardiac output and peripheral resistance determine mean arterial pressure, Factors affecting arterial pressure
- Venous pressure & flow: Effects of heartbeat, thoracic pump, muscle pump, effect of gravity
- Capillary circulation: Capillary pressure & flow, capillary filtration and absorption, fluid exchange at a capillary
- Lymphatic circulation

一、各类血管的功能和特点(The characteristics of the various types of blood vessels)

如图 4-14 所示,心脏是相互串联的两个独立的泵,左心泵射血入体循环动脉系统。主动脉和大动脉是弹性贮器血管(windkessel vessels),在心室舒张期间依靠弹性回缩,继续推动血流。小动脉和微动脉通过调节其口径改变血流阻力。而只有在毛细血管是细胞和血液

发生物质交换的场所。根据血管结构和功能的不同,可将血管分为以下几类(图 4-15,表 4-5):

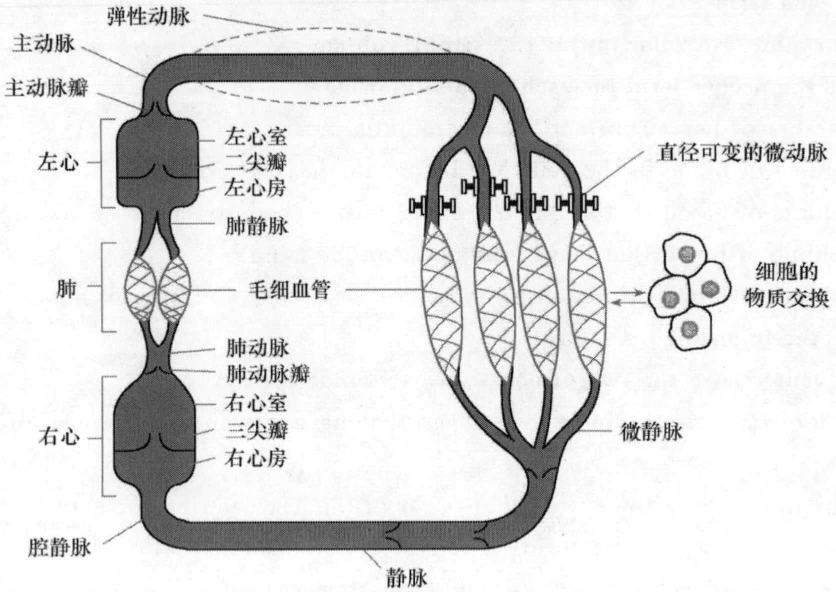

图 4-14　心血管系统的功能模型

(引自 Silverthorn DU. 2009 第 4 版 HUMAN PHYSIOLOGY, San Francisco: Person Benjamin Cummings.)

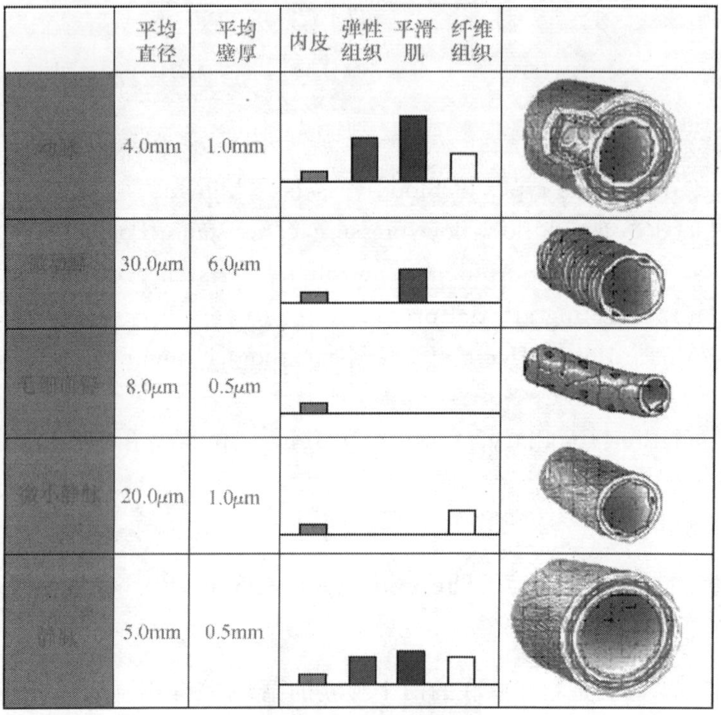

图 4-15　各类血管的结构特征

(引自 A. C. Burton, Physiol. Rev. 1954;34:619～642)

表 4-5　人各种血管结构特征（心脏、肺循环含血容量分别为 12% 和 18%）

血管	数量	直径	管壁厚	横截面积(cm^2)	含血容量(%)	平均动脉压(mmHg)
主动脉	1	2.25cm	2mm	4.5	2	95
动脉		0.4cm	1.0mm	20	8	95
微动脉	2×10^7	30μm	20μm	400	1	60
毛细血管	4×10^{10}	5～7μm	0.5μm	4500	5～6	25(35～15)
微静脉		20μm	2μm	4000	54	15(12～18)
静脉		5mm	0.5mm	40		15～3
腔静脉	1	2.76cm	1.5mm	6		4.6(右心房入口处)

1. 弹性贮器血管(windkessel vessels)

是指主动脉、肺动脉主干和最大的动脉分支，这些血管口径大，管壁厚，富含弹性纤维，有血管内膜、较厚的平滑肌层和血管外膜。在心室收缩期，血管内血液量增加，压力增大，一方面推动血液向外周流动，另一方面使血管被动扩张，心室收缩产生的压力部分储存在动脉的弹性管壁上；在心室舒张期，随着主动脉瓣关闭，扩张的血管发生弹性回缩(elastic recoil)，继续推动血液流向外周。大动脉的这种作用称为弹性贮器作用，它不但可使心脏的间断射血，转变为外周血管持续的血液流动，而且可缓冲心动周期中动脉血压波动的幅度，即收缩压不会过高，舒张压不会过低。

2. 分配血管(distribution vessels)

是指弹性贮器血管的分支到小动脉前之间的血管，例如肝动脉、肾动脉等。这些血管的功能是向各组织器官输送血液。

3. 毛细血管前阻力血管(precapillary resistance vessels)

是动脉系统的最小分支，包括微动脉(arterioles)和后微动脉(metarterioles)，其口径小，阻力大，富含平滑肌，成为血液进入微循环的控制阀门，是血流阻力和血压降幅最大的主要部位。它们接受高密度的交感缩血管神经的支配（参见第四节），其舒缩活动受神经体液因素的调控，影响着进入微循环的血流量，从而改变相应组织器官的血流量以适应组织代谢的需要。

4. 毛细血管(true capillary)

小动脉、微动脉经过 2～5 次的分支，成为直径为 5～10μm 的细小血管，其管壁薄，由单层内皮细胞和基膜组成，通透性较高，是血液和组织液进行液体、营养物质、电解质、激素和其他物质交换的重要场所，又称交换血管(exchanging vessels)。在其起始部，常有 1～2 个平滑肌细胞环绕，称为毛细血管前括约肌(precapillary sphincter)，它的舒缩控制着毛细血管床的关闭和开放，因此可决定某一时间内毛细血管的开放数量，以及进入毛细血管的血流量。它的舒缩主要受局部代谢产物(CO_2、H^+、腺苷、ATP、K^+)调节，这些酸性代谢产物使其舒张。

5. 毛细血管后阻力血管(postcapillary resistance vessels)

是指微静脉(venules)，从毛细血管流经微静脉逐渐汇集到静脉，因微静脉管径较小，对血流也产生一定的阻力，其舒缩可以改变毛细血管前阻力和后阻力的比值，从而影响毛细血管血压及组织液的生成。

6. 容量血管(capacitance vessels)

是指静脉(veins),其作用是将血液从微循环后阻力血管转运回心脏。另一方面,与相应的动脉比较,数量多、管壁薄、口径大,可扩张性较大,安静状态下,容纳循环血量的60%~70%,起着血液储存库(blood reservoir)作用,其储存量的大小取决于组织对血液需求量的多少。静脉血管壁上含有一定的平滑肌(平滑肌上含有肾上腺素能α、β受体),血管壁通常部分塌陷,横切面呈卵圆形,可以注入较大量血液而静脉压变化很小,只有灌注血量达某一临界值后进一步增加血量,静脉压才开始明显上升。

7. 短路血管(arteriovenous anastomoses or shunt)

指一些血管床的小动脉,不经过毛细血管而与小静脉的直接联系,在四肢末梢和耳廓的皮肤中有许多这种短路血管存在,它们的功能与体温调节有关。

二、血流量、血流阻力和血压(Flow, Pressure & Resistance)

血液在心血管系统中流动,具有理想液体的流体力学一般特征,而且因为血液中具有血细胞、胶体物质和血管具有弹性和可扩张性,血流速度又受心脏舒缩的影响,所以血液在心血管系统中的流动不仅符合一般流体力学的原理,而且具有其特殊性。血流动力学(hemodynamics)探讨血液在心血管中流动的力学,其研究对象就是血液流量、血流阻力和血压及其他们之间的关系。

(一) 血流量和血流速度(flow rate and velocity of blood flow)

单位时间内流过血管某一横截面积的血量称为血流量,又称容积速度(velocity of volume),常以 mL/min 或 L/min 表示。血流速度是指血液中的一个质点在血管内移动的线速度,血液在血管内流动时血流速度(V)与血流量(Q)成正比,与血管的截面积(area, A)成反比($V=Q/A$)。

在心血管系统中,流过任何一级血管总横截面积的血流量均等于心输出量(CO),而流过各级血管的横截面积(A_1、A_2、A_3、……)的平均血流速度分别为 V_1、V_2、V_3、……,所以 $A_1V_1=A_2V_2=A_3V_3=\text{CO}$。从主动脉到微循环,随着血管的不断分支,总横截面积由 4.5cm^2 增大到 4500cm^2,血流速度逐渐减慢,而在静脉因为血管横截面积逐渐减小,所以血流速度又逐渐增加。

在动脉系统,血流速度呈脉动性(pulsatile flow),收缩期加快而舒张期减慢,这种脉动性的血流对于组织器官血液灌流是有利的。有实验报导,如果以一种"非脉动性"血液灌流器官,会产生血流阻力逐渐增加,血液灌流量则逐渐减少。

1. 血流量、压力和阻力以及泊肃叶定律(blood flow, pressure, resistance, Poiseuille's Law)

流量和管道两端的压力差或压力梯度(pressure gradient)成正比,而和阻力成反比,即:$Q\propto\Delta P(P_1-P_2)/R$。$P_1$ 是主动脉起始部,P_2 为腔静脉在右心房的血压。血液在密闭的管道系统里流动,要克服阻力、消耗能量。哪些因素决定阻力?法国物理学家 Poiseuille 用普通液体来观察液体在玻璃管内的流动规律,指出阻力与管道半径(radius, r)的 4 次方成反比,与管道的长度(long, L)和液体的黏滞性(η)成正比,用方程式表示:

$$R=8L\eta/pr^4,\quad Q=p\Delta Pr^4/8L\eta$$

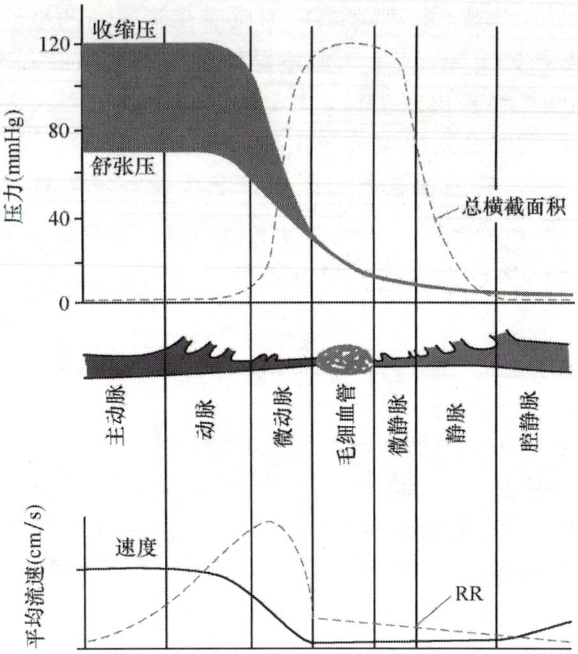

图 4-16　血液流经体循环各级血管的血压、总横截面积、速度和阻力的变化

TA:总横截面积;RR:外周阻力

决定黏滞性的因素有:红细胞比容、血浆蛋白含量。正常人血液黏滞性和管长相对较为恒定,经常变动的是微动脉的半径,受神经体液因素调控而收缩或舒张,而且阻力与管道半径的 4 次方成反比,其微小的变化会引起很大的阻力以及流量的变化。

2. 层流和湍流(laminar flow and turbulent flow)

血液具有一定的黏滞性,在血管内流动呈现两种方式:层流和湍流。液体的流动速度在一定范围内表现为层流,即液体中各个质点的流动方向是一致的,且与管道的长轴平行,如图 4-17 中箭头所指,越接近液体的轴心处流速越快,越接近管壁流速越慢,甚至与管壁密切接触的薄层液体可以不流动。将各层液体的流速呈现一条抛物线形式,这种流动方式即为层流。层流是一种线流(streamline flow),当其速度超过某种临界速度(critical velocity)时,液体中各质点的流动方向不再一致,呈现漩涡状流动,即湍流。目前认为,湍流的出现与管道的直径和血液流速有关,当动脉收缩,血流速度加快时,容易产生湍流,此时泊肃叶定律不再适用。Reynolds 提出一个关于湍流形成的经验公式:

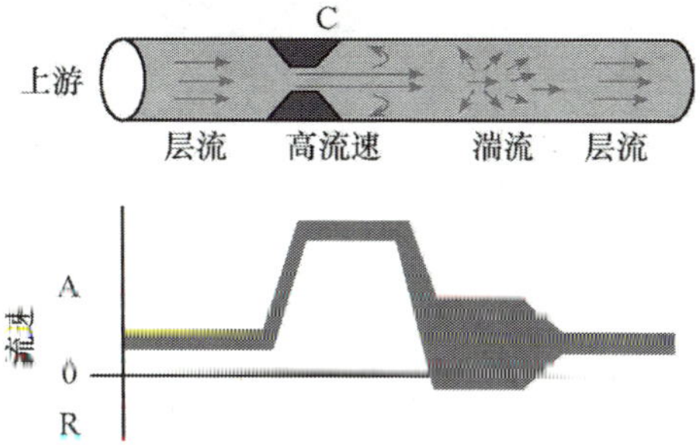

图 4-17　层流和湍流

上图 C 处:血管强烈收缩引起湍流

下图:A 示顺向湍流;R 示反向湍流

(引自 WF. Ganong, 2003, Review of, Medical Physiology 22nd edition, San Francisco, Lange Medical Books/McGraw-Hill.)

$$Re = VD\rho/\eta$$

式中 Re 是 Reynolds 常数，并无单位；V 为血液在管道内的平均流速（cm/s），D 为管腔直径（cm），ρ 为血液密度（g/cm^3），η 为血液黏滞度（泊 Poises）。当 Re＜2000 时，不发生湍流。当 Re＞3000 时，容易出现湍流，并发出震动声音。增大血管直径、血流速度和减小黏滞度是引起 Re＞3000，发生湍流的主要因素。在主动脉，直径、血流速度都很大，容易超过血流的临界速度，升主动脉内的血流速度在射血峰值有时也会超过临界速度。动脉管道突然某处狭窄，局部流速加快时也可发生湍流。心瓣膜疾病经常发生湍流，可以听到杂音（murmurs）。湍流经常发生在贫血的病人，因为在贫血的病人，血液的黏滞度（viscosity）降低，血流速度加快。

（二）血压、动脉血压和动脉脉搏（blood pressure，arterial blood pressure，arterial pulse）

血压是指流动的血液对于单位面积血管壁的侧压力，即压强。血压的数值通常用千帕（kPa）表示，即牛顿/米^2（N/m^2），1kPa 等于 7.5mmHg，1mmHg＝1.36cmH_2O，1mmHg＝0.133kPa。实验中将导管插入血管中所测得的压力为端压力，其数值略高于侧压力，因包括动能在内。下面要讨论的问题是：循环系统流程中的压力梯度，即动脉压、毛细血管血压和静脉压，换言之，主动脉和腔静脉之间的压力梯度是如何建立起来的？

1. 动脉血压（arterial pressure）

动脉血压的形成，前提是心血管系统内有适量血液充盈，其充盈的程度用循环系统平均充盈压表示；还必须有两个基本因素：①心脏射血；②外周阻力的存在（图 4-18）。

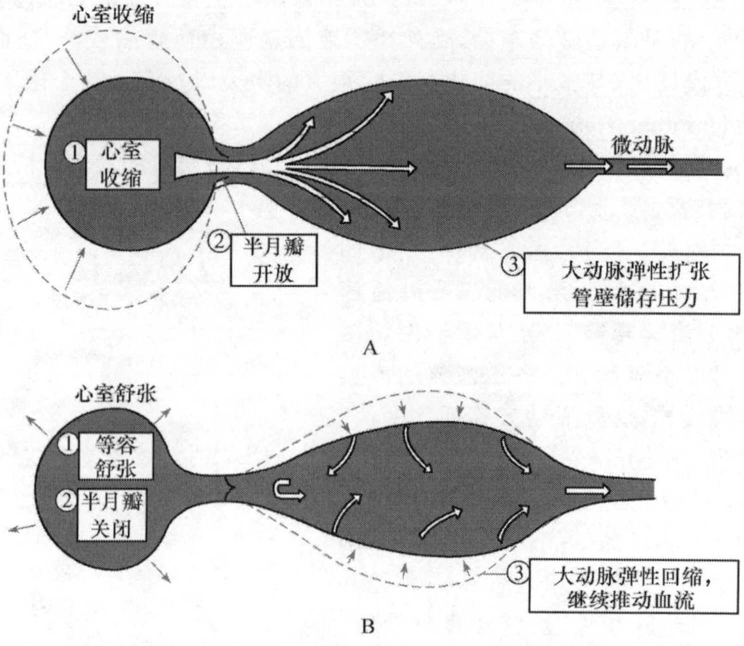

图 4-18 动脉血压形成的原理

A. ①心室收缩射血，②半月瓣开放，③大动脉弹性扩张，势能储存与动脉壁；B. ①心室等容舒张，②半月瓣关闭，③大动脉弹性回缩，继续推动血液流向外周

(1) 循环系统平均充盈压(mean systemic filling pressure) 当心脏停止跳动,血液流动暂停时,循环系统流程中的压力梯度不复存在,各处压力相等时所测得的压力即为循环系统平均充盈压(mean systemic filling pressure)。其压力数值的高低取决于循环系统中的血量和血管容积之间的比例,如血量多或血管容积缩小,则这一数值增大,反之则减小。用巴比妥麻醉的犬,循环系统平均充盈压大约为 7mmHg (0.93kPa),人的循环系统平均充盈压接近这一数值。

(2) 心脏射血(ventricular ejection) 在循环系统平均充盈压的基础上,心脏射血做功(图 4-18),这是推动血液循环的原动力(driving force),心肌收缩释放的能量可分为两部分:少部分变为推动血液流动的动能,由于下述外周阻力的存在,在收缩期每搏输出量的 1/3 流出微动脉,进入微循环。大部分血液作用于血管壁,通过大动脉的弹性扩张转变为势能,形成动脉血压。虽然心室射血是间断性的,但由于在心脏舒张期,通过大动脉的弹性回缩,将一部分势能转变为动能,推动每搏输出量的其余 2/3 血液继续向外周流动。把心脏的间断射血变为血液在血管内的持续流动,只是在心室舒张期血管内血流速度有所减慢。另外,由于血液从大动脉流向外周时需要不断克服阻力而消耗能量,在循环系统各部分建立起压力梯度,即血压逐渐降低。在体循环中,由于微动脉的口径较小,阻力较大,此处血压降低的幅度最大。

(3) 外周阻力(peripheral resistance) 在动脉系统中,由于小动脉和微动脉的血管口径较小,压力降低幅度较大,成为主要的阻力血管,所以外周阻力主要是指小动脉和微动脉对血流的阻力。如果没有外周阻力的存在,心脏射出的血液将在射血期全部流至外周(图 4-18),血流呈现间断也不可能持续,心室收缩释放的能量全部表现为推动血液的动能,不可能对血管壁形成侧压力,也就不会产生动脉血压。由于外周阻力的存在,在收缩期中心室每次射血只有 1/3 的血量经过小动脉进入微循环,其余 2/3 则暂时储存在动脉系统,对血管壁产生侧压力,即心室射血释放的能量大部分转换成势能。在心室舒张期,储存在动脉壁的势能在心室停止射血的舒张期,弹性回缩转变为动能,继续推动每搏量的其余 2/3 流出小动脉,进入微循环。

2. 动脉血压的正常值(normal value of the arterial blood pressure)

动脉血压一般指主动脉血压,代表心脏泵血活动赋予流动血液的驱动力,通常以肱动脉测得的血压代表主动脉压。在心室收缩中期,血压达峰值时为收缩压(systolic pressure),心室舒张末期虽然心室内压降至约 10mmHg,但此时大动脉的血压最低值约 60～80mmHg,此为舒张压(diastolic pressure)。收缩压和舒张压的差值为脉压(pulse pressure), 一个心动周期中动脉血压的平均值为平均动脉压(mean arterial pressure, MAP)。我国健康成年人在安静状态下,主动脉及大的分支动脉收缩压为 100～120mmHg(13.3～16.0kPa),舒张压为 60～80mmHg(8.0～10.6kPa),记录为 120/70mmHg,脉压为 30～40mmHg(4.0～5.3kPa)。MAP 的精确值通过血压曲线面积的积分来计算。MAP 比较接近舒张压,因为舒张期比收缩期长,可用下式简略估算:

$$平均动脉压(MAP) = 舒张压 + 1/3 脉压(\approx 100mmHg)$$

当心室射血,血液经主动脉流向外周时需要克服血液对血管壁及血液内部的摩擦产生的阻力而不断的消耗能量,随着动脉口径的缩小,血流阻力逐渐增大,在动脉各段血管中，血压降低的幅度与该段血管对血流阻力的大小成正比。在小动脉以前的大、中等动脉血管血压落差较小，在小动脉、微动脉由于血管口径明显变小，阻力明显增大，所以血压降低幅度最为明显（图 4-19）。动脉血压过低表示血液流动的驱动力不足，导致脑供血供氧不足，可发生眩晕或昏倒（dizzy or faint）；而慢性高血压（hypertension），长期血压过高可导致脑血管破裂出血（cerebral hemorrhage or stroke）。

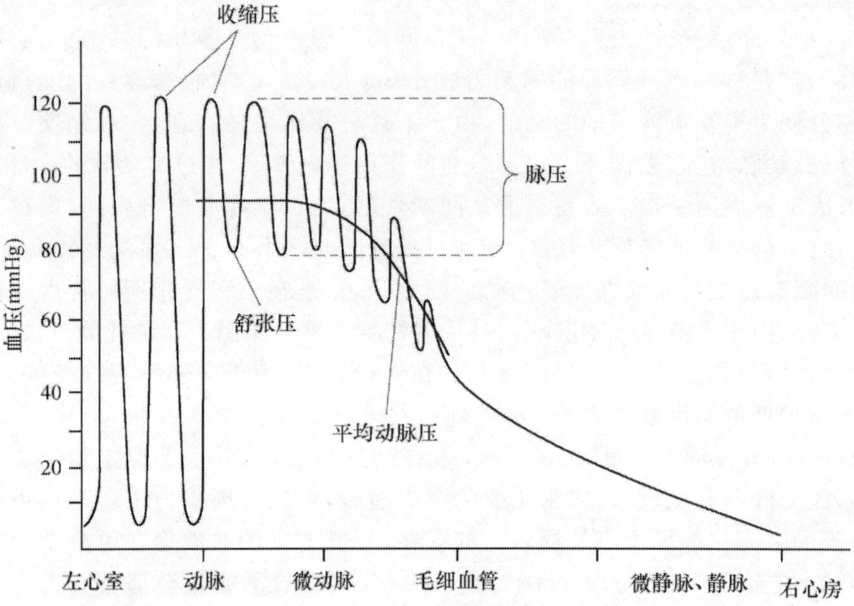

图 4-19 收缩压、舒张压和平均动脉压以及体循环各处的压力梯度

（三）影响动脉血压的因素（factors affecting arterial pressure）

凡是影响动脉血压形成的因素均包括在内，即心输出量、外周阻力、血容量和血管弹性等。如图 4-18 所示，因为心输出量决定有多少血量注入动脉，外周阻力决定有多少血量流出动脉，所以这两个因素为最重要。影响心输出量和动脉血压的各种因素，各种因素的相互关系总结在图 4-13。

1. 每搏输出量（stroke volume）

每搏输出量增加，心缩期射入主动脉的血量多，血流速度加快，管壁所受的张力增大，故收缩压增加。如果此时外周阻力和心率变化不大，在动脉内增多的血量仍可在心舒期流向外周，而在心舒期末，动脉内储存的血量增加不多，所以主要表现为收缩压的增高和血流速度加快，而舒张压升高不明显，故脉压增大。反之亦然。一般收缩压的高低反映每搏输出量的多少。

2. 外周阻力（peripheral resistance）

从计算血流量的公式中可以看出，血流阻力的增加，可降低血流量。假设心输出量不变而增加外周阻力，可使心舒期向外周流动的血流速度减慢，贮留在主动脉的血量增多，引起舒张压增高。因此收缩压的升高不如舒张压升高的明显，结果脉压减小。反之，如果固定心输出量而减小外周阻力，则脉压增大。一般来说，舒张压的高低主要反映外周阻力的大小。

平均动脉压∝心输出量×外周阻力，从这一公式可知，是心输出量和外周阻力决定了平均动脉压，如果心输出量增加而外周阻力不变，表明流入动脉的血量大于流出小动脉的血量，动脉压则升高；如果外周阻力增大而心输出量不变，表明流入动脉的血量无变化，但流出小动脉的血量减少，贮留在主动脉的血量增多动脉压也升高

3. 心率(heart rate)

如外周阻力和每搏输出量不发生改变的情况下，心率加快则由于心舒张期缩短，此间期流向外周的血量减少，舒张末期动脉系统存留的血量增多，舒张压增高。在此基础上，心脏射血可使动脉血压进一步增高，血流速度加快，心缩期有较多的血液流向外周，但比较起来，收缩压升高的幅度不如舒张压升高的明显，所以脉压比心率增加前减小。反之，心率减慢时，脉压增大。

4. 主动脉和大动脉的弹性贮器作用(windkessel effect, or elastic reservoir)

由于主动脉和大动脉弹性贮器的作用，可使血压的波动幅度明显小于心室内压的波动幅度，收缩压不致过高和舒张压不致过低。随着年龄的老化，动脉管壁逐渐硬化，顺应性降低，因此老年人收缩压比年轻人高，而脉压增大。

5. 血容量(changes in blood volume)

一般来说，血容量相对稳定。循环血量和血管系统容量只有保持正常的比例，即体循环平均动脉压达 7mmHg(0.93kPa)，才能维持正常的血压及心血管功能。通常少量的血容量增加，通过排尿可恢复正常。如果失血或剧烈呕吐、腹泻而脱水，则需要输液补充来纠正。血容量急剧减少的代偿反应是血管收缩和交感神经兴奋。

(四) 动脉脉搏(arterial pulse)

在每个心动周期中，动脉血管随心脏的搏动而发生周期性的波动，称动脉脉搏。在身体浅表部位如挠动脉、颞动脉、足背动脉等用手指可触摸到动脉搏动，用插管的方法可直接测定血压的波形，临床上经常用血压计间接测量动脉血压。

1. 波形(artery pulse pressure curve)

脉搏描记仪可记录到脉搏波动的完整波形，包括以下几个部分。①上升支：在心室快速射血期，动脉压迅速上升，管壁扩张形成上升支，其斜率和幅度与射血速度和每搏输出量成正比，与射血所遇到的阻力成反比。②降支：心室射血后期，射血速度减慢，扩张的动脉开始回缩，形成下降支前段。随后心室舒张，心室内压下降，主动脉向心室返流，形成下降支中的切迹-降中峡(dicrotic notch)。这一返流使主动脉瓣关闭，返流的血液受到阻挡，产生一个折返波——降中波。下降支反映外周阻力的大小，外周阻力大，下降支下降速率较慢。

2. 动脉脉搏波的传播速度(propagation velocity of artery pulse pressure)

动脉脉搏波沿血管壁迅速向外周血管传播，其传播速度远比血流速度快。传播的速度与血管壁的顺应性有关，主动脉管壁厚，顺应性大于小动脉，所以传播速度明显低于小动脉。动脉血压和动脉血流随心室的舒缩活动表现为脉冲式波动，这种脉冲式血流(pulsatile flow)对于维持组织最佳血液灌注是有利的,若用泵以非脉冲式血流灌注一个器官,血管阻力逐渐升高而引起组织灌流量下降,其机制尚不清楚。由于小动脉和微动脉对血流的阻力很大,所以在微动脉以后脉搏波动明显减弱。到毛细血管,脉搏已基本消失。

三、静脉血压和静脉回心血量(Venous Pressure & Flow)

在相当大的范围内,静脉可容纳较大量的血而其血管内压的上升微乎其微,但其容量增大至某一临界值后,内压随容量的增加而迅速上升。和低血容量的动脉系统(含血容量的 11%)相比,60%的循环血存在于静脉系统,起着血液储存库作用(capacitance vessels or volume reservoirs)。微静脉和静脉管壁薄、易扩张,在交感缩血管纤维和儿茶酚胺作用下,静脉血管可通过收缩和舒张调节回心血量,以适应机体组织代谢的需要。

(一)静脉血压(venous pressure)

如表 4-3 所示,器官小静脉(venules)的血压约为 12～18mmHg,称作外周静脉压(peripheral venous pressure),血液从小静脉汇集进入大静脉,压力逐渐降低,总横截面积逐渐减小,流速加快,大静脉流速是主动脉的 1/4(10cm/s)。胸腔以外大静脉约 5.5mmHg。腔静脉在右心房入口处,血压 4.6mmHg。通常把右心房入口处的腔静脉的血压称为中心静脉压(central venous pressure, CVP＝4～12cmH_2O,CVP 随呼吸而波动。从小静脉到右心房仅约有 10mmHg 的压力梯度推动着静脉回流,表明静脉系统内的血流阻力很小。中心静脉压的高低取决于心脏射血能力。以右心为例,右心室收缩力增强,每搏量增加而心缩期末余血量(ESV)减小,右心室内压降低较多,右心房血较易充盈入心室,右心房压力即中心静脉压降低。心脏射血能力降低如心力衰竭时,心缩期末余血量(ESV)增多,房室压力差缩小,心房血不易充盈入心室而发生心房淤血,则中心静脉压升高。因此,右心房压力降低,提示心输出量增加;但是右心房压力为负值时,大静脉跨壁压(血压和血管外组织对管壁的压力之差)也为负值,大静脉塌陷,静脉回流不再增加,当右心房压力为－1mmHg 时,静脉回流量曲线达到平台。临床上左心衰竭发生肺淤血、肺水肿,右心衰竭发生肝肿大、颈静脉怒张和下肢水肿。另外,静脉回流速度加快及输液过快过多,则中心静脉压升高。临床上中心静脉压过高提示心脏射血能力降低,或输液过快过多,有发生心力衰竭的危险。中心静脉压过低提示血容量不足、脱水,应输液补足血容量。因此,中心静脉压是反映心脏功能的又一重要指标。

(二)静脉回心血量及其影响因素(venous return and affecting factors)

静脉回流通常指体循环而言。单位时间内的静脉回心血量的多少,取决于外周静脉压和中心静脉压差值及静脉血液回流阻力的大小。每分钟静脉回右心房的血量等于心输出量。

(1) 循环平均充盈压(mean circulatory filling pressure) 体循环平均充盈压反映血容量的大小,体循环平均充盈压升高,则静脉回心血量增加,反之亦然。

(2) 体位对动脉压和静脉压的影响(effects of gravity on arterial and venous pressure) 身高 180cm 的人平卧位,此时心脏水平的主动脉压 95mmHg,头顶、足背动脉压均为 90mmHg，5mmHg 用于克服其他阻力而非重力；头顶、足背静脉压均为 5mmHg，右心房压力 2mmHg，平卧位耗费 3mmHg 推动外周静脉血返回右心房。改为直立位，心房水平以下的静脉每下降 1cm，静脉血压增加 0.77mmHg，每上升 1cm 血压减小 0.77mmHg（图 4-20）。头顶比心脏高 50cm，足背比心脏低 130cm，头顶、足背静脉压分别为 −33、100mmHg。心室水平的大动脉，平均动脉压为 95mmHg，在此水平每上升 1cm 动脉血压减小 0.77mmHg，在此水平每下降 1cm 动脉血压增加 0.77mmHg。成年人直立时，高于心脏水平 50cm 的头部，平均动脉压为 $(90-[0.77\times 50])=52$mmHg，心脏水平 130 cm 以下的足背动脉是 $(90+[0.77\times 130])=190$mmHg。直立位头顶静脉压是 −33mmHg，这里的 −33mmHg 并不是代数的负值，只表示比心脏水平的右心房压力低 33mmHg。

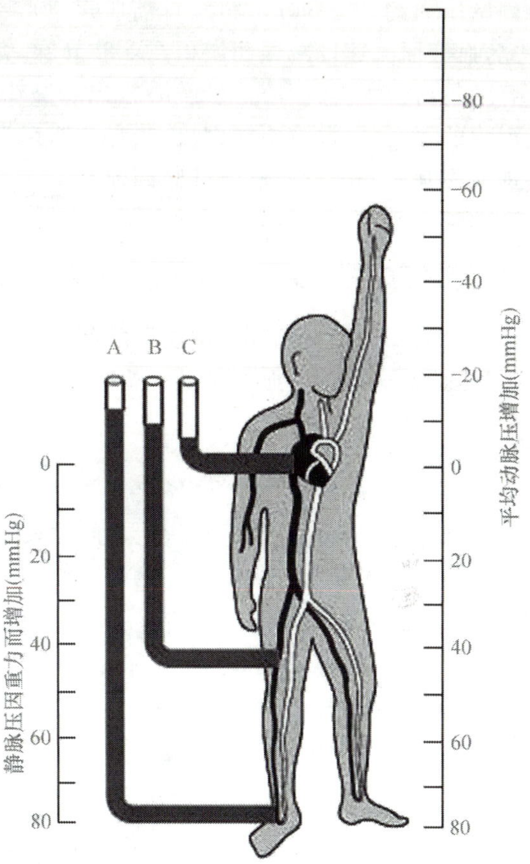

图 4-20　重力对动脉压和静脉压的影响

左侧标尺：右心房水平以下的静脉每下降 1cm，静脉血压增加 0.77mmHg。右侧：大动脉在左心室水平的平均动脉压为 100mmHg（图中为零），在此水平每上升 1cm 血压减小 0.77mmHg，在此水平每下降 1cm 血压增加 0.77mmHg

虽然，头顶动、静脉的血压绝对值远小于足背，因为不同部位的血流驱动力等于该部位的动、静脉压力之差，头部血流驱动力 $\Delta P=52-(-33)=88$mmHg；足背血流驱动力：$\Delta P=190-100=90$mmHg，几乎是相同的。

（3）心脏搏动作用（effects of heart-beat）　心脏收缩力强，则收缩期射血量多，舒张末期心室压降低，回心血量增多。心室射血时房室瓣被向下牵引，心房容积增大，从大静脉抽吸血液回流进入心房。右心衰竭时，右心房、大静脉压力增高，静脉血液回流阻力加大，回心血量大为减少，产生颈静脉怒张，肝充血肿大，下肢浮肿等症状。左心衰竭时，左心房压和肺静脉压升高，可出现肺淤血和肺水肿。

（4）呼吸泵（thoracic pump）　在胸膜腔内负压的作用下，胸腔内大静脉跨壁压增大而经常保持充盈状态。平静吸气时，胸腔容积增大，胸内压从 −2.5mmHg 降至 −6mmHg，这一负压传导到胸腔大静脉和心房，因此平静呼气时 CVP＝6mmHg，平静吸气时下降至约 2mmHg，促进静脉血回流。吸气动作使隔肌下降，腹内压升高，压迫腹部静脉，也促进静脉血回流。呼气时情况则相反。

（5）骨骼肌泵（muscle pump）　在肢体尤其是下肢，由于重力的作用，静止站立时踝静脉压大约 85～90mmHg，骨骼肌运动收缩使这一压力降至 30mmHg。长时间静止站立，血液回流速度减慢而淤积在下肢静脉，尤其是在高温环境下，皮肤血管因散热而扩张，容纳的血量增多，回心血量及心输出量减少，甚至可以晕厥（fainting）。静脉血管中因有瓣膜的存在，使血液不能倒流，当骨骼肌运动收缩时，可挤压静脉血液回流，骨骼肌舒张时加上静脉瓣的配合有利于静脉回流。静脉曲张（varicose veins）的患者静脉瓣受损，下肢静脉蛇形怒张，踝部水肿。

四、微循环（Microcirculation or Capillary circulation）

微循环是指微动脉和微静脉之间微血管结构中的血液循环，通常毛细血管含 5%的循环血量，这部分是血量是最重要的，它是血液和组织进行物质交换的重要场所，直接影响着机体内的新陈代谢。

（一）微循环的组成（composition of microcirculation）

各器官、组织的结构和功能不同，微循环的结构也不相同。典型的微循环由以下七个部分组成：微动脉（arteriole）、后微动脉（metarteriole）、毛细血管前括约肌（precapillary sphincter）、真毛细血管（true capillary）、直捷通路（thoroughfare channel）、动-静脉吻合支（arteriovenous anastomoses，or shunts）和微静脉（venules，含不连续平滑肌）。图 4-21 是一个典型的微循环结构模式。

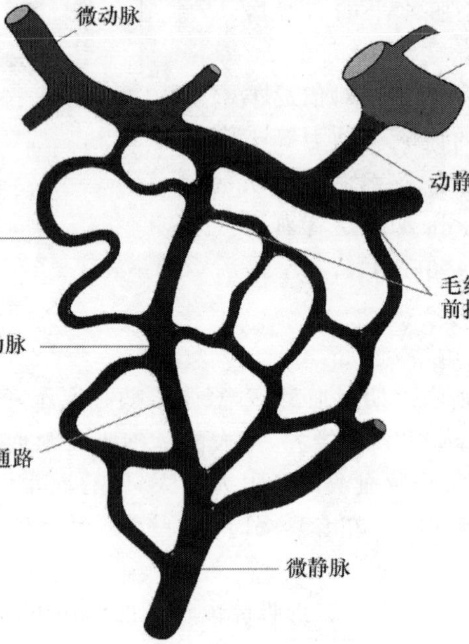

图 4-21 微循环结构示意图

小动脉经 5～6 次分支后成为微动脉，其内径 5～20μm，微动脉管壁含单层连续平滑肌，具有丰富的交感缩血管纤维支配，内径可改变许多倍；后微动脉较短，平滑肌层不连续，平滑肌纤维间断包绕血管，无交感缩血管纤维支配；每根后微动脉向一根或数根真毛细血管供血，在真毛细血管的起始部通常有1～2个平滑肌细胞，形成一个环，称为毛细血管前括约肌，真毛细血管管壁由单层内皮细胞构成，外面有基膜包围，总厚度约0.5μm。无交感缩血管纤维支配，对局部代谢产物敏感，通常是舒张前括约肌。

从微动脉到微静脉有三条通路：①直捷通路：是指血液从微动脉、后微动脉经直捷通路(thoroughfare channel)直接进入微静脉的通路，这条通路常开放，其主要作用是保证适量的血液及时返回右心房，即保证有效循环血容量。②迂回通路：后微动脉在毛细血管前括约肌舒张时，血液流入真毛细血管，红细胞只能单行变形通过，实现物质交换功能，这条通路轮流交替开放，安静时约有30%真毛细血管处于开放状态，有血流流过。细胞和毛细血管之间的距离极少超过20～30μm，有利于物质交换。血流速度0.07 cm/s，血液从毛细血管动脉端至静脉端所需时间1～2S。③动-静脉短路：血液经动-静脉吻合支，直接返回静脉，人体某些部分的皮肤、皮下组织，例如手指、手掌、足趾、耳廓，环境温度升高时，为了调节体温，动-静脉短路开放，增加散热，反之则此通路关闭，保持体温。动-静脉短路具有丰富的交感缩血管纤维支配。

新陈代谢率高的组织其毛细血管密度也较大(例如肌肉和腺体)，而软骨和皮下组织的毛细血管密度最小。据估计，成人毛细血管总长度约8万公里，总交换面积6300 m^2。不同组织器官的毛细血管壁的结构也有所不同，可分3种类型。①连续型毛细血管(continuous capillary)：数量最多，多分布于脑组织和骨骼肌，此型毛细血管通透性较差。此型毛细血管内皮细胞之间有可以渗漏的裂隙，在中枢神经系统内，由于血脑屏障(blood brain barrier)的存在，避免某些毒性物质进入脑组织，但也使药物治疗带来困难。②有孔型毛细血管(fenestrated capillary)：主要存在于胃肠黏膜、肾小球和外分泌腺。内皮细胞有直径50～80nm的小孔，在小肠，这种小孔有一层隔膜阻止血浆蛋白透过，但对水和水溶性小分子物质其通透性比连续型毛细血管大10倍，允许大量液体较快地透过，有利于小肠吸收和肾脏排泄。③非连续型毛细血管(decontinuous capillary)：主要分布在肝、脾和骨髓的血窦(blood sinusoids)，内皮细胞间隙约100～1000nm，对水和血浆蛋白通透性较大，红细胞也常移行于血浆和组织之间，血窦的血细胞和血浆蛋白需要通过内皮进入血流。

(二) 微循环的血流动力学(hemodynamics of Microcirculation)

微循环中的血流一般为层流。血液在流经微循环血管网时血压逐渐降低，毛细血管动脉端血压大约30～40mmHg，中段约25mmHg，靠近静脉端约10～15mmHg。毛细血管血压的高低取决于毛细血管前、后阻力的比值，通常前、后阻力为5∶1时，毛细血管的平均血压为20mmHg，这一比值增大毛细血管血压降低，反之亦然。微循环血管中的血流量与其管道两端(微动脉和微静脉)的血压差成正比，与微循环中总的血流阻力成反比。

毛细血管分支多，数量大，因而总横截面积大，血流速度慢，但其潜在血容量大。安静状态下，各器官组织在单位时间内的血流量是恒定的，但其中有多半真毛细血管无血流灌注(inactive capillary)，一个微循环单位中大约只有20%的真毛细血管处于开放状态。由于局部组织的代谢活动，微动脉、毛细血管前括约肌每分钟出现5～10次的交替收缩和舒张，称血管舒缩活动(vasomotion)。当微动脉、毛细血管前括约肌收缩时，其后的毛细血管网关闭，毛细血管周围组织的代谢产物乳酸、CO_2、H^+、K^+堆积，氧分压降低以及腺苷、

NO、前列腺素和组织胺，导致微动脉和毛细血管前括约肌舒张，毛细血管开放，此类代谢产物被稀释和清除，微动脉、毛细血管前括约肌又收缩，如此周而复始(图 4-22)。当组织代谢活动增强时，更多的微动脉、毛细血管前括约肌舒张和毛细血管开放，使血液和组织、细胞的物质交换面积增大，交换的速率提高，以适应组织代谢的需要。

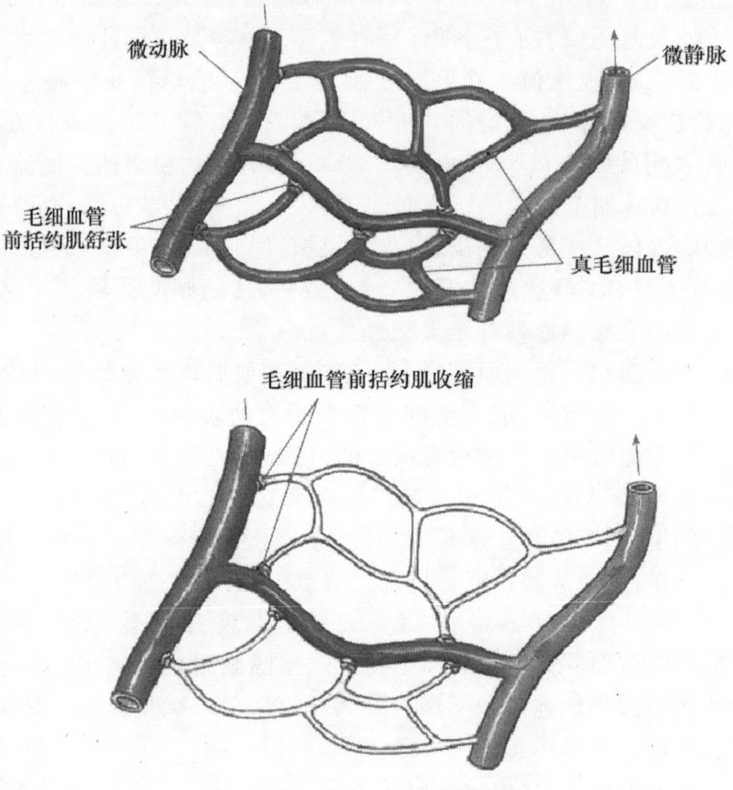

图 4-22　真毛细血管轮流交替开放

局部酸性代谢产物积聚，毛细血管前括约肌舒张，血液流过真毛细血管；局部酸性代谢产物被清除，毛细血管前括约肌收缩，真毛细血管关闭，血液流过直捷通路

（三）血液和组织液之间的物质交换(material exchange between blood and interstitial fluid)

机体要维持正常生命活动，必须摄取营养物质和其他的必需物质，排出代谢产物，这些物质交换的过程正是在毛细血管内外进行的。细胞所在的空间为充满组织液的组织间隙，细胞通过细胞膜与组织液发生物质交换，而组织液与血液的物质交换则通过毛细血管壁进行，因此，组织液则是物质交换的中介，即机体的内环境。

血液和组织液的物质交换主要方式有扩散、滤过和吞饮。

(1) 扩散(diffusion)　扩散的动力和方向决定于毛细血管壁两侧某种溶质的浓度差，单位时间内扩散的速率与该溶质分子在血浆和组织液中的浓度差、毛细血管壁对该溶质分子的通透性、毛细血管壁的有效交换面积等因素成正比，与毛细血管壁的厚度(扩散距离)成反比。对于脂溶性物质(如 O_2、CO_2 和尿素等)可直接通过整个内皮细胞膜进出毛细血管壁，其扩散速率是非脂溶性物质(Na^+、葡萄糖等)的数倍，到了毛细血管静脉端，血浆的 O_2、CO_2 浓度与组织液达到平衡。小的水溶性物质通过内皮细胞之间的小孔而扩散。

(2) 滤过和重吸收(filtration and reabsorption)　当毛细血管壁两侧的静水压(hydrostatic pressure)不等时，水分子就从静水压高的一侧向压力低的一侧移动。血浆中的胶体物质，如血浆蛋白和组织液中的胶体物质则因其不能自由透过血管壁，产生胶体渗透压(colloid osmotic pressure)限制水分子向对侧移动，或吸引水分子向高渗透压一侧移动。同时，水中的溶质分子，如其分子直径小于毛细血管壁的孔径，也同水分子一起滤过。在毛细血管壁两侧静水压差和胶体渗透压差的作用下，液体由毛细血管内向毛细血管外的移动称为滤过，而液体向毛细血管内的移动成为重吸收。由于毛细血管壁两侧的静水压差或渗透压差所引起的较大量的液体进出毛细血管，通称 bulk flow。虽然滤过和重吸收发生的物质交换作用较小，但在组织液的生成中起重要作用。

一般在毛细血管的动脉端液体滤过，在毛细血管的静脉端重吸收。但是，肾小球毛细血管只是滤过；而小肠的某些毛细血管只是吸收，摄取已消化的营养物质。

(3) 吞饮(pinocytosis，vesicular transport)　毛细血管内皮细胞具有吞饮功能，内皮细胞一侧的液体、大分子物质和蛋白质分子被内皮细胞包围并吞饮入细胞，形成吞饮囊泡(vesicle)，有时数个吞饮囊泡可融合成贯通内皮细胞壁的暂时通道(transient vesicle-derived channels)，囊泡被运送至细胞的另一侧，并被排出至细胞外。

五、组织液的生成(formation of Interstitial Fluid)

组织液存在于组织细胞的间隙内，极少部分成液态，可自由流动，绝大部分成胶冻状，不能自由流动。组织液凝胶的基质是胶原纤维和透明质酸细丝。组织液中各种离子成分与血浆基本相同，但蛋白质浓度明显低于血浆。

(一) 组织液的生成(formation of interstitial fluid)

组织液是血浆经血管壁滤过而生成，它的生成基于四种力量，即促进滤过：①毛细血管静水压(Pc，动脉端 Pc＝37mmHg，静脉端 Pc＝17mmHg)。②组织胶体渗透压(π_i＝8mmHg，图 4-23 中略去不计)促进滤过。③血浆胶体渗透压(π_c＝25mmHg)。④组织液静水压(P_i，图 4-23 中为 1mmHg)。①②促进滤过的力量与③④重吸收的力量之差即为有效滤过压(effective filtration pressure，EFP)，也称为 Starling forces，可用公式表示：

$$EFP = K[(Pc + \pi_i) - (\pi_c + P_i)]$$

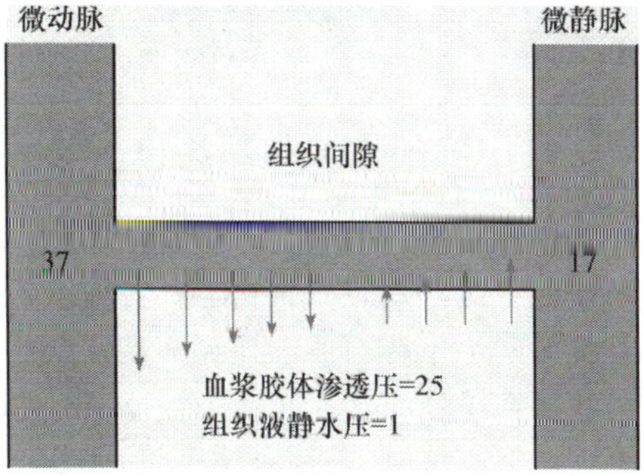

图 4-23　组织液生成和回流

毛细血管动脉端、静脉端血压＝37、17mmHg；oncotic P：血浆胶体渗透压＝25mmHg，组织液胶体渗透压 π_i 略去不计；组织液静水压：Interstitial P＝1mmHg

依据图 4-23，在动脉端 EFP＝([37－1]－25)＝11mm Hg，有效滤过压为正值为向外滤过的力量；在静脉端 EFP＝([17－1]　25)＝－9mmHg，有效滤过压为负值为向内重吸收的力量。各个器官的组织液静水压(P_i)略有不同，一般比大气压低 2mmHg，在皮下组织为－2mmHg，骨骼肌为 1mmHg，在肝、肾和脑组织为 6mmHg。K 为滤过系数，其大小取决于毛细血管壁对液体的通透性和滤过面积。在不同的组织，K 有所不同，以肝脾最大，骨骼肌次之，脑组织最小。每天滤过总量约 24L(每天总心输出量的 0.3%)，其中约 85% 在静脉端被重吸收回血液循环，其余部分进入毛细淋巴管(lymphatic capillary)，成为淋巴液。

毛细血管静水压 Pc 在肾小球可达 50mmHg，与肾小球滤过生成尿液相适应；肺毛细血管静水压 5～15mmHg，保持肺泡内无液体。

（二）影响组织液生成的因素(factors affecting the formation of interstitial fluid)

组织液不断生成，又不断重吸收，正常情况下保持动态平衡，维持循环血量和组织液量的相对稳定，但滤过略超过重吸收，24 小时内大约 2～5L 液体，从组织间隙通过淋巴管返回心血管系统。当某些病理情况下，组织液生成过多或重吸收减少，则液体潴留在组织间隙形成水肿，如右心衰竭时，下肢静脉回流受阻，毛细血管压升高滤过增加，或严重肝病时血浆蛋白生成减少，血浆胶体渗透压降低，重吸收减少，都会导致组织液生成增多，出现水肿(edema)。另外，淋巴回流受阻及某些病理情况引起 P 物质、缓激肽、组织胺释放增多，均可使毛细血管的通透性提高，组织液生成增多，引起水肿。引起组织液生成增多导致水肿的可能因素总结于表 4-6。

表 4-6 引起组织液生成增多导致水肿的可能因素

① 引起有效滤过压升高，可能的原因：滤过＞重吸收
微动脉舒张；微静脉收缩；静脉压升高(心力衰竭，静脉瓣功能障碍，静脉梗阻，血容量增多)
② 跨膜胶体渗透压梯度减小：重吸收减少
血浆蛋白浓度减小(营养不良，肝功受损)；组织液蛋白积聚
③ 毛细血管壁的通透性增大：水和蛋白渗漏
P 物质，组织胺，激肽等
④ 淋巴系统返流受阻：如丝虫病(elephantiasis)，癌症淋巴及转移，癌症手术淋巴结切除

六、淋巴液的生成和回流(Lymphatic Circulation)

毛细淋巴管盲端起始于组织间隙，彼此吻合成网，吸收组织液形成淋巴液，其功能是：①经各级淋巴管，最后将全身的淋巴液由右淋巴导管和胸导管注入静脉，成为组织液及其中所含的少量蛋白质向血循环回流的重要辅助系统，防止组织液的蛋白质积聚，经淋巴回收的蛋白质约为血浆蛋白质的 25%～50%。②淋巴液的主要来源是肝和小肠，是脂肪吸收的主要途径之一(参看第六章消化)。③淋巴结作为病原微生物的过滤器，捕捉消灭之(参看免疫学)。

（一）淋巴液的生成(formation of lymph)

毛细淋巴管吸收组织液，成为淋巴液。毛细淋巴管淋巴管的内皮细胞之间像鱼鳞一样互相覆盖，缺乏紧密连接，形成向管腔内开启的单向活瓣。终末淋巴管内压很低，当组织液生成增多时，组织液静水压增高，同时组织中的胶原纤维和毛细淋巴管周围的胶原细丝可将互相重叠的内皮细胞边缘拉开，是内皮细胞之间的缝隙增大，使组织液进入毛细淋巴管成为淋巴液。

正常成年人在安静状态下，每小时生成120mL，每天约生成2～4L淋巴液，大部分淋巴液经胸导管，小部分经右淋巴导管注入静脉，进入血液循环。

（二）影响淋巴回流的因素(factors affecting the lymphatic drainage)

与静脉系统相似，毛细淋巴管汇合形成集合淋巴管。在较大的淋巴管壁中含有少量的平滑肌和弹性纤维，随着平滑肌的收缩，可促进淋巴回流，管腔内有单向瓣膜，可防止淋巴液倒流。肌肉的收缩和相邻动脉的收缩、按摩以及增加淋巴生成的因素都可推动淋巴回流，而人长期静止站立和肿瘤组织的压迫可使淋巴回流减少。

Summary

This chapter considers the blood vessels and lymphatics and the movement of fluids through them. It includes the functional anatomy of the vessels and vascular smooth muscle, the principles and forces that govern pressure and flow in them, and the factors affecting exchange across capillary walls. The material in the chapter should help students to—

- Describe in relative terms the diameter, wall thickness, and total cross-sectional area of the aorta, smaller arteries, arterioles, capillaries, venules, and veins.
- Describe the relationship between flow, pressure, and resistance in the vascular system.
- State the Poiseuille-Hagen formula for flow in blood vessels, and explain on the basis of this formula why the radius of a vessel is such an important determinant of flow.
- Describe in detail how blood pressure in humans is measured by the auscultatory method
  Describe the **Starling forces** that determine the net movement of fluid across the capillary wall.
- Define the variations in capillary permeability and structure seen in different parts of the body.
- Resistance to flow is regulated by local and reflex control mechanisms that act on arteriolar smooth muscle and help match tissue perfusion to tissue needs.
- Vascular smmoth muscle maintains a state of muscle tone. The walls of the aorta and major arteries are both stiff and springe. This property allows them to absorb energy and release it through **elastic recoil**.
- Metarteriales regulate blood flow through capillaries and allow white blood cells to go directly to the venous circulation.
- Capillaries and postcapillary venules are the site of exchange between blood and inter-

stitial fluid.

- Veins hold more than half of the blood in the circulatory system. Veins have thinner walls with less elastic tissue than arteries, so veins expand easily when they fill with blood.
- The ventricles create high pressure that is **driving force** for blood flow. The aorta and arteries act as a **pressure reservoir** during ventricular relaxation.
- The blood pressure is highest in the arteries and decreases as blood flow through the circulatory system. At rest, average **systolic pressure** is 120mmHg, and average **diastolic pressure** is 80mmHg.
- **Arterial blood pressure** is indicative of the driving pressure for blood flow. **Mean arterial pressure** is defined as diastolic pressure+1/3 pulse pressure.
- Arterial blood pressure is a balance between **cardiac output** and the **resistance** to blood flow offered by the arteriales (peripheral resistance). If blood volume increases, blood pressure increases.
- Blood flow against gravity in the veins is assisted by one-way valves and by the repiratory and skeletal muscle pumps.
- The arteriales are the main site of variable resistance in the systemic circulation. A small change in the radius of an arteriale creates a large change in resistance. $\mathbf{R \propto 1/r^4}$. Most systemic arteriales are under tonic sympathetic control. Norepinephrine causes vasoconstriction.
- Arterial resistance is influenced by local control mechanisms that match tissue blood flow to the metabolic needs of the tissue. Vasodilator paracrines include nitric oxide, H^+, K^+, CO_2, prostaglandins, adenosine, and histamine. Low O_2 causes vasodilation. **Endothelins** are powerful vasoconstrictors.
- Epinephrine binds to arterialar α-receptors and causes vasodilation. Epinephrine on β_2-receptors, found in the arteriales of the heart, liver, and skeletal muscle, causes vasodilation.
- Blood flow into the individual capillaries can be regulated by **precapilary sphincters.**
- Lymph capillaries accumulate fluid, interstitial proteins, and particulate matter by **bulk flow.** About 3 liters of lymph return to the circulatory system. The condition in which excess fluid accumulates in the interstitial space is called **edema.** Factors that disrupt the normal balance between capillary filtration and absorption cause edema.

Key Terms

arterial blood pressure; systolic pressure, diastolic pressure; mean circulatory filling pressure; peripheral resistance; peripheral venous pressure; central venous pressure, mean arterial pressure; pulse pressure; precapillary resistance; postcapillary resistance; microcirculation; interstitial fluid; filtration and reabsorption; effective filtration pressure; edema.

Calinical Note

Clinical Hypertension

The blood pressure in the brachial artery in young adults in the sitting position at rest is approximately 120/70mmHg. The guidelines published in the 2003 JNC Report* recommened that individual maintain their blood pressure below 120/80mmHg. Persons whose systolic pressure is consistently in the range of 120-139 or whose diastolic pressure is in the range of 80-89 now were considered to be prehypersentive and should be counseled on lifestyle modification strategies to reduce their blood pressure. Blood pressure normally falls up to 20 mg Hg during sleep. This fall is reduced or absent in hypertension. There is general agreement that blood pressure rises with advancing age, but the magnitude of this rise is uncertain because hypertension is a common disease and its incidence increases with advancing age. Individuals with mild hypertension that is untreated show a significantly more rapid rise in systolic pressure, and diastolic pressure also rises, but then starts to fall in middle age as the stiffness of arteries increases. Consequently, pulse pressure rises with advancing age. It is interesting that systolic and diastolic blood pressures are lower in young women than in young men until age 55-65, after which they become comparable. Since there is a positive correlation between blood pressure and the incidence of heart attacks and strokes, the lower blood pressure before menopause in women may be one reason that, on average, they live longer than men.

We estimate arterial blood pressure in the radial artery of the arm using a sphygmomanometer. The cuff encircles the upper arm and is inflated until it exerts pressure higher than the systolic pressure driving arterial blood. When cuff pressure exceeds arterial pressure, blood flow into lower arm stops. Now pressure on the ceff is gradually released. When cuff pressure falls below systolic pressure, blood begins to flow again, a thumping noise called a **Korotkoff sound** can be heard with each pressure wave. The pressure at which a **Korotkoff sound** is first heard represents the highest pressure in the artery and is recorded as the systolic pressure. Once the cuff no longer compresses the artery, the sounds disappear. The point at which the **Korotkoff sounds** disappear is the lowest pressure in the artery and is recorded as diastolic pressure.

* Seventh Report of the Joint National Committee on Prevention, Detection, Evaluation, and Treatment of High Blood Pressure, National Institutes of health.

Review Questions

1. Define each term

1) Mean circulatory filling pressure; 2) Mean arterial pressure; 3) Central venous pressure; 4) Starling's force; 5) Effective filtration pressure

2. Choose the best answer

1) Diastolic blood pressure is

(A) Equal to the cuff pressure at which flow through the brachial artery begins

(B) Lower than capillary blood pressure

(C) Equal to mean blood pressure minus systolic pressure

(D) Equal to the cuff pressure at which flow through the brachial artery is continuous

2) Which of following blood vessels is not surrounded by smooth muscle cells?

(A) Artery (B) Arteriole (C) Capillary (D) Venule

3) Which of following factors cause reabsorption of water into the capillary?

(A) Plasma proteins (B) capillary blood pressure

(C)soluble electrolytes (D) Interstitial colloidal osmotic pressure

4) A decrease in vessel radius from 10 mm to 5 mm will increase the resistance to blood flow by how much?

(A) 4 times (B) 6 times (C) 8 times (D) 16 times

5) The velocity of blood flow

(A) is higher in the capillaries than the arterioles

(B) is higher in the veins than in the venules

(C) is higher in the veins than the arteries

(D) falls to zero in the descending aorta during diastole

(E) is reduced in a constricted area of a blood vessel

6) The substance mainly responsible for the oncotic pressure of the patient's plasma is

(A) Sodium (B)Albumin (C) Chloride (D) Potassium

7) Resistanceto blood flow is determine primarily by

(A) blood velocity (B) blood volume

(C) cardiac output (D) blood vessel diameter

3. Answer the following questions

1) What is a Windkessel? Why are the aorta and large arteries called Windkessel vessels?

What is the physiologic significance of the Windkessel effect?

2) What is Bernoulli's principle? Discuss its significance in cardiovascular physiology.

3) A young man has a blood pressure of 130/73mmHg. What is his pulse pressure? What is his mean arterial pressure? How did you calculate each of these pressures?

4) Blood flow to individual tissues is regulated by selective vasoconstriction and vasodilation of which vessels?

5) List the factors that aid venous return to the heart.

6) Define edema. List some ways in which it can arise.

7) The extracellular fluid concentration of K^+ increases in exercising skeletal muscles. What effect will this increase in K^+ have on blood flow in the muscles?

8) If left ventricle fails to pump normally, blood will back up into what set of blood vessels? Where would you expect edema to occur?

第四节 心血管活动的调节
Section 4 Cardiovascular Regulatory Mechanisms

Section outline

- Neural regulatory mechanisms:
- Cardiac innervation; Innervation of the blood vessels: sympathetic vasoconstrictor fibers; sympathetic vasodilator fibers; parasympathetic vasodilator fibers
- Cardiovascular center: rostral ventrolateral medulla (RVLM, pressor area); caudal ventrolateral medulla (CVLM, depressor area); cardioinhibitory center; tonic activity of cardiovascular center
- Cardiovascular reflexes: carotid sinus & aortic arch baroreceptor reflex; carotid body chemoreceptor reflex; cardiopulmonary receptor reflex
- Humoral regulation: rennin-angiotensin-aldosterone system (RAAS); epinephrine; norepinephrine; vasopressin; atrial natriurentic peptide; endothelial vasoactive substance: nitrioxide; kinins; histamine; prostaglandin
- Autoregulation-myogenetic theory; local metabolite theory
- Long term blood pressure regulation

除毛细血管和微静脉之外，其他血管均含有平滑肌，均接受交感缩血管神经纤维的支配。按照各器官组织的新陈代谢活动的需要，缩血管神经纤维通过调节阻力血管改变其口径，把适量的血流分配到各器官组织。另外，缩血管神经纤维也通过改变容量血管的口径，调节循环回心血量(动用储存在静脉系统中的血容量)。为了调节体温，需要增加或减少散热来进行血流量的重新分配。在面临大出血(hemorrhage)的情况下，维持心脏和脑的血液供应而牺牲别的器官。依赖神经和体液调节，使心肌收缩力和心率发生改变以调节心输出量，并调节外周阻力，从而调节平均动脉血压。

一、神经调节(Neural Regulatory Mechanisms)

神经调节的基本形式是神经反射，调节心血管活动也是通过各种心血管反射来完成。心血管反射基本整合中枢在延髓。由于其复杂性和研究技术的难度大，关于延髓心血管中枢(medullary cardiovascular control centers)的神经核、中间神经元和相关递质，目前所知还远不够详尽。

（一）心脏和血管的神经支配(innervation of the heart and the bood vessels)

1. 心脏的神经支配（cardiac innervation）

心脏接受心交感神经和心迷走神经的双重支配。

1）心交感神经(cardiac sympathetic nerve)

心交感神经节前纤维起自脊髓胸段第1～5节灰质侧角的神经元，在颈中交感神经节和星状神经节更换神经元，节后纤维组成心上、心中、心下神经进入心脏，支配窦房结(S-A node，以右侧心交感神经为主，加快心率)、房室交界(A-V node，以左侧心交感神经为主，增强心肌收缩力)、房室束、心房肌和心室肌等部位（图4-24）。

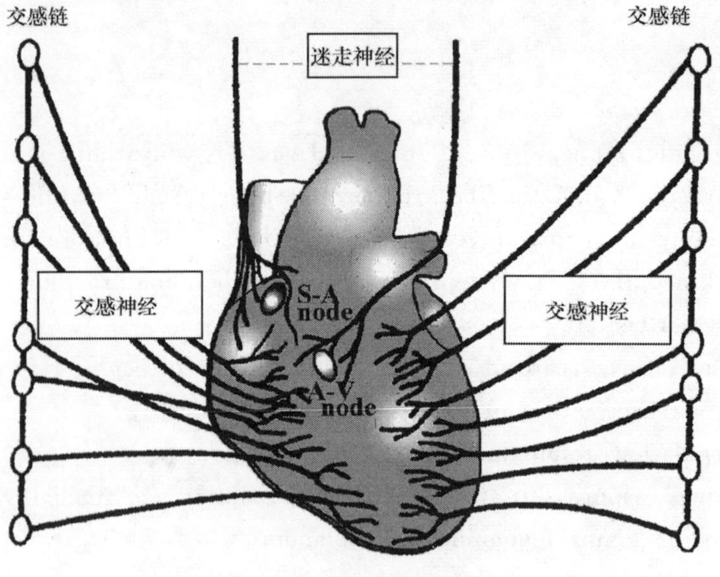

图 4-24　心脏的神经支配

心交感神经节前纤维末梢释放乙酰胆碱(acetylcholine，Ach)，节后神经元细胞膜上有胆碱能 N_1 受体；心交感神经节后纤维末梢释放去甲肾上腺素(norepinephrine，NE)。①去甲肾上腺素与心肌膜上 β_1 受体结合后，激活腺苷酸环化酶，通过G蛋白-AC-cAMP-PKA，继而激活细胞内蛋白质的磷酸化过程，例如电压门控 Ca^{2+} 通道磷酸化，更多 Ca^{2+}($I_{Ca\text{-}L}$)进入细胞内。②通过肌质网膜上的一种调节蛋白 phospholamban 磷酸化，增强肌质网 Ca^{2+}-ATPase 活性，加快的 Ca^{2+} 转运(包括储存、清除)，促进舒张期 Ca^{2+} 从肌钙蛋白解离。呈现心率加快、心房肌和心室肌收缩力增强，兴奋经房室交界传导速度加快。这些作用分别称为正性变时(positive chronotropic effect)、正性变力(positive inotropic effect)、正性变传导作用(positive dromotropic action)。③去甲肾上腺素使自律细胞4期的跨膜内向电流 I_f 和 $I_{Ca\text{-}T}$ 增大，自律细胞4期自动去极化速度加快，产生正性变时作用(图4-7)。④心交感节后纤维末梢释放NE同时，也释放神经肽Y(neuropeptide Y，cotransmitter)，神经肽Y抑制心迷走神经的作用。另外，⑤去甲肾上腺素促进糖原分解，提供心肌活动所需的能量，使心肌收缩力增强。由于兴奋传导加速，心肌的收缩活动更加同步，增加了每博输出量。若使用β受体拮抗剂，如心得安(propranolol)能阻断心交感神经对心脏的这些兴奋作用。

2) 心迷走神经(the cholinergic vagal cardiac fibers)

支配心脏的副交感神经节前纤维位于迷走神经干。心迷走神经节前神经元的胞体位于延髓迷走神经背核和疑核。节前神经元的轴突在迷走神经干中下行,在心内神经节换神经元。节前神经纤维末梢释放乙酰胆碱,心内神经节细胞的胆碱能受体为 N_1 型受体;心迷走节后纤维末梢也释放乙酰胆碱,激活M受体(muscarinic cholinergic receptor)。心迷走节后纤维支配窦房结、心房肌、房室交界、房室束及其分支,只有少量迷走神经纤维支配心室肌。迷走神经对心脏左右两侧的支配并不对称,右侧迷走神经对窦房结的调控占优势,而左侧迷走神经则对房室交界的作用较明显。

心迷走神经节后纤维末梢释放乙酰胆碱,与窦房结细胞膜上 M_2 受体结合,使腺苷酸环化酶抑制。①细胞内 cAMP 浓度降低。②同时通过 G_k 蛋白激活(βγ 亚单位)→乙酰胆碱依赖性 K^+ 通道($I_{k\text{-}Ach}$),促进 K^+ 外流,使膜电位超级化(图 4-7)。③抑制 $I_{Ca\text{-}L}$、I_f,舒张期自动去极化速率降低,呈现心率减慢、心房肌收缩力减弱、房室传导速度减慢甚至出现房室传导阻滞。心迷走神经的这些作用称之为负性变时(negative chronotropic action)、负性变力(negative inotropic action)、负性变传导作用(negative dromotropic action)。

无论心迷走神经与心交感神经都有较低频率的自发放电,分别称为迷走紧张(vagal tone)与交感紧张(sympathetic tone)。正常静息情况下,心迷走神经紧张性活动比心交感神经的紧张作用强。例如切断动物的迷走神经或用 M 型受体阻断剂阿托品,阻断人心迷走神经的抑制作用,人的心率从 70 上升至 150～180beats/min。阻断人的胆碱能和肾上腺素能神经,人的心率大约是 100beats/min。

2. 血管的神经支配(innervation of the blood vessels)

支配血管平滑肌的神经纤维称为血管运动神经纤维,分为缩血管神经纤维和舒血管神经纤维两大类。此外,还有副交感舒血管纤维。

1) 缩血管神经纤维(vasoconstrictor fiber)

交感缩血管纤维的节前神经元位于脊髓胸、腰段灰质的中间外侧柱的胆碱能神经元(T_1～L_3);其节前神经纤维末梢释放乙酰胆碱,节后神经元突触后膜的受体是 N_1 型胆碱能受体。支配躯干和四肢小血管的交感节后神经元来自椎旁神经节,支配内脏血管的交感节后纤维来自椎前神经节。交感缩血管神经的节后纤维是肾上腺素能纤维,末梢释放去甲肾上腺素。另外,交感缩血管神经的节前纤维直接支配肾上腺髓质,其兴奋刺激肾上腺素释放。

在血管平滑肌上有肾上腺素能受体为 α_1 和 β_2 受体,去甲肾上腺素与 α_1 受体结合,可引起血管平滑肌强烈收缩;而与 β_2 受体结合,则血管平滑肌舒张。去甲肾上腺素和 α 受体结合的能力较强,和 β 受体结合能力较弱,故缩血管纤维兴奋时,产生缩血管效应。

绝大多数血管只接受交感缩血管纤维的单一支配(图 4-25)。交感缩血管纤维对血管的收缩活动的调控是在原有紧张性活动基础上的加强或减弱。在安静状态下,交感缩血管纤维自发地发放低频率冲动(约 1～3 次/秒,图 4-26),称为交感缩血管紧张(sympathetic vasoconstrictor tone)。这种紧张性活动(tonic activity)使血管平滑肌维持一定程度的收缩,交感缩血管纤维的紧张性加强时,血管平滑肌将进一步收缩,而交感缩血管纤维的紧张性减弱时,血管平滑肌舒张,阻力血管的口径增大。

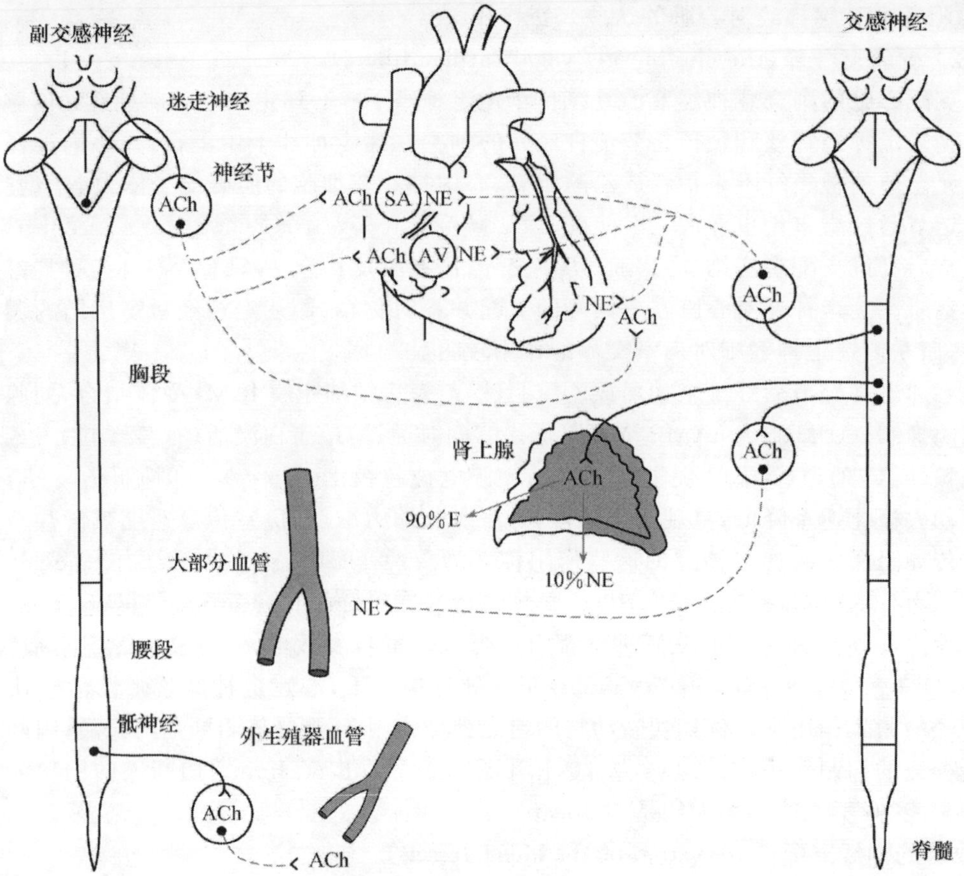

图 4-25　心血管的神经支配

左侧：心迷走神经和副交感舒血管神经。右侧：心交感神经和和交感缩血管神经。肾上腺髓质释放 90%肾上腺素(E)，10%去甲肾上腺素(NE)

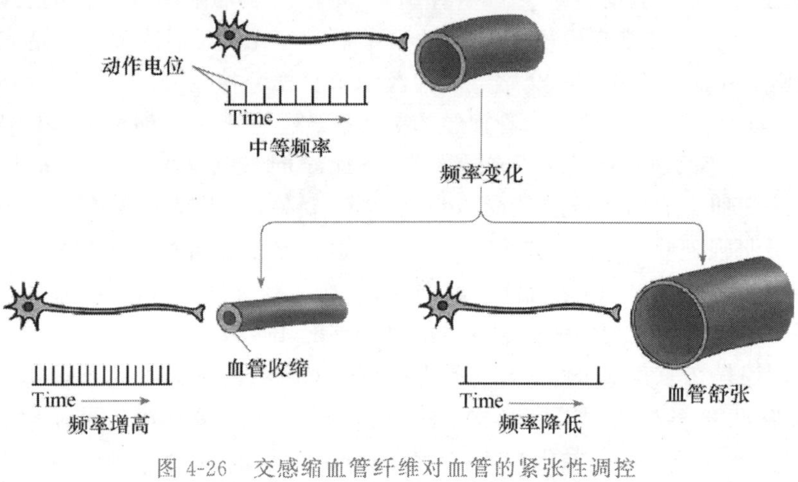

图 4-26　交感缩血管纤维对血管的紧张性调控

上方：静息交感缩血管神经元的自发低频放电。左侧：交感缩血管神经元兴奋，血管收缩。右侧：交感缩血管神经元抑制，血管舒张各器官中交感缩血管纤维分布不均，密度最大的是皮肤血管，骨骼肌血管和内脏血管次之，脑血管最少。在同一器官中交感缩血管纤维分布也有区别，在微动脉分布最密，在大动脉及静脉分布较少，在后微动脉毛细血管前括约肌无分布。当支配某一器官的交感缩血管纤维兴奋时，可引起该器官的血流阻力增大，血流量减少，增大毛细血管前阻力和毛细血管后阻力的比值，毛细血管平均压降低，有利于组织液重吸收；收缩容量血管，增加静脉回流量。

2）舒血管神经纤维（vasodilator nerve fiber）

部分血管除有交感缩血管纤维支配外，还分布有舒血管神经纤维。

（1）交感舒血管纤维（sympathetic vasodilator fiber）　心脏、肾脏、肺和子宫的血管接受交感舒血管神经纤维的支配，末梢释放乙酰胆碱，它能与血管平滑肌胆碱能 M 受体结合，引起血管舒张。此类神经纤维平时无紧张性活动，在调节动脉血压中起的作用小。骨骼肌除接受缩血管纤维支配外，支配骨骼肌血管的交感舒血管神经纤维（胆碱能）源自大脑皮层，在下丘脑、中脑换神经元，直达中间外侧柱交感节前神经元，这些交感节前神经元并不在交感神经节换元，交感节前神经元轴突末梢终止血管平滑肌周围，释放乙酰胆碱。防御应激反应（fight or flight response）由于大脑皮层和下丘脑的激活，经过两条途径：①延髓心血管中枢。②支配骨骼肌血管的交感舒血管节前神经元。即交感胆碱能输舒血管纤维，使骨骼肌血流量大量增加；而肾、胃肠道血流量却减少；绝大多数静脉收缩；肾上腺髓质释放肾上腺素使肾、胃肠道血管收缩、骨骼肌血管舒张；心率加快、心缩力增强和心输出量增加。同样，交感节前神经元末梢（舒血管纤维，释放乙酰胆碱）终止于汗腺。交感胆碱能节前纤维支配肾上腺髓质。

（2）副交感舒血管纤维（parasympathetic vasodilator fiber）　面神经、迷走神经和盆神经中，含有支配唾液腺、胃肠道外分泌腺、肝血管、外生殖器血管的副交感节后舒血管纤维。节后纤维末梢释放乙酰胆碱，它能与血管平滑肌上胆碱能 M 受体相结合，引起血管舒张。也称副交感胆碱能舒血管神经。只分布于少数器官，调节局部血流，对整个血液循环的外周阻力影响很小，不参加动脉血压的调控。例如阴茎和阴蒂勃起反射受副交感胆碱能舒血管神经调控，引起 NO（nitric oxide）释放，外生殖器血管舒张。

（3）脊髓背根舒血管纤维和轴突反射（spinal dorsal vasodilator fiber and axon reflex）　一些传入脊髓的无髓纤维及其在外周末梢分支。背根舒血管纤维末梢释放的递质可能为组胺、ATP、P 物质或降钙素基因相关肽。皮肤受到伤害性刺激时，感觉冲动一方面沿着传入纤维向中枢传导，另一方面可在末梢分叉处，沿其他分支到达受刺激部位邻近的微动脉，背根舒血管纤维末梢释放 P 物质使微动脉舒张，并增加毛细血管通透性，局部皮肤出现红晕。这种通过轴突外周部位完成的反应，称为轴突反射（axon reflex）。

（4）血管活性肠肽神经元（vasoactive intestinal polypeptede neron）　某些植物性神经元除含有一般的神经递质外，还有一些肽类物质。例如支配汗腺的交感神经元和支配颌下腺的副交感神经元，乙酰胆碱和血管活性肠肽（vasoactive intestinal polypeptede，VIP）共存。刺激这些神经时，其末梢一方面释放乙酰胆碱引起腺体细胞分泌；另一方面释放血管活性肠肽，引起腺体血管舒张，增加局部组织的血流，协同腺体细胞分泌。交感缩血管纤维末梢除分泌 NE 外，同时释放 NPY 收缩血管。血管附近的感觉神经末梢释放

P 物质或降钙素基因相关肽(CGRPα),引起血管舒张。

(二) 心血管中枢(cardiovascular center,vasomotor area or vasomotor center)

调制心血管活动的中枢神经元分布在从脊髓到大脑皮层的 CNS 各个水平,它们功能不同,但互相联系,使心血管系统的活动协调统一,适应整个机体活动需要。

1. 延髓心血管中枢 (medullary cardiovascular center)

延髓是心血管活动的基本调节中枢。动物实验时,在延髓上缘横断脑干后,动物的血压无明显变化,刺激坐骨神经引起的升压反射也仍存在;但如果逐步将横断水平移向脑干尾端,则动脉血压就逐渐降低,刺激坐骨神经引起的升压反射效应也逐渐减弱。当横断水平下移至延髓闩部时,血压降低至 40mmHg 左右。由此可见,正常心血管紧张性活动的发源地不是脊髓而是延髓,因为只要保留延髓及其以下中枢完整,就可以维持心血管正常的紧张性活动,并完成一定的心血管反射。延髓心血管中枢可分缩血管区、舒血管区、心抑制区以及传入神经接替核。其位于延髓内的神经元是指心迷走神经元、心交感神经元及交感缩血管神经元。

1) 缩血管区(pressor area)

即心交感神经元和交感缩血管神经元的所在部位(图 4-27,图 4-28),位于延髓头端腹外侧区(rostral ventrolateral medulla,RVLM),其细胞体位于 RVLM 软脑膜的表面。位于下橄榄核上部和面神经核下部之间,在猫和大鼠包括延髓头端腹侧巨细胞旁外侧核和外侧网状核。有以下几个鲜明的特点:①RVLM 神经元的轴突下行到脊髓的中间外侧柱(intermediolateral gray column,IML),支配胸腰段交感节前神经元。②RVLM 神经元含苯乙醇胺氮位甲基移位酶(PNMT),属于肾上腺素能神经元,故又称 C_1 区(C_1 area),但其下行到 IML 的轴突末梢释放谷氨酸。③RVLM 神经元具有活跃的紧张性活动(tonic activity),

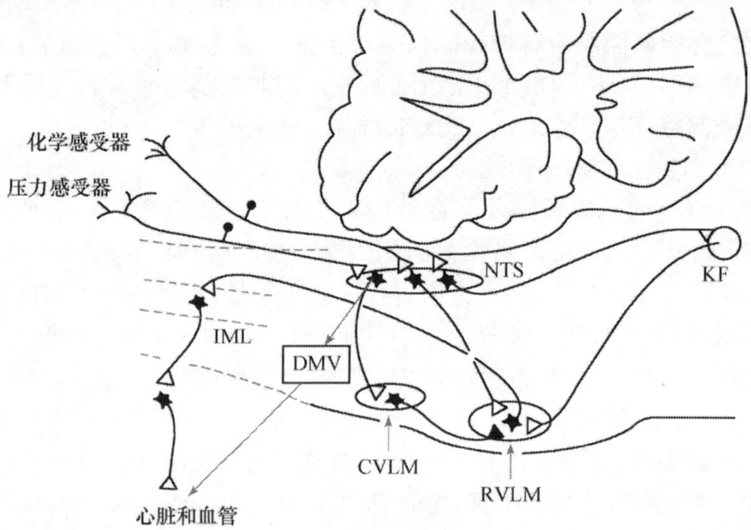

图 4-27 延髓心血管中枢

RVLM:延髓头端腹外侧区;CVLM:延髓尾端腹外侧区;NTS:孤束核;IML:中间外侧细胞柱;DMV:迷走神经背核、疑核。KF:Kolliker-Fuse 核是心交感神经元和交感缩血管神经元紧张性活动的发源地，RVLM 整合各种心血管反射，维持血管紧张性与血压。④来自颈动脉窦和主动脉弓“压力感受器”的传入冲动→NTS→CVLM→抑制 RVLM 神经元的紧张性活动，引起血管舒张，心率减慢（表 4-7）。

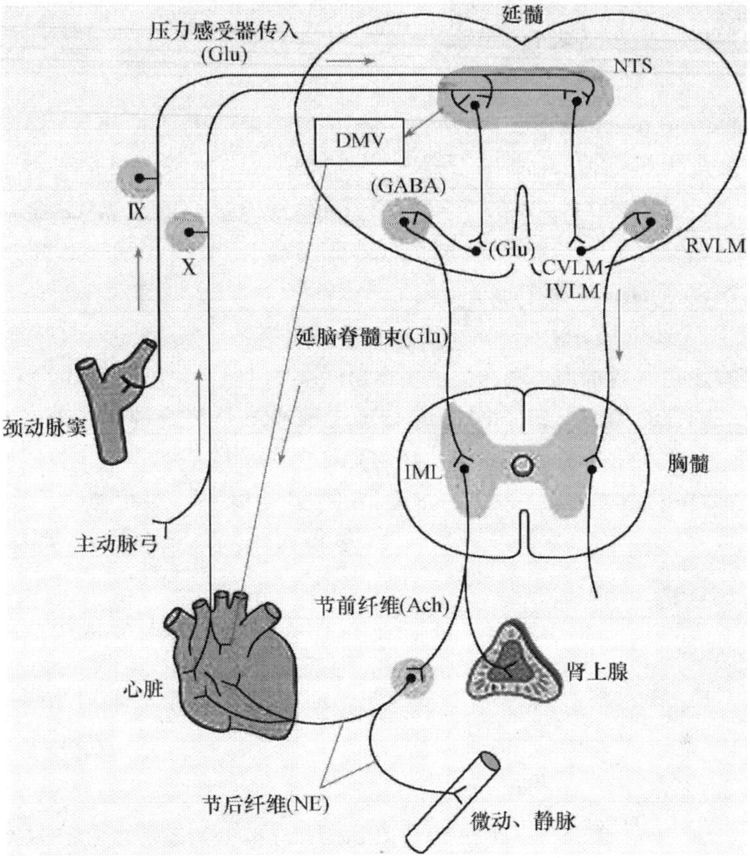

图 4-28　延髓心血管中枢调控动脉血压的基本神经通路

IX：舌咽神经；X：迷走神经；Glu：谷氨酸；GABA：γ-氨基丁酸；preganglionic/postganglionic sympathetic neuron：交感节前/节后神经元

（改编自 WF. Ganong，2003，Review of，Medical Physiology 22nd edition，San Francisco，Lange）

表 4-7　影响 RVLM 交感神经元紧张性的因素

兴奋性因素	抑制性因素
CO_2，缺氧	从大脑皮层经下丘脑的抑制性传入冲动
从大脑皮层经下丘脑的兴奋性传入冲动	从肺部低压感受器的传入冲动
从肌肉和痛觉通路的传入冲动	从颈动脉窦和主动脉弓压力感受器的传入冲动
从颈动脉窦和主动脉弓化学感受器的传入冲动	

2) 舒血管区（depressor area）

位于延髓尾端腹外侧区（caudal ventrolateral medulla，CVLM）。①该区无轴突下行到脊髓的中间外侧柱，CVLM 的抑制性中间神经元有轴突投射到缩血管区 RVLM，其递

质为 γ-氨基丁酸(GABA)，抑制 RVLM 神经元的活动，导致交感缩血管紧张性活动降低而血管舒张。②CVLM 与 A_1 去甲肾上腺素能细胞群重叠，又称 A_1 区。A_1 区细胞发出轴突上行至下丘脑视上核、室旁核，当血容量过多、血压过高，来自颈动脉窦和主动脉弓"压力感受器"的传入冲动经 A_1 区细胞上行，抑制视上核、室旁核分泌血管升压素(即抗利尿激素)，增加排尿减少血容量。

3) 传入神经接替核

延髓孤束核(the nucleus of the tractus solitarius，NTS)的神经元，接受由颈动脉窦、主动脉弓和心肺压力感受器、化学感受器的传入信息。在延髓水平主要有下列神经联系：①孤束核(Glu.)→CVLM(GABA)→RVLM(Glu.)→IML 交感节前神经元→缩血管纤维、肾上腺髓质。②NTS→迷走背核、疑核(DMV、NA)→心迷走神经。③从孤束核发出上行纤维至延髓以上的心血管中枢。

4) 心抑制区(cardioinhibitory center)

位于延髓的迷走神经背核(dorsal motor nucleus of the vagus，DMV)和疑核(nucleus ambiguus，NA 为主)的轴突纤维共同组成心迷走神经。心迷走神经中枢广泛接受来自下丘脑、脑干其他核团的纤维投射，以及上述：压力或化学感受器→舌咽神经、迷走神经→NTS→DMV、NA→心迷走神经→Ach→SA-node M 受体→心率减慢。

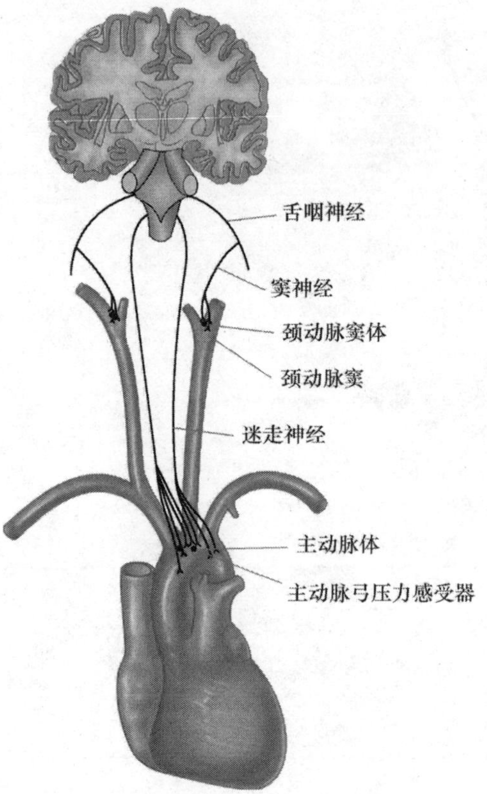

图 4-29　颈动脉窦和主动脉弓的压力感受器和传入神经

2. 延髓以上的心血管中枢(higher cardiovascular center)

在延髓以上的大脑尤其是边缘皮层(limbic cortex)，经下丘脑换元至 RVLM 的下行通路介导情绪反应、性行为所引起的心率和血压波动。下丘脑和 RVLM 之间有双向神经纤维联系，与体温调节和应激反应(fight-or-flight response)相关的血流量变化受下丘脑调控；上述 CVLM 的 A_1 区细胞发出轴突上行至下丘脑视上核、室旁核，影响抗利尿激素释放，可见一斑。Kolliker-Fuse 核和中脑导水管周围灰质发出纤维投射到 RVLM。

(三) 心血管反射(cardiovascular reflexes)

1. 颈动脉窦和主动脉弓压力感受性反射(carotid sinus and aortic arch baroreceptor reflex)

当平均动脉压升高时，牵张刺激压力感受器诱发压力感受性反射，使血管舒张、心率减慢；而平均动脉压降低时，引起血管收缩、心率加快(图 4-27，4-28，4-29，4-30)。

压力感受性反射的感受器位于颈动脉窦(carotid sinus)和主动脉弓(arch of the aorta)，

是血管壁外膜下的感觉神经末梢，具有许多分支、弯曲呈结节状，且相互交织的有髓神经末梢，称为压力感受器(baroreceptor，图 4-29)。这种压力感受器的适宜刺激并不是动脉血压本身，而是血液对动脉管壁搏动性的机械牵张刺激。颈动脉窦位于颈内动脉从颈总动脉分叉起始的膨大部，压力在 60～180mmHg 范围内波动，压力感受器的传入冲动频率与动脉管壁的扩张程度成正比(图 4-31)。压力感受器对搏动性的压力变化较敏感，颈动脉窦压力感受器的阈值为 50mmHg，敏感范围：50～200mmHg，比主动脉弓压力感受器更灵敏(其阈值为 110mmHg)，但是＞200mmHg 时，颈动脉窦压力感受器的反应已经饱和，主动脉弓压力感受器仍然能对压力升高发生反应。

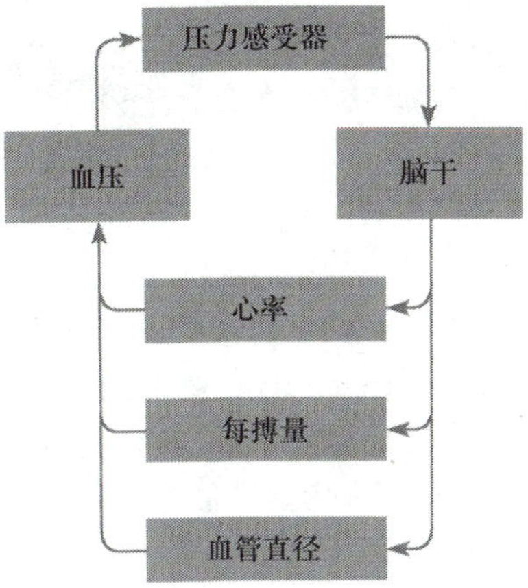

图 4-30 动脉血压的负反馈调节
血压的变化通过压力感受器反射调节心率、心输出量和微动脉口径，转而使血压保持相对稳定

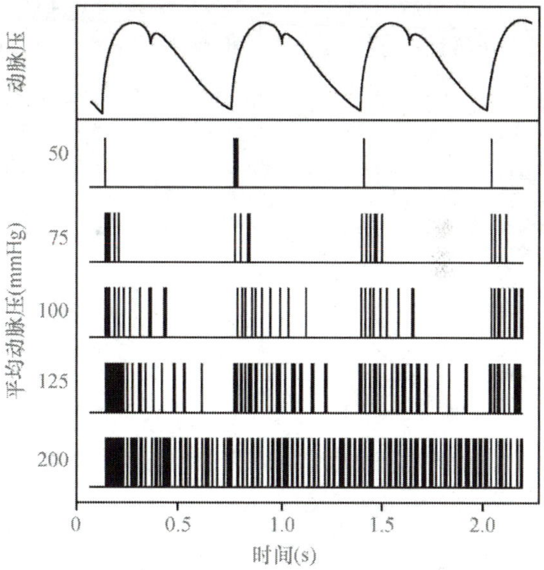

图 4-31 颈动脉窦压力感受器单根传入神经纤维的单位放电
最上方曲线：主动脉血压波形；下方 5 条曲线：在平均动脉压分别为 50、75、100、125、200mmHg 时的窦神经纤维的传入放电频率

当动脉血压突然升高时，对颈动脉窦和主动脉弓压力感受器牵张刺激增强，兴奋分别经窦神经(carotid sinus nerve)→舌咽神经(glossopharyngeal nerve)和主动脉神经(aortic nerve)→迷走神经传入(末梢递质：谷氨酸、P 物质)，到达延髓背侧两旁的孤束核，并与孤束核的神经元形成第一级突触联系。孤束核兴奋延髓尾端腹外侧区，经抑制性中间神经元释放 GABA，抑制延髓头端腹外侧区，使心交感神经和缩血管神经紧张性活动减弱。可总结为以下三条途径(图 4-27，4-28)：①血压升高→压力感受器→舌咽、迷走神经传入冲动频率↑→⊕NTS→⊕CVLM→RVLM 紧张性活动↓→心交感神经、缩血管神经传出冲动频率↓，NE 释放↓→心率↓、心缩力↓，微动脉和微静脉舒张、心输出量↓→血压降低。②血压升高→压力感受器→舌咽、迷走神经传入冲动频率↑→⊕NTS→兴奋性中间神经元→⊕DMV/NA→心迷走神经传出冲动频率↑、Ach 释放↑→心率↓。③血压升高→压力感受器→舌咽、迷走神经传入冲动频率↑→⊕NTS→⊕CVLM 的 A_1 细胞群→抑制

下丘脑视上核、室旁核→血管升压素(即抗利尿激素)分泌↓。

综上所述,主动脉神经和窦神经的传入冲动的频率升高,通过压力感受性反射有两个作用:①抑制 RVLM,即抑制心交感神经紧张和交感缩血管神经紧张,心脏活动受抑制,心输出量减少,微动脉和微静脉舒张,外周阻力降低,回心血量减少,导致血压回降到原先正常水平。②兴奋心迷走神经紧张,心率减慢。

相反,动脉血压降低→压力感受器传入冲动↓→对 RVLM 的抑制和对心抑制中枢的兴奋作用↓→血压回升。因此,主动脉神经和窦神经又称为缓冲神经(buffer nerves)。大多数动物的主动脉神经在起始处即并入迷走神经,只有家兔的主动脉神经围绕颈总动脉单独上行较远才并入迷走神经,家兔主动脉神经又称减压神经。

分离猴一侧颈动脉窦,但保留窦神经与中枢联系,主动脉弓和另一侧颈动脉窦去神经支配,人为改变颈动脉窦区的灌注压,由此得出压力感受性反射功能曲线(图 4-32)。这个曲线有以下特征:①当窦内压<30mmHg时,窦神经无自发放电,也无血压下降。②当窦内压在 70～110mmHg 范围内变动时,压力感受反射的调节最灵敏,窦内压升高和窦神经放电频率升高、动脉血压以及心率下降几乎呈直线,这恰好是动脉血压的正常波动范围。③当窦内压>150mmHg,窦神经放电频率不再继续升高,动脉血压以及心率不再进一步下降,因为已经饱和,达到了最大效应。

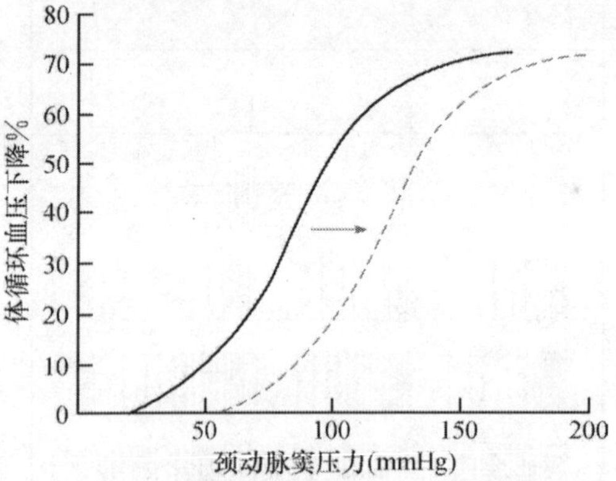

图 4-32　压力感受性反射功能曲线

实线:正常猴颈动脉窦压力升高引起的动脉压下降;虚线:高血压猴曲线右移,示压力感受性反射重调定

在压力感受性反射功能曲线上可以找出一点,在这一点颈动脉窦内压刚好与主动脉压相等。这一点就是压力感受性反射的调定点(set point)。慢性高血压患者的压力感受性反射的调定点比正常人的高,压力感受性反射在血压较高的水平上工作,动脉血压稳定在高的水平,压力感受性反射功能曲线向右移位。这种现象称为压力感受性反射的重调定(resetting),表示在高血压的情况下,压力感受性反射的工作范围发生改变,已不能依赖感受性反射使高血压恢复正常。

压力感受性反射的生理学意义:左心室出口处的主动脉弓压力感受器和颈内动脉起始部的颈动脉窦压力感受器,分分秒秒监测着动脉血压的波动,其意义是显而易见的。颈动脉窦内压在 70～110mmHg 范围内波动时,压力感受反射的调节最灵敏,这恰好是动脉血压的正常波动范围,也是确保重要器官有足量血流灌注的前提。这里举一日常生活的例子:直立性低血压(orthostatic hypotension)。当你从横卧位或蹲久了立刻站起,由于重力作用,较大的血量淤积在下肢,静脉回心血量突然↓→EDV、每搏量↓→心输出量↓(5→3L/min)→动脉血压↓→头晕、眼前发黑(视网膜缺血)→启动压力感受性反射→压力感受器传入冲动↓→对 RVLM 的抑制↓、对心抑制中枢的兴奋作用↓→血压回升。压力感受性反射的启动和生效均极快,在 2～3 次心跳内头晕、眼前发黑就消失(视网膜供血恢复)。家兔实验中在颈动脉窦以下夹闭颈总动脉(失去部分压力感受器传入冲动),动脉血压、心率上升后回落，因为主动脉弓压力感受器可以代偿；切断双侧窦神经有同样效应。若切断双侧窦神经和主动脉神经，血压升至 300/200mmHg 且不稳定；若损毁双侧孤束核可导致致命性“神经性高血压（neurogenic hypertension）”。比利时学者 Corneille Heymans 因研究压力感受性反射和下述化学感受器反射，以及此反射对呼吸、血压的调控，于 1938 年获诺贝尔生理学或医学奖。

2. 颈动脉体和主动脉体化学感受性反射（carotid body arterial chemoreceptor reflex）

颈动脉体（carotid body）位于颈总动脉分叉处，传入纤维位于窦神经中。主动脉体（aortic body）散在分布于颈总动脉和锁骨下动脉夹角之间的组织，传入纤维位迷走神经内。化学感受性反射的主要效应是引起呼吸加深、加快（hyperpnea）。外周化学感受器受到刺激后，其感觉信号分别由窦神经和迷走神经传入至延髓孤束核，影响延髓内呼吸神经元和心血管神经元的活动。血液中 PO_2 下降、PCO_2 过高、H^+ 浓度过高等，可刺激颈动脉体和主动脉体的化学感受器，兴奋血管运动中枢（vasomotor center，positive drive），引起血管收缩；但同时也兴奋心抑制中枢，使心率减慢。但是，真实生活中缺氧引起心率加快，而不是减慢。因为缺氧→外周化学感受器→延髓呼吸中枢→呼吸加深、加快、肺泡通气↑→PCO_2↓、pH↑→抑制心抑制中枢→心率加快。只有在实验动物，控制呼吸频率、深度不变，才能观察到心率减慢。

只有严重缺氧，例如大出血才会影响血压和心率。缺氧（hypoxia）本身对 RVLM 作用较小，动脉血 PCO_2 升高的中枢作用是兴奋 RVLM，而动脉血 PCO_2 升高的外周作用是舒张血管，两者部分相互抵消。总之，低 PO_2 作用于外周化学感受器，高 PCO_2 作用于中枢化学感受器，两者协同引起血管收缩。

3. 心肺感受器引起的心血管反射（cardiopulmonary receptor reflex）

在心房、心室和肺循环的大血管壁以及上下腔静脉在右心房入口处存在的感受器，总称为心肺感受器（cardiopulmonary receptor）。是一类血管壁的机械牵张感受器，适宜刺激是：心房、心室或肺循环大血管中压力升高，或血容量增多而使心脏或血管壁受到牵张。反射效应是心率减慢（bradycardia）、血管舒张。由于心肺感感受器位于循环系统的压力较低部分，故又称为低压力感受器（low-pressure baroreceptors）。而动脉压力感受器则称为高压力感受器。

值得一提的是两类心房压力感受器（atrial stretch receptors）：①A 型：心房收缩期兴奋放电，监控心率。②B 型（volume receptor）：心房舒张期静脉回流充盈增多时放电增加，监控中心静脉压，感觉心血管的充盈程度。B 型容量感受器的有效刺激是心房容量增多的牵张，传入冲动沿迷走神经抵达孤束核。与高压力感受器引起广泛交感神经紧张性降低、广泛血管舒张不同，B 型容量感受器兴奋，主要抑制肾交感神经，引起肾血管舒张。而心率却反而加快（Bainbridge reflex）。心房牵张刺激的最终结果是：心率加快、肾血管舒张，肾血流量、尿量增加。B 型容量感受器传入神经也抵达下丘脑，抑制抗利尿激素的释放，排尿增加。此外，心房牵张刺激也刺激心房肌细胞本身，引起心房钠尿肽（ANP，见体液调节）释放，加强血管舒张和排尿。

二、体液调节（Humoral Regulation）

上述神经调节通过改变外周阻力和心输出量调控平均动脉压。除了快速的神经调节之外，有两类体液调节因素：①血管活性物质(vasoactive substances)：是指血管活性物质通过血液循环，或以旁分泌作用于血管平滑肌附近，改变动静脉的紧张度，从而改变血流量。例如肾上腺素和去甲肾上腺素。②非血管活性物质，调控细胞外液容量或有效循环血量(effective circulating volume)。

(一) 肾素-血管紧张素-醛固酮系统(renin-angiotensin-aldosterone system，RAAS)

当动脉血压降低、肾血流量不足时，可刺激肾近球细胞(或球旁细胞，入球小动脉的平滑肌细胞)合成和释放肾素(renin)，在血液里作为蛋白酶的肾素，把由肝脏合成进入血浆的血管紧张素原(angiotensinogen)，水解为血管紧张素Ⅰ(angiotesin Ⅰ，ANG Ⅰ)。血管紧张素Ⅰ在经过肺循环时，受肺血管的血管紧张素转换酶(Angiotensin-converting enzyme，ACE)作用，水解血管紧张素Ⅰ，脱去两个氨基酸为血管紧张素Ⅱ(angiotesin Ⅱ，ANG Ⅱ)。血管紧张素Ⅱ在血浆和组织中的ACE2、氨基肽酶的作用下，再失去一个氨基酸为血管紧张素Ⅲ(angiotesin Ⅲ，图4-33)。

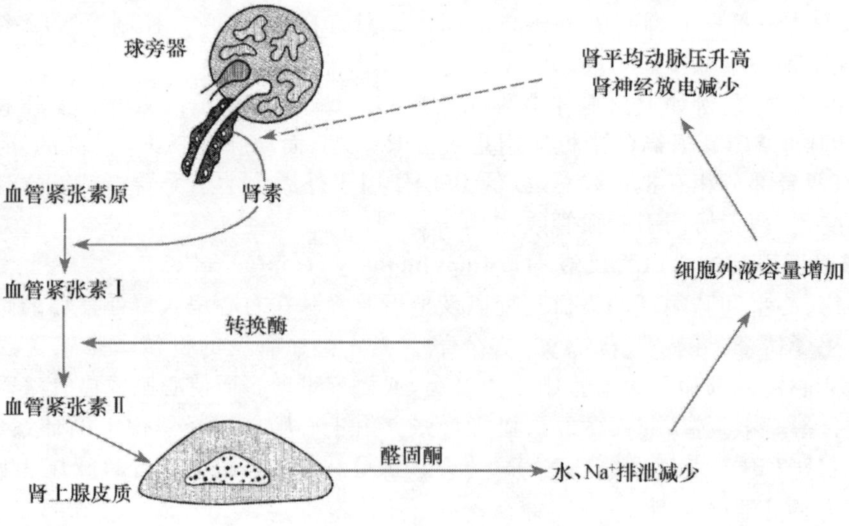

图4-33　肾素-血管紧张素-醛固酮系统

引起肾素分泌的刺激：①肾近球细胞对动脉血压降低、肾血流量不足的直接反应。②动脉血压降低激活心血管中枢，支配肾近球细胞的交感神经兴奋。③流经远曲小管致密斑(macula densa)的血 Na^+ 减少，致密斑发出一个旁分泌反馈信号(paracrine feedback)，刺激近球细胞分泌肾素。

血管紧张素Ⅱ有多种作用：①ANG Ⅱ通过下丘脑的ANG Ⅱ受体促进抗利尿激素分泌(参见第八章)，增加肾小管对水的重吸收。②ANG Ⅱ本身不能通过血脑屏障，但作用于终板血器官(organum vasculosum of the lamina terminalis)和穹窿下器引起口渴感，导致饮水增加。③ANG Ⅱ能使阻力血管和容量血管收缩，使血压升高，是一种活性很强的升血压物质(比NE强4～8倍)，尤其是内脏血管。ANG Ⅱ直接作用于交感节前神经元，刺激NE释放。ANG Ⅱ→G蛋白偶联 AT_A 受体→PLC→[Ca^{2+}]↑→血管收缩。④ANG

Ⅱ通过其受体激活心血管中枢,微动脉收缩外周阻力升高,心缩力增强,心输出量增加而血压升高。⑤ANG Ⅱ能促进肾上腺皮质球状带释放醛固酮(aldosterone),从而促进肾小管对 Na^+ 的重吸收,起保 Na^+ 保水作用。⑥ANG Ⅱ作为心肌生长因子(cardiac growth factor),使心肌肥大(hypertrophy)。正常血液循环并不存在足量的 ANG Ⅱ,只有失血、剧烈运功或肾血流量降低时 ANG Ⅱ才发挥重要作用。

醛固酮促进进肾小管对 Na^+ 的重吸收的机制:醛固酮与肾小管主细胞(principal cells)胞浆受体结合,起初管腔膜 Na^+、K^+ 通道开放时间延长,其后合成新的 Na^+、K^+ 通道和基侧膜 Na^+-K^+-ATPase。Na^+-K^+-ATPase 运转加快,更多 K^+ 入主细胞被分泌,Na^+ 回到 ECF。ANG Ⅲ具有 ANG Ⅱ的 100%刺激醛固酮释放作用和 40%的升压作用。这一系统参与动脉血压的长期调节,是心血管系统与肾脏相互协调维持血压稳定的范例。RAAS 的一经发现,药品开发商立即寻找 ANG Ⅱ阻断剂治疗高血压,例如血管紧张素转换酶抑制剂(ACE inhibitor),如开博通。

(二) 肾上腺素和去甲肾上腺素(epinephrine and norepinephrine)

肾上腺素和去甲肾上腺素统称为儿茶酚胺(catecholamine)。肾上腺素、去甲肾上腺素和 ATP 共同储存于嗜铬细胞的分泌颗粒,交感节前纤维释放 Ach,打开 Ca^{2+} 通道触发其释放。血液中肾上腺素(adrenaline or epinephrine)和去甲肾上腺素(noradrenaline or norepinephrine)主要来自肾上腺髓质。肾上腺髓质释放的儿茶酚胺中,肾上腺素约占 80%,去甲肾上腺素约占 20%。

在离体心脏,肾上腺素和去甲肾上腺素经 β_1 受体介导,均使心肌收缩力加强,使心肌细胞兴奋性增加,诱发期外收缩甚至心律不齐(cardiac arrhythmias)。去甲肾上腺素经 α_1 受体介导,几乎使所有器官的血管收缩,总外周阻力极度升高。肾上腺素则不同,在骨骼肌、肝脏和冠状血管,肾上腺素经 β_2 受体(主要分布于骨骼肌、心脏、肝脏和肾上腺)使这些血管舒张;在皮肤、肾脏、肠、胃等内脏血管,肾上腺素经 α 受体使这些血管收缩,但总外周阻力略有下降。若给人和动物缓慢静滴去甲肾上腺素,收缩压、舒张压均显著升高,触发压力感受性反射,导致心率减慢,心输出量下降。肾上腺素则使收缩压升高,舒张压略有下降,脉压差增大,此时肾上腺素诱发的压力感受性反射不足以对抗肾上腺素对心肌细胞的直接兴奋作用,心输出量仍显著增加(图 4-34)。就心脏而言,主要是心交感神经释放去甲肾上腺素作用于 β_1 受体,增加其心率和心缩力,来自血循环的肾上腺素作用相对较小。

(三) 血管升压素(arginine vasopressin,AVP)

血管升压素又叫抗利尿激素(antidiuretic hormone,ADH),由下丘脑视上核和室旁核大细胞神经元合成,经下丘脑垂体束运输到垂体后叶储存于末梢的神经激素(neural hormones)。血浆渗透压升高(>280mOsM),刺激下丘脑前部渗透压感受器(osmorecp-tor)或容量感受器(volume receptor),视上核和室旁核大细胞神经元产生的动作电位抵达末梢而释放。血管升压素的受体有 V_1 和 V_2 两种。V_1 受体主要分布在血管平滑肌上,V_2 受体主要分布在肾小管上。血浆渗透压升高(刺激较强)、血容量或血压下降(刺激较弱),例如大失血均刺激 ADH 释放。

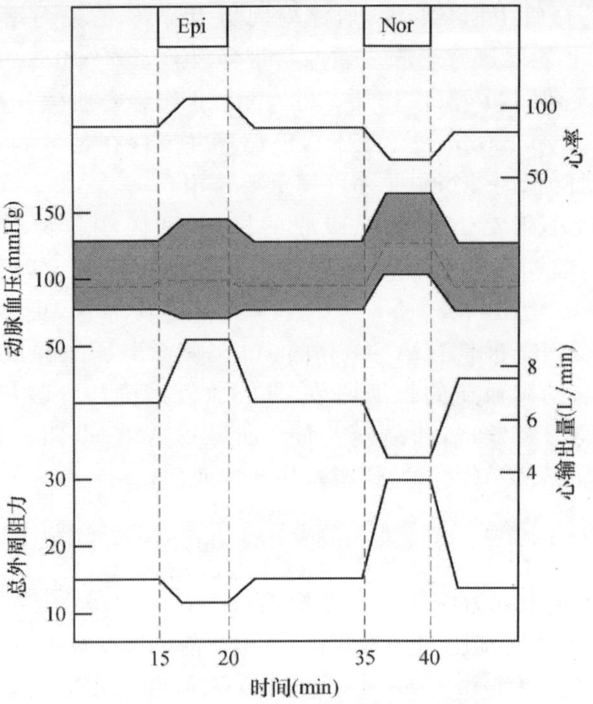

图 4-34 人缓慢静滴肾上腺素(Epi)去甲肾上腺素(Nor),所引起的动脉血压、心输出量、外周阻力和心率的变化

血管升压素作用于肾脏远曲小管、集合管上皮主细胞基侧膜,结合于 V_2 受体-Gs 蛋白-AC-cAMP-PKA,插入管腔膜的水孔蛋白-2 (aquaporins 2,AQP2)数量增多,对水通透性增加,水分子向高渗的细胞外液移动。在无血管升压素释放时,远曲小管、集合管上皮对水不通透,排出低渗尿,尿量也增多,调节细胞外液容量,从而参与血压的调节过程。

(四) 心房钠尿肽(atrial natriuretic peptide,ANP)

又叫心钠素(cardionatrin),心房肽(atriopeptide)等,是由心房肌细胞合成的多肽,在血容量增多和心房血压升高时释放。血浆 ANP 为 28 a. a。心室肌细胞或脑神经元合成的为 BNP (brain natriuretic peptide or B-type natriuretic peptide,BNP,32a. a.);ANP 和 BNP 主要作用肾脏,利尿和排钠(natriuresis),调节体内水盐平衡。ANP 使入球、出球小动脉和 mesangial 细胞舒张,肾皮质和髓质血流量增加,肾小球滤过率增加。间接抑制肾素、醛固酮、抗利尿激素释放,抑制肾集合管对 Na^+、水的重吸收,对抗血管紧张素Ⅱ和儿茶酚胺的升压效应。下丘脑含 ANP 的神经元发出下行纤维抵达心血管中枢,其作用与血管紧张素Ⅱ相反,即降低血压、促进排尿。ANP 也可直接抑制延髓心血管中枢,降低血压。心室肌细胞也可合成 BNP 进入血浆,被认为是心脏衰竭的标志物,因为 BNP 的产生随心室舒张、心室内压升高而增加。2004 年,美国 70%以上的医院测定 BNP 水平来协助诊断心脏衰竭,BNP 水平升高也提示可能出现心律失常猝死。

调节血管舒缩的活性物质很多,大多数由血管内皮细胞生成,调节局部血流,择要总结于表 4-8 供参考。

表 4-8 调节血管舒缩的活性物质

	来源	作用	临床价值
一氧化氮(nitric oxide, NO),内皮舒张因子(EDRF)	Ach、缓激肽、切应力→内皮细胞→NOSⅢ*→L-精氨酸→NO→肌细胞→sGC*→GTP→cGMP→PKG→磷酸化 MLCK→抑制 MLCK→MLC 磷酸化↓	舒张血管,尤其是冠状动脉。与前列腺环素协同,抑制血小板黏附、凝集	硝酸甘油治疗心绞痛、Viagra 治疗阳痿。内源性 NO 减少导致高血压
内皮缩血管因子皮素,22a. a. endothelin-1	血管内皮,旁分泌作用于平滑肌	强烈缩血管,旁分泌调节局部血管紧张性	
激肽释放酶-激肽(kallikrein-kinins)	①血浆激肽释放酶→高分子激肽原→缓激肽;②组织激肽释放酶(肾、唾液腺、汗腺、胰、胃肠)→高分子/低分子激肽原→缓激肽/赖氨酸缓激肽(血管舒张素)	通过 NO 舒张血管,降血压,类似组织胺增加毛细血管通透性。增加外分泌腺血流量。收缩内脏平滑肌	
前列腺环素(Prostacyclin)	血管内皮细胞	舒张血管,抑制血小板凝集	
5-羟色胺(serotonin)	神经末梢,血小板,肥大细胞	缩血管,调节局部血流与止血有关	
组织胺(histamine)	神经末梢,肥大细胞,组织损伤、炎症时释放	舒张血管,收缩内脏平滑肌	

* NOSⅢ:一氧化氮合成酶Ⅲ;* sGC:可溶性鸟苷酸环化酶(也称作 NO 的受体);MLCK:肌球蛋白轻链激酶。

三、自身调节(Autoregulation)

去除神经和体液调节因素时,各器官组织仍能通过局部血管的舒缩调节血流量,这种基于器官组织或血管本身的调节机制,称为自身调节(autoregulation)。

(一)肌原学说(myogenic mechanisms)

血管平滑肌本身能经常保持一定的紧张性收缩,称为肌原性活动(myogenic activity)。当器官血管的灌注压突然升高时,微动脉血管平滑肌受到牵张刺激,其肌原性紧张性收缩进一步加强,使该器官的血流阻力增大。因此,器官血流量就不致因灌注压升高而增多,从而能保持器官血流量相对稳定。当器官的灌注压突然降低时,则发生相反的变化。此现象在肾血流量保持相对稳定中特别明显。牵张刺激打开机械门控的 Ca^{2+} 通道,Ca^{2+} 入胞内与钙调素(calmodulin)结合,激活肌球蛋白轻链激酶,增加肌球蛋白 ATPase 和横桥活性。

(二)局部代谢产物学说(metabolic mechanisms)

这一学说认为,器官血流量的自身调节主要是由局部组织中代谢产物的浓度决定。组织细胞代谢率越高,耗 O_2 量增加,PCO_2 等局部代谢产物积聚过多,引起血管舒张,血流量暂时增加以满足代谢需要。伴随代谢活动增强所引起的血管舒张、血流量增加，称为主动性充血(active hyperemia)。如果人为阻断某一分配血管数秒或数分后，若阻断一旦解除，由于 PO_2 降低，PCO_2、H^+ 增多，血管内皮细胞合成一氧化氮增多，所引起的血管舒张、血流量增加称为反应性充血(reactive hyperemia)。

（三）动脉血压的长期调节(long term blood pressure regulation)

动脉血压的长期调节通过调控有效循环血容量(effective circulating volume) 来完成，即通过调控肾脏 Na^+、水排泄量。颈动脉窦和主动脉弓压力感受性反射短期调节动脉血压，也和肾脏一起参加动脉血压的长期调节。肾脏在动脉血压的长期调节中的重要作用，有以下途径：①肾素-血管紧张素-醛固酮系统(RAAS)。②通过植物神经特别是交感神经调控肾血流、滤过率和肾小管重吸收。③抗利尿激素(AVP)。④心房容量感受器、ANP 释放。这四条途径中以 RAAS 为最重要，已作了较详细的讨论。现已大出血为例，大出血对心血管功能的影响总结于图 4-35，对本章所学内容务必融会贯通，对今后临床实践，受益终身。

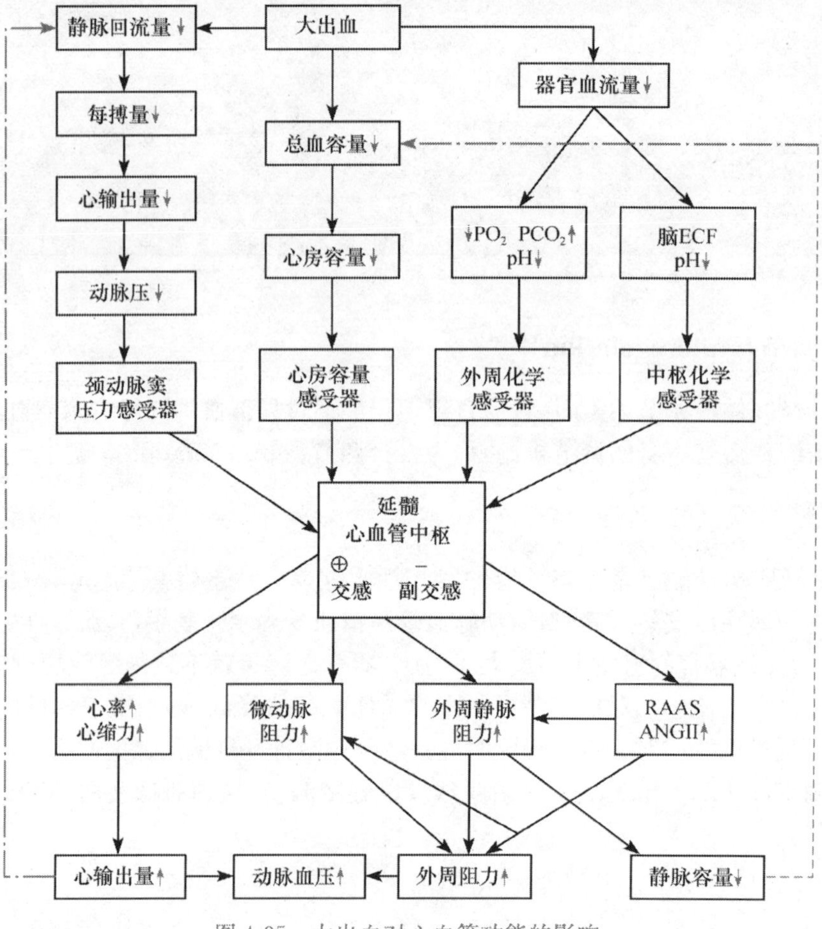

图 4-35　大出血对心血管功能的影响

动物实验放血是动脉压降至 45mmHg，触发一系列反射，在延髓心血管中枢进行整合，使血压有所回升。两条虚线表示负反馈：左：心输出量的恢复改善静脉回流；右：静脉收缩，动员静脉系统储存的血量，转为循环血容量

Summary

- A moderate amount of tonic discharge takes place in the cardiac sympathetic nerves at rest, but there is a good deal of tonic vagal discharge (vagal tone) in humans and other large animals. When the vagi are cut in experimental animals, the heart rate rises, and after the administration of parasympatholytic drugs such as atropine, the heart rate in humans increases from 70, its normal resting value, to 150-180 beats/min because the sympathetic tone is unopposed. In humans in whom both noradrenergic and cholinergic systems are blocked, the heart rate is approximately 100.
- Noradrenergic fibers end on vessels in all parts of the body. The noradrenergic fibers are vasoconstrictor in function. In addition to their vasoconstrictor innervation, the resistance vessels of the skeletal muscles are innervated by **vasodilator fibers**, which, although they travel with the sympathetic nerves, are cholinergic (**the sympathetic vasodilator system.**) Some evidence suggests that blood vessels in the heart, lungs, kidneys, and uterus also receive a cholinergic innervation.
- The sympathetic nerves that constrict arterioles and veins and increase heart rate and stroke volume discharge in a tonic fashion, and blood pressure is adjusted by variations in the rate of this tonic discharge.
- The main control of blood pressure is exerted by groups of neurons in the medulla oblongata that are sometimes called collectively the **vasomotor area or vasomotor center**. Neurons that mediate increased sympathetic discharge to blood vessels and the heart project directly to sympathetic preganglionic neurons in the intermediolateral gray column (IML) of the spinal cord.
- On each side, the cell bodies of these neurons are located near the pial surface of the medulla in the **rostral ventrolateral medulla (RVLM)**. Their axons course dorsally and medially and then descend in the lateral column of the spinal cord to the IML. They contain PNMT, but it appears that the excitatory transmitter they secrete is glutamate rather than epinephrine.
- The neurons from which the vagal fibers arise are in the dorsal motor nucleus of the vagus and the nucleus ambiguus.

Clinical Note

Essential Hypertension

High blood pressure, also called hypertension, occurs when the systolic pressure is consistently over 140mmHg, or the diastolic blood pressure is consistently over 90mmHg. Blood pressure is determined by the amount of blood pumped, by the actions of the heart, and by the size and condition of the arteries. Many factors affect blood pressure, including:

- The amount of water in the body . The amount of salt in the body.
- The condition of the kidneys, nervous system, and blood vessels.
- Various hormone levels in the body.

Prehypertension is when your systolic blood pressure is between 120 and 139 or your diastolic blood pressure is between 80 and 89. If you have prehypertension, you are more likely to develop high blood pressure at some point. Therefore, your doctor will recommend lifestyle changes to bring your blood pressure down to normal ranges.

1. Why are people with high blood pressure at great risk for having a hemorrhagic stroke ?
   High blood pressure exerts force on the walls of the blood vessels. If an area of blood vessel wall is weakened or damaged, high blood pressure may cause that area to rupture, allowing blood to leak out of the vessel into the surrounding tissues.
2. What is the rationale for reducing salt intake to control hypertension?
   Salt causes water retention. Blood pressure will increase if the circulating blood volume increases. By restricting salt in the diet, a person can decrease retention of fluid in the extracellular compartment, which includes the plasma.
3. Why would blocking the action of a vasoconstrictor lower blood pressure?
   Peripheral blood pressure is determined by cardiac output and peripheral resistance. Resistance is inversely proportional to the radius of the blood vessels. Therefore, if blood vessels dilate as a result of blocking a vasoconstrictor, resistance and blood pressure will decrease.
4. How do calcium channel blockers lower blood pressure?
   Calcium entry from the extracellular fluid plays an important role in both smooth muscle and cardiac muscle contraction. Blocking Ca^{2+} entry through Ca^{2+} channels will decrease the force of cardiac contraction and decrease the contractility of vascular smooth muscle. Both of these effects will lower blood pressure.

- The **baroreceptors** are stretch receptors in the walls of the heart and blood vessels. The carotid sinus and aortic arch receptors monitor the arterial circulation. Receptors are also located in the walls of the right and left atria at the entrance of the superior and inferior venae cavae and the pulmonary veins, as well as in the pulmonary circulation. These receptors in the low-pressure part of the circulation are referred to collectively as the **cardiopulmonary receptors.**
- The baroreceptors are stimulated by distention of the structures in which they are lo-

cated, and so they discharge at an increased rate when the pressure in these structures rises. Their afferent fibers pass via the glossopharyngeal and vagus nerves to the medulla. Most of them end in the **nucleus of the tractus solitarius (NTS)**, and the excitatory transmitter they secrete is probably glutamate. Excitatory, presumably glutaminergic, projections extend from the NTS to the **caudal ventrolateral medulla (CVLM)**, where they apparently stimulate GABA-secreting inhibitory neurons that project to the rostral ventrolateral medulla. Excitatory projections, probably polyneuronal, also extend from the NTS to the vagal motor neurons in the **dorsal motor nucleus and the nucleus ambiguus.** Thus, increased baroreceptor discharge inhibits he tonic discharge of the vasoconstrictor nerves and excites the vagal innervation of the heart, producing vasodilation, venodilation, a drop in blood pressure, **bradycardia**, and a decrease in cardiac output.

Key Terms

axon reflex; atrial natriuretic peptide; active hyperemia; bradycardia; positive (or negative) chronotropic/dromotoropic/inotropic action; cardiovascular center; reactive hyperemia; vasoconstrictor tone; volume receptor; myogenic activity; cardiopulmonary reflexe; carotid body arterial chemoreceptor reflex; renin-angiotensin-aldosterone system (RAAS); sino-aortic baroreceptor reflex; vasodilator metabolites; endothelium-derived relaxing factor; endothelin-1; bradykinin; vasopressin; norepinephrine; sympathetic vasodilator system; rostral ventrolateral medulla (RVLM); baroreceptor resetting.

Review Question

1. Define each term

1) Sino-aortic baroreceptor reflex; 2) Positive chronotropic action; 3) Negative inotropic action; 4) Sympathetic tone

2. Choose the best answer

1) At rest, most of your blood volume would be found in:

(A) Right and left ventricles

(B) Capillaries

(C) Veins and venules

(D) Arterioles

(E) Thoracic and abdominal aorta

2) When a pheochromocytoma (tumor of the adrenal medulla) suddenly discharges a large amount of epinephrine into the circulation, the patient's heart rate would be expected to

(A) increase because the increase in blood pressure stimulates the carotid and aortic baroreceptors

(B) increase because epinephrine has a direct chronotropic effect on the heart

(C) increase because of increased tonic parasympathetic discharge to the heart

(D) decrease because the increase in blood pressure stimulates the carotid and aortic chemoreceptors

(E) decrease because of increased tonic parasympathetic discharge to the heart.

3) If your arterial blood pressure dropped suddenly (jumping out of bed in the morning), what compensatory mechanisms would come into play to return your arterial blood pressure to normal?

(A) Decrease in heart rate

(B) Increase in contractility of your heart

(C) Decrease in peripheral resistance

(D) Dilation of veins

(E) Decrease in stroke volume

4) Atrial natriuretic peptide:

(A) Is produced by the left ventricle.

(B) Causes less reabsorption of water.

(C) Causes more reabsorption of sodium.

(D) Is produced in response to lower blood volume.

(E) A and B.

5) Vasopressin secretion is increased by

(A) increased pressure in the right ventricle

(B) decreased pressure in the right ventricle

(C) increased pressure in the right atrium

(D) decreased pressure in the right atrium

(E) increased pressure in the aorta

3. Answer the following questions

1) Why does increased sympathetic activity cause an increase in right atrial pressure? What are the mechanisms and pathways involved?

2) Compare the function of the carotid and aortic baroreceptors with the function of the baroreceptors in the atria and great veins.

3) Which hormones affect the heart rate and how do they produce their effects?

4) What are the effects of baroreceptor denervation?

5) It takes several months for nerves to grow into transplanted hearts. However, before the nerves regrow in patients with transplanted hearts, exercise increases their cardiac output. What is the mechanism involved, and how does it operate?

第五节 器官循环
Section 5 Circulation Through Special Regions

Section outline

- Coronary Circulation
- Cerebral Circulation
- Pulmonary Circulation

不同的器官有其特殊的结构和功能，器官的血液循环也有各自的特点和调节机制。每个器官的血液循环既要满足自身组织细胞对营养的需求，又要使该器官在维持稳态中起重要作用。本节主要讨论心脏、脑和肺的血液循环特点，而胃肠道、肝脏和肾脏的血液循环将在第六章和第八章讨论。各器官静息血流量和氧耗量参考表 4-9，可以获得一个大概轮廓。

表 4-9 63kg 成年男性的静息器官血流量和氧耗量

部位	器官重量(kg)	血流量 mL/min, mL/100g/min		氧耗量 mL/min, mL/100g/min		占心输出量%
肝	2.6	1500	57.7	51	2.0	27.8
肾	0.3	1260	420.0	18	6.0	23.3
脑	1.4	750	54.0	46	3.3	13.9
皮肤	3.6	462	12.8	12	0.3	8.6
骨骼肌	31.0	840	2.7	50	0.2	15.6
心肌	0.3	250	84.0	29	9.7	4.7
其他部位	23.8	336	1.4	44	0.2	6.2
全身	63	5400	8.6	250	0.4	100

引自 Bard P (editor): *Medical Physiology*, 11th ed. Mosby, 1961.

一、冠脉循环(Coronary Circulation)

(一) 冠脉循环的解剖特点(anatomic properties of coronary circulation)

冠状动脉从位于主动脉瓣后方的主动脉根部发出。左冠状动脉供应左心室和左心房，右冠状动脉供应右心室和右心房。左冠状动脉分为前降枝和旋枝，旋枝发出分支到左心房和左心室，前降枝达心尖并有分支供应室间隔、左右心室的一部分。流经左冠状动脉的血液，最后经冠状窦回流入右心房，而流经右冠状动脉的血液，则经心前静脉直接回流入右心房。部分心室壁毛细血管血液将通过"心最小静脉"(Thebesian veins)流入心室腔，并未到肺循环。

约有 50%的人右冠状动脉血流量较大，约 20%的人左冠状动脉血流量较大，其余 30%的人左、右冠状动脉血流量相等。在安静状态下，人冠脉平均血流量为 65mL/100g/min。心脏的重量占体重的 0.5%，但冠脉总血流量占心输出量的 5%(250mL/min)。平静时动-静脉血含氧量差值很大，动脉血流经心脏后，其中 70%～80%的氧被心肌细胞摄取。心肌横截面上，每平方毫米内约有 3000 根毛细血管，毛细血管数与心肌纤维数的比例为 1∶1，毛细血管网分布极为丰富。因为心肌纤维直径<20μm，便于 O_2 扩散。冠脉动脉之间的吻合侧支较细小，不利于建立侧支循环，如果冠状动脉突然发生阻塞可导致心肌梗死。

（二）冠脉循环的生理特点（physiological properties of coronary circulation）

(1) 收缩期压迫冠脉使其血流量减少（Extravascular compression impairs coronary blood flow during systole） 其他器官的血流量大致与主动脉压波动平行，即收缩期增加而舒张期减少。由于冠脉血管的分支深埋于心肌内，心肌的收缩将压迫血管，影响冠脉血流，主要体现在左心室（图 4-36）；右冠状动脉血流量曲线与主动脉压波动类似，收缩期血流量突然减少的现象并不存在。左心室等容收缩期，心室肌压迫左冠状动脉，导致血流量突然减少，甚至发生反流。在左心室射血期，主动脉压升高，冠状动脉

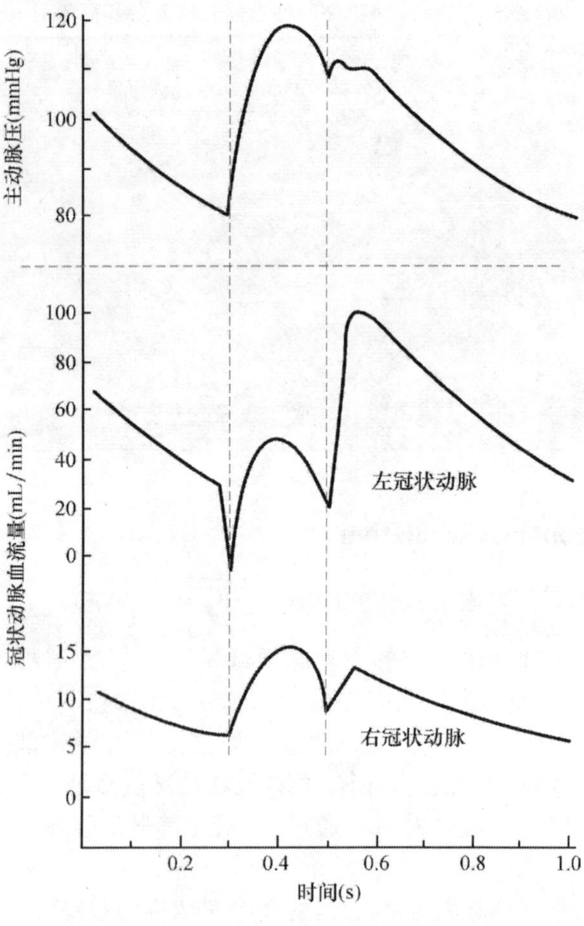

图 4-36　心动周期内左、右冠状动脉血流量的波动。两条虚线之内为收缩期

上：主动脉压；中：左冠状动脉血流；下：右冠状动脉血流

血压也随着升高，冠脉血流量虽有增加，但增加很有限。舒张早期，心室肌不再压迫左冠状动脉，主动脉压仍然较高，导致血流量突然增加，左冠状动脉80%的血流量发生在舒张期。如果心率过快，左心室冠状动脉致血流量将显著减少。值得一提的是，在收缩期左心室心内膜下组织无血流，极易发生缺血性损伤(ischemic damage)，是心肌梗死(myocardial infarction)的好发部位。主动脉瓣狭窄(stenotic aortic valves)的患者，左心室射血阻力增大，心室内压更高，心肌的收缩压迫血管压更显著，左心室心肌缺血更严重。其他如充血性心力衰竭(congestive heart failure)，CVP升高冠状动脉灌流压降低，冠状动脉致血流量将也减少。

(2) 冠状动脉血流量和心肌代谢水平相平行(Coronary blood flow parallels myocardial metabolism) 冠状动脉血流的鲜明特点是，其血流量与氧耗量几乎是线性关系。静息时人冠脉血流量为60～70mL/100g/min，冠状动脉血氧含量为20mL/dL，冠状静脉血氧含量为5mL/dL，即静息时心肌已摄取15mL/dL的O_2，已经不可能依靠提高O_2摄取量满足急需。例如剧烈运动时，只能把冠脉血流量提高到～250mL/100g/min。而增加冠脉血流量的方式是冠状动脉舒张，例如PO_2下降时，腺苷(adenosine)扩散到心室肌细胞，结合于其受体，降低胞内Ca^{2+}而舒张，也降低冠状动脉阻力。其他局部化学因素(chemical factors)，例如H^+、K^+、乳酸、腺嘌呤核苷酸、前列腺素等均有舒张冠状动脉的作用。

(3) 神经因素(neural factors) 虽然交感神经兴奋经α受体对冠状动脉平滑肌的直接作用是收缩。但是，正常情况下这一直接作用却因为心肌收缩增强，代谢率增加的PO_2下降PCO_2升高使冠状动脉舒张的优势所掩盖。而心迷走神经的作用只限于窦房结降低心率，Ach对冠状动脉几乎无作用。

二、脑循环(Cerebral Circulation)

两条颈内动脉与两条椎动脉的血液脉供应大脑。两条椎动脉汇合成基底动脉，在下丘脑下方基底动脉又和颈内动脉形成Willis环(circle of Willis)，Willis环发出六条血管(大脑前、中后动脉各一对)供应大脑皮层。脑静脉回流经深部静脉和硬脑脊膜窦，主要通过颈内静脉注入腔静脉。脑内无淋巴管，但脑脊液(总量:150mL，800mL/天)相当于脑的组织液和淋巴。交感缩血管纤维和副交感舒血管纤维支配脑血管，切断支配脑血管的神经后，脑血流量无明显变化，在脑血管活动调节中神经因素所起的作用很小，这一点不再讨论。

(一) 脑循环的特点(properties of cerebral circulation)

(1) 脑对缺血缺氧耐受力最差(brain is the least tolerant of ischemia) 在安静情况下，整个脑的血流量约为750mL/min(表4-8)，或50～60mL/100g/min(灰质:69mL/100g/min;白质:28mL/100g/min)。占体重的2%的脑，其血流量却占心输出量的15%左右。在安静情况下，每百克脑组织耗氧3～3.5mL/min;整个脑的耗氧量约占全身耗氧量的20%。每天，脑组织氧化代谢100g葡萄糖，相当于全部肝糖原储存。脑组织对缺血、缺氧耐受力最低，低于40mL/100g/min时出现脑缺血症状;脑血流完全中断数秒则意识丧失,若中断 5～6 min 以上则产生不可逆的脑损伤。

一个鲜明的特点是:不同脑区活动的变化引起显著地局部血流量的变化,现可用正电子发射断层扫描(positron emission tomography,PET)和功能核磁共振(functional magnetic resonance imaging,fMRI),测量人不同脑区的血流量。例如癫痫发作时,PET 和 fMRI 测定显示癫痫灶脑区血流量增加,其他脑区血流量减少。

(2) 血流量变动范围小(tight control of the cerebral blood volume) 脑位于骨性颅腔内,容积较为固定。由于脑组织不可能被压缩,故脑血管舒缩程度受到很大限制,血流量的变动范围较小,可防止颅内压的升高。成人颅骨腔容纳脑实质≈1400g,血液、脑脊液约各 75mL,这些容量都必须保持相对稳定。相反,脑水肿、脑出血或脑肿瘤等使颅内压的升高的临床情况均可压迫某一区域的脑血管,导致神经功能障碍。静脉压升高→脑循环的灌注压↓、压迫脑血管→脑血流量↓。

(3) 局部化学因素(metabolic mechanism controls blood flow to the brain) 血液中 PCO_2 升高、PO_2 和 pH 的下降使脑血管舒张,脑血流量代偿性增多。脑血管平滑肌主要对细胞外液 pH 的下降敏感,而不是 PCO_2。但是 H^+ 不易穿过血-脑屏障,CO_2 易穿过血-脑屏障后,形成的碳酸解离出 H^+ 使脑血管舒张,脑脊液中的 K^+、腺苷、NO 有同样作用。

(4) 血-脑屏障(blood-brain barrier) 脑组织毛细血管壁内皮细胞之间和脉络丛内皮细胞之间有紧密连接(tight junctions),这种结构称为血-脑屏障(blood-brain barrier),限制血液和脑组织之间某些物质的交换。有的学者把存在于一般脑组织毛细血管壁的屏障称为血-脑屏障,而把存在于脉络丛内皮的屏障称为血-脑脊液屏障(blood-CSF barrier),因为脉络丛(choroid plexuses)存在于侧脑室、第三和第四脑室。其实,两个屏障性质相同,即无孔的毛细血管壁、紧密连接和转运蛋白,称作"血-脑屏障"似乎更妥帖。越过血-脑屏障的被动扩散很有限,囊泡转运不存在,主要是载体介导或主动转运。水、O_2、CO_2 和脂溶性类固醇激素通过血-脑屏障较容易,葡萄糖依赖转运蛋白 GLUT1 而转运。治疗颅内疾病必须考虑药物是否可以通过血-脑屏障,例如帕金森氏病,因多巴胺难以通过血-脑屏障则改用 L-dopa。

(5) 自身调节(autoregulation) 正常情况下脑循环的灌注压＝MAP(95)－颅内压(＜10mmHg)。但灌注压在 65～140mmHg 的范围内变动时,可通过自身调节使脑血流量保持恒定。平均动脉压降低到 60mmHg 以下时,脑血流量减少。当平均动脉压超过脑血管自身调节的上限时,脑血流量显著增加。

三、肺循环(Pulmonary Circulation)

右心室射出的血液通过肺泡毛细血管,交换气体后,进入左心房,完成肺循环。此外,经过体循环中的支气管循环,供给气管、支气管以及肺的营养需要。肺循环和支气管循环在末梢部分有少量吻合,通过吻合支的血量很少,约占心输出量的 1%～2%。

(一) 肺循环的生理特点(physiological properties of pulmonary circulation)

(1) 循环途径短,外周阻力小(short circuit,low vascular resistance) 肺动脉主干长

4cm，分支短，再分为若干小支进入肺泡壁形成毛细血管网，最后汇入肺静脉。相比之下，肺循环途径比体循环短得多。肺动脉分支短、管径大、管壁薄，可扩张性大，血管的总截面积大，肺循环的血管都处在低于大气压的胸腔内，因此肺循环的阻力小。

(2) 血压较低(low-pressure system) 肺循环的血压仅为体循环的1/6～1/5，MAP＜15mmHg。肺毛细血管的压力(＜10mmHg)，低于血浆胶体渗透压，因此，肺泡间隙中基本上没有组织液。而且，由于肺部组织液的压力为负压，使肺泡膜与毛细血管壁互相紧密相贴，有利于肺泡与血液之间的气体交换。左心衰竭时，肺静脉压及肺毛细血管血压升高，致使液体积聚在肺泡或肺的组织间隙中而形成肺水肿。

(3) 肺的血容量变化大(lungs receive the entire cardiac output) 与其他器官不同，单个器官肺接受全部心输出量，因此，必须能够承受机体总血容量的变化。与体循环相比较，肺组织和肺血管的顺应性大。平静时肺部的血容量约为450mL。肺的血容量在用力呼气时，可减少至200mL左右；而在深吸气时可达1000mL左右。其容量大，变化范围也大，有"储血库"(blood reservoir)的作用。机体失血时，可从肺循环转移一部分血液至体循环。

呼吸周期影响肺循环的血容量，并对左心室输出量和动脉血压发生影响。在吸气时，由腔静脉回流入右心房的血量增多，右心室射出血量增多。吸气扩张肺时，可将肺循环的血管容量增大，容纳较多的血液，由肺静脉回流入左心房的血液则减少。但经几次心搏后，扩张的肺循环血管已被充盈，故肺静脉回流入左心房的血液则逐渐增多。在呼气时，发生相反的过程。这使得呼吸周期中出现血压波动，称为动脉血压的呼吸波。

(二) 肺循环血流量的调节(regulation of pulmonary blood flow)

(1) 神经调节(neural factors) 肺血管受交感神经和迷走神经双重支配。刺激交感神经有缩血管作用，肺血管阻力增大；刺激迷走神经则有轻度舒血管作用，肺血管阻力略有降低。

(2) 局部组织化学因素(local chemical factors) 急性或慢性低氧能使肺部血管收缩，血流阻力增大。引起肺血管收缩的原因是肺泡气的氧分压降低，而不是血管内血液的氧张力低。尤其是肺泡气的CO_2分压高而肺泡氧分压降低时，肺泡周围的微动脉收缩，局部血流阻力增大，血流量减少，使血液流到通气充足、氧分压高的肺泡，提高气体交换的效率，调节了通气/血流比例。根据推测，使肺组织在低氧时，可能产生一种缩血管物质，如白三烯，血小板激活因子等，引起了肺血管的收缩。高山反应常见的肺动脉高压，就是环境低氧，使肺循环血管广泛收缩而引起的。

(3) 血管活性物质对肺血管的影响(vasoactive substances) 去甲肾上腺素、肾上腺素、血管紧张素Ⅱ、前列腺素$F_{2\alpha}$、血栓素A2等能使肺循环的微动脉收缩；5-羟色胺、组胺能使肺循环的微静脉收缩。

Clinical Note

Coronary Artery Disease(CAD)

When flow through a coronary artery is reduced to the point that the myocardium it supplies becomes hypoxic, **angina pectoris** develops. If the myocardial ischemia is severe and prolonged, irreversible changes occur in the muscle, and the result is **myocardial infarction**. Many individuals have angina only on exertion, and blood flow is normal at rest. Others have more severe restriction of blood flow and have anginal pain at rest as well. Partially occluded coronary arteries can be constricted further by vasospasm, producing myocardial infarction. However, it is now clear that the most common cause of myocardial infarction is rupture of an **atherosclerotic plaque**, or hemorrhage into it, which triggers the formation of a coronary-occluding clot at the site of the plaque. Myocardial infarction is a very common cause of death in developed countries because of the widespread occurrence of **atherosclerosis**. The relation of dietary cholesterol and hypercholesterolemia to the atherosclerosis that causes plaques in coronary and other arteries is beyond the scope of this book.

Many patients with a stable anginal pattern respond well to medication. Nitrayes induce vasodilation by releasing **nitric oxide**. *Nitrates* dilate peripheral veins, reducing venous return and thus the preload to the heart; they also dilate the arteries and aryerioles, reducing blood pressure and therefore the afterload. Finally, nitrates may increase coronary collateral flow to the involved region of myocardium. ***Beta blockers*** prevent the sympathetic nervous system from stimulating β_1 receptors, thereby reducing both heart rate and contractility, and thus metabolic demand. ***Calcium channel blocker*** lessen the contractility of the heart muscle. These interventions all reduce the metabolic demands of the heart.

Summary

- This chapter describes special aspects of the circulation of the brain including the blood-brain barrier, the heart, and the lungs.
- The tight junctions between capillary endothelial cells in the brain and between the epithelial cells in the choroid plexus effectively prevent proteins from entering the brain in adults and slow the penetration of smaller molecules. This uniquely limited exchange of substances into the brain is referred to as the blood-brain barrier. Some physiologists use this term to refer to the barrier in the capillary walls and the term blood-CSF barrier to refer to the barrier in the choroid epithelium. However, the barriers are similar, and it seems more appropriate to use the term blood-brain barrier to re-

fer to exchange across both barriers.

- In adults, the brain, spinal cord, and spinal fluid are encased, along with the cerebral vessels, in a rigid bony enclosure. The cranial cavity normally contains a brain weighing approximately 1400 g, 75 mL of blood, and 75 mL of spinal fluid. Because brain tissue and spinal fluid are essentially incompressible, the volume of blood, spinal fluid, and brain in the cranium at any time must be relatively constant (Monro-Kellie doctrine).
- Autoregulation is prominent in the brain. This process, by which the flow to many tissues is maintained at relatively constant levels despite variations in perfusion pressure. In the brain, autoregulation maintains a normal cerebral blood flow at arterial pressures of 65-140mmHg.
- The heart is a muscle that, like skeletal muscle, compresses its blood vessels when it contracts. The pressure inside the left ventricle is slightly higher than in the aorta during systole. Consequently, flow occurs in the arteries supplying the subendocardial portion of the left ventricle only during diastole, although the force is sufficiently dissipated in the more superficial ortions of the left ventricular myocardium to permit some flow in this region throughout the cardiac cycle. Since diastole is shorter when the heart rate is high, left ventricular coronary flow is reduced during tachycardia.
- At rest, the heart extracts 70-80% of the O_2 from each unit of blood delivered to it. O_2 consumption can be increased significantly only by increasing blood flow. Therefore, it is not surprising that blood flow increases when the metabolism of the myocardium is increased. The caliber of the coronary vessels, and consequently the rate of coronary blood flow, is influenced not only by pressure changes in the aorta but also by chemical (CO_2, H^+, K^+, lactate, prostaglandins, adenine nucleotides and adenosine), and neural factors. The coronary circulation shows considerable autoregulation.

Key Terms

blood-brain barrier; ischemic damage; angina pectoris; myocardial infarction; Beta blockers, calcium channel blocker; atherosclerotic plaque

Review Question

- Give approximate values for blood flow per unit weight and blood flow per organ at rest in the major organs of the body.
- List the unique gross and microscopic aspects of the circulation of the brain, and the heart.
- Outline the characteristics of the blood-brain barrier, and comment on its importance in clinical medicine.

（蒋正尧）

参考文献(References)

朱大年. 2009. 生理学. 7 版. 北京:人民卫生出版社

Boron W F, Boulpaep E L. 2003. Medical Physiology, Philadephia: Saunders An Imprint of Elesvier Science

Ganong W F. 2005. Review of medical Physiology, Stamford, Connecticut: the McGraw-Hill Companies.

Rhoades R, Pflanzer R. 1989. Human Physiology. 3rd ed. Philadephia: Saunders College Publishing

Sembulingam K, Sembulingam P. 2010. Essentials of Medical Physiology. 5th ed, New Delhi, Jaypee Brothers Medical Publishers(P) Ltd

Silverthorn D U. 2009. Human Physiology. 4th ed, San Francisco: Pearson Education, Inc.

第五章 呼 吸
Chapter 5 Respiration

Chapter Outline

- Introduction to respiration
- Pulmonary ventilation
- Gas exchange
- Gas transport
- Regulation of respiration

第一节 概 述
Section 1 Introduction to Respiration

Section Outline

- Respiration is defined as the gas exchange between the body and the external environment.
- Respiration includes three major functional events: 1) external respiration: including pulmonary ventilation and pulmonary gas exchange; 2) gas transport; and 3) internal respiration.
- Components of the respiratory system
- Functions of the airway

一、呼吸(What is Respiration?)

呼吸(respiration)是机体与外界环境之间的气体交换过程。呼吸的作用是为机体内的氧化磷酸化过程提供O_2,并把同时产生的CO_2排出体外。正常成年人体内的O_2储存量约为1550mL,而在基础状态下,正常成年人每分钟大约要消耗250mL的O_2。因此一旦呼吸停止,很短的时间内即可导致机体严重缺氧。呼吸停止后,机体产生的CO_2积聚在体内,与H_2O结合生成碳酸,因此呼吸停止还导致严重的酸中毒。可见呼吸是维持生命活动所必需的基本生理过程之一。通过呼吸,体内的O_2和CO_2可以维持在一个相对稳定的水平。轻度的呼吸功能障碍时,虽然机体摄取O_2和排出CO_2的能力受到影响,但通过机体的调节功能,可以维持生命活动的需要;严重呼吸功能障碍将危及人的生命。

二、呼吸的过程(Processes of Respiration)

简单来讲,呼吸过程可以分为两个部分:第一部分是外界气体和细胞进行气体交换(gas exchange)的过程;第二部分是细胞呼吸(cellular respiration)即生物氧化的过程。

狭义的呼吸主要指第一部分。在单细胞生物，气体交换不需要特殊的器官，仅仅是通过细胞膜以单纯扩散的方式实现与环境的气体交换。较为高等的生物则进化出了专门的呼吸器官，如鱼类的鳃等。在人和其他的恒温动物，具备功能完善的肺以及与之配套的呼吸道、呼吸肌等辅助结构，因此，肺成了气体交换的场所。而人体呼吸的全过程也可以用如下3个相互联系的环节概括（图5-1）。①外呼吸（external respiration），包括肺通气和肺换气两个过程。肺通气（pulmonary ventilation）是指肺与外界环境之间的气体交换过程；肺换气（gas exchange in the lungs）指肺泡与肺毛细血管血液之间的气体交换过程。②气体运输（gas transport），指肺与组织之间的气体运输过程；包括通过血液循环将 O_2 从肺运送到组织以及将 CO_2 从组织运送到肺两部分。③内呼吸（internal respiration），指血液或组织液与组织、细胞之间的气体交换过程，也称组织换气（gas exchange in the tissues）。

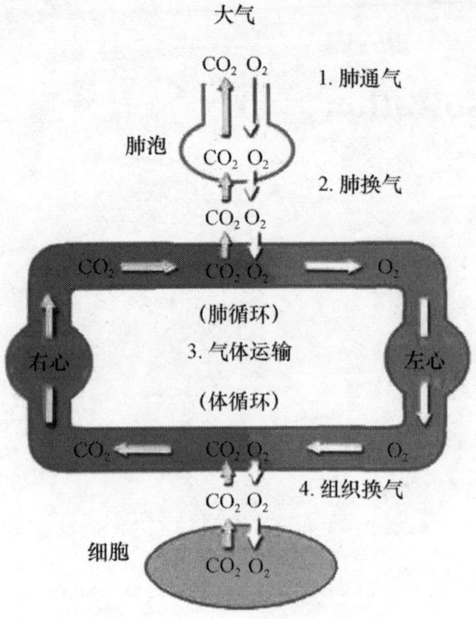

图5-1 呼吸全过程示意图

三、呼吸系统的组成(Components of the Respiratory System)

广义上讲，呼吸系统由呼吸肌、肺以及呼吸中枢组成。呼吸肌包括：膈肌、肋间外肌、肋间内肌、腹壁肌肉及颈部肌肉（如胸锁乳突肌、斜角肌）（图5-2）。肺主要由呼吸道、肺

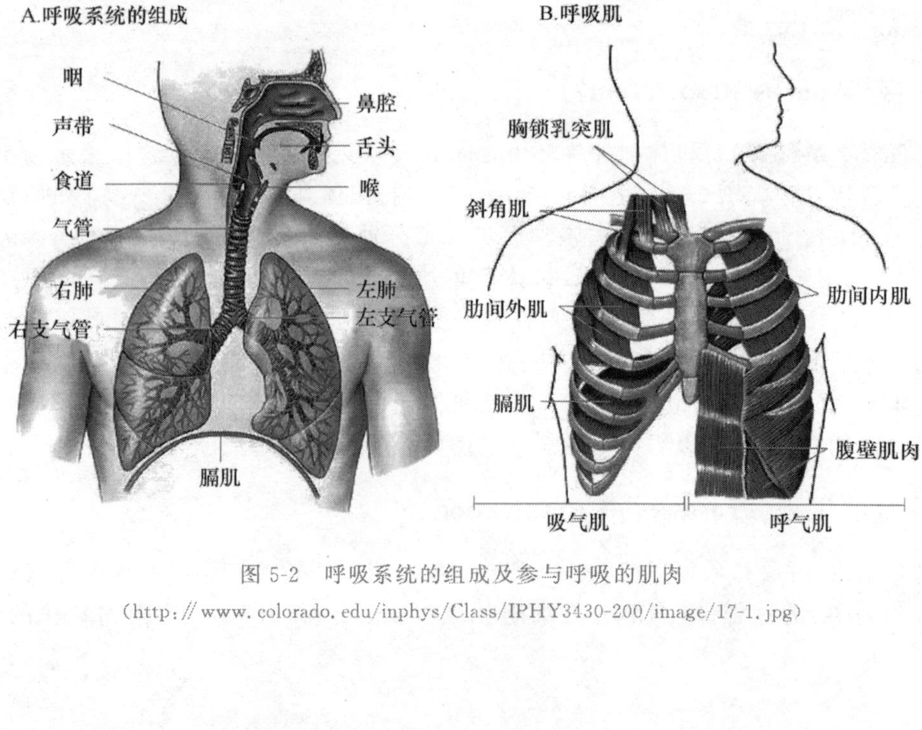

图5-2 呼吸系统的组成及参与呼吸的肌肉

(http://www.colorado.edu/inphys/Class/IPHY3430-200/image/17-1.jpg)

泡以及能够进行有效气体交换的肺脉管系统组成。而呼吸中枢则可以在机体内外环境变化时通过调节呼吸运动而维持机体的需要。狭义上的呼吸系统由鼻(包括口腔)、咽、喉、气管、主支气管、各级支气管和肺泡组成。气体交换时,气体进出肺的通道称为呼吸道(airway)。在肺内,呼吸道呈树状分布,气管就像树干,各级支气管像树冠一样,直径逐渐减小。根据管径的大小,可以把呼吸道分成 27 级,前 20 级只作为气体交换的通道,后 7 级包括终末细支气管、肺泡管,其和肺泡(alveoli)一样,是气体交换的场所(图 5-2)。

四、呼吸道的功能(Functions of Respiratory Airway)

通常将鼻、咽、喉称为上呼吸道(upper airway),把气管及以下的部分称为下呼吸道。上呼吸道的重要作用是对呼入气中的大颗粒物质进行过滤,并对气体加温、加湿。下呼吸道上皮细胞顶部长有纤毛(cilia),上皮细胞之间还有分泌黏液的杯状细胞。纤毛的摆动和黏液的附着作用使进入其中的颗粒能够被排出体外。下呼吸道内还有巨噬细胞存在,巨噬细胞对进入呼吸道的小颗粒具有吞噬作用。通过呼吸道的这些作用,可以尽可能的保证进行气体交换的部分免受损伤。临床上进行长时间气管插管、气管切开等处理时,要注意因吸入气干燥、温度较低等对下呼吸道的损伤。

Summary

- The gas exchange between the living body and its environment is called respiration. Respiration includes three processes: 1) pulmonary ventilation and pulmonary gas exchange, 2) transport of gas in the blood, and 3) gas exchange between blood and tissue cells.
- The respiratory system includes the following: 1) respiratory muscles, 2) the lungs, including both airspaces and the pulmonary vasculature that make efficient gas exchange possible, central nervous system centers, which control respiration, making adjustments in response to monitored conditions in the body.
- Within the lungs there is a "tree" of branching airways. There are about 27 "generations" of branches from largest to smallest airways, in which, the last 7 generations have the effects of gas exchange.
- An important function of the non-gas-exchange portion of the airways is the filtering out of particles in the air that would destroy the gas exchange surface of the lungs.

Key Terms

respiration; pulmonary ventilation; airway

Review Questions

1) What is respiration?

2) Explain the whole processes of respiration?

第二节 肺 通 气
Section 2 Pulmonary Ventilation

Section Outline

- Respiratory movement provides the original force that causes pulmonary ventilation. The pressure difference between alveoli and atmosphere causes the movement of air in and out of the lung.
- Intrapleural pressure is the pressure of the fluid between the lung pleura and the parietal pleura, which is negative than atmospheric pressure. The negative intrapleural pressure keeps the lungs expanded.
- Elastic resistance results from the elastic recoil of the lungs and chest. Inelastic resistance includes airway resistance, inertial resistance and viscous resistance.
- Pulmonary volumes and capacities: Pulmonary volumes include tidal volume, inspiratory reserve volume, expiratory reserve volume, and residual volume. Pulmonary capacities include inspiratory capacity, functional residual capacity, vital capacity, and total lung capacity.
- Pulmonary ventilation and alveolar ventilation
- Maximum expiratory flow volume curve
- Work of breathing

上一节已经提到，肺通气(pulmonary ventilation)是指肺与外界环境之间的气体交换过程。实现肺通气的结构基础包括呼吸道、肺泡、胸廓、呼吸肌等。肺悬浮于胸廓内，两者之间有密闭的胸膜腔。附着于胸廓的呼吸肌通过收缩及舒张活动改变胸廓容积，为肺通气提供动力。

一、肺通气原理(Principle of Pulmonary Ventilation)

(一) 肺通气的动力(the force that causes pulmonary ventilation)

肺本身不具有主动张缩的能力，呼吸肌的收缩和舒张引起胸廓容积的增大和缩小，胸廓节律性的扩大和缩小牵引着肺被动的扩张和缩小，从而形成了节律性的呼吸。

1. 呼吸运动(respiratory movement)

呼吸肌的收缩和舒张引起的胸廓节律性扩大和缩小称为呼吸运动(respiratory movement)，胸廓扩大称为吸气运动(inspiratory movement)，胸廓缩小称为呼气运动(expiratory movement)。呼吸运动是肺通气的原动力。

1) 呼吸运动的过程(Processes of respiratory movement)

以下两种呼吸肌的运动方式均可导致胸廓容积的变化：①横膈(diaphragm)的上下运动。横膈形似钟罩，位于胸腔和腹腔之间，向胸腔方向隆起，构成胸腔的底。横膈的中心部分为肌腱，周边部分为骨骼肌，受膈神经支配。横膈周边部分收缩时，中心部分被拉紧，向腹腔方向移位，这使胸廓的上下径变长，胸廓容积相应增大。横膈周边部分舒张时，中心部分放松，膈肌向上移位，恢复到收缩前的位置。平静呼吸时，横膈的移动范围在1～2cm，深呼吸时可达7～10cm。平静呼吸时，因膈肌收缩而增加的胸廓容积相当于总吸入气量的4/5，所以膈肌是最重要的吸气肌。②肋骨的升降运动(图5-3)。平静呼气末，肋骨呈自然下垂状态，这使得胸骨向脊柱方向回落，胸廓前后径变小，胸廓容积也相应变小。当肋骨向上抬起时胸骨向前移动，胸廓前后径变大，胸廓横径也变大，胸廓容积也相应变大。因此，肌肉收缩如果能引起肋骨上升，则此肌肉被称为吸气肌；肌肉收缩若能引起肋骨下降则被称为呼气肌。在前者中，最重要的是肋间外肌，另外还有胸锁乳突肌、斜角肌等；后者中有肋间内肌、腹直肌等。

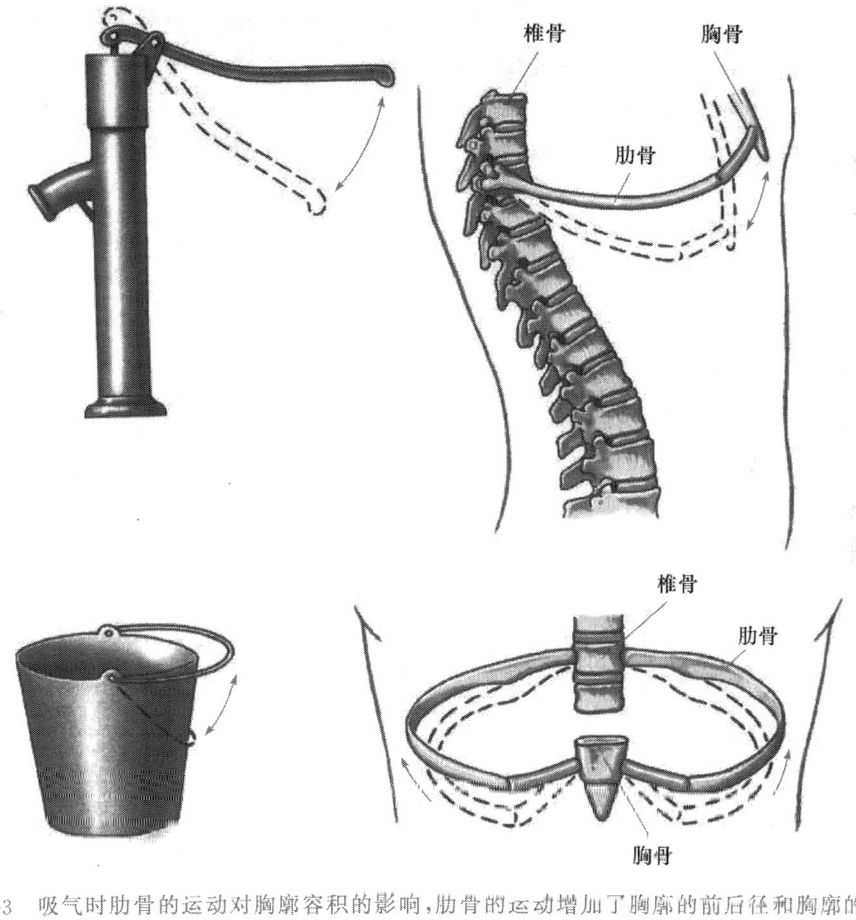

图5-3 吸气时肋骨的运动对胸廓容积的影响，肋骨的运动增加了胸廓的前后径和胸廓的横径
(引自Silverthorn DU主编，Human Physiology. 4th Edition. San Francisco：Pearson Education Inc，2009)

2) 呼吸运动的形式(breathing patterns)

吸气时，膈肌因收缩而向下移动，使腹腔内压力增大，腹壁向外突出。呼气时，膈肌舒张，腹壁回位。因此呼吸时，膈肌的收缩和舒张伴以腹壁的起伏，这种形式的呼吸运动又称为腹式呼吸(abdominal breathing)。肋间外肌收缩和舒张主要引起肋骨和胸骨的运动，

主要表现为胸部的起伏，因此，这种形式的呼吸运动称为胸式呼吸(thoracic breathing)。在安静状态下，正常人的呼吸运动平稳而均匀，每分钟 12～18 次，这种呼吸运动称为平静呼吸(eupnea)。在运动或缺氧等状态下，呼吸运动将加深加快，此时呼气肌也参与收缩，这种呼吸运动称为用力呼吸(forced breathing)或深呼吸(deep breathing)。平静呼吸时，呼气肌基本上没有收缩活动，因此呼气完全是由膈肌、肋间外肌等吸气肌舒张而引起的被动过程。吸气结束后，胸廓和肺依靠自身的弹性回缩力回位，产生呼气。用力呼吸时，肋间内肌等呼气肌收缩，用以加速胸廓的缩小，促进呼气。因此，此时吸气和呼气都变成了主动的过程。

支配膈肌的膈神经发自脊髓颈段 5～6 节段，支配肋间肌的肋间神经发自脊髓胸段。因此高位截瘫的患者，如果脊髓在颈段 6 节以下水平受损伤时不会导致所有呼吸肌瘫痪，膈肌仍可以收缩。如果在这一水平以上损伤脊髓，则导致全部呼吸肌瘫痪，呼吸运动完全消失。此时需立刻进行人工呼吸以维持肺通气，否则会立即危及生命。

2. 肺内压(intrapulmonary pressure)

肺内压(intrapulmonary pressure)是指存在于肺泡内的压力(图 5-4)。肺泡通过呼吸道与大气相沟通，因此在呼吸运动暂停时，肺内压与大气压相等，压力差为零。吸气时，由于吸气肌收缩引起胸廓扩张，肺随之扩张，肺容积增加；肺内压下降至低于大气压水平，压力差为负。这时空气在压力差的推动下，经呼吸道流入肺内。吸气末，肺容积不再增加，肺内压与大气压之间达到新的平衡，压力差又变为零，此时进出肺的净气体量为零，吸

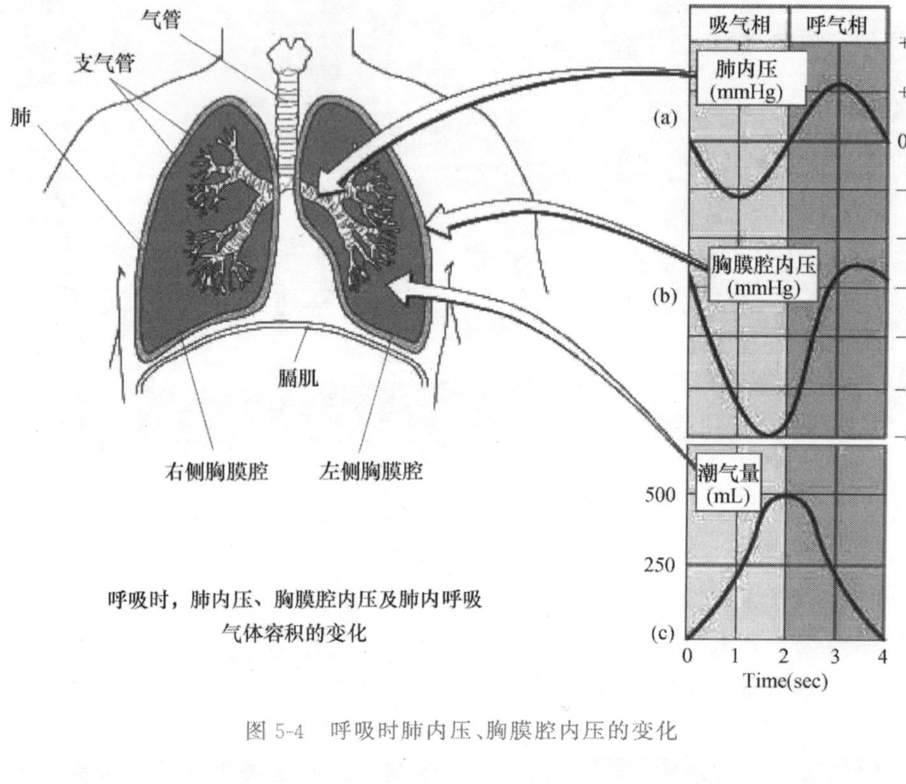

图 5-4 呼吸时肺内压、胸膜腔内压的变化

气过程终止转为呼气。呼气时，吸气肌舒张，肺在自身弹性回缩力的作用下回缩，肺容积变小，肺内压上升至高于大气压，压力差为正，这时肺内气体在压力差的推动下经呼吸道流出肺外。因此，肺内压周期性的交替升降是肺通气的直接动力，气体之所以能被吸入或被呼出，是因为在呼吸过程中形成了肺内压与大气压之间的压力差。在自然呼吸停止时，用人为的方法建立肺内压和大气压之间的压力差，以维持肺通气，称为人工呼吸(artificial respiration)。自然呼吸一旦停止，必须紧急实施人工呼吸。

3. 胸膜腔内压(intrapleural pressure)

胸膜腔内的压力称为胸膜腔内压(intrapleural pressure)(图 5-4)。在肺的表面及胸廓内侧面均覆盖有胸膜，覆盖于胸廓内表面的胸膜称为壁层胸膜，覆盖于肺表面的胸膜称为脏层胸膜。正常情况下，脏层胸膜和壁层胸膜紧贴在一起，且在肺门部相互延续，因此便形成了一个潜在的封闭空间，称为胸膜腔。胸膜腔内不含有气体，仅有少量的浆液对两层胸膜起润滑作用。另外，胸膜腔内液体分子之间的内聚力使脏壁两层胸膜紧贴在一起，使肺可以随胸廓一起运动。呼吸过程中，两层胸膜可以相互滑动，就如同两片用水粘起来的玻璃。在人的生长发育过程中，胸廓的发育比肺快，因此肺的自然容积(离体容积)远小于胸廓的自然容积。在肺泡表面张力(后述)和肺弹性组织回缩力的作用下，生理状态下的肺总是倾向于回缩。然而胸廓是一硬性结构，不会跟随肺回缩，因此，肺被牵引而始终处于扩张状态。所以，胸膜腔便受到两种力的作用，一个是使肺泡扩张的肺内压，另一个是使肺泡缩小的肺回缩力，胸膜腔内压就是这两种方向相反的力的代数和。在吸气末或呼气末，呼吸道内无气体流动，由于呼吸道与外界相通，所以此时的肺内压等于大气压。此时：

$$\text{胸膜腔内压} = \text{大气压} - \text{肺回缩力}$$

若以大气压为 0，则

$$\text{胸膜腔内压} = -\text{肺回缩力}$$

在呼吸过程中，生理状态下的肺总是倾向于回缩，因此在平静呼吸时，胸膜腔内压总是负值。胸膜腔内负压的大小与肺回缩力成正比。吸气时肺被扩张，肺回缩力增大，胸膜腔内压负值增大；呼气时肺回缩，但回缩不到肺的自然容积，胸膜腔内压力仍然低于大气压。平静呼吸时，吸气末胸膜腔内压为－10～－5mmHg，呼气末为－5～－3mmHg。

胸膜腔内负压具有重要生理意义，胸膜腔是一封闭的空间，而肺泡则通过呼吸道与外界大气相通；肺内压与胸膜腔内压之间的压力差是维持肺处于扩张状态的动力。这一压力差又称为跨肺压(transpulmonary pressure)。吸气时胸廓容积增大，胸膜腔内负压增大，因而跨肺压增大，使肺跟随着扩张。胸膜腔内负压作用于胸腔内静脉血管、淋巴管，使其扩张，便于血液及淋巴液的回流；由于负压具有“抽吸”作用，更促进血液、淋巴液向心脏方向流动。

当胸膜腔封闭性被破坏后，气体会进入胸膜腔，这种状态称为气胸(pneumothorax)(图 5-5)。外伤导致胸壁破损，胸膜腔与大气直接接通，称为开放性气胸(open pneumothorax)。此时胸膜腔内压力与大气压相等，跨肺压为零。肺在肺泡表面张力和肺弹性组织回缩力的作用下回缩至自然容积，胸廓的运动亦不能引起肺的张缩，同时血液和淋巴液回流障碍，如不及时治疗则导致呼吸循环功能衰竭而危及生命。在先天性肺大泡破裂等状态下，肺内气体也可以进入胸膜腔内，形成自发性气胸(spontaneous pneumothorax)。气胸后，应尽力把胸膜腔内的气体吸出，并阻止气体进一步进入其中，剩余在胸膜腔内的少量气体则会逐渐被吸收，胸膜腔内的液体层会再次把壁、脏两层胸膜粘在一起，肺可以随呼吸运动再次扩张。当血液或炎症渗出液大量进入胸膜腔时，也会造成肺扩张受阻，严重影响肺通气功能。

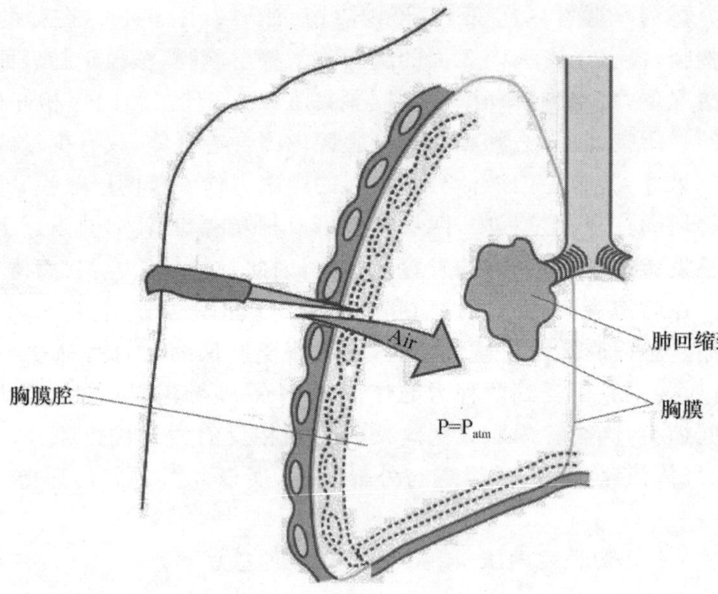

图 5-5 气胸

(引自 Silverthorn DU 主编，Human Physiology. 4th Edition. San Francisco：Pearson Education Inc，2009)

(二) 肺通气的阻力(resistances to pulmonary ventilation)

肺通气的阻力来自两个方面，一是弹性阻力，包括肺的弹性阻力和胸廓的弹性阻力，是平静呼吸时的主要阻力。二是非弹性阻力，包括气道阻力、惯性阻力和黏滞阻力。肺通气的动力需要克服肺通气的阻力才能实现肺通气。

1. 弹性阻力和顺应性(elastic resistance and compliance)

弹性体对抗外力作用所引起的变形的能力称为弹性阻力(elastic resistance)。在呼吸系统，弹性阻力来源于肺和胸廓的弹性回缩力。弹性阻力是平静呼吸时的主要通气阻力，约占总阻力的70%。弹性阻力的大小，可以用顺应性的高低来测定。弹性体在外力作用下，发生变形的难易程度称为顺应性(compliance)。顺应性和弹性阻力成反比，即顺应性越大，弹性阻力越小。肺和胸廓的弹性阻力大小也可以用顺应性来度量。

1)肺的弹性阻力和顺应性(elastic resistance and compliance of the lungs)

肺因吸气而被扩张时会产生弹性回缩力，弹性回缩力与肺扩张的方向相反，因而是吸气的阻力。肺弹性回缩力由两部分组成:①肺组织本身的弹性回缩力。肺泡壁、小气道的管壁等组织富含弹力纤维和胶原纤维,当肺扩张时,这些纤维因被拉长而倾向于回缩。肺扩张程度越大,回缩力也越大。②肺泡表面张力导致的弹性回缩力。肺弹性阻力的大小可用肺顺应性表示,肺顺应性(C_L)用单位跨肺压变化(ΔP)所导致的肺容量变化(ΔV)来表示,即 $C_L=\Delta V/\Delta P$,单位是 L/cm H_2O。正常成年人两肺的总顺应性约为 200mL/cm H_2O。肺顺应性大,说明肺的回缩力小,肺易于扩张;肺顺应性小,说明肺的回缩力大,肺不易扩张。肺顺应性还受到肺总量的影响。例如:在吸入同样容积的气体时,肺总量较大者肺的扩张程度较小,仅需要较小的跨肺压变化即可完成,故顺应性大;而肺总量较小者肺的扩张程度较大,需要较大的跨肺压才能完成,故顺应性也较小。因此,肺总量越大,顺应性也越大;肺总量较小时,顺应性也较小。因此,在比较肺顺应性时应排除肺总量的影响,测定单位肺容量下的顺应性,即比顺应性(specific compliance)。肺的比顺应性可用如下公式计算得到:

比顺应性 = 平静呼吸时的肺顺应性 / 肺的功能余气量

测定肺顺应性时,逐步吸气或呼气,每步吸入或呼出一定量空气后即测定胸膜腔内压和肺容积,绘制压力-容积曲线,即肺的顺应性曲线(图 5-6)。因为测定时无气体流动,肺内压为零,所以跨肺压即为胸膜腔内压(跨肺压=肺内压-胸膜腔内压)。从图中可以看出,肺顺应性曲线由吸气顺应性曲线和呼气顺应性曲线两部分构成,并且呼气和吸气的肺顺应性曲线并不重叠,这一现象称为滞后效应(hysteresis)。图 5-7 显示的是分别用生理盐水和空气扩张离体肺时各自的肺顺应性曲线。可以看出,如将肺扩张到某一容积,用空气扩张比用盐水扩张所需的跨肺压要大的多,前者约为后者的 3 倍,并且用生理盐水代替空气时,滞后现象也不明显。这一现象的产生和肺泡液-气界面的表面张力有关。

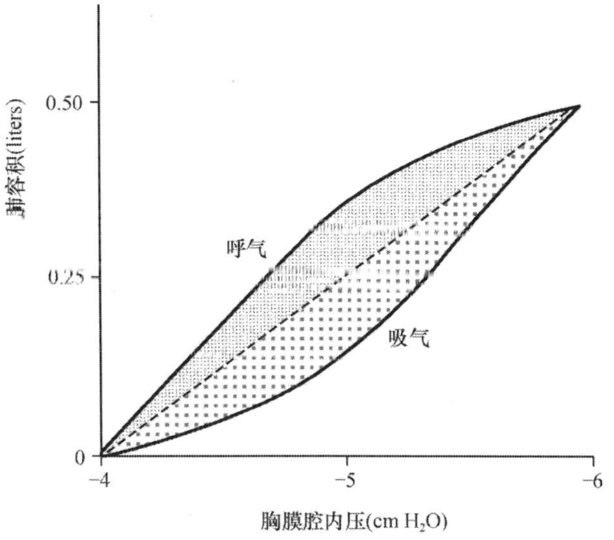

图 5-6 健康人体肺的顺应性曲线

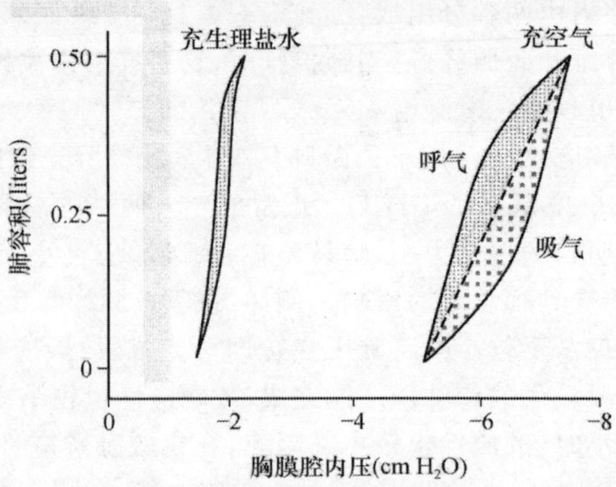

图 5-7 充空气和充生理盐水时肺的顺应性曲线

在肺泡的内表面，覆有一层薄薄的液体，该液体层与肺泡内的气体构成了液-气界面，液体表面具有表面张力。表面张力起因于液体分子之间的引力，液体表面层中的分子都受到一个与液体自由面垂直并指向液体内部的作用力，致使表面层具有收缩趋势，要求液体具有尽可能小的表面积。这也是为什么水滴、气泡总是呈球形的原因(同等体积下球形的表面积最小)。肺泡内表面的液体层在表面张力作用下，肺泡直径倾向于缩小。根据 Laplace 定律，肺泡液-气界面的压强(P)：

$$P = 2T/r$$

式中 r 表示肺泡的半径。可见液体表面张力系数(T)越大、半径(r)越小，压强(P)就越大。在肺泡(图 5-8)，如果 T 不变，则表现为小肺泡内的压强大于大肺泡内的压强，也即小肺泡的回缩力大于大肺泡。用生理盐水扩张肺时，消除了肺泡内的液-气界面，此时的肺回缩力完全来自于肺弹性组织的弹性回缩力，仅有空气扩张肺时的 1/3。由此可见肺泡表面张力所形成的回缩力占总回缩力的 2/3。

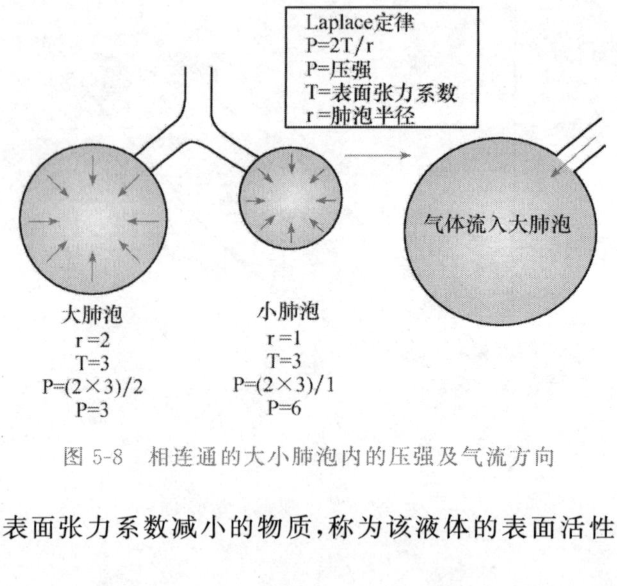

图 5-8 相连通的大小肺泡内的压强及气流方向

能够使某液体表面张力系数减小的物质，称为该液体的表面活性物质(surface active

substance, surfactant)。肺泡Ⅱ型上皮细胞具有分泌肺表面活性物质(pulmonary surfactant)的作用。肺表面活性物质是一种成分复杂的混合物,主要成分是二棕榈酰卵磷脂(dipalmitoyl lecithin 或 dipalmitoyl phosphatidyl cholinc, DPPC)和表面活性物质结合蛋白(surfactant-associated protein)。DPPC 分子的一端是非极性疏水的脂肪酸,另一端是亲水的胆碱。当分散于肺泡内液体层表面时呈垂直状态排列。亲水端位于液体中,疏水端朝向肺泡气(图 5-9)。肺表面活性物质具有很强的降低表面张力的作用。该作用具有非常重要的生理意义:①肺表面活性物质的存在大幅度降低了肺的回缩力。肺回缩力的2/3来自于肺泡表面张力,肺表面活性物质的存在使肺泡表面张力降低为原来的 1/2～1/10。②减少液体渗入肺泡,防止肺水肿的发生。表面张力的合力指向肺泡腔内,具有吸引肺泡壁毛细血管中液体进入肺泡的作用。这会严重影响肺泡内气体与肺泡壁毛细血管血液之间的气体交换。肺表面活性物质通过降低表面张力防止液体的渗出。③稳定肺泡容积,有助于大小肺泡的稳定性。从 Laplace 定律 $P=2T/r$ 可以看出,肺泡半径(r)越小,由表面张力导致的回缩力就越大。因此如果相邻的两个相通的肺泡大小不等,则小肺泡会由于回缩力大逐渐塌陷,而气体流入大肺泡也使其过度扩张。但实际上,这种现象并没有发生,由于肺泡内表面存在表面活性物质,且 DPPC 分子密度随肺泡的张缩而改变。因此当肺泡体积缩小时,内表面的表面活性物质分子密度变大,降低表面张力的作用也变大,使小肺泡不至于塌陷(图 5-10)。

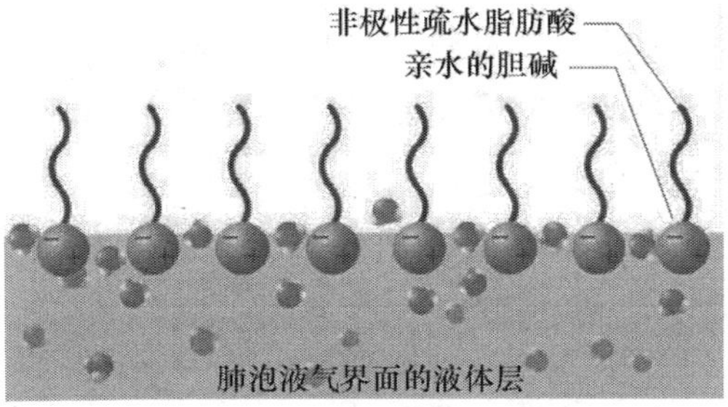

图 5-9 液-气界面的肺表面活性物质
(http://www.answers.com/topic/langmuir-blodgett-film)

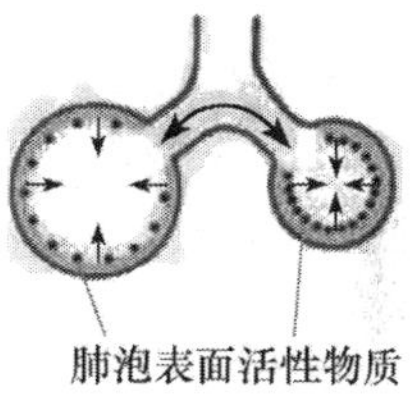

图 5-10 肺泡表面活性物质降低表面张力示意图

胎儿在妊娠 6～7 个月后肺泡上皮细胞才开始分泌表面活性物质。因此早产儿可因缺乏表面活性物质而发生肺不张和新生儿呼吸窘迫综合征(neonatal respiratory distress syndrome, NRDS),导致早产儿不能成活。在某些情况下,如需要提前结束妊娠,为保证新生儿成活,应抽取羊水检查表面活性物质含量。如果缺乏,则应尽量延长妊娠时间,同时使用某些药物(例如糖皮质激素类)促进胎儿肺表面活性物质的合成。成年人患肺炎、肺血栓等疾病时,也可因表面活性物质减少而发生肺不张。

2) *疾病状态下肺顺应性会发生改变*(Lung compliance may change in disease states)

临床上,常用肺顺应性表示肺扩张的难易程度。但是,我们并不能简单的把顺应性和弹性等同起来。在外力作用下,肺容易扩张(顺应性高)并不意味着当外力撤除后也容易恢复到肺的初始容积(弹性)。例如:肺气肿时,肺弹性纤维受到破坏,吸气时肺容易扩张,肺顺应性增大;但此时肺的弹性降低,呼气时不能回缩到吸气前的状态。正常时,肺像一个充气的气球，而肺气肿时，肺更像一个充气的塑料袋。当和外界相通时，气球的弹性回缩力使气球内的气体流出，而塑料袋由于弹性回缩力很小，即使和外界相通也仍然会有很多气体留在袋中。

3) *胸廓的弹性阻力和顺应性*(Elastic resistance and compliance of the thorax)

胸廓处于自然位置时的肺容量相当于肺总容量的67%。当肺容量小于肺总容量的67%时，胸廓被牵引向内而缩小，此时胸廓倾向于向外扩张，是吸气的动力；当肺容量大于肺总容量的67%时，胸廓被牵引向外而扩大，此时胸廓倾向于回缩，是吸气的阻力。因此，胸廓的弹性阻力是否构成吸气阻力，取决于胸廓的位置，这与肺弹性阻力不同。只有当胸廓超出其自然位置时(肺容量大于总容量的67%)，胸廓的弹性阻力才构成吸气阻力。正常成年男性平静呼气末肺内残留气体量(功能余气量)约为2500mL，低于肺总容量的67%(3350mL，肺总容量为5000mL)；平静吸气末肺内气体量约为3000mL，同样低于肺总容量的67%。因此在平静呼吸情况下胸廓的弹性阻力是促进吸气的力量。只有在用力呼吸情况下胸廓的弹性阻力才可能构成吸气的阻力。在呼气过程中，胸廓容积逐渐减小，胸廓受到被动牵拉而产生的外向回位力逐渐增大，当胸廓的外向回位力等于肺的回缩力时，呼气终止，此时存在于肺内的气体量即为功能余气量。胸廓的弹性阻力也可以用胸廓的顺应性(compliance of chest wall)测量，表示为：

胸廓的顺应性 = 胸腔容积的变化 / 跨胸壁压的变化

2. 非弹性阻力(inelastic resistance)

非弹性阻力包括气道阻力、惯性阻力和粘滞阻力。健康人在平静呼吸时非弹性阻力仅占总阻力的30%，且主要来自气道阻力。用力呼吸时或在病理情况下，非弹性阻力显著增大，成为制约肺通气能力的重要因素。

气道阻力(airway resistance)来自于气体分子与气道壁及气体分子之间的摩擦，占整个非弹性阻力的80%～90%。气道阻力和血流阻力相似，主要受三方面的影响：气道长度，气体的粘滞度及气道半径。正常状态下，气道长度和气体黏度都不会发生变化，因此气道阻力主要受到气道半径的影响。约90%的气道阻力来自于大气道，由于有骨和软骨的支撑，大气道的半径不会发生变化，因此气道阻力也一般不变。但在感染、过敏等状态下，气道阻力可以急剧增加。比如，在重感冒时，用鼻腔呼吸感到非常费力就是气道阻力增加的表现。细支气管、终末细支气管尽管口径很小，但数量极多，因而总阻力很小。然而在病理情况下细支气管对气道阻力影响很大，细支气管狭窄可以显著增加气道阻力，并减少到达肺泡的新鲜空气量。细支气管的管径也受神经及体液调控。细支气管平滑肌受交感神经和副交感神经双重支配。细支气管交感神经支配较少，但交感神经兴奋可导致肾上腺髓质释放肾上腺素，经血液循环作用于细支气管平滑肌β受体(以β_2受体为主)，导致平滑肌舒张，使气管口径扩大、气流阻力减小。副交感神经兴奋时释放Ach。Ach作用于平滑肌细胞膜上的M受体，导致平滑肌收缩，使气管口径缩小、气流阻力增大。某些刺激性气体、尘埃、烟雾等被吸入呼吸道后刺激呼吸道感受器，通过神经反射兴奋细支气管副交感神经，最终导致细支气管收缩，严重时可导致哮喘发作。肺组织本身释放的某些物质，例如组织胺、慢反应物质、内皮素、前列腺素F_2等，可导致细支气管平滑肌强烈收缩，这些物质在过敏性哮喘发作中起重要作用。

惯性阻力(inertial resistance)指在气流发生变化时,由于气流和组织的惯性而产生的影响肺通气的阻力。粘滞阻力(viscous resistance)则来自于呼吸运动造成的组织的相对位移所产生的摩擦力。

二、肺通气功能的评价(Evaluations of Pulmonary Function)

(一)肺容积和肺容量(pulmonary volumes and capacities)

1. 肺容积(pulmonary volumes)

(1) 潮气量(tidal volume,TV)　每次呼吸时吸入或呼出的气体量。正常成年人平静呼吸时平均为500mL(图5-11)。潮气量的大小受到呼吸肌的收缩强度、机体的代谢水平等因素的影响。

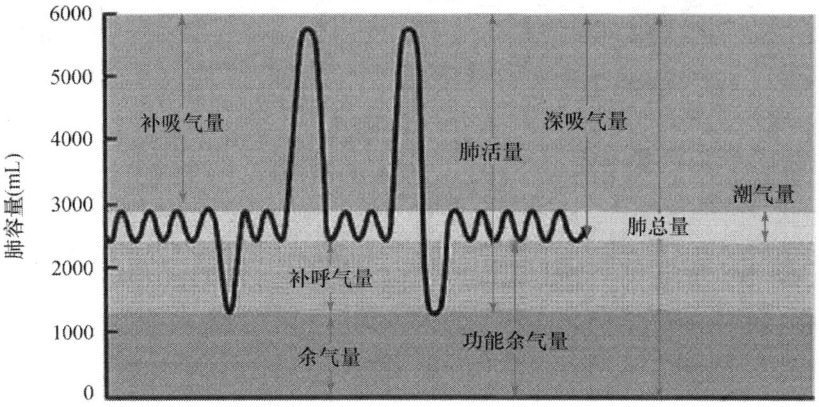

图5-11　肺容积和肺容量

(2) 补吸气量(inspiratory reserve volume,IRV)　平静吸气末再尽力吸气所能吸入的气体量。正常成年人约为1500～2000mL。补吸气量又称吸气储备量,反映吸气的储备能力。

(3) 补呼气量(expiratory reserve volume,ERV)　平静呼气末再尽力呼气所能呼出的气体量。正常成年人约为900～1200mL。补呼气量又称呼气储备量,反映呼气的储备能力。

(4) 余气量(residual volume,RV)　最大呼气末尚存留于肺中不能呼出的气体量。正常成年人约为1000～1500mL。余气量只能用间接方法测定,余气量可避免肺泡在低肺容积条件下的塌陷。肺气肿等疾病时,余气量增加。

2. 肺容量(pulmonary capacities)

两项或两项以上的肺容积相加后的联合气体量称为肺容量。

(1) 深吸气量(inspiratory capacity,IC)　深吸气量为潮气量与补吸气量之和,即平静呼气末作最大吸气所能吸入的气体量。深吸气量是衡量通气潜力的一个重要指标。

(2) 功能余气量(functional residual capacity,FRC)　功能余气量为补呼气量与余气

量之和，即平静呼气末肺内存留的气体量，正常成年人为 2500mL。呼吸过程中，肺泡气 O_2 分压远低于空气，CO_2 分压则远高于空气。这是由于肺泡内的气体不断与流经肺泡的血液进行气体交换的缘故。平静呼吸时，每次吸气吸入肺泡内的新鲜空气仅有 350mL 左右，远低于功能余气量，因此肺泡气中 O_2 和 CO_2 的分压基本上不随呼吸运动而变化。可见功能余气量对于稳定动脉血气分压有重要生理意义。

(3) 肺活量(vital capacity，VC)　最大吸气后从肺内所能呼出的最大气体量称为肺活量。即：肺活量＝潮气量＋补吸气量＋补呼气量。肺活量反映了肺一次通气的最大能力。正常成年男性肺活量的平均值约为 3500mL，女性约为 2500mL。测肺活量时，让受试者以最快速度尽力呼气，所能呼出的气体量称为用力肺活量(forced vital capacity，FVC)。分别测定第 1s、2s、3s 所呼出的气体量，计算其所占肺活量的百分比，分别称为第 1s、2s、3s 的时间肺活量(timed vital capacity)，正常成年人各为 83%、96%和 99%。通常用 1s 末的时间肺活量(称为 1s 用力呼气量，forced expiratory volume in 1 second，FEV_1)与 FVC 的比值来反映肺通气阻力的变化。阻塞性肺疾病患者肺活量可能正常，但时间肺活量显著降低，FEV_1/FVC 变小。限制性肺疾病患者肺活量和时间肺活量都降低，但 FEV_1/FVC 可能不变甚至升高。

(4) 肺总量(total lung capacity)　即肺所能容纳的最大气体量，肺总量＝潮气量＋补吸气量＋补呼气量＋余气量。成年男性肺总量约为 5000mL，女性约为 3500mL。

(二)肺通气量和肺泡通气量(pulmonary ventilation and alveolar ventilation)

1. 肺通气量(pulmonary ventilation)

每分钟吸入或呼出肺的气体总量称为肺通气量(pulmonary ventilation)，或每分通气量(minute ventilation)，等于潮气量乘以呼吸频率。正常成年人在平静呼吸时每分钟呼吸 12～18 次，潮气量平均 500mL，每分通气量约为 6000～9000mL。运动时呼吸频率和潮气量均增大，每分通气量随之增大。以最快速度、最大深度呼吸时的每分通气量为最大随意通气量(maximal voluntary ventilation)，又称每分最大通气量(maximal minute ventilation)。通常只测定 10s 或 15s 的最大通气量，再换算成每分最大通气量。一般可达 150L/min。对平静呼吸时的肺通气量和最大随意通气量相比较，可了解肺通气功能的储备能力。

通气储备百分比＝(每分最大通气量－每分平静通气量)/每分最大通气量。

正常值大于或等于 93%，许多肺或胸廓的疾病，如呼吸肌功能障碍、肺顺应性降低等均可使每分最大通气量降低。

2. 肺泡通气量(alveolar ventilation)

在正常成年人，从鼻至终末细支气管之间的呼吸道容积约为 150mL。这部分呼吸道内的气体不能与血液进行气体交换，因此把这部分呼吸道的容积称为解剖无效腔(anatomical dead space)。吸气时解剖无效腔内的气体先进入肺泡，然后才是从外界吸入的新鲜空气。呼气时则先将解剖无效腔中的气体呼出，然后才将肺泡内的气体呼出。另一方面，即使气体进入肺泡中，也不一定都与血液进行气体交换，未能发生气体交换的这一肺泡容积称为肺泡无效腔(alveolar dead space)，两种无效腔合称生理无效腔(physiological dead space)。因此真正有效的通气量应以进入肺泡并进行气体交换的气体量为准。我们把每分钟吸入肺泡的新鲜气体量称为肺泡通气量(alveolar ventilation),此部分气体能够真正有效的进行气体交换。

肺泡通气量 =(潮气量 − 无效腔容量)× 呼吸频率。

在不同的呼吸模式下,肺通气量可能相等但肺泡通气量却会表现为极大的不同。例如正常呼吸时,潮气量 500mL,呼吸频率 12 次,则每分通气量为 6000mL,此时肺泡通气量为 4200mL。当浅快呼吸时,潮气量 300mL,呼吸频率 20 次,则每分通气量同样为 6000mL,而肺泡通气量仅为 3000mL。可见从气体交换而言,浅而快的呼吸是不利的(表 5-1)。

表 5-1 不同呼吸模式下的肺泡通气量(mL)

潮气量	呼吸频率	肺通气量	进入肺泡的新鲜气体量	肺泡通气量
500	12	6000	350	4200
300	20	6000	150	3000
750	8	6000	600	4800

肺内在终末细支气管之下的部分才能与血液进行气体交换。然而在平静呼吸时,一次吸气所吸入的气体量只能充满终末细支气管之前的呼吸道,可见气体最终是通过扩散进入肺泡的。由于气体扩散极为迅速,终末细支气管至肺泡的距离又很短,因此气体扩散进入肺泡只需零点几秒的时间。

(三) 最大呼气流速-容积曲线(maximum expiratory flow volume curve)

在测定肺活量的同时,同步记录呼出的气体量和气体流速,并绘制出最大呼气流速随肺容积变化而变化的曲线,称为最大呼气流速-容积(maximum expiratory flow volume, MEFV)曲线。肺容积的变化通常用肺容积所占肺活量的百分比表示。最大呼气流速-容积曲线有助于诊断小气道阻力增高等小气道的病变。

(四) 呼吸功(work of breathing)

呼吸肌收缩克服阻力实现肺通气所作的功,称为呼吸功(work of breathing)。吸气时,肌肉所做的功用来使胸廓扩张、肺扩张及克服气道阻力。因为功的大小可以用力的大小乘以做功的距离来表示,所以,一次呼吸所做的功也可以用肺容积的变化(距离)乘以跨肺压的变化(力的大小)来表示。平静呼吸情况下只有在吸气时有骨骼肌收缩,呼气几乎完全是被动的。

当肺顺应性降低、表面张力增大或气道阻力增加时,会使呼吸做功增加。平静呼吸时,呼吸所消耗的能量仅占全身总能量消耗的 3%~5%。用力呼吸时可升高 50 倍以上。因此能否为呼吸提供足够的肌肉能量在很大程度上制约着一个人的运动能力。

Clinical Note

Infant Respiratory Distress Syndrome

Infant respiratory distress syndrome (RDS) occurs in about 1% of deliveries worldwide, but it is most common in preterm infants, and occurs in 75% of babies delivered at 26 to 28 weeks of gestational age. Infants with RDS have rapid shallow breathing, hypoxemia, and acidosis, and can die without treatment within 72 hours. In 1959, Avery and Mead showed that extracts from infants with RDS had abnormal surface tension. This led to our current understanding of RDS as a disease resulting primarily from abnormal surfactant, and current treatments with surfactant replacement.

Surfactant production normally begins *in utero* and term infants are born with lung surfactant levels greater than adults. Such high surfactant levels probably help protect the airway epithelium from damage by high shear forces from amniotic fluid during breathing movements *in utero*, and improve lung mechanics during the transition from fluid to air breathing upon birth. Normal surfactant metabolism is assured only after 36 weeks' gestation, and preterm infants appear to suffer from surfactant dysfunction as much as surfactant deficiency. The normal cycle of lamellar body secretion, formation of tubular myelin, and adsorption of surfactant to the alveolar surfaces does not occur until after full-term birth. *Hyaline membranes*, or a coagulation of cellular debris and plasma proteins, line the alveoli in infant RDS, which is also known as hyaline membrane disease.

Surface tension is high with RDS, so normal inflation pressures of 5 to 10 cm H_2O are ineffective at expanding the lung. The stiff lung of RDS and the compliant chest wall of the newborn decrease FRC. RDS infants breathe with an expiratory grunt, by contracting the vocal cords during expiration to maintain lung volume. These factors increase the work of breathing and can lead to a metabolic acidosis. Rapid shallow breathing increases dead space ventilation. Abnormal surfactant also leads to hypoxemia from edema and *atelectasis* (alveolar collapse) by increasing alveolar surface tension, and probably by changing epithelial permeability.

Surfactant replacement therapy has increased infant RDS survival from 30% in the 1970s to 90% today. Exogenous surfactant can be instilled in the trachea and it spreads into the lungs and alveoli during artificial ventilation. Surfactant can be isolated from late gestational human amniotic fluid or animal lungs, synthesized in the laboratory, or produced from bacteria using genetic engineering. Synthesizing surfactant that contains the normal apoproteins may be important for correcting defects other than increased surface tension, and the genetic engineering approach holds the most promise for therapies in other forms of RDS, such as adult RDS.

(From Johnson LR, Byrne JH, Dahl NA et al. Essential medical physiology, Part 3, respiratory physiology. Lippincott-Raven Publishers, 1998)

Summary

- Respiratory movement provides the original force that causes pulmonary ventilation. The volume of thoracic cage increased by the contraction of diaphragm and inspiratory intercostals muscles. This makes intrapleural pressure more subatmospheric and increases transpulmonary pressure, thus causing the expansion of the lungs.
- The pressure difference between alveoli and atmosphere causes the movement of air in and out of the lung. Increased lung volume makes alveolar pressure subatmospheric, creating the pressure difference between the atmosphere and alveoli to drive airflow.
- Intrapleural pressure is the pressure of the fluid in the narrow space between the lung pleura and the chest wall pleura; this negative pleural pressure keeps the lungs expanded.
- Compliance of lungs provides a measure of lung distensibility. With the same transpulmonary pressure, the lung with the higher compliance will inflate easily because it is more distensible.
- Surface tension is a molecular force created at the gas-liquid interface. Surface tension accounts for about two thirds of the total elastic forces in the normal lungs.
- Surfactant is a surface-active agent in water, which greatly reduces the surface tension. Surfactant plays a key role in reducing the surface tension and making the lungs to expand easier.
- Surfactant helps to reduce pulmonary resistance and stabilize the different size alveoli.
- Tidal volume is the volume of air inspired or expired in each breath.
- Vital capacity is the maximal volume of air that a person can expire after a maximal inspiration.
- Two or more of the pulmonary volume added together are called pulmonary capacity.
- The alveolar ventilation is defined as the total volume of fresh air entering the alveoli in one minute.
- The space in the airway where no gas exchange takes place is called the anatomic dead space.
- The volume of air that is not used for gas exchange even through it reaches the alveoli is called alveolar dead space.
- In the process of breathing, the work that respiratory muscles performed to cause pulmonary ventilation is defined as work of breathing.

Key Terms

pulmonary ventilation; abdominal breathing; thoracic breathing; intrapulmonary pressure; intrapleural pressure; transpulmonary pressure; pneumothorax; artificial respiration; compliance; surface tension; surfactant; tidal volume; inspiratory reserve volume; expiratory reserve volume; residual volume; pulmonary capacities; inspiratory capacity;

functional residual capacity; vital capacity; total lung capacity; minute ventilation; maximal voluntary ventilation; alveolar ventilation; anatomic dead space; alveolar dead space; maximum expiratory flow volume curve; work of breathing

Review Questions

1. Define each term

1) Pulmonary ventilation; 2) Pneumothorax; 3) Specific compliance; 4) Tidal volume; 5) Vital capacity; 6) Dead space; 7) Alveolar ventilation

2. Choose the correct answer

The chest wall will(　　), when a pneumothorax occurs

A. Collapse in　B. Expand out　C. Remain where it is　D. Move with the lung

3. Answer the following questions

1) In a normal person, which contributes more to the work of breathing: airway resistance or lung and chest wall compliance?

2) Explain the relationship between the lungs, the pleural membrane, the pleural fluid and the thoracic cage? Explain the significance of the intrapleural pressure maintained in subatmospheric level?

3) What is the surfactant? Explain the function of surfactant?

4) What is the relationship between vital capacity, residual volume and total lung capacity?

5) Try to describe the clinical significance of FEV_1?

第三节　肺换气和组织换气

Section 3　Gas Exchange in Lungs and Tissues

Section Outline

- Principles of gas diffusion
- Gas diffusion between alveoli and blood
- Factors that affect the pulmonary gas exchange
- Ventilation/perfusion ratio
- Gas exchange between tissues and blood

一、气体交换的原理(Principles of Gas Diffusion)

扩散(diffusion)是物质分子根据浓度梯度或浓度差异从高向低移动的现象,即物质分子由高浓度区域移至低浓度区域,直到分子均匀分布为止。物质扩散所需的能量来源于物质分子的热运动,因此凡是温度高于绝对零度的物质均可以进行扩散。肺泡气与血液之间的气体交换是通过扩散进行的。气体分子从压力高的一侧向压力低的一侧发生净移动的过程称为气体扩散(gas diffusion)。

气体的扩散遵守物质扩散的一般规律，由压力高的区域向压力低的区域扩散。在混合气体中，每一种气体分子运动所产生的压力称为该气体的分压(partial pressure)，气体扩散的方向则由它的分压差决定。空气是一混合气体，由 O_2、N_2、CO_2 等组成。其中 O_2 所占的容积百分比为 20.84%。在海平面水平，空气的压力为 760mmHg，所以 O_2 分压为 20.84%×760mmHg=158.4mmHg。表 5-2 显示了几种混合气体在海平面时的分压。从表中可以看出，肺泡气中的 O_2 分压低于空气的 O_2 分压，而 CO_2 分压则远大于空气的 CO_2 分压。肺泡气中的 O_2 和 CO_2 分压分别受到机体耗氧量和肺泡通气量的双重影响。例如：CO_2 释放量增加和/或肺泡通气量降低时，肺泡气中的 CO_2 分压就会升高。

表 5-2　海平面各呼吸气体的分压(mmHg)和容积百分比(mL%)

	大气		肺泡气		吸入气		呼出气	
N_2	598.0	(78.62%)	569.0	(74.9%)	563.0	(74.09)	566.0	(74.5%)
O_2	158.0	(20.84%)	104.0	(13.6%)	150.0	(19.67)	120.0	(15.7%)
CO_2	0.3	(0.04%)	40.0	(5.3%)	0.3	(0.04%)	27.0	(3.6%)
H_2O	3.7	(0.5%)	47.0	(6.2%)	47.0	(6.2%)	47.0	(6.2%)
Total	760.0	(100.00%)	760.0	(100.00%)	760.0	(100.00%)	760.0	(100.00%)

在液-气界面，气体分子可以从气体中通过扩散进入液体，液体中的气体分子也可以通过扩散从液体中进入气体，扩散方向取决于压力梯度。如果液体中某种气体的压力大于气体中该气体的压力，则该气体分子从液体向气体扩散。反之，如果液体中的气体压力小于气体中的压力，则该气体分子从气体向液体扩散。

气体分子在液体中扩散时，同样遵循从压力高的区域向压力低的区域扩散的原则。影响气体分子在液体和液-气之间扩散的因素有：①气体在液体中的物理溶解度(S)。②气体的相对分子质量(MW)。③扩散面积(A)。④扩散两侧的气体压力梯度(ΔP)。⑤扩散距离(d)。⑥温度(T)。单位时间内气体扩散的容积为气体的扩散速率(diffusion rate，D)，则：

$$\text{扩散速率 } D \propto \frac{\Delta P \cdot A \cdot S \cdot T}{d \cdot \sqrt{MW}}$$

其中气体在液体中的物理溶解度(S)和气体相对分子质量(MW)由气体分子本身的特性决定，因此 $S/\sqrt{MW}$ 又称为气体的扩散系数(diffusion coefficient)。CO_2 在水中的物理溶解度远大于 O_2(见表 6-2)，设 O_2 扩散系数为 1.0，则 CO_2 扩散系数为 20.3。可见在同等条件下 CO_2 的扩散率约为 O_2 的 20 倍(表 5-3)。

表 5-3　O_2 和 CO_2 的相对分子质量，溶解度，在动脉血和混合静脉血中的分压(mmHg)

	相对分子质量	溶解度	动脉血	混合静脉血
O_2	32	0.024	100	40
CO_2	44	0.57	40	46

二、肺泡气与血液之间的气体交换及影响因素(Gas Exchange Between Alveoli and Blood and the Factors Affect Gas Diffusion)

(一) 呼吸膜(respiratory membrane)

气体从肺泡到达毛细血管血液要跨越 6 层结构,它们分别是(图 5-12):①肺泡内表面含有表面活性物质的液体层。②肺泡上皮细胞层。③上皮基底膜层。④弹力纤维和胶原纤维构成的网状间隙(基质层)。⑤毛细血管基膜层。⑥毛细血管内皮细胞层。这 6 层结构构成了呼吸膜(respiratory membrane)。呼吸膜很薄,厚度平均仅为 0.6μm 左右,气体易于扩散通过。正常成年人两肺呼吸膜总面积约 $70m^2$。在肺泡毛细血管内流动的血量为 60~140mL,如果将 140mL 的血液均匀分布于 $70m^2$ 的面积,理论上的厚度只有 1~2μm。可见血液与肺泡气之间完成气体交换所需的时间是极短的。另外肺毛细血管直径只有 5μm 左右,略小于红细胞的直径(6~8μm)。因此红细胞是"挤"过肺泡毛细血管的,与肺泡气之间的距离几乎等于呼吸膜,这样气体就可以不必经过大量的血浆层就可以在红细胞与肺泡之间进行气体交换。由此可见,任何使呼吸膜厚度和扩散距离增加的疾病都会影响气体交换的速度,例如:肺纤维化(即肺泡壁纤维组织增生)、肺水肿(肺泡壁内液体聚积、肺泡内液体层增厚)等。呼吸膜厚度增加一倍,气体扩散速率即降低一倍。特别是在运动时机体耗氧量增加,同时肺血流速度加快,缩短了交换时间,因而出现气体交换不良,导致运动能力下降,严重时在安静状态亦可因气体交换不良而出现缺氧。

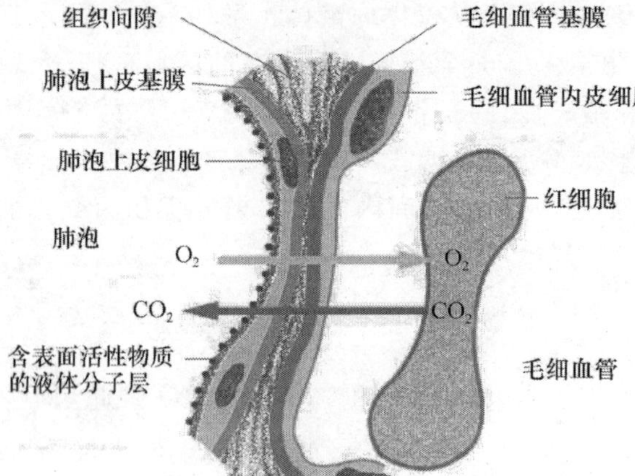

图 5-12 呼吸膜结构示意图

(二) 通过呼吸膜的气体交换(gas exchange across the respiratory membrane)

血液进入肺泡毛细血管之前为静脉血,静脉血的 O_2 分压远低于肺泡气的 O_2 分压,而 CO_2 分压则高于肺泡气的 CO_2 分压。由于有分压差的存在,血液流经肺泡毛细血管时即与肺泡气通过扩散进行气体交换，分压差决定气体扩散的方向。分压差越大，气体扩散速度越快。在这一过程中，O_2 从肺泡气扩散至血液，而 CO_2 则从血液扩散至肺泡气。血液在离开肺泡时已成为动脉血，其 CO_2 分压从 46mmHg 降至 40mmHg，O_2 分压从 40mmHg 升高至 100mmHg，与肺泡气基本持平。由于扩散距离极短、扩散面积极大，因此交换过程极为迅速，仅需约 0.3s 即可达到平衡。通常情况下血液流经肺毛细血管所需时间约 0.7s，所以当血液流经肺毛细血管全长 1/3～1/2 时已基本上完成了交换过程(图 5-13)。维持正常的呼吸膜面积对气体交换的顺利进行是非常重要的。正常成年人呼吸膜总面积达 $70m^2$，安静状态时仅有 $40m^2$ 参与气体交换，故有很大的储备面积。肺不张、肺气肿、肺叶切除等情况下呼吸膜面积减少，轻则导致运动能力下降，重则不能维持安静状态下的机体代谢需要。另外，由于气体的扩散系数不同，气体通过呼吸膜进行气体交换的速度也不同。例如：肺泡气与静脉血之间的 O_2 分压差为 60mmHg，而 CO_2 分压差仅为 6mmHg，但 CO_2 的扩散系数是 O_2 的 20 倍，因此反而是 CO_2 先完成交换。

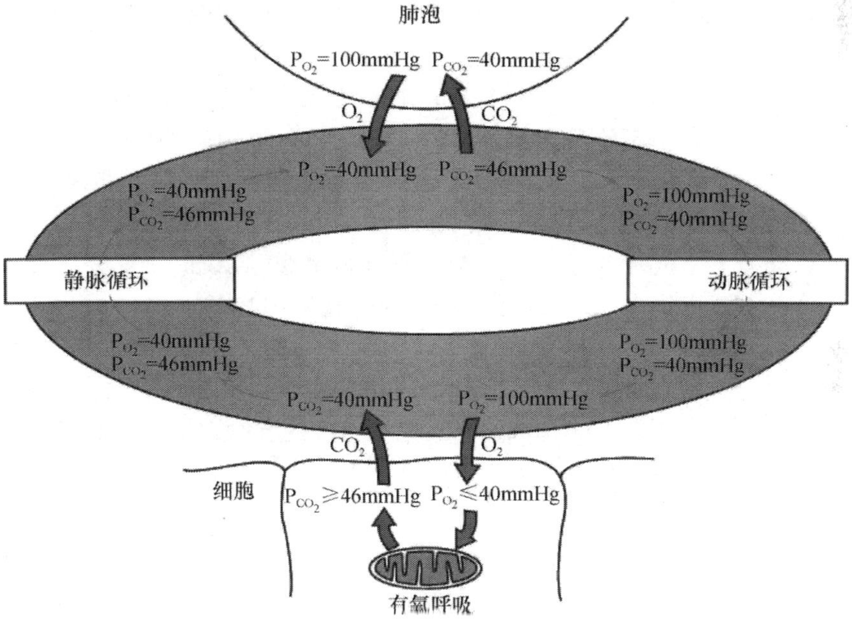

图 5-13 气体交换示意图

（三）肺扩散容量(pulmonary diffusion capacity)

气体在单位分压差作用下每分钟通过呼吸膜扩散的气体毫升数，称为该气体的肺扩散容量(pulmonary diffusion capacity)。正常成年人安静状态下 O_2 的肺扩散容量为 21mL/min/mmHg。呼吸膜两侧的 O_2 分压差平均为 11mmHg。因此正常成年人在安静状态下每分耗氧量约为 21mL/min/mmHg×11mmHg＝230mL/min。在剧烈运动时，O_2 的肺扩散容量可显著增加。因为在剧烈运动时，肺血流量增加，使许多处于关闭状态的肺泡毛细血管开放，因而增加了扩散的面积；另外，肺泡的通气-血流变的更加匹配，更有利于气体交换的进行(后述)。可见剧烈运动时，机体不仅通过增加肺通气量，而且通过增加气体交换量来满足机体的需要。某些肺疾病状态下，由于呼吸膜正常结构的破坏影响到肺换气功能，因此肺扩散容量也降低。

(四) 通气/血流比值(ventilation/perfusion ratio)

通气/血流比值(ventilation/perfusion ratio)是指每分肺泡通气量(V_A)和每分肺血流量(Q)之间的比值，简写为 V_A/Q。正常成年人安静时约为 0.84。在通气不足等病理状态下，流经肺泡的静脉血不能进行充分的气体交换，相当于部分静脉血未进行气体交换就回到心脏，犹如发生了动-静脉短路。而当局部肺血流量减少时，虽然肺泡气 O_2 及 CO_2 分压与湿润的空气相等，但由于血流不足，相当于增大了肺泡无效腔，同样不利于气体交换。因此只有在适宜的 V_A/Q 情况下，才能保证气体交换的高效性。

正常人由于重力的影响，两肺顶部的通气量和血流量均低于底部，其中血流量的减少尤为明显。因此两肺顶部的 V_A/Q 值远高于正常值(可达正常值的 2.5 倍)，部分肺泡通气量被浪费掉，即出现了肺泡无效腔。相反，两肺底部血流量较大，V_A/Q 值低于正常值(为正常值的 0.6 倍)，少部分血液未能得到充分的气体交换就回到了心脏，即出现了生理性动-静脉短路。这是动脉血 O_2 分压(100mmHg)略低于肺泡气 O_2 分压(104mmHg)的主要原因。因此，V_A/Q 值不管是增大还是减小，都会影响肺换气功能，严重时可引起机体的缺氧。但 V_A/Q 失衡很少表现为 CO_2 的潴留，这除了 CO_2 的扩散速度比 O_2 快外(CO_2 扩散系数是 O_2 的 20 倍)，还由于动、静脉血间 O_2 分压差远远大于 CO_2 的分压差，所以当有气体交换不完全时，动脉血 O_2 分压的下降程度会大于 CO_2 分压升高的程度。另外，动脉血 O_2 分压下降和/或 CO_2 分压升高时，会使肺通气功能增强，这有助于 CO_2 的排出，但对 O_2 的摄取几乎没有帮助(见氧解离曲线一节)。

在肺循环中，小动脉的血流阻力受局部组织液中 O_2 分压的影响。当肺内局部出现通气不足时，该区域的 O_2 分压降低，小动脉会反射性的收缩，使血液更多的流向通气良好的区域。另一方面，如果某区域 O_2 分压升高，该区域的小动脉也会相应的扩张，从而使 V_A/Q 保持在一个较正常的水平。肺循环小动脉对 O_2 分压的这种反应和体循环刚好相反。在阻塞性肺疾病等病理状态下，部分细支气管被阻塞，导致流经阻塞区域的血液无法进行有效的气体交换(V_A/Q 接近于零)，阻塞性肺病还导致某些区域肺泡壁的破坏，使这些区域的通气量被浪费(V_A/Q 异常增大)，这些病变严重影响肺换气功能(图 5-14)。

三、血液与组织之间的气体交换(Gas Exchange between Tissues and Blood)

与气体在肺内的交换不同，气体在血液和组织之间进行交换(组织换气)完全在液相中进行，气体扩散的方向也与肺内气体交换的方向相反(图 5-13)。但组织换气的机制及影响因素和肺换气相似。除了肺换气中提到的影响因素之外，组织换气还受到如下因素的影响。①组织代谢率：组织代谢率越高，气体的扩散速率也越快。②组织血流量：血流量减少时，气体的扩散速率也将减慢。

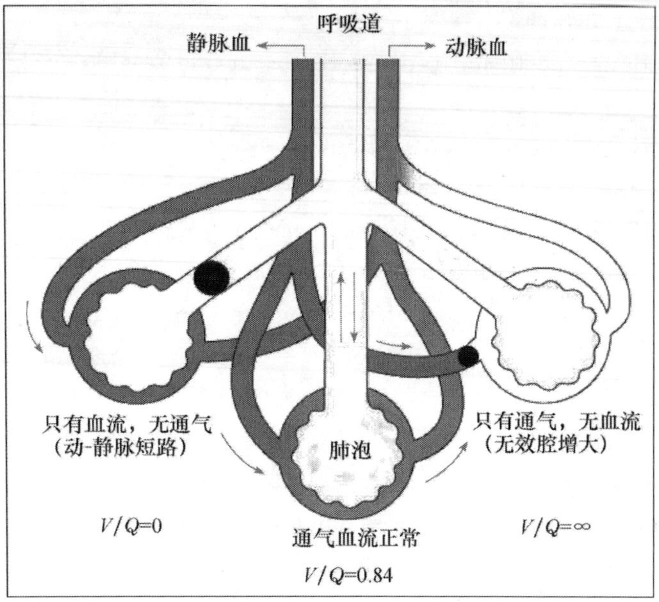

图 5-14 通气/血流比值示意图
(http://www.hakeem-sy.com/main/node/26096)

Summary

- Factors affect the gas diffusion in a fluid or in the liquid-air interface include: pressure difference of the gas; solubility of the gas in the fluid; surface area for gas diffusion; distance for gas diffusion; molecular weight of the gas; and the temperature of the fluid.
- The respiratory membrane consists of six layers, while the overall thickness averages about 0.6 micrometer and the total surface area is about 70 square meters. These contribute to the rapid exchange of oxygen and carbon dioxide across the membrane.
- The ratio between alveolar ventilation and pulmonary blood flow is ventilation/perfusion ration (V_A/Q). The normal value of V_A/Q is 0.84. Mismatch of ventilation and pulmonary blood flow exists in the normal lungs and the chronic obstructive lung disease.
- The oxygen content in the interstitial fluid may regulate the resistance of pulmonary arterioles. The arterioles constrict in response to a decreased oxygen pressure while dilate in response to an increased oxygen pressure.

Key Terms

diffusion; partial pressure; diffusion rate; diffusion coefficient; respiratory membrane; pulmonary diffusion capacity; ventilation/perfusion ratio

Review Questions

1. Define each term

1) Diffusion; 2) Respiratory membrane; 3) Pulmonary diffusion capacity; 4) V_A/Q

2. Choose the correct answers

1) When the ventilation-perfusion ratio increases in one small section of the lung, does the?

(A) PO_2 increases in the affected section

(B) PCO_2 increases in this affected section

(C) PN_2 remain the same in this affected section

(D) Dead space increases in the affected section

2) Compared with the base, the apex of the lungs in human being has a

(A) higher PO_2 (B) higher ventilation (C) higher pH in end-capillary blood

(D) no difference

3. Answer the following questions

1) If the blood flow in one small section of the lung decreased because of the lung tumor, how does the oxygen pressure change in the alveoli in this section and in the surrounding interstitial fluid? How does the CO_2 pressure change in this section? What is the compensatory response of the bronchioles? Will the compensation bring ventilation in the affected section of the lung back to normal?

2) Describe the factors affect gas diffusion in the lungs?

第四节 气体在血液中运输
Section 4 Gas Transport in the Blood

Section Outline

- Forms of gases transported in the blood
- Oxygen transport in the blood
- Oxygen dissociation curve
- Factors that influence the oxygen dissociation curve
- Carbon dioxide transport in the blood
- Carbon dioxide dissociation curve

肺换气后，由肺泡扩散入血液的 O_2 要通过体循环运送到全身组织细胞，维持物质代谢的需要。同时，组织细胞代谢产生的 CO_2 经组织换气扩散入血液后，也要通过血液循环运送到肺泡排出体外。因此，以血液为媒介，通过气体在血液中的运输，把内呼吸与外呼吸两个过程联系在一起。所以，气体在血液中的运输是实现呼吸功能所必不可少的。气体在血液中以两种形式运输：化学结合(chemical combination)和物理溶解(physical dissolution)。其中，以化学结合的形式运输为主，但气体必须首先溶解在血液中才能和血液中的物质发生化学结合。

一、O_2 的运输(Transport of Oxygen in the Blood)

血红蛋白(hemoglobin, Hb)是运输 O_2 的最重要工具，正常情况下，在血液中运输的

O_2 有 98.5%以化学结合的方式与 Hb 结合进行运输，其余的 1.5%以物理溶解的方式进行运输。

（一）O_2 与血红蛋白结合（combination of oxygen with hemoglobin）

Hb 和 O_2 的结合过程是可逆的，此反应非常快，不需要酶的催化，反应速度受到 O_2 分压的影响。一个 Hb 分子完全结合 O_2 后，可以携带四分子的 O_2，这是由 Hb 的分子结构决定的。图 5-15 是一个 Hb 分子结构的模式图，如图所示，Hb 分子由一个珠蛋白和四个血红素构成；每个血红素又包含四个吡咯基和一个位于中心的 Fe^{2+}；每个珠蛋白分子又含有四条多肽链；其中每一条多肽链都与一个血红素相连构成一个亚单位；四个亚单位之间通过盐键相连接，构成一个 Hb 分子。Hb 的每一个亚单位都可以结合一分子的 O_2，因此一个 Hb 分子可结合四分子的 O_2。Hb 的构型决定了与 O_2 的亲和力，例如：一旦 Hb 分子中的某个亚单位与 O_2 结合或解离，就会导致 Hb 分子的四级结构发生改变，使其他亚单位与 O_2 的亲和力升高或降低。

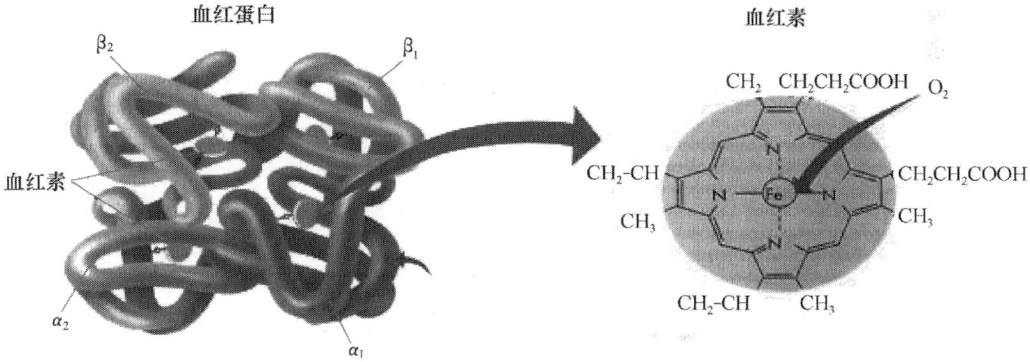

图 5-15　血红蛋白分子结构模式图

Hb 结合 O_2 后，血红素中的 Fe^{2+} 并没有被氧化成 Fe^{3+}，因此该反应是氧合（oxygenation）过程而非氧化（oxidation）过程。与 O_2 结合的 Hb 称为氧合 Hb（oxyhemoglobin，HbO_2），呈鲜红色。HbO_2 释放 O_2 后呈蓝紫色，称为去氧 Hb（deoxyhemoglobin）。当血液中去氧 Hb 含量超过 5g/100mL 时，皮肤、黏膜呈暗紫色，称为紫绀（cyanosis）。出现紫绀往往意味着机体缺氧，但在某些特殊情况下，如 CO 中毒、严重贫血等，机体虽然也有严重缺氧状态，但由于血液中去氧 Hb 的绝对含量并不高，所以并不出现紫绀。1gHb 完全结合 O_2 后，可结合 1.34～1.39mL 的 O_2。我们把 100mL 血液中的 Hb 所能结合的最大 O_2 量，称为 Hb 氧容量（oxygen capacity of Hb）。如果每 100mL 血液含 Hb 14g，则 Hb 氧容量为 18.8～19.5mL。实际上，并不是所有的 Hb 都完全与 O_2 充分结合，把 Hb 实际结合的 O_2 量，称为 Hb 氧含量（oxygen content of Hb）。把 Hb 氧含量和 Hb 氧容量的百分比，称为 Hb 氧饱和度（oxygen saturation of Hb）。由于血液中 O_2 的物理溶解量极少（占总量的 1.5%），可忽略不计，因此 Hb 氧含量、Hb 氧容量、Hb 氧饱和度分别可被看作是血氧含量（oxygen content）、血氧容量（oxygen capacity）、血氧饱和度（oxygen saturation）。

（二）氧合血红蛋白解离曲线(oxygen-hemoglobin dissociation curve)

氧合血红蛋白解离曲线是表示 O_2 分压与 Hb 氧结合量或 Hb 氧饱和度关系的曲线(图 5-16)，简称氧解离曲线(oxygen dissociation curve)。该曲线反映了 Hb 与 O_2 的亲和力。Hb 与一分子 O_2 结合或解离后其构型会发生改变，影响进一步与 O_2 的结合或解离，因此曲线大致呈 S 形。

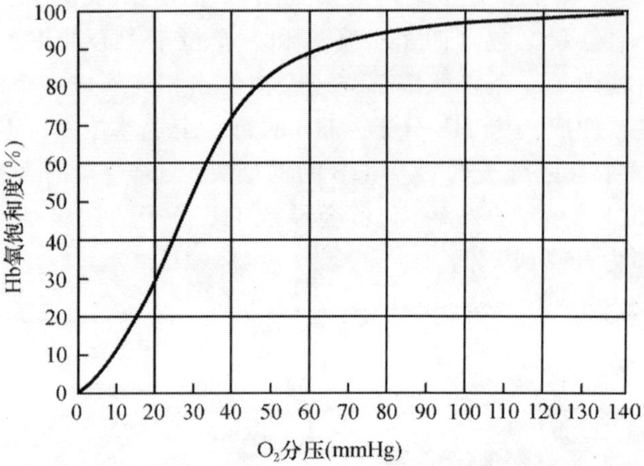

图 5-16 氧解离曲线

如图 5-16 所示，在正常状态下，肺泡和动脉血 O_2 分压约为 100mmHg，此时，约 98% 的 Hb 与 O_2 结合。也就是说，当静脉血流经肺泡时，O_2 由肺泡扩散入血液，使血液 O_2 分压迅速升高；随着血 O_2 分压的升高，98% 的 Hb 可以被氧合，并把 O_2 带走。当 O_2 分压高于 100mmHg 时，曲线的斜率几乎为零，此时即使 O_2 分压升高很多，血氧饱和度的升高却非常小，只有 O_2 分压升高到 650mmHg 时，血氧饱和度才可能达到 100%，而这种情况在我们日常生活中是根本不可能存在的。O_2 分压在 60～100mmHg 之间的这段曲线坡度平缓，O_2 分压从 100mmHg 下降到 60mmHg 时，血氧饱和度仍维持在约 90% 的水平。前面一节中，我们提到通气/血流比值失衡时，主要表现为缺氧而不是 CO_2 的潴留，一个原因就是通气/血流比值失衡后引起肺通气增强，此时虽然吸入气中的 O_2 分压可能会升高，但由于此时处在氧解离曲线的上段，O_2 分压的升高并不能有效提高血氧饱和度，即不能增加 O_2 的摄取量。

O_2 分压在 60mmHg 以下的部分，曲线斜率比较大，这意味着在该段 O_2 分压的轻度降低即可以造成明显血氧饱和度的下降，即 O_2 的释放增多。例如：在 O_2 分压从 100mmHg 降到 60mmHg 时，血氧饱和度从 98% 降低到 90%，减少了 8%，O_2 分压平均每降低 10mmHg 会引起 2% 血氧饱和度的下降。当 O_2 分压从 60mmHg 降到 40mmHg 时，血氧饱和度从 90% 降低到 75%，O_2 分压平均每降低 10mmHg 会引起 7.5% 血氧饱和度的下降。当 O_2 分压更低时，曲线的斜率更大，O_2 分压从 40mmHg 降到 20mmHg 这段，O_2 分压平均每降低 10mmHg 会引起 20% 血氧饱和度的下降。

氧解离曲线呈 S 型具有重要的生理意义。当动脉血经组织换气后变成静脉血时，此

时的 O_2 分压为 40mmHg，而血氧饱和度约为 75%，也就是说此时 Hb 所携带的 O_2 只有约 1/4 被利用，而剩余的部分可以作用储备，满足机体代谢变化的需要。可见在一般情况下组织耗氧量的变化对组织 O_2 分压的影响很小，这也说明血液 O_2 运输能力的储备是很大的。例如，安静时外周组织对血液 O_2 运输能力的要求为(4～5)mL/100mL。剧烈运动时，肌肉组织对 O_2 运输能力的要求可增加 3 倍以上。而此时组织 O_2 分压从 40mmHg 下降至 15mmHg 即可使 O_2 运输量增加到 15.4mL/100mL，是安静状态时的 3.5 倍。

（三）影响氧解离曲线的因素(factors that affect the oxygen dissociation curve)

任何能改变 Hb 构型的因素都会影响 Hb 与 O_2 结合的能力。生理状态下，血浆中 CO_2 分压、pH、温度、以及 2,3-二磷酸甘油酸(2,3-diphosphoglycerate，DPG)的浓度都会改变 Hb 与 O_2 的亲和力，使氧解离曲线的形状发生改变。

(1) CO_2 分压、pH 及温度对氧解离曲线的影响(Effects of PCO_2，pH and temperature on the oxygen dissociation curve)　CO_2 分压升高、pH 降低或温度升高均可使 Hb 和 O_2 的亲和力降低，氧解离曲线右移。CO_2 分压降低、pH 升高或温度降低则导致 Hb 和 O_2 的亲和力增高，氧解离曲线左移。应注意的是，不管曲线向哪个方向移动，都对曲线较陡的部分影响较大。这意味着在肺内(O_2 分压为 90～100mmHg)Hb 携带 O_2 的过程受到的影响较小，而在组织中(O_2 分压为 40～20mmHg)O_2 的利用过程会受到较大影响。例如(图 5-17)当血液 pH 为 7.4，O_2 分压为 40mmHg 时的血氧饱和度为 75%，而当血液 pH 降低到 7.2 时，O_2 分压为 40mmHg 时的血氧饱和度约为 62%，这意味着在 pH 为 7.2 的状态下，Hb 能比在 pH 为 7.4 时多释放 13%的 O_2。

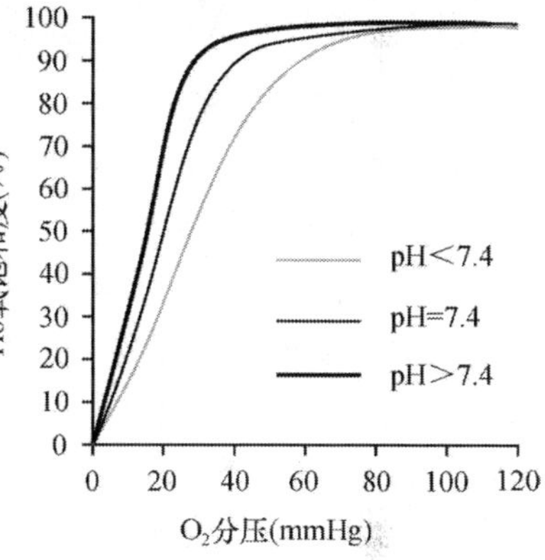

图 5-17　pH 对氧解离曲线的影响

pH 对 Hb 与 O_2 亲和力的这种影响称为波尔效应(Bohr effect)。CO_2 分压对氧解离曲线的影响一方面通过改变 pH 发挥间接的作用，一方面也通过直接和 Hb 结合发挥作用。波尔效应有重要的生理意义：在肺部，CO_2 从血液扩散入肺泡，血 CO_2 分压降低，氧解离曲线左移，这有利于 Hb 与 O_2 的结合；在外周组织，组织细胞代谢产生的 CO_2 扩散入血液，血液 CO_2 分压升高，氧解离曲线右移，这有利于 Hb 与 O_2 的解离。

(2) DPG 对氧解离曲线的影响(Effects of DPG on the oxygen dissociation curve)　DPG 能降低 Hb 与 O_2 的亲和力，使氧解离曲线右移，有利于 Hb 向组织释放 O_2。DPG 是红细胞无氧糖酵解的产物，慢性缺氧状态下，红细胞内 DPG 增加。这可能是机体对缺氧的适应机制之一。长期生活在高海拔地区会引起 DPG 的增多。

另外，Hb 本身的性质也影响其与 O_2 的亲和力。例如胎儿 Hb 分子的珠蛋白由 2 条 α 链和两条 γ 链构成(即 $\alpha 2\gamma 2$；成年人为 $\alpha 2\beta 2$)，与 O_2 的亲和力高于成人 Hb。一氧化碳(CO)与 Hb 的结合点与 O_2 相同，但亲和力远高于 O_2，为 O_2 的 250 倍。因此肺泡气中存在 0.053%的 CO(分压 0.4mmHg)即可使 Hb 氧饱和度下降一半。空气中 CO 分压略高于 0.4mmHg(0.6mmHg,或 0.1%)即可致命。高压氧疗是治疗 CO 中毒的最有效方法,吸入高压纯氧可以极大地提高血 O_2 分压,促使 O_2 与 Hb 结合,将结合在 Hb 上的 CO 置换下来呼出体外。

二、CO_2 的运输(Transport of Carbon Dioxide)

CO_2 作为细胞呼吸的产物,在体内蓄积会引起体内 pH 的降低并造成酸中毒(acidosis),CO_2 分压升高还可以抑制中枢神经系统的功能,引起头昏、头疼、甚至昏迷,严重还可引起死亡。因此,必须把组织呼吸产生的 CO_2 及时运输到肺部并排出体外,才能维持机体的稳态。

(一) CO_2 的运输方式(transport forms of carbon dioxide)

我们知道,Hb 在 O_2 的运输中起关键作用,同样,Hb 对 CO_2 的运输也起重要作用。虽然 CO_2 在血液中的溶解度比 O_2 大,但细胞代谢产生的 CO_2 的量远大于在血液中物理溶解的 CO_2 量。在血液中以物理溶解的形式存在的 CO_2 只占到血液中运输的 CO_2 总量的 7%。剩余的部分扩散到红细胞中,一部分转变成碳酸氢盐(70%),另一部分和 Hb 结合,形成氨基甲酰 Hb(23%)。

(1) 物理溶解(physical dissolution) 经物理溶解的方式运输的 CO_2 的量很少,通常情况下每 100mL 的血液只能运输 0.3mL 的 CO_2。

(2) 碳酸氢盐(bicarbonate) 在外周组织,CO_2 经单纯扩散进入红细胞后,在碳酸酐酶(carbonic anhydrase)催化下与 H_2O 结合生成 H_2CO_3,进一步解离成 HCO_3^- 和 H^+。HCO_3^- 通过红细胞膜上的 HCO_3^-~Cl^- 转运体扩散入血液,Cl^- 同时进入红细胞,这一现象称为Cl^- 转移(chloride shift)。通过这一反应,CO_2 就以 HCO_3^- 的形式被运输到了肺部。HCO_3^- 还具有缓冲功能,有助于维持 pH 的稳定。在上述反应中,产生的 H^+ 和 Hb 结合,起到对 H^+ 的缓冲作用。但在 CO_2 分压严重升高,Hb 不足以缓冲产生的大量 H^+ 时,过多的 H^+ 聚积在血浆中,会造成呼吸性酸中毒(respiratory acidosis)。上述反应都是可逆的,在肺部,肺泡气的 CO_2 分压低于静脉血,所以反应向相反的方向进行(图 5-18)。

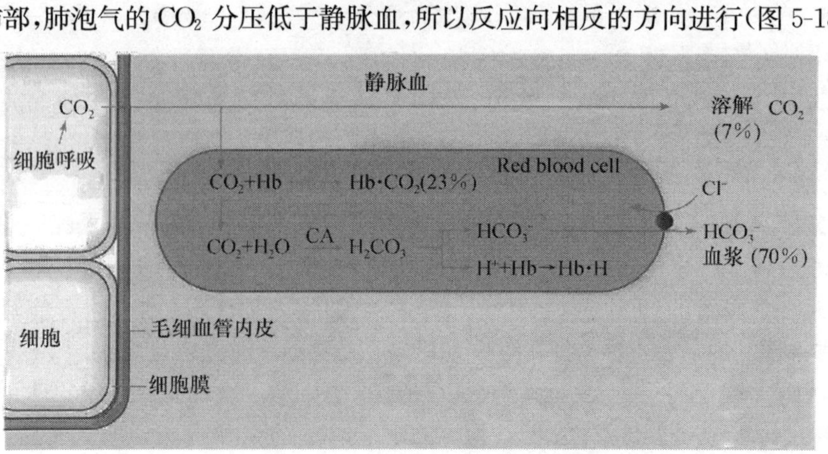

图 5-18 CO_2 在血液中的运输

(http://www.colorado.edu/intphys/Class/IPHY3430-200/image/18-14.jpg)

(3) 氨基甲酰 Hb(carbaminohemoglobin) 尽管大部分的 CO_2 进入红细胞后都被转变成了 HCO_3^- 的形式，还有一部分 CO_2 则会直接与 Hb 结合。当 O_2 和 Hb 分子解离后，CO_2 直接和 Hb 的氨基结合生成氨基甲酰 Hb(carbaminohemoglobin)。

$$Hb + CO_2 \rightleftharpoons HbCO_2$$

这一反应受 CO_2 分压及 H^+ 浓度的影响，CO_2 分压升高或 H^+ 浓度升高都可以降低 Hb 与 O_2 的亲和力，促进 $HbCO_2$ 的生成。CO_2 与 Hb 的结合较为松散，在外周组织，反应向右侧进行；在肺泡，CO_2 分压较低，反应向左侧进行。

(二) CO_2 解离曲线(carbon dioxide dissociation curve)

CO_2 解离曲线是表示血液中 CO_2 含量与 CO_2 分压关系的曲线(图 5-19)。与氧解离曲线的 S 型不同，CO_2 解离曲线几乎成线性。从图中可以看出，血液中 CO_2 的含量随 CO_2 分压的上升而增加。外周组织 CO_2 分压较高，血液流经外周组织后，CO_2 分压及 CO_2 含量升高；肺泡气 CO_2 分压较低，血液流经肺泡后 CO_2 分压及 CO_2 含量亦降低。

CO_2 解离曲线受到血 O_2 分压的影响，如图 5-20 所示，血 O_2 分压升高时，CO_2 解离曲线下移。这是因为 O_2 与 Hb 的结合促使了 CO_2 的释放，而去氧 Hb 更容易与 CO_2 结合，这一效应称为何尔登效应(Haldane effect)。其机制是：去氧 Hb 酸性较弱，更容易与 CO_2 结合，也容易与 H^+ 结合，有利于 CO_2 的运输；而 Hb 与氧结合后，HbO_2 的酸性增强，与 CO_2 的亲和力下降，使结合于 Hb 的 CO_2 释放出来；酸性的氧合 Hb 释放出 H^+，与 HCO_3^- 结合成 H_2CO_3，进一步解离成 CO_2 和 H_2O，有利于 CO_2 的释放。

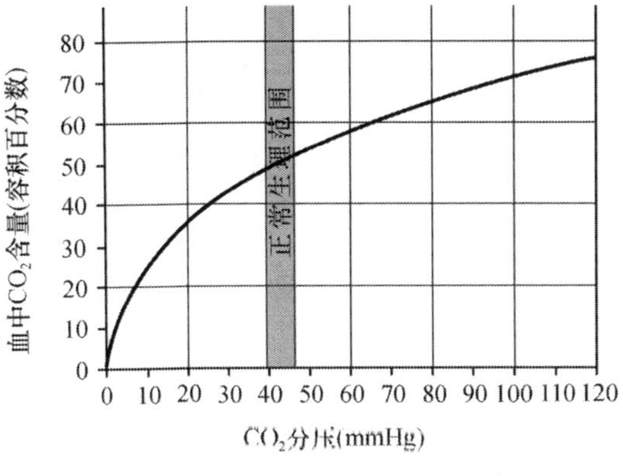

图 5-19 CO_2 解离曲线

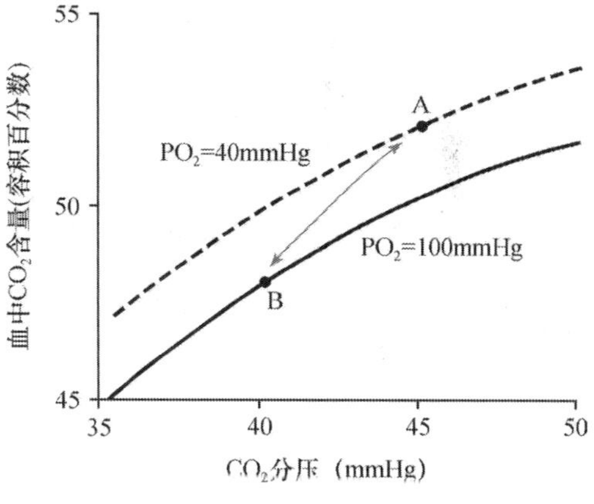

图 5-20 血 O_2 分压对 CO_2 解离曲线的影响，何尔登效应

何尔登效应的生理意义是：在外周组织，由于 Hb 与 O_2 解离，何尔登效应促进了血液对 CO_2 的吸收；在肺泡，由于 Hb 与 O_2 结合，何尔登效应促进了血液释放 CO_2。如图 5-20，A 点表示外周组织，O_2 分压为 40mmHg，CO_2 分压为 45mmHg，血液 CO_2 含量为 52mL/100mL。B 点表示在肺泡，血液 O_2 分压升高到 100mmHg，CO_2 分压降低到 40mmHg，血液 CO_2 含量降低至 48mL/100mL。因此，血液流经肺时，CO_2 释放量为 4mL/100mL。如果没有何尔登效应，血液 CO_2 释放量仅为 2mL/100mL。

Summary

- Oxygen is transported in the blood in thc form of physical dissolution in the plasma and chemical combination with hemoglobin. Normally, More than 98% of oxygen is bound to hemoglobin; only less than 2% is transported in the dissolved state in the water of the plasma and blood cells.
- The curve that describes the relationship between oxygen saturation and relevant partial pressure of oxygen is defined as oxygen dissociation curve. The shape of this curve reflects the properties of the hemoglobin molecule and its affinity for oxygen.
- Any factors that change the conformation of hemoglobin protein may shift the oxygen dissociation curve. Factors that affect the oxygen-hemoglobin dissociation curve are PCO_2, pH, temperature, and DPG.
- Changes in plasma pH will shift the oxygen dissociation curve, which is called Bohr effect.
- Transports of carbon dioxide are in the form of physical dissolution, bicarbonate ion, and in combination with hemoglobin.
- Only 7% carbon dioxide carried in the blood is dissolved. 70% carbon dioxide enters the erythrocytes and reacts with water, which was catalyzed by the carbonic anhydrase. The remaining carbon dioxide in the blood (23%) binds directly to hemoglobin.

Key Terms

cyanosis; oxygen capacity; oxygen content; oxygen saturation; oxygen dissociation curve; bohr effect; chloride shift; respiratory acidosis; haldane effect

Review Questions

1. Define each term

1) Oxygen saturation; 2) Oxygen dissociation curve; 3) Cyanosis; 4) Bohr effect

2. Choose the correct answers

1) The reasons of ventilation-perfusion mismatch usually causes hypoxemia but no CO_2 retention are

(A) CO_2 diffuses more rapidly than O_2

(B) The O_2 and CO_2 dissociation curves have different shapes

(C) The solubility of CO_2 in blood is much higher than that of O_2

2) The oxygen-hemoglobin dissociation curve was shifted to left when

(A) Temperature decrease (B) pH decrease (C) PCO_2 decrease

3. Answer the following questions

1) What are the factors affect oxygen dissociation curve?

2) Explain the physiological significance of Bohr effect?

3) How does an obstructive lung disease affect alveolar ventilation, arterial O_2 partial pressure and the body pH?

4) Describe the forms of oxygen and carbon dioxide transported in the blood?

第五节 呼吸运动的调节
Section 5 Control of Breathing

Section Outline

- Respiratory center
- Generation of respiratory rhythm
- Pulmonary stretch reflex
- Defensive respiratory reflex
- Chemical control of breathing
- Voluntary control of breathing

机体通过调节呼吸运动的深度和频率以维持肺泡气 CO_2 分压和 O_2 分压的稳定，进而稳定动脉血 CO_2 分压和 O_2 分压，保证机体代谢的正常需要。呼吸运动是由呼吸肌的节律性收缩、舒张所引起。呼吸肌是骨骼肌，无自发节律性收缩，它的节律性收缩受神经系统的调控。通过神经系统的调控，呼吸运动可节律性的进行，并在机体代谢水平改变时作出调整，适应机体内外环境的改变。但呼吸运动的节律是怎么产生的？呼吸运动受到哪些因素的调控从而能满足机体代谢改变的需要？本节将围绕这些问题进行讨论。

一、呼吸中枢(Respiratory Center)

在中枢神经系统的某些区域，一些神经元呈现出与呼吸节律同步的节律性放电模式，这些神经元被称为呼吸相关神经元或呼吸神经元(respiratory neuron)。神经元在呼吸周期的吸气期放电的称为吸气神经元(inspiratory neuron)，在呼气期放电的称为呼气神经元(expiratory neuron)。有的神经元放电跨越呼吸的两个时相，称为跨时相神经元(phase-spanning respiratory neuron)，若放电从吸气相延续到呼气相，称为吸-呼跨时相神经元，若放电从呼气相延续到吸气相，则称为呼-吸跨时相神经元。

我们把中枢神经系统内这些产生和调节呼吸运动的神经元群称为呼吸中枢(respiratory center)，主要集中在如下的几个脑区(图 5-21)。

(1) 延髓背内侧的背侧呼吸组(Dorsal respiratory group in the medulla，DRG) 主要由吸气神经元构成，这些吸气神经元多呈递增型放电，轴突投射到颈段脊髓 5-6 节段的腹侧角，与膈肌运动神经元形成突触联系，控制膈肌舒缩活动，主要作用是使吸气肌收缩，引起吸气运动。

(2) 延髓腹外侧的腹侧呼吸组(Ventral respiratory group in the medulla，VRG) 位于靠近延髓腹侧的疑核-后疑核区域，构成一个头-尾走向的柱状结构。VRG 头端与面神经核相邻，尾端延伸到颈段脊髓 1-2 节段中间外侧区。VRG 尾段由呼气递增神经元构成，神经元轴突投射到胸段脊髓腹侧角，控制肋间内肌等呼气肌的活动，主要作用是使呼气肌收缩引起呼气。VRG 中段主要由吸气神经元构成，神经元轴突投射到脊髓颈段及胸段腹侧角，控制膈肌、肋间外肌等吸气肌活动。VRG 头段的构成较为复杂，临近面神经后核部分主要为呼气神经元，又称为包钦格复合体(Bötzinger complex)。位于包钦格复合

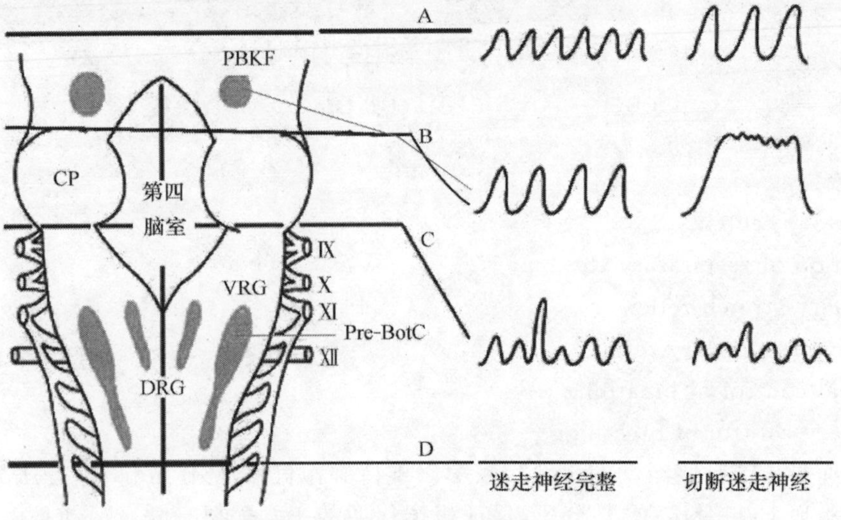

图 5-21 脑干呼吸神经元分布及不同平面横切脑干后呼吸运动的变化

CP：中小脑脚；DRG：背侧呼吸组；VRG：腹侧呼吸组；PBKF：臂旁内侧核和 KF 核；Pre-BotC：前包钦格复合体

体腹尾侧的部分称为前包钦格复合体(pre-Bötzinger complex)，由多种类型的呼吸神经元构成，该区域可能是哺乳动物呼吸节律起源的部位。

(3) 脑桥呼吸组(Pontine respiratory group，PRG) 指位于脑桥头段背外侧的臂旁内侧核(NPBM)和 Kölliker-Fuse(KF)核，二者合称 PBKF 核群。其中 NPBM 中存在呼气神经元和跨时相神经元，Kölliker-Fuse 核中存在吸气神经元。该区域的主要作用调整呼吸运动，限制吸气并使吸气向呼气转换。

二、呼吸节律的形成(Generation of Respiratory Rhythm)

(一) 呼吸的基本节律起源于延髓(the basic respiratory rhythm is generated in medulla)

呼吸节律的起源可用 1923 年 Lumsden 等进行的横切脑干的实验进行研究。若在中脑与脑桥之间切断脑干(图 5-21，A 平面)，呼吸节律无明显变化；在延髓-脊髓交界水平切断脑干(D 平面)，呼吸运动停止，但舌肌等受颅神经直接支配的辅助呼吸肌仍然存在呼吸节律。这些研究表明呼吸节律起源于低位脑干，中脑以上结构及脊髓对呼吸基本节律的形成不是必需的。如果在脑桥中、上部之间横断脑干(B 平面)再切断双侧迷走神经，动物呈现吸气显著延长、呼气短暂且仅偶尔出现的呼吸模式，称“长吸式呼吸”(apneusis)。在上述基础上，进一步在脑桥与延髓交界水平切断脑干(C 平面)，则动物恢复节律性呼吸。这一发现证明延髓可独立地产生呼吸节律，在脑桥下部，有能兴奋吸气活动的长吸中枢，而在脑桥上部存在促进吸气向呼气转换的呼吸调整中枢。

(二) 呼吸节律起源于前包钦格复合体(the respiratory rhythm is generated at PreBötzinger Complex)

前包钦格复合体是位于延髓疑核头端腹侧，相当于包钦格复合体的腹尾侧的一狭小结构。1991 年 Smith 等发现，以 50-75μm 为单位切割新生大鼠脑干，当切割至前包钦格复合体时，脑干呼吸节律突然消失。在包含前包钦格复合体的新生大鼠脑干横断薄片的舌下神经根同样能记录到“呼吸节律”样放电，并发现前包钦格复合体区域存在一类“条件起搏细胞”(pacemaker-like neuron)。“条件起搏细胞”具有自发产生节律性兴奋的功能。Smith 等认为，前包钦格复合体是新生大鼠呼吸节律发起的部位。在成年动物延髓相当于前包钦格复合体的区域，可以记录到多种类型的呼吸神经元。这些呼吸神经元多为中间神经元(轴突局限于延髓内)。局部损毁或阻滞这一区域可导致呼吸节律紊乱或消失，提示前包钦格复合体在成年动物呼吸节律形成中亦起重要作用。

(三) 呼吸神经元网络学说(respiratory neural network)

呼吸神经元网络学说认为，呼吸神经元之间存在相互兴奋和相互抑制的回路。通过相互兴奋回路可以延长兴奋时间或加强兴奋活动。通过相互抑制回路可以限制或终止兴奋活动，是呼吸时相周期性转换的基础。

目前，基于不同的实验研究，人们提出了多种不同的神经元网络模型，其中以中枢吸气活动发生器(central inspiratory activity generator)和吸气切断机制(inspiratory off-switch mechanism)模型最有影响(图 5-22)。该模型认为：脑内有一些神经元具有中枢吸气活动发生器的作用，并可以引起吸气切断机制。中枢吸气活动发生器神经元引起吸气神经元放电，从而引起吸气肌的收缩并引发吸气过程。中枢吸气活动发生器神经元还能够增强 PBKF 核群神经元及吸气切断机制神经元的活动。伴随着吸气过程的进行，来自于吸气神经元、PBKF 神经元及由肺扩张引起的迷走神经传入冲动增加，引起吸气切断机制神经元的兴奋，抑制了中枢吸气活动发生器神经元的兴奋，因此吸气过程被切断从而转为呼气。随着呼气过程的进行，吸气切断机制神经元的活动逐渐减弱(因为接受到的兴奋性传入冲动逐渐减少)，这又引起了中枢吸气活动发生器神经元的再次兴奋，因此吸气过程再次发生。该过程周而复始地进行，便形成了节律性的呼吸运动。

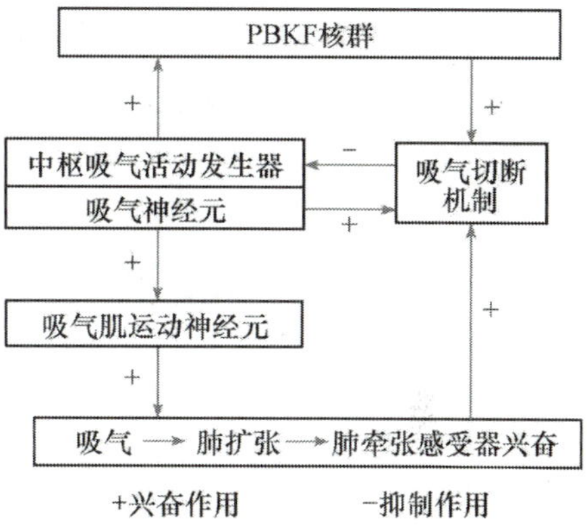

图 5-22　呼吸节律形成的神经元网络学说

三、呼吸运动的反射性调节(Reflex Control of Breathing)

(一) 黑-伯反射(hering-breuer reflex)

由肺扩张或肺萎陷引起的吸气抑制或吸气兴奋的反射称为肺牵张反射(pulmonary stretch reflex)或黑-伯反射。包括肺扩张反射和肺萎陷反射两部分。吸气时支气管、细支气管被扩张，管壁平滑肌层内的牵张感受器受到牵拉刺激而兴奋，牵张感受器的兴奋导致吸气抑制，促使吸气向呼气转化，这一反射称为肺扩张反射(pulmonary inflation reflex)。

肺萎陷反射(pulmonary deflation reflex)是肺萎陷时吸气增强或促进呼气向吸气转化的反射,在平静呼吸时不参与呼吸运动的调节,只是在防止肺不张或呼气过度时可能发挥作用,其机制不清。

有人比较了8种动物的黑-伯反射,发现有种属差异。兔的最强,人的最弱。切断麻醉家兔的双侧迷走神经导致吸气幅度加深、吸气时程延长。在人体,当潮气量增加至1500mL以上时,才能引起黑-伯反射,这可能是由于人体黑-伯反射的中枢阈值较高所致。

(二) 防御性呼吸反射(defensive respiratory reflex)

在物理刺激或化学刺激物的作用下,气道黏膜内的激惹感受器兴奋引起的反射,包括咳嗽反射(cough reflex)、喷嚏反射(sneeze reflex)及叹息反射(sigh reflex)等。刺激激惹感受器还可以导致支气管收缩、黏液分泌等。咳嗽时,先是短促的深吸气,接着声门紧闭,呼气肌强烈收缩,肺内压急剧升高;然后声门突然打开,由于气压差极大,气体从肺内高速冲出,将呼吸道内的刺激物排除。喷嚏反射与咳嗽反射类似,是刺激作用于鼻黏膜感受器时引起的反射,主要作用是清除鼻腔中的刺激物。叹息反射的感受器亦为激惹感受器,叹息能促进肺表面活性物质的更新,并能使一些闭合的肺泡张开。这些防御性反射在一定程度上限制了有害刺激物进入肺内。

(三) 化学感受性反射(chemoreceptive reflex)

哺乳动物体内存在感受脑脊液 CO_2 分压及 H^+ 浓度的中枢化学感受器和感受动脉血 O_2 分压及 H^+ 浓度的外周化学感受器。化学感受器感受到的信息传送到脑干呼吸控制机构,对呼吸运动的频率和幅度进行调节,从而维持组织 O_2、CO_2 和 H^+ 于适当浓度。其中,CO_2 是调节呼吸运动的最重要因素,相对于 CO_2,O_2 和血浆 H^+ 浓度对呼吸运动的调节作用要弱一些。

1. 外周化学感受器(peripheral chemoreceptor)

外周化学感受器(peripheral chemoreceptor)位于颈动脉体和主动脉体,紧邻颈动脉窦和主动脉弓的压力感受器,感受血浆中 CO_2 分压,O_2 分压及 H^+ 浓度的改变。以颈动脉体为例,颈动脉体内含有Ⅰ型球细胞和Ⅱ型鞘细胞(图5-23),它们周围包绕以毛细血管窦,血液供应非常丰富。当球细胞感受到 O_2 分压降低及 H^+ 浓度升高、或 CO_2 分压升高时,就会通过反射引起肺通气功能增强。在离体灌流条件下,降低灌流液 O_2 分压或升高 H^+ 浓度导致颈动脉体传入神经放电频率显著增加,其机制可能是该刺激使Ⅰ型球细胞膜上 K^+ 通道失活,引起细胞去极化。去极化引起的 Ca^{2+} 内流引起神经递质(多巴胺)的释放,从而使传入神经放电频率增高。该信息传递到脑干的呼吸中枢,增强肺通气(图5-24)。贫血或CO中毒时,血 O_2 分压基本正常,但血 O_2 含量降低。此时颈动脉体传入冲动并不增加。可见颈动脉体只对 O_2 分压的降低敏感,对 O_2 含量的降低并不敏感。

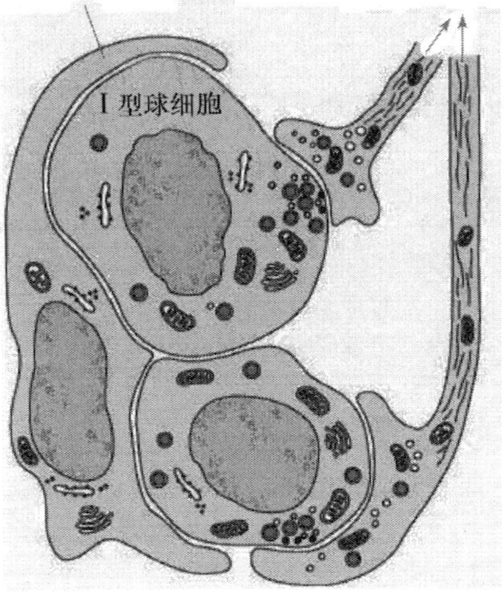

图 5-23 颈动脉体组织结构图

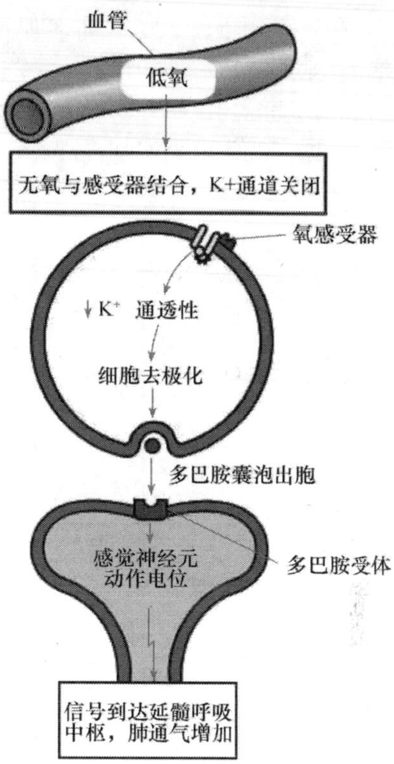

图 5-24 颈动脉体外周化学感受器感受低氧刺激的机制

（引自：Silverthorn DU 主编，Human Physiology. 4th Edition. San Francisco：Pearson Education Inc，2009）

2. 中枢化学感受器(central chemoreceptor)

中枢化学感受器(central chemoreceptor)位于延髓腹侧表面下 0.2mm 的区域。可分为头、中和尾三个部分。头端和尾端都具有化学感受性，中间段不具有感受性(图5-25)。中枢化学感受器调控呼吸的频率，并持续性的向中枢吸气活动发生器神经元发出神经冲动。中枢化学感受器神经元对 CO_2 分压的变化反应很快，CO_2 可以自由通过血-脑脊液屏障和血-脑屏障，但 CO_2 对化学感受器神经元没有直接刺激作用。化学感受器神经元对 H^+ 高度敏感，CO_2 在脑脊液中与 H_2O 形成 H_2CO_3，再解离成 H^+ 和 HCO_3^-，解离出的 H^+ 发挥对化学感受神经元的刺激作用。

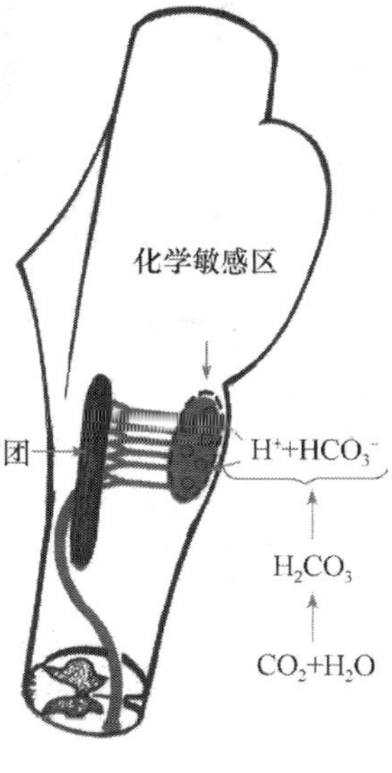

图 5-25 中枢化学感受器感受 CO_2 分压升高示意图

3. CO_2、H^+ 和 O_2 对呼吸的调节(chemical control of CO_2, H^+ and O_2 on breathing)

(1) CO_2 对呼吸的调节(control by CO_2) 吸入

气中 CO_2 的浓度升高会使呼吸加深加快，肺通气量增加。图 5-26 显示了动脉血 CO_2 分压与肺泡通气量的关系。如图所示，当 CO_2 分压由 40mmHg 上升至 60mmHg 时，肺泡通气量增加近 5 倍。当 CO_2 分压从 40mmHg 下降至 20mmHg 时，肺泡通气量减少到原来的 40%左右。由此可见 CO_2 是调节呼吸的最重要生理性化学因素。

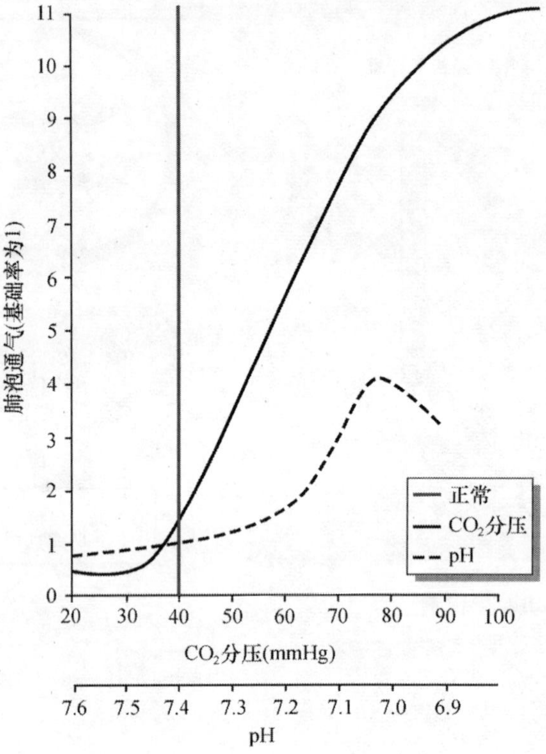

图 5-26　动脉血 CO_2 分压升高或 pH 降低对肺泡通气反应的影响

CO_2 刺激呼吸既可以通过刺激中枢化学感受器又可以通过刺激外周化学感受器实现。在这两条途径中，前者是主要的，但潜伏期较长；后者是次要的，但潜伏期较短。摘除外周化学感受器后，CO_2 分压升高导致的肺通气量增加仅下降约 20%。但在某些情况下，CO_2 对外周化学感受器的刺激对呼吸运动的调节可能起关键作用。例如：动脉血 CO_2 分压突然增高所导致的快速呼吸调节即是通过刺激外周化学感受器所致。又例如：当动脉血 CO_2 分压超过一定水平时（>60mmHg），肺通气量不能相应增加，CO_2 在体内蓄积，抑制中枢神经活动，出现 CO_2 麻醉。在这种情况下，CO_2 对外周化学感受器仍有刺激作用，起到维持呼吸中枢兴奋性的作用。CO_2 对化学感受器的刺激作用是间接的，CO_2 分压的升高导致脑脊液或血液中 H^+ 浓度的升高，进而兴奋中枢或外周化学感受器。

过度通气导致肺泡气 CO_2 分压下降，动脉血 CO_2 分压也随之下降，如果在麻醉状态下可导致呼吸停止。然而在清醒状态下，由于呼吸中枢还接受其他兴奋性传入，过度通气一般不会导致呼吸停止。

(2) H^+ 对呼吸的调节（control by H^+）　动脉血 H^+ 浓度升高，呼吸加深加快，肺通气量增加，反之肺通气量降低（图 5-26）。H^+ 也可以通过刺激外周化学感受器和中枢化学感受器兴奋呼吸。尽管中枢化学感受器对 H^+ 的敏感性远高于外周化学感受器，但血液中的 H^+ 难以通过血-脑脊液屏障和血-脑屏障，因此外周化学感受器在 H^+ 浓度升高导致的呼吸反应中起主要作用。

(3) 低 O_2 对呼吸的调节(control by hypoxia) 低 O_2 对呼吸的刺激作用完全是通过外周化学感受器实现的。动脉血 O_2 分压降低会使呼吸加深加快，肺通气量增加。动脉血 O_2 分压在 30～60mmHg 范围内变化时，对呼吸的调节作用最强。

正常状态下，只有当 O_2 分压降到低于 60mmHg 时才能引起肺通气的明显增强，这相当于在海拔 3000 米以上的 O_2 分压水平。并且轻度低 O_2 引起的肺泡通气量的增加导致动脉血 CO_2 分压的下降，这在很大程度上抵消了低 O_2 对呼吸的兴奋作用。因此，自然呼吸条件下，O_2 分压的改变并不能有效通过外周化学感受器调节肺通气。但在病理状态下(如慢性阻塞性肺疾病)，O_2 分压可降到足够低的程度来激活外周化学感受器。动脉血 O_2 分压的降低对呼吸中枢的直接作用是抑制。严重缺氧时，当外周化学感受器的传入兴奋不足以克服低 O_2 的直接抑制作用，将导致呼吸抑制。严重肺气肿、肺心病患者，动脉血长期处于低 O_2 和高 CO_2 状态，长期的高 CO_2 使中枢化学感受器发生适应，而外周化学感受器一般对低 O_2 不发生适应。此时低 O_2 对外周化学感受器的刺激成为驱动呼吸的主要刺激因素。如给予患者吸入高浓度 O_2，使动脉血 O_2 分压上升至正常范围，则会因呼吸中枢失去兴奋来源而导致呼吸停止。

以上叙述了 CO_2，O_2 和血浆 H^+ 浓度分别对呼吸运动的调节作用。在自然呼吸状态下，三者当中，任何一个因素的改变都会引起其他两个因素的相继改变，三者之间相互影响、相互作用。图 5-27 显示了在不同 O_2 分压和 pH 条件下，CO_2 分压对肺泡通气量的影响。从图中可以看出，在某一 pH 条件下，随着 O_2 分压的升高，曲线的斜率逐渐降低(表明 CO_2 刺激肺通气的作用逐渐减弱)。pH＝7.3 时曲线集中于左侧，pH＝7.4 时曲线集中于右侧。这些现象表明 pH 和 O_2 分压都会影响 CO_2 刺激呼吸的效应。

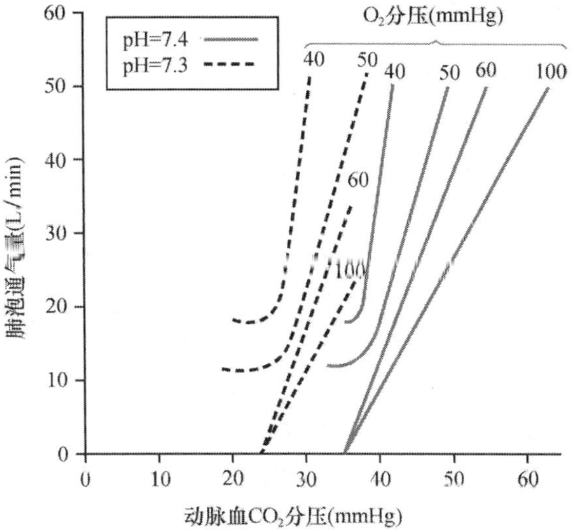

图 5-27 不同 O_2 分压和 pH 条件下 CO_2 分压对肺泡通气量的影响

四、呼吸运动的随意调节(Voluntary Control of Breathing)

根据机体代谢需要,呼吸中枢自动调节呼吸运动的深度和频率,以保持动脉血 O_2 分压和 CO_2 分压的稳定,这种调控机制属于不随意的自主控制。除此之外,呼吸运动还受到脑桥以上高级中枢的影响,例如:大脑皮层可以通过皮层脊髓束和皮层脑干束在一定程度上随意控制呼吸运动,使呼吸运动与其他躯体运动相协调,完成诸如发声、讲话、歌唱、咳嗽等动作。但这种随意控制是有一定限度的。例如潜水时需要屏气,但不能无限制屏气。屏气后动脉血 O_2 分压逐渐下降,CO_2 分压逐渐升高,对呼吸中枢的刺激越来越强,最终将克服高级中枢的随意控制而出现呼吸运动。呼吸运动的自主控制和随意控制通过不同的下行路线到达脊髓。在脊髓前外侧索下行的是自主控制路线,在脊髓背内侧索下行的是随意控制路线。在临床上,有时可以观察到自主呼吸和随意呼吸分离现象。例如:当自主控制路线受损伤后,自主呼吸运动消失,在这种情况下病人必须"记住"要进行呼吸。一旦入睡或注意力转移时,呼吸运动即停止。

以上分别介绍了呼吸节律的形成及呼吸运动的调节。临床上,影响呼吸基本节律的常见因素是脑震荡和脑水肿,特别是发生在延髓区的脑震荡和脑水肿。脑震荡和脑水肿都可以通过引起呼吸中枢供血不足使正常的呼吸节律终止。过量应用巴比妥类药物也可以造成呼吸功能障碍,该类药物抑制吸气神经元的活动并抑制呼吸节律。全身麻醉也可以抑制呼吸中枢,麻醉药物应用过量会使呼吸停止。

Clinical Note

Sleep Apnea

Sleep apnea is a pause in breathing for 10 sec or more, typically leading to arterial hypoxemia and CO_2 retention. When hypoxic or hypercapnic stimuli reach a sufficiently high level, breathing resumes, but this may also awaken the individual. This can occur repeatedly during the night, so patients with sleep apnea may show difficulties during wakefulness that are related to a lack of sleep, as well as potential neurologic effects from periodic hypoxia. Sleep apnea is frequently associated with obesity, and also increases with age. Recurrents sleep apnea occurs in 35% to 40% of persons older than 65 years, although many show no symptoms during wakefulness.

There are two general classes of sleep apnea: central and obstructive. Central apneas occur when the efferent signal to the diaphragm is insufficient to trigger inspiration. Central apneas occur in nonrapid eye movement (NREM) sleep, where sleep state is defined by eye movements and electroencephalogram (EEG) pattern. NREM sleep is also called quiet sleep, and there is a generalized decrease in neural activity. The PCO_2 threshold for the ventilatory response to CO_2 increases during

NREM sleep. Coupled with a decrease in metabolism during sleep, this can decrease PCO_2 below the apneic threshold. As stated above, apnea eventually will increase PCO_2 above this threshold, and breathing will resume. An abnormally low ventilatory response to CO_2 during wakefulness may contribute to central apneas.

Obstructive apneas are more common and they occur when the upper airways collapse during normal, or even increased, inspiratory efforts. *Snoring* is mild form of obstruction, as the soft palate vibrates at 40 to 60 Hz and impedes inspiratory airflow. Obstructive apneas occur during rapid eye movement (REM) sleep. Dreaming occurs during REM sleep, which is also called active sleep. A general inhibition of sensory input and atonia (lack of muscle tone) also occurs during REM sleep. Breathing is more irregular during REM sleep, consistent with inhibition of afferent information from the lungs and ventilatory muscles.

Obstructive apnea can occur when reflexes do not sense collapse of the upper airways from negative pressures generated by inspiratory flow and do not stimulate appropriate contractions of upper airway muscles to stiffen the airways and support them in an open position. Increased inspiratory effort, for example in reaponse to chemoreceptor stimulation, makes the tendency for airway collapse worst if the upper airways do not respond also. Therefore, the fundamental problem in obstructive apnea is a lack of coordination between the inspiratory and upper airway muscles. Obstructive apneas can be treated with *nasal continuous positive airway pressure* (*nasal CPAP*). This treatment applies a positive pressure to the upper airways by a mask fitted over the nose of the sleeping patient. CPAP counteracts the decrease in airway pressure during inspiration and holds the airways open.

(From Johnson LR, Byrne JH, Dahl NA et al. Essential medical physiology, Part 3, respiratory physiology. Lippincott-Raven Publishers, 1998)

Summary

- Breathing is an automatic process and occurs without any conscious effort.
- The respiratory center is composed of several groups of neurons located bilaterally in the medulla oblongata and pons . The dorsal respiratory group of neurons contains mostly inspiratory neurons that control diaphragm. The ventral respiratory group of neurons mainly controls muscles used for active expiration.
- The control for the basic rhythm of breathing is housed in the medulla.
- Neurons in the pons modulate ventilation.
- The rhythmic pattern of breathing arises from a network of spontaneous discharging neurons.
- The pre-Bötzinger complex generates respiratory rhythm in neonatal rat.

- Hering-Breuer reflex is also called pulmonary stretch reflex. It refers to the reflex that inflation of the lungs caused inhibition of inspiration, while collapse of the lungs enhanced inspiration.
- Protective reflexes are defined as a group of responses function to protect the respiratory system from irritant materials.
- The most important inputs to the respiratory center for the involuntary control of ventilation are from the central and peripheral chemoreceptors.
- The central chemoreceptors are located in the medulla; they monitor changes in cerebral spinal fluid hydrogen ions.
- The peripheral chemoreceptors are located in the aortic body and the carotid body, they respond mainly to changes in oxygen partial pressure. They are also stimulated by changes in carbon dioxide partial pressure and hydrogen ions in the arterial blood.
- Of the three chemicals that affect alveolar ventilation, carbon dioxide is the most powerful. The control of ventilation by carbon dioxide is mediated by both central and peripheral chemoreceptors.
- The control of alveolar ventilation by changes in arterial hydrogen ion concentration is mainly via the peripheral pathway.
- Oxygen has the smallest effect in the three chemicals which stimulate ventilation. This reflex is mediated by the peripheral chemoreceptors.
- Voluntary control of respiration means that the high brain centers can modulate the activity of the respiratory centers in the medulla and pons and control the depth and rate of breathing voluntarily.
- The common causes of basic rhythm disruption are cerebral concussions and cerebral edema.

Key Terms

respiratory neuron; phase-spanning respiratory neuron; respiratory center; dorsal respiratory group; ventral respiratory group; pontine respiratory group; pulmonary stretch reflex (hering-breuer reflex); defensive respiratory reflex; chemoreceptor reflex; central chemoreceptor; peripheral chemoreceptor

Review Questions

1. Define each term

1) Hering-Breuer reflex; 2) Respiratory center; 3) Chemoreceptor

2. Choose the correct answer

1) Which of the following in arterial blood exerts the most important control on ventilation under normal conditions:

(A) PO_2 (B) PCO_2 (C) pH (D) PN_2

2) The Hering-Breuer inflation reflex

(A) results in further inspiratory efforts if the lung is maintained inflated

(B) is only seen in adults at high tidal volumes

(C) may help to inflate the newborn lung

(D) is a negative feedback reflex

3. Answer the following questions

1) What would happy to respiration if the vagi were obstructed in an experimental rabbit?

2) Explain why a hypoxemic patient with chronic CO_2 retention may develop a very high arterial PCO_2 when given 100% O_2 to breathe?

3) Do the peripheral chemoreceptors respond chiefly to the PO_2 in arterial or mixed venous blood? Does mild carbon monoxide poisoning increase ventilation?

(马泽刚)

参考文献(References)

蒋正尧. 2005. 人体生理学. 北京:科学出版社

闫建群. 2006. 生理学. 北京:科学出版社

姚泰. 2005. 生理学. 北京:人民卫生出版社

朱大年. 2008. 生理学. 7 版. 北京:人民卫生出版社

Ganong W F. 2005. Review of medical Physiology. Stamford:the McGraw-Hill Companies

Lingappa V R, Farey K. 2001. Physiological medicine. Beijing:Science Press

Rhoades R, Pflanzer R. 1989. Human Physiology. 3rd ed. Philadephia:Saunders College Publishing

Silverthorn D U. 2009. Human Physiology. 4th ed. San Francisco:Pearson Education Inc

第六章　消化和吸收
Chapter 6　Gastrointestinal Function

Chapter Outline

- Overview of the gastrointestinal system
- Chewing, salivary secretion, and swallowing
- The precesses of motility and secretion in the stomach
- The precesses of secretion in the exocrine pancreas
- The processes of secretion in the biliary system
- The processes of motility, secretion, and absorption in the small intestine
- Processes of absorption, secretion, and motility in the large intestine

人静息状态大约每天消耗 30 千卡/公斤体重的热量，这一能量的获得要通过胃肠道来实现。胃肠道(gastrointestinal tract, GI tract)是营养物质、维生素、矿物质和水分进入机体的通道，人胃肠道各段的平均长度：咽、食道和胃 65cm；十二指肠 25cm；空场、回肠 260cm，结肠 110cm。消化系统有四个基本活动过程：消化、吸收、平滑肌运动和分泌(digestion, absorption, motility, secretion)(图 6-1)。通过摄食获得的碳水化合物、蛋白质和脂肪都是大分子物质，在胃肠道被消化酶分解成可吸收的小分子成分，这一过程称为消化；然后通过主动或被动转运，肠腔内可吸收的小分子物质，通过小肠黏膜进入淋巴和

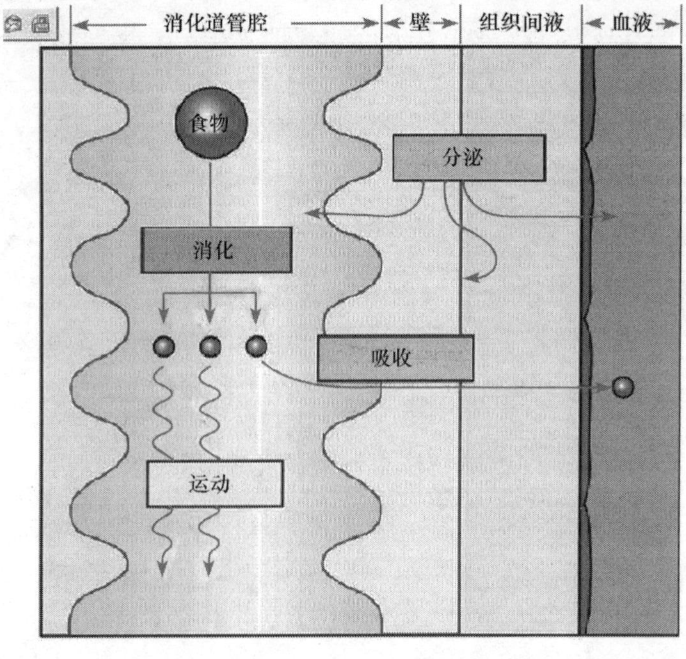

图 6-1　消化系统的四个基本活动过程：消化、吸收、平滑肌运动和分泌

血液，这一过程称为吸收。消化过程包括机械性消化(mechanical digestion)，是指通过消化道平滑肌的运动，将食物磨碎，与消化液搅拌、混合(mixing movements)，并向消化道远端推送(propulsive movements)的过程。而化学性消化(chemical digestion)是指通过各种消化液中的酶解作用，把食物中的大分子物质分解为可吸收的小分子物质。各种消化液的分泌是指：消化道外分泌腺产生的消化酶、各种无机离子和水分进入肠腔，消化道上皮细胞合成的物质释放进入肠腔的过程。

第一节 消化道功能概述
Section 1 Overview of Digestive Processes

Section Outline

- Characteristics of smooth muscle in GI tract
  —Electrophysiological properties of smooth muscle in GI tract：Basic electrical rhythm，BER
  —Molecular basis of contraction
- The nerve supply to smooth muscle and the gastrointestinal circulation
- Gastrointestinal circulation
- Gastrointestinal hormones

一、消化道平滑肌的特性(The Properties of the GI tract's Smooth Muscles)

(一) 消化道平滑肌的生理特性(characteristics of smooth muscle in GI tract)

除了口腔、咽、食管上端和肛门外括约肌是骨骼肌外，消化道其余部分都是平滑肌。消化道平滑肌具有兴奋性、传导性和收缩性，但有其自身特点。①兴奋性较低(low excitability)，收缩的潜伏期、收缩期和舒张期所占的时间较长，而且变异较大；②在体外适宜的环境内能进行节律性收缩(autorhythmicity)，但远不如心肌规则。③它经常处于微弱且持久的收缩状态，即具有紧张性(tonus，or tone)，这有利于中空器官保持一定的形状、位置，使消化管壁保持一定的基础压力，因为它们的收缩活动都是在紧张性的基础上发生的。另外，④它具有很大的伸展性(high extensibility)，适合中空器官可容纳较多的食物。⑤对电刺激不敏感，而对机械牵张、温度和化学刺激敏感(high sensitivity to temperature，stretch & chemical stimulation)。

(二) 消化道平滑肌的电生理特性(electrophysiological properties of smooth muscle in GI tract)

(1) 静息电位(resting membrane potential)　消化道平滑肌细胞的静息电位为$-60\sim-50$mV，其产生机制是细胞在静息时膜主要对K^+有通透性，生电性钠泵也起一定作用。由于静息平滑肌细胞膜对K^+和Na^+的通透性之比为(7～10)：1，故静息电位水平偏低。有许多因素可影响静息电位水平。例如，机械牵张刺激、Ach、迷走神经兴奋可使静息电位水平线上移，即发生一定程度的去极化，而去甲肾上腺素、交感神经兴奋则可使静息电位水平线下移，即发生一定程度的超极化。

（2）慢波（slow wave）　胃肠平滑肌细胞的静息电位不稳定，表现为缓慢的周期性地自动去极化和复极化，称为慢波（slow wave）、慢波电位或基本电节律（basic electrical rhythm，BER），其波动幅度约 10～15mV，即静息电位水平变动在－65～－45mV 之间，持续时间 1～4s，波动频率 3～12 次/分（图 6-2），比心脏窦房结起搏细胞波动频率（60～90 次/分）慢得多，不是每个慢波电位都能达到阈电位。目前认为，节律性慢波起源于一种称为 Cajal 细胞的间质细胞（interstitial cells of Cajal，ICC），它们位于消化道环行肌和纵行肌之间的间质中，是星型间质起搏细胞，发出多个长突起和平滑肌细胞相联系，它们通过缝隙连接把去极化信号传至胃肠平滑肌细胞。在胃和小肠 ICC 细胞位于靠近肌间神经丛的环形肌层，在结肠 ICC 细胞环形肌层靠近黏膜下层的边缘。慢波的频率在人类的胃为 3 次/min，十二指肠为 12 次/min，近端空肠 10 次/min，回肠末端 8 次/min（图 6-3）。慢波的产生机制可能是由于钠泵活动自发性和周期性地改变所致，即钠泵活动周期性地减弱和增强，从而产生节律性地去极化。慢波的产生不依赖于外来神经的支配，但可受外来神经的调制。

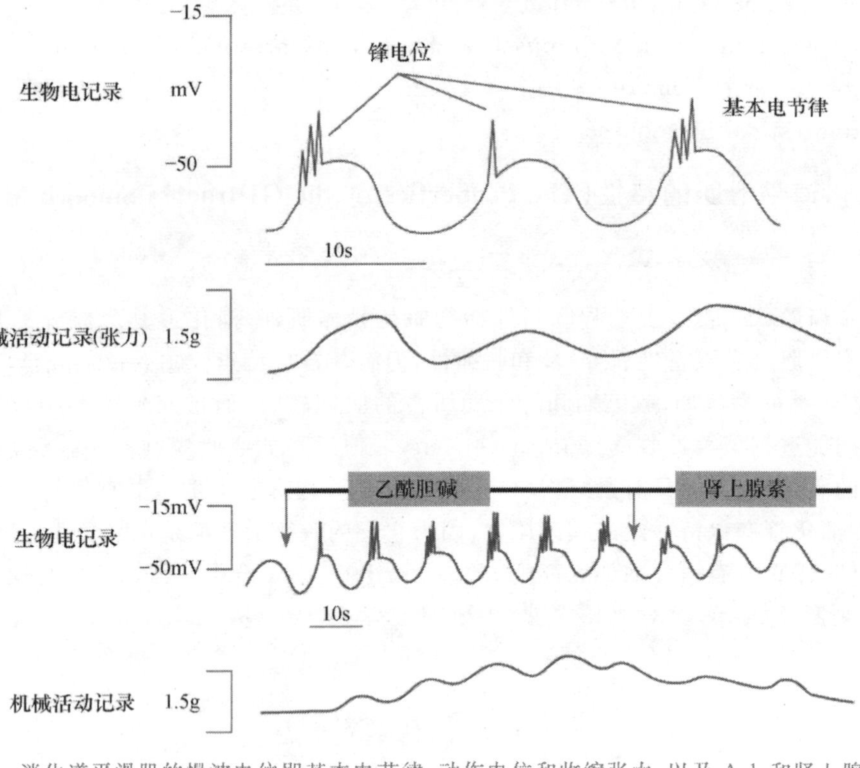

图 6-2　消化道平滑肌的慢波电位即基本电节律、动作电位和收缩张力，以及 Ach 和肾上腺素对它们的影响。

（引自 Chang EB，et al，1996. *Gastrointestinal*，*Hepatobiliary*，*and Nutritional Physiology*. *Lippincott-Raven*）

（3）动作电位（action potential）　胃肠平滑肌的动作电位（图 6-2）是叠加在慢波基础上的。在慢波的基础上，膜电位去极化达到阈电位（－40mV）水平，便可产生每秒 1 至 10 次的动作电位，动作电位一般持续 10～20ms。动作电位的去极相由 Ca^{2+} 内流而引起，复

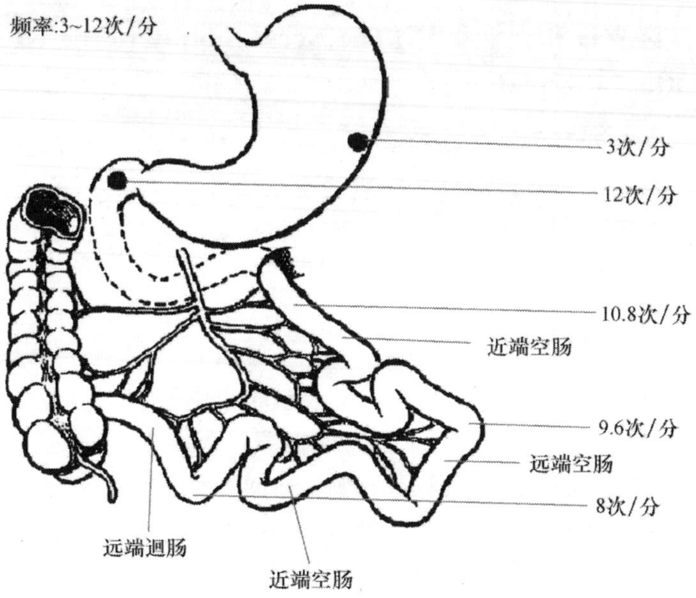

图 6-3　不同部位消化道平滑肌的慢波电位频率

极相则由 K^+ 外流所致产生。在缺乏兴奋性刺激时，慢波电位达不到阈值，也无动作电位发生；有兴奋性刺激时如 Ach、胃泌素释放，慢波电位达到阈值产生动作电位诱发收缩。刺激强度虽能改变动作电位的频率和收缩的幅度，但刺激不能改变基本电节律的频率，因此也不能改变基蠕动的频率。

这里有必要介绍一下"蠕动"。蠕动(peristalsis)是 GI 道内容物牵张刺激诱发的反应，即刺激后方环形肌收缩，而刺激前方环形肌舒张，蠕动波以 2～25cm/s 向肛门方向推进，它不依赖外来神经支配，但受外来神经的调制。即使手术切断一段小肠后再缝合断端，蠕动依然存在。局部牵张刺激→释放 5-HT(serotonin)→激活感觉神经元→激活肌间神经丛→刺激后方的胆碱能神经元释放 Ach、P 物质，故后方环形肌收缩，刺激前方胆碱能神经元释放 NO、VIP、ATP，故刺激前方环形肌舒张。

(4) 平滑肌收缩的分子机制(molecular basis of contraction)　平滑肌无 Z 线，胞浆的致密体(dense bodies)附着于细胞膜，致密体借助 α 辅肌动蛋白(α-actinin)连接于细肌丝。慢波不能引起平滑肌收缩，诱发收缩的是叠加在慢波上的动作电位。每个慢波上叠加的动作电位数量愈多，平滑肌收缩张力愈大。许多肽和神经递质可通过调制动作电位而影响平滑肌收缩，例如，Ach 可使动作电位发放频率和平滑肌收缩的张力增加，而肾上腺素则作用相反(图 6-2)。平滑肌细胞的动作电位是由于去极化激活膜上的电压门控钙通道而引起，进入胞质的 Ca^{2+} 激活肌质网的钙释放通道，使胞质内 Ca^{2+} 浓度升高，Ca^{2+} 结合于钙调蛋白(calmodulin，CaM)，Ca^{2+} 和 CaM 的复合物进一步激活肌球蛋白轻链激酶(myosin light chain kinase，MLCK)，活化的 MLCK 使横桥中肌球蛋白轻链磷酸化，进而使横桥 ATP 酶活性升高，磷酸化的肌球蛋白和肌动蛋白结合，引发粗、细肌丝滑行和收缩。胞质内 Ca^{2+} 浓度降低后 MLCK 失活，磷酸化的肌球蛋白轻链脱磷酸化，导致肌肉舒张。平滑肌肌质网极不发达，依赖 ECF 的 Ca^{2+} 诱发收缩。

二、消化道的神经支配和血液循环(The Nerve Supply to the GI Tract and the Gastrointestinal Circulation)

消化道的神经支配包括内在的肠神经系统和外来神经系统，后者包括交感和副交感神经。除口腔、咽、食管上段和肛门外括约肌接受躯体神经支配外，绝大部分消化道受交感和副交感神经的双重支配。没有神经、内分泌机制调节消化和吸收过程，而神经、内分泌机制调节 GI 运动和分泌。

(一) 肠神经系统(enteric nervous system，ENS)

肠神经系统包括位于纵行肌和环行肌之间的肌间神经丛(myenteric plexus；Auerbach's plexus)和位于环行肌和黏膜层之间的黏膜下神经丛(submucous plexus；Meissner's plexus)(图 6-4)，前者主要调控消化道运动，刺激肌间神经丛可使平滑肌节律性收缩的强度、频率增加，也增加紧张性和兴奋波传导速率；后者则主要调控消化道内、外分泌、局部血流和肠内物质的吸收。肠神经系统有完整的反射装置，从感觉神经元、中间神经元到运动神经元，其神经元总数可与脊髓神经元总数相媲美。感觉神经元感受消化道内的机械、化学和温度以及渗透压等刺激，运动和分泌神经元调控平滑肌、腺体和血管运动。两种神经通路调节 GI 运动和分泌：①短反射(short reflexes)，介导短反射的神经环路完全存在于肠壁内，即肌间神经丛和黏膜下神经丛；②长反射(long reflexes)，介导长反射的神经环路完全存在于肠壁之外。短反射可以是兴奋性或抑制性的，取决于运动和分泌神经元释放何种递质，如果释放 Ach，是外分泌和 GI 运动的兴奋性刺激。长反射主要对 GI 各部

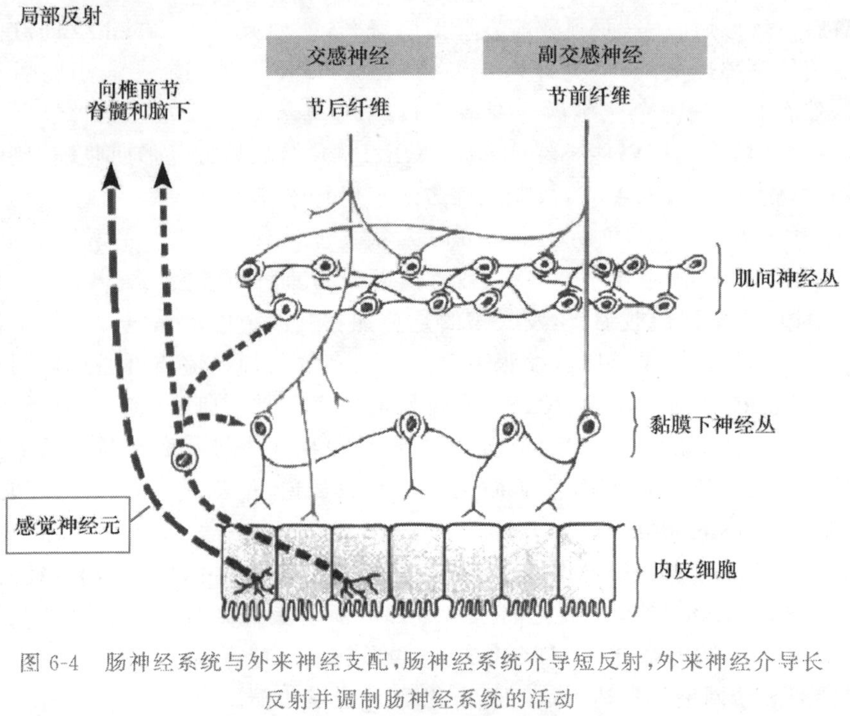

图 6-4 肠神经系统与外来神经支配，肠神经系统介导短反射，外来神经介导长反射并调制肠神经系统的活动

分以及 GI 和其他系统的活动进行协调，依赖外来神经支配。外来神经与 ENS 的细胞形成突触，外来神经可调制短反射活动。肠神经系统具有多种递质和调质，包括一氧化氮（nitric oxide，NO）、一氧化碳（carbon monoxide，CO）、Ach、ATP、缩胆囊素（cholecystokinin，CCK）、去甲基肾上腺素、P 物质、5-羟色胺、脑啡肽（enkephalin）、血管活性肠肽（vasoactive intestinal peptide，VIP）、降钙素基因相关肽（calcitonin gene related peptide，CGRP）、γ-氨基丁酸（γ-aminobutyric acid，GABA）、生长抑素、神经肽 Y（neuropeptide Y，NPY）等。

（二）消化道的外来神经支配（extrinsic innervation）

（1）副交感神经（parasympathetic fibers） 支配消化道的副交感神经，除支配口腔和咽部的少量纤维外，绝大部分行走于迷走神经和盆神经中。迷走神经纤维支配横结肠及以上消化道，盆神经纤维支配降结肠及以下消化道（图 6-5）。大约有 2000 根迷走神经的节前纤维进入消化道管壁后，与肌间神经丛和黏膜下神经丛的胆碱能神经元形成突触，节前纤维释放 Ach，调制短反射活动，对胃肠运动和消化腺分泌起兴奋作用。

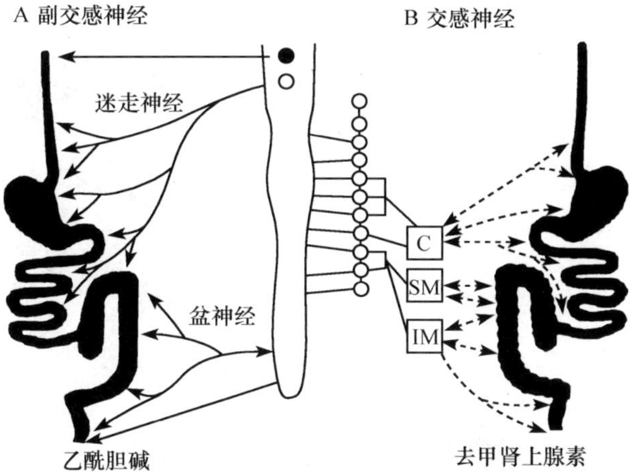

图 6-5 胃肠道的外来神经支配

C. 腹腔神经节；SM. 肠系膜上神经节；IM. 肠系膜下神经节

（2）交感神经（sympathetic fibers） 节前纤维发自脊髓胸 5 至腰 2 段侧角，在腹腔神经节、肠系膜神经节换元，主要是内脏神经（splanchnic nerves），发出的节后肾上腺素能纤维主要支配节后胆碱能细胞，所分泌的去甲基肾上腺素激活突触前膜 α_2 受体，抑制 Ach 释放。有一些肾上腺素能纤维直接支配小肠平滑肌；另一些支配血管平滑肌使其收缩。交感神经通常使胃肠道平滑肌抑制而使括约肌收缩。此类肾上腺素能纤维抑制短反射活动。

胃肠道感受器的传入纤维可把消化道内的机械、化学、温度以及渗透压等刺激信号传导至壁内神经丛，诱发肠壁的局部反射，也可以通过椎前、椎旁神经节和脑神经节，经脊髓和脑干中继其他反射，调节胃肠运动。例如，胃-结肠反射（gastrocolic reflex）是食物扩张胃引起的结肠收缩加强的反射活动；迷走-迷走反射（vagovagal reflex）是来自胃和十二指肠的信号，沿迷走神经传入纤维至脑干，其传出冲动又沿迷走神经传出纤维到胃，调控胃的分泌和运动的反射活动。

（三）消化道血液循环(gastrointestinal circulation)

血液经由腹腔动脉、肠系膜上、下动脉供应消化道、胰腺和肝脏，也称为内脏血液循环(splanchinic circulation，图 6-6)，1400mL/min，约占心输出量的 1/4，并具有自身调节能力。从小肠、胰腺和脾脏的静脉血流先进入门静脉至肝脏，然后由肝静脉入下腔静脉。从门静脉回流至肝脏的血液约 1000mL/min（门静脉血压：10～12mmHg，血窦压：8～9mmHg，肝静脉血压：5mmHg，下腔静脉：2～5mmHg），而肝动脉（血压：90mmHg）向肝脏供血约 500mL/min。门静脉循环的意义是：由 GI 道吸收的消化产物在发送到全身的组织细胞之前，必须先经肝脏的“代谢加工”。小肠从肠系膜上、下动脉获得丰富的血液供应，肠系膜上、下动脉的分支有广泛的交通支。供应小肠黏膜的血流最为丰富，而且随代谢活动而变化。禁食状态小肠血流量 30mL/(100g · min)，餐后供应小肠的血流量 250mL/(100g · min)，在头期血流量增加。消化吸收期，GI 细胞代谢率增加，产生舒血管物质(adenosine，CO_2)。交感神经兴奋收缩胃肠道血管，副交感神经兴奋刺激胃肠运动、分泌，GI 细胞代谢率增加，产生舒血管物质，舒张胃肠道血管。

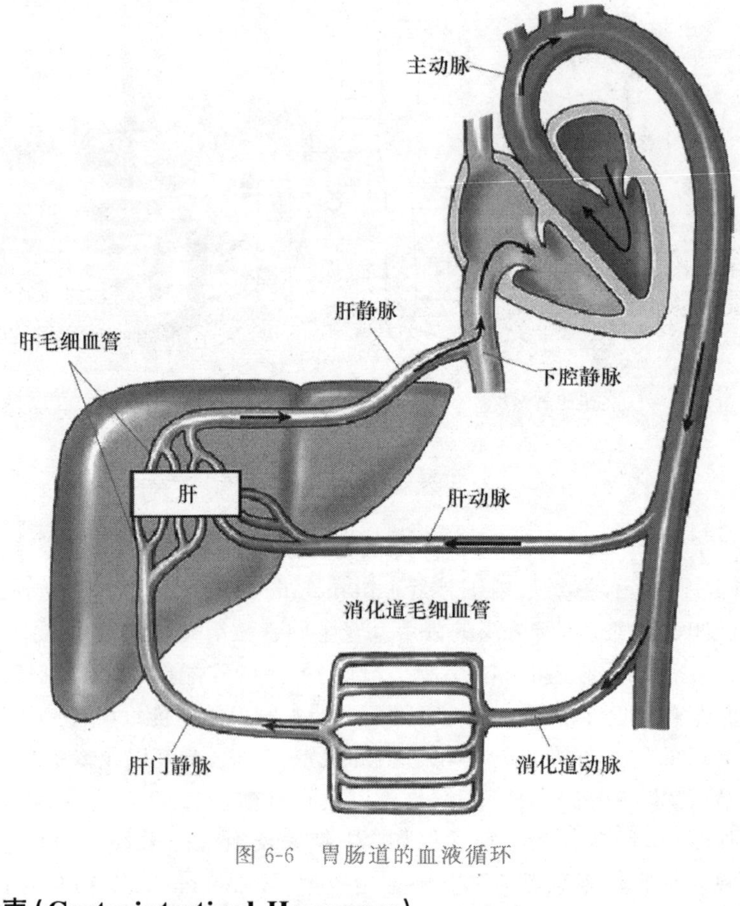

图 6-6 胃肠道的血液循环

三、胃肠激素(Gastrointestinal Hormones)

从胃到大肠的黏膜层存在 15 种以上的内分泌细胞(enteroendocrine Cells)，由消化道黏膜层的内分泌细胞合成和释放的多种肽类物质统称胃肠激素(gastrointestinal hormones)(表 6-1)。可分为两大类：胃泌素族(gastrin family)，主要包括胃泌素和缩胆囊素(cholecystokinin，CCK)，两者结构相似，均激活壁细胞的 CCK_B 受体；促胰液素族(secretin family)，主要包括促胰液素、胰高血糖素(glucagon)、血管活性肠肽(vasoactive intetinal peptide，VIP)和抑胃肽(gastric inhibitory peptide，GIP)。还有一些胃肠激素不能归入上述两大类。胃肠道内分泌细胞具有摄取胺作为前体，进行脱羧产生肽的能力(amine precursor uptake decarbo-xylation，APUD)，称为APUD 细胞。以下介绍一些主要的胃肠激素，其中，有一些神经肽起内分泌激素的作用，它们可通过血液循环(远距分泌)或局部扩散(旁分泌)的方式发挥作用。这些肽类物质，大部分也分布于脑内，故称为脑肠肽(brain-gut peptide)。旁分泌(paracrine)系指消化道内分泌细胞合成和释放的经细胞外液或局部循环抵达靶细胞，胃窦黏膜 D 细胞释放生长抑素经旁分泌抑制 G 细胞分泌胃泌素。神经分泌(neurocrine)如神经肽 VIP、蛙皮素(bombesin)由肠壁神经丛的末梢所分泌，越过突触间隙达靶细胞。蛙皮素强烈刺激胃酸分泌。总之，内分泌、旁分泌、神经分泌、ENS 和副交感/交感神经共同调节胃肠功能(图 6-7)。

表 6-1 主要胃肠激素的分泌细胞和分布部位

胃肠激素	分泌细胞/部位	靶细胞/作用
胃泌素	G 细胞/胃窦、十二指肠；胎儿胰岛	胃黏膜泌酸腺壁细胞，ECL 细胞/促胃酸分泌(G-17 为主)、胃排空促回肠、大肠运动，回盲括约肌松弛，促黏膜生长
缩胆囊素(CCK)	I 细胞/小肠上部；回、结肠神经元	小肠上部主要是 CCK-8 和 CCK-12/胰酶分泌，胆囊收缩、oddi 括约肌松弛；抑制胃酸分泌、脑内主要是 CCK-8/胃排空；刺激小肠运动；引起饱感
抑胃肽(GIP)	K 细胞/十二指肠、空肠	生理剂量刺激胰岛素分泌；大剂量抑制胃酸、胃蛋白酶分泌、胃排空
促胰液素	S 细胞/小肠上部，	促胰液 HCO_3^-、水分泌；抑制胃酸、胃泌素分泌、胃排空，收缩幽门括约肌
胃动素	Mo 细胞/小肠上部	胃肠平滑肌收缩，消化间期移行性复合运动(MMC)III 相波的启动因子
血管活性肠(VIP)	胃肠道壁内神经元末梢	刺激小肠水、电解质和胰液分泌；抑制胃酸分泌；抑制胃、小肠运动
生长抑素(SS)	D 细胞	抑制胃泌素、胆汁、小肠液、胰内/外分泌
Glucagon-like Peptide 1	L 细胞(小肠内分泌细胞)；胰岛、胃、小肠、结肠黏膜	刺激胰岛素分泌、抑制胰高血糖素分泌；引起饱感、延缓胃排空、抑制摄食
Ghrelin	胃黏膜 X/A 细胞	刺激胃运动和排空，刺激生长素分泌和摄食

(一) 胃泌素(gastrin)

1905 年提出一种激素刺激胃酸分泌，1964 年 Gregory 和 Tracey 分离、提纯胃泌素，并测定了氨基酸序列。80％的胃泌素(gastrin)存在于胃黏膜，以胃窦黏膜胃泌素活性最高。胃泌素分子形式包括：大胃泌素(G-34)，小胃泌素(G-17)。G-17 是刺激胃酸分泌的主要形式，其羧基端的 4 肽(色-甲硫-门冬-苯丙-NH_2)是其最小活性片段，但强度只有 G-17 的 10％，该片段与 CCK 的羧基端的 4 肽相同。胃窦黏膜内主要是 G-17，十二指肠黏膜内主要是 G-34。G-17(半寿期 2～3min)和 G-34(半寿期 15min)均存在于血浆，虽然 G-17

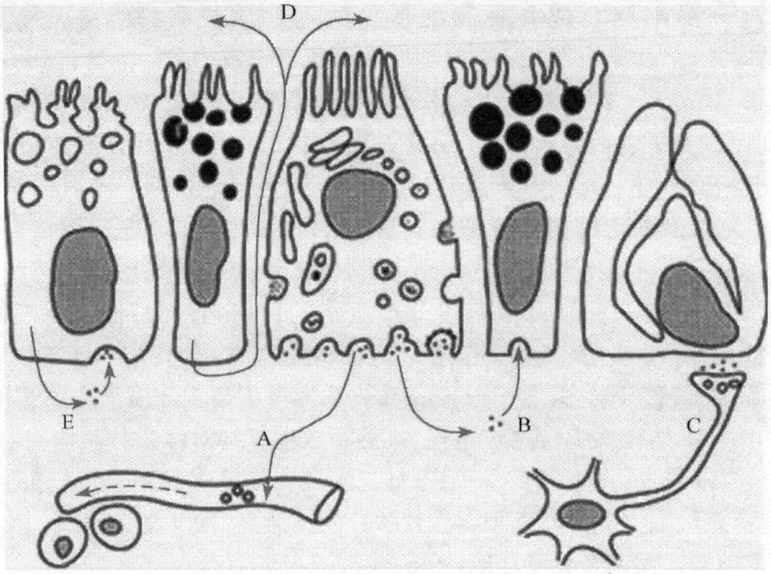

图 6-7　胃肠激素分泌方式

A. 内分泌；B. 旁分泌；C. 神经分泌；D. 腔分泌；E. 自分泌

刺激胃酸分泌的作用比 G-34 强，由于 G-34 半寿期长，注射相同剂量的 G-17 和 G-34 引起的胃酸分泌增加几乎相等。胃窦黏膜 G 细胞是向管腔开放的内分泌细胞，细胞膜顶端有微绒毛伸向管腔，可直接感受胃腔内的肽、氨基酸刺激。另外，支配 G 细胞的迷走神经末梢释放胃泌素释放肽(gastrin-releasing peptide，GRP)，为 27 肽，GRP 刺激胃泌素释放。

胃泌素主要有三个生理学作用：刺激壁细胞分泌胃酸，刺激肠嗜铬样细胞分泌组胺，刺激胃、大肠和小肠黏膜生长，即营养作用(trophic action)。也刺激胃蛋白酶原分泌。刺激胃泌素释放的因素：①胃腔内存在的蛋白质消化产物肽、氨基酸，以苯丙氨酸、色氨酸为最有效，胃扩张；②迷走神经传出冲动释放 GRP；③血浆肾上腺素、Ca^{2+}。抑制胃泌素释放的因素：胃酸，生长抑素，促胰液素(Secretin)，GIP，VIP，胰高血糖素(glucagon)，降钙素(calcitonin)。

（二）缩胆囊素(cholecystokinin，CCK)

缩胆囊素(cholecystokinin，CCK)有许多不同的分子形式：CCK-58、CCK-39、CCK-33、CCK-12、CCK-8，所有这些分子形式的 C 末端的 5 个氨基酸，均与胃泌素 C 末端的 5 个氨基酸相同，C 末端均酰胺化，从 C 末端的第 7 位酪氨酸均硫酸化。CCK 的半寿期约 5min。在十二指肠和空肠释放的主要是 CCK-8、CCK-12，肠壁神经和胰腺神经主要释放 CCK-4、CCK-58，脑内主要是 CCK-8，脑内的 CCK 参与摄食调控，并可能与焦虑和抗镇痛有关。

CCK 除了刺激胆囊收缩、分泌含酶丰富的胰液外，还强化促胰液素诱发的碱性胰液分泌，抑制胃排空，对胰腺有营养保护作用，刺激肠激酶分泌，增强小肠和结肠的运动，刺激幽门括约肌收缩，Oddi 氏括约肌松弛，防止十二指肠内容物反流。CCK 和胃泌素刺激胰高血糖素分泌。CCK-A 受体主要分布于外周，CCK-A 和 CCK-B 受体分布于脑内，均通过 PLC-IP_3、DAG 完成信号转导。CCK-B 受体对 CCK 和胃泌素有同等的亲和力，CCK-A 受体对 CCK 的亲和力要比对胃泌素的亲和力至少大三倍。刺激 CCK 分泌的因素有：消化产物尤其是肽、氨基酸，十个碳原子以上的脂肪酸刺激十二指肠和小肠黏膜分泌 CCK。CCK 刺激胆汁和胰液释放入十二指肠，在胆汁和胰液作用下产生蛋白质和脂肪消化产物，此类消化产物又进一步促进 CCK 分泌，即 CCK 分泌的正反馈调控。而消化产物移行至下一段小肠可中止这一正反馈（见小肠内消化图 6-18）。

（三）促胰液素（secretin）

促胰液素（secretin）在生理学历史上占有特殊地位。1902 年，Bayliss 和 Starling 首次证明食糜进入十二指肠诱发胰液分泌，由一个血源性因子所介导，从而发现了促胰液素。Starling 提出激素（hormone）这一新概念，来描述某些细胞释放化学因子经血液循环调节远距离器官的活动，创立了现代内分泌学（endocrinology）。分泌促胰液素的 S 细胞位于小肠上部黏膜（表 6-1），促胰液素的半寿期约 5min，其结构不同于胃泌素和 CCK，而和胰高血糖素、VIP、GIP 相似。促胰液素刺激胰导管、胆管分泌碳酸氢盐和水，以 cAMP 为转导信号。加强 CCK 刺激胰酶分泌，抑制胃酸分泌，使幽门括约肌收缩。胃酸、蛋白质分解产物刺激小肠上部黏膜诱发促胰液素释放，这是一种负反馈机制：胃酸刺激小肠上部黏膜释放促胰液素，而促胰液素则引起碱性胰液分泌进入十二指肠，中和由胃入十二指肠的胃酸，胃酸被中和可抑制促胰液素的分泌（见小肠内消化图 6-18）。

（四）抑胃肽（gastric inhibitory peptide，GIP）

十二指肠和空肠黏膜 K 细胞分泌的抑胃肽（gastric inhibitory peptide，GIP），为 42 肽，十二指肠内的葡萄糖、脂肪刺激其分泌。因为大剂量抑胃肽抑制胃酸分泌和胃运动，故命名为抑胃肽。但现在发现餐后血浆抑胃肽升高的水平，或给与小剂量并不明显抑制胃运动，而是刺激胰岛素分泌。虽然胃泌素、促胰液素、CCK 和胰高血糖素均可刺激胰岛素分泌，由于餐后血浆葡萄糖生理性升高诱发 GIP 释放，继而刺激胰岛素分泌。因此，GIP 又被称作葡萄糖依赖性促胰岛素释放肽（glucose-dependent insulinotropic polypeptide）。

Summary

- The smooth muscle of the gastrointestinal tract has spontaneous rhythmic fluctuations in membrane potential between about −65 and −45 mV. This basic electrical rhythm (BER) is initiated by the interstitial cells of Cajal, stellate mesenchymal pacemaker cells with smooth muscle-like features that send long multiply branched processes into the intestinal smooth muscle.
- The BER itself rarely causes muscle contraction, but spike potentials superimposed on the most depolarizing portions of the BER waves do increase muscle tension. The depolarizing portion of each spike is due to Ca^{2+} influx, and the repolarizing portion is due to K^+ efflux.
- Many polypeptides and neurotransmitters affect the BER. For example, acetylcholine increases the number of spikes and the tension of the smooth muscle, whereas epi-

nephrine decreases the number of spikes and the tension. The rate of the BER is about 4/min in the stomach. It is about 12/min in the duodenum and falls to about 8/min in the distal ileum. In the colon, the BER rate rises from about 9/min at the cecum to about 16/min at the sigmoid.

- The function of the BER is to coordinate peristaltic and other motor activity; contractions occur only during the depolarizing part of the waves. After vagotomy or transection of the stomach wall, for example, peristalsis in the stomach becomes irregular and chaotic.
- The intestine receives a dual extrinsic innervation from the autonomic nervous system, with parasympathetic cholinergic activity generally increasing the activity of intestinal smooth muscle and sympathetic noradrenergic activity generally decreasing it while causing sphincters to contract.
- The preganglionic parasympathetic fibers consist of about 2000 vagal efferents and other efferents in the sacral nerves. They generally end on cholinergic nerve cells of the myenteric and submucous plexuses. The sympathetic fibers are postganglionic, but many of them end on postganglionic cholinergic neurons, where the norepinephrine they secrete inhibits acetylcholine secretion by activating α_2 presynaptic receptors. Other sympathetic fibers appear to end directly on intestinal smooth muscle cells.
- Two major networks of nerve fibers are intrinsic to the gastrointestinal tract: the myenteric plexus (Auerbach's plexus), between the outer longitudinal and middle circular muscle layers, and the submucous plexus (Meissner's plexus), between the middle circular layer and the mucosa. Collectively, these neurons constitute the enteric nervous system. The system contains about 100 million sensory neurons, interneurons, and motor neurons in humans.
- The myenteric plexus innervates the longitudinal and circular smooth muscle layers and is concerned primarily with motor control, whereas the submucous plexus innervates the glandular epithelium, intestinal endocrine cells, and submucosal blood vessels and is primarily involved in the control of intestinal secretion. The neurotransmitters in the system include acetylcholine, the amines norepinephrine and serotonin, the amino acid GABA, the purine ATP, the gases NO and CO, and many different peptides and polypeptides. Some of these peptides also act in a paracrine fashion, and some enter the bloodstream, becoming hormones. Not surprisingly, most of them are also found in the brain.
- More than 15 types of hormone-secreting enteroendocrine cells have been identified in the mucosa of the stomach, small intestine, and colon. Many of these secrete only one hormone and are identified by letters (G cells, S cells, etc). Some, but not all, manufacture serotonin as well and are called enterochromaffin cells. Cells that manufacture amines in addition to polypeptides are sometimes called APUD cells.
- G 17 is the principal form with respect to gastric acid secretion. The carboxyl terminal tetrapeptide has all the activities of gastrin but only 10% of the strength of G 17.

- A single hormone secreted by cells in the mucosa of the upper small intestine has both activities, and the hormone has therefore been named cholecystokinin-pancreozymin. It is also called CCK(PZ or, most commonly, CCK.
- In addition to causing contraction of the gallbladder and secretion of a pancreatic juice rich in enzymes, CCK augments the action of secretin in producing secretion of an alkaline pancreatic juice. It also inhibits gastric emptying, exerts a trophic effect on the pancreas, increases the secretion of enterokinase, and may enhance the motility of the small intestine and colon.
- Secretin is secreted by S cells that are located deep in the glands of the mucosa of the upper portion of the small intestine. Secretin increases the secretion of bicarbonate by the duct cells of the pancreas and biliary tract. It thus causes the secretion of a watery, alkaline pancreatic juice.

Key Terms

basic electrical rhythm (BER); APUD cells; enteric nervous system; brain-gutpeptide; gastrin; cholecystokinin (CCK); secretin; gastric inhibitory peptide (glucose-dependent insulinotropic polypeptide)

Review Questions

1. Define each term

1) absorption; 2) basic electrical rhythm (BER); 3) long reflexes; 4) APUD cells; 5) paracrine

2. Choose the correct answer

1) A gastrointestinal process that is not regulated is:

(A) small intestinal absorption of glucose

(B) gastric secretion of HCl

(C) gastric emptying

(D) secretion of pancreatic enzymes

3. Answer the following questions

1) What is the enteric nervous system? And what is its function?

2) what are short reflexes? What type of response do they regulate?

3) List the principal gastrointestinal hormones, the sites where each is secreted, and the main physiologic function of each of these hormones.

4) What role do paracrine play in digestion? Give specific examples?

第二节 口腔内消化
Section 2 Digestion in the Mouth

Section Outline

- Chewing and swallowing

• Secretion of saliva

食物在口腔内经咀嚼被磨碎，经舌的搅拌与唾液混合形成食团，然后吞咽入食管，食管的蠕动波把食团推入胃。食物在口腔内停留 20～25s。

一、咀嚼和吞咽(Chewing and Swallowing)

(一) 咀嚼(mastication)

咀嚼(mastication)是一种反射性动作，受许多颅神经支配，咀嚼肌群(颌、唇、颊、舌的骨骼肌)的顺序协调收缩，所完成的复杂的节律性动作。咀嚼的主要作用是磨碎食物，磨碎的食物经舌的搅拌与唾液混合形成食团，使之易于吞咽；大块食物经咀嚼后变为小块，增加和消化酶的接触面积，使食物与唾液淀粉酶接触，开始淀粉的化学性消化。此外，咀嚼运动还可感觉食物的美味，可反射性地引起胃、胰、肝、胆囊的分泌和运动，为食物的下一步消化做好准备。

(二) 吞咽(swallowing)

吞咽(deglutition)是口腔内食团经咽和食管进入胃的过程，由口腔、咽、喉和食管各部分密切配合，共同完成的一系列有顺序的复杂动作。吞咽可分为以下 3 期。①口腔期：食团由口腔入咽，依靠舌前部的运动把食团由舌背推向硬腭、咽部；②咽期：食团经咽进入食管上端，是由食团刺激软腭和咽部的触觉感受器引起的一系列反射动作，软腭抬高关闭与鼻腔的通路，关闭声门(glottis)；③食管期：食团从食管经贲门入胃。食团通过食管上端括约肌(upper esophageal sphincter，UES)后，UES 反射性收缩，阻断食管上端和咽的交通，食管产生一系列由上而下的蠕动(peristalsis)，约 2～4cm/s 将食团送入胃，通过食道约 9s。蠕动即食团上端食管的兴奋反应(收缩波)，表现为环行肌收缩和纵行肌舒张，而食团下端食管的抑制反应(舒张波)，纵行肌收缩和环行肌舒张，食团依次向下推送。UES 是骨骼肌，静息时是消化道括约肌中压力最高的部位。静息的食道终端内压≈胸内压(负压)，而 UES/LES 的压力高于大气压，说明无吞咽活动时 UES/LES 均处于收缩状态，静息 UES 收缩防止空气入胃；静息 LES 收缩防止胃液逆流入食管。吞咽活动时，咽部压力升高而 UES/LES 舒张则压力降低，食团进食管并往下推送。

吞咽由延髓吞咽中枢(疑核，迷走神经运动背核)经第Ⅴ、Ⅸ、Ⅹ、Ⅻ对脑神经调控，吞咽和呼吸运动相互协调，吸气时 UES 收缩，关闭食管上口，吞咽时 UES 舒张而声门关闭，确保食团进入食管，而不会误入气管。在食管下端和胃连接处并未发现明显的括约肌，但在这一区域存在一个宽 1～3cm 的高压区，其内压较胃内压高 5～10mmHg，成为阻止胃内容物逆流入食管的一道屏障，起到生理性括约肌的作用，故称为食管下端括约肌(lower esophageal sphincter，LES)。静息状态 LES 保持一定紧张性压力，是由于括约肌的肌原性收缩和胆碱能神经调控的结果，LES 舒张由迷走神经、VIP、NO 介导。LES 若不能舒张，可导致食团入胃受阻而吞咽困难，称为贲门失弛缓症；反之，LES 张力减弱，可造成酸性胃液逆流入食管，损伤食管黏膜(heartburn)。吞咽可反射性地引起 UES 舒张，食管产生一系列由上而下的蠕动。当 UES 已经收缩，吞咽后约 3s LES 舒张。每天由于进食和饮水约吞咽 200 次，清醒状态即使不进食也约吞咽 350 次，睡眠时约 50 次。

二、唾液分泌(Secretion of Saliva)

人的口腔壁内有 3 对大唾液腺，即腮腺、舌下腺和颌下腺(parotid，submaxillary and sublingual glands)。腮腺分泌浆液性唾液，占分泌总量的 20%，颌下腺分泌混合性唾液，占分泌总量的 70%，舌下腺分泌黏液性唾液，只占分泌总量的 5%。此外，还有许多散在分布小唾液腺。唾液就是由这些大、小唾液腺所分泌的混合液。正常成年人每天约分泌 1500mL 唾液，0.5mL/min。

(一) 唾液的性质、成分和作用(composition and functions of saliva)

通常情况下，唾液(saliva)是一种低渗液，其中水分占 99%，含较丰富的 K^+，pH 略小于 7.0；当分泌旺盛时，唾液接近于等渗液，其中所含 Na^+、Cl^- 成分升高，浓度接近于血浆，pH 略高于 7.0。醛固酮可使唾液 K^+/Na^+ 比例升高。

唾液中含唾液淀粉酶(salivary amylase)和舌脂肪酶(lingual lipase)，前者可将食物中的淀粉分解为麦芽糖和寡糖(maltose，oligosacchrides)，淀粉酶需要唾液 pH 为 7.0；后者则可分解脂肪。所以，淀粉和脂肪的消化开始于口腔。唾液黏蛋白、糖蛋白可润滑食物，结合细菌，保护口腔黏膜。免疫球蛋白(IgA)、溶菌酶(lysozyme)可破坏细菌细胞壁。唾液中的乳铁蛋白(lactoferrin)可结合铁，脯氨酸丰富的蛋白可保护牙齿珐琅质，结合毒性鞣酸，也具有润滑食物和抗菌的作用。

此外，唾液能溶解润滑食物以协助吞咽，作为食物分子的溶剂还可刺激味蕾，保持口腔湿润和牙齿清洁，具有抗菌作用。唾液分泌不足可使龋齿发生率升高。

(二) 唾液分泌的调节(regulation of saliva secretion)

基础唾液分泌约 0.5mL/min。进食引起的唾液分泌包括非条件反射和条件反射，前者为食物对口腔黏膜、舌味蕾的机械和化学刺激，冲动沿第Ⅴ、Ⅶ、Ⅸ、Ⅹ对脑神经传入，到达脑干上涎核、下涎核、下丘脑和皮层的嗅、味觉代表区。传出神经通过第Ⅶ、Ⅸ对脑神经副交感(为主)和交感纤维到达唾液腺，均刺激唾液分泌。食物的色、香刺激，甚至谈论美味佳肴，引起条件反射性分泌。

(1) 副交感神经支配(parasympathetic cholinergic nerve) 起自上涎核经第Ⅶ对脑神经副交感节前纤维(鼓索支)抵达下颌神经节，由此经副交感节后纤维再抵达舌下腺、颌下腺。起自下涎核副交感节前纤维也经第Ⅸ对脑神经到耳神经节，由此副交感节后纤维抵达腮腺。另外，有些副交感纤维经第Ⅴ对脑神经的腭枝到腮腺，其递质为 Ach，作用于 M 受体，经 IP_3、Ca^{2+} 介导。副交感神经兴奋所分泌的唾液，水分多而有机成分少，故为稀薄唾液，由 Ach、VIP 介导。

(2) 交感神经支配(sympathetic adrenergic nerve) 交感节后纤维经颈上神经节支配唾液腺。交感节后纤维分布到血管和分泌细胞，属肾上腺素能纤维，肾上腺素作用于 β 受体，经 cAMP 介导，交感神经兴奋所分泌的唾液富含有机成分，主要来自颌下腺。

第三节 胃内消化
Section 3 Digestion in the Stomach

Section Outline

- Gastric secretion: composition and functions of gastric juice
- Regulation of gastric secretion: cephalic, gastric and intestinal phases of gastric secretion
- Motility in the stomach and its regulation by neural and hormonal mechanisms;
  —Types of gastric motility
  —the regulation of gastric emptying
  —Migrating motor complexes, MMCs

人的胃具有内、外分泌和运动的功能，胃的消化功能主要有：①容纳储存(storage) 3.5L/天，磨碎食物，使食物与胃液混合，调节食糜(chyme)从胃排空进入十二指肠；②消化(digestion of food)，包括机械(胃运动)和化学性消化(分泌盐酸、胃蛋白酶原)；③保护作用(protection)，胃酸杀灭细菌，防止"病从口入"，同时保护胃自身不被消化。

一、胃液分泌(Gastric Secretion)

不同胃区的黏膜细胞种类有很大差异(图 6-8)，贲门(cardia)缺乏壁细胞；胃体(corpus)黏膜中含有壁细胞(parietal cells)、主细胞(chief cells)、肠嗜铬样细胞(entrochromaffin-like cells, ECL cell)。胃体黏膜能分泌盐酸、胃蛋白酶原、内因子和组胺。胃窦部含有主细胞和内分泌 G 细胞和 D 细胞，G、D 细胞分别分泌胃泌素和生长抑素，它们通过内分泌和旁分泌的方式调节盐酸的分泌，胃泌素还对胃肠道黏膜具有营养性作用。胃还含有浅表上皮细胞(superficial epithelial cells)覆盖着胃小凹，它们分泌 HCO_3^-。

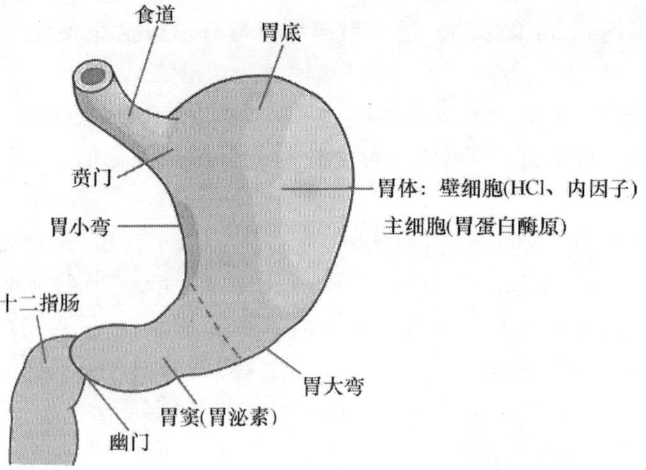

图 6-8 胃不同分区的分泌产物，虚线是胃体、胃窦的分界

(一) 胃液的性质、成分和作用(composition and functions of gastric juice)

纯净的胃液无色、酸性，pH 为 0.9～1.5，正常成年人每日分泌 1.0～3.0L。胃液中

除含大量水外，主要成分包括盐酸、消化酶、黏蛋白、内因子，还有 Na^{+}、K^{+}、Mg^{2+}、Cl^{-}、HPO_4^{2-}、SO_4^{2-}、HCO_3^{-} 等无机物。

1. 盐酸(hydrochloric acid)

正常人空腹时的基础酸排出量为 0～5mmol/h，即消化间期(interdigestive phase)盐酸(hydrochloric acid)分泌量很低；呈现昼夜节律：凌晨醒前分泌量最低而傍晚最高。在食物、胃泌素或组胺刺激下，盐酸排出量显著增加，最大排出量可达 20～25mmol/h。以游离酸、结合酸(与蛋白质结合为盐酸蛋白盐)两种形式存在。壁细胞分泌的等渗盐酸含 Cl^{-}、H^{+} 均为 150meq/L。壁细胞顶端含质子泵(proton pump)，也称氢-钾泵(H^{+}-K^{+} pump)或氢-钾依赖的 ATP 酶(H^{+}-K^{+} ATPase)。壁细胞具有极性，顶端面向胃腔，基底端接触 ECF。分泌小管(canaliculus)从细胞内伸向顶端并开口于胃腔。壁细胞有两种状态，静息时壁细胞顶端有丰富的带有质子泵的管状囊泡(tubulovesicular structures)。壁细胞受刺激后，细胞骨架重新组构，含质子泵的管状囊泡向顶端膜移动，并与顶端分泌小管膜融合呈微绒毛状，使壁细胞顶端面积增加 50～100 倍，还伴随有质子泵、K^{+}、Cl^{-} 通道插入分泌小管膜。胃腔内 H^{+} 浓度约 0.1mol/L，壁细胞 H^{+} 浓度约 4×10^{-8}mol/L，故分泌过程是逆浓度梯度的耗能过程；壁细胞内含大量线粒体也间接表明盐酸分泌需要消耗能量。质子泵类似钠泵，不过钠泵一般位于壁细胞的基底侧膜。质子泵是具有 α、β 亚单位的二聚体，α 亚单位起催化作用，β 亚单位把质子泵锚定于壁细胞顶端膜上(图 6-9)。

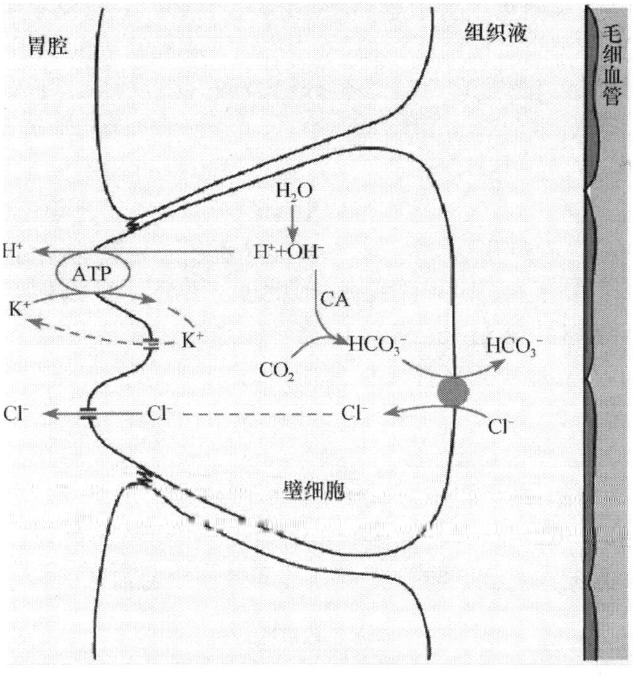

图 6-9　壁细胞分泌盐酸

CA：碳酸酐酶

1) 盐酸分泌的机制(HCl secretion by parietal cells in the stomach)

物质氧化代谢产生的水在被动摄入壁细胞后分解为 H^{+} 和 OH^{-}，质子泵(H^{+}-AT-

Pase)把 H^+ 泵入胃腔(壁细胞内 pH 为 7.2,胃腔 pH 可达 1.0,逆浓度梯度转运),留下的 OH^- 则与被动摄入壁细胞的 CO_2 在碳酸酐酶(carbonic anhydrase)作用下生成 HCO_3^-,HCO_3^- 参与壁细胞基底侧膜上的 Cl^-/HCO_3^- 逆向转运,由此提供 Cl^-。盐酸分泌的关键步骤是质子泵把 H^+ 泵入胃腔的同时把 K^+ 摄入细胞内,细胞内的 K^+ 再由顶端膜上的钾通道流入胃腔,实现其再循环。壁细胞基底侧膜上的 Cl^-/HCO_3^- 逆向转运体使 Cl^- 进入壁细胞,然后 Cl^- 被动扩散入胃腔(此处 Cl^- 通道并非 CFTR)。目前,质子泵阻断剂奥美拉唑(omeprazole)已在临床上用于治疗胃酸过多。在消化期,胃酸大量分泌,同时有大量 HCO_3^- 吸收入血,形成所谓餐后碱潮(postprandial alkaline tide)。

2) 盐酸的生理作用(function of hydrochloric acid)

盐酸具有以下生理作用:①可激活无活性的胃蛋白酶原,并为胃蛋白酶发挥作用提供酸性环境;②可使食物中的蛋白质变性,二硫键、氢键断裂破坏蛋白质的三级结构,非折迭的肽链易于被胃蛋白酶水解消化;③能杀灭随食物进入胃内的细菌;④可与 Ca^{2+}、Fe^{2+} 结合,形成可溶性盐,促进它们在小肠内的吸收;⑤酸化食糜,当酸性食糜进入十二指肠后,可刺激小肠黏膜分泌促胰液素和 CCK,进而促进胰液、胆汁和小肠液的分泌。

2. 胃蛋白酶原(pepsinogen)

胃蛋白酶原(pepsinogen)由主细胞分泌。基础胃蛋白酶原分泌量是受刺激后最大分泌量的 20%。受刺激后先出现一个分泌峰(释放早已合成的酶原),随后是一个低分泌率的持续增加(释放新合成的酶原)。主细胞膜上有促胰液素、VIP、β_2 受体,这些受体激活后通过激活腺苷酸环化酶发挥作用。主细胞膜上还有 M_3、CCK-A、胃泌素-CCK_A 受体,它们以 IP_3-Ca^{2+} 为第二信使,促使胃蛋白酶原分泌,其中以迷走神经释放的 Ach 为最重要。Ach 不但能直接刺激主细胞,而且通过刺激壁细胞分泌盐酸,使胃内 pH 下降,继而诱发胆碱能反射,刺激主细胞分泌更多的胃蛋白酶原。在十二指肠,酸性食糜可刺激促胰液素的分泌,后者通过内分泌途径可刺激主细胞分泌胃蛋白酶原。胃脂肪酶和胃蛋白酶原一起分泌,但是胃里消化的脂肪不到 10%。胃蛋白酶原的分泌是"复合物出胞(compound exocytosis)"过程,不但分泌颗粒与胞膜融合,分泌颗粒也相互融合,大大加快了释放过程。

胃蛋白酶原只有当 $pH<5$ 时才能被激活,激活时需要在 N 端切去一小段肽。当 pH 为 3~5 时胃蛋白酶原的激活较缓慢,而当 $pH<3$ 时激活极快。被激活后生成的胃蛋白酶(pepsin)也可反过来激活胃蛋白酶原,形成正反馈。胃蛋白酶发挥其分解蛋白质作用的最适 pH 为 1.8~3.5,当 $pH>3.5$ 时该酶活性处于可逆性失活,而当 $pH>7.2$ 时则为不可逆性失活。胃蛋白酶是内肽酶(endopepdidases),酶蛋白质的分解产物胨(peptones)可刺激胃泌素、盐酸的分泌→胃蛋白酶原激活,长、短反射释放的 Ach,是胃蛋白酶原释放的强刺激。另外,唾液淀粉酶、舌脂肪酶的作用始于口腔,但由于吞咽速度很快,它们充分发挥其作用时已到达胃腔内。唾液和胃液中的消化酶列于表 6-2 中。

表 6-2 唾液和胃液中的消化酶

消化酶	生理作用
唾液 α-淀粉酶(salivary α-amylase)	水解淀粉为糊精、麦芽三糖、麦芽糖,食物在口腔时间很短,因胃内 pH 低而被抑制
舌脂肪酶(lingual lipase)	水解甘油三酯成为脂肪酸、甘油二酯
胃蛋白酶原(pepsinogens)	由盐酸激活,水解芳香氨基酸羧基组成的肽键
胃脂肪酶(gastric lipase)	水解甘油三酯成为脂肪酸、甘油,作用极小

研究表明胃蛋白酶原分两类：最重要的是第一组胃蛋白酶原，由胃体腺基底部主细胞分泌。第二组胃蛋白酶原除了由主细胞分泌外，也由贲门、胃体和胃窦的黏液细胞分泌。

3. 黏液和碳酸氢盐(mucus-bicarbonate barrier)

黏液由表层黏液分泌细胞和幽门腺共同分泌，主要成分是糖蛋白，高分子的糖蛋白又称黏蛋白(mucin)。黏液、磷脂、电解质和水共同形成一个黏液凝胶层(mucous-gel layer)，是一个物理性屏障，其下方为 HCO_3^- 化学性屏障。胃内的 HCO_3^- 主要由胃黏膜非泌酸细胞所分泌，也有少量的 HCO_3^- 是从组织间液渗入胃内。

胃腔内 H^+ 浓度最高可达 100mmol/L(pH≈1)，在胃腔内如此强的酸性环境，加上胃蛋白酶，而胃黏膜却能免遭破坏，这是因为由黏液和碳酸氢盐共同构成的一个厚约 0.5～1.0mm 的抗胃黏膜损伤的屏障，即黏液-碳酸氢盐屏障(mucus-bicarbonate barrier，图 6-10)。由于黏液具有较高的黏滞性，因而在胃黏膜表面形成的黏液凝胶层能减慢胃腔中的 H^+ 向胃壁扩散速度；并且，当 H^+ 从黏膜表面向深层扩散时，与胃黏膜上皮细胞分泌的 HCO_3^- 相遇而发生中和，因而在胃黏膜层中出现一个 pH 梯度，即靠近胃腔面一侧的黏液层呈酸性，pH 约为 2.0 左右；而在靠近上皮细胞一侧的黏液层则呈中性或偏碱性，pH 约为 7.0 左右(图 6-10)。因此在一定程度上，这个黏液-碳酸氢盐屏障能有效保护胃黏膜免受 H^+ 的直接侵蚀，同时也确保在上皮细胞胃腔侧的胃蛋白酶原不能被激活，因而可防止胃蛋白酶对胃黏膜的消化作用。此外，黏液凝胶层具有润滑作用，有利于食糜在胃内的

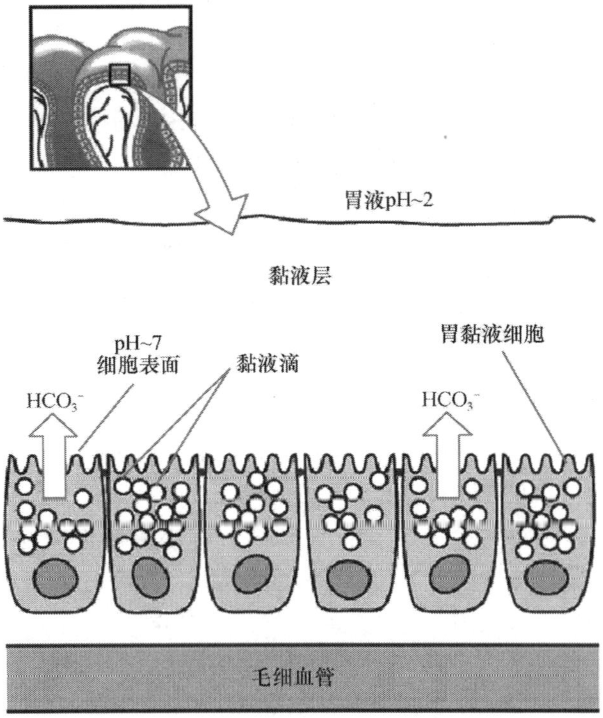

图 6-10 黏液-碳酸氢盐屏障

黏膜表面细胞分泌的黏液层，作为 H^+、胃蛋白酶向下扩散的屏障，表面细胞分泌的 HCO_3^- 向上扩散中和 H^+，并灭活侵入黏液层的胃蛋白酶

往返运动；也可保护胃黏膜免受坚硬食物的机械性损伤。临床上 Zollinger-Ellison 综合征（胰腺胃泌素瘤）分泌过多胃泌素，胃酸过多超过黏液-碳酸氢盐屏障的承受能力，导致胃溃疡（peptic ulcer）。目前认为，阿司匹林和幽门螺旋杆菌（Helicobacter Pylori）引起胃黏膜炎症是导致溃疡最重要的原因。目前有两类抗胃酸药：H_2 受体拮抗剂（cimetidine，ranitidine）阻断组胺的作用，质子泵阻断剂（proton pump inhibitors，PPIs）阻断 H^+-ATPase，例如 omeprazole 和 lansoprazole。

除上述黏液-碳酸氢盐屏障外，胃上皮细胞的顶端膜和相邻细胞之间存在的紧密连接，对胃黏膜的保护也起重要作用，它们对 H^+ 相对不通透，可防止胃腔内的 H^+ 向黏膜内扩散。因此，胃上皮细胞的顶端膜和相邻细胞之间存在的紧密连接，构成了胃黏膜屏障（gastric mucosal barrier）。同时，胃黏膜还能合成和释放某些前列腺素（PGE_2、PGI_2），后者能抑制胃酸和胃蛋白酶原的分泌，刺激黏液和碳酸氢盐的分泌，使胃黏膜的微血管扩张，增加黏膜的血流量，有助于胃黏膜的修复和维持其完整性。

4. 内因子（intrinsic factor）

内因子（intrinsic factor）是一种相对分子质量为 49kD 的糖蛋白，由壁细胞分泌。它有两个活性部位，一个活性部位可与维生素 B_{12} 结合，形成内因子-B_{12} 复合物，从而保护 B_{12} 在运行至回肠的过程中免遭肠内水解酶的破坏；另一个活性部位可与回肠黏膜细胞上的受体结合，促进维生素 B_{12} 的吸收。内因子缺乏可引起维生素 B_{12} 吸收障碍，产生恶性贫血（pernicious anemia）。肉、鱼、蛋、牛奶中富含维生素 B_{12}，素食者有缺乏维生素 B_{12} 的危险。食物中的维生素 B_{12} 在入胃后先与食物蛋白结合，而胃蛋白酶和胃酸则可使结合的维生素 B_{12} 再解离出来，解离的维生素 B_{12} 再与由唾液腺、胃腺分泌的一种糖蛋白 hatocorrin 结合，此时胃内虽有内因子，但在酸性环境中维生素 B_{12} 和内因子尚不能结合。进入十二指肠后，HCO_3^- 可使维生素 B_{12} 与 hatocorrin 解离，此时维生素 B_{12} 方可与内因子结合而形成内因子-B_{12} 复合物。组胺、胃泌素、Ach 能促进内因子的分泌。组胺 H_2 受体阻断剂则可拮抗内因子的分泌，而质子泵阻断剂却无作用。萎缩性胃炎和胃酸缺乏的患者，其内因子分泌将减少。

（二）胃液分泌的调节（regulation of gastric secretion）

1. 影响胃液分泌的内源性体液因子（humoral mechanisms）

能影响胃液分泌的内源性体液因子可分为促分泌因子和抑制分泌因子两类。Ach 能兴奋所有的分泌细胞；胃泌素和组胺只兴奋壁细胞。Ach 和 M_3 受体结合后，可通过 PLC-IP_3/DAG-Ca^{2+} 信号转导途径引起胃液分泌。胃泌素与 CCK_B 受体结合后，也通过 PLC-IP_3/DAG-Ca^{2+} 信号转导途径，最后激活 PKA 引起胃液分泌。组胺与 H_2 受体结合后，则通过 AC-cAMP-PKA 途径，引起胃液分泌。三种促分泌因子均可激活质子泵。三种促分泌因子除了上述与各自受体结合直接发挥作用外，Ach 和胃泌素均可先与 ECL 细胞膜上各自的特异受体结合，刺激 ECL 细胞释放组胺，通过后者再刺激盐酸分泌（图 6-11）。H_2 受体阻断剂西米替啶（cimetidine）、雷尼替啶（ranitidine）等已广泛用于临床治疗消化性溃疡。

胃窦 G 细胞主要释放 G-17，是开放型内分泌细胞，其胃腔面的胞膜有微绒毛，胃腔内的氨基酸、肽和 GRP 均刺激其分泌；十二指肠 G 细胞主要释放 G-34。抑制胃酸分泌的因子有生长抑素、促胰液素、GIP、CCK、前列腺素。由胃体和胃窦 D 细胞分泌的生长抑素，可以旁分泌的方式作用于壁细胞基底侧膜上的受体，直接抑制壁细胞分泌盐酸。也可通过抑制胃泌素和组胺的释放，间接抑制壁细胞分泌盐酸。酸性食糜、脂肪进入十二指肠引起促胰液素、GIP、CCK 释放，通过抑制胃泌素、刺激生长抑素释放而抑制盐酸分泌。

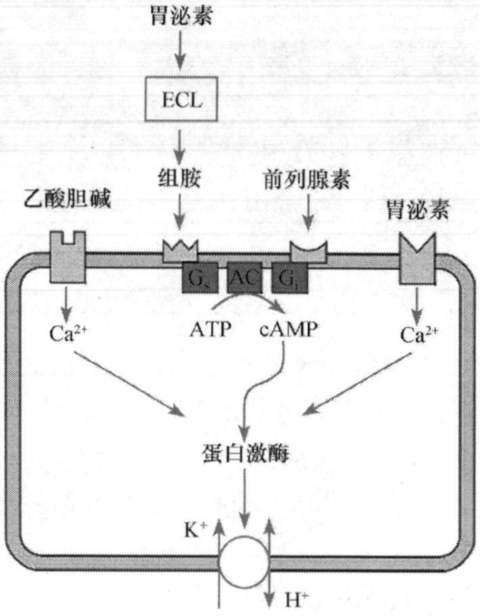

图 6-11 促进胃酸分泌的三种促分泌因子：Ach、组胺（H_2 受体）和胃泌素

消化期胃液分泌的时相（cephalic、gastric and intestinal phases of gastric secretion） 消化间期(interdigestive phase)胃酸分泌率较低，呈现昼夜节律波动，清晨胃酸分泌率最低，傍晚最高。男性的胃酸基础分泌率比女性高。进食促进胃酸分泌率增加数倍。进食期间胃酸分泌可分为：头期(cephalic)、胃期(gastric)和肠期(intestinal phases)，依据刺激头部、胃和小肠三个部位的感受器诱发的胃液分泌反应，这三个时相互相重叠(图 6-12，表 6-3)。

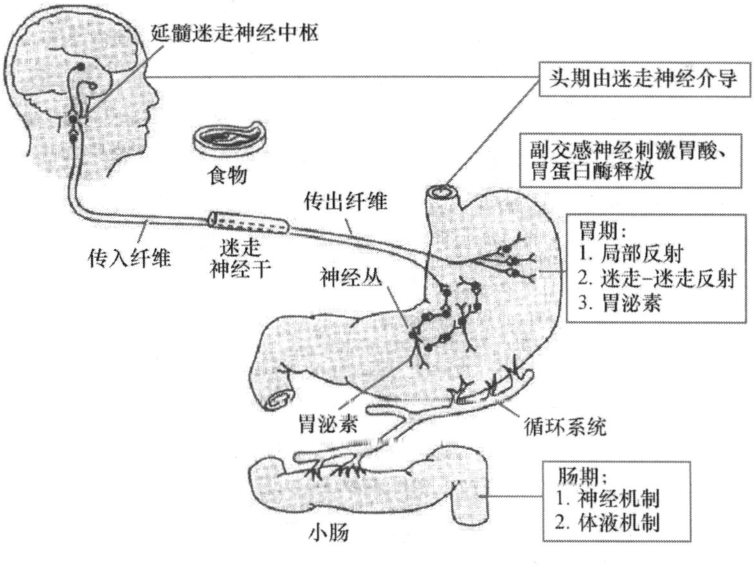

图 6-12 消化期胃液分泌的时相及其调节

①在胃体，迷走神经→壁细胞 M_3 受体→盐酸↑；迷走神经→ECL 细胞 M_3 受体→组胺→壁细胞 H_2 受体→盐酸↑；迷走神经、GRP→D 细胞 M_3 受体→生长抑素↓（旁分泌）→壁细胞生长抑素受体→解除抑制。②在胃窦，迷走神经→G 细胞→胃泌素→壁细胞 CCK_B 受体、ECL 细胞→盐酸↑，胃窦迷走神经也抑制 D 细胞。③胃腔盐酸 H^+→D 细胞→生长抑素↑→盐酸↓。④胃内蛋白分解物→G 细胞→胃泌素↑→盐酸↑

表 6-3　消化期胃液分泌的时相

	头期	胃期	肠期
分泌量	总量的30%，盐酸增多，胃蛋白酶含量高	总量的50%～60%，盐酸增多，胃蛋白酶含量较少	总量的5%～10%，盐酸减少
刺激	食物色香味，咀嚼、吞咽	胃扩张、氨基酸等化学刺激	扩张、化学刺激
机制	条件反射，非条件反射。迷走神经最重要，Ach，GRP	迷走-迷走反射，局部反射，以胃泌素作用为主	胨诱发胃泌素释放，CCK等负反馈

1）*头期胃液分泌*（cephalic phases of gastric secretion）

头期的胃液分泌曾用假饲（sham feeding）方法进行研究。切断狗的食管并在胃部造瘘，食物经口腔、咽部，随即从食管切口流出体外。食物只刺激了口腔、咽部的感受器并未进入胃内，此时从胃部造瘘收集的胃液是头期的胃液分泌。分条件和非条件反射两种机制。条件反射机制是指食物的色、香、味和咀嚼刺激，甚至声音也可成为食物的信号，刺激视、嗅、听和口腔感受器，分别由第Ⅰ、Ⅱ、Ⅷ对脑神经传入中枢，兴奋迷走神经背核。迷走神经在头期有重要作用，它可直接刺激壁细胞分泌盐酸；迷走神经末梢释放 Ach，间接刺激 ECL 细胞释放组胺；在胃窦部其末梢释放胃泌素释放肽（GRP），GRP 诱发胃泌素释放，而胃泌素可直接或间接作用于 ECL 细胞。另外，在胃体和胃窦迷走神经抑制 D 细胞释放生长抑素，解除生长抑素对 G 细胞的抑制。非条件放射机制是指在咀嚼、吞咽过程中，食物刺激口腔、咽喉感受器，经由第Ⅴ、Ⅶ、Ⅸ、Ⅹ对脑神经传入，反射性引起胃液分泌。

2）*胃期胃液分泌*（gastric phases of gastric secretion）

食物入胃机械扩张胃体、胃窦，通过迷走-迷走反射和局部 ENS 环路释放 Ach，刺激胃酸分泌；另外，盐酸激活胃蛋白酶原，胃蛋白酶促进蛋白质分解，蛋白质分解产物直接刺激 G 细胞释放胃泌素，胃泌素刺激盐酸分泌，是正反馈机制。

3）*肠期胃液分泌*（intestinal phases of gastric secretion）

食糜进入十二指肠，蛋白质分解产物直接刺激十二指肠 G 细胞释放胃泌素、肠泌酸素（enterooxyntin），氨基酸在近端小肠被吸收也刺激胃液分泌。实际情况是：碳水化合物、脂肪和酸进入十二指肠抑制胃液分泌和为运动，有神经、体液因子介导（图 6-13）。

2. 抑制胃酸分泌的因素（factors inhibiting gastric secretion）

①生长抑素（somatostatin，SS）由胃窦、胃体 D 细胞分泌，以 SS-28 为主。神经、内分泌→胃体 D 细胞→SS-28 以旁分泌抑制壁细胞/ECL 细胞，抑制胃酸分泌；胃窦腔内低 pH→胃窦 D 细胞→SS-28 以内分泌抑制壁细胞/G 细胞，抑制胃酸分泌。②神经降压素抑制胃酸分泌有赖于迷走神经的完整；③表皮生长因子（epidermal growth factor，EGF）的抑酸作用在胃黏膜上皮受损时起作用；④存在于中枢和外周的甘丙肽（galanin）抑制胃泌素所引起的胃酸分泌。⑤酪酪肽（peptide YY，PYY）收缩胃血管，减少其血流和 Ach 释放，抑制胃酸分泌；⑥抑胃肽、P 物质、肠高血糖素和降钙素基因相关肽（calcitonin gene-related peptide，CGRP）等也抑制胃酸分泌。⑦肠期，因脂肪、高渗溶液和胃酸入小肠，促胰液素释放→SS-28↑、胃泌素↓，质子泵活动下调，抑制胃酸分泌（图 6-13）。

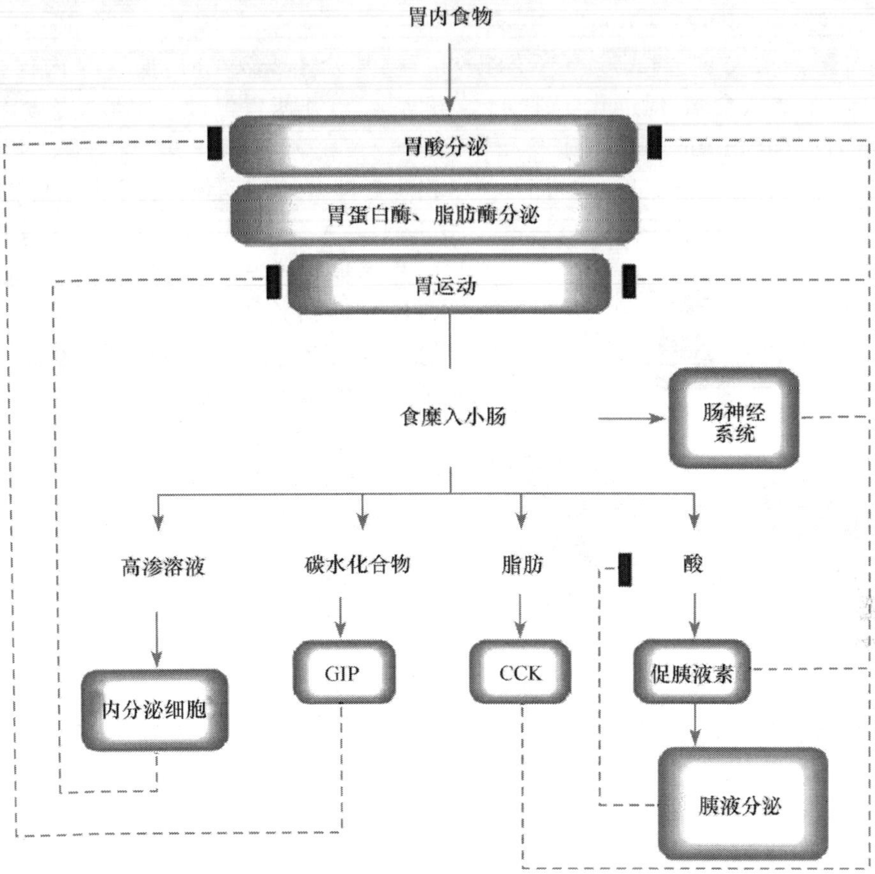

图 6-13 肠期消化对胃液分泌和胃运动的负反馈作用

二、胃的运动及其调节(Motility in the Stomach and its Regulation by Neural and Hormonal Mechanisms)

不同胃区的运动功能各不相同(图 6-8)。胃底和胃体上 1/3(头区)的主要功能是暂时储存食物,调节胃内压和促进液体的排空,胃体下 2/3 和胃窦(尾区)的主要功能是混合磨碎食物,形成食糜,并将食糜排入十二指肠。

(一) 胃运动的形式(types of gastric motility)

1. 容受性舒张(receptive relaxation)

咀嚼、吞咽等进食活动和食物对咽、食管等处感受器的刺激,可反射性地引起食管下括约肌和胃底部肌肉的主动舒张,称为容受性舒张(receptive relaxation)。容受性舒张可使胃容量从空腹的 50mL 增大到 1.5L 左右,而胃内压几乎没有上升。其生理意义是暂时储存大量食物,胃容量迅速增大时保持胃内压基本不变,可防止过早排空,有利于食物完成胃内消化。容受性舒张由迷走-迷走反射介导,切断迷走神经可消除容受性舒张。这一反射的传出途径是迷走神经抑制性纤维,递质可能是 VIP 或 NO。也有人认为 ENS 是容受性舒张的主要介导者,迷走神经对 ENS 进行调制。

2. 紧张性收缩(tonic contraction)

胃前部紧张性收缩(tonic contraction)可持续几分钟或数小时,使胃腔内保持一定压力,有利于胃液渗入食团,促进化学性消化,协助排空,并使胃保持一定形状,防止胃下垂。

3. 蠕动(peristalsis in the stomach)

食物入胃继容受性舒张后(入胃后约 5min),胃即开始蠕动,胃的蠕动起自胃体中部,由位于胃大弯上、中 1/3 交界处胃起搏细胞诱发,并逐步向幽门推进,开始时较弱,以后逐渐增强(图 6-14),胃窦蠕动比胃底、胃体强烈。胃远端部分的收缩称为胃窦收缩(antral systole),可持续 10s。人胃蠕动的节律为每分钟 3～4 次,由基本电节律调控,每个蠕动波约需 1min 到达幽门,通常是一波未平,一波又起。

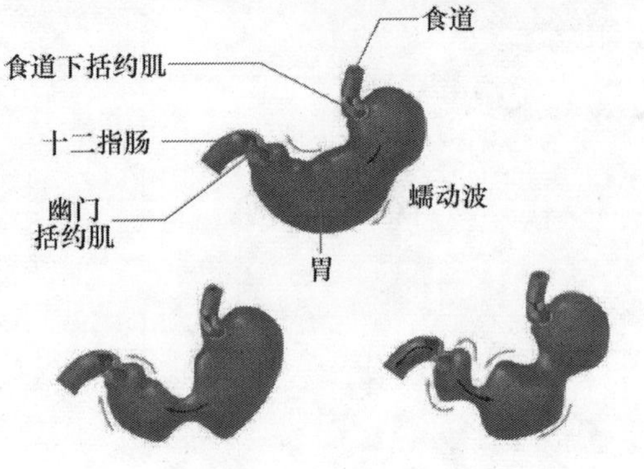

图 6-14 胃蠕动示意图

胃蠕动起源于胃体中部,将食糜推向十二指肠,强有力的反向蠕动把食糜推回胃窦,进一步磨碎

胃的蠕动可将少量食糜推入十二指肠,这种作用也称"幽门泵"。但并非每个蠕动波都能到达幽门,有些蠕动波到达胃窦时即已消失。当蠕动收缩波到达胃窦末端时,由于该部位的有力收缩,可将部分食糜被反向推回到近侧胃窦或胃体,经多次往返运动,食糜与消化液得以充分混合和反复研磨,形成微小颗粒。胃起搏器位于大弯侧近、中 1/3 交界处,胃蠕动的生理意义在于使食物和胃液充分混合,以利于胃液发挥化学性消化作用,也有利于块状食物进一步被磨碎,并将食物糜由胃排入十二指肠。

(二)胃排空及其影响因素(the regulation of gastric emptying)

食物在胃内经混合、搅拌、磨碎食物形成食糜(chyme),食糜由胃排入十二指肠的过程称为胃排空(gastric emptying)。

1. 胃排空过程(gastric emptying)

由于胃的蠕动,将食物研磨(grinding)而形成食糜,并将食糜向幽门推进,只有＜2mm 的食糜可以通过,大部分食糜被反向推回到胃体(retropulsion)继续研碎,如此重复数次,直至食糜＜2mm,胃窦压力大于十二指肠时才发生胃排空。在胃排空过程中,胃窦、幽门和十二指肠上部作为一个功能单位发挥作用,幽门和十二指肠紧跟胃窦依次收缩。每次只有少量的食糜(约 1～2mL)被推入十二指肠,一次排空 1～2mL 食糜后,幽门括约肌(pyloric sphincter)收缩,有足够阻力阻止继续排空,而且胃内容物被反向推回胃体,使食物与胃液充分混合并磨碎。正常情况下,不会发生从十二指肠向幽门的返流,因为幽门的收缩时间略长于十二指肠收缩,而且由于促胰液素和 CCK 对幽门括约肌的刺激作用。

2. 影响因素及其调节(factors affecting gastric emptying)

①食物性质:以等渗盐水、水排空最快,一抵达胃即开始排空。三种主要营养物质:以糖类最快,蛋白质次之,脂肪最慢,高脂肪食物抑制胃排空作用极为显著。混合性食物完

全排空约需 4～6h。②肠-胃反射：肠-胃反射是指脂肪、氨基酸、盐酸、高渗食糜进入十二指肠后，通过对肠壁的机械、化学性刺激而引起胃液分泌和胃运动受抑制的反射性活动，因而该反射可抑制胃排空(图 6-13)。③体液因素：上述胃内容物进入十二指肠后，可刺激十二指肠黏膜释放促胰液素、CCK、GIP 等体液因子，这些体液因子均有抑制胃排空的作用。

上述促进胃排空和抑制胃排空的因素是互相配合，共同作用。食物刚入胃时，胃内食物较多，而肠内食物较少，故此时排空速度较快；以后十二指肠内抑制胃运动的因素逐渐占优势，胃的排空则减慢；随着进入十二指肠的酸被中和，食物的消化产物被吸收，对胃运动的抑制影响逐渐消失，胃的运动又开始逐渐增强，推送另一部分食糜进入十二指肠，如此反复，直至食糜从胃全部排入十二指肠为止。因此，胃排空是间断进行的，并与十二指肠内的消化和吸收相适应。

(三) 消化间期的胃运动(migrating motor complexes，MMCs)

和进食期间的运动形式不同，消化间期的胃肠运动是指移行性复合运动(migrating motor complex，MMC)，也称为饥饿收缩(hunger contractions)。MMC 始于胃体中部，向小肠扩布，分 4 个时相：Ⅰ相为静止期(a quiescent period)，无胃肠收缩，持续 40～60min；Ⅱ相间断出现不规则收缩(irregular electrical and mechanical activity)，持续 30～45min；Ⅲ相为高频高幅规则收缩(a burst of regular activity)，持续 5～10min；Ⅳ相为收缩减弱，是向Ⅰ相的过渡期，持续约 5min。人的 MMC 向下推行 5cm/min，间隔约 90～120min。MMCs 的生理意义是把上次进食后残留的食物残渣，甚至＞2mm 的食团、黏膜脱落细胞、细菌迅速从胃推进到回肠，起到"清道夫"的作用(图 6-15)，为下一餐做好准备。MMCs 期间胃液、胰液和胆汁分泌均增加。胃动素(motilin)是 MMC Ⅲ相波的启动因子，血浆胃动素分泌峰出现于 MMC Ⅲ相之前。摄食立即终止 MMC，恢复基本电节律的调控。

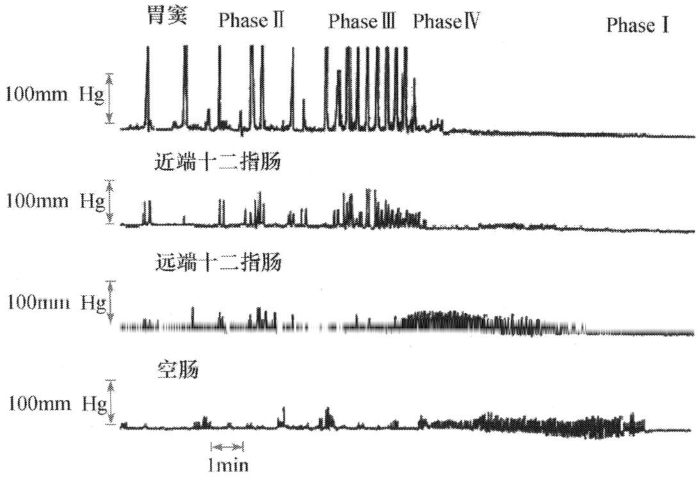

图 6-15 消化间期移行性复合运动

综上所述，胃期(gastric phase)消化是胃蛋白酶对蛋白质的水解，在胃蛋白酶、胃酸和胃蠕动的综合作用下食物形成食糜，有调控的胃排空把食糜分次排入小肠。

Clinical Note

Peptic Ulcer

Gastric and duodenal ulceration in humans is related primarily to a breakdown of the barrier that normally prevents irritation and autodigestion of the mucosa by the gastric secretions. Infection with the bacterium *Helicobacter pylori* disrupts this barrier. So do aspirin and other nonsteroidal antiinflammatory drugs (NSAIDs), which inhibit the production of prostaglandins and consequently decrease mucus and HCO_3^- secretion. The NSAIDs are widely used to combat pain and treat arthritis. An additional cause of ulceration is prolonged excess secretion of acid. An example of this is the ulcers that occur in the Zollinger—Ellison syndrome. This syndrome is seen in patients with gastrinomas. These tumors can occur in the stomach and duodenum, but most of them are found in the pancreas. The gastrin causes prolonged hypersecretion of acid, and severe ulcers are produced. Gastric and duodenal ulcers can be given a chance to heal by inhibition of acid secretion with drugs such as cimetidine that block the H_2 histamine receptors on parietal cells or omeprazole and related drugs that inhibit H^+-K^+ ATPase. *H pylori* can be eradicated with antibiotics, and NSAID-induced ulcers can be treated by stopping the NSAID or, when this is not advisable, by treatment with the prostaglandin agonist misoprostol. Gastrinomas can be removed surgically.

Summary

- The gastric mucosa contains many deep glands. In the cardia and the pyloric region, the glands secrete mucus. In the body of the stomach, including the fundus, the glands also contain parietal (oxyntic) cells, which secrete hydrochloric acid and intrinsic factor, and chief (zymogen, peptic) cells, which secrete pepsinogens.
- The cells of the gastric glands secrete about 2500 mL of gastric juice daily. This juice contains a variety of substances. The hydrochloric acid secreted by the glands in the body of the stomach kills many ingested bacteria, provides the necessary pH for pepsin to start protein digestion, and stimulates the flow of bile.
- The acid in gastric juice is concentrated enough to cause tissue damage. Normally, damage fails to occur because a mucosal barrier is produced by mucus and secreted HCO_3^-. Mucus, which is secreted by neck cells of the gastric glands and surface mucosal cells, is made up of glycoproteins called mucins that form a flexible gel coating the mucosa. The surface mucosal cells also secrete HCO_3^-. Much of this is trapped in the mucus gel, so that a pH gradient is established that ranges from pH 1.0～2.0 at the luminal side to pH 6.0～7.0 at the surface of the epithelial cells. HCl secreted by the

parietal cells in the gastric glands crosses this barrier in finger-like channels, leaving the rest of the gel layer intact.

- The chief cells that secrete pepsinogens, the inactive precursors of the pepsins in gastric juice contain zymogen granules. The secretory process is similar to that involved in the secretion of trypsinogen and the other pancreatic enzymes by the pancreas.
- It is H^+-K^+ ATPase in the apical membrane of the parietal cells that pumps H^+ against a concentration gradient of this magnitude. The parietal cells are polarized, with an apical membrane facing the lumen of the gastric glands and a basolateral membrane in contact with the interstitial fluid. Canaliculi extend from the apical surface into the cell). At rest, the cells contain abundant tubulovesicular structures with H^+-K^+ ATPase molecules in their walls.
- When the parietal cells are stimulated, the tubulovesicular structures move to the apical membrane and fuse with it, thus inserting many more H^+-K^+ ATPase molecules into the membrane. These ATPase molecules are now exposed to the K^+ in the ECF, and H^+-K^+ exchange begins.
- In addition to hydrochloric acid, the parietal cells in the gastric mucosa secrete intrinsic factor, a 49-kDa glycoprotein that binds to cyanocobalamin (vitamin B12) and is necessary for its absorption from the small intestine.
- Gastric motility and secretion are regulated by neural and humoral mechanisms. The neural components are local autonomic reflexes, involving cholinergic neurons, and impulses from the CNS by way of the vagus nerves. Vagal stimulation increases gastrin secretion by release of GRP. Other vagal fibers release acetylcholine, which acts directly on the cells in the glands in the body and the fundus to increase acid and pepsin secretion.
- The physiologic regulation of gastric secretion is usually discussed in terms of cephalic, gastric, and intestinal influences, although these overlap. The cephalic influences are vagally mediated responses induced by activity in the CNS. The gastric influences are primarily local reflex responses and responses to gastrin. The intestinal influences are the reflex and hormonal feedback effects on gastric secretion initiated from the mucosa of the small intestine.
- When food enters the stomach, the fundus and upper portion of the body relax and accommodate the food with little if any increase in pressure (receptive relaxation, vagally mediated). Peristalsis then begins in the lower portion of the body, mixing and grinding the food and permitting small, semiliquid portions of it to pass through the pylorus and enter the duodenum. (gastric emptying).
- During fasting between periods of digestion, the pattern of electrical and motor activity in gastrointestinal smooth muscle becomes modified so that cycles of motor activity migrate from the stomach to the distal ileum. Each cycle, or migrating motor complex (MMC), starts with a quiescent period (phase Ⅰ), continues with a period of irregular

electrical and mechanical activity (phase Ⅱ), and ends with a burst of regular activity (phase Ⅲ). The MMCs migrate aborally at a rate of about 5cm/min, and they occur at intervals of approximately 90 minutes. Their function is unsettled, although gastric secretion, bile flow, and pancreatic secretion increase during each MMC. They may clear the stomach and small intestine of luminal contents in preparation for the next meal.

Key Terms

pepsinogens; mucus-bicarbonate barrier; gastric secretions of cephalic/gastric/ intestinal phases; receptive relaxation; gastric emptying; intrinsic factor; migrating motor complex (MMC)

Review Questions

1. Define each term

1) mucus-bicarbonate barrier; 2) gastric emptying; 3) gastric secretions of cephalic phase; 4) receptive relaxation; 5) migrating motor complex (MMC)

2. Choose the correct answer

1) After a meal rich in carbohydrates is ingested, insulin secretion is probably stimulated by

(A) GLP-1(7—36) amide (B) CCK (C) serotonin

(D) VIP (E) gastrin

2) Which of the following has the highest pH?

(A) Gastric juice (B) Bile in the gallbladder (C) Pancreatic juice

(D) Saliva (E) Secretions of the intestinal glands

3. Answer the following questions

1) After a meal, the lumens of the stomach and the intestine contain powerful proteolytic enzymes. Why do these enzymes not digest the pancreas, which produces them, or the wall of the intestine?

2) Describe the relationship between cyanocobalamin and intrinsic factor.

3) How does the stomach adapt to the wide range of volumes it handles with only small increases in intragastric pressure?

4) What are the mechanism s by which high concentration of HCI in the (a) stomach and (b) duodenum inhibit gastric secretion of HCl?

第四节 小肠内消化
Section 4 Digestions in the Intestine

Section Outline

- The exocrine secretion of the pancreas
  - —Composition and functions of pancreatic juice
  - —Secretion of pancreatic bicarbonate by the intercalated duct cells
  - —Regulation of pancreatic bicarbonate and enzyme secretion

- Composition and functions of human bile
- Enterohepatic circulation of bile salt
- Regulation of bile secretion and excretion
- The secretion in the small intestine, the brush border membrane contains a variety of enzymes
- The muscular movements in the small intestine: tonic contraction; peristalsis; segmenting contraction
- The regulations of muscular movements in the small intestine
- The functions of the ileocecal sphincter

小肠是食物消化和吸收最重要的部位。小肠由上而下依次为十二指肠、空肠和回肠。十二指肠长度约 25cm，活体空肠和回肠全长约 285cm，两者之比约为 2∶3。在小肠食糜受到胰液、胆汁和小肠液的多种消化酶的作用，加上小肠运动的机械消化作用，食物消化基本完成。另外，营养物质吸收主要在小肠，一般混合性食物在小肠内经历 3～8h。

肠期消化(intestinal phase)触发一系列负反馈(图 6-13)，调控胃排空把食糜分次排入小肠。①食糜排入小肠激活肠神经系统，抑制胃运动和胃酸分泌，促胰液素、CCK 和 GIP 强化这一负反馈；②酸性食糜入十二指肠，诱发促胰液素释放，促胰液素抑制胃运动、胃酸分泌和胃排空，促胰液素刺激胰导管上皮细胞分泌 HCO_3^- 中和胃酸；③如果食物含有脂肪，则刺激 CCK 释放，CCK 抑制胃运动、胃酸分泌；④碳水化合物引起 GIP 释放，大剂量 GIP 抑制胃酸分泌、胃运动；⑤肠内食糜、半消化产物的高渗透压刺激渗透压感受器，抑制胃排空。

一、胰液的分泌(The Exocrine Secretion of the Pancreas)

胰液含有多种重要的消化酶，胰液的分泌受神经和内分泌激素(促胰液素、CCK)的调节。

(一) 胰液的性质、成分和作用(composition of pancreatic juice)

(1) 胰液的成分和作用(Composition of pancreatic juice)　成人每天约分泌 1500mL，含高浓度 HCO_3^-，pH7.8～8.4，无机成分主要是 Na^+、K^+、Ca^{2+}、Mg^{2+}、HCO_3^-、Cl^-、SO_4^{2-}、HPO_4^{2-} 等。酶蛋白含量很高，排入小肠的蛋白 5～15g/天，腺泡细胞分泌消化酶，胰导管分泌等渗 $NaHCO_3$(113meq/L)。人胰液含有 20 种以上的酶原，胰液的主要消化酶见表 6-4。小肠上皮细胞表面的肠激酶(enterokinase)激活胰蛋白酶(图 6-16)，胰蛋白酶可激活其他酶。从表 6-4 可见，胰液含有消化糖、蛋白质、脂肪、核酸的酶原，足以见得胰液是最重要的消化液。胰液含有丰富的 Ca^{2+} 和 HCO_3^-，Ca^{2+} 可能与酶蛋白的分泌有关。HCO_3^- 中和酸性胃液，保护小肠黏膜免遭胃酸损伤，为胰液中的酶发挥最佳作用提供碱性环境，也增加脂肪胶粒的溶解度。

表 6-4　胰液中的消化酶及其作用

酶的种类	生理作用
胰蛋白酶(trypsin)	由肠激酶激活，一旦激活以正反馈自我激活，也可激活其他酶，水解碱性氨基酸羧基组成的肽键，把蛋白质分解成小肽
糜蛋白酶(chymotrypsin)	由胰蛋白酶激活，水解芳香氨基酸羧基组成的肽键，把蛋白质分解成小肽

续表

酶的种类	生理作用
羧基肽酶 A,B(carboxypeptidase)	由胰蛋白酶激活,A 型水解羧基末端多肽(多肽有一芳香氨基酸侧链)。B 型水解羧基末端多肽(多肽有一碱性氨基酸侧链),小肽分解成氨基酸
弹性蛋白酶(elastase)	由胰蛋白酶激活,水解胶原蛋白
胰 α-淀粉酶(α-amylase)	由 Cl^- 激活,水解 α-1,4 糖苷键,使淀粉水解为糊精、麦芽三糖、麦芽糖
胰脂肪酶(lipase)	把甘油三酯分解为一酰甘油酯、脂肪酸、甘油,需要辅脂酶存在,形成脂肪酶-辅脂酶-胆盐复合物,有助于脂肪酶吸附在油滴表面
辅脂酶(colipase)	由胰蛋白酶激活,对胆盐微胶粒亲和力强,促进胰脂肪酶暴露活性部位
胆固醇酯酶 cholesterylester hydrolase	水解胆固醇酯为胆固醇和脂肪酸
磷酯酶 A_2(phospholipase)	水解卵磷酯为脂肪酸
核糖核酸酶(ribonuclease)	水解 RNA 为单核苷酸
脱氧核糖核酸酶(deoxyribonuclease)	水解 DNA 为单核苷酸
胰蛋白酶抑制物(trypsin inhibitor)	抑制胰蛋白酶作用,防止胰腺自身被消化

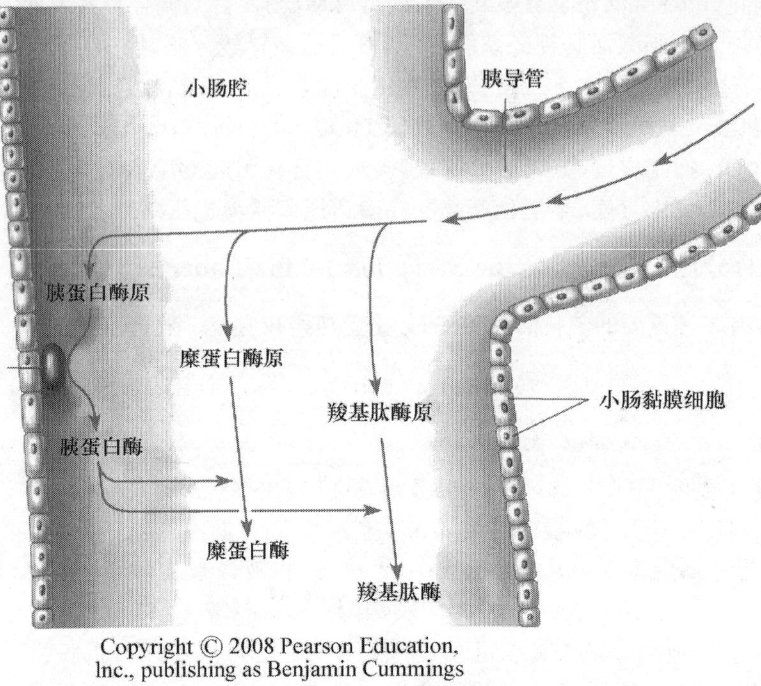

图 6-16　胰液中酶原的激活

(引自 Pearson Education,2008. Inc. ,publishing as Benjamin Cummings)

(2) 胰导管上皮细胞分泌 HCO_3^-(Secretion of pancreatic bicarbonate by the intercalated duct cells)　胰导管上皮细胞基底侧膜上有 Na^+-K^+-$2Cl^-$(NKCC)同向转运体,Cl^- 由 NKCC 转运入细胞,能量来自 Na^+-K^+ 泵建立的膜内低 Na^+。另外,HCO_3^- 可由胞浆 H_2O/CO_2 在碳酸苷酶作用下生成,该反应产生的 H^+ 则通过 H^+-Na^+ 交换或质子泵从基底侧膜排出上皮细胞,进入血液循环,中和胃分泌盐酸产生的碱潮。胰导管上皮细胞的管腔膜有 Cl^--HCO_3^- 逆向转运体,HCO_3^- 排入管腔的同时 Cl^- 进入细胞,由于管腔膜上具有囊性纤维变性跨膜电导调节器(cystic fibrosis transmembrane conductance regulator, CFTR)，这是一种 cAMP 激活的氯离子通道，Cl^- 经 CFTR 离开细胞入管腔，实现 Cl^- 再循环。Na^+ 和水由于渗透压、电位梯度被动转运(paracellular pathway)。促胰液素是 HCO_3^- 分泌最强的促分泌物(secretagugue)，它通过激活 AC-cAMP-PKA 途径促分泌，并使 CFTR 磷酸化(图 6-17)。

（二）胰液分泌的调节(regulation of pancreatic bicarbonate and enzyme secretion)

在非消化期，基础胰液分泌很少，消化期胰液分泌增加 5～20 倍，也分为头期、胃期和肠期。食物的色、香、味等条件和非条件刺激口腔咽部感受器，引起酶多、液体量少的胰液分泌(25%)，头期胰液分泌不依赖胃泌素和 CCK，由迷走神经、Ach 介导，作用于腺泡细胞、导管上皮细胞的 M_3 受体，由磷脂酶 C 介导促使胰酶分泌，可以被阿托品阻断。

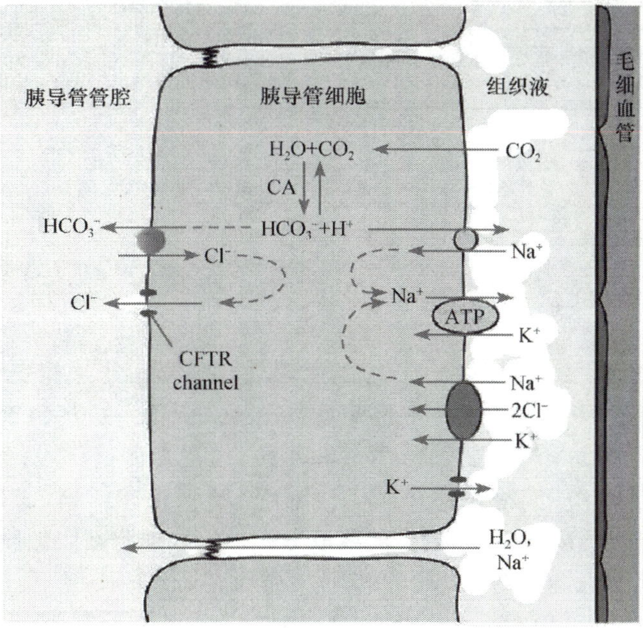

图 6-17　胰导管分泌 HCO_3^-

CFTR：囊性纤维变性跨膜电导调节器

胃期由于扩张刺激胃壁，经迷走-迷走反射和迷走-迷走胃胰反射引起酶多、液体量少的胰液分泌(5%～10%)。蛋白质分解产物引起胃泌素释放结合于 CCK_A 受体，也是胃期胰液分泌的机制之一，胃扩张通过“迷走-迷走胃胰反射”引起少量胰液分泌。最重要是肠期，占消化期胰液分泌的 70%。胃酸、胆酸、脂肪酸等食物进入十二指肠，刺激十二指肠 S 细胞释放促胰液素。胰导管上皮细胞膜有促胰液素、Ach-M_3、GRP 受体，均促进 HCO_3^- 分泌，而 P 物质则抑制其分泌。Ach 结合于 M 受体，增加胞浆 Ca^{2+} 水平-PKC-CaM-蛋白激酶，阿托品可阻断这一作用。腺泡细胞膜 Ach-M_3、CCK 受体被激活，促胰酶分泌。

(1) 促胰液素(secretin)　是调节胰导管分泌 HCO_3^- 的最重要的体液因素。其特点是水、电解质和 HCO_3^- 含量多，酶含量相对较少。酸性食糜进入十二指肠刺激促胰液素分泌。

分泌大量 HCO_3^- 中和胃酸，为胰蛋白酶等提供最适 pH，并使血浆促胰液素回降(图 6-18)。

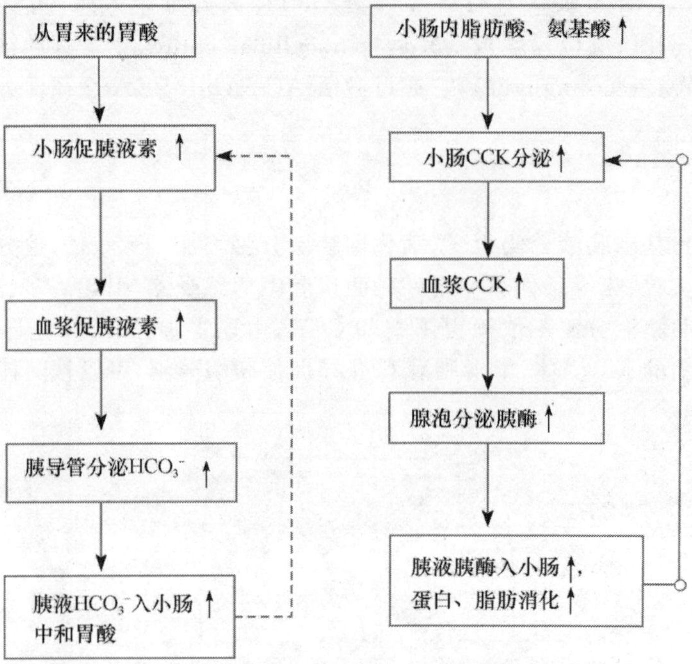

图 6-18　促胰液素、CCK 分泌的调节

虚线代表负反馈；实线代表正反馈

(2) 缩胆囊素(cholecystokinin)　缩胆囊素(CCK)是由十二指肠 I 细胞释放，是调控胰酶释放的生理性因子，故又称促胰酶素(pancreozymin)。促进 CCK 释放的因素由强到弱依次为：蛋白质分解产物、脂酸钠、胃酸和脂肪，糖类无促进作用；蛋白质分解产物对 CCK 分泌具有正反馈作用(图 6-18)。CCK 作用于胰腺腺泡细胞，通过激活 CCK-A 受体-PLC-PKC，引起大量酶原、液体量少的胰液分泌。腺泡细胞基底侧膜有 M_3 受体，以及 CCK、GRP、CGRP、胰岛素、促胰液素、生长抑素等受体，其中以 M_3 受体、CCK 受体为最重要，两者均以 G 蛋白-PLC/Ca^{2+}-PKC 通路介导，引起酶分泌增加。CCK-A 受体对 CCK 的亲和力大于胃泌素；CCK-B 受体对 CCK 和胃泌素的亲和力大约相等。促胰液素、VIP 以 G 蛋白-AC-cAMP-PKA 通路介导。CCK 的分泌由 CCK-释放肽介导，胰蛋白酶可使 CCK-释放肽失去活性，抑制其释放(负反馈)。

(3) 抑制胰液分泌的因素(inhibiting factors)　①脂肪在远端小肠抑制胰液分泌，可能是由回肠和结肠神经内分泌细胞分泌的酪酪肽介导，酪酪肽可能作用于抑制性神经通路、减少胰腺血流。②小肠 D 细胞分泌的生长抑素、胰岛 α 细胞分泌的胰高血糖素使胰液分泌降低到消化间期水平。

二、胆汁分泌和排出(Bile Secretion and Excretion)

(一) 胆汁的性质、成分和作用(composition of human bile)

胆汁每日生成量约为 800～1000mL，与蛋白摄入量呈正相关。胆汁呈金黄色，

pH7.8～8.6。胆汁中97%是水，含有胆盐、磷脂、胆固醇、胆色素等有机物。磷脂有助于溶解胆固醇，并减弱某些胆酸对肝细胞的毒性作用。胆汁中的IgA防止细菌生长。还含有Na^+、Cl^-、K^+、HCO_3^-等无机物，不含消化酶。肝细胞连续不断分泌胆汁进入胆小管，肝内、肝外胆管不仅仅只是运输，也分泌水、HCO_3^-丰富的液体。上述所谓的肝胆汁(hepatic bile)大约900mL/d，在非进食期，大约450mL/d肝胆汁流入胆囊，在胆囊内，水、部分电解质被吸收，胆盐、胆固醇和胆红素被浓缩，胆囊除了浓缩作用以外，对胆汁还起酸化作用。肝胆汁和胆囊胆汁成分比较、主要作用见表6-5。

表6-5　肝胆汁和胆囊胆汁成分比较

胆汁成分	肝胆汁	胆囊胆汁	作用
水分	97%	89%(30～60mL)	
胆盐(bile salt) 每日合成0.2～0.4g	0.7%～1% 10～20mmol/L	6% 50～200mmol/L	胆盐达一定浓度形成微胶粒，脂肪酸、胆固醇可包入其中，促进脂肪、脂溶性维生素吸收。
胆红素(Bilirubin)	0.04%， 1～2g/L	0.3% 3g/L	血红蛋白的分解产物，使胆汁为金黄色
胆固醇(Cholesterol)	0.06%～0.1% 1～3.2g/L	0.3%～0.9% 6.3g/L	胆盐、胆固醇、卵磷脂之间有适当比例，确保其溶解状态，以免形成结石
脂肪酸	0.12%～0.15% 2.7g/L	0.3%～1.2% 24g/L	
卵磷脂(Lecithin)	0.04～0.1%	0.3%	
Na，K，Ca，Cl，HCO_3^-	较低	除Cl，HCO_3^-外，其他较高	
pH	7.8～8.6	7.0～7.4	

食物、尤其是脂肪到达十二指肠，CCK释放，胆囊壁节律性收缩，Oddi氏括约肌松弛，胆囊开始排空，大约500mL/d的混合胆汁排入十二指肠。胆汁的成分共有多种，只有胆盐、磷脂促进脂肪消化。胆汁的排出为某些不能从肾排出的物质提供另外一条排泄途径。

胆汁的作用主要是胆盐(bile salts)的作用。胆盐是胆汁酸的Na^+/K^+盐和甘氨酸/牛磺酸连接生成的共轭物。胆盐降低表面张力，胆盐和磷脂、甘油一酯结合对脂肪起乳化作用(emulsions)。胆盐是双嗜性分子，其疏水端朝向内部与脂滴表面结合，而亲水端朝外与水接触，形成水溶性的乳化脂滴。此时，脂肪酶在辅脂酶的帮助下，即辅脂酶取代一些胆盐分子，使脂肪酶有机会接近乳化脂滴内部的脂肪。随着化学性和机械性消化的进行，脂肪酸、胆盐、甘油一酯、磷脂、和胆固醇共同形成小盘状的微胶粒(micelle，也称为混合微胶粒)，上述分子的磷脂、甘油一酯和胆盐的亲水基团朝外，疏水基团朝向内部，而游离脂肪酸和胆固醇包绕中间(图6-19)。微胶粒保持脂肪的溶解性，进入小肠内皮细胞的非流动性水层，并把脂肪带到刷状缘被吸收。

(二)胆盐的肠-肝循环(enterohepatic circulation of bile salt)

胆盐随肝胆汁排至小肠后，约有95%在回肠末端被Na^+-胆盐转运系统(Na^+-bile salt cotransport system)吸收入血，经门静脉进入肝脏再合成胆汁，这一过程称为胆盐的肠-肝循环(enterohepatic circulation of bile salt，图6-20)。Na^+-胆盐转运系统由回肠黏

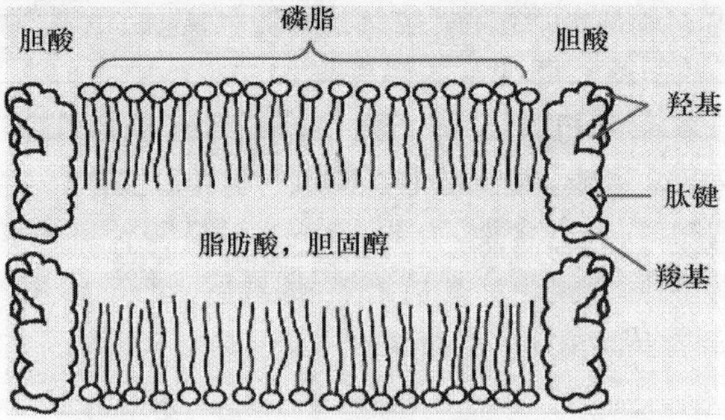

图 6-19　胆汁酸-脂肪混合微胶粒切面图
游离脂肪酸、胆固醇位于疏水端（双分子层内部）

膜细胞基底侧膜的 Na^{+}-泵供能。剩余的 5%～10%胆盐进入结肠，转换为脱氧胆酸和石胆酸，脱氧胆酸在结肠被吸收，石胆酸随粪便排出体外。每天合成胆盐 0.2～0.4g，胆盐池总量约 3.5g。据估算每一餐胆盐池总量被循环 2 次，每天循环 6～8 次。如果回肠末端因病而切除，胆盐的肠-肝循环障碍，随粪便排出的脂肪量增加，因为肝脏不能代偿合成更多的胆盐。

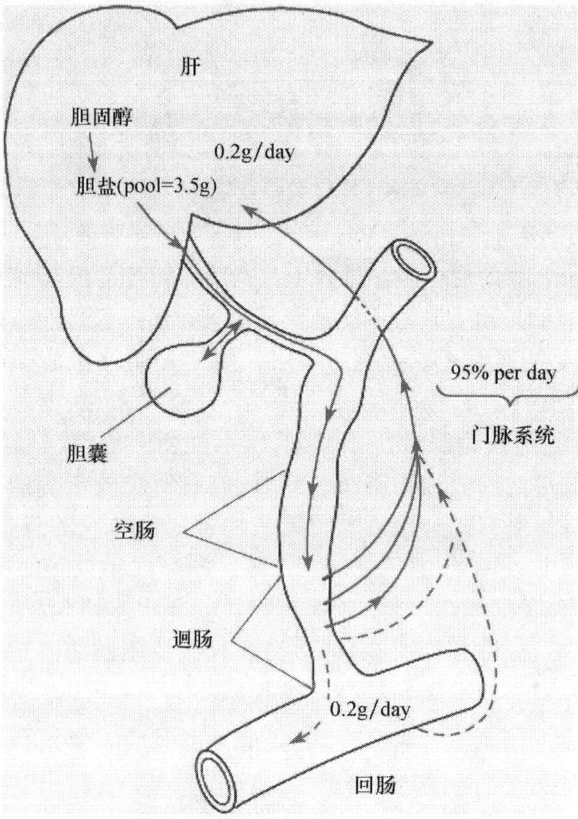

图 6-20　胆盐的肠-肝循环
实线、虚线分别表示自肝脏的胆盐和细菌作用生成的胆盐

（三）胆汁分泌、排放的调节（regulation of bile secretion and excretion）

（1）神经调节（Neural mechanisms） 空腹状态，胆汁储存在胆囊被浓缩，Oddi 氏括约肌收缩。一旦食物依次入口腔、胃、小肠，胆囊舒张，Oddi 氏括约肌即松弛，胆囊胆汁被排入十二指肠，这一反射由迷走神经介导。

（2）体液调节（Hormonal mechanism） 脂肪酸、氨基酸进入十二指肠后，可促使 CCK 释放，后者则引起胆囊壁节律性收缩，Oddi 氏括约肌松弛，胆囊开始排空。胆小管上皮细胞基侧膜上有胰高血糖素、VIP、生长抑素和促胰液素受体，促胰液素主要刺激胰液水、HCO_3^-分泌，刺激胆管分泌 HCO_3^- 的作用较小，对胆盐分泌无作用。胰高血糖素、VIP 也刺激胆管分泌 HCO_3^- 和水。生长抑素抑制胆汁分泌。胃泌素也有刺激肝胆汁分泌、胆囊收缩的作用，也可间接通过胃酸刺激促胰液素释放而起作用。胆盐通过肠-肝循环回到肝脏，具有很强的促胆汁分泌作用，临床上常用胆盐作为利胆剂（cholagogues）.

三、小肠液的分泌（Secretion in the Small Intestine）

小肠黏膜有两种腺体，分别是位于十二指肠黏膜下层的勃氏腺（Brunner glands）和分布于整个小肠黏膜层的李氏腺（Leiberkühn crypt），勃氏腺和黏膜杯状细胞（goblet cells）均分泌黏液。每天进出消化道的液体量见表 6-6，到达小肠的液体约 9L，2L 来自饮食摄入，7L 由胃肠道分泌，其中小肠液约 1L，绝大部分液体在小肠吸收，只有 1～2L 进入结肠。由血液进入小肠的水分主要是因为小肠内容物的高渗透压，水分进入小肠腔缓解高渗透压，避免黏膜受损。小肠黏膜外分泌腺也分泌部分水、无机离子和黏液。食糜对小肠黏膜的刺激，局部神经反射是调节小肠液分泌的主要因素。胃泌素、促胰液素、CCK、VIP 均刺激其分泌。小肠液呈弱碱性，pH 约 7.6，含水、Na^+、K^+、Ca^{2+}、Cl^-、HCO_3^-。有机成分为：黏蛋白、IgA、肠激酶，还有几种把小肽裂解为氨基酸的肽酶，把二糖裂解为单糖的蔗糖酶、麦芽糖酶和乳糖酶，这些酶由黏膜上皮脱落细胞（desquamated mucosal cells）所释放，无脱落细胞的小肠液几乎不含任何消化酶。这里要强调的是，小肠黏膜全部上皮细胞表面的微绒毛的集合通称刷状缘膜（brush border membrane，即纹状缘）。在小肠黏膜刷状缘膜含有多种消化酶（表 6-7），在这些酶的作用下，碳水化合物、蛋白质最终被分解为可吸收的小分子物质，最终完成了消化过程。

表 6-6 每日进出消化道的液体

	进入量（mL）	吸收量（mL）	排出量（mL）
饮食摄入量	2000		
唾液	1500		
胃液	2000		
胰液	1500		
胆汁	500		
小肠液	1000		
空肠		5500	
回肠		2000	
结肠		1300	
直肠（粪便）			200
合计	9000	8800	200

表 6-7 小肠黏膜刷状缘膜的多种消化酶

消化酶	生理作用
氨基肽酶(aminopeptidases)	从氨基端分解多肽
羧基肽(carboxypeptidases)	从羧基端分解多肽
内肽酶(endopeptidases)	从中间部分分解多肽
二肽酶(dipeptidases)	把二肽分解成为氨基酸
麦芽糖酶(maltase)	把麦芽糖、麦芽三糖、糊精分解为葡萄糖
乳糖酶(lactase)	把乳糖分解为半乳糖、葡萄糖
蔗糖酶(sucrasea)	把蔗糖、麦芽糖、麦芽三糖分解为葡萄糖和果糖
α-糊精酶(α-dextrinasea)	把糊精、麦芽糖、麦芽三糖分解为葡萄糖
海藻糖酶(trehalase)	把海藻糖分解为葡萄糖
核酸酶(nuclease)	把核酸分解为戊糖、嘌呤、嘧啶基
小肠黏膜细胞浆的肽酶	把二、三、四肽分解为氨基酸

四、小肠的运动(The Muscular Movements in the Small Intestine)

(一) 小肠运动的形式(the types of muscular movements in the small intestine)

在空腹状态，MMCs 以一定的间隔通过小肠。在消化期，在基本电节律的调控下 MMCs 被其他运动形式所取代。近端空肠平均基本电节律 12 次/min，远端回肠平均基本电节律 8 次/min。小肠有三种基本运动形式。紧张性收缩(tonic contraction)使小肠平滑肌保持一定的紧张度，保持一定的形状，维持一定的肠腔内压，有利于食糜与肠黏膜密切接触，促进吸收。蠕动(peristalsis)是行进性的波，食丸后的环形肌收缩，而前方接受食丸的环形肌舒张，把食糜从上一段推向推向下一段直到结肠，一般速度为 0.5～2.0cm/s。非常强的蠕动波称为蠕动冲(peristaltic rush)，只见于小肠发生梗阻时。分节运动(segmentation contraction)是一种以环形肌为主的节律性收缩和舒张，其频率由基本电节律决定(图 6-3)。由食糜所在的一段小肠(1～5cm)，多点不同部位环形肌同时收缩，把食糜分割成许多节段，随后，原来收缩的部位舒张，原来舒张的部位收缩，反复交替进行，使食糜不断地分割、合拢，与消化液充分混合，促进化学性消化；同时有利于食糜与肠黏膜密切接触，促进吸收(图 6-21)。

(二) 小肠运动的调节(the regulations of muscular movements in the small intestine)

食糜对小肠黏膜的机械、化学性刺激，通过局部神经丛反射增强蠕动。副交感神经兴奋、而交感神经则抑制小肠运动。胃泌素、胃动素、CCK 兴奋之，而促胰液素、生长抑素、VIP 则抑制小肠运动。胃泌素促进末端回肠运动、回盲括约肌舒张。

(三) 回盲括约肌的作用(the functions of the ileocecal sphincter)

最后 2～3cm 回肠的肌层加厚成为回盲括约肌(ileocecal sphincter)，平时回盲括约肌处于收缩状态，当回肠运动增强时回盲括约肌舒张，允许小肠内容物进入大肠；此后它又收缩，防止大肠内容物反流至小肠。回盲括约肌是瓣膜样结构突向盲肠，回肠侧压力升高则开放，盲肠侧压力升高而关闭。回盲瓣通常处于关闭状态，当回肠蠕动波抵达，回盲瓣

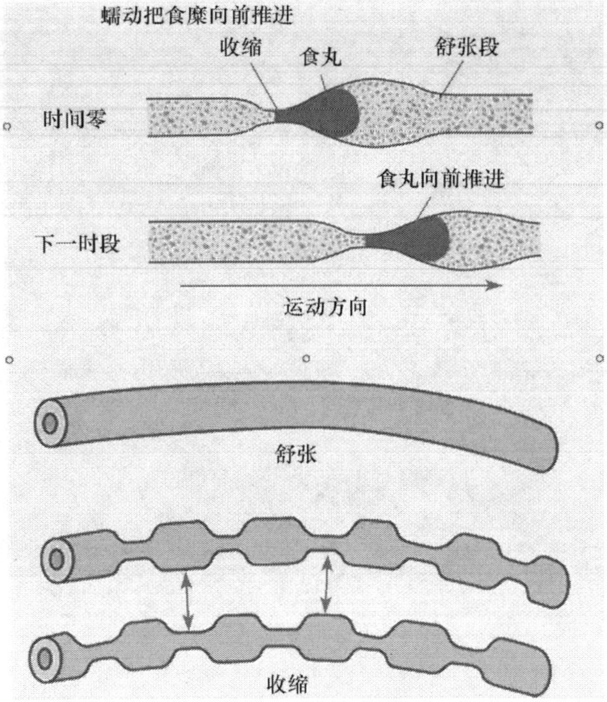

图 6-21 小肠的蠕动和分节运动

短暂开放，少量回肠内容物进入盲肠，每日约有 500ml 回肠内容物进入结肠。实验观察到扩张回肠使回盲括约肌舒张，扩张升结肠使回盲括约肌收缩。胃排空引起回盲瓣舒张，通过回盲括约肌的回肠内容物增加，称为胃-回肠反射(gastroileal reflex)，这一反射由迷走神经介导。交感神经兴奋则可使回盲括约肌收缩。

Clinical Note

Gallstones

Cholelithiasis, ie, the presence of gallstones, is a common condition. Its incidence increases with age. The stones are of two types: calcium bilirubinate stones and cholesterol stones. 85% of the stones are cholesterol stones. Three factors appear to be involved in the formation of cholesterol stones. One is bile stasis; stones form in the bile that is sequestrated in the gallbladder rather than the bile that is flowing in the bile ducts. A second is supersaturation of the bile with cholesterol. Cholesterol is very insoluble in bile, and it is maintained in solution in micelles only at certain concentrations of bile salts and lecithin. At concentrations above a critical level, the bile is supersaturated and contains small crystals of cholesterol in addition to micelles. However, many normal individuals who do not develop gallstones also have supersaturated bile. The third factor is a mix of nucleation factors that favors formation of stones from the supersaturated bile. Outside the body, bile from patients with cholelithiasis forms stones in 2～3 days, whereas it takes more than 2 weeks for stones to form in bile from normal individuals. The exact nature of the nucleation factors is unsettled, although glycoproteins in gallbladder mucus have been implicated. In addition, it is unsettled whether stones form as a result of excess production of components that favor nucleation or decreased production of antinucleation components that prevent stones from forming in normal individuals.

Effects of Cholecystectomy

The periodic discharge of bile from the gallbladder aids digestion but is not essential for it. Cholecys-tectomized patients maintain good health and nutrition with a constant slow discharge of bile into the duodenum, although eventually the bile duct becomes somewhat dilated, and more bile tends to enter the duodenum after meals than at other times. Cholecystectomized patients can even tolerate fried foods, although they generally must avoid foods that are particularly high in fat content

Summary

- The pancreatic juice is alkaline and has a high HCO_3^- content (approximately 113meq/L versus 24meq/L in plasma). About 1500mL of pancreatic juice is secreted per day. Bile and intestinal juices are also neutral or alkaline, and these three secretions neutralize the gastric acid, raising the pH of the duodenal contents to 6.0～7.0. By the time the chyme reaches the jejunum, its reaction is nearly neutral, but the intestinal contents are rarely alkaline.
- The powerful protein-splitting enzymes of the pancreatic juice are secreted as inactive proenzymes.

  Trypsinogen is converted to the active enzyme trypsin by the brush border enzyme enteropeptidase (**enterokinase**) when the pancreatic juice enters the duodenum.
- Secretion of pancreatic juice is primarily under hormonal control. **Secretin** acts on the pancreatic ducts to cause copious secretion of a very alkaline pancreatic juice that is rich in HCO_3^- and poor in enzymes. The effect on duct cells is due to an increase in intracellular cAMP. Secretin also stimulates bile secretion. **CCK** acts on the acinar cells to cause the release of zymogen granules and production of pancreatic juice rich in enzymes but low in volume. Its effect is mediated by phospholipase C.
- Bile is made up of the bile salts, bile pigments, and other substances dissolved in an alkaline electrolyte solution that resembles pancreatic juice. About 500 mL is secreted per day. Some of the components of the bile are reabsorbed in the intestine and then excreted again by the liver (**enterohepatic circulation**).
- The bile salts are sodium and potassium salts of bile acids, and all those secreted into

the bile are conjugated to glycine or taurine, a derivative of cysteine. The bile salts have a number of important actions. They reduce surface tension and, in conjunction with phospholipids and monoglycerides, are responsible for the **emulsification** of fat preparatory to its digestion and absorption in the small intestine. They are amphipathic, ie, they have both hydrophilic and hydrophobic domains; one surface of the molecule is hydrophilic because the polar peptide bond and the carboxyl and hydroxyl groups are on that surface, whereas the other surface is hydrophobic. Therefore, the bile salts tend to form cylindrical disks called **micelles**. Their hydrophilic portions face out and their hydrophobic portions face in.

- Lipids collect in the micelles, with cholesterol in the hydrophobic center and amphipathic phospholipids and monoglycerides lined up with their hydrophilic heads on the outside and their hydrophobic tails in the center. The **micelles** play an important role in keeping lipids in solution and transporting them to the brush border of the intestinal epithelial cells, where they are absorbed.
- In normal individuals, bile flows into the gallbladder when the sphincter of Oddi is closed. In the gallbladder, the bile is concentrated by absorption of water. When food enters the mouth, the resistance of the sphincter of Oddi decreases. Fatty acids and amino acids in the duodenum release CCK, which causes gallbladder contraction. Substances that cause contraction of the gallbladder are called **cholagogues**.
- There are three types of smooth muscle contractions: peristaltic waves, segmentation contractions, and tonic contractions. Segmentation contractions are ring-like contractions that appear at fairly regular intervals along the gut and then disappear and are replaced by another set of ring contractions in the segments between the previous contractions. They move the chyme to and fro and increase its exposure to the mucosal surface. Tonic contractions are relatively prolonged contractions that in effect isolate one segment of the intestine from another.
- The intestinal glands secrete an isotonic fluid. Most of the enzymes usually found in this secretion are in desquamated mucosal cells; cell-free intestinal juice probably contains few if any enzymes. Gastrointestinal hormones and other polypeptides such as VIP stimulate the secretion of intestinal juice.

Key Terms

bile salts; brush border membrane; micelles; enterokinase; gastroileal reflex; trypsinogen; enterohepatic circulation; emulsification; segmentation contractions; tonic contractions; cystic fibrosis transmembrane conductance regulator, CFTR

Review Questions

1. Define each term

brush border

2. Choose the crrect answer

1)After a meal rich in carbohydrates is ingested, insulin secretion is probably stimulated by

(A) GLP-1(7～36) amide (B) CCK (C) serotonin

(D) VIP (E) gastrin

2) Which of the following has the highest pH?

(A) Gastric juice (B) Bile in the gallbladder (C) Pancreatic juice

(D) Saliva (E) Secretions of the intestinal glands

3) The organ of greatest importance in providing the ezymes required for the digestion of food is the:

(A) Parotid salivary gland (B) Stomach (C) Pancreas

(D) Liver

4) A hormone that stimulates secretion by the gastric parietal cell is:

(A) gastrin (B) pepsin

(C) gastric inhibitory peptide (D) secretin

3. Answer the following questions

1) List the main components of pancreatic juice, and outline the mechanisms that regulate its secretion.

2) Discuss the function of the gallbladder and the processes that regulate the passage of bile to the intestinal lumen.

3) List the types of movement seen in the small intestine and the function of each.

4) Name the principal digestive enzymes, their precursors, their substrates, and the products of the action of the enzymes.

5) What factors regulate the secretion of the exocrine portion of the pancreas?

6) List the actions of CCK on the digestive system, and explain how these functions coordinate to promote fat digestion and absorption.

7) What is the functional importance of the bicarbonate ion of pancreatic juice?

8) Why are the bile salts essential for normal intentinal digestion and absorption of triacylglycerols?

第五节 大肠的功能

Section 5 Motility and Secretion in the Large Intestine

Section Outline

- Motility of the large intestine and defecation
- Bacteria in the large intestine

大肠长度约 110cm，大肠不分泌消化酶，黏膜没有绒毛(villi)，主要功能是吸收水、Na^+和其他电解质，将 1000～2000mL 等渗的肠内容物转变成 200～250mL 半固体状的粪便排出体外。结肠腺主要分泌黏液,起润滑作用。实验观察到试餐的第一部分抵达盲肠约 4h 后,试餐的全部抵达结肠在 8～9h 后,食物残渣 6h 后抵达结肠肝曲,9h 后抵达结肠脾曲,12h 后抵达盆腔结肠。

一、大肠运动的形式(Motility in the Large Intestine)

大肠的运动形式有分节运动、蠕动、袋状往返运动和集团运动等。近端分节运动使肠内容物不断地分割、合拢,有利于肠内容物与肠黏膜密切接触,促进无机盐和水的吸收,其频率比小肠低得多。蠕动(peristalsis)的作用是将肠内容物推向直肠。袋状往返运动由环行肌收缩引起,引起一串结肠袋内压升高,内容物在前、后两个方向作短距离移动。集团运动(mass action contraction or mass movement)是大范围平滑肌同时收缩,把肠内容物推向远端的结肠,甚至一直推送到直肠,常常发生在饭后或有排便意愿时,3～4 次/d。直肠扩张启动排便反射(defecation reflex),由神经丛介导的短反射。结肠的运动受基本电节律调控,从回肠到乙状结肠节律性逐渐升高,从盲肠的约 2 次/min 到乙状结肠约 6 次/min。

二、排便(Defecation)

是一种受意识控制的脊髓反射。粪便进入直肠对直肠壁感受器所产生的机械扩张性刺激,可诱发直肠肌肉反射性收缩和产生便意。当直肠内压力达 18mmHg 时,首次出现便意;当直肠内压力达 55mmHg 时,肛门内、外括约肌舒张,可将粪便排出。刺激交感神经肛门内括约肌收缩,而刺激副交感神经(盆神经)肛门内括约肌舒张。肛门外括约肌(骨骼肌)受阴部神经支配,受意识控制。用力排便时,腹部肌肉也收缩,盆腔底下降1～3cm,直肠耻骨肌舒张,肛门与直肠的角度由 90 度减小至约 15 度,有利于粪便排出。胃扩张刺激常常引起直肠收缩和便意,称为胃-结肠反射(gastrocolic reflex),是胃泌素释放作用于结肠,这在儿童尤为明显,在成人由于习惯的培养,饭后立即排便已经被避免。

平时人的直肠内无粪便。一旦集团蠕动把粪便推送到直肠,当直肠内压升高达一定程度,直肠壁机械感受器发出冲动传至中枢,引起便意和排便反射。上述冲动沿盆神经、腹下神经传导至腰骶部脊髓(初级中枢),同时上行到大脑皮层。如果时间、场合不合适,高级中枢发出抑制性指令,中止排便。如果条件许可,高级中枢发出兴奋性指令,由初级中枢通过盆神经传出,使降结肠、乙状结肠和直肠收缩,肛门内括约肌舒张;同时阴部神经冲动减少,肛门外括约肌舒张,粪便被排出体外。大肠功能正常的人每天排便 1～数次,便秘(constipation)由于粪便积存与大肠过久,常发生腹部不适、头痛、恶心、食欲缺乏,均因大肠受扩张刺激所致。

三、大肠内的细菌活动(Bacteria in the Large Intestine)

空肠内几乎没有细菌,回肠内含有微生物,但是只有在大肠才有大量细菌,约占固体粪便重量的 20%～30%。人体是大约 100 万亿微生物细胞的宿主,其中大部分在肠道中,在那里它们对人的生理和营养都有深远影响,而且现在还被认为对人的生命非常关键。肠道微生物帮助人从食物中摄取能量,肠道微生物群落的变化还可能与肠道疾病或肥胖症有关。有的是致病菌(pathogens),有的是共生菌(symbionts),对宿主有利,对宿主无害。包括大肠杆菌、产气肠杆菌、类杆菌和球菌。大肠内的细菌能合成维生素 K、维生素 B_{12}、叶酸,吸收后可被人体利用。大肠内的细菌活动产生的短链脂肪酸对人体也很重要。

第六节　吸　收

Section 6　Absorption of Nutrients in the Small Intestine

Section outline

- The absorptive surface of the small intestine
- The processes of absorption in the small intestine

—Absorption of carbohydrate from the small intestine

—Absorption of protein from the small intestine

—Absorption of lipid from the small intestine

—Absorption of water& electrolytes,iron and the vitamins

食物经过消化的分解产物、水、无机盐和维生素,以及大部分消化液通过肠上皮黏膜细胞进入血液或淋巴的过程称为吸收(absorption),吸收的机制有:①跨细胞途径:被吸收的物质通过黏膜细胞顶端进入胞内,再通过基底侧膜进入细胞间隙,最后进入血液或淋巴;②旁细胞途径:肠腔内的物质通过上皮细胞间的紧密连接进入细胞间隙,再进入血液。

一、吸收的部位(The Absorptive Surface of the Small Intestine)

绝大部分营养物质、水和电解质在小肠被吸收,小部分水和电解质在大肠被吸收。活体空肠、回肠全长约 285cm。肠黏膜形成许多环形皱褶(图 6-22),而且全部小肠黏膜向肠腔伸出指状突起,称为绒毛(villus),平均每平方毫米 20～40 根,每根长约 0.5～1mm,绒

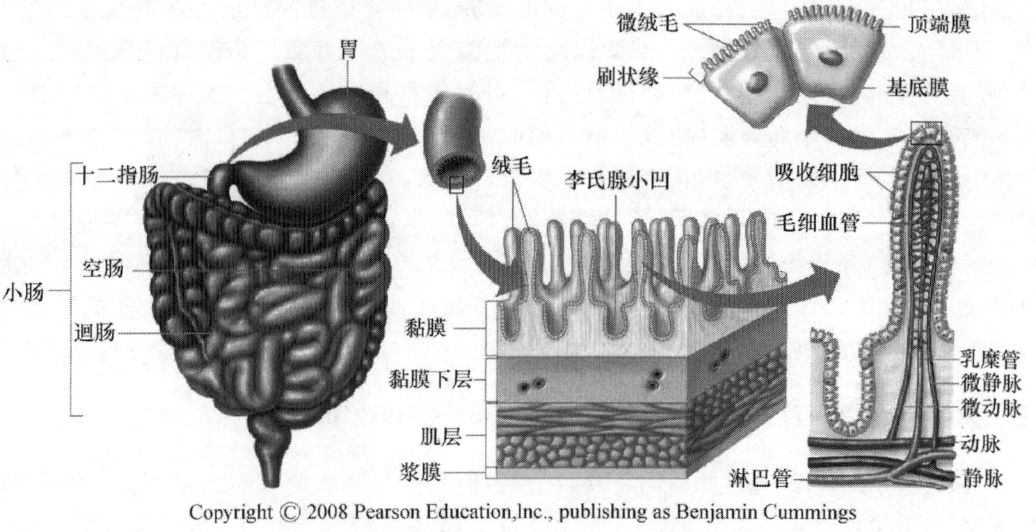

图 6-22　小肠对黏膜的环形皱褶、绒毛和微绒毛

(引自 Pearson Education,Inc. ,publishing as Benjamin Cummings,2008)

毛内含有毛细血管网和中央乳糜管(lacteal)。形成绒毛的小肠黏膜上皮细胞(enterocytes)的顶端,又有数量众多的微绒毛(microvillus),人每一上皮细胞的顶端约有1700根微绒毛,其上覆盖着多糖蛋白层(glycocalyx),多糖蛋白的分子伸向肠腔,上皮细胞之间有紧密连接,数量众多的微绒毛构成刷状缘(brush border,图6-23),刷状缘含有多种消化酶已如上述。据估计,小肠内表面的总面积约3300cm^2,环形黏膜皱褶使其增加到10000cm^2,绒毛使其增加到100 000cm^2,微绒毛使其增加到两百万cm^2(200～250m^2),使小肠吸收面积增加约600倍。紧贴刷状缘的是非流动性水层(unstirred layer),被吸收的物质必须越过此层才能吸收。各种营养物质、矿物质吸收的部位参考表6-8,水分的吸收见表6-6。

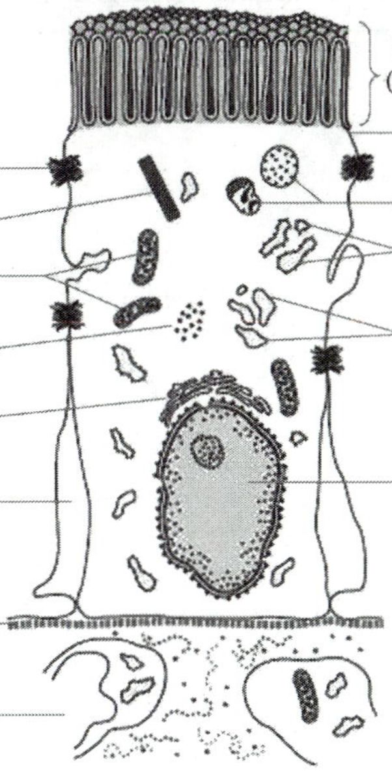

图6-23 人小肠黏膜细胞、微绒毛和刷状缘

表6-8 营养物质、电解质吸收的部位

被吸收的物质	空肠	小肠中部	小肠下部	结肠
糖类(葡萄糖、半乳糖等)	++	+++	++	0
氨基酸	++	+++	++	0
水溶性、脂溶性维生素(VB_{12}除外)	+++	++	0	0
嘧啶(胸嘧啶、尿嘧啶)	+	+	?	?
长链脂肪酸及[illegible]	+++	++	+	0
胆盐	+	+	+++	
维生素B_{12}	0	+	+++	0
Na^+	+++	++	+++	+++
K^+	+	+	+	分泌
Ca^{2+}	+++	++	+	?
Fe^{2+}	+++	+	+	?
Cl^-	+++	++	+	+
SO_4^{2-}	++	+	0	?

二、小肠的吸收功能(The Processes of Absorption in the Small Intestine)

(一) 糖的吸收(absorption of carbohydrate from the small intestine)

糖类的消化开始于口腔，唾液 α-淀粉酶(最适 pH6.7)作用于淀粉，但由于食物在口腔中时间过短，很快进入胃内，而且在胃内酸性环境下唾液 α-淀粉酶(amylase)的作用很快被抑制。食糜进入小肠后，唾液和胰液 α-淀粉酶作用于多糖，水解 α-1,4 糖苷键，消化产物是麦芽糖(maltose)、麦芽三糖(maltotriose)和 α-糊精(α-dextrins)。进一步的消化依赖于小肠黏膜细胞刷状缘的 α-糊精酶(α-Dextrinase)水解 α-1,6 糖苷键，和此处的麦芽糖酶等二糖酶(maltase, sucrase, actase)继续水解麦芽糖、麦芽三糖成为葡萄糖。另外，乳糖酶把乳糖水解为葡萄糖、半乳糖(galactose)，海藻糖酶把海藻糖分解为葡萄糖(图 6-24)。

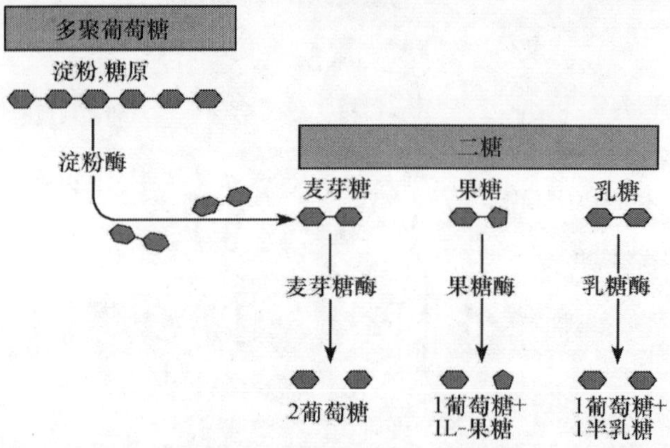

图 6-24　碳水化合物的消化

糖类被分解为葡萄糖、半乳糖、果糖才能被吸收，最大吸收率 120g/h，在回肠末端已吸收完毕(表 6-8)，糖尿病患者小肠对糖的吸收正常。小肠对糖的吸收和肾近曲小管糖吸收相似。葡萄糖、半乳糖经 Na^+-葡萄糖同向转运体(Na^+-glucose cotransporter, SGLT)从肠腔进入上皮细胞，上皮细胞基底侧膜有钠泵(图 6-25)，使黏膜上皮细胞内保持低 Na^+。上皮细胞基底侧膜还有葡萄糖转运体 2(glucose transporter, GLUT2)，葡萄糖由 GLUT2 转运，通过基底侧膜进入细胞间隙再进入血流。与此不同，果糖经 GLUT5 从肠腔进入上皮细胞，经 GLUT2 通过基底侧膜进入细胞间隙再进入血流，不依赖-Na^+ 协同转运。

(二) 蛋白质的吸收(absorption of protein from the small intestine)

正常成人每天需摄入 35～50g 蛋白质以获得必需氨基酸，并维持氮平衡。蛋白质的消化始于胃蛋白酶的作用，胃蛋白酶水解芳香氨基酸临近的肽键，分解产物是长短不等的多肽，因为其最佳 pH1.6～3.2，当食糜进入十二指肠、空肠与碱性胰液混合，胃蛋白酶的作用受抑制。胰蛋白酶、糜蛋白酶和弹性蛋白酶水解肽链中间部分的肽键，故称为内肽酶(endopeptidases)，胰液羧基肽酶从羧基端水解肽键，是一种外肽酶(exopeptidases)。一些游离氨基酸生成于肠腔，位于黏膜上皮细胞刷状缘的氨基肽酶、羧基肽酶、内肽酶、二肽酶把多肽水解为氨基酸(图 6-26)。也有一些二肽、三肽被转运入上皮细胞，细胞内的肽酶进

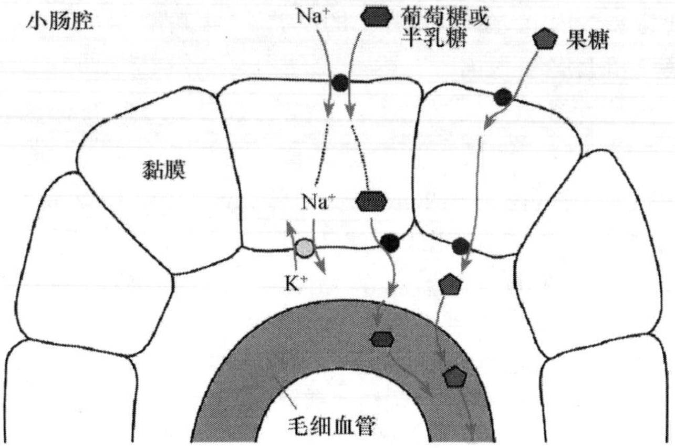

图 6-25　碳水化合物的吸收

葡萄糖、半乳糖依赖 Na-SGLT1 从肠腔进入上皮细胞，经 GLUT2 出上皮细胞入血流；
果糖分别经 GLUT5 和 GLUT2 进出上皮细胞

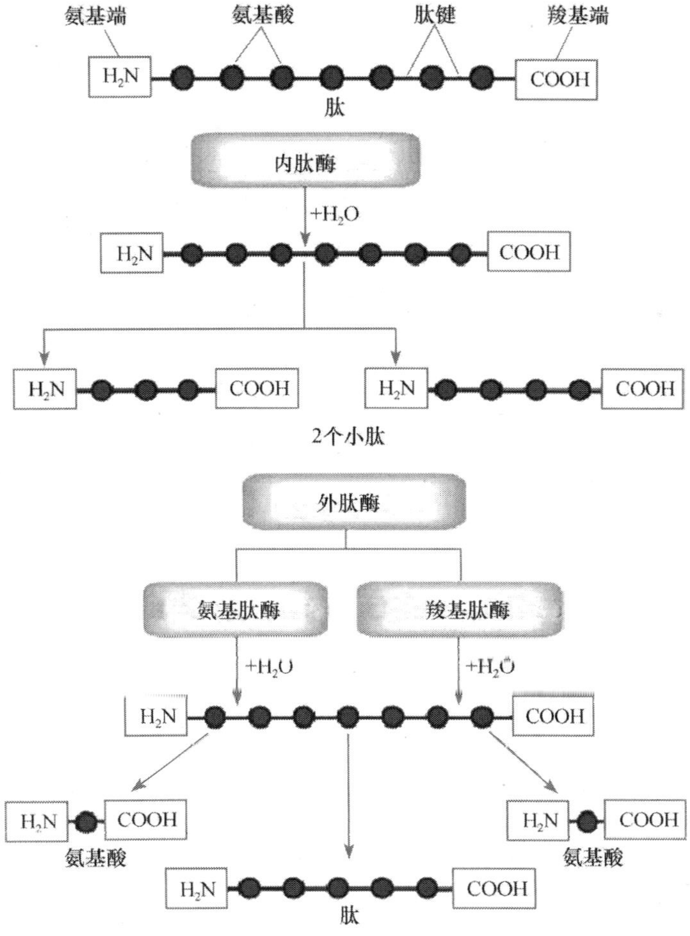

图 6-26　蛋白质的消化

内肽酶：endopeptidases；外肽酶：Exopeptidases；氨基肽酶：Aminopeptidases；羧基肽酶：Carboxypeptidases

一步将其分解成氨基酸。因此，蛋白质消化的终产物氨基酸生成于三个地方：小肠肠腔、刷状缘（含多种肽酶）和上皮细胞内。

小肠黏膜上皮细胞至少有 7 种转运氨基酸的载体，其中五种为Na^+-氨基酸同向转运体，和Na^+-葡萄糖同向转运体转运葡萄糖类似。也存在依赖H^+的氨基酸转运体。从小肠肠腔、刷状缘和上皮细胞内消化生成的氨基酸，经上皮细胞基底侧膜上氨基酸转运体出细胞（图 6-27），由细胞间隙毛细血管最终入门静脉。氨基酸的吸收在十二指肠、空肠比较快，在回肠比较慢。吸收氨基酸总量的 50％来自食物蛋白的消化，25％来自胃肠消化液的酶蛋白，25％来自肠黏膜脱屑细胞。氨基酸的吸收率随年龄增大而下降。植物蛋白难以吸收，85％～90％蛋类蛋白极易吸收。

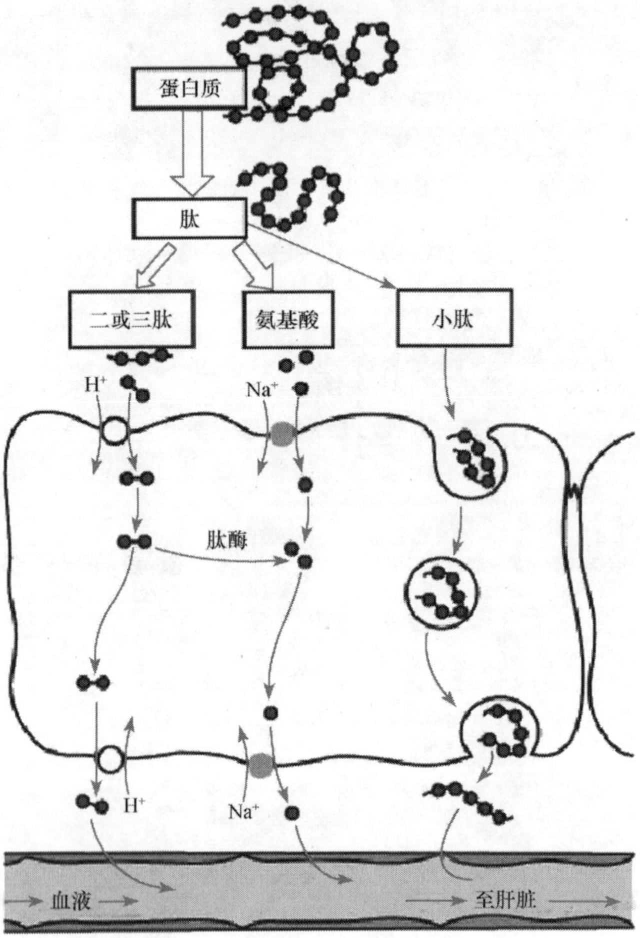

图 6-27　肽类的吸收

大部分以氨基酸、二肽和三肽吸收，小分子肽也可跨细胞转运

（三）脂类的吸收(absorption of lipid from the small intestine)

食物进入胃内后，舌脂肪酶的活性还在继续，食物中 30％的甘油三酯可由舌脂肪酶

予以消化，而胃脂肪酶几乎无作用。大部分脂肪的消化始于十二指肠，以胰脂肪酶的作用最重要，其主要消化产物是两分子脂肪酸和一分子甘油一酯(图 6-28)，减肥药奥利司他(orlistat)是胰脂肪酶抑制剂。胰液中还有一种胆盐激活的酯酶(bile salt-activated lipase)，能够水解胆固醇酯、磷脂和甘油三酯，即胰磷酯酶(phospholipase)水解磷酯。在

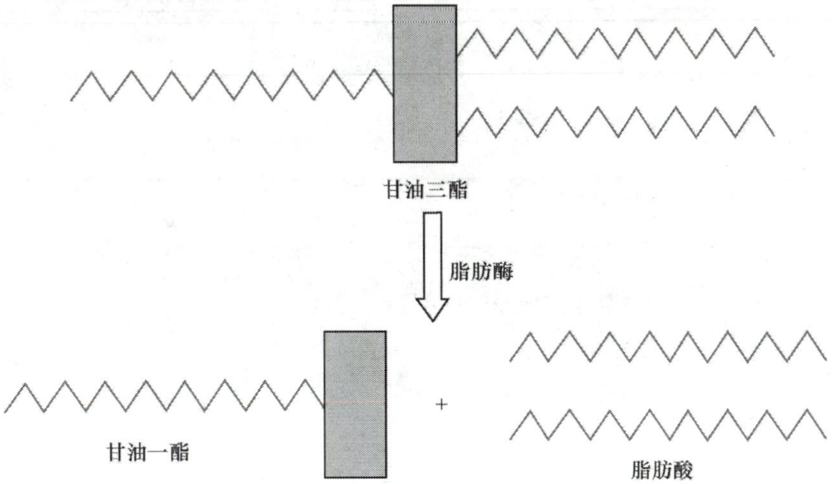

图 6-28 甘油三酯消化为甘油一酯和脂肪酸

胆盐的作用下，脂肪酸、甘油一酯、胆固醇被包绕在盘状微胶粒(micelle)的疏水中心(图6-29)，微胶粒可通过肠上皮细胞刷状缘表面的非流动水层抵达微绒毛，释放出脂类消化产物，即甘油一酯、脂肪酸出微胶粒，胆盐则留在肠腔内循环使用。由于脂肪酶不能穿透胆盐，需要胰腺分泌的辅脂酶(colipase, a protein co-fator)帮助，才能接近脂肪。

脂类消化产物脂肪酸、胆固醇和甘油一酯在肠上皮细胞刷状缘表面，顺浓度梯度扩散入上皮细胞，在滑面内质网中迅速合成甘油三酯和胆固醇酯，降低胞内脂肪酸和甘油一酯的浓度，使扩散得以继续，大量的酯化通过甘油一酯途径，少量酯化通过磷脂酸途径。短于 10～12 个碳原子的脂肪酸水溶性高，也可不再酯化，直接经上皮细胞进入绒毛毛细血管。上皮细胞把合成的甘油三酯、胆固醇酯、磷脂和脱辅基蛋白(apoprotein)组装成乳糜微粒(chylomicrons)，乳糜微粒是血流中 5 种脂蛋白颗粒最大的一种。乳糜微粒从基底侧膜通过出胞作用离开细胞进入淋巴管(图 6-30)。

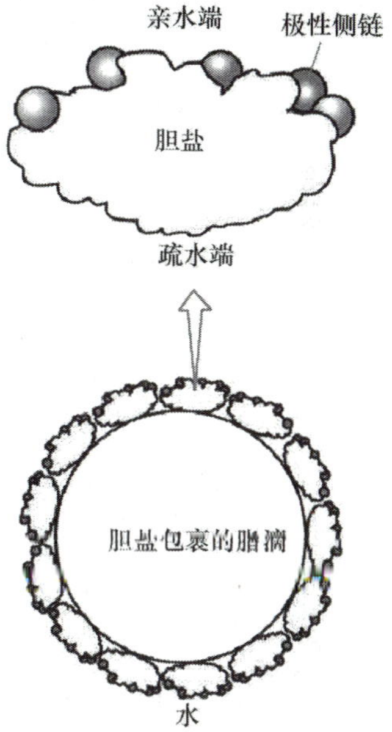

图 6-29 胆盐乳化脂肪

上图示胆盐的亲水端(hydrophilic side)和疏水端(hydrophobic side)，下图示胆盐的亲水端朝外，疏水端连接脂滴，胆盐包绕脂滴乳化脂肪

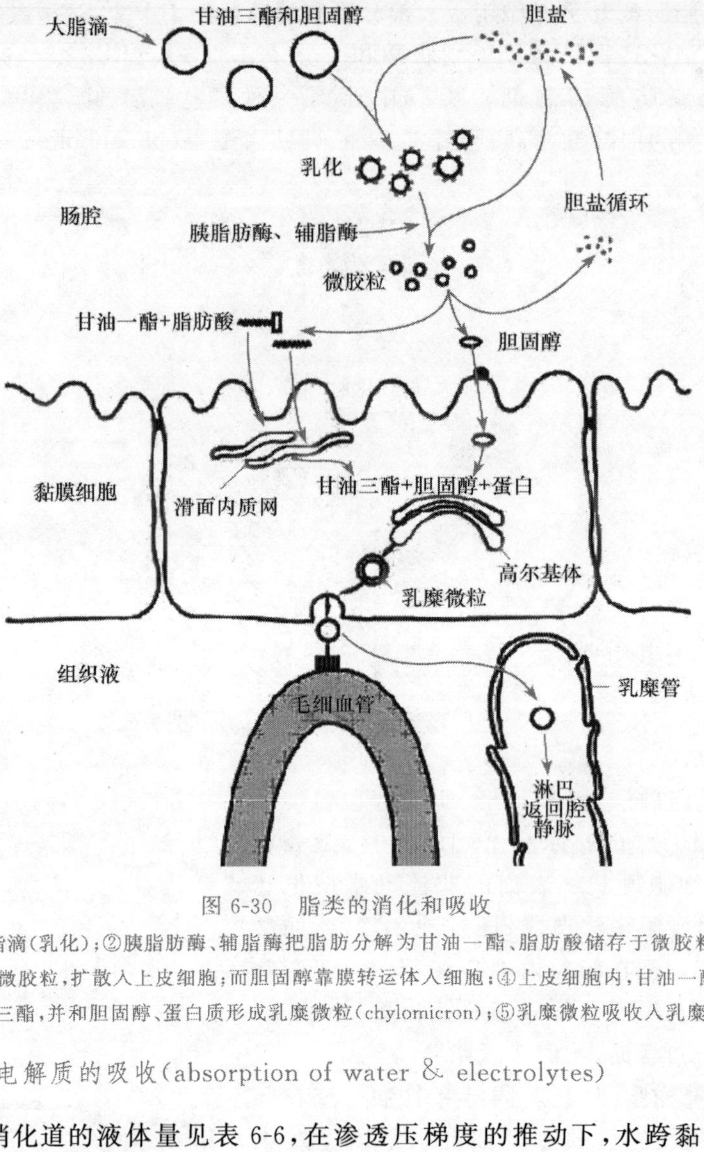

图 6-30　脂类的消化和吸收

①胆盐包绕脂滴(乳化);②胰脂肪酶、辅脂酶把脂肪分解为甘油一酯、脂肪酸储存于微胶粒;③甘油一酯、脂肪酸出微胶粒,扩散入上皮细胞;而胆固醇靠膜转运体入细胞;④上皮细胞内,甘油一酯、脂肪酸重新合成甘油三酯,并和胆固醇、蛋白质形成乳糜微粒(chylomicron);⑤乳糜微粒吸收入乳糜管(lacteal)

(四) 水和电解质的吸收(absorption of water & electrolytes)

每天进出消化道的液体量见表 6-6,在渗透压梯度的推动下,水跨黏膜上皮细胞转运。小肠每天吸收 25～30g Na^+。小肠、结肠的肠腔黏膜面有 Na^+ 通道、Na^+-Cl^- 同向转运体、Na^+-H^+ 逆向转运体(图 6-31),黏膜上皮细胞基底侧膜均有钠泵,Na^+ 在葡萄糖、氨基酸的继发性主动转运中的作用已如前述。而且小肠腔内葡萄糖的存在也促进 Na^+ 的吸收。通常 Cl^- 经 Na^+-K^+-2 Cl^- 同向转运体从细胞间液进上皮细胞,再经 Cl^- 通道、Cl^--HCO_3^- 逆向转运体分泌到肠腔。黏膜细胞肠腔侧膜、基底侧膜均有钾通道,一些 K^+ 随黏液分泌到肠腔。摄入 Ca^{2+} 的 30%～80%由小肠吸收,受 1,25-二羟维生素

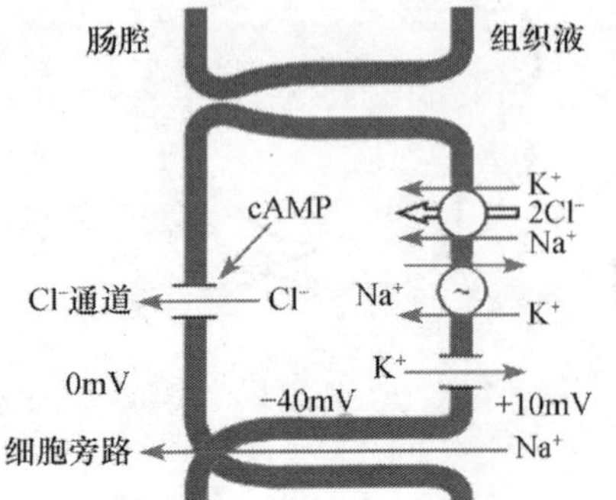

图 6-31　水、电解质的吸收

D_3调控，蛋白质促进其吸收，磷酸盐、草酸盐、脂肪与Ca^{2+}形成不溶性复合物抑制其吸收。

（五）铁的吸收(absorption of iron)

人每日摄入铁约20mg，吸收铁仅为摄入量的3%～6%(0.6～1.2mg)。男性每天从粪便排出铁约0.6mg，女性由于月经失血总排出的铁量较多。膳食铁绝大多数是Fe^{3+}，而只有Fe^{2+}易于吸收，小肠上皮细胞刷状缘在铁还原酶(ferric reductase)作用下生成Fe^{2+}(图6-32)。虽然，铁不在胃内被吸收，但是胃酸可溶解铁，和维生素C形成可溶性复合物。铁通过肠腔上皮细胞顶端膜的二价金属离子转运蛋白1(DMT1)，主要在十二指肠被吸收，进入上皮细胞后，一部分以Fe^{3+}储存，其余以Fe^{2+}的形式经铁转出蛋白(ferroportin，FP)从基底侧膜转运到细胞外间隙，有一种促转运蛋白(hephaestin，Hp)和FP相耦合，可促进Fe^{2+}转出。在血浆Fe^{2+}转变成Fe^{3+}，与运铁蛋白(transferring，TF)结合，正常男性血浆铁130μg/dL，女性为110μg/dL。血红素在上皮细胞肠腔面经转运蛋白进入胞质，在胞质经血红素氧合酶HO-2从卟啉上解离Fe^{2+}，使Fe^{2+}进入铁储存池。

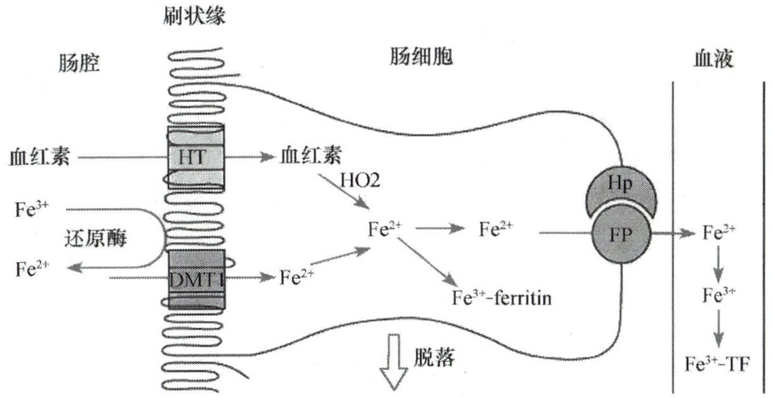

图6-32　小肠对铁的吸收

DMT1：二价金属离子转运蛋白1；(ferroportin，FP)：铁转出蛋白；(hephaestin，Hp)：促转运蛋白；(transferring，TF)：运铁蛋白；(ferric reductase)：铁还原酶；heme transporter (HT)：铁血黄素转运体；ferritin：铁蛋白

（六）维生素的吸收(absorption of the vitamins)

水溶性维生素和脂溶性维生素A、D、E、K均在小肠上部吸收。在胰酶缺乏或胆管阻塞、脂肪吸收障碍时将引起脂溶性维生素A、D、E、K的缺乏。维生素B_{12}和叶酸的吸收不依赖Na^+，而其余七种水溶性维生素，包括维生素B_1、B_2、B_6、C、PP、泛酸、生物素的吸收均依赖Na^+联合转运蛋白(Na^+ cotransporters)。维生素B_{12}在胃内因子(intrinsic factor)帮助下在回肠吸收，维生素B_{12}主要来自海鲜、肉类和奶制品，也由细菌生成。

（七）小肠和大肠吸收的比较(functional differences between the small and large intestine)

小肠对水、Na^+、K^+、Cl^-只是吸收，而分泌HCO_3^-，餐后吸收增强。大肠对水、Na^+、

Cl^- 吸收(例外较少),对 K^+、HCO_3^- 只是分泌(表 6-9)。

表 6-9 小肠和大肠吸收的比较表

	小肠	大肠
长度(m)	6	2.4
吸收面积(m^2)	约 200	约 25
皱褶	有	有
绒毛	有	无
管状腺体	有	有
微绒毛	有	有
营养物质吸收	有	无
Na^+ 主动吸收	有	有
K^+ 主动分泌	无	有

Summary

- The products of digestion and the vitamins, minerals, and water cross the mucosa and enter the lymph or the blood (absorption).
- Digestion of the major foodstuffs is an orderly process involving the action of a large number of digestive enzymes. Enzymes from the salivary and lingual glands attack carbohydrates and fats; enzymes from the stomach attack proteins and fats; and enzymes from the exocrine portion of the pancreas attack carbohydrates, proteins, lipids, DNA, and RNA.
- Other enzymes that complete the digestive process are found in the luminal membranes and the cytoplasm of the cells that line the small intestine. The action of the enzymes is aided by the hydrochloric acid secreted by the stomach and the bile secreted by the liver.
- The mucosal cells in the small intestine are called **enterocytes.** In the small intestine they have a **brush border** made up of numerous microvilli lining their apical surface. This border is rich in enzymes. It is lined on its luminal side by a layer that is rich in neutral and amino sugars, the **glycocalyx.** Next to the brush border and glycocalyx is an **unstirred layer.** Solutes must diffuse across this layer to reach the mucosal cells.
- In the mouth, starch is attacked by salivary α-amylase. However, the optimal pH for this enzyme is 6.7, and its action is inhibited by the acidic gastric juice when food enters the stomach. In the small intestine, both the salivary and the pancreatic α-amylase also acts on the ingested polysaccharides. Consequently, the end products of α-amylase digestion are oligosaccharides: the disaccharide maltose; the trisaccharide maltotriose.
- The oligosaccharidases responsible for the further digestion of the starch derivatives are located in the outer portion of the brush border, the membrane of the microvilli of the small intestine.

- The transport of most hexoses is uniquely affected by the amount of Na^+ in the intestinal lumen; a high concentration of Na^+ on the mucosal surface of the cells facilitates and a low concentration inhibits sugar influx into the epithelial cells. This is because glucose and Na^+ share the same cotransporter, or symport, the sodium-dependent glucose transporter (**SGLT, Na^+-glucose cotransporter**). and the glucose is transported by GLUT 2 into the interstitium and thence to the capillaries.
- At least seven different transport systems transport amino acids into enterocytes. Five of these require Na^+ and cotransport amino acids and Na^+ in a fashion similar to the cotransport of Na^+ and glucose. Two of these five also require Cl^-. In two systems, transport is independent of Na^+. Absorption of amino acids is rapid in the duodenum and jejunum but slow in the ileum. Approximately 50% of the digested protein comes from ingested food, 25% from proteins in digestive juices, and 25% from desquamated mucosal cells.
- Digestion of carbohydrate to monosacrides and protein to amino acids is completee by enzymes in the intestinal brush border membrane. Most monosacrides and aminoacids are absorped into portal circulation by sodium-dependent active transport system.
- Water-insoluble monoglycerides and free fatty acids, the end products of pancreatic lipase digestion of triacylglyserol fats, interact with bile salts to form water-soluble aggregates called **micelles**. Monoglycerides and free fatty acids diffuse passively from monomolecular dispersion into the intestinal epithelial cell, where they are resynthesized to triacylglyserols and passed to the lymph as **chylomicrones**.

Review Questions

1. Define each term

1) unstirred layer; 2) sodium-dependent glucose transporter (SGLT, Na^+-glucose cotransporter); 3) chylomicrones; 4) Colipase

2. Choose the correct answer

1) The cephalic phase of gastric HCI secretion is eliminated by:
   (A) surgical removal of the pyloric abtrum
   (B) vagal denervation of the pyloric abtrum
   (C) vagal denervation of the fundus and body of the stomach
   (D) none of the above
2) A component of the secretion of the intercalated duct cells of the pancreas that is major physiological significance is:
   (A) trypsin (B) $NaHCO_3$ (C) Lipase (D) Bilirubin
3) A close association exists between the absorption of Na^+ and the absorption of water from the lumen of the:
   (A) Small intestine (B) Proximal colon (C) Gallblader (D) All of the above

4) The absorption of water from the digestive tract:

(A) Is dependent primarily on the active transport Ca^{2+}

(B) Occurs primarily from the small intestine

(C) Is completed during transit through the small intestine

(D) Occurs primarily from the proximal colon

5) The intestinal digestion of triacylglycerols is facilitated by the incorporationof these molecules into:

(A) Large oil droplets　(B) Small emulsified fat particles

(C) Micelles　(D) Chylomica

3. Answer each question

What is secondary active transport and why is it important in the gastrointestinal tract? Why is it called secondary rather than primary active transport?

Key Terms

enterocytes; unstirred layer; sodium-dependent glucose transporter (SGLT, Na^+-glucose cotransporter); chylomicrones

（蒋正尧）

参考文献(References)

朱大年. 2009. 生理学. 7 版. 北京:人民卫生出版社

Boron W F, Boulpaep E L. 2003. Medical Physiology, Philadephia: Saunders An Imprint of Elesvier Science

Ganong W F. 2005. Review of medical Physiology. Stamford, Connecticut: the McGraw-Hill Companies

Hasler W L. 1999. The Physiology of gastric motility and gastric emptying. In: Yamada T, Textbook of Gastroenterology, Vol. 1. 3rd ed. Philadelphia: JB Lippincott, Wlliams & Wilkins, pp188-214

Hersey S J, Sachs G. 1995. Gastric acid secretion. Physiol Rev, 75: 155-189

Rhoades R, Pflanzer R. 1989. Human Physiology. 3rd ed. Philadephia: Saunders College Publishing

Sachs G, Zeng N, Prinz C. 1997. Physiology of isolated gastrc endocrine cells. Annu Rev Physiol, 59: 243-256

Silverthorn D U. 2009. Human Physiology. 4th ed. San Francisco: Pearson Education, Inc

第七章　能量代谢与体温
Chapter 7　Energy Metabolism and Body Temperature

Chapter Outline

- Energy metabolism
- Body temperature and temperature regulation

第一节　能 量 代 谢
Section 1　Energy Metabolism

Section Outline

- Sources and utilization of energy
  —Adenosine triphosphate is the key substance in energy transformation and utilization
  —Energy transformation of several nutrients
  —Utilization of energy
- Measurement of energy metabolism
  —Direct calorimetry
  —Indirect calorimetry
- Factors affecting energy metabolism
  —Muscular exertion
  —Emotional state
  —Specific dynamic action
  —Environmental temperature
- Basal metabolism

新陈代谢是机体生命活动的基本特征之一。新陈代谢包括物质代谢(material metabolism)和能量代谢(energy metabolism)两个方面。机体组织细胞利用食物中的营养物质，一方面通过合成代谢(anabolism)构筑机体的组成成分或更新衰老组织，并储存能量；另一方面通过分解代谢(catabolism)产生能量以满足生命活动的需要，如体温的维持、躯体运动、心脏射血、腺体分泌和神经传导等。可见生物体内物质代谢与能量代谢是相伴随发生的。生理学中通常将生物体内物质代谢过程中伴随的能量的释放、转移、储存和利用称为能量代谢(energy metabolism)。

一、机体能量的来源与利用(Sources and Utilization of Energy)

(一) 三磷酸腺苷是能量转化和利用的关键物质(adenosine triphosphate is the key substance in energy transformation and utilization)

机体的能源物质如糖、蛋白质和脂肪的分子结构中蕴藏化学能，可以在细胞内被氧化分解，碳氢键断裂，释放大量的能量。分解代谢过程中产生的大部分能量并不能直接被细胞利用，而是用于合成含有高能磷酸键的高能磷酸化合物，体内最主要的高能磷酸化合物是三磷酸腺苷(adenosine triphosphate，ATP)。ATP 广泛存在于人体的一切细胞内，既是体内的能量储存库，也是几乎所有细胞功能的直接能量来源。生理条件下，1mol 的 ATP 分子断裂一个高能磷酸键，成为二磷酸腺苷(adenosine diphosphate，ADP)及磷酸，可释放 51.6kJ 的热量。机体利用 ATP 合成重要的细胞组成成分、驱动物质的跨膜主动转运、肌肉运动和腺体分泌、维持细胞膜电位及神经传导等。ATP 既是体内直接的供能物质，又是体内能量储存的重要形式。由营养物质在体内被氧化分解所释放的能量不断使 ADP 重新氧化磷酸化，从而补充生命活动过程中所消耗的 ATP。因此，人们形象地将 ATP 称为“机体的能量货币”(energy currency of the body)。

除 ATP 外，体内另外一种主要的高能磷酸化合物是存在于肌肉中的磷酸肌酸(creatine phosphate，CP)，其所含高能磷酸键的量约为 ATP 的 3～8 倍。磷酸肌酸主要存在于肌肉和脑组织中，是体内 ATP 的储存库。当物质氧化释放的能量过剩时，ATP 将高能磷酸键转给肌酸，在肌酸激酶催化下合成磷酸肌酸。反过来，当组织消耗 ATP 的量超过营养物质氧化生成 ATP 的速度时，磷酸肌酸的高能磷酸键又可快速转给 ADP，生成 ATP，以补充 ATP 的消耗。ATP 与 CP 之间的相互转化方式如下：

$$\text{CP} + \text{ADP} \rightleftharpoons \text{ATP} + \text{肌酸}$$

从机体能量代谢的整个过程来看，ATP 的合成与分解是体内能量转化和利用的关键环节。

(二) 几种主要营养物质的能量转化(energy transformation of several nutrients)

1. 糖(carbohydrate)

糖的主要生理功能是供给机体生命活动所需要的能量。人体所需能量的 50%～70%是由糖类物质的氧化分解提供的。食物中的糖经消化液分解的最终产物包括葡萄糖(glucose)、果糖(fructose)、半乳糖(galactose)，其中葡萄糖占 80%。经消化道吸收后，大部分果糖和几乎全部的半乳糖在肝脏内迅速转化为葡萄糖，因此葡萄糖是体内糖代谢的中心，也是人体能量的主要来源。因供氧情况的不同，体内的糖代谢途径有所不同。在氧供应充足的情况下，葡萄糖进行有氧氧化，可以完全氧化生成 CO_2 和水。1mol 葡萄糖完全氧化所释放的能量可合成 38mol ATP。在缺氧的情况下，葡萄糖进行无氧酵解，生成乳酸，此时 1mol 葡萄糖只能合成 2mol ATP。通常情况下，绝大多数组织细胞有足够的氧供应，能够通过糖的有氧氧化获得能量。糖酵解虽然只能释放少量能量，但在人体处于缺氧状态时极为重要，因为这是人体的能源物质唯一不需氧的供能途径。例如，人在进行剧烈运动时，骨骼肌的耗氧量剧增，但由于循环、呼吸等功能活动只能逐渐加强，不能很快满足机体对氧的需要，骨骼肌因而处于相对缺氧的状态，这种现象称为氧债(oxygen debt)。在这种情况下，机体只能动用储备的高能磷酸键和进行无氧酵解来提供能量。在肌肉活动停止后的一段时间内，循环、呼吸活动仍维持在较高水平，因而可摄取较多的氧，以偿还氧债。此外，某些细胞(如成熟红细胞)由于缺乏有氧氧化的酶系，也主要依靠糖酵解来供能。然而，脑组织主要依赖葡萄糖的有氧氧化供能，所以对缺氧非常敏感，对血糖的依赖性也较高。

2. 脂肪(fat)

脂肪在体内的主要功能是储存和供给能量。体内储存的脂肪量较多,可占体重的20%左右。每克脂肪在体内氧化所释放的能量约为糖的2倍。体内具有重要生物功能的脂类物质包括脂肪酸及其衍生物、中性脂肪、磷脂和固醇。大部分脂肪储存在脂肪组织和肝脏内,肝脏在脂类代谢中的主要作用是分解脂肪酸释放能量、合成甘油三酯,以及将脂肪酸转化为类固醇和磷脂等其他脂类。当机体需要时,储存的脂肪首先在脂肪酶的催化下分解为甘油和脂肪酸。甘油主要在肝脏被利用,经过磷酸化和脱氢而进入糖的氧化分解途径供能,或转变为葡萄糖。脂肪酸的氧化分解是在肝脏以及心、骨骼肌等许多组织细胞内进行,长链脂肪酸经过活化和β-氧化,逐步分解为乙酰辅酶A而进入糖的氧化途径,同时释放能量。另一方面,脂肪组织可以分泌多种细胞因子如leptin等,通过调节摄食来维持体内的能量平衡。

3. 蛋白质(protein)

蛋白质的基本组成单位是氨基酸。不论是由肠道吸收的氨基酸,还是由机体自身蛋白质分解所产生的氨基酸,都主要用于重新合成蛋白质,作为细胞成分以实现组织的自我更新,或者合成酶、激素等生物活性物质。而为机体提供能量,则是氨基酸的次要功能。只有在某些特殊情况下,如长期饥饿、疾病或体力极度消耗时,机体才会依靠由组织蛋白质分解所产生的氨基酸供能,以维持基本的生理功能。

(三)能量的利用(utilization of energy)

食物在体内氧化过程中释放的能量,50%以上转化为热能,其余部分则以化学能的形式储存于ATP等高能化合物的高能磷酸键中,供机体完成各种生理功能,如肌肉的收缩和舒张,合成细胞组分及生物活性物质,产生生物电活动和某些离子转运,传导神经冲动,小肠和肾小管细胞对某些物质的主动转运,腺体的分泌和递质的释放等。除骨骼肌收缩对外界物体做一定量的机械功(简称外功)外,其他用于进行各种功能活动所做的功最终都转化为热能。热能是最低形式的能量,主要用于维持体温,而不能转化为其他形式的能,因此不能用来做功。用于维持体温的这部分体热最终由体表散发到外界环境中去。此外,还有小部分体热通过呼出气、排泄物等被带出体外。

二、能量代谢的测定(Measurement of Energy Metabolism)

机体的能量代谢遵循能量守恒定律,即在整个能量转化过程中,机体摄入的蕴藏于食物中的化学能与最终转化的热能和所做的外功,按能量来折算是完全相等的。因此,要想测定整个机体的能量代谢,可通过测定机体在一定时间内所消耗的食物,按照食物的热价(见后文)计算出这些食物所包含的能量,也可测定机体一定时间内产生的热量与所做的外功。但实际上机体在一定时间内所消耗的食物量是很难测出的,因此,通常是测定机体一定时间内所消耗的能量,再计算出机体的能量代谢率。如果排除机体所做的外功,则在一定时间内机体产生的热量即为机体消耗的全部能量。这样,只需要测量单位时间内机体的产热量即可得到机体的能量代谢率。

测定机体单位时间内产生的总热量,通常有两种方法:直接测热法和间接测热法。

（一）直接测热法(direct calorimetry)

直接测热法是测定整个机体在单位时间内向外界环境发散的总热量。将受试者置于一个特制的密闭、绝热房间内，受试者机体所散发的大部分热量便被居室内管道中流动的水所吸收。根据流过管道的水量和温度差，将水的比热考虑在内，就可测出水所吸收的热量，即机体的产热量。直接测热法的设备复杂，操作繁琐，使用不便，一般只用于实验研究。

（二）间接测热法(indirect calorimetry)

在一般的化学反应中，反应物的量与产物的量呈一定的比例关系，称为定比定律。根据定比定律，体内的糖、脂肪和蛋白质氧化分解时的耗氧量和 CO_2 产生量以及释放的热量都有一定的比例。间接测热法就是利用这种定比关系来测定受试者在一定时间内产热量的一种方法。例如，氧化 1mol 葡萄糖，需要消耗 6mol 的 O_2，同时产生 6mol 的 CO_2 和 6mol 的 H_2O，并且释放一定的热量。其反应式如下：

$$C_6H_{12}O_6 + 6O_2 = 6CO_2 + 6H_2O + \Delta H$$

同一种化学反应不论中间步骤怎样，也不论反应条件差异如何，这种定比关系不变。根据定比关系，测出一定时间内人体氧化分解的糖、脂肪、蛋白质的量，即可推算出机体在该段时间内所产生的总热量。但是，必须先解决两个问题：一是了解每种营养物质氧化分解时各产生多少热量；二是分清三种营养物质各氧化了多少。

1. 与间接测热法相关的一些参数(parameters associated with indirect calorimetry)

(1) 食物的热价(thermal equivalent of food)　1g 某种食物氧化(或在体外燃烧)时所释放的能量称为该食物的热价(thermal equivalent of food)。食物的热价通常用焦耳(J)作为计量单位(1cal = 4.187J)。食物的热价分为生物热价(biological thermal equivalent)和物理热价(physical thermal equivalent)两种。前者指食物在体内经生物氧化释放的热量，后者指食物在体外燃烧时释放的热量。糖、脂肪的生物热价和物理热价相等，而蛋白质的生物热价低于物理热价，这是由于蛋白质在体内不能完全被氧化，有一部分包含在尿素、尿酸和肌酐等分子中的能量从尿中排泄。三种主要食物的热价见表 7-1。

表 7-1　三种营养物质氧化时的几种数据

营养物质	产热量(kJ/g)		耗 O_2 量(L/g)	CO_2 产量(L/g)	氧热价(kJ/L)	呼吸商(RQ)
	物理热价	生物热价				
糖	17.15	17.15	0.83	0.83	20.66	1.00
蛋白质	23.43	17.99	0.95	0.76	18.93	0.80
脂肪	39.75	39.75	2.03	1.43	19.58	0.71

(2) 食物的氧热价(thermal equivalent of oxygen)　通常将某种食物氧化时消耗 1 升氧所产生的热量，称为该食物的氧热价(thermal equivalent of oxygen)。氧热价表示某种物质氧化时的耗氧量和产热量之间的关系。由于各种营养物质中所含的碳、氢和氧等元素的比例不同，因此，同样消耗 1 升氧，各种物质氧化时所释放的热量也不相同。三种营养物质的氧热价见表 7-1。

(3) 呼吸商(respiratory quotient,RQ) 机体从外界摄取 O_2 供物质氧化分解所需，同时将代谢终产物 CO_2 排出体外。单位时间内机体呼出的 CO_2 的量与吸入的 O_2 量的比值称为呼吸商(respiratory quotient,RQ)。测算呼吸商时，严格地讲应该以 CO_2 与 O_2 的 mol 数来表示呼吸商。因为在同一温度和气压条件下，容积相等的不同气体，其分子数是相等的，因此通常用容积数(mL 或 L)来计算 CO_2 产量与 O_2 消耗量的比值，即：

$$RQ = \frac{\text{产生 } CO_2 \text{ 的 mol 数}}{\text{消耗 } O_2 \text{ 的 mol 数}} = \frac{\text{产生 } CO_2 \text{ 的 mL 数}}{\text{消耗 } O_2 \text{ 的 mL 数}}$$

各种营养物质，无论是在体内氧化还是在体外燃烧，它们的耗 O_2 量与 CO_2 产量都取决于该物质的化学组成。糖的一般分子式为$(CH_2O)_n$，氧化时消耗的 O_2 与产生的 CO_2 的分子数相等，因此糖的呼吸商是 1。脂肪和蛋白质的呼吸商分别是 0.71 和 0.8。在日常生活中，人的膳食一般为糖、脂肪和蛋白质的混合膳食，呼吸商变动于 0.71～1.0 之间，平均为 0.85。根据呼吸商的数值可推测机体利用能量的主要来源。如果某人的呼吸商接近于 1，说明此人在这段时间内所利用的能量主要来自糖的氧化。若主要依靠脂肪供能，则呼吸商接近于 0.7。在糖尿病患者，因葡萄糖的利用发生障碍，机体主要依靠脂肪代谢供能，因此呼吸商偏低，接近于 0.71。在长期饥饿的情况下，人体的能量主要来自体内蛋白质的分解，此时呼吸商接近于 0.80。

一般认为呼吸商可反映机体三种营养物质氧化分解的比例情况，但是以完整机体为对象的实验研究表明，这种看法与实际情况并不完全吻合。例如，让受试者在一定时期内只摄取某种单一的营养物质，结果所测得的呼吸商与理论计算值并不完全一致。这是因为机体的组织细胞不仅能氧化分解各种营养物质，而且也可使一种营养物质转变成另一种营养物质。例如糖在体内转化成脂肪时，呼吸商可能变大，甚至超过 1。这是因为当一部分糖转化为脂肪时，原来分子中的氧即有剩余，这些氧可以参加机体代谢过程中的氧化反应，从而减少了从外界摄取的氧量，因而呼吸商变大。反之，如果脂肪转化为糖，呼吸商可能低于 0.71。这是由于脂肪分子中氧的比例小，当它转化为糖时，需要更多的氧进入分子结构，因而机体摄取和消耗外界的氧量增加，呼吸商变小。另外，在肌肉剧烈活动时，由于氧供不足，糖酵解就加强，大量乳酸与体内缓冲系统作用，结果肺排出的 CO_2 量明显增加，从而使呼吸商变大。在肺过度通气或酸中毒等情况下，CO_2 的排出量也增多，这些情况均可使呼吸商变大。相反，在肺通气不足或碱中毒等情况下，呼吸商则变小。

一般情况下，体内能量主要来源于糖和脂肪的氧化，蛋白质的因素可忽略不计。为了计算方便，常根据糖和脂肪按不同比例混合氧化时产生的 CO_2 量与耗 O_2 量计算出相应的呼吸商，这种呼吸商称为非蛋白呼吸商(non-protein respiratory quotient,NPRQ)(表 7-2)。

表 7-2 非蛋白呼吸商和氧热价

呼吸商	糖(%)	脂肪(%)	氧热价(kJ/L)
0.707	0.00	100.0	19.62
0.71	1.10	98.9	19.64
0.72	4.75	95.2	19.69
0.73	8.40	91.6	19.74
0.74	12.0	88.0	19.79
0.75	15.6	84.4	19.84
0.76	19.2	80.8	19.89

续表

呼吸商	糖(%)	脂肪(%)	氧热价(kJ/L)
0.77	22.8	77.2	19.95
0.78	26.3	73.7	19.99
0.79	29.0	70.1	20.05
0.80	33.4	66.6	20.10
0.81	36.9	63.1	20.15
0.82	40.3	59.7	20.20
0.83	43.8	56.2	20.26
0.84	47.2	52.8	20.31
0.85	50.7	49.3	20.36
0.86	54.1	45.9	20.41
0.87	57.5	42.5	20.46
0.88	60.8	39.2	20.51
0.89	64.2	35.8	20.56
0.90	67.5	32.5	20.61
0.91	70.8	29.2	20.67
0.92	74.1	25.9	20.71
0.93	77.4	22.6	20.77
0.94	80.7	19.3	20.82
0.95	84.0	16.0	20.87
0.96	87.2	12.8	20.93
0.97	90.4	9.58	20.98
0.98	93.6	6.37	21.03
0.99	96.8	3.18	21.08
1.00	100.0	0.00	21.13

2. 测定方法(measurement by indirect calorimetry)

间接测热法是根据物质氧化过程中的定比关系进行能量测算的。具体方法如下：

(1) 测定一定时间内机体的耗 O_2 量与 CO_2 产量(measurement of O_2 and CO_2) 一般有两种方法，闭合式测定法和开放式测定法。闭合式测定法一般是通过肺量计和 CO_2 吸收系统，让受试者通过呼吸口瓣吸入装置中的 O_2，呼出的 CO_2 由装在气体回路中的 CO_2 吸收剂来吸收(图 7-1)。描计装置与气体容器的上盖相连，可自动记录呼吸曲线。

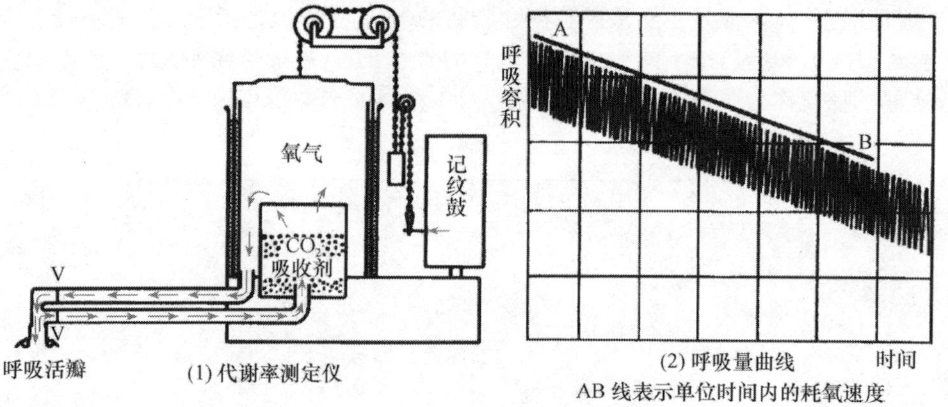

图 7-1 代谢率测定仪的结构模式图

根据容器中 O_2 的减少量算出单位时间内的耗 O_2 量。根据实验前后 CO_2 吸收剂的重量差，算出单位时间内的 CO_2 产量。

开放式测定法是在机体呼吸空气的条件下测定耗 O_2 量与 CO_2 产量的方法，其原理是采集受试者一定时间内的呼出气，通过气量计测定呼出气量并分析呼出气中 O_2 和 CO_2 的容积百分比。由于吸入气是空气，所以其中的 O_2 与 CO_2 的容积百分比不必另测。根据吸入气与呼出气中 O_2 与 CO_2 的容积百分比的差数，即可算出该时间内的耗 O_2 量和 CO_2 产量，并算出混合呼吸商。

（2）测定尿氮排出量（measurement of nitrogen） 尿中含氮物质主要是蛋白质的分解产物，因此可以通过尿氮量估算体内蛋白质的氧化分解量及其产热量。蛋白质的分子组成中氮约占 16%，几乎完全从尿中排出。1g 尿氮相当于氧化分解了 6.25g 蛋白质，由表 7-1 查出蛋白质的热价及其对应的耗 O_2 量与 CO_2 产量。在总的耗 O_2 量与 CO_2 产量中减去蛋白质氧化代谢的部分，根据剩下的耗 O_2 量与 CO_2 产量计算出 NPRQ。从表 7-2 中查出该 NPRQ 所对应的氧热价，从而算出非蛋白质食物的产热量。

（3）计算总热量（total heat production） 即蛋白质产热量与非蛋白质产热量之和。其具体测算方法举例如下：

假定某受试者 24 小时的耗 O_2 为 400L，CO_2 产量为 340L，尿氮排出量为 12g。根据这些数据可计算出其 24 小时产热量。

蛋白质代谢：氧化量＝12g×6.25＝75g

产热量＝18kJ/g（生物热价）×75g＝1350kJ

耗 O_2 量＝0.95L/g（氧热价）×75g＝71.25L

CO_2 产量＝0.76L/g×75g＝57L

非蛋白质代谢：耗 O_2 量＝400L－71.25L＝328.75L

CO_2 产量＝340L－57L＝283L

NPRQ＝283L÷328.75L＝0.86

查表 7-2，NPRQ 为 0.86 时，氧热价为 20.41kJ/L。因此，非蛋白代谢产热量＝20.41kJ/L×328.75L＝6709.79kJ。

受试者 24 小时产热量：1350kJ＋6709.79kJ＝8059.79kJ

三、影响能量代谢的主要因素（Factors Affecting Energy Metabolism）

影响能量代谢的主要因素有肌肉活动、精神活动、食物的特殊动力效应以及环境温度等。

（一）肌肉活动（muscular exertion）

肌肉活动是影响能量代谢最显著的因素，机体任何轻微的运动即可提高代谢率。剧烈的肌肉活动可使机体的产热量在几秒钟内提高 50 倍。人在运动或劳动时，由于肌肉活动所消耗的能量需要通过营养物质的氧化来补充，因而机体的耗 O_2 量显著增加，最多可达安静时的 10～20 倍。肌肉活动的强度称为肌肉工作的强度，即劳动强度。劳动强度通常用单位时间内机体的产热量来表示，也就是说，可以把能量代谢率作为评估肌肉活动强度的指标。从表 7-3 中可以看出不同劳动强度或运动时的能量代谢率。

表 7-3　劳动或运动时的能量代谢率

肌肉活动状态	产热量/kJ/(m^2 · min)	肌肉活动状态	产热量/kJ/(m^2 · min)
静卧	2.73	扫地	11.37
开会	3.40	打排球	17.50
擦玻璃窗	8.30	打篮球	24.22
洗衣	9.89	踢足球	24.98

（二）精神活动（emotional state）

安静状态下，脑组织的血流量占心输出量的 15%，说明脑组织的代谢水平很高。安静时每 100g 脑组织的耗 O_2 量为 3.5ml/min（氧化的葡萄糖量为 4.5mg/min），约为安静肌肉组织耗 O_2 量的 20 倍。据测定，在睡眠和活跃精神活动的情况下，脑内葡萄糖的代谢率却几乎没有差异。人在平静思考问题时，产热量增加一般不超过 4%。但在精神处于紧张状态，如烦恼、恐惧或情绪激动时，由于随之出现的无意识的肌紧张，交感神经兴奋，以及刺激代谢的激素（如甲状腺激素、肾上腺素等）释放增多等原因，产热量可显著增加。因此，在测定能量代谢时，受试者必须摒除精神紧张的影响。

（三）食物的特殊动力效应（specific dynamic action，SDA）

人在进食一段时间后（1～8 小时），即使处于安静状态，机体的产热量也会比进食前有所增加。食物的这种刺激机体产生额外热量消耗的现象称为食物的特殊动力效应（specific dynamic action，SDA）。蛋白质的食物特殊动力效应为 30%，糖和脂肪的食物特殊动力效应分别为 6%和 4%，混合食物约为 10%。可见蛋白质的食物特殊动力效应最为显著。因此，在计算所需能量摄入量时，应注意到额外消耗的这部分能量而给予相应的补充。食物特殊动力效应产生的机制，目前还不十分清楚。有研究表明，将蛋白质分解产物氨基酸直接注入静脉，仍然可以产生与进食蛋白质相似的特殊动力效应，但在切除肝脏后此现象即消失。因而认为，食物的特殊动力效应与食物在消化道内的消化和吸收无关，可能主要与肝脏处理氨基酸或合成糖原等过程有关。

（四）环境温度（environmental temperature）

环境温度在 20～30℃时，机体的能量代谢最为稳定。当环境温度低于 20℃时，机体代谢率即开始增加；10℃以下时，则显著增加。环境温度低时，代谢率的增加主要是由于寒冷刺激反射性引起肌肉紧张度的增加以及寒战。当环境温度超过 30℃时，代谢率又增加，这与体内化学反应速度加快，发汗功能旺盛以及呼吸、循环功能增强等因素有关。

四、基础代谢（Basal Metabolism）

基础代谢（basal metabolism）是指基础状态下的能量代谢。基础代谢率（basal metabolic rate，BMR）则是指单位时间内的基础代谢。所谓基础状态是指人体不受肌肉活动、精神紧张、食物及环境温度等因素影响时的状态。因此，测定基础代谢需要在清晨、清醒、静卧，未做任何肌肉活动；空腹（禁食 12h 以上）；前夜睡眠良好，测定时无精神紧张；室温 20～25℃。基础状态下，体内能量消耗只用于维持基本的生命活动，能量代谢比较稳定。基础代谢率比一般安静时的代谢率低，是人体在清醒时的最低能量代谢水平。在熟睡时机体的各种生理功能减弱至更低水平，此时的能量代谢率更低，但做梦时可增高。

基础代谢率一般用单位时间内每平方米体表面积（body surface area）的产热量来衡量，通常以 kJ/(m^2·h)来表示。基础代谢率与体表面积基本上成正比，而与体重不成比例。若以每公斤体重的产热量进行比较，则身材矮小的人每公斤体重的产热量要高于身材高大的人。而以每平方米体表面积的产热量进行比较，则不论体积大小，各种动物每平方米体表面积每 24 小时的产热量很接近。测量和计算体表面积时常采用 Stevenson 公式：

$$体表面积(m^2) = 0.0061 \times 身高(cm) + 0.0128 \times 体重(kg) - 0.1592$$

另外，体表面积还可由图 7-2 直接求出。方法是在受试者的身高和体重在相应的两条列线上的两点连一条直线，此直线与中间的体表面积列线的交点即为此人的体表面积。

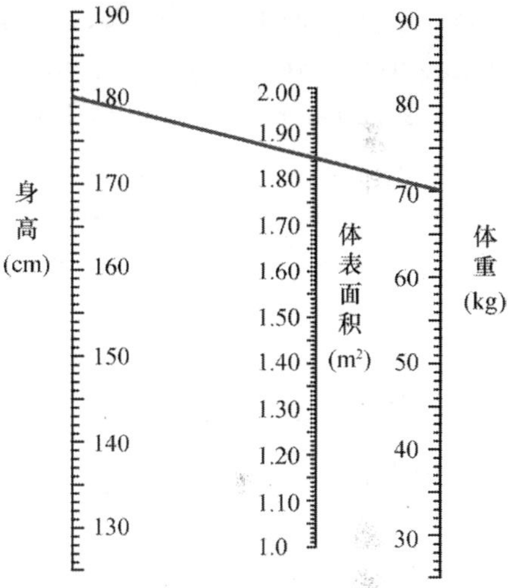

图 7-2 人体表面积测算图

通常采用简略法测定和计算基础代谢率。将呼吸商设为 0.82，其对应的氧热价是 20.20kJ/L，只需测出一定时间内的耗 O_2 量和体表面积，就可进行基础代谢率的计算。如某 20 岁男性受试者在基础状态下，1h 的耗 O_2 量为 14L，其体表面积为 1.6m^2，则此人基础代谢率为：20.20kJ/L × 14L/h ÷ 1.6m^2 = 176.75kJ/(m^2·h)。基础代谢率随性别、年龄等不同而有生理变动。当其他情况相同时，男性的基础代谢率平均值比同年龄组的女性高；儿童比成人高；年龄越大，代谢率越低。

我国人基础代谢率的水平，男女各年龄组的平均值如表 7-4。

表 7-4 我国人正常的基础代谢率平均值/kJ/(m^2·h)

年龄(岁)	11～15	16～17	18～19	20～30	31～40	41～50	51 以上
男性	195.5	193.4	166.2	157.8	158.6	154.0	149.0
女性	172.5	181.7	154.0	146.5	146.9	142.4	138.6

一般来说，基础代谢率的实测值同上述正常平均值比较，相差在±(10%～15%)之内，都属正常。当相差值超过 20%时，就具有病理学意义。在各种疾病中，甲状腺功能的改变总是伴有基础代谢率的异常变化。甲状腺功能亢进时基础代谢率可比正常值高出 25%～80%；甲状腺功能低下时，基础代谢率可比正常值低 20%～40%。因此，基础代谢率的测定是临床诊断甲状腺疾病的重要辅助诊断方法（图 7-3）。其他如肾上腺皮质及腺垂体功能低下、阿狄森病、肾病综合症等也常伴有基础代谢率降低。当人体发热时，基础代谢率将升高，一般来说，体温每升高 1℃，基础代谢率可升高 13%。

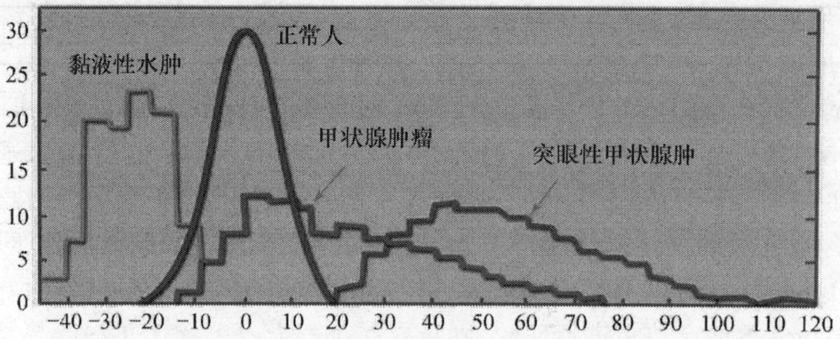

图 7-3 甲状腺疾病患者的基础代谢与正常人基础代谢的比较

Summary

- Metabolism is used to refer to all the chemical and energy transformations occurring in the body, which consists of material metabolism and energy metabolism.
- Energy metabolism refers to the production, storage, transform, release and utility of energy during the process of material metabolism.
- The most important high-energy phosphate compound is ATP.
- The metabolic rate is the amount of energy liberated per unit of time.
- Thermal equivalent of food means the amount of energy liberated by 1 gram of food oxidization in the body (or burnt outside the body).
- Thermal equivalent of oxygen means the amount of energy produced by 1 liter of oxygen consumption.
- Respiratory quotient is the ratio of the volume of CO_2 produced to the volume of O_2 consumed per unit of time.
- Basal metabolism means energy metabolism under basal condition. Basal metabolic rate (BMR) means basal metabolism per unit of time ($kJ/m^2 \cdot h$).

Key Terms

energy metabolism; oxygen debt; thermal equivalent of food; thermal equivalent of oxygen; respiratory quotient; basal metabolic rate; specific dynamic action

Review Questions

1. Define each term

1) energy metabolism; 2) oxygen debt; 3) thermal equivalent of food; 4) thermal equivalent of oxygen; 5) respiratory quotient; 6) basal metabolic rate; 7) specific dynamic action

2. Choose the best answer

1) In the body, metabolism of 10 g of protein would produce approximately

(A) 1 kcal (B) 41 kcal (C) 410 kcal (D) 4100 kcal (E) 41 cal

2) A man with a respiratory quotient (RQ) of 0.7

(A) has been eating a high-fat diet (B) has been eating a high-protein diet

(C) has been fasting for 24 hours (D) has eaten nothing but carbohydrates for 24 hours

(E) is dehydrated

3. Answer the following questions

1) A 20-year-old man, under the basal conditions, whose oxygen consumption is 15L/h, and whose body surface area is 1.5m^2, please carry out his BMR, and tell us which disease he might suffered from. [The normal BMR of a 20-year-old man is 157.8kJ/(m^2 · h)].

2) Describe the factors affecting energy metabolism.

第二节 体温及其调节
Section 2 Body Temperature and Temperature Regulation

Section Outline

- Body temperature
  - —Shell temperature and core temperature
  - —Arrangement of body temperature
- Balance of body heat
  - —Process of heat production
  - —Process of thermolysis
- Thermoregulation
  - —Thermoreceptor
  - —Thermotaxic center
  - —Set point theory

一、体温(Body Temperature)

体内肌肉运动、营养物质吸收以及其他维持基础代谢率的生命活动都会产生热量，因此机体具有一定的体温。鸟类和哺乳动物可通过下丘脑的调控维持较为恒定的体温，称之为"恒温动物"(homeothermic animal)。而爬行类、两栖类、鱼类等低等动物对体温的调节能力比较原始，其体温随环境温度的变化而变化，称为"冷血动物"(poikilothermic animal)，又称"变温动物"。正常体温是机体进行新陈代谢和正常生命活动的必要条件。

(一) 表层温度和深部温度(shell temperature and core temperature)

在研究人体的温度时，通常把人体的温度分为表层温度(shell temperature)和深部温度(core temperature)。这里所说的表层和深部没有严格的解剖学界限，而是生理学对整体在不同环境温度下所做的功能模式划分。如图 7-4 所示，在寒冷环境下，深部温度分布范围较小，主要集中在头部及胸腹腔。而在炎热环境下，深部温度分布范围扩大，可扩展到四肢。

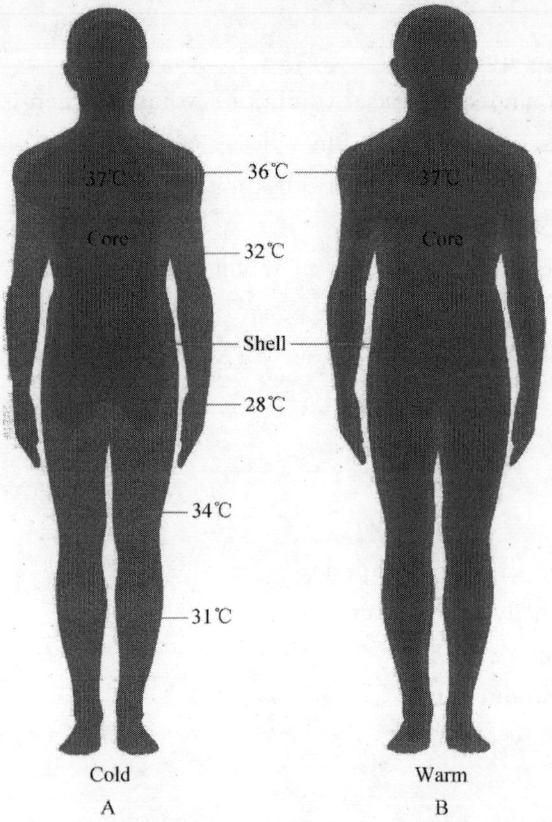

图 7-4 在不同环境温度下人体表层温度和深部温度分布示意图

A. 环境温度 20℃；B. 环境温度 35℃

1. 表层温度(shell temperature)

表层温度是指人体外周组织即表层的温度，包括皮肤、皮下组织和肌肉等部位的温度。体表温度不稳定，且各部位之间的差异大。特别是皮肤温度(skin temperature)，一般比体核温度低几度，受环境和衣着等情况的影响，波动幅度较大，且体表各部位皮肤的温度差也大(图 7-5)。在环境温度为 23℃时，足部皮肤温度为 27℃，手部为 30℃，躯干部为 32℃，额部为 33～34℃。四肢末梢皮肤温度最低，越近躯干、头部，皮肤温度越高。气温达 32℃以上时，皮肤温度的部位差将变小。在寒冷环境中，随着气温下降，手、足的皮肤温度降低最显著，但头部皮肤温度变动相对较小。

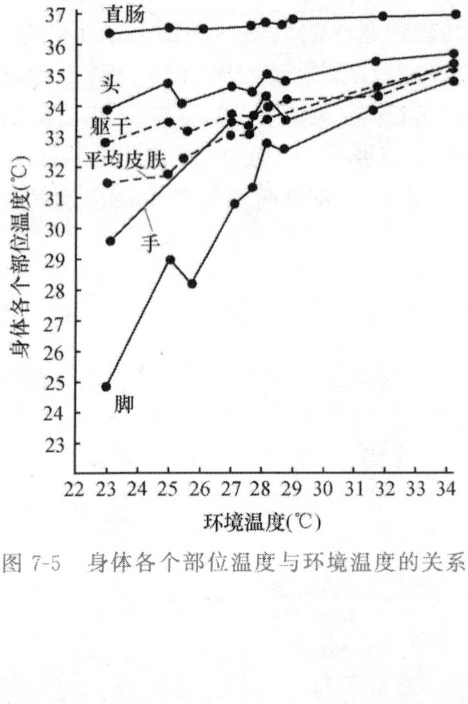

图 7-5 身体各个部位温度与环境温度的关系

皮肤温度受皮肤和皮下脂肪组织厚度的影响，也受局部血流量的影响。皮肤温度与局部血流量有密切关系。凡是能影响皮肤血管舒缩的因素（如环境温度变化或精神紧张等）都能改变皮肤的温度。在寒冷环境中，由于皮肤血管收缩，皮肤血流量减少，皮肤温度随之降低，体热散失因而减少。相反，在炎热环境中，皮肤血管舒张，皮肤血流量增加，皮肤温度因而上升，同时起到了增强发散体热的作用。人情绪激动时，由于血管紧张度增加，皮肤温度、特别是手的皮肤温度显著降低。

2. 深部温度(core temperature)

深部温度指心、肺、脑、腹腔内脏等机体深部组织的温度。我们通常所说的体温(body temperature)是指机体深部组织的平均温度。深部温度比表层温度高，且比较稳定，各部位之间的差异也较小。由于体内各器官的代谢水平不同，它们的温度略有差别，但不超过1℃。安静时，肝脏代谢最活跃，温度最高；其次是脑、心脏和消化腺。运动时，骨骼肌的温度最高。循环血液是体内传递热量的重要途径。由于血液不断循环，深部各个器官的温度会经常趋于一致。因此，血液的温度可以代表内脏器官温度的平均值。临床上通常用腋窝温度(axillary temperature)、口腔温度(oral temperature)和直肠温度(rectal temperature)来代表体温。直肠温度的正常值为36.9～37.9℃，比较接近机体深部温度。口腔温度的正常值为36.7～37.7℃，因其测量比较方便，且所测温度比较准确，是常用的体温测量方法，但对于哭闹的小儿和躁狂的病人不宜采用。腋窝是临床上采用比较广泛的测温部位，但腋窝皮肤表面温度较低，必须使上臂紧贴胸廓，使腋窝密闭形成人工体腔，机体内部的热量才能逐渐传导过来，且测量时必须保证足够的测量时间，一般在10分钟左右，腋窝温度的正常值为36.0～37.4℃。

此外，食管温度比直肠温度低约0.3℃。食管中央部分的温度与右心的温度大致相等，而且体温调节反应的时间过程与右心温度变化过程一致。所以，在实验研究中，食管温度可以作为深部温度的一个指标。鼓膜温度的变动大致与下丘脑温度的变化成正比，所以在体温调节实验中常用鼓膜温度作为脑组织温度的指标。现在临床上也开始用鼓膜温度作为体温的指标。

（二）体温的正常变动(arrangement of body temperature)

生理情况下，体温受昼夜周期、年龄、性别等因素的影响而有所变化，但变化幅度小，一般不超过1℃。

1. 昼夜节律(circadian rhythm)

在一昼夜之间，人体体温呈周期性波动，清晨2～6时最低，午后1～6时最高，波动幅度不超过1℃，这种昼夜周期性波动称为昼夜节律(图7-6)。除体温外，体内还有许多生理活动按一定的时间顺序发生变化，如血细胞数、细胞内酶的活性、激素分泌等，这种变化的节律称为生物节律(biorhythm)。动物实验提示，下丘脑视交叉上核(suprachiasmatic nucleus)可能是生物节律的控制中心。

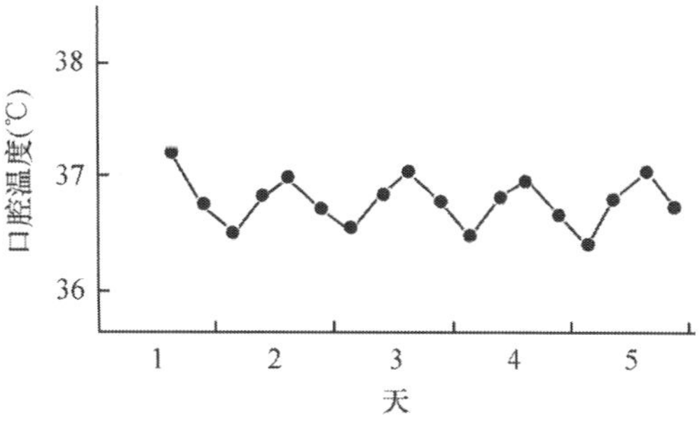

图7-6　体温的昼夜周期

2. 性别(sex)

成年女性的体温平均比男性高约0.3℃。女性的基础体温(basal temperature)随月经周期而发生变动,在月经期和月经后的前半期较低,排卵日最低,排卵后体温升高0.3～0.6℃。这种体温变化规律同血中孕激素的变化相一致。

3. 年龄(age)

一般来说,儿童和青少年的体温较高,而老年人的体温较低。新生儿,尤其是早产儿,因其体温调节机构发育还不完善,调节体温的能力差,他们的体温容易受环境因素的影响而变动。老年人因基础代谢率低,体温也偏低。

4. 其他(others)

肌肉活动时代谢增强,产热量增加,体温因而升高。所以,临床上应让病人安静一段时间后再测体温。测定小儿体温时应防止哭闹。此外,情绪激动、精神紧张、进食及甲状腺激素增多等因素都会使体温升高,而在应用麻醉药及甲状腺激素减少等情况下,体温往往会下降。

二、体热平衡(Balance of Body Heat)

正常体温相对稳定的维持,是在体温调控(thermoregulation)机制的控制下,产热(heat production)和散热(thermolysis)过程处于动态的平衡。

(一) 产热过程(process of heat production)

1. 产热器官(organs of heat production)

机体的热量是三大营养物质在组织器官进行分解代谢时产生的。然而就整体体温而言,肝脏和骨骼肌是人体主要的产热器官。安静状态下,肝脏作为人体代谢最旺盛的器官,产热量最大。机体剧烈运动或在寒冷环境中骨骼肌紧张度增加时,骨骼肌的产热量成为体内热量的主要来源。剧烈运动时,骨骼肌的产热量可增加40倍。

2. 产热形式(forms of heat production)

机体的产热形式分为寒战产热(shivering thermogenesis)和非寒战产热(non-shivering thermogenesis)。

人在寒冷环境中主要依靠寒战(shivering)来增加产热量。寒战是骨骼肌发生不随意的节律性收缩的表现,其节律为9～11次/min。寒战时屈肌和伸肌同时收缩,不做外功,但产热量很大。发生寒战时,机体代谢率可增加4～5倍。机体受寒冷刺激时,首先出现寒冷性肌紧张(thermal muscle tone)或称寒战前肌紧张(pre-shivering tone),此时代谢率即已增加,如果寒冷刺激继续作用,即在寒冷性肌紧张的基础上产生寒战,使产热量大大增加,以维持机体在寒冷环境中的体热平衡。

非寒战产热又称代谢产热。此种产热以褐色脂肪组织(brown fat tissue,BFT)的产热量最大,约占非寒战产热的70%。褐色脂肪产热对于婴幼儿意义更大。与成年人相比,婴幼儿体内褐色脂肪组织含量较多,主要分布在两肩胛之间、颈背部、胸腔及腹腔大血管周围等处。褐色脂肪细胞内含有丰富的线粒体,可产生大量ATP,因而产热量较大。褐色脂肪组织细胞接受交感神经支配,刺激交感神经,其末梢释放去甲肾上腺素，作用于 β_3 受体，使脂肪分解加速，同时线粒体内脂肪酸氧化也加强，从而增加机体的产热量。

3. 产热活动的调节（regulation of heat production）

机体的产热活动受神经、体液等多因素的调节。

（1）体液因素（humoral regulation）　甲状腺激素是刺激机体产热最重要的体液因素。当机体处于寒冷环境下，甲状腺的活动明显增强，分泌大量甲状腺激素，可使机体代谢率增加 20%～30%。甲状腺机能亢进病人因其甲状腺激素分泌过多，导致基础代谢率增高，产热量增加，因而表现为喜凉怕热。甲状腺激素的作用特点是作用缓慢而持久。肾上腺素、去甲肾上腺素和生长激素也可刺激产热，其特点是作用迅速，持续时间短。

（2）神经因素（nervous regulation）　寒冷刺激可使交感神经兴奋，一方面增强肾上腺髓质的活动，使肾上腺素和去甲肾上腺素释放增多，增加产热。另一方面，交感神经兴奋可增加褐色脂肪组织的产热量。此外，寒冷刺激可引起下丘脑释放促甲状腺激素释放激素，后者再刺激腺垂体释放促甲状腺激素，从而加强甲状腺的活动。

（二）散热过程（process of thermolysis）

如前所述，机体的大部分热量产自深部器官，主要是肝脏、脑、心脏以及运动时的骨骼肌，然后由深部组织器官转移到皮肤并散发到空气及周围环境中。机体热量的散失取决于以下两个因素：①热量由体核传导到体表的速度；②热量由皮肤散失到周围环境的速度。

1. 热量由深部向体表的转移（heat conduction from the body core to the body shell）

虽然皮肤温度可随环境温度而变动，但深部体核温度始终是相对恒定的，皮下的隔热系统（insulator system）对于维持此恒定体温起着非常关键的作用。皮肤、皮下组织尤其是皮下脂肪组织是机体热的绝缘体。如果没有血液由机体深部器官流向皮肤，对男性来说此绝缘体的绝热效应可相当于正常着衣隔热效果的四分之三，而对女性来说，此绝热效应更佳。但我们知道，皮下有丰富的血管分布，血管穿透皮下隔热组织并立即发出许多分支，在乳头下形成动脉网，经皮下毛细血管延续为丰富的静脉丛（venous plexus）。在机体大部分暴露部位如手、足、耳等，血液也经过肌原性的动静脉吻合支（arteriovenous anastomoses）流向皮下静脉丛。静脉丛的血流量可在较大的范围内变动，因此皮肤血流量是决定热量由体核传导至体表的一个非常重要的因素。皮肤血流量增多时，由体核传至皮肤的热量增多，反之，皮肤血流量减少时，由体核传出的热量减少（图 7-7）。皮肤血流量的多少，取决于小动脉和动静脉吻合支的收缩程度，而血管的收缩程度是由交感神经控制的。

2. 散热的几种方式（forms of thermolysis）

人体主要的散热部位是皮肤。当环境温度低于表层温度时，大部分体热通过皮肤以辐射、传导和对流等方式向周围环境发散（图 7-8），小部分体热随呼出气、尿、粪等排泄物散发。

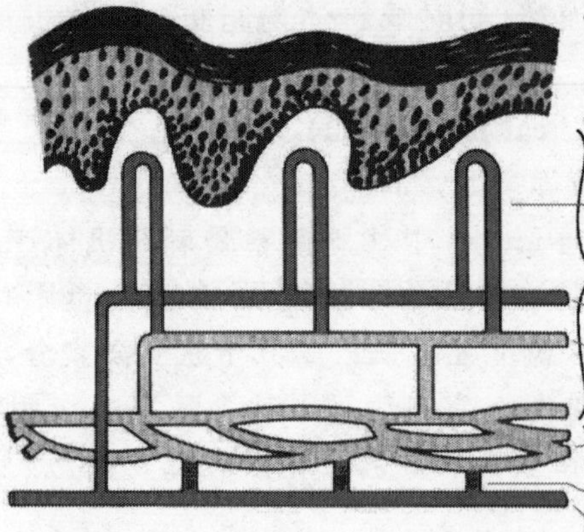

图 7-7 皮肤及皮下组织的血液循环

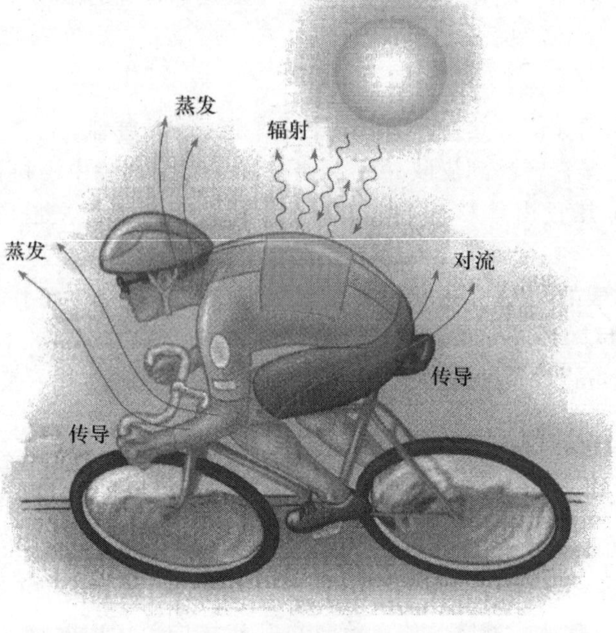

图 7-8 机体散热方式

(1) 辐射散热(thermal radiation) 辐射散热(thermal radiation)是指人体以发射红外线的形式将热量传给外界的一种散热方式。人体在正常室温和不着衣的情况下,约有60%的热量是以这种方式散发的。同样,热射线也可以从其他物体辐射到人体。只有当机体温度高于周围环境时,机体辐射的热量多于机体所接受的来自外界的辐射热量。机体辐射散热量的多少主要取决于皮肤与周围环境的温度差,其次取决于皮肤的有效散热面积。如皮肤温度高于环境温度,其温差越大,散热量越多。皮肤的有效散热面积越大,散热量也越多,如四肢表面积较大,因而在辐射散热中起重要作用。

(2) 传导散热(thermal conduction) 传导散热(thermal conduction)是指机体的热

量直接传给与机体接触的较冷物体的一种散热方式。传导是温度不同的两物体表面相互接触时发生的热交换，热传导的效率取决于两物体间的温度差和物体的导热性能。人体脂肪组织的导热度较低，肥胖者皮下脂肪较多，由深部传向皮肤的热量也相对较少。水的导热性能较好，临床上根据这个道理给高热病人用冰帽、冰袋降温。

(3) 对流散热(thermal convection) 对流散热(thermal convection)是指通过气体流动来交换热量的一种散热方式。人体首先通过传导将热量传递给同皮肤接触的一薄层空气，然后由于空气流动而将热量带走。对流散热量的多少，受风速的影响较大。风速大，散热量多，风速小则散热量少。

以上几种散热方式对体温的调节是在皮肤温度高于环境温度的前提下实现的。当环境温度接近或高于皮肤温度时，蒸发散热便成了机体唯一有效的散热方式。

(4) 蒸发散热(evaporation) 蒸发散热(evaporation)是指机体通过体表水分的蒸发来散失热量的一种方式。皮肤每蒸发 1g 水可带走大约 2.43 kJ 的热量。蒸发散热分为不感蒸发(insensible perspiration)和发汗(sweating)两种形式。

不感蒸发是指即使处于低温环境下，皮肤和呼吸道不断有水分渗出而被蒸发掉的过程。不感蒸发源自皮肤和口腔、呼吸道黏膜表面水分子的扩散，与汗腺活动无关，因而不受体温调节的控制。人体 24h 的不感蒸发量约为 1000mL 左右，其中通过皮肤的不感蒸发约为 600～800mL。在活动或运动状态下，不感蒸发可以增加。婴幼儿不感蒸发的速率比成人高，在缺水状态下，婴幼儿更容易发生脱水。因此在炎热的夏季，应注意多给婴幼儿补充水分。有些动物如狗，在高温下不能分泌汗液，而必须通过热喘呼吸(panting)散失热量。这种快速、表浅的呼吸大大增加了从口腔和呼吸道蒸发的水分，从而增加了热量的散发。

发汗是汗腺主动分泌汗液的过程，因为是可以感觉到的，又称可感蒸发(sensible evaporation)。汗液蒸发可以有效地带走热量。人在安静状态下，当环境温度达 30℃左右时便开始发汗；在空气湿度大、衣着较多时，气温达 25℃时便可发汗；在进行劳动或运动时，即使温度在 20℃以下，也可发汗。在某些先天性汗腺缺失的病人，虽然他们可以和正常人一样耐受寒冷，但在热带地区或气温高于皮肤温度时，因为缺乏汗腺，他们常因缺失蒸发散热系统而中暑。

汗液中水分占 99%，固体成分不足 1%，主要是 NaCl，也有少量 KCl 及尿素等。汗液是由汗腺主动分泌的，不是简单的血浆滤出物。刚从汗腺分泌出来的汗液与血浆是等渗的，不含蛋白质，Na^+ 和 Cl^- 的浓度分别为 142mEq/L 和 104mEq/L。在流经汗腺管腔的过程中，大部分的 Na^+ 和 Cl^- 被重吸收，所以最后排出的汗液是低渗的。因此，当人体因大量发汗而造成脱水时，常表现为高渗性脱水。汗液重吸收的程度取决于发汗的速度。当汗腺分泌活动较弱时，汗液流经导管的速度慢，几乎全部的 Na^+ 和 Cl^- 被重吸收，它们在管腔中的浓度降至 5mEq/L，使汗液的渗透压下降，大部分水分随之被重吸收，从而使管腔中其他成分如尿素、乳酸和钾离子等被浓缩。当汗腺分泌活动旺盛时，腺体分泌大量的汗液，它们流经汗腺导管的速度很快，Na^+ 和 Cl^- 不能被充分重吸收，水分的重吸收也减少，因此应注意在补充水的同时补充盐，以免引起水和电解质平衡紊乱。

发汗是一种反射性活动，下丘脑是发汗反射的中枢。下丘脑温度升高可明显加快机体发汗速度(图 7-9)。人体汗腺受交感胆碱能纤维支配,因此乙酰胆碱有促进汗腺分泌的作用。尽管汗腺本身很少受肾上腺素能神经支配,但循环血液中的肾上腺素或去甲肾上腺素也可以刺激汗腺分泌。这种分泌活动在运动时显得尤为重要,此时肾上腺皮质活动增强使肾上腺素和去甲肾上腺素分泌增多,汗腺活动增强使肌肉运动产生的过多热量得以及时散发。上述由温热刺激引起的发汗称为温热性发汗(thermal sweating),主要参与体温调节。在手掌、足跖和前额等处,有些汗腺受交感肾上腺素能纤维支配,精神紧张可刺激这些部位发汗,称为精神性发汗(mental sweating)。精神性发汗的中枢可能位于大脑皮层运动区。

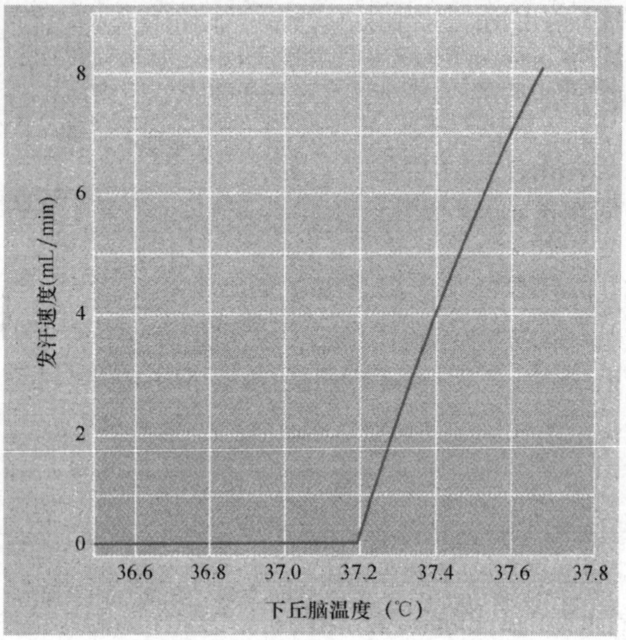

图 7-9 发汗速度与下丘脑温度的关系

3. 循环系统在散热中的作用(activity of circulatory system in thermolysis)

在炎热环境中,交感神经紧张度降低,皮肤小动脉舒张,动静脉吻合支开放,皮肤血流量因而大大增加。皮肤血流量的增多可将较多的体热从机体深部带到表层,使皮肤温度升高,散热量因而增加。此时,汗腺的活动也增强。相反,在寒冷环境下,交感神经紧张度增加,皮肤血管收缩,皮肤血流量减少,散热量将大大减少。当环境温度在 20～30℃时,机体的产热量没有太大变化,既不发汗,也无寒战,只需通过调节皮肤血管的口径,改变皮肤温度,即可通过控制机体的散热量以维持体热平衡。

三、体温调节(Thermoregulation)

人和其他恒温动物在体温调节机构的控制下,通过增减皮肤血流量、发汗、寒战及激素分泌等方式,调节机体的产热和散热过程,使体温维持在一个相对稳定的水平。这种调节过程是自主性的,称为自主性体温调节(autonomic thermoregulation)。自主性体温调节是由体温自身调节系统完成的。体温调节中枢位于下丘脑。此外，还有一种行为性体温调节(behavioral thermoregulation)，它是指机体在感受到内外环境温度变化时，通过改变姿势和行为，以维持体温恒定的一种方式。如随环境冷热变化增减衣物等人为的保温或降温措施，是对自主性体温调节的补充。

（一）温度感受器(thermoreceptor)

温度感受器分为外周温度感受器(peripheral thermoreceptor)和中枢温度感受器(central thermoreceptor)。

1. 外周温度感受器(peripheral thermoreceptor)

外周温度感受器存在于皮肤、黏膜和内脏，是对温度敏感的游离神经末梢，包括冷感受器(cold receptor)和热感受器(warmth receptor)。当局部温度升高时，热感受器兴奋，反之，温度降低时冷感受器兴奋(图 7-10)。皮肤中冷感受器的数目远远高于热感受器，大约是其 10 倍，因此外周感受器主要是对冷觉敏感。

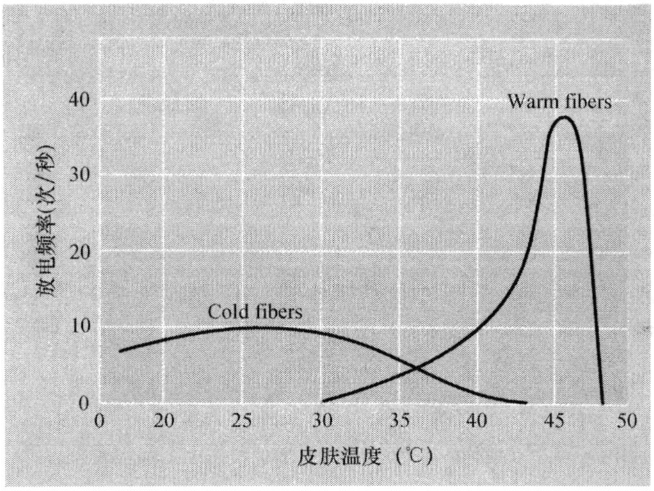

图 7-10 皮肤温度与外周冷、热感受器传入纤维放电频率的关系

2. 中枢温度感受器(central thermoreceptor)

中枢温度感受器主要分布于脊髓、延髓、脑干网状结构以及下丘脑，是对温度变化敏感的神经元。其中有些神经元在局部组织温度升高时冲动发放频率增加，称为热敏神经元(warm-sensitive neuron)；而另一些神经元在局部组织温度降低时冲动发放频率增加，称为冷敏神经元(cold-sensitive neuron)。动物实验表明，在脑干网状结构和下丘脑弓状核中以冷敏神经元居多，而在视前区-下丘脑前部(preoptic-anterior hypothalamus area，PO/AH)中，热敏神经元比较多见。局部脑组织温度变动 0.1℃，这两种神经元的放电频率就会增加，而且不出现适应现象(图 7-11)。

PO/AH 中的某些温度敏感神经元除能感受局部脑温的变化外，还能对下丘脑以外的部位，如中脑、延髓、脊髓，以及皮肤、内脏等处的温度变化信息进行整合并做出反应。

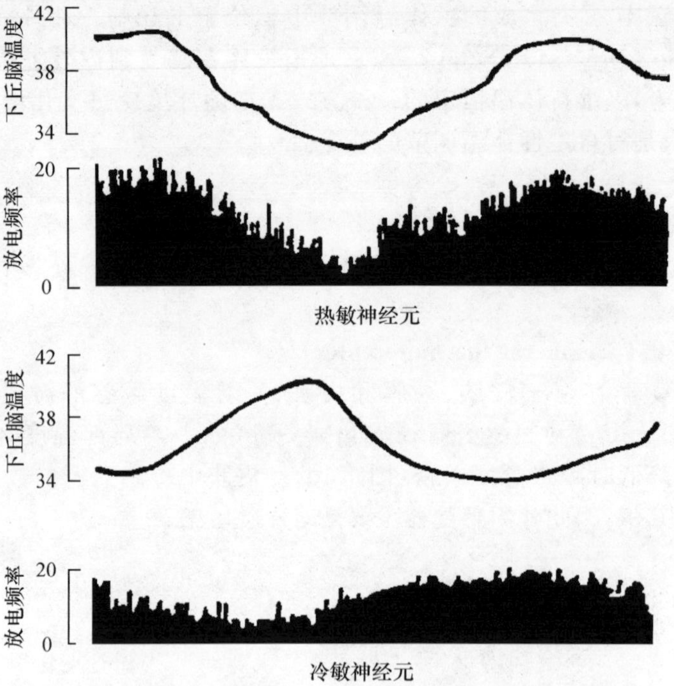

图 7-11　下丘脑温度敏感神经元在不同局部温度下的放电频率

（二）体温调节中枢(thermotaxic center)

从脊髓到大脑皮层的整个中枢神经系统内都存在调节体温的中枢结构。多种恒温动物脑的分段切除实验表明，只要保持下丘脑及其以下的神经结构完整，动物即使在行为方面有些欠缺，但仍具有维持体温相对恒定的能力。如进一步破坏下丘脑，则动物不再能维持体温的恒定，这说明体温调节的中枢位于下丘脑。

体温调节系统可接受多方面的信息传入，同时也能产生多系统的输出反应，是一种高级的中枢整合作用。PO/AH 是体温调节的基本中枢。当外界环境温度变化时，可通过①皮肤温度感受器感受刺激，将温度变化的信息沿躯体传入神经经脊髓到达下丘脑的体温调节中枢；②通过血液温度的变化将外界温度的信息直接作用于下丘脑前部；③脊髓和下丘脑以外的中枢温度感受器将温度信息传送给下丘脑前部。下丘脑前部和中枢其他部位对信息进行整合，发出(传出)指令①通过交感神经系统调节皮肤血管舒缩反应和汗腺分泌；②通过躯体神经改变骨骼肌的活动如寒战等；③通过甲状腺激素、肾上腺素、去甲肾上腺素等分泌活动的改变调节机体的代谢率。通过上述复杂的调节过程，使机体温度在环境温度改变时仍能维持相对稳定。

（三）体温调定点学说(set point theory)

体温调定点学说认为，体温调节类似于恒温器的调节，由温度敏感性神经元在PO/AH设定了一个调定点，即规定数值(如 37℃)。机体体温调节中枢就是按照这个设定温度，通过调节产热和散热量，以维持体温的恒定。当体温与调定点一致时，机体的产热与散热取得平衡；当体温高于调定点时，通过反馈调节使机体的产热降低，散热加强；反之，当体温低于调定点时，机体产热增加，散热减少，直到体温回到调定点水平。例如细菌感染所致的发热，就是由于致热原的作用使 PO/AH 中热敏神经元的温度反应阈值升高，而冷敏神经元的阈值下降，调定点被重调定至较高水平(如 39℃)(图 7-12)。在发热开始时，机体通过寒战、皮肤血管收缩等方式使产热增加，散热减少，直到体温上升到 39℃。如果致热因素不消除，机体的产热和散热过程就在此温度水平上保持相对平衡。当致热因素解除后，体温调定点下移(如 37℃)，机体通过发汗等方式使散热大于产热，直至体温回落到 37℃。发热时体温调节功能并无障碍，它不同于中暑，中暑时的体温升高是由于体温调节中枢本身的功能障碍所致。

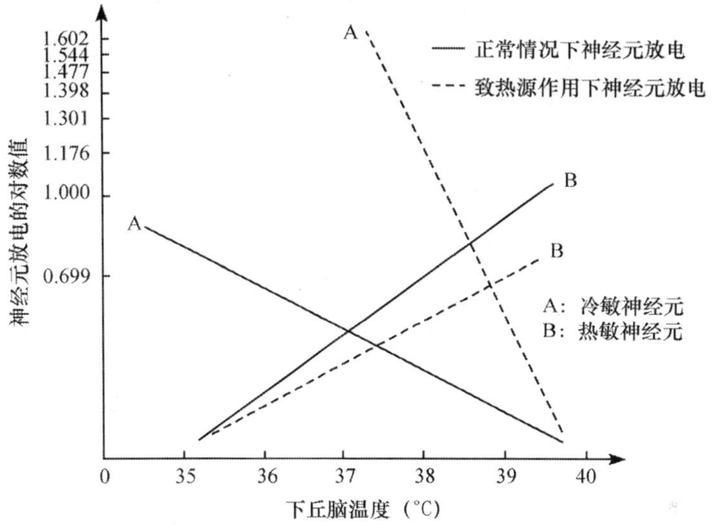

图 7-12 下丘脑温度变化与温度敏感神经元放电频率的关系

Clinical Note

Hypothermia

In hibernating mammals, body temperature drops to low levels without causing any demonstrable ill effects on subsequent arousal. This observation led to experiments on induced hypothermia. When the skin or the blood is cooled enough to lower the body temperature in nonhibernating animals and in humans, metabolic and physiologic processes slow down. Respiration and heart rate are very slow, blood pressure is low, and consciousness is lost, but the individual continues to survive and, if rewarmed with external heat, returns to a normal state. If care is taken to prevent the formation of ice crystals in the tissues, the body temperature of experimental animals can be lowered to subfreezing levels without producing any detectable damage after subsequent rewarming.

> Humans tolerate body temperatures of 21～24℃ (70～75℉) without permanent ill effects, and induced hypothermia has been used in surgery. On the other hand, accidental hypothermia due to prolonged exposure to cold air or cold water is a serious condition and requires careful monitoring and prompt rewarming.

Summary

- Body temperature consists of core temperature and shell temperature, temperature is relatively uniform in the core and is regulated within narrow limits, while shell temperature can largely varied.
- Body temperature means the average core temperature.
- It is under the control of thermoregulation mechanism, that physiologic and physical processes continuously operate to balance the metabolic heat production with heat loss to keep the constant body temperature.
- Heat is a by-product of energy-requiring metabolic processes, factors affecting metabolic rate can also affect the heat production.
- When exposed to a cold environment, the body increases heat production mainly by shivering.
- The body can exchange heat with the environment through the four processes of radiation, conduction, convection and evaporation.
- Evaporation is transferring heat by vaporization of water on the skin and mucous membrane of the mouth and respiratory passages.
- Evaporation is the only effective mechanism of heat loss when the environmental temperature is above skin temperature.
- Insensible perspiration means a certain amount of water is vaporized at all times.
- Sweating is an active secretion of mostly water by sweat gland, which removes heat from the skin as it evaporates.
- The physiological control system regulating body temperature is a negative feedback system, which consists of temperature receptors that monitor existing shell and core temperatures, and effector organ systems that regulate the rate of heat production or heat loss from the body, and a thermoregulatory center lying in preoptic-anterior hypothalamus area, which compares the existing temperature to a reference set point temperature and activates appropriate effector responses to maintain thermal homeostasis.

Key Terms

body temperature; biorhythm; radiation; conduction; convection; evaporation; insensible perspiration; set point

Review Questions

1. Define each term

1) body temperature; 2) biorhythm; 3) radiation; 4) conduction; 5) convection; 6) evaporation; 7) insensible perspiration; 8) set point

2. Choose the best answer

1) When an individual is naked in a room in which the air temperature is 21℃ and the humidity 80%, the greatest amount of heat is lost from the body by

(A) elevated metabolism (B) respiration (C) urination

(D) vaporization of sweat (E) radiation and conduction

2) Which of the following structures is most involved in the regulation of circadian rhythms?

(A) anterior pituitary (B) posterior pituitary (C) suprachiasmatic nucleus

(D) supraoptic nucleus (E) paraventricular nucleus

3. Answer the following questions

1) List the temperature-regulating mechanisms, and describe the way in which they are integrated under hypothalamic control to maintain normal body temperature.

2) Using set point theory to explain how the thermoregulatory system works in a fever.

（陈　蕾）

参考文献(References)

姚泰. 2005. 生理学(供 8 年制及 7 年制). 北京:人民卫生出版社

朱大年. 2009. 生理学. 7 版. 北京:人民卫生出版社

Ganong W F. 2005. Review of Medical Physiology. 22nd ed. Stamford, Connecticut: McGraw-Hill

Guyton A C, Hall J E. 2000. Textbook of Medical Physiology. 10th ed. Philadelphia: WB Saunders

第八章　尿的生成和排出
Chapter 8　Formation and Excretion of Urine

Chapter Outline

- Functional renal anatomy
- Renal blood flow
- Glomerular filtration
- Transport in the renal tubule and collecting duct
- Urinary concentration and dilution
- Regulation of urine formation
- Clearance
- Micturition

肾(kidney)是维持机体内环境相对稳定的最重要的器官之一,是机体主要的排泄器官。从肾小球毛细血管滤过的液体,称为原尿,与血浆成分类似,在流经肾小管的过程中,由于肾小管的重吸收和分泌作用,其容量和成分发生了很大改变,最终形成终尿排入肾盂。通过尿(urine)的生成和排出,肾具有以下四方面的功能:①排除机体内的大部分代谢终产物和进入体内的异物;②调节细胞外液量和渗透压;③保留体液中的重要电解质,如钠、钾、碳酸氢盐以及氯离子等,排出氢离子,维持酸碱平衡。④分泌激素,如肾素,在血压调节中起着非常重要的作用。

本章主要阐述肾尿生成的基本过程及其调节机制,以及输尿管和膀胱的排尿活动。

第一节　肾的功能解剖和肾血流量
Section 1　Functional Anatomy and Blood Flow of Kidney

Section Outline

- Nephron
  —Basic unit for anatomy and function of kidney
  —Composed of renel corpuscle and renal tubule
  —Divided into two types:cortical nephron and juxtamedullary nephron
- Regulation of renal blood flow
  —Autoregulation
  —Neural and humonal regulation

一、肾的功能解剖(Functional Anatomy of the Kidneys)

(一) 肾单位(nephron)

肾单位是肾的基本结构和功能单位,人的每个肾约有 80 万～120 万个肾单位,肾单位由肾小体(renal corpuscle)和与之相连接的肾小管(renal tubule)组成。肾单位的组成如下。

- 肾单位
  - 肾小体
    - 肾小球(毛细血管球)
    - 肾小囊
  - 肾小管
    - 近端小管
      - 近曲小管
      - 髓袢降支粗段
    - 髓袢细段
      - 髓袢降支细段
      - 髓袢升支细段
    - 远端小管
      - 髓袢升支粗段
      - 远曲小管

肾小体由肾小球(glomerulus)和肾小囊(Bowman's capsule)组成。肾小球是一团毛细血管网,其两端分别与入球小动脉(afferent arteriole)和出球小动脉(efferent arteriole)相连,是一团彼此之间分支又再吻合的毛细血管网。肾小囊有两层上皮细胞,内层(脏层)紧贴在毛细血管壁上,外层(壁层)与肾小管壁相连。两层上皮之间的腔隙称为囊腔,与肾小管管腔相通。血浆中的某些成分通过肾小球毛细血管网滤过到肾小囊腔,须通过肾小球毛细血管内皮细胞膜和由足突细胞(podocyte)形成的肾小囊上皮细胞层,两层细胞之间还有一层基膜(basal lamina),这三者构成滤过膜。在基膜和毛细血管内皮细胞之间有一些星形细胞,称为系膜细胞(mesangial cell),它们与体内其他毛细血管壁上的外膜细胞(pericytes)非常相似。在两个相邻的毛细血管之间系膜细胞比较常见,而且在这个部位基膜形成包绕两个毛细血管的鞘(图 8-1)。系膜细胞具有收缩功能,它在调节肾小球滤

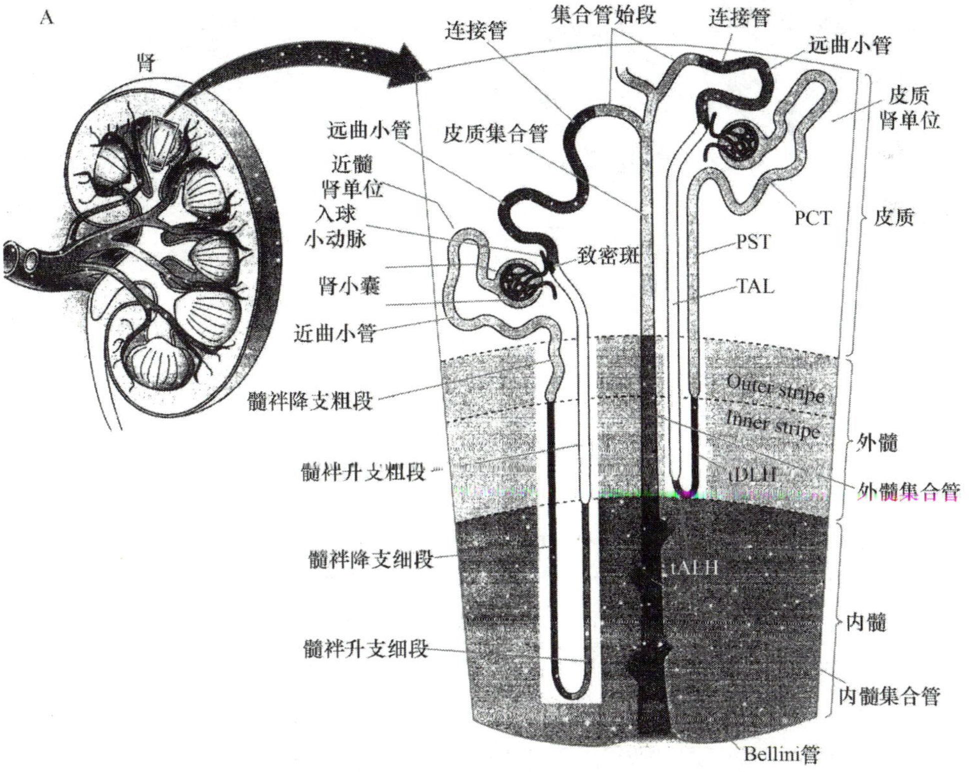

图 8-1 肾小球的结构

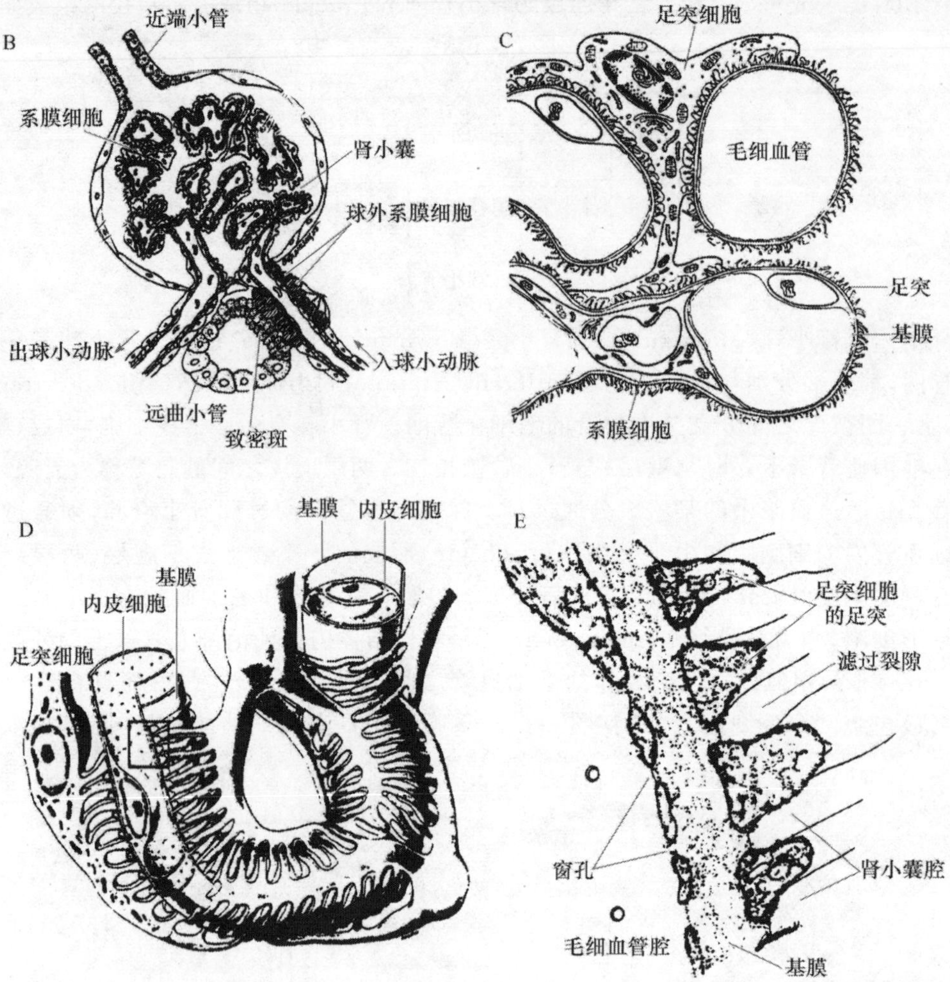

图 8-1(续)

过功能中起着非常重要的作用，下文将进一步讲述。它们还可以分泌不同的物质，并能摄取免疫复合物，参与一些肾小球疾病的发生。

图 8-2 显示的是组成肾小管的组成及其各段细胞特点。人类的近曲小管(proximal convoluted tubule)大约有 15mm 长，直径为 55μm。小管壁由单层细胞构成，细胞之间交错排列，在顶端形成紧密连接(tight junction)。在细胞之间，形成很宽的细胞间隙，称为侧面的细胞间隙(lateral intercellular spaces)。在细胞的管腔膜上，由于存在许多微绒毛，形成纹状的刷状缘(brush border)。近端小管逐渐延伸为直的管道，形成髓袢(loop of Henle)的初始部分，即髓袢降支粗段和降支细段，继而形成髓袢升支细段。髓袢细段的长度在 2～14mm 之间，上皮细胞是扁平的。髓袢升支细段接下来是髓袢升支粗段，长度大约 12mm，上皮细胞是立方体样，富含线粒体，基侧膜细胞膜向细胞内凹陷。紧跟着是远曲小管(distal convoluted tubule)，大约有 5mm 长，它的上皮细胞比近端小管扁平，尽管在管腔膜上也有少许微绒毛，但已没有明显的刷状缘。远曲小管最终汇集连接小管

(connecting tubule)。连接小管最终到达集合管(collecting duct),它大约有20mm长,穿过肾的皮质和髓质,最终到达肾盂(renal pelvis)。集合管上皮由两类细胞组成,一类称为主细胞(principal cell,P cells),一类称为闰细胞(intercalated cells,I cells)。P细胞数量较多,细胞细长,细胞器较少,它主要参与Na^+的重吸收和抗利尿激素(antidiuretic hormone,ADH)介导的水的重吸收。I细胞数目较少,在远端小管内也存在此类细胞,含较多的微绒毛、胞内囊泡和线粒体。它们主要参与H^+的分泌和HCO_3^-的转运。集合管不属于肾单位的组成成分,但功能上与肾小管的远端小管有许多相同之处。整个肾单位,如果包含集合管,长度一般为45~65mm。

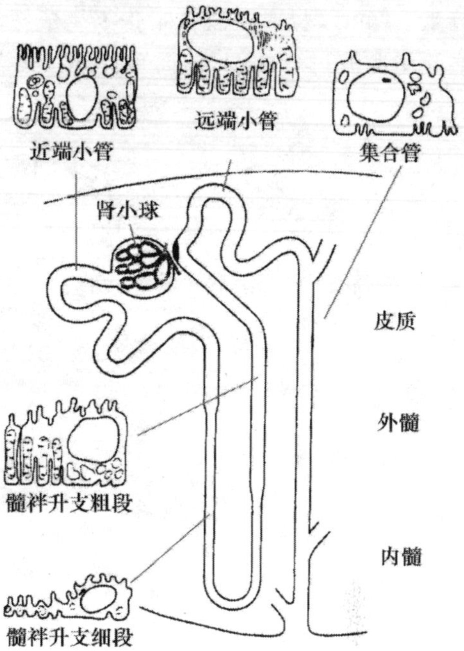

图 8-2 肾小管的组成及各段细胞结构示意图

肾单位按其所在部位不同而分为皮质肾单位和近髓肾单位两类:

1. 皮质肾单位(cortical nephron)

主要分布于外皮质层和中皮质层,约占肾单位总数的85%~90%。这类肾单位的肾小球体积相对较小,入球小动脉的口径比出球小动脉的粗,两者之比为2∶1。出球小动脉分支成的毛细血管,几乎全部分布于皮质部分的肾小管周围。这类肾单位的髓袢甚短,只达外髓质层,有的甚至不到髓质。该肾单位的功能主要参与尿的生成。

2. 近髓肾单位(juxtamedullary nephron)

分布于靠近髓质的内皮质层,约占肾单位总数的10%~15%。这类肾单位的肾小球体积较大,髓袢甚长,可深入到内髓质层,有的甚至到达乳头部。出球小动脉不仅形成缠绕邻近的近曲小管或远曲小管的网状毛细血管,而且还形成细长的U字形直小血管(vasa recta)。直小血管可深入到髓质,并形成毛细血管网包绕髓袢升支和集合管。近髓肾单位和直小血管的这些解剖特点,决定了它们在尿液的浓缩和稀释中起着重要作用。

(二)球旁器(juxtaglomerular apparatus,JGA)

每一个肾单位自身形成一个环状结构,在髓袢升支粗段靠近肾小球毛细血管网的部位形成一个特殊的结构——球旁器,由致密斑(macula densa)、球外系膜细胞(extraglomerular mesangial cells)和颗粒细胞(granular cells)三者组成(图8-3)。髓袢升支粗段的上皮细胞在靠近肾小球毛细血管网的部位变为高柱状细胞,局部呈现斑纹隆起,称为致密斑。致密斑与入球小动脉和出球小动脉相接触,可监测小管液中成分的变化。球外系膜细胞是指入球小动脉和出球小动脉之间的的一群细胞,它们与肾小球的系膜细胞(mesangial cell)是相连的,可将致密斑感受的信息传递给颗粒细胞。颗粒细胞,又称球旁细胞(juxtaglomerular cells),是位于入球小动脉中膜内的肌上皮样细胞,它们可合成并释放肾素(renin),肾素是血管紧张素生成过程中一种关键的蛋白水解酶。球旁器不仅参与肾血流量和滤过率的调节,而且还间接参与调节 Na^+ 的平衡和循环血压。

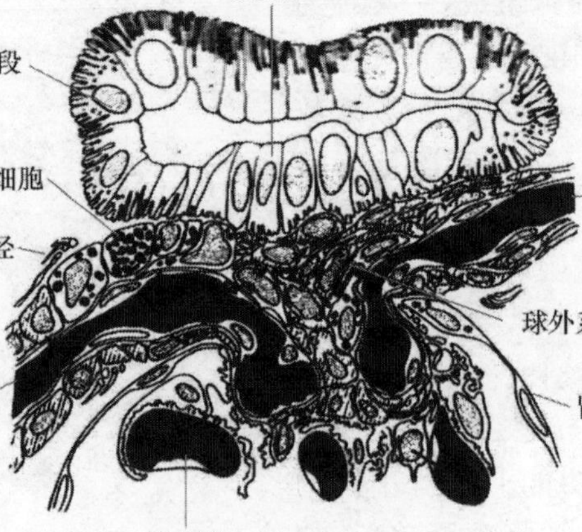

图 8-3 球旁器结构示意图

球旁器主要分布在皮质肾单位,因而皮质肾单位含肾素较多,而近髓肾单位则几乎不含肾素。这种差异,提示两种肾单位在功能上有所不同。

(三) 肾的神经支配(innervation of the kidneys)

肾主要受交感神经(sympathetic nerve)支配,肾交感神经主要从胸 10 至腰 1 脊髓节段发出,其纤维经腹腔神经丛支配肾动脉(尤其是入球和出球小动脉的平滑肌)、肾小管和释放肾素的颗粒细胞。肾交感神经末梢释放去甲肾上腺素(norepinephrine),调节肾血流量、肾小球滤过率、肾小管的重吸收和肾素释放。刺激交感神经末梢,会引起肾血管的收缩,肾血流量减少,肾小管 Na^+ 的重吸收增加,肾素的分泌增加。肾脏各种感受器的感觉信息可经肾传入神经纤维传入到中枢(包括脊髓以及更高位的中枢),从而调节肾脏的功能。一般认为肾脏无副交感神经末梢分布。

(四) 肾的血液供应(blood supply of the kidneys)

肾的血液供应非常丰富,由单一的肾动脉(renal artery)供血,肾动脉由腹主动脉垂直分出,其分支依次形成叶间动脉(interlobar arteries),弓形动脉(arcuate arteries),小叶间动脉(cortical radial arteries),入球小动脉(afferent arterioles)。入球小动脉分支成肾小球毛细血管网,后者汇集成出球小动脉(efferent arterioles)。出球小动脉再次分支形成肾小管周围毛细血管网(peritubular capillaries)。所以,肾血液供应要经过两次毛细血管网,然后才汇合成静脉,经小叶间静脉、弓形静脉、叶间静脉,最后汇入肾静脉(renal vein)(图 8-4)。肾髓质的血液供应主要来源于近髓肾单位的出球小动脉,它形成两种类型的毛细血管,肾小管周围毛细血管网和直小血管(vasa recta)。一些直小血管可深入到内髓质层。在外髓质层，直小血管的升支和降支紧密相邻形成血管束，这种结构有利于直小血管升支和降支之间的物质交换。

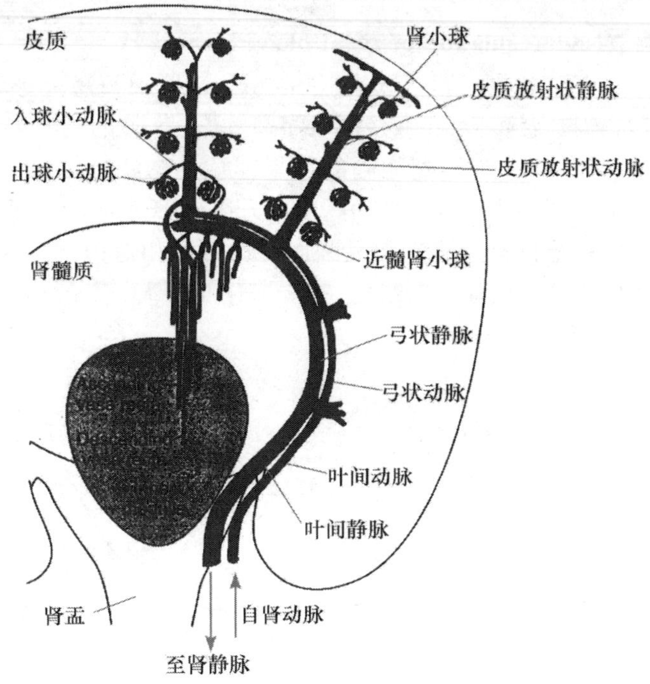

图 8-4 肾血液供应示意图

肾小球毛细血管网介于入球小动脉和出球小动脉之间，而且皮质肾单位入球小动脉的口径比出球小动脉的粗 1 倍，因此，肾小球毛细血管内血压较高，约为主动脉平均压的 40%～60%，有利于肾小球的滤过。而肾小管周围毛细血管网的血压较低，胶体渗透压较高，有利于肾小管的重吸收。

二、肾血流量(Renal Blood Flow)

(一) 肾血流量的特点(characteristic of renal blood flow)

1. 肾血流量非常丰富

正常成人安静时每分钟有 1.2L 血液流过两侧肾，相当于心输出量的 20%左右。其中 94%的血液分布在肾皮质层，5%～6%分布在外髓，其余不到 1%供应内髓。通常所说的肾血流量主要指肾皮质血流量。两肾的总重量是 300g，因此每克肾组织的血流量大约是 4mL/min。体内除神经垂体和颈动脉体以外，肾脏是血供最丰富的器官。肾有如此高的血流量并不是为了其本身的代谢，而是为了保证有较高的肾小球滤过率。

2. 肾皮质血流丰富而髓质较少

肾脏各个部位的肾血流量并不相等。皮质的血流量最多，大约每克肾组织的血流量是 4～5mL/min，外髓质的血流量是 0.7～1mL/min，而内髓质的血流量仅仅只有 0.20～0.25mL/min。这么低的血流量是为了保证肾髓质的高渗环境(hyperosmolar environment)。

（二）肾血流量的调节(regulation of renal blood flow)

1. 肾血流量自身调节(autoregulation of renal blood flow)

当动脉血压在一定范围内变动时(80～180mmHg)，肾血流量能够维持相对恒定，这种现象称为肾血流量的自身调节(autoregulation)。这是肾脏的内在特性，在离体的、去神经支配的和灌注的肾脏中能观察到相同的结果。肾小球滤过率(glomerular filtration rate，GFR)也是自身调节的(图 8-5)。当动脉血压升高或降低时，小叶间动脉和入球小动脉分别收缩或舒张，能够维持肾血流量和毛细血管血压的相对恒定。在自身调节范围之外，也就是动脉血压低于 80mmHg 或高于 180mmHg 时，肾血流量和肾小球滤过率将随着动脉血压的变动而变动。

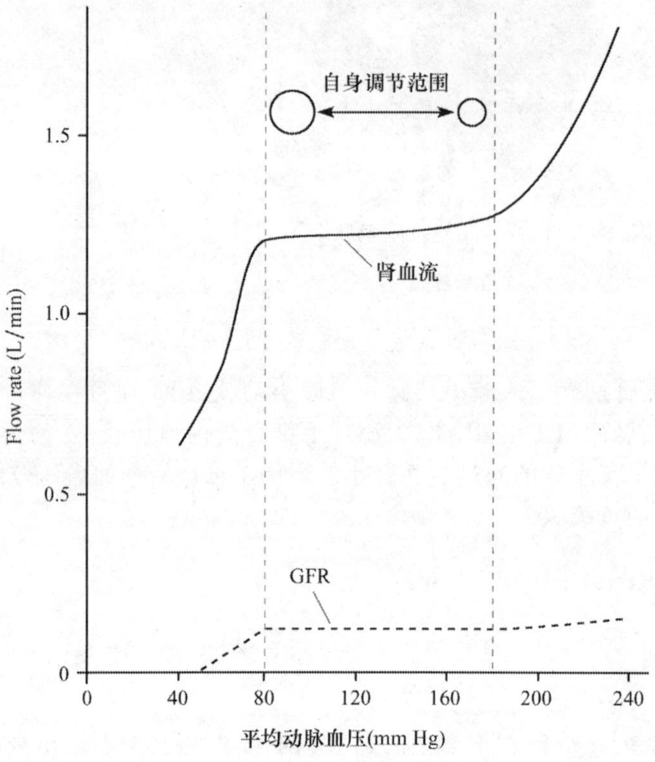

图 8-5 肾血流量的自身调节

自身调节的机制，通常认为有两种肾内调节机制参与，一种是肌源学说(myogenic mechanism)，它主要通过感受肾单位内血管压力的变化而实现调节功能；另一种是管-球反馈学说(tubuloglomerular feedback mechanism)，它主要通过感受肾单位内小管液中流量的变化而实现调节功能。

肌源学说(myogenic mechanism)认为，当动脉血压升高时，血管壁所受的牵张刺激增加，会激活平滑肌细胞上的牵张门控性的阳离子通道(strech-activated cation channels)，阳离子内流引起细胞膜的除极化，进一步激活膜上电压依赖性的 Ca^{2+} 通道(voltage-dependent calcium channels)，Ca^{2+} 内流增加，细胞内 Ca^{2+} 浓度升高，引起平滑肌细胞收缩。血管管径缩小而血管阻力增加。当血压降低的时候则发生相反的变化。由于血压在 80mmHg 时平滑肌舒张达极限，而在 180mmHg 时，平滑肌收缩达极限，因此在血压低于 80mmHg 和高于 180mmHg 时，肾血流自身调节便不能维持，即肾血流量将随血压的变化而变化。如果用罂粟碱、水合氯醛或氰化钠等药物抑制血管平滑肌的活动，自身调节消失。这是支持肌源学说的有力实验证据。

管-球反馈(tubuloglomerular feedback mechanism)学说认为，当肾血流量和肾小球滤过率增加时，到达致密斑的小管液中的 NaCl 含量增加，致密斑重吸收 NaCl 增加，通过未知的机制使临近的入球小动脉收缩，结果使肾血流量和肾小球滤过率恢复至正常。这些血管收缩剂的本质目前还不清楚，可能是腺苷(adenosine)或 ATP，但不会是血管紧张素Ⅱ(angiotensin Ⅱ)，尽管管球反馈的敏感性与局部血管紧张素Ⅱ的浓度直接相关。管球反馈是个负反馈系统，能够维持肾血流量和肾小球滤过率相对恒定。如果将 NaCl 注入髓袢，到达致密斑的 NaCl 含量增加，同样会引起肾小球滤过率的减少，说明管球反馈的目的是在于控制到达远端小管的 Na^+ 含量。由于远端小管重吸收 Na^+ 的能力较差，因此调节到达远端小管的 Na^+ 含量是非常关键的。

肾血流量的自身调节机制降低了动脉血压的变化对 Na^+ 排出量的影响，如果没有自身调节，动脉血压的升高会引起肾小球滤过率的显著增加，并会导致 NaCl 和水的大量丢失。

2. 肾血流量的神经和体液调节(nervous and humoral regulation of renal blood flow)

肾血流量的神经和体液调节使肾血流量与全身的血液循环调节相配合。肾交感神经活动加强时，引起肾血管收缩，肾血流量减少。当在应激状态时，如低温、深度麻醉、恐惧、出血、疼痛和剧烈运动，肾交感神经活动加强，肾血流量减少以使其他重要器官如脑、心脏等得到更多的血供，这对维持脑和心脏的血液供应有重要意义。

肾上腺素(epinephrine)、去甲肾上腺素(norepinephrine，NE)、腺苷(adenosine)、内皮素(endothelin)、血栓烷 A_2(thromboxane A_2)、血管紧张素Ⅱ、血管升压素(vasopressin，VP)都能使肾血管收缩，肾血流量减少。而前列腺素 E_2 和 I_2(prostaglandins E_2 and I_2)、心房钠尿肽(atrial natriuretic peptide)、多巴胺(dopamine)、组胺(histamine)、一氧化氮(nitric oxide，NO)和激肽(kinins)等可使肾血管扩张，肾血流量增加。其中一些物质，如前列腺素 E_2 和 I_2 是肾脏本身产生的。当交感神经兴奋或血浆中血管紧张素Ⅱ浓度升高均可刺激肾脏产生前列腺素 E_2 和 I_2，它们能抵抗交感神经和血管紧张素Ⅱ引起的血管收缩，使肾血流量维持正常，从而防止肾脏的损伤。

Summary

- The kidneys play a dominant role in regulating the volume and composition of the extracellular fluid, the environment of the living body cells.
- The basic unit of kidney structure and function is the nephron.
- The juxtaglomerular apparatus consists of granular cells, extraglomerular mesangial

cells and macula densa.

- The kidneys have a huge blood flow because of the need to sustain a high rate of plasma filtration.

Key Terms

nephron, juxtaglomerular apparatus, autoregulation

Review Questions

Define each term:

1) nephron; 2) juxtaglomerular apparatus

第二节 肾小球的滤过功能
Section 2 Glomerular Filtration

Section Outline

- Glomerular filtration rate (GFR)
- Glomerular filtration barrier: structure and permeability
- Effective filtration pressure
- Factors affecting glomerular filtration rate

肾小球的滤过是指血液流经肾小球毛细血管时，血浆中的水分和小分子溶质，从毛细血管到达 Bowman's 囊的过程。滤过的液体中除了蛋白质含量甚少外，各种晶体物质如葡萄糖(glucose)、氯化物、无机磷酸盐、尿素(urea)、尿酸(uric acid)、肌酐(creatinine)等的浓度都与血浆中的非常接近，而且渗透压(osmotic pressure)及酸碱度也与血浆的相似，由此证明囊内液是血浆的超滤液(ultrafiltration fluid)，或称原尿(initial urine)。

单位时间内(每分钟)两肾生成的超滤液量称为肾小球滤过率(glomerular filtration rate, GFR)。据测定，体表面积为 1.73m^2 的个体，其 GFR 为 125mL/min 左右。照此计算，两侧肾每昼夜从肾小球滤出的液体总量可高达 180L，约为体重的 3 倍。肾小球滤过率大小取决于滤过系数(filtration coefficient, K_f)(即滤过膜的面积及其通透性的状态)和有效滤过压(effective filtration pressure)。$GFR = K_f \times P_{UF}$，P_{UF}表示有效滤过压。

肾小球滤过率与肾血浆流量(renal plasma flow, RPF)的比值称为滤过分数(filtration fraction, FF)。经测算，肾血浆流量为 660mL/min，则滤过分数为：125/660 × 100% = 19%。此值表明，流经肾的血浆约有 1/5 由肾小球滤出到囊腔中。

一、滤过膜及其通透性(Glomerular Filtration Membrane and its Permeability)

人体两侧肾全部肾小球毛细血管总面积约在 1.5m^2 以上，这么大的滤过面积有利于血浆的滤过。如图 8-6 所示，肾小球滤过膜由三层结构组成：①内层是肾小球毛细血管的内皮细胞层，又称窗层(lamina fenestra)，因为细胞上有许多直径 50～100nm 的小孔，称为窗孔(fenestration)。内皮细胞几乎完全被肾小球基膜和肾小囊上皮细胞的足突覆盖，仅在肾小球中央部分的内皮细胞既没有基膜包裹，也没有肾小囊上皮细胞的足突覆盖，内皮细胞直接与系膜细胞接触。这一层对水和溶质的通透性比身体其他部位的毛细血管要

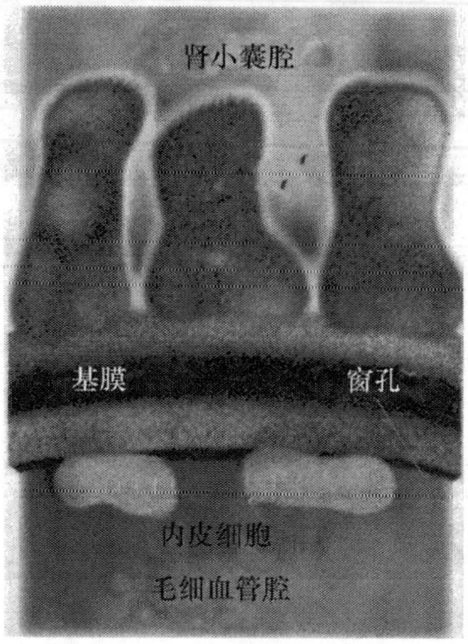

图 8-6 滤过膜结构示意图

高 100 倍，仅可防止血细胞通过，但对血浆蛋白的滤过可能不起阻留作用。②中间层是非细胞性的基膜（basement membrane），是滤过膜的主要滤过屏障。基膜是由胶原（collagen）和糖蛋白（glycoprotein）构成的微纤维网结构，形成 4～8nm 的多角形网孔。基膜主要由三层构成：薄的内层板、较厚的致密板、薄的外层板。胶原对物质的滤过起到机械屏障作用，能够阻挡相对分子质量＞1kD 的中等大小或大分子的物质。而糖蛋白主要带负电荷，起到电屏障作用。尽管大分子的血浆蛋白因为不能通过窗孔而不被滤过，但是窗孔对血浆最小的蛋白质白蛋白却没有任何阻碍作用。由于糖蛋白本身带有很强的负电荷，它可以阻挡同样带负电荷的白蛋白和其他血浆蛋白的滤过。因此，血浆蛋白几乎是不能通过滤过膜的，仅有不到 1％的白蛋白可以进入到肾小囊腔内。水和部分溶质可以通过微纤维网的网孔。③外层是肾小囊的上皮细胞（podocytes）。上皮细胞具有足突（foot process），足突附着在基膜的外层。相互交错的足突之间形成裂隙，裂隙上有一层滤过裂隙膜（filtration slit membrane），nephrin 是构成滤过裂隙膜的主要分子，它形成拉锁样的结构，分子间有长方形的孔道。Nephrin 如果发生突变，会导致先天性肾病综合征（congenital nephrotic syndrome），这是一种少见的遗传性疾病，特点是血浆蛋白被大量滤出。肾小球的滤过主要是通过细胞外途径，通过窗孔、基膜和 nephrin 分子间的孔道。

滤过膜上带有强的负电荷。毛细血管内皮细胞和足突细胞上都有一层带负电荷的糖衣（glycocalyx），而基膜上有带负电荷的唾液酸、唾液酸蛋白和硫酸乙酰肝素。这些物质形成了一个强的电屏障，阻碍带有负电荷的物质通过，如血浆白蛋白（albumin）。

基于肾小球滤过膜机械屏障和电屏障的存在，滤过膜的通透性不仅取决于被滤过物质的分子大小，还取决于其所带的电荷。一般来说，有效半径小于 2.0nm 的物质，如葡萄糖分子（相对分子质量 180）的有效半径为 0.36nm，它可以被完全滤过。有效半径大于 4.2nm 的大分子物质，则几乎完全不能滤过。有效半径在 2.0～4.2nm 之间的各种物质，随着有效半径的增加，它们的滤过量逐渐降低。对于有效半径相同的分子，带正电荷的物质容易通过，而带负电荷的物质不容易通过。

二、有效滤过压（Effective Filtration Pressure）

在肾小球滤过过程中，有效滤过压是肾小球滤过的动力，它与组织液生成时的有效滤过压形成原理相似。肾小球有效滤过压＝（肾小球毛细血管血压＋囊内液胶体渗透压）－（血浆胶体渗透压＋肾小囊内压）。由于肾小囊内的超滤液中的蛋白浓度极低，其胶体渗透压（colloid osmotic pressure）可忽略不计，因此形成肾小球有效滤过压动力包括 3 个：肾小球毛细血管血压（glomerular capillary pressure）、血浆胶体渗透压（plasma colloid osmotic pressure）和肾小囊内压（capsular pressure）。肾小球有效滤过压＝肾小球毛细血管血压－(血浆胶体渗透压＋肾小囊内压)。

肾小球毛细血管血压比其他器官的毛细血管血压高。人的肾小球毛细血管血压为55mmHg，肾小囊内压力约为15mmHg，肾小球毛细血管入球端的血浆胶体渗透压约为30mmHg左右。因此，在入球端的有效滤过压＝55－(30＋15)＝10mmHg。但血液流经肾小球毛细血管全长时，由于不断生成超滤液，血液中的血浆蛋白浓度不断增加，因而血浆胶体渗透压也随之升高，有效滤过压也逐渐下降。当有效滤过压下降到零时，就达到滤过平衡(filtration equilibrium)，滤过便停止了。由此可见，不是肾小球毛细血管全段都有滤过作用，只有从入球小动脉端到滤过平衡这一段才有滤过作用。滤过平衡越靠近入球小动脉端，有效滤过的毛细血管长度就越短，肾小球滤过率就越低。相反，滤过平衡越靠近出球小动脉端，有效滤过的毛细血管长度越长，肾小球滤过率就越高。如果达不到滤过平衡，全段毛细血管都有滤过作用。对于正常成人来说，全段肾小球毛细血管都有滤过功能(图8-7)。

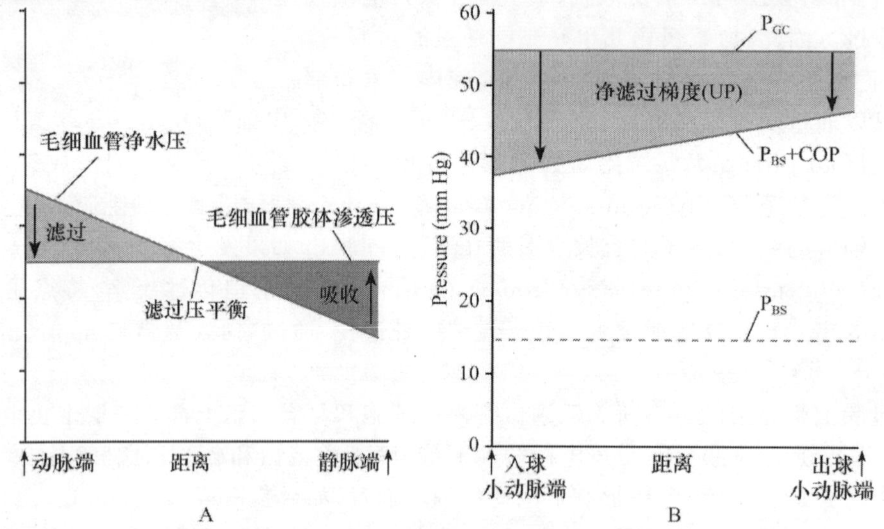

图8-7 骨骼肌毛细血管与肾小球毛细血管的血压变化示意图

A. 骨骼肌毛细血管；B. 肾小球毛细血管

三、影响肾小球滤过因素(Factors Affecting Glomerular Filtration)

(一) 肾小球有效滤过压(glomerular effective filtration pressure)

与有效滤过压有关的下述三种压力任何一个改变时，都能引起滤过作用的变化。

1. 肾小球毛细血管血压(glomerular capillary pressure)

当动脉血压变动于80～180mmHg范围内时，肾血流量通过自身调节能维持相对恒定，此时肾小球毛细血管血压也能保持相对恒定，从而使有效滤过压无明显改变。当动脉血压降到80mmHg以下时，肾小球毛细血管血压将相应下降，于是有效滤过压降低，因而肾小球滤过率也减少。当动脉血压降至40～50mmHg时，肾小球滤过率将降到零，因而无尿。高血压病晚期，入球小动脉由于硬化而缩小，肾小球毛细血管血压可明显降低，于是肾小球滤过率减少而导致少尿。

2. 囊内压(capsular pressure)

正常情况下囊内压是比较稳定的。肾盂或输尿管结石、肿瘤压迫或其他原因引起输尿管阻塞,导致肾盂积水,都可使囊内压升高,致使有效滤过压降低,因而肾小球滤过率减少。有些药物如磺胺药浓度过高,可在肾小管的酸性环境中析出结晶;某些疾病时溶血过多,血红蛋白可阻塞肾小管,这些情况都会导致囊内压升高而影响肾小球滤过率。

3. 血浆胶体渗透压(plasma colloid osmotic pressure)

正常情况下血浆胶体渗透压不会有很大变动。但若全身血浆蛋白的浓度明显降低时,则血浆胶体渗透压降低,有效滤过压增加,肾小球滤过率也随之增加。例如由静脉快速注入生理盐水时,肾小球滤过率增加,尿量增多,可能就是这个原因。

(二) 肾小球滤过膜(glomerular filtration membrane)

1. 肾小球滤过膜的通透性(permeability)

正常情况下,肾小球滤过膜具有一定的通透性,且较稳定。在病理情况下,会有较大的变化。例如,肾小球肾炎时,由于肾小球滤过膜的孔道变小,机械屏障有所增强,但此时膜上带负电荷的唾液蛋白往往减少,因此电屏障作用减弱,原来不易通过的带负电荷的血浆白蛋白,这时能通过肾小球滤过膜进入 Bowman's 囊形成蛋白尿。当炎症引起肾小球滤过膜损伤时,则红细胞也能滤过形成血尿。

2. 肾小球滤过膜的面积(area)

正常人滤过膜的总面积可达 1.5m^2以上,一般认为人的肾小球都处于活动状态,因而面积改变不大,不会影响滤过作用。病理情况下,如急性肾小球肾炎(acute glomerulonephritis)时,由于肾小球毛细血管管腔变得狭窄或完全阻塞,以至活动的肾小球数量减少,有效滤过面积也因之而减小,导致肾小球滤过率降低,结果出现少尿以至无尿。

(三) 肾血浆流量(renal plasma flow)

肾血浆流量对肾小球滤过率有很大影响,主要影响滤过平衡的位置。如果肾血浆流量加大,肾小球毛细血管内血浆胶体渗透压的上升速度减慢,滤过平衡就靠近出球小动脉端,有效滤过压和滤过面积就增加,肾小球滤过率将随之增加。如果肾血浆流量进一步增加,血浆胶体渗透压上升速度就进一步减慢,肾小球毛细血管的全长都达不到滤过平衡,全长都有滤过,肾小球滤过率就进一步增加。相反肾血浆流量减少时,血浆胶体渗透压的上升速度加快,滤过平衡就靠近入球小动脉端,有效滤过压和滤过面积就减少,肾小球滤过率将减少。在严重缺氧(hypoxia),中毒性休克(toxic shock) 等情况下,由于交感神经兴奋,肾血流量和肾血浆流量将显著减少,肾小球滤过率也因而显著减少。

Summary

- Urine formation starts with the filtration of plasma in the kidney. Glomerular filtration is favored by the high hydrostatic pressure of the blood in the glomerular capillaries and is opposed by the hydrostatic pressure in the urinary space of Bowman's capsule and by the glomerular capillary colloid osmotic pressure. Glomerular filtration is rather nonselective; proteins are mostly retained in the plasma by the glomerular filtration barrier, but all low-molecular-weight substances are freely filtered.

Key Terms

glomerular filtration fraction, glomerular filtration rate, effective filtration pressure

Review Questions

1. Define each term

1) glomerular filtration fraction; 2) glomerular filtration rate; 3) effective filtration pressure

2. Answer the following question

Why does a loss of fixed negative charges from the glomerular fitration barrier lead to proteinuria?

第三节 肾小管和集合管的物质转运功能
Section 3 Solute Transport in the Renal Tubule and Collecting Duct

Section Outline

- Proximal tubule reabsorbs 70% of the filtered Na^+, Cl^- and H_2O
- Proximal tubule is the only site for glucose reabsorption
- Loop of Henle reabsorbs 20% of the filtered Na^+ and Cl^-
- The luminal cell membrane of the thick ascending limb contains a Na^+-$2Cl^-$-K^+ co-transporter
- The distal tubule and collecting duct reabsorb 12% of the filtered Na^+ and Cl^-
- Urea can be absorbed and secreted by the renal tubule and collecting duct

人两侧肾每天生成的原尿达 180L，而终尿仅为 1.5L 左右。这表明，滤过液中约 99%的水被肾小管(renal tubule)和集合管(collecting duct)重吸收，只有约 1%被排出体外。肾小球的滤过相对是一个无选择的过程，无论是对机体有用的物质还是机体产生的废物都可被肾小球滤过，但是，肾小管的转运却是有选择性的，不同的物质有不同的转运方式。有些物质被重吸收，有些物质被分泌，还有的物质既被重吸收又被分泌。如滤过液中的葡萄糖全部被重吸收回血，Na^+、Cl^- 大部分被重吸收，尿素部分被重吸收，而肌酐则完全不被重吸收，H^+、NH_3、K^+ 和肌酐等可被分泌到肾小管中。在各段肾小管和集合管中溶质和水的转运方式各不相同，在本节中我们将分段讲述肾小管和集合管的物质转运功能。

一、肾小管与集合管的物质转运方式(Transport Pattern in Renal Tubule and Collecting Duct)

肾小管和集合管的物质转运功能包括重吸收和分泌。重吸收(reabsorption)是指物质从肾小管液中转运至血液中；分泌(secretion)是指肾小管上皮细胞将本身产生的物质或血液中的物质转运至肾小管腔内。肾小球滤过液进入肾小管后称为小管液(tubule fluid)。

物质通过细胞的转运方式包括被动转运、主动转运和入胞。

（一）被动转运(passive transport)

被动转运是指溶质顺电化学梯度通过肾小管上皮细胞的过程。包括单纯扩散和易化扩散。

1. 单纯扩散(simple diffusion)

指电中性物质从高浓度一侧向低浓度一侧的转运，或带电离子顺电梯度的转运，脂溶性气体如 O_2、CO_2、NH_3 顺浓度梯度通过细胞膜的过程。渗透压之差是水的转运动力，水从渗透压低的一侧通过细胞膜进入渗透压高的一侧。当水分子通过渗透被重吸收时有些溶质可随水分子一起被转运，这一转运方式称为溶剂拖曳(solvent drag)。

2. 易化扩散(facilitated diffusion)

物质分子通过细胞膜上特殊蛋白质的帮助实现的转运。

（二）主动转运(active transport)

主动转运是指溶质逆电化学梯度通过肾小管上皮细胞的过程。主动转运需要消耗能量，根据主动转运过程中能量来源不同，分为原发性主动转运和继发性主动转运。

1. 原发性主动转运(primary active transport)

该种转运所需消耗的能量由 ATP 水解直接提供。例如，Na^+ 和 K^+ 的主动转运都是靠细胞膜上的 Na^+ 泵水解 ATP 直接提供能量的。

2. 继发性主动转运(secondary active transport)

该种转运所需的能量不是直接来自 Na^+ 泵，而是来自其他溶质顺电化学梯度转运时释放的。例如，一些物质的继发性主动转运的动力直接来自 Na^+ 顺电化学梯度转运时释放的能量，释放的这些能量归根到底也是来自 Na^+ 泵。许多物质的转运都与 Na^+ 的主动转运相耦联，例如，小管液中的葡萄糖、氨基酸、有机酸和 Cl^- 等物质的重吸收都与 Na^+ 有关。根据两种物质同时转运的方向不同，转运又可分为同向转运和逆向转运。同向转运(symport)是指两种物质与细胞膜上的同向转运体(symporter)特殊蛋白结合，以相同方向通过细胞膜的转运。逆向转运(antiport)是指两种物质与细胞膜上的逆向转运体(antiporter)结合，以相反方向通过细胞膜的转运。

（三）入胞(endocytosis)

入胞是指物质分子通过细胞膜的凹陷进而形成细胞内的吞饮泡进入细胞内的过程。这是近端小管重吸收小分子蛋白质和大分子物质的重要转运方式。由于入胞需要消耗 ATP，因此它也属于主动转运。

二、溶质和水的通过上皮细胞转运的途径(General Principles of Transepithelial Solute and Water Transport)

如图 8-8 所示，肾小管上皮细胞在顶端膜(apical cell membrane)侧(即管腔面)是靠紧密连接(tight junction)相连的，在紧密连接下面，细胞之间存在细胞间隙(lateral intercellular space)，紧密连接将顶端膜和基侧膜(basolateral membrane)完全分开。在肾脏，物质可通过肾小管上皮细胞被重吸收或分泌，称为跨细胞转运途径（transcellular pathway）；或通过细胞间隙被重吸收或分泌，称为细胞旁转运途径（paracellular pathway）。近端小管 Na^+ 的重吸收是跨细胞转运途径的典范。基侧膜上 Na^+ 泵活动的结果，将 Na^+ 从细胞内转运到血液中，而将 K^+ 转运到细胞内，从而造成细胞内 Na^+ 浓度低于管腔中的 Na^+ 浓度，Na^+ 顺浓度梯度进入细胞内，Na^+ 泵感受细胞内 Na^+ 浓度的变化，进而将 Na^+ 转运到血液中。所以，近端小管 Na^+ 跨细胞转运途径主要由两步组成：①Na^+ 泵活动的结果使 Na^+ 顺电化学梯度通过顶端膜进入到细胞内；②Na^+ 泵逆电化学梯度将 Na^+ 经由基侧膜转运回血。而近端小管 Ca^{2+} 和 K^+ 的重吸收是细胞旁转运途径的典范。近端小管对一部分水的重吸收是通过细胞旁转运途径的，溶解在水中的溶质，特别是 Ca^{2+} 和 K^+，通过溶剂拖曳作用被重吸收。

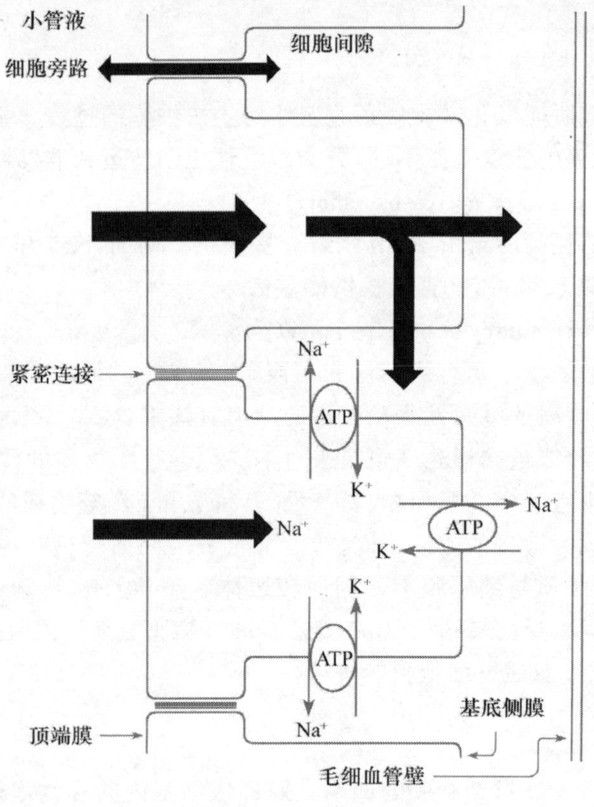

图 8-8　近端小管细胞转运物质的细胞旁途径和跨细胞转运途径

三、肾小管和集合管的物质转运功能（Transport in Different Parts of Renal Tubule and Collecting Duct）

（一）Na^+、Cl^- 和水的重吸收（reabsorption of Na^+、Cl^- and water）

1. 近端小管（proximal tubule）

肾小球滤过液流经近端小管后，滤过液中约 70% 的 Na^+、Cl^- 和水被重吸收，其中约

2/3 经跨细胞转运途径，主要发生在近端小管的前半段；约 1/3 经细胞旁途径被重吸收，主要发生在近端小管的后半段。近端小管前半段和后半段对 Na^+ 的重吸收机制不同：在近端小管前半段，Na^+ 主要和 HCO_3^-、葡萄糖和氨基酸一起被重吸收；而在近端小管后半段，Na^+ 主要和 Cl^- 一起被重吸收。这主要是由于这两段肾小管对 Na^+ 的转运途径和小管液的成分不同所致。近端小管重吸收的关键动力是基侧膜上的 Na^+ 泵，许多溶质，包括水的重吸收都与 Na^+ 泵的活动有关。

如图 8-9 所示，近端小管前半段，Na^+ 的重吸收是主动的，主要是借助同向转运体和逆向转运体通过顶端膜进入到细胞内，而非通过 Na^+ 通道。在顶端膜上，有 Na^+-H^+ 逆向转运体、Na^+-葡萄糖同向转运体、Na^+-氨基酸同向转运体、Na^+-乳酸同向转运体，在 Na^+ 进入细胞内的同时，H^+ 分泌入管腔，有利于 $NaHCO_3$ 的重吸收，同时伴有葡萄糖、氨基酸和乳酸等有机物的重吸收。进入细胞内的 Na^+ 随即被细胞基侧膜上的 Na^+ 泵泵至细胞间隙，葡萄糖、氨基酸和乳酸等有机物通过易化扩散进入细胞间隙，这样，一方面使细

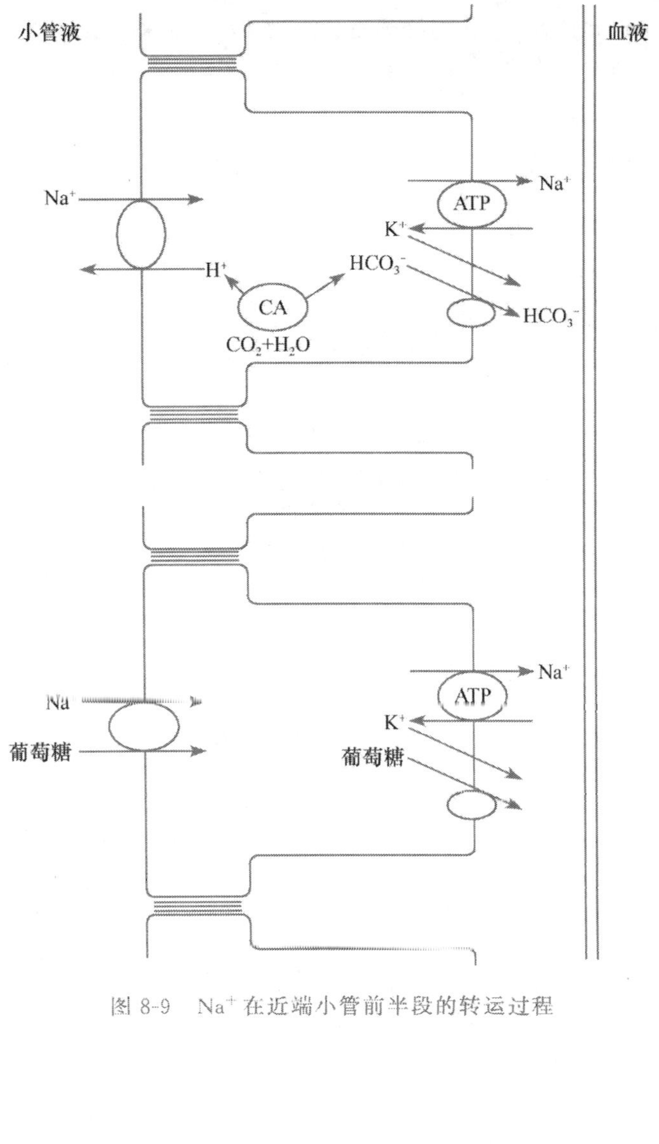

图 8-9　Na^+ 在近端小管前半段的转运过程

胞内 Na^+ 的浓度降低，小管液中的 Na^+ 便可不断地进入细胞内；另一方面使细胞间隙的渗透压升高，通过渗透作用，水随之进入细胞间隙。由于细胞间隙顶端膜侧的紧密连接相对是密闭的，Na^+ 和水进入后就使其中的静水压（hydrostatic pressure）升高，这一压力促使 Na^+ 和水通过基膜进入相邻的毛细血管而被重吸收。许多有机物都是在近端小管前半段被完全重吸收的。随着 Na^+、HCO_3^- 和有机物的重吸收，在小管两侧建立了明显的渗透梯度，由于近端小管对水是通透的，因此在渗透作用下水被动重吸收。由于水的重吸收远远大于 Cl^- 的重吸收，因此小管液中 Cl^- 的浓度越来越高。

在近端小管后半段，Na^+ 和 Cl^- 通过跨细胞转运途径和细胞旁转运途径一同被重吸收（图 8-10）。在小管细胞的顶端膜上，存在 Na^+-H^+ 逆向转运体和 Cl^--阴离子逆向转运体，Na^+ 进入细胞内的同时，H^+ 被分泌到小管液中，而 Cl^- 进入细胞内的同时，阴离子也分泌到小管液中。进入小管液中的 H^+ 可与阴离子结合后重新进入细胞内，Na^+-H^+ 逆向转运体和 Cl^--阴离子逆向转运体活动的结果相当于将 Na^+ 和 Cl^- 重吸收回细胞。进入细胞内的 Na^+ 被基侧膜上的 Na^+ 泵泵至细胞间隙，而 Cl^- 通过基侧膜上的 Cl^--K^+ 同向转运体转运至细胞间隙。NaCl 同样可通过细胞旁转运途径被重吸收。由于进入近端小管后半段小管液的 Cl^- 浓度比细胞间隙液中浓度约高 20%～40%，Cl^- 顺浓度梯度经紧密连接进入细胞间隙被重吸收。由于 Cl^- 被动扩散进入细胞间隙后，小管液中正离子相对增多，造成管内带正电荷，使小管液中的 Na^+ 顺电势梯度通过细胞旁转运途径而被动重吸收。

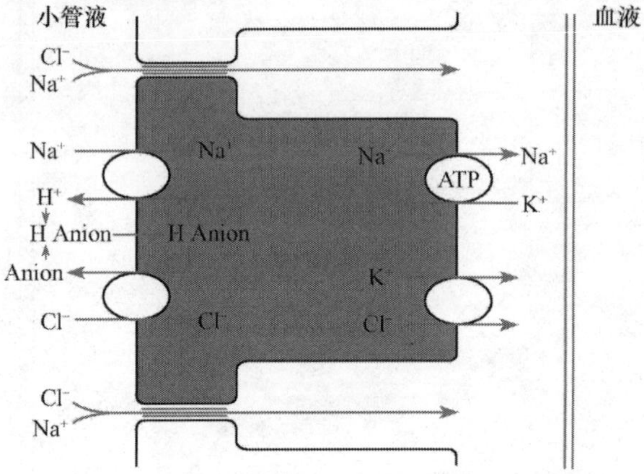

图 8-10　Na^+ 在近端小管后半段的转运过程

近端小管对水的重吸收是通过渗透作用进行的，因此近端小管中物质的重吸收为等渗重吸收，小管液为等渗液。

2. 髓袢（loop of Henle）

小管液流经髓袢过程中，约 20%的 NaCl 被进一步重吸收，15%的水被重吸收。这些物质的重吸收部位几乎都发生在髓袢升支粗段。髓袢降支细段对 Na^+ 不易通透，但对水分的通透性较高，水分的重吸收部位仅在髓袢降支细段。髓袢升支细段的吸收能力极低，对水不通透，但对 Na^+ 和 Cl^- 易通透。髓袢升支粗段对水是不通透的，但是，是 NaCl 在髓袢重吸收的主要部位。

在髓袢升支粗段对溶质的重吸收起关键作用的是位于基侧膜上的 Na^+ 泵(图 8-11)。几乎每一个溶质的重吸收都与 Na^+ 泵的活动有关。Na^+ 泵活动的结果将 Na^+ 由细胞内泵向组织间液,使细胞内的 Na^+ 浓度下降,造成管腔内与细胞内 Na^+ 有明显的浓度梯度。Na^+ 与顶端膜上的 Na^+-$2Cl^-$-K^+ 同向转运体结合,顺浓度梯度进入细胞内的同时,将 $2Cl^-$ 顺浓度梯度带入细胞内,而将 $1K^+$ 逆浓度梯度带入细胞内。位于顶端膜上的 Na^+-H^+ 逆向转运体同样也介导了 Na^+ 的重吸收和 H^+ 的分泌。进入细胞内的 Na^+ 由 Na^+ 泵泵至组织间液,$2Cl^-$ 顺浓度梯度经基侧膜上 Cl^- 通道进入组织间液,而 K^+ 则可顺浓度梯度经基侧膜进入细胞间隙,也可经顶端膜返回管腔内。由于顶端膜对 K^+ 的通透性高,而基侧膜对 Cl^- 的通透性高,这两种离子的扩散使小管上皮两侧出现电位差,小管内电位较组织间隙高+6mV。在这个正电位的作用下,许多小的阳离子,如 Na^+、K^+、Ca^{2+}、Mg^{2+} 等,都可从细胞间的紧密连接进入到细胞间隙。髓袢升支粗段对水的通透性很低,因此造成小管液低渗,组织间液高渗。这种水和盐重吸收的分离,有利于尿液的浓缩和稀释。Na^+-$2Cl^-$-K^+ 同向转运体对速尿(呋喃苯胺酸,furosemide),利尿酸等利尿剂很敏感。它们与同向转运体结合后,可抑制其转运功能,管腔内正电位消失,NaCl 的重吸收受抑制,从而干扰尿液浓缩机制,导致利尿(diuresis)。

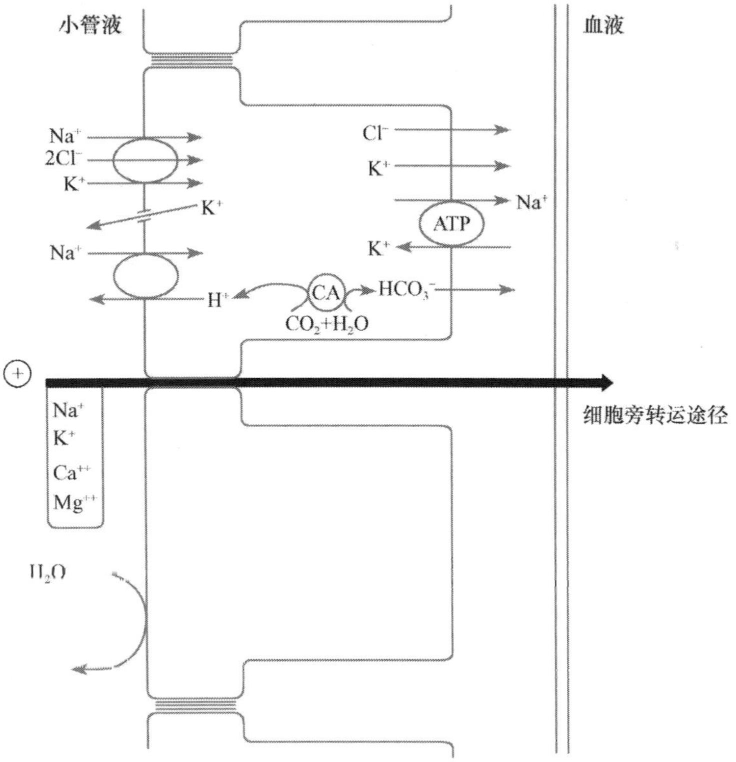

图 8-11　髓袢升支粗段重吸收 NaCl 的转运机制示意图

3. 远曲小管和集合管(distal convoluted tubule and collecting duct)

在远曲小管和集合管,重吸收大约 12%滤过的 Na^+ 和 Cl^-,重吸收不同量的水。远曲小管和集合管对水、NaCl 的重吸收可据体内的水、盐平衡来进行调节。水的重吸收主要受抗利尿激素(antidiuretic hormone，ADH)调节，而 Na^+ 的转运主要受醛固酮(aldosterone)调节。

如图 8-12 所示，在远曲小管初段，对水的通透性很低，但仍主动重吸收 NaCl，继续产生低渗小管液。在远曲小管初段，Na^+ 是通过 Na^+-Cl^- 同向转运体进入细胞的，然后由 Na^+ 泵将 Na^+ 泵出细胞而主动重吸收回血。Na^+-Cl^- 同向转运体可被噻嗪类利尿药(thiazide)所抑制。

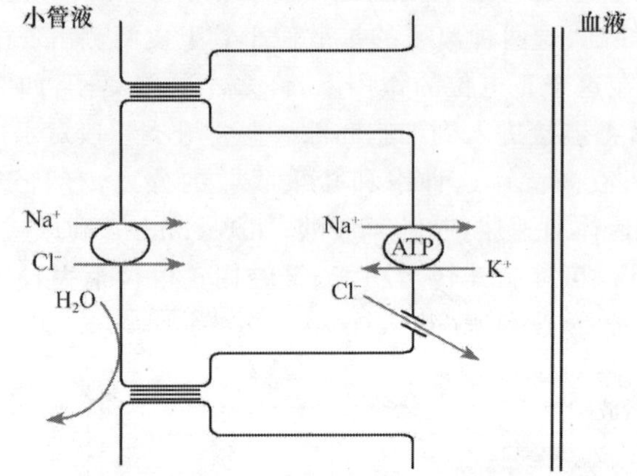

A

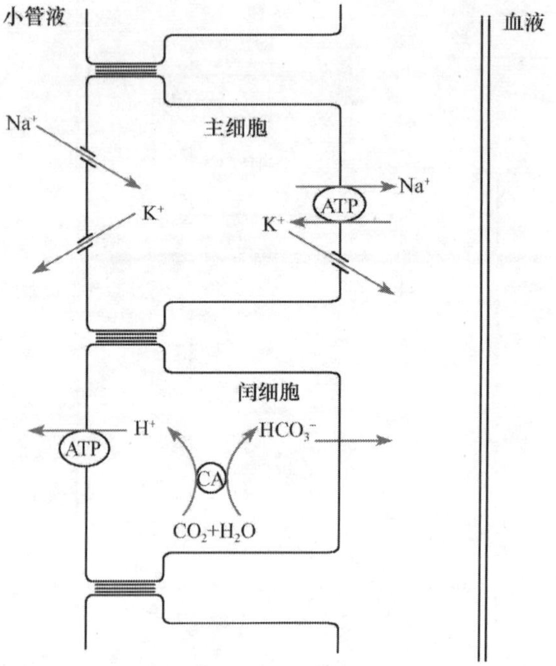

B

图 8-12　远端小管和集合管重吸收 NaCl、分泌 K^+ 和 H^+ 的示意图

A. 远曲小管初段；B. 远曲小管后段和集合管

远曲小管后段的集合管含有两类细胞，即主细胞(principle cell)和闰细胞(intercalated cell)。主细胞重吸收 Na^+ 和水，分泌 K^+，而闰细胞主要分泌 H^+。主细胞基侧膜上的 Na^+ 泵起维持细胞内低 Na^+ 的作用，并成为小管液中 Na^+ 经管腔膜上的 Na^+ 通道细胞的动力。管腔内的 Na^+ 顺电化学梯度通过管腔膜上的 Na^+ 通道入细胞，然后，由 Na^+ 泵泵至细胞间液而被重吸收。

集合管对水的重吸收量取决于集合管主细胞对水的通透性。主细胞管腔膜侧胞质的囊泡内含水孔蛋白(aquaporin)AQP2，而基底侧膜有 AQP3 和 AQP4 分布。插入上皮细胞顶端膜 AQP2 的多少，决定上皮对水的通透性，而 AQP2 的插入又受血管升压素的控制。

如图 8-13 所示，近端小管和髓袢降支细段对水的通透性最大，因为这段肾小管细胞的管腔膜和基侧膜上含有丰富的水孔蛋白(aquaporin 1，AQP1)。而其他肾小管，从髓袢升支细段到集合管，对水的通透性都很低。没有血管升压素存在的前提下，集合管始段和皮质集合管都对水的通透性很低，而髓质集合管几乎对水不通透。但是，在血管升压素存在的情况下，通过使 AQP2 水通道插入到管腔膜上，能显著提高集合管始段、皮质集合管和髓质集合管对水的通透性。在髓质集合管的基侧膜上，还表达第三类水通道 AQP3，与 AQP1 相同，AQP3 对血管升压素不敏感。在集合管的主细胞的基侧膜上还表达第四类水通道 AQP4，AQP3 和 AQP4 是水进入到管周的一个主要途径。

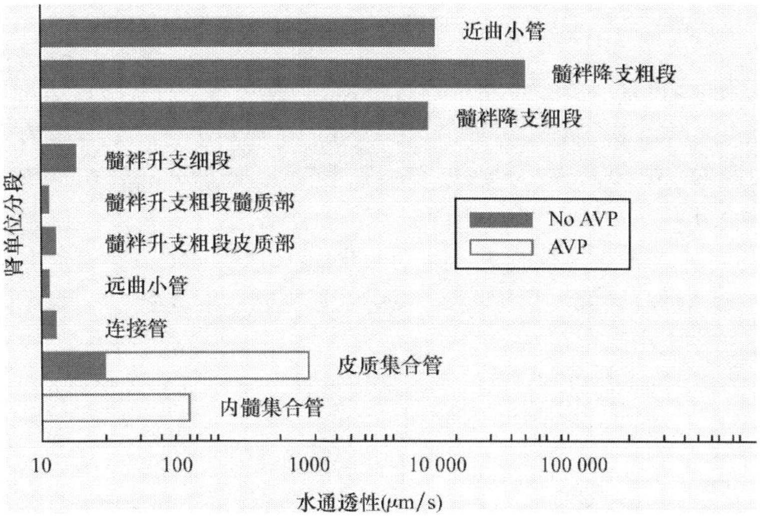

图 8-13 各段肾小管和集合管对水的通透性

(二) HCO_3^- 重吸收与 H^+ 的分泌(reabsorption of HCO_3^- and secretion of H^+)

1. 近端小管

正常情况下，从肾小球滤过的 HCO_3^- 几乎全部被肾小管和集合管重吸收，高达 80% 的 HCO_3^- 是由近端小管重吸收的。HCO_3^- 的重吸收与小管上皮细胞顶端膜上的 Na^+-H^+ 交换有密切关系(图 8-9)。HCO_3^- 在血浆中以 $NaHCO_3$ 的形式存在，滤液中的 $NaHCO_3$ 滤入囊腔进入肾小管后解离成 Na^+ 和 HCO_3^-。通过 Na^+-H^+ 交换，Na^+ 进入细胞内，H^+ 由细胞内分泌到小管液中，由于小管液中的 HCO_3^- 不易透过管腔膜，它与分泌的

H^+结合生成 H_2CO_3，在顶端膜上的碳酸酐酶(carbonic anhydrase)作用下，H_2CO_3 迅速分解为 CO_2 和水。CO_2是高度脂溶性物质，能迅速通过顶端膜进入细胞内，在细胞内碳酸酐酶作用下，进入细胞内的 CO_2 与 H_2O 结合生成 H_2CO_3，H_2CO_3 又解离出 H^+ 和 HCO_3^-。H^+通过 Na^+-H^+交换分泌到小管液中，HCO_3^- 则与 Na^+一起转运回血。因此，肾小管重吸收 HCO_3^- 是以 CO_2 的形式进行的。如果滤过的 HCO_3^- 量超过了分泌的 H^+，HCO_3^- 就不能以 CO_2 形式全部被重吸收。由于 HCO_3^- 不易透过管腔膜，所以余下的便随尿排出体外。

2. 髓袢

髓袢对 HCO_3^- 的重吸收主要发生在升支粗段。其机制同近端小管。

3. 远端小管和集合管

远端小管和集合管的闰细胞可主动分泌 H^+。闰细胞的管腔膜上有两种质子泵，一种是 H^+-ATP 酶，另一种是 H^+-K^+-ATP 酶，均能将细胞内的 H^+ 泵入小管腔内，H^+ 的分泌是一个逆电化学梯度进行的主动转运过程。细胞内的 CO_2 和 H_2O 在碳酸酐酶催化作用下生成的 H^+ 和 HCO_3^-，H^+ 由质子泵泵至小管液，HCO_3^- 的重吸收回血。闰细胞分泌的 H^+ 与小管液中的 HPO_4^{2-} 结合形成 $H_2PO_4^-$，这是可滴定酸；分泌的 H^+ 可与上皮细胞分泌的 NH_3 结合，形成 NH_4^+。可滴定酸和 NH_4^+ 是尿液酸碱度的决定因素。

(三) K^+的重吸收和分泌(reabsorption and secretion of K^+)

肾脏对 K^+的排出量取决于肾小球滤过量、肾小管对 K^+ 的重吸收量和肾小管对 K^+ 的分泌量，但决定尿 K^+ 排出量最重要的因素是 K^+ 在远端小管和集合管的分泌量。

小管液中的 K^+ 有 65%～70%在近端小管重吸收，25%～30%在髓袢重吸收。远端小管和皮质集合管既能重吸收 K^+，也能分泌 K^+，并且接受多种因素的调节。近端小管对 K^+ 的重吸收完全是通过溶剂拖曳(solvent drag)作用实现的。小管液在流经近端小管的过程中，小管液中的 K^+ 浓度保持不变，说明近端小管在重吸收 70%滤过的水分的同时将 70%滤过的 K^+ 同时吸收了。

尿中排出的 K^+ 和 Na^+ 来源不同，Na^+ 是通过肾小球滤过和肾小管的重吸收后，未被吸收的多余的 Na^+，而 K^+ 除被肾小管重吸收后剩余的 K^+ 外，还有由远曲小管和集合管所分泌的 K^+。K^+ 分泌的动力包括：远曲小管后段和集合管的主细胞内的 K^+ 浓度明显高于小管液中的 K^+ 浓度，基侧膜上 Na^+ 泵活动的结果使更多的 K^+ 从细胞外液中泵入细胞内，进一步提高细胞内 K^+ 浓度，而且 Na^+ 的主动重吸收使管腔内带负电位(－40～－10mV)，这种电位梯度也成为 K^+ 从细胞内分泌至管腔的动力。因此，K^+ 的分泌与 Na^+ 的重吸收有密切关系。

(四) 葡萄糖和氨基酸的重吸收(reabsorption of glucose and amino acid)

肾小球滤过液中的葡萄糖浓度与血中葡萄糖浓度相同，但尿中几乎不含葡萄糖，这说明葡萄糖全部被重吸收回血，而且重吸收葡萄糖的部位仅限于近端小管，主要是近曲小管，其他各段肾小管都没有重吸收葡萄糖的能力。因此，如果在近端小管以后的小管液中仍含有葡萄糖，则尿中将出现葡萄糖。

葡萄糖的重吸收是典型的继发性主动重吸收，是通过顶端膜上的 Na^+-葡萄糖同向转运体而进行的同向转运，进入细胞内的 Na^+ 被 Na^+ 泵泵至细胞间隙，而葡萄糖则被葡萄糖转运体 2(glucose transporter 2,GLUT2)转运到细胞间隙(图 8-9)。近端小管对葡萄糖的重吸收有一定限度，当血液中葡萄糖浓度超过 180mg/100ml(葡萄糖滤过量为 220mg/min)时，有一部分肾小管对葡萄糖的重吸收已达到极限，尿中开始出现葡萄糖。我们把尿中刚刚出现葡萄糖时的血糖浓度值称为肾糖阈(renal plasma glucose threshold)。当血糖浓度再继续升高，尿中葡萄糖含量也将随之增加，当血糖浓度达到 300mg/100ml，葡萄糖滤过量为 375mg/min，全部肾小管对葡萄糖的吸收均已达到极限，此时葡萄糖的滤过量就是葡萄糖吸收极限量(transport maximum,Tm)。人肾的葡萄糖吸收极限量，在体表面积为 1.73m^2 的个体，男性为 375mg/min，女性为 300mg/min。每个肾单位的肾糖阈并不完全一样，这是由于肾单位的异质性(heterogeneity)决定的。

氨基酸的重吸收与葡萄糖的重吸收机制相同，也与继发性主动转运。但是，有多种类型的氨基酸转运体。

(五) 有机离子的分泌(secretion of organic ions)

近端小管还能分泌大量的有机阴离子(organic anions)和有机阳离子(organic cations)。这些物质大多数是内源性复合物、代谢产物、药物和毒素，如对氨基马尿酸(P-aminohippuric acid,PAH)、青霉素等。由于这些物质大多数都与血浆蛋白相结合，不被肾小球滤过，因此通过肾小球滤过排出的量相对较少，而这些物质在体内的聚积对机体是有害的，所以需通过肾小管上皮细胞的分泌作用将这些物质排出体外。下面以 PAH 为例，解释近端小管如何将有机阴离子分泌到小管液中。

图 8-14 揭示了 PAH 被肾小管上皮细胞分泌到管腔内的机制。α-酮戊二酸(α-ketoglutarate,αKG)是谷氨酸的代谢产物，细胞内谷氨酸的代谢使 αKG 在细胞内聚积，基侧膜上存在 Na^+-αKG 同向转运体，也可将 αKG 从细胞间隙转运到细胞内，因此细胞内

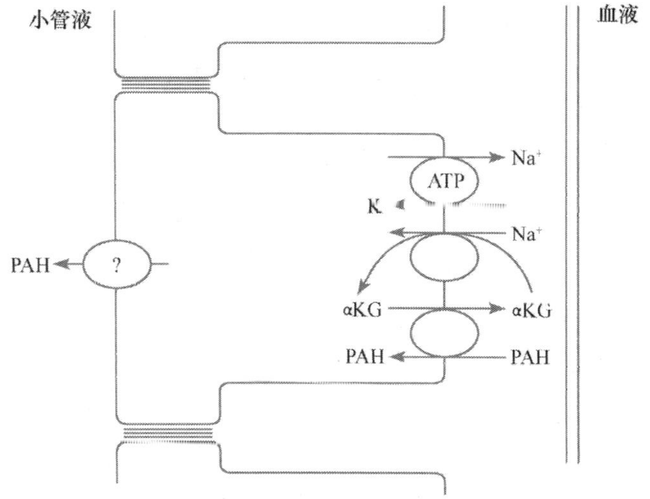

图 8-14　有机阴离子(PAH)通过近端小管分泌示意图

αKG 浓度高于细胞间隙。αKG 通过基侧膜上的 PAH-αKG 逆向转运体顺电化学梯度进入细胞间隙，同时 PAH 逆电化学梯度被细胞摄取。细胞内 PAH 浓度的升高使 PAH 顺电化学梯度经由顶端膜上的 PAH-阴离子逆向转运体分泌到小管液中。

（六）钙的重吸收和排泄（reabsorption and secretion of calcium）

约 50%的血浆 Ca^{2+} 呈游离状态，其余部分与血浆蛋白结合。经肾小球滤过的 Ca^{2+} 约 70%在近端小管重吸收，与 Na^{+} 的重吸收平行，20%在髓袢重吸收，9%在远端小管和集合管重吸收，少于 1%的 Ca^{2+} 随尿排出。

近端小管对 Ca^{2+} 的重吸收约 80%由溶剂拖曳的方式经细胞旁途径进入细胞间隙，约 20%经跨细胞途径重吸收。上皮细胞内的 Ca^{2+} 浓度远低于小管液中的 Ca^{2+} 浓度，且细胞内电位相对小管液为负，此电化学梯度驱使 Ca^{2+} 从小管液扩散进入上皮细胞内，细胞内的 Ca^{2+} 则经基底侧膜上的 Ca^{2+}-ATP 酶和 Na^{+}-Ca^{2+} 交换机制逆电化学梯度转运出细胞。髓袢降支细段和升支细段对 Ca^{2+} 均不通透，仅髓袢升支粗段能重吸收 Ca^{2+}。升支粗段小管液为正电位，该段膜对 Ca^{2+} 也有通透性，故可能存在被动重吸收，也存在主动重吸收。在远端小管和集合管，小管液为负电位，故 Ca^{2+} 的重吸收是跨细胞途径的主动转运。

肾脏对 Ca^{2+} 的排泄受多种因素影响，最主要的因素是甲状旁腺激素（parathyroid hormone，PTH）。细胞外液 Ca^{2+} 浓度升高一方面增加肾小球的滤过，使 Ca^{2+} 排泄增加，同时又抑制 PTH 的分泌，使 Ca^{2+} 重吸收减少。血浆磷浓度升高可刺激 PTH 分泌，使肾小管对 Ca^{2+} 的重吸收增加，减少 Ca^{2+} 的排泄。细胞外液量增加或动脉血压升高可降低近端小管对 Na^{+} 和水的重吸收，也能减少 Ca^{2+} 的重吸收，这是因为 80%的 Ca^{2+} 是由溶剂拖曳而重吸收的。此外，血浆 pH 的改变能影响远端小管对 Ca^{2+} 的重吸收，代谢性酸中毒时 Ca^{2+} 的重吸收增加，而代谢性碱中毒时 Ca^{2+} 的重吸收减少。

（七）NH_3 的分泌（secretion of NH_3）

远曲小管和集合管的上皮细胞在代谢过程中不断生成 NH_3，这些 NH_3 主要由谷氨酰胺（glutamine）经谷氨酰胺酶（glutaminase）脱氨而来。NH_3 具有脂溶性，能够通过细胞膜向小管周围组织间液和小管液自由扩散。扩散量取决于两种液体的 pH。小管液的 pH 较低，所以 NH_3 较易向小管液中扩散。分泌的 NH_3 能与小管液中的 H^{+} 结合生成 NH_4^{+}，使小管液中 NH_3 浓度因而下降，促进 NH_3 向小管液中的扩散。由此可见，NH_3 的分泌与 H^{+} 的分泌密切相关，H^{+} 分泌增加促使 NH_3 分泌增多。

NH_3 与 H^{+} 结合生成 NH_4^{+} 后，可进一步与小管液中的强酸盐（如 NaCl 等）的负离子结合，生成酸性铵盐（NH_4Cl 等）并随尿排出。强酸盐的正离子（如 Na^{+}）则与 H^{+} 交换而进入肾小管细胞，然后和细胞内 HCO_3^{-} 一起被转运回血。所以，肾小管细胞分泌 NH_3，不仅由于铵盐形成而促进了排 H^{+}，而且也促进了 $NaHCO_3$ 的重吸收。

（八）尿素的重吸收和分泌（reabsorption and secretion of urea）

尿素在肾小球可以被自由滤过，并且可以被肾小管和集合管重吸收和分泌。由于肾小管的重吸收量大于它的分泌量，因此，尿液排出的尿素的量要远远小于滤过的量。如图 8-15A 所示，尿液中排出的尿素的量占滤过量的 40%。尿素重吸收的主要部位是近端小管和髓质集合管，而分泌的主要部位是髓袢的细段。

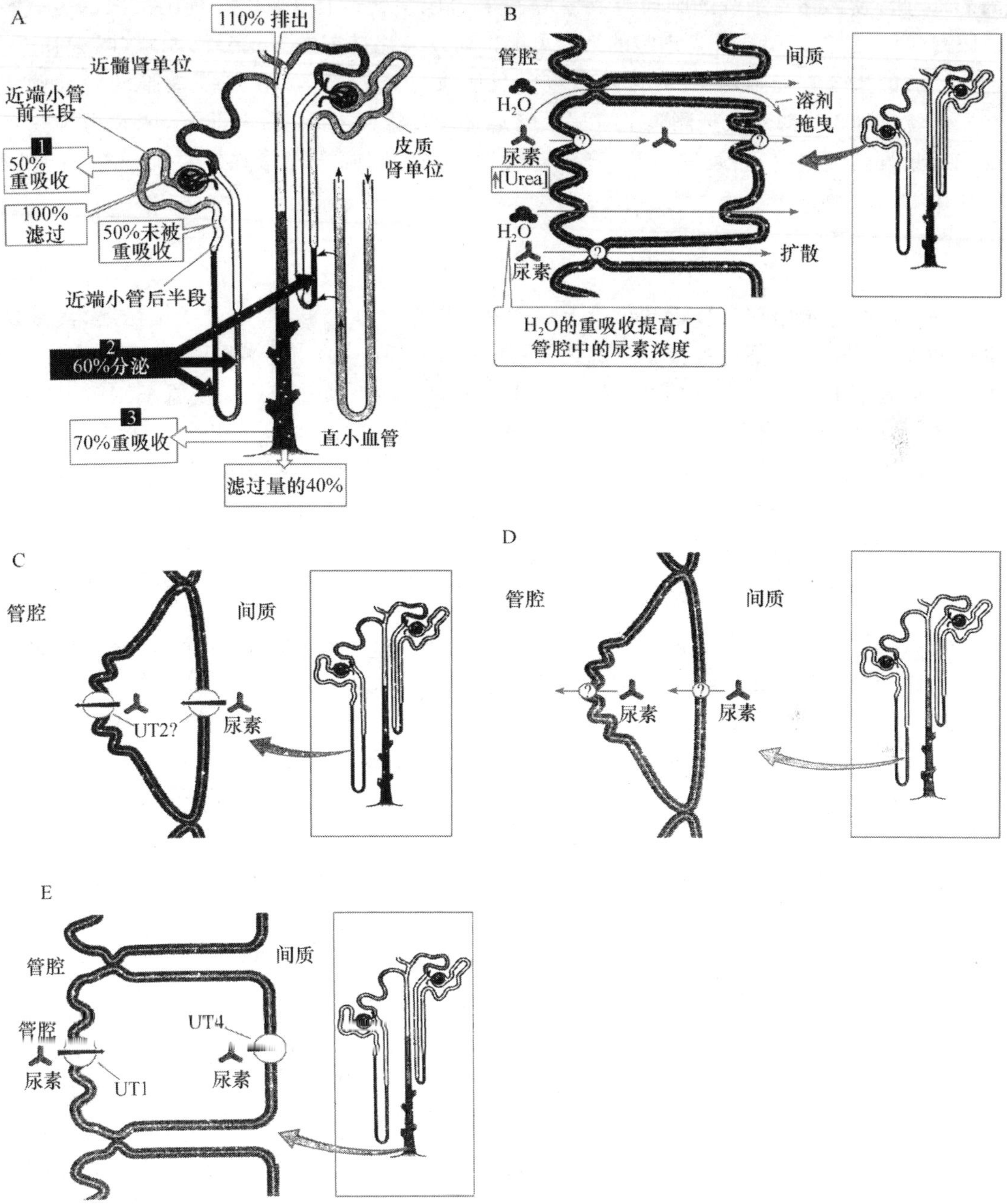

图 8-15　肾小管和集合管对尿素的重吸收和分泌

A. 尿素的重吸收和分泌；B. 近端小管；C. 髓袢降支细段；D. 髓袢升支细段；E. 内髓集合管

在近端小管始段（图 8-15B），管腔内尿素的浓度与血浆中一样。但是，由于水的重吸收，尿素可由溶剂拖曳的方式经细胞旁途径进入细胞间隙。而且，随着水的重吸收，小管液中尿素的浓度逐渐增高，就会促进尿素通过扩散方式经跨细胞途径和细胞旁途径吸收。在近髓肾单位，当髓袢降支细段接近髓袢的底端部位，由于髓质内尿素浓度远远高于管腔内的，因此，髓袢降支细段细胞通过其管腔膜上的尿素转运体 UT2 以易化扩散的方式分泌尿素(图 8-15C)。髓袢升支细胞的细胞可能也通过易化扩散的方式分泌尿素(图 8-15D)。在内髓质的集合管细胞，通过易化扩散重吸收尿素(图 8-15E)。在这些细胞的管腔膜上有尿素转运体 UT1，而在基侧膜上有尿素转运体 UT4，在 UT1 的帮助下，尿素可被这些细胞重吸收到细胞内，而通过 UT4 将尿素转运到细胞间隙。血管加压素能够增强 UT1 的作用，但是对 UT4 没有影响。

（九）蛋白质的重吸收(reabsorption of protein)

滤过的少量蛋白质都被近端小管上皮细胞重吸收。肽类激素、小分子蛋白质，甚至是少量的大分子蛋白质都可被肾小球滤过，虽然滤过量甚微，但由于肾小球滤过率非常大，因此每天滤过的蛋白质量也是可观的。这些滤过的蛋白质通常被近端小管细胞膜上的酶所降解，然后通过入胞作用(endocytosis)被细胞摄取。在细胞内进一步被降解成氨基酸，然后通过基侧膜转运回血。正常情况下，通过这种方式可以重吸收所有滤过的蛋白质，但是由于这种方式很容易达到饱和，当滤过液中蛋白质含量过多时，尿中就会出现蛋白质。所有在许多肾脏疾病中，尤其在破坏滤过膜屏障的疾病中，都会出现蛋白尿(proteinuria)。

Summary

- Some organic compounds are secreted from the blood surrounding the kidney tubules into the tubular urine.
- Glucose is reabsorbed by the proximal tubule. Reabsorption is active and sodium-dependent and shows a maximal rate. Normally, all of the filtered glucose is reabsorbed.
- Most of the filtered sodium is reabsorbed by the kidney tubules. The proximal convoluted tubule reabsorbs the greatest fraction (70%) of the filtered sodium and water. The loop of Henle reabsorbs about 20% of the filtered sodium and 10% of the filtered water. The distal convoluted tubule and collecting ducts reabsorb about 12% of the filtered sodium and 19% of the filtered water. The collecting ducts are the site of final regulation of sodium and water excretion; aldosterone and antidiuretic hormone (ADH) increase sodium and water reabsorption, respectively, by the collecting ducts.
- Potassium is filtered, reabsorbed, and secreted by the kidney tubules.

Key Terms

glucose threshold, autoregulation, tubular reabsorption, tubular secretion, solvent drag, renin, symport, antiport, transcellular pathway, paracellular pathway

Review Questions

1. Define each term

1) autoregulation; 2) solvent drag; 3) symport; 4) antiport; 5) transcellular pathway;

6) paracellular pathway

2. Choose the best answer

1) Approximately what percentage of filtered water is usually reabsorbed by the kidney tubules?

(A) 1%　　(B) 20%　　(C) 70%　　(D) 99%

2) Active reabsorption of glucose across the apical membrane of proximal tubule cell is accomplished by:

(A) A glucose pump　　(B) Facilitated diffusion

(C) Glucose-sodium cotransport　　(D) Simple diffusion

3) About 70% of filtered sodium is reabsorbed in the:

(A) Collecting duct　　(B) Distal convoluted tubule

(C) Loop of Henle　　(D) Proximal convoluted tubule

4) How do the following affect potassium excretion?

(A) an increase in plasma aldosterone concentration

(B) an increase in plasma potassium concentration

(C) an increase in transtubular potential difference in the cortical collecting duct (lumen more negative)

(D) an increase in tubule fluid flow rate in the cortical collecting duct

3. Answer the following questions

1) What are the pathways for sodium reabsorption across the proximal tubule epithelium?

2) How do sodium and water reabsorption differ in the proximal convoluted tubule and collecting duct?

第四节　尿液的浓缩和稀释
Section 4　Urinary Concentration and Dilution

Section Outline

- Urinary dilution
- Urinary concentration
- The loops of Henle are countercurrent multipliers
- The vasa recta are countercurrent exchangers
- Urea plays a special role in the concentrating mechanism

尿渗透浓度可由于体内缺水或水过剩等不同情况而出现大幅度的变动。正常人尿渗透浓度可在约 50～1200mOsm/kgH_2O 之间波动。所以，根据尿液的渗透浓度可以了解肾的浓缩和稀释能力。肾的浓缩和稀释能力，在维持体液平衡和渗透压恒定中有极为重要的作用。肾小球超滤液在流经肾小管各段时，其渗透压发生变化，在近端小管和髓袢中，渗透压的变化是固定的，但经过远端小管后段和集合管时，渗透压可随体内缺水或水过多等不同情况出现大幅度的变化。当体内缺水时，机体将排出渗透浓度明显高于血浆渗透压的高渗尿(hyperosmotic urine),即尿被浓缩。而体内水过剩时,将排出渗透浓度低于血浆渗透压的低渗尿(hypoosmotic urine)。如果每日尿量超过 2.5L,称为多尿(polyuria);24 小时尿量少于 400ml,称为少尿(oliguria);24 小时尿量少于 100ml,则成为无尿(anuria)。本节重点讲述尿液浓缩和稀释的机制。

一、尿液的稀释(Urinary Dilution)

尿液的稀释是由于小管液中的溶质被重吸收,而水不被重吸收造成的。尿液的稀释主要发生在远端小管和集合管。如前所述,髓袢升支粗段能主动重吸收 Na^+ 和 Cl^-,而对水不通透,故水不被重吸收,造成髓袢升支粗段末端小管液为低渗。在体内水过剩而抗利尿激素释放被抑制时,远曲小管和集合管对水的通透性非常低,因此髓袢升支粗段的小管液流经远曲小管和集合管时,NaCl 继续重吸收,而水不被重吸收,使小管液渗透浓度进一步下降,可降低至 30~40mOsm/Kg H_2O,造成尿液的稀释。如果抗利尿激素完全缺乏,会出现尿崩症(diabetes insipidus),每天可排出高达 20L 的低渗尿,相当于肾小球滤过率的 10%。

二、尿液的浓缩(Urinary Concentration)

尿液的浓缩是由于小管液中的水被重吸收,而溶质仍留在小管液中造成的。由于水的重吸收是靠渗透作用而实现的被动重吸收,因此肾脏必须建立一个高渗的环境才能将水从肾小管中转运出来。肾髓质(renal medullary)存在渗透梯度(osmotic gradient),由髓质外层向乳头部逐渐升高。在抗利尿激素存在时,远曲小管和集合管对水的通透性增加,小管液从外髓集合管向内髓集合管流动时,由于渗透作用,水便不断进入高渗的组织间液,使小管液不断被浓缩而变成高渗液,最后尿的渗透压可高达 1200mOsm/kgH_2O,形成浓缩尿。可见,肾髓质渗透梯度的建立就成为浓缩尿的必要条件。髓袢,尤其是髓袢升支粗段,是形成肾髓质渗透梯度的重要结构,只有具有髓袢的肾才能形成浓缩尿。髓袢愈长,浓缩能力就愈强。肾髓质渗透梯度是如何形成的?由于髓袢各段对水和溶质的通透性和重吸收机制不同,以及髓袢的 U 形结构,所以可以通过逆流倍增(countercurrent multiplication)机制建立从外髓部至内髓部的渗透梯度。

(一)逆流倍增(countercurrent multiplication)

物理学中逆流是指两个并列的管道,其中液体流动的方向相反,如图 8-16 所示,甲管中液体向下流,乙管中液体向上流。含有 Na^+ 的液体从甲管流进,通过管下端的弯曲部分又折返流入乙管,然后从乙管反向流出,构成逆流系统。溶液流动时,由于 M1 膜能主动将 Na^+ 由乙管泵入甲管,而 M1 膜对水的通透性又很低,因此,甲管中溶液 Na^+ 浓度在向下流动过程中将不断增加(倍增)。结果甲管中溶液自上而下的渗透压会越来越高,到甲管下端的弯曲部分时 Na^+ 浓度最高。当溶液折返流入乙管并向上流动时,由于 Na^+ 被泵出,溶液中的 Na^+ 浓度也相应随之下降,渗透压也相应下降。这样,不论是甲管还是乙管，从上而下来比较，溶液的渗透压均逐渐升高，即出现了逆流倍增现象，形成了渗透梯度。如果有渗透浓度较低的溶液从丙管向下流动，而且 M2 膜对水能通透，对溶质不通透，水将因渗透作用而进入乙管。这样，丙管内溶质的浓度将逐渐增加，从丙管下端流出的液体成了高渗溶液。

髓袢、集合管的结构排列与上述的逆流倍增的模型相似（图 8-16），可帮助理解尿液浓缩机制。

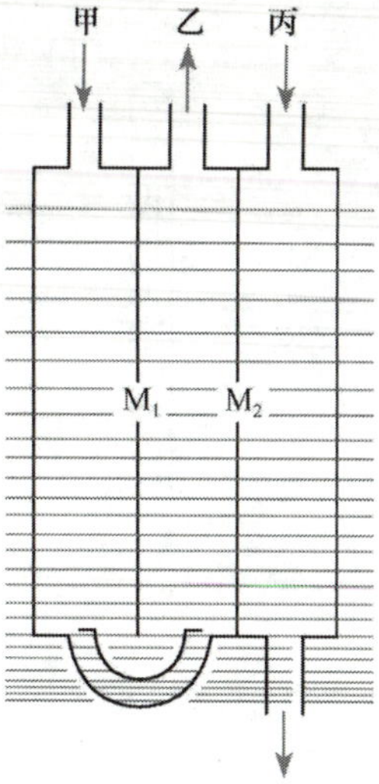

图 8-16 逆流倍增作用模型

（二）髓质的渗透梯度的形成机制（establishment of osmolality gradient in the medulla）

1. 外髓部（outer medulla）

正如前述，由于髓袢升支粗段能主动重吸收 Na^+ 和 Cl^-，而对水不通透，故髓袢升支粗段内小管液渗透压逐渐下降，而髓袢升支粗段外围组织间液则变成高渗。髓袢升支粗段位于外髓部，故外髓部的渗透梯度主要是由髓袢升支粗段对 NaCl 的主动重吸收所形成。越靠近皮质部，渗透压越低，越靠近内髓部，渗透压越高。

2. 内髓部（inner medulla）

内髓部渗透梯度的形成与尿素（urea）的再循环和 NaCl 重吸收有密切关系（图 8-17）。①远曲小管及皮质部和外髓部的集合管对尿素不易通透。因此，当小管液流经远曲小管及皮质部和外髓部的集合管时，在抗利尿激素的作用下，对水的通透性增加，由于外髓部高渗，水被重吸收，所以小管液中尿素的浓度逐渐升高。②当小管液进入内髓部集合管时，由于管壁对尿素的通透性增大，小管液中尿素就顺浓度梯度通过管壁向内髓部组织间液扩散，造成了内髓部组织间液中尿素浓度的增高，渗透压因之而升高。③髓袢降支细段对尿素不易通透，而对水则易通透，所以在渗透压的作用下，水被"抽吸"出来，从髓袢降支细段进入内髓部组织液。由于髓袢降支细段对 Na^+ 不易通透，小管液将被浓缩，于是其中的 NaCl 浓度愈来愈高，渗透浓度不断升高。④当小管液经过髓袢顶端折返入髓袢升支细段时，它同组织间液之间的 NaCl 渗透梯度就明显地建立起来。由于髓袢升支细段对 Na^+ 将顺浓度梯度而被动扩散至内髓部组织间液，从而进一步提高了内髓部组织间液的渗透压。由此看来，内髓部组织间液的渗透压，是由内髓部集合管扩散出来的尿素以及髓袢升支细段扩散出来的 NaCl 两个因素形成的。⑤小管液在髓袢升支细段流动过程中，由于 NaCl 扩散到组织间液，而且该段管壁对水不易通透，所以造成了管内 NaCl 浓度逐渐降低，渗透浓度也逐渐降低，这样髓袢降支细段与髓袢升支细段就构成了一个逆流倍增系统，使内髓部组织间液形成了渗透梯度。⑥尿素是可以再循环的。因为髓袢升支细段对尿素具有中等的通透性，所以从内髓部集合管扩散到组织间液的尿素可以进入髓袢升支细段，而后流过髓袢升支细段、远曲小管、皮质部和外髓部集合管，又回到内髓部集合管处再扩散到内髓部组织间液，这样就形成了尿素的再循环（urea recycling）。

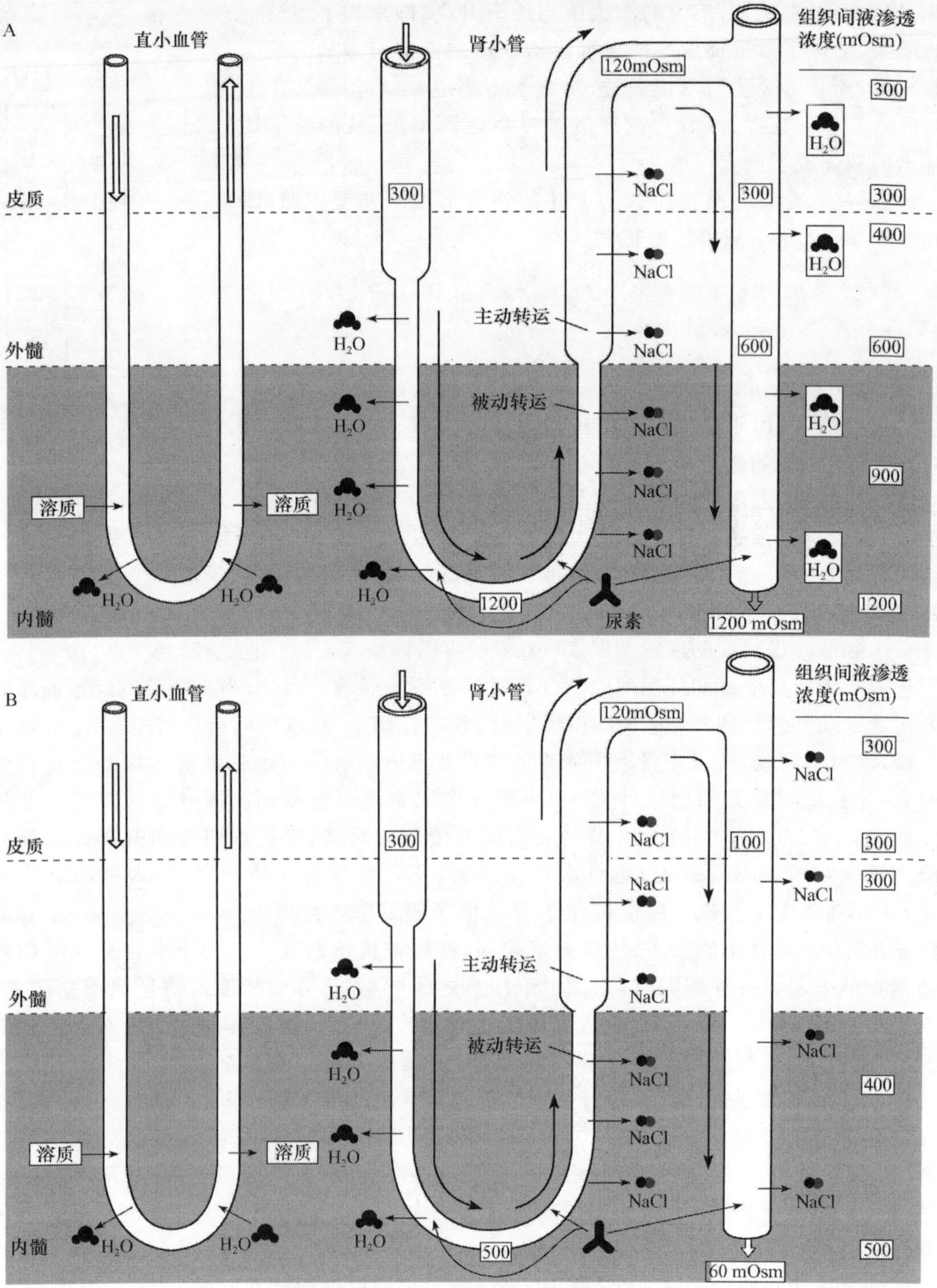

图 8-17　肾髓质渗透梯度的建立

A. 水缺乏；B. 水过量

从髓质渗透梯度形成的全过程来看，髓袢升支粗段对 NaCl 的主动重吸收是髓质渗透梯度建立的主要动力，而尿素和 NaCl 是建立髓质渗透梯度的主要溶质。

三、尿素在尿液浓缩机制中的特殊作用（Urea Plays a Special Role in the Concentrating Mechanism）

尿素是蛋白质的代谢产物，在肝脏生成，随血液循环到达肾脏后被肾小球滤过到小管液中。众所周知，如果动物或人类长期低蛋白饮食会造成尿液浓缩机制的破坏，因为低蛋白饮食会造成肾髓质的尿素浓度下降。图 8-17 同时也阐明了肾单位对尿素的处理过程。近端小管对尿素是中等通透的，它可以重吸收 50%滤过的尿素，但是，远曲小管液中的尿素浓度却与滤过的浓度相等，说明尿素在髓袢被分泌到小管液中。髓袢升支粗段、远曲小管、皮质部和外髓部的集合管对尿素几乎是不通透的。当小管液流经这些部位时，水被皮质部和外髓部的集合管重吸收，小管液中尿素浓度升高。在内髓部的集合管含有尿素的转运体，它可被抗利尿激素激活并可促进尿素向内髓部组织间液的扩散。尿素能重新进入髓袢并被重新利用，在内髓部浓度很高。尿素还可从肾盏中扩散到内髓部。内髓部渗透压的一半都是由尿素形成的。内髓部组织间液中的尿素可与集合管中的尿素相平衡，这样，组织间液中的其他物质（如 NaCl）就可以和尿液中其他物质相平衡，从而有利于尿液的浓缩。

四、直小血管在保持肾髓质高渗中的作用（The Role of Vasa Recta in Keeping Higher Medullary Osmotic Pressure）

如前所述，通过肾小管的逆流倍增作用，不断有溶质（NaCl 和尿素）进入髓质组织间液形成渗透梯度，也不断有水被肾小管和集合管重吸收至组织间液。因此，必须把组织间液中多余的溶质和水被除去才能保持髓质渗透梯度。通过直小血管的逆流交换（couter-current exchange）作用能保持髓质渗透梯度。直小血管不仅给髓质部的肾小管带来氧气和营养物质，而且能将髓质中多余的水分和溶质带走，从而维持肾髓质的渗透梯度。伸入髓质的直小血管也是 U 形，并与髓袢平行（图 8-17）。在直小血管降支进入髓质的入口处，其血浆渗透压约为 300mOsm/kgH_2O。由于直小血管对溶质和水的通透性高，当它在向髓质深部下行过程中，周围组织间液中的溶质就会顺浓度梯度不断扩散到直小血管降支中，而其中的水则渗出到组织间液，使血管中的血浆渗透压与组织间液达到平衡。因此，愈向内髓部深入，降支血管中的溶质浓度愈高。在折返处，其渗透浓度可高达 1200mOsm/kgH_2O。由于直小血管是逆流交换系统，因此，当直小血管由髓质深部返回外髓部时，血管的溶质浓度比同一水平组织间液的高，溶质由升支扩散到组织间液，并且可以再进入降支，这是一个逆流交换系统过程。因此，当直小血管升支离开外髓部时，只把多余的溶质带回血液循环中。此外，通过此作用，组织间液中的水不断进入直小血管升支，又把组织间液中多余的水随血流返回循环。这样就维持了肾髓质渗透梯度。直小血管这种维持肾髓质渗透梯度的作用是流量依赖性的（flow dependent）。直小血管中血流量过大最终会破坏髓质的渗透梯度；而如果血流量减少，髓质部的肾小管得不到足够的氧气供给，小管的转运功能，尤其是髓袢升支粗段的功能，将被破坏，同样无法维持肾髓质的渗透梯度。

Summary

- The mammalian kidney can form a urine that is osmotically more dilute or concentrated than plasma. The formation of an osmotically concentrated urine depends on the establishment of an osmotic gradient in the medulla by the loops of Henle. These structures act as countercurrent multipliers. The vasa recta act as countercurrent exchangers and remove water from the kidney medulla. The addition of urea to the inner medulla allows for efficient operation of the urinary concentrating mechanism.
- Production of an osmotically dilute urine involves the reabsorption of solute across a membrane, with water left behind.

Review Questions

1. Choose the best answer

Which of the following is associated with an increased ability to concentrate the urine osmotically?

(A) Administration of a "loop" diuretic drug

(B) A low protein diet

(C) An increased medullary blood flowL

(D) Long loops of Henle

2. Answer the following questions

1) What are the functions of the vasa recta?

2) What special role does urea play in the operation of the countercurrent mechanism in the inner medulla?

第五节 肾尿生成的调节
Section 5 Regulation of Urinary Formation

Section Outline

- Autoregulation of urinary formation
- Glomerulotubular banlance
- Effect of renal sympathetic nerve
- Effect of antidiuretic hormone
- Renin-angiotensin-aldosterone system
- Effect of atrial natriuretic peptide

尿的生成过程有赖于肾小球的滤过、肾小管和集合管的重吸收和分泌作用。因此，机体对尿生成的调节也就是通过影响这三个基本过程来实现的。肾小球滤过作用的调节在前文已述，本节主要讨论肾小管和集合管重吸收和分泌功能的调节。肾小管和集合管功能的调节包括肾内自身调节、神经调节和体液调节。

一、肾内自身调节(Intrarenal Autoregulation)

(一) 小管液中溶质的浓度(solute concentration in the renal tubule)

小管液中的溶质所形成的渗透压,是对抗肾小管对水重吸收的主要力量。如果小管液溶质浓度很高,渗透压很大,就会妨碍肾小管,特别是近端小管对水的重吸收,小管液中的 Na^+ 被稀释而浓度下降,小管液中与细胞内的 Na^+ 浓度差变小,Na^+ 重吸收减少,因此,不仅尿量增多,NaCl 排出也增多。

临床上有时给病人使用能被肾小球滤过但不易被肾小管重吸收的药物,如甘露醇(mannitol),利用它来提高小管液中溶质的浓度以及渗透压,妨碍对水的重吸收,以达到利尿和消除水肿的目的。这种利尿方式称为渗透性利尿(osmotic diuresis)。体内的代谢产物如果超过了肾小管重吸收它们的极限,同样也会产生渗透性利尿效应。如糖尿病(diabates mellitus)患者的多尿,就是由于小管液中葡萄糖含量增多,肾小管液渗透压因而增高,结果妨碍了水和 NaCl 的重吸收所造成的。如果给予大量的 NaCl 或尿素也会产生渗透性利尿。

(二) 球-管平衡(glomerulotubular banlance)

肾小球滤过率的增加会使滤过的 Na^+ 量增多,如果 Na^+ 重吸收不增加,会导致 Na^+ 的排出增加,最终会影响机体 Na^+ 的平衡。但是,在正常机体,肾小球滤过率的波动不会影响机体 Na^+ 的平衡,因为体内存在球-管平衡机制。球-管平衡(glomerulotubular banlance)是指肾小球滤过率增加时,近端小管对水和 Na^+ 的重吸收增加,肾小球滤过率减少时,近端小管对水和 Na^+ 的重吸收减少。近端小管对水和 Na^+ 的重吸收为定比重吸收(constant fraction reabsorption),不论肾小球滤过率或增或减,近端小管的重吸收率始终占肾小球滤过率的 65%~70%左右。球管平衡的意义在于使尿中排出的溶质和水不致因肾小球滤过率的增减而出现大幅度的变动。

球-管平衡可用以下两种机制解释。一是与管周毛细血管血压和胶体渗透压改变有关;二是与滤过的葡萄糖和氨基酸量有关。第一种机制认为当肾小球滤过率增加时,毛细血管血压下降,血浆蛋白的浓度相对地增高,当血液流经小管旁的毛细血管时,小管旁组织间液就加速进入毛细血管,组织间隙内静水压下降,使得小管细胞间隙内的 Na^+ 和水加速通过基膜而进入小管旁的组织间隙,最后导致近端小管对 Na^+ 和水重吸收量增加。这样重吸收仍可达到肾小球滤过率的 65%~70%。GFR 如果减少,便发生相反的变化,重吸收百分率仍能保持 65%~70%。第二种机制认为当肾小球滤过率增加时,滤过的葡萄糖和氨基酸量都增多,前已述及近端小管对 Na^+ 的重吸收时与葡萄糖和氨基酸的重吸收耦联的,Na^+ 重吸收的量多少也与滤过的葡萄糖和氨基酸有关。当肾小球滤过率增加时,Na^+ 和水重吸收量增加。

球管平衡在某些情况下可能被打乱。例如,渗透性利尿时,近端小管重吸收量减少,而肾小球滤过率不受影响,重吸收百分率就会小于 65%~70%,尿量和尿中 NaCl 排出量明显增多。

二、神经和体液调节(Nervous and Humoral Regulation)

(一) 肾交感神经(renal sympathetic nerve)

肾交感神经兴奋通过下列作用影响尿的生成:①通过血管平滑肌上的 α 肾上腺素能受体,使入球小动脉和出球小动脉收缩,而前者血管收缩比后者更明显,因此,肾小球毛细血管的血浆流量减少和肾小球毛细血管血压下降,肾小球有效滤过压下降,肾小球滤过率减少;②通过激活 β 肾上腺素能受体,使球旁器的颗粒细胞释放肾素,导致循环血液中的血管紧张素Ⅱ和醛固酮含量增加;③通过激活 α 肾上腺素能受体,增加近端小管和髓袢上皮细胞对 NaCl 的重吸收。总之,肾交感神经兴奋时,会使 NaCl 的排出减少,尿量降低。抑制交感神经活动则有相反的作用。

(二) 精氨酸血管升压素(arginine vasopressin,AVP)

精氨酸血管升压素,又称抗利尿激素(antidiuretic hormone,ADH),由 9 个氨基酸残基组成的小肽,是下丘脑(hypothalamus)的视上核(supraoptic nucleus,SON)和室旁核(paraventricular nucleus,PVN)的神经元分泌的一种激素。它在细胞体中合成,经下丘脑-垂体束(hypothalamic-neurohypophyseal tract)被运输到神经垂体,储存在轴突末梢的囊泡内。当神经元受到刺激,它们迅速爆发一个动作电位,Ca^{2+} 进入神经末梢,含有抗利尿激素的囊泡将其释放到周围的组织间液,血管升压素扩散到周围的毛细血管,由血液循环将其运送到靶器官,即集合管,增加水的重吸收。血管升压素的主要作用是提高集合管上皮细胞对水的通透性,从而增加水的重吸收,使尿浓缩,尿量减少。此外,血管升压素也能增加髓袢升支粗段对 NaCl 的主动重吸收和内髓部集合管对尿素的通透性,从而增加髓质组织间质浓度,提高髓质组织间液的渗透浓度,有利于尿的浓缩。

血管升压素对集合管上皮细胞的作用机制如图 8-18 所示。当血浆渗透压增高时,血浆血管升压素的水平增加。血管升压素与基侧膜上的血管加压素 V2 受体结合后,通过鸟苷酸激活蛋白 Gs,激活细胞内的腺苷酸环化酶(adenylyl cyclase),使上皮细胞中 cAMP 的生成增加。cAMP 进一步激活蛋白激酶 A(protein kinase A),通过一些未知蛋白的磷酸化,使位于管腔膜附近的含有水通道 AQP2 的小泡镶嵌在管腔膜上,增加管腔膜上水通道的数量,从而增加水的通透性。血管升压素的这一作用仅需要几分钟的时间。血管升压素对集合管还有长期的效应,它能增加 AQP2 基因的转录,使细胞内的 AQP2 分子数目增加。血管升压素不仅影响单一 AQP2 对水的通透性,而且影响管腔膜上 AQP2 的数目。当血管升压素缺乏时,管腔膜上的水通道可在细胞膜的衣被凹陷处集中,后者形成吞饮小泡进入胞浆,称为内移(internalization)。因此,管腔膜上的水通道消失,对水就不通透。

影响抗利尿激素释放的因素很多,包括疼痛、肿瘤、情绪应激、恶心、眩晕、麻醉、尼古丁、吗啡和血管紧张素Ⅱ,这些因素都会使抗利尿激素的释放增加,尿量减少,尿液浓缩。乙醇和心房钠尿肽抑制抗利尿激素的释放,使尿量增多,尿液稀释。影响抗利尿激素释放的最主要因素包括血浆渗透压和血容量。

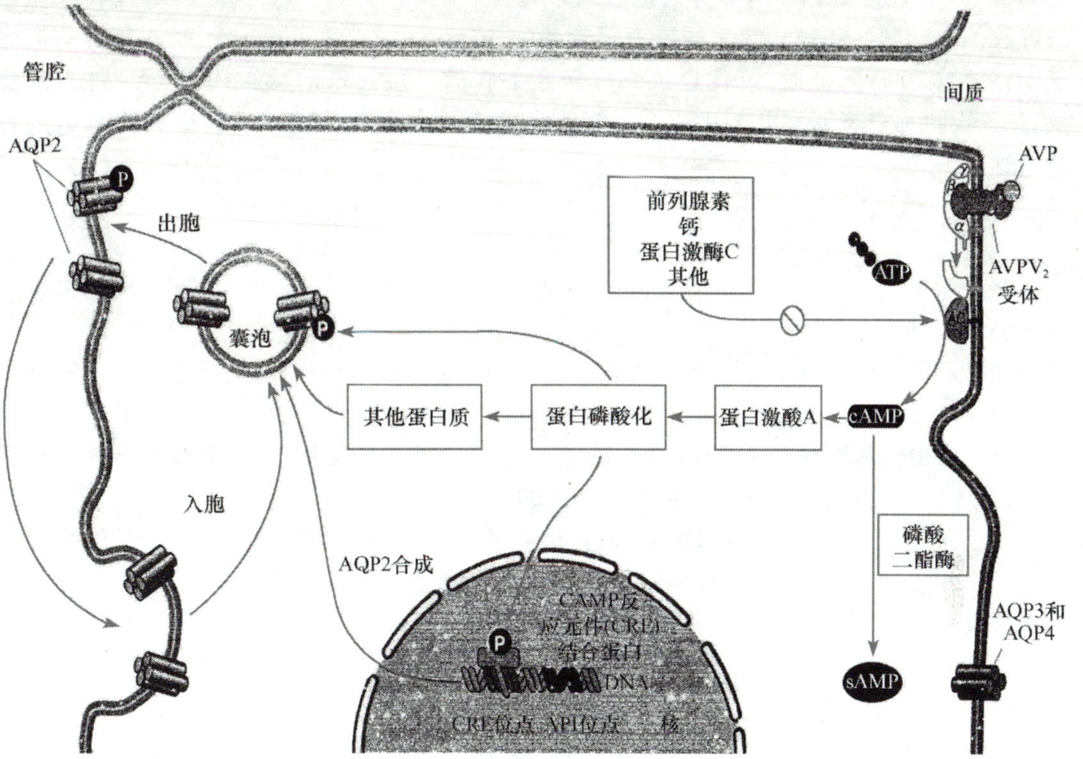

图 8-18 AVP 在集合管中的作用机制示意图

1. 血浆渗透压(plasma osmolality)

正常情况下影响抗利尿激素释放的最主要因素是血浆渗透压。当血浆渗透压升高时，位于下丘脑前部的渗透压感受器细胞(osmoreceptor cells)收缩，能刺激临近的视上核和室旁核分泌抗利尿激素，血浆中抗利尿激素水平升高，结果使水分被重吸收，尿液被浓缩。血浆中的溶质并不是都能够影响渗透压感受器细胞。如尿素，它虽然能够进入到这些细胞，但并不能引起抗利尿激素的释放。而血浆中的 NaCl 是引起抗利尿激素释放的有效的刺激因子。当由于体内水过多引起血浆渗透压降低时，渗透压感受器细胞肿胀，抗利尿激素的释放受抑制，血浆抗利尿激素水平下降，集合管对水不通透，水的重吸收减少，尿量增加，使血浆渗透压恢复正常。

日常生活在中，大量饮水后尿量增多的现象，称为水利尿(water diuresis)。正常人一次饮用 1000mL 清水后，约过半小时，尿量开始增加，到第一小时末，尿量减少，2～3 小时后尿量恢复到原来水平。如果饮用的是等渗盐水(0.9%NaCl 溶液)，则排尿量不出现饮清水后那样的变化。

2. 血容量(blood volume)

影响抗利尿激素释放的第二个最主要因素是血容量，特别是有效的动脉血量(effective arterial blood)。血容量过多抑制抗利尿激素的释放，而血容量过少，则促进抗利尿激素的释放。参与血容量调节的受体主要是分别位于左心房和心包内肺静脉上的牵张感受器(stretch receptors),感受器兴奋后通过迷走神经将冲动传到大脑,抑制抗利尿激素的释放。主动脉弓和颈动脉窦的压力感受器(baroreceptors)也可反射性地调节抗利尿激素的释放,当血压降低时,可促进抗利尿激素的释放。血容量的减少还可刺激肾素的释放,从而促进血管紧张素Ⅱ的生成。血管紧张素Ⅱ通过作用于脑内引起抗利尿激素的释放增加。

(三) 肾素-血管紧张素-醛固酮系统(renin-angiotensin-aldosterone system,RAAS)

肾素主要是由球旁器中的颗粒细胞分泌的,它是一种蛋白水解酶,以下三种因素能够促进肾素的释放。

(1) 入球小动脉血压的下降。颗粒细胞自身对牵张刺激敏感,而且可以作为肾内的压力感受器(intrarenal baroreceptor)起作用。

(2) 肾交感神经兴奋,通过颗粒细胞上的 β_2 肾上腺素能受体,促进肾素的释放。

(3) 肾小球滤过率降低而使到达致密斑的小管流量降低。

当由于出血等原因造成有效动脉血容量降低时,这三种因素共同作用引起肾素的释放增加。相反地,如果有效动脉血容量升高则抑制肾素的释放。长期的刺激能使入球小动脉平滑肌细胞分化成颗粒细胞,进一步增加肾素的储备。

肾素能催化血浆中的血管紧张素原(angiotensinogen)生成 10 肽的血管紧张素Ⅰ(agiotensinⅠ)。当血液流经肺时,血管紧张素Ⅰ在血管紧张素转换酶(agiotensin-converting enzyme,ACE)的作用下生成 8 肽的血管紧张素Ⅱ(agiotensin Ⅱ)(图 8-19)。

血管紧张素Ⅱ具有调节尿生成的作用。它可刺激肾上腺皮质球状带合成和分泌醛固酮,醛固酮可调节远曲小管和集合管上皮细胞的 Na^+ 的重吸收;它还可直接刺激近端小管对 NaCl 的重吸收,使尿中排出的 NaCl 减少;它能够促进垂体后叶释放抗利尿激素,增加集合管对水的重吸收,使尿量减少。血管紧张素Ⅱ无论对阻力血管还是容量血管都是一个很强的血管收缩因子,能够维持血压的恒定。应用血管紧张素转换酶抑制剂可以抑制血管紧张素Ⅱ的生成,从而降低血压,临床上常用来治疗高血压。

醛固酮(aldosterone)是肾上腺皮质球状带分泌的一种盐皮质激素。它的主要作用是促进远曲小管和集合管的主细胞重吸收 Na^+,同时促进 K^+ 的排出,所以醛固酮具有保 Na^+ 排 K^+ 的作用。醛固酮进入远曲小管和集合管的上皮细胞后,与胞浆受体结合,形成激素受体复合物,后者通过核膜,与核中的 DNA 特异性结合位点相互作用,调节特异性 mRNA 转录,最后合成多种醛固酮诱导蛋白(aldosterone-induced protein)。醛固酮诱导蛋白可能是:①管腔膜的 Na^+ 通道蛋白,从而增加管腔膜的 Na^+ 通道数量;②线粒体中合成 ATP 的酶,增加 ATP 的生成,为上皮细胞活动提供更多的能量;③基侧膜的 Na^+ 泵,促进细胞内的 Na^+ 泵回血液和 K^+ 进入细胞,提高细胞内的 K^+ 浓度,有利于 K^+ 分泌。由于 Na^+ 重吸收增加,造成了小管腔内的负电位,有利于 K^+ 的分泌和 Cl^- 的重吸收。结果,在醛固酮的作用下,远曲小管和集合管对 Na^+ 的重吸收增强的同时,Cl^- 和水的重吸收也增加,K^+ 的分泌量增加。

醛固酮的分泌主要受血液中血管紧张素Ⅱ浓度以及血 K^+ 浓度的调节,醛固酮的分泌对血 K^+ 浓度升高十分敏感,血 K^+ 仅增加 0.5～1.0mmol/L 就能引起醛固酮分泌。

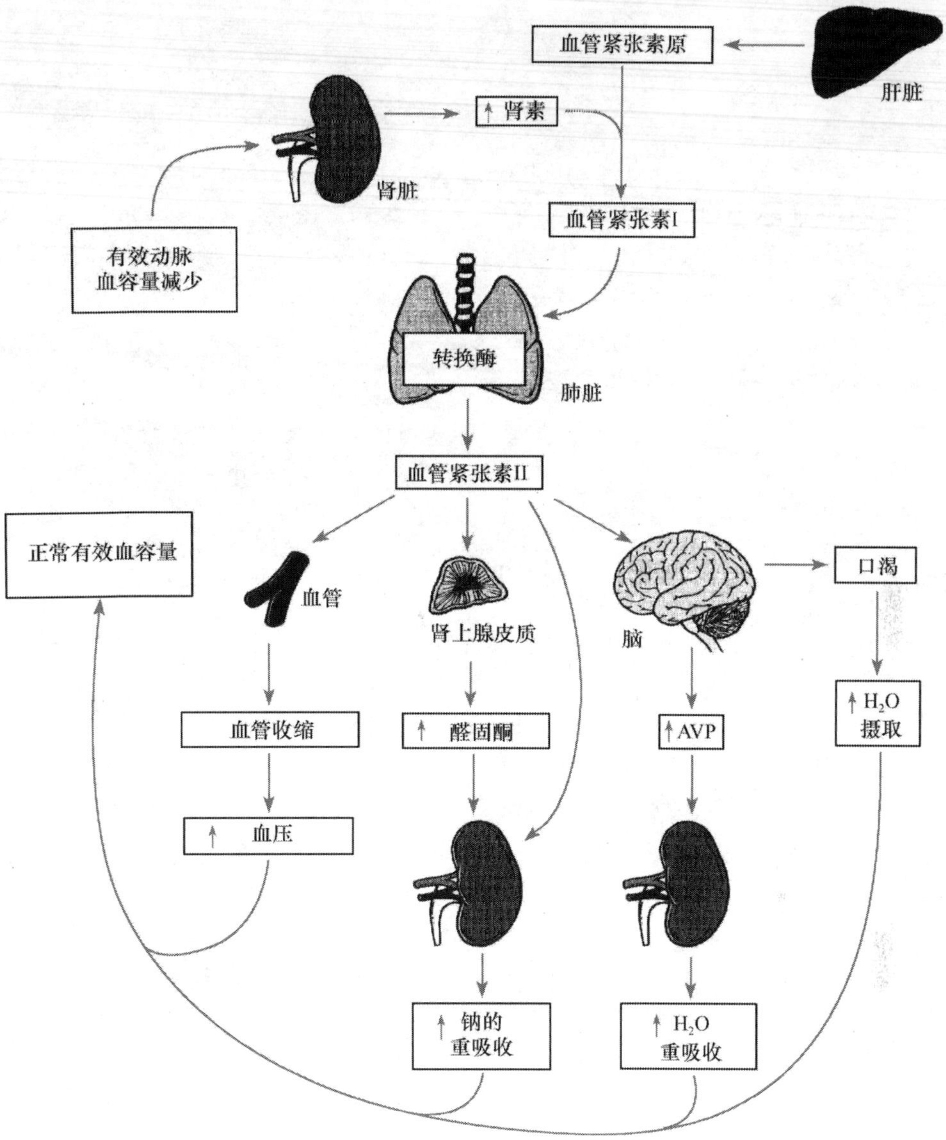

图 8-19 肾素-血管紧张素-醛固酮系统的组成示意图

（四）心房钠尿肽(atrial natriuretic peptide，ANP)

心房钠尿肽是心房肌合成的激素，由 28 个氨基酸残基组成的。它在心房受到牵张刺激时释放，如血容量增加时。它有明显的促 NaCl 和水的排出作用，与肾素－血管紧张素-醛固酮系统的作用正好相反。其作用机制可能通过抑制内髓部集合管对 NaCl 的重吸收，介导其作用的第二信使是 cGMP。心房尿钠肽可抑制肾素的分泌，抑制醛固酮的分泌，抑制抗利尿激素的分泌。它还是一种血管舒张因子，可引起血压的下降。

Clinical Note

Renovascular Hypertension

Because the juxtaglomerular cells release rennin in response to lower renal vascular pressures and not systemic blood pressure, stenosis of a renal artery or one of its branches can lead to stimulation of renin secretion. Even if renin secretion is augmented in only one segment of one kidney, it can be sufficient to raise systemic plasma renin levels. The resulting formation of angiotensin Ⅱ has a direct pressor effect by increasing the resistance of arterioles throughout the body. Angiotensin Ⅱ is a stimulus to aldosterone secretion by the adrenal cortex, and the latter hormone drives salt retention by its effect on Na^+ reabsorption by the collecting duct. The resulting volume expansion produces a slight increase in cardiac output, and thus contributes to the hypertension.

Renal artery stenosis can be produced by atherosclerotic plaques or tumors that compress the renal artery. Patients usually present because of their hypertension. Laboratory work often reveals hypokalemia secondary to high plasma aldosterone levels because aldosterone drives K^+ secretion by the collecting duct. More specialized laboratory work may reveal an elevated plasma renin level, in which case the renin activity on the stenotic side is elevated but depressed in the contralateral renal vein. Renal arteriography is used to confirm the stenosis, its origin, and to determine the method of treatment.

Because renovascular hypertension (sometimes called renoprival hypertension) is treatable by relief of the occlusion (eg, by angioplasty or surgery), it is imperative that this cause of hypertension be excluded early in the normal work-up of the hypertensive patient.

Summary

- Factors affecting urinary concentrating ability are ADH, salt reabsorption by the ascending limb of Henle's loop, tubule fluid and blood flows, urea and the length of Henle's loops.
- Production of an osmotically dilute urine involves the reabsorption of solutes across a membrane, with water left behind.
- Plasma osmolality is regulated by renal excretion of water, which is controlled by ADH. Under ordinary circumstances, the main stimulus for ADH release is a rise in plasma osmolality detected by osmoreceptor cells in the hypothalamus.
- The renin-angiotensin system helps maintain normal blood pressure and extracellular fluid volume.

Key Terms

antidiuretic hormone, atrial natriuretic peptide, glomerulotubular balance, renin-angiotensin-aldostrone system, water diuresis, osmotic diuresis

Review Questions

1. Define each term

1) glomerulotubular balance; 2) water diuresis; 3) osmotic diuresis

2. Choose the best answer

1) Which of the following produces renin?

(A) Granular cells　(B) Intercalated cells

(C) Macula densa　(D) Podocytes

2) Which of the following produces an increase in renal blood flow?

(A) angiotensin Ⅱ　(B) Norepinephrine

(C) Prostaglandin I_2　(D) Thromboxane

3) Antidiuretic hormone increase epithelial water permeability of:

(A) Collecting ducts　(B) Proximal tubules

(C) Thick ascending limbs　(D) All of the above

4) Antidiuretic hormone release from the posterior pituitary is stimulating by:

(A) A fall in plasma osmolality

(B) Severe hemorrhage

(C) Stimulation of arterial baroreceptors

(D) Stretch of left atrial receptors

5) Renin release is stimulated by:

(A) Increased blood pressure in afferent arterioles

(B) Increased effective arterial blood volume

(C) Increased sodium chloride transport by macula densa cells

(D) Stimulation of renal sympathetic nerves

第六节　清　除　率
Section 6　Clearance

Section Outline

- Clearance: calculation and significance
- Glomerular filtration rate: clearance of inulin or endogenous creatinine
- Renal plasma flow: clearance of diodrast or PAH

一、清除率的概念和计算方法(Definition of Clearance and Calculation)

清除率(clearance, C)是指两肾在单位时间(每分钟)内能将多少毫升血浆中的某一物质完全清除出去，这个被完全清除了该物质的血浆毫升数，就称为该物质的清除率。由清除率的定义可知，计算某物质的清除率 C，需要确定三个数值，单位时间内排出的尿量——V(mL/min)，尿中所含某物质的浓度——U(mg/dL)，该物质在血浆中的浓度——P(mg/dL)。

每分钟该物质的排出量为 $U\times V$(mg/min)，因为尿中该物质完全来自血浆，所以，$U\times V=P\times C$，即 $C=U\times V/P$(mL/min)。

根据上式可计算各种物质的清除率。例如，Na^+ 清除率的计算方法如下：测得尿量 V 为 1mL/min，尿 Na^+ 浓度 U 为 280mmoL/L，血浆 Na^+ 浓度 P 为 140mmol/L，Na^+ 清除率为：

$$C=\frac{280\text{mmol/L}\times 1\text{mL/min}}{140\text{mmol/L}}=2\text{mL/min}$$

表示肾每分钟清除了 2mL 血浆中所含的所有 Na^+。各种物质的清除率不一样，例如，葡萄糖的清除率为 0，因为尿中不含葡萄糖，而尿素的清除率为 70mL/min。

必须指出，所谓每分钟被完全清除了某物质的血浆毫数，仅是一个推算的数值。实际上，肾并不一定把这部分血浆中的某物质完全清除掉，而可能仅仅清除其中的一部分。但是，肾清除该物质的量可以相当于多少毫升血浆中所含的该物质的量。所以说，清除率所代表的血浆毫升数是一个相对量。

二、测定清除率的理论意义(Significance of Detecting Clearance)

测定清除率不仅可以了解肾的功能，还可以测定肾小球滤过率、肾血流量和推测肾小管的功能。

(一) 测定肾小球滤过率(measuring glomerular filtration rate)

肾小球滤过率可通过测定菊粉(inulin)清除率和内生肌酐清除率等方法来测定。

1. 菊粉清除率(clearance of inulin)

菊粉是果糖的聚合体，它不能由机体产生，须从静脉注入体内。菊粉可被肾小球滤过，但既不被重吸收也不被分泌。因此单位时间内尿中排出的菊粉量($U\times V$)应等于单位时间内肾小球滤过的量(GFR×P)，因此该物质的清除率就可以代表肾小球滤过率，即：

$$U\times V=\text{GFR}\times P$$

$$C=\text{GFR}=U\times V/P$$

其中，C 代表的是菊粉的清除率，U 和 P 分别代表尿中和血浆中菊粉的浓度。在进行菊粉清除率测定时，给被测者静脉滴注一定量菊粉以保持血浆中的浓度恒定，然后测定单位时间内的尿量和尿中菊粉的浓度。如果血浆菊粉浓度维持在 1mg/100mL，测得尿量时 1mL/min，尿菊粉浓度是 125mg/100mL，则菊粉清除率是 $C=U\times V/P=$125mL/min，因此肾小球滤过是 125mL/min。

菊粉并不是用来测定肾小球滤过率的唯一物质，只要满足以下标准，均可作为测定肾小球滤过率的物质。

(1) 这种物质必须是被肾小球自由滤过。

(2) 这种物质既不被重吸收也不被分泌。

(3) 这种物质不能被肾脏代谢和产生。

(4) 这种物质不能改变肾小球滤过率。

2. 内生肌酐清除率(clearance of endogenous creatinine)

所谓内生肌酐是指体内组织代谢所产生的肌酐,它可以满足上述标准,因此能用来测定肾小球滤过率。由于菊粉试验操作繁杂,临床上常用内生肌酐清除率来反映肾小球滤过率。

(二) 测定肾血流量(measuring renal blood flow)

如果血浆中某一物质,在经过肾循环一周后可以被完全清除掉,亦即在肾动脉中该物质有一定浓度,但在肾静脉中其浓度接近于0,则该物质每分钟的尿中排出量($U \times V$)应等于每分钟通过肾的血浆中所含的量。设每分钟通过肾的血浆量为 X,血浆中该物质浓度为 P,即 $U \times V = X \times P$,则该物质的清除率即为每分钟通过肾的血浆量。

$$U \times V = X \times P$$

$$C = X = U \times V / P$$

如果在静脉滴注碘锐特(diodrast)或对氨基马尿酸(para-aminohippuric acid,PAH)的钠盐后维持血浆浓度较低时(1～3mg/100mL),当血液流经肾脏一次后,几乎全部清除掉,肾静脉中的浓度接近于0。因此碘锐特或PAH清除率的值可用来代表肾血浆流量。用此两种物质测得的清除率平均为660mL/min,这一数值仅代表了肾的有效血浆流量(effective renal plasma flow),因为用此方法测得的肾血浆流量仅代表供应生成尿的部分的流量,还有一部分血液供应肾单位以外的组织。

如果血浆量占全血量的55%,则肾血流量＝660/55×100＝1200mL/min,约占心输出量的1/5～1/4。

(三) 推测肾小管的功能(deducing the function of the renal tubule)

通过肾小球的测定,以及其他物质清除率的测定,可以推测出哪些物质能被肾小管重吸收,哪些物质能被肾小管分泌。例如,可以自由通过滤过膜的物质(如尿素和葡萄糖),它们的清除率均小于肾小球滤过率。说明该物质滤过之后被重吸收了,其清除率才能小于肾小球滤过率。但是,不能由此而推断该物质不会被分泌,因为只要重吸收量大于分泌量,其清除率仍可小于肾小球滤过率。

如果一种物质的清除率大于肾小球滤过率,如肌酐的清除率可达175mL/min,表明肾小管必定能分泌该物质,否则其清除率决不可能大于肾小球滤过率。但是,不能由此推断说该物质不会被重吸收,因为只要分泌量大于重吸收量,其清除率仍可大于肾小球滤过率。

Summary

- Glomerular filtration rate is most accurately measured by determining the inulin clearance.

Key Terms

clearance

Review Questions

1. Define each term

clearance

2. Answer the following questions

1) Why can the clearance of PAH be used to estimate renal plasma flow?

2) The following data were collected in a renal clearance study on a young, 70-kg man: plasma inulin concentration 0.30mg/ml; urine inulin concentration 7.50mg/ml; plasma glucose concentration 4.00mg/ml; urine glucose concentration 25.00mg/ml; plasma PAH concentration 0.02mg/ml; urine PAH concentration 2.64mg/ml; urine flow rate 5.00 ml/min; blood hematocrit 0.45.

(A) What is the glomerular filtration rate?

(B) What is the glucose clearance?

(C) What is the rate of tubular reabsorption of glucose?

(D) What is the PAH clearance?

(E) Assuming that the PAH clearance is equal to 90% of the renal plasma flow?

(F) What is the renal blood flow?

3) The following values were obtained in a renal clearance study on a young, 50-kg woman: plasma creatinine concentration 0.010mg/ml; urine creatinine concentration 0.80 mg/ml; urine volume 720ml; duration of urine collection 12hr. What is her glomerular filtration rate in ml plasma/min?

3. Case study

Nephrotic Syndrome

A 6-year-old boy is brought to the pediatrician by his mother because of a puffy face and lethargy. A few weeks before, he had an upper respiratory tract infection, probably caused by a virus. Body temperature is 36.8℃; blood pressure, 96/95mmHg; and heart rate, 90 beats/min. Puffiness around the eyes, abdominal swelling, and pitting edema in the legs are observed. A urine sample (dipstick) is negative for glucose but reveals 3+ protein. Microscopic examination of the urine reveals no cellular elements or casts. Plasma [Na^+] is 140 mEq/L; BUN, 10 mg/dL; [glucose], 100mg/dL; creatinine, 0.8 mg/dL; serum albumin, 2.3 g/dL (normal, 3.0 to 4.5 g/dL); and cholesterol, 330 mg/dL. A 24-hour urine sample has a volume of 1.10 L and contains 10 mEq/L Na^+, 60 mg/dL creatinine, and 0.8g/dL protein.

The child is treated with the corticosteroid prednisone, and the edema and proteinuria disappear in 2 weeks. Puffiness and proteinuria recur 4 months later, and a renal biopsy is performed. Glomeruli are normal by light microscopy, but effacement of podocyte foot processes and loss of filtration slits are seen with the electron microscope. No immune deposits or complement are seen after immunostaining. The biopsy indicates minimal change glomerulopathy. The podocyte cell surface and glomerular basement membrane show reduced staining with a cationic dye.

Questions:

1) What features in this case would cause suspicion of nephritic syndrome?

2) What is the explanation for the proteinuria?

3) Why does the abnormally high rate of urinary protein excretion underestimate the rate of renal protein loss?

4) What is the endogenous creatinine clearance, and is it normal? (The boy's body surface area is 0.86m^2)

5) What is the explanation for the edema?

第七节 尿的排放
Section 7 Micturition

Section Outline

- Innervation of the bladder
- Micturition reflex

尿的生成是一个连续不断的过程。尿液经输尿管(ureters)到达膀胱(bladder),输尿管每分钟蠕动1～5次,将尿液从肾盂运送到膀胱。尿液在膀胱内储存并达到一定量时,才能引起反射性排尿反射,将尿液经尿道排放于体外。膀胱和括约肌的收缩都受神经的支配。

一、膀胱的神经支配和储尿功能(Innervation of the Bladder and Storation of Urine)

膀胱是一个中空的由平滑肌组成的器官,它的肌肉被称为逼尿肌(detrusor)。在膀胱的颈部有内括约肌(internal sphincter),仍是由平滑肌组成。膀胱体和颈受副交感神经盆神经(pelvic nerves)和交感神经腹下神经(hypogastric nerves)的双重支配(图8-20)。外括约肌(external sphincter),由骨骼肌组成,受体神经的支配,该神经走行于阴部神经(pudendal nerves)内。盆神经、腹下神经和阴部神经既含有运动神经纤维也含有感觉神经纤维。膀胱具有两个功能,一是储存尿液,二是在适当的时候排空尿液。当膀胱充盈时,它可以通过调节肌张力和容量,使膀胱内压保持不变。外括约肌在阴部神经的支配下持续处于关闭状态。在正常成人,当膀胱内液体量达到100～150mL时,才有膀胱充盈的感觉。当尿液达到150～250mL时才有排尿的

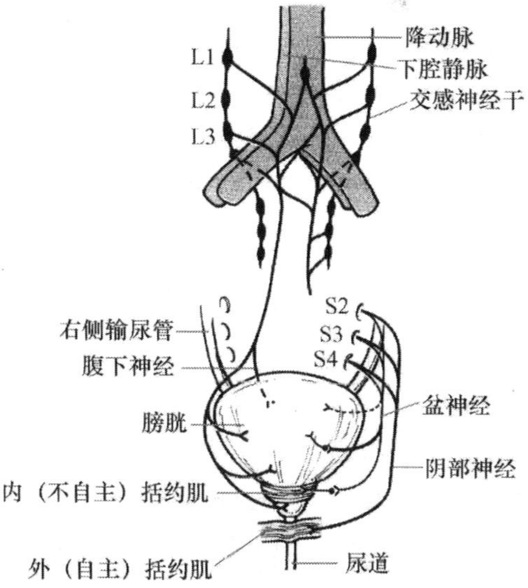

图8-20 膀胱的神经支配示意图

感觉。当膀胱内的尿液达到 350～400mL，人就感觉非常不舒服，此时膀胱内压为 10cmH_2O。尿液如果再增加，膀胱内压力陡增，可能时由于逼尿肌的反射性收缩所致。如果尿液超过 700mL 就会引起痛感并会失去控制。膀胱的充盈感、排尿感以及痛感都是由盆神经的传入神经介导的。

二、排尿反射(Micturition Reflex)

排尿是一种反射活动，这个反射活动包括自主神经(autonomic nerves)和体神经(somatic nerves)的参与，并可被大脑的高级中枢调控。排尿反射的基本中枢在骶髓(sacral spinal cord)，但受中脑和大脑皮层的高位中枢的控制。当膀胱尿量充盈到一定量时(400～500mL)，膀胱壁的牵张感受器受到刺激而兴奋，冲动沿盆神经传入到达骶髓的排尿反射初级中枢，同时冲动也到达脑干和大脑皮层的排尿反射高位中枢，并产生尿意。排尿反射进行时，冲动沿盆神经传出，引起逼尿肌收缩，内括约肌松弛，于是尿液进入后尿道。这时 尿液还可以刺激后尿道的感受器，冲动沿阴部神经再次传到脊髓初级排尿中枢，进一步加强其活动，使逼尿肌收缩、外括约肌开放，于是尿被强大的膀胱内压(可高达 150cm H_2O)驱出。这是一种正反馈(positive feedback)，它使排尿反射一再加强，直至尿排完为止。在排尿末期，由于尿道海绵体肌肉收缩，将残于尿道的尿排出体外。此外，在排尿时，腹肌(abdominal muscles)和膈肌(diaphragm)的收缩也产生较高的腹内压，协助克服排尿的阻力。

健康成人的排尿活动受意识的控制，但对于儿童来说，排尿活动仅仅是一种反射活动，当膀胱充盈时就会发生。2.5 岁的时候，排尿反射开始受意识的控制，而在 3 岁时高级中枢对排尿活动的控制能力成熟。如果支配膀胱和其括约肌的神经受到损伤，都会引起排尿异常和尿失禁(incontinence)。

Summary

- The two ureters are muscular tubes that carry the urine from the kidneys to the bladder. The urinary bladder functions as a reservoir of urine and is periodically emptied (micturition). Micturition is a complex act involving autonomic and somatic nerves, spinal reflexes, and higher brain centers.

Key Terms

Micturation

Review Questions

1. Define each term

micturation

2. Answer the following question

What are two functions of the urinary bladder?

（姜　宏　谢俊霞）

参考文献(References)

蒋正尧. 2005. 人体生理学. 北京:科学出版社

姚泰. 2005. 生理学(供 8 年制及 7 年制). 北京:人民卫生出版社

朱大年. 2009. 生理学. 7 版. 北京:人民卫生出版社

Ganong W F. 2005. Review of Medical Physiology. 22nd ed. Stamford, Connecticut: McGraw-Hill

Guyton A C, Hall J E. 2000. Textbook of Medical Physiology. 10th ed. Philadelphia: WB Saunders

Johnson L R. 1998. Essential Medical Physiology. 2th ed. New York: Lippincott-Raven phublishers

Silverthorn D U. 2009. Human Physiology. 4th ed. San Francisco: Pearson Education, Inc

第九章　感觉器官的功能
Chapter 9　The Sensory Organs

Chapter Outline

- General Principles of Sensory Receptors
- Visual Function of the Eye
- Function of the Auditory System
- The Vestibular Sensation of Equilibrium

感觉是客观物质世界在人主观上的反映。机体内、外环境中的各种刺激作用于感受器或感觉器官，刺激所包含的信息在此转变成神经冲动，后者沿着传入神经到达大脑皮层的特定部位。有的感觉传入能达到意识水平而引起特定的主观感觉；有的不达到意识水平，仅向中枢提供内、外环境变化的信息，以便机体调整生理活动。由此可见，各种感觉都是通过特定的感受器或感觉器官、传入神经和大脑皮质的共同活动而产生的。而各种感觉的最终形成与中枢神经系统的功能密不可分，这些内容将在第十章中进一步加以阐述，本章所述内容仅限于感受器或感觉器官的功能。

第一节　感受器及其一般生理特性
Section 1　General Principles of Sensory Receptors

Section Outline

- Definitions and classifications of receptors
- General characteristics of receptors
  - —Adequate stimulus
  - —Transducer function
  - —Coding
  - —Adaptation

一、感受器的定义和分类（Definitions and Classifications）

感受器(receptor)是指分布于体表或组织内部的一些专门感受机体内、外环境变化的结构或装置。最简单的感受器就是游离的感觉神经末梢，如痛觉，以及部分牵张感受器的感受装置都是游离神经末梢；有些感受器是在裸露的神经末梢周围包绕一些由结缔组织构成的被膜样结构，如环层小体、触觉小体和肌梭等；体内还有一些结构和功能都高度分化的感受细胞，如视网膜的视杆细胞和视锥细胞是光感受细胞，耳蜗中的毛细胞是声音感受细胞等。这些感受细胞与感觉神经元形成突触联系，当感受细胞被激活，释放相应的递质进而引起与其相关的感觉神经元兴奋(图 9-1)。

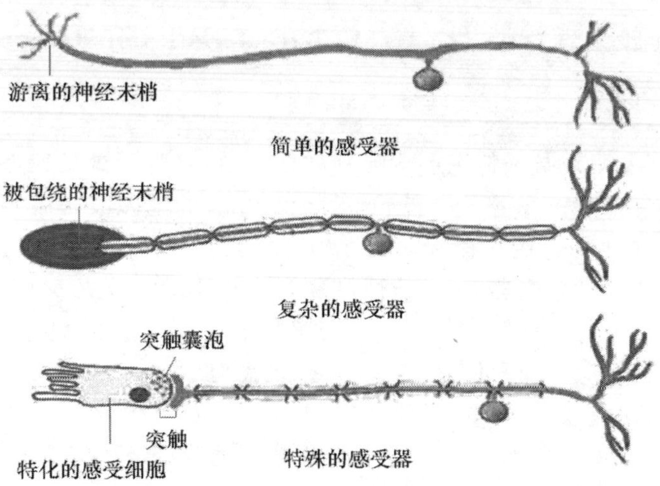

图 9-1 感受器

最简单的感受器是游离的感觉神经末梢，较复杂的感受器是在裸露的神经末梢周围包绕一些由结缔组织构成的被膜样结构，还有一些结构和功能都高度分化的感受细胞，是特殊的感受器

感受细胞连同它们的附属结构（如眼的屈光系统、耳的集音与传音装置），就构成了复杂的感觉器官（sense organ）。体内重要的感觉器官有眼（视觉）、耳（听觉）、前庭（平衡觉）、鼻（嗅觉）、舌（味觉）等，这些感觉器官都分布在头部，称特殊感觉器官。

机体感受器种类繁多，常用的分类方法是按所接受的刺激性质的不同而分为化学感受器（chemoreptors）、机械感受器（mechanoreceptors）、光感受器（photoreceptors）和温度感受器（thermoreceptors）等，见表 9-1。按感受器分布部位的不同，可分为内感受器（interoceptor）和外感受器（exteroceptor）。内感受器接受机体内部的环境变化。可再分为本体感受器（proprioceptor）和内脏感受器（visceral receptor），前者位于关节囊、肌腱和肌梭等，后者则存在于内脏和内部器官中。外感受器感受外界环境的变化。可进一步分为远距离感受器和接触感受器，如视、听、嗅觉感受器可归类于远距离感受器，而触、压、味、温度觉可归类于接触感受器。需要指出的是，一些感受器的传入冲动通常都能引起主观的感觉，但也有一些感受器一般只向中枢提供内、外环境变化的信息，引起各种调节性反应，在主观上并不产生特定的感觉，如主动脉弓和颈动脉窦的压力感受器。

表 9-1 体内主要的感受器分类（按所接受的刺激性质分类）

感受器类型	刺激举例
化学感受器 Chemoreptors	O_2，pH，味觉，嗅觉，各种有机小分子物质，如葡萄糖，氨基酸等
机械感受器 Mechanoreceptors	压力（压力感受器），细胞牵张（渗透压感受器），加速度，重力，声波振动等
光感受器 Photoreceptors	光线
温度感受器 Thermoreceptors	冷、热刺激

二、感受器的一般生理特性（General Characteristics of Receptors）

（一）感受器的适宜刺激（adequate stimulus）

一种感受器通常只对某种特定形式的刺激最敏感，这种形式的刺激就称为该感受器的适宜刺激（adequate stimulus）。如波长 380～760nm 的电磁波是眼视网膜光感受细胞的适宜刺激，20～20 000Hz 的机械振动是耳蜗毛细胞的适宜刺激。但感受器并不只对适宜刺激有反应，对于一种感受器来说，非适宜刺激也可引起一定的反应，不过所需的刺激强度通常要比适宜刺激大得多。例如，视网膜感光细胞对光敏感，但是给眼部重重的一击也可刺激视网膜感光细胞，让我们有"眼冒金星"的感觉。

适宜刺激作用于感受器，必须达到一定的刺激强度和持续一定的作用时间才能引起某种相应的感觉，每种感受器都有其特有的感觉阈值（sensory threshold）。引起感受器兴奋所需的最小刺激强度称为强度阈值；而所需的最短作用时间称为时间阈值。对于某些感受器来说（如触觉感受器），当刺激强度一定时，刺激作用还要达到一定的面积，这称为面积阈值。当刺激较弱时，面积阈值就较大；而刺激较强时，面积阈值则较小。此外，对于同一种性质的两个刺激，其强度的差异必须达到一定程度才能使人在感觉上得以分辨，这种刚能分辨的两个刺激强度的最小差异，称为感觉辨别阈（discrimination threshold）。

（二）感受器的换能作用（transducer function）

各种感受器在功能上的一个共同特点，是能把作用于它们的各种形式的刺激能量转换为传入神经上的动作电位，这种能量转换称为感受器的换能作用（transducer function）。因此可以把感受器看成是生物换能器。

在换能过程中，一般不是把刺激所包含的能量直接转变成动作电位，而是先在感受器上产生一种过渡性的电变化，在感受细胞产生的电变化称为感受器电位（receptor potential），而在传入神经末梢产生的电变化称为发生器电位（generator potential）（图 9-2）。如同终板电位、突触后电位等慢电位一样，感受器电位或发生器电位属于局部反应，具有局部反应的全部特性，例如，在一定范围内大小与刺激强度成正比、非"全或无"、可以总和、以电紧张形式扩布等。如此，感受器电位和发生器电位的幅度、持续时间和波动方向，就反映了外界刺激的某些特征，具备良好的模拟运算特性。对神经末梢感受器来说，当感受器电位达到细胞膜的阈电位时，神经末梢就爆发可扩布的动作电位，并向中枢传导，完成换能作用。这里感受器电位产生的部位与传入冲动的产生部位是相同的，即神经末梢最终可以"发生"动作电位，所以感受器电位就是发生器电位。对于特化的感受细胞来说，如视网膜感光细胞和内耳毛细胞，不是可兴奋细胞，它们受到刺激后先产生感受器电位，感受器电位可以触发递质释放，然后引起与其相连的其他可兴奋细胞（神经细胞）产生局部去极化，转而引起动作电位。感受细胞是永远不能"产生"动作电位，所以称为感受器电位。

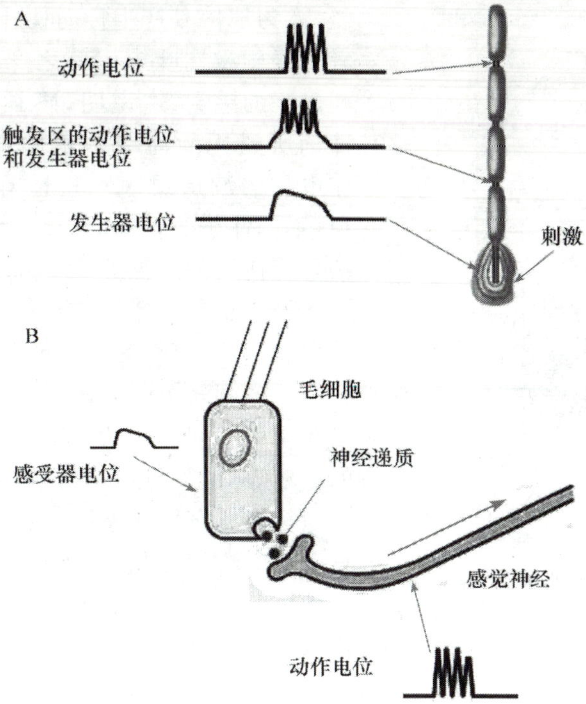

图 9-2 感受器电位和发生器电位

A. 发生器电位。对神经末梢感受器来说，当发生器电位达到细胞膜的阈电位时，神经末梢就爆发可扩布的动作电位，并向中枢传导，完成换能作用；B. 感受器电位。感受细胞受到刺激后先产生感受器电位，感受器电位可以触发递质释放，然后引起与其相连的可兴奋细胞（神经细胞）产生动作电位

感受器换能作用主要通过跨膜信号传递过程完成，跨膜信号传递主要是由具有特殊感受装置的通道蛋白或特殊受体介导的。如肌梭和耳蜗毛细胞的机械门控通道，视杆细胞 G-蛋白耦联受体相关联的 Na^+ 内流。跨膜信号传递所致的跨膜离子移动造成跨膜电位变化（去极化或超极化），即感受器电位。

（三）感受器的编码功能（coding）

感受器在把外界刺激转换为神经动作电位时，不仅发生了能量的转换，而且把刺激所包含的环境变化的信息也转移到了动作电位的序列之中，起到了信息的转移作用，这就是感受器的编码功能（coding）。感受器的编码机制复杂，目前还不十分清楚，下面仅就感受器对外界刺激的性质和强度进行编码的一些基本问题进行阐述。

不同性质的刺激是如何被编码的呢？众所周知，不论来自何种感受器的传入神经纤维上的传入冲动，都是一些在波形和产生原理上基本相同的动作电位。例如，由视神经、听神经或皮肤感觉神经的单一纤维上记录到的动作电位，并无本质上的差别。因此，不同性质的外界刺激不可能是通过某些特异的动作电位波形或强度特性来编码的。实验和临床经验都表明，不同种类的感觉的引起，不但决定于刺激的性质和被刺激的感受器，也决定于传入冲动所到达的大脑皮层的终端部位（图 9-3）。例如，用电刺激作用于病人视神

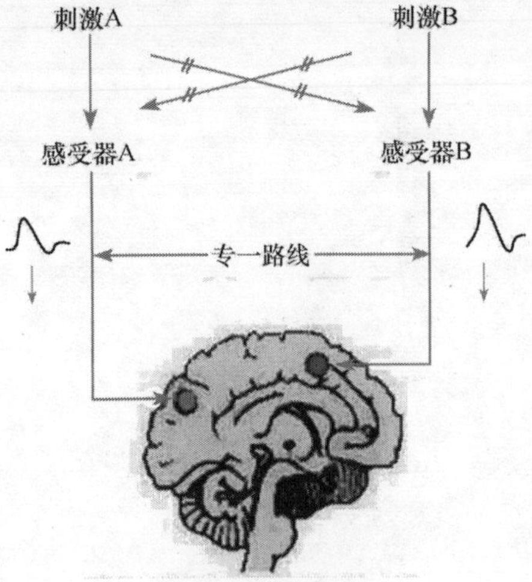

图 9-3　性质的编码

不同种类的感觉的引起，不但决定于刺激的性质和被刺激的感受器，也决定于传入冲动经过某一专用路线，所到达的大脑皮层的终端部位

经，人为地使其产生传向枕叶皮层的传入冲动，或者直接刺激枕叶皮层使之产生兴奋，这时都会引起光亮的感觉，这说明，感觉的性质决定于传入冲动所到达的高级中枢的部位，而不是由于动作电位的波形或序列特性有什么不同。也就是说，不同性质的感觉的引起，首先是由传输某些电信号所使用的通路来决定的，即由某一专用路线(labeled line)传到特定终端部位的电信号，通常就引起某种性质的主观感觉。事实上，即使是同一性质的刺激范围内，它们的一些次级属性（如视觉刺激中不同波长的光线和听觉刺激中不同频率的振动等）也都有特殊分化了的感受器和专用传入途径。在自然状态下，由于感受器细胞在进化过程中的高度分化，使得某一感受细胞变得对某种性质的刺激或其属性十分敏感，而由此产生的传入信号又只能寻特定的途径到达特定的皮层结构，引起特定性质的感觉。

在同一感受系统或感觉类型的范围内，外界刺激的量或强度是怎样编码的呢？既然动作电位是“全或无”式的，因而刺激的强度不可能通过动作电位的幅度大小或波形改变来编码。根据在多数感受器实验中得到的实验资料，刺激的强度是通过单一神经纤维上冲动的频率高低和参加这一信息传输的神经张纤维的数目的多少来编码的。图 9-4 显示蛙肌梭对刺激强度的编码。感受器电位的振幅随刺激强度分级、平稳的增大时，动作电位频率也逐渐增高。感受器对刺激强度的编码还可通过改变参与活动的神经纤维数目来实现。如弱的皮肤触压刺激仅引起少数传入神经上低频率的冲动，而刺激增强时，除传入冲动频率增高外，神经纤维的数目也增加。

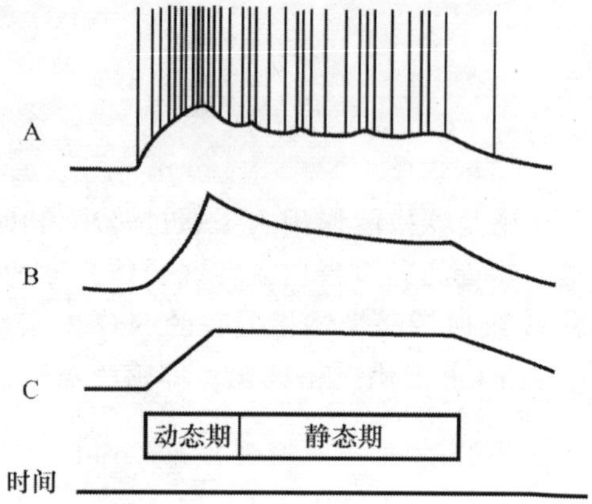

图 9-4　蛙肌梭对刺激强度的编码

A. 肌梭初级传入神经末梢记录到的发生器电位和动作电位；B. 用河豚毒素（tetrodotoxin）阻断 Na^+ 通道取消动作电位后，发生器电位不受影响；C. 对应的牵张刺激的变化

还应该知道的是，感觉过程的编码过程并不只是感受器部位进行一次，事实上信息每通过一次神经元间的突触联系，都要进行一次重新编码，这使它有可能接受来自其他信息源的影响，使信息得到不断的处理，这当然属于中枢神经元网络的功能。

（四）感受器的适应现象(adaptation)

当某一恒定强度的刺激持续作用于一个感受器时，感觉纤维上动作电位的频率会逐渐降低，这一现象称为感受器的适应(adaption)。适应是所有感受器的一个功能特点，但它出现的快慢在不同感受器有很大的差别，通常可把它们区分为快适应感受器和慢适应感受器两类。快适应感受器以皮肤触觉感受器为代表，当他们受刺激时仅在刺激开始后的短时间内有传入冲动发放，以后虽然刺激仍在作用，但传入冲动频率却很快降低到零；慢适应感受器以肌梭、颈动脉窦压力感受器为代表，它们在刺激持续作用时，一般仅是在刺激开始以后不久出现冲动频率的轻微降低，但可以较长时间维持在这一水平，直至刺激撤除为止(图 9-5)。感受器适应的快慢各有其生理意义，如触觉的作用一般在于探索新异的物体或障碍物，它的快适应有利于感受器及中枢再接受新事物的刺激；慢适应感受器则有利于机体对某些功能状态如姿势、血压等进行长期持续的监测，有利于对它们可能出现的波动进行随时的调整。适应并非疲劳，因为对某一刺激产生适应之后，如增加此刺激的强度，又可以引起传入冲动的增加。

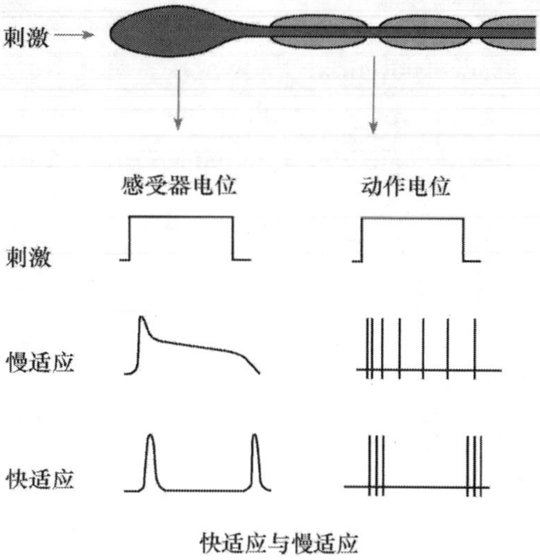

图 9-5 快适应与慢适应

快适应感受器受刺激时，只在刺激开始后的短时间内有传入冲动发放，以后刺激仍然在作用，但传入冲动频率可以逐渐降低到零；慢适应感受器在刺激持续作用时，一般只是在刺激开始以后不久出现一次冲动频率的某些下降，但可以较长时间维持在这一水平，直至刺激撤除为止

感受器产生适应的机制比较复杂，有的发生在刺激引起发生器电位这一阶段；有的发生在发生器电位诱发神经动作电位这一阶段。有不少感受器，适应发生的快慢与感受末梢所具有的附属结构有关。例如，环层小体的环层结构与其出现快适应有关。实验中如果剥除环层结构后，直接轻压裸露的神经末梢仍可引起传入冲动发放，而且在这种情况下感受末梢变得不易适应，与剥除环层结构前表现的快适应明显不同。这是因为环层结构具有一定的粘弹性，当压力突然作用于小体的一侧时，其内所含的黏液成分将直接传递至轴心纤维的相同侧，引起感受器电位；但在几毫秒至几十毫秒之内，小体内的液体重新分布，使整个小体内的压力变得几乎相等，感受器电位立即消失。

Summary

- Sensory receptors vary from free nerve endings to encapsulated nerve endings to specialized receptor cells.
- There are four types of sensory receptors, based on the stimulus to which they are most sensitive: chemoreceptors, mechanoreceptors, thermoreceptors, and photoreceptors.
- Each receptor type has an adequate stimulus, a particular form of energy to which it is most responsive.

- Altered membrane permeability of receptors in response to a stimulus produces a local graded potential, known as a receptor potential in the case of a separate receptor or as a generator potential if the receptor is a specialized ending of an afferent neuron.
- The modality of a signal and its location are indicated by which sensory neurons are activated. Stimulus intensity is coded by the number of receptors activated and by the frequency of their action potentials.
- If a stimulus persists, some receptors adapt, which means they cease to respond. Tonic receptors are slowly adapting receptors that fire rapidly when first activated, then slow and maintain their firing as long as the stimulus is present. In contrast, phasic receptors are rapidly adapting receptors that fire when they first receive a stimulus but cease firing if the strength of the stimulus remains constant.

Key Terms

receptor; adequate stimulus; generator/receptor potential; coding; adaptation

Review Questions

1. Define each term

1) receptor; 2) adequate stimulus; 3) transducer function; 4) coding; 5) adaptation

2. Answer the following question

1) What is the general characteristics of receptors?

2) Distinguish between a receptor potential and a generator potential.

3) Compare slowly adapting and rapidly adapting receptors.

第二节　眼的视觉功能
Section 2　Visual Function of the Eye

Section Outline

- The light-refracting system of the eye and its regulation
  —Optical property of the light-refracting system of the eye
  —Refraction of light in the eye and reduced eye
  —Accommodation
  —Defects in light refraction
  —Aqueous humor
- Phototransduction system of the eye
  —Functional anatomy of the retina
  —Retinal photoreceptor systems
  —Mechanism of photoreception of the rod
  —The cone system and color vision
  —Information process in the retina

—Visual information processed by the visual center

- Other visual phenomena

—Visual acuity

—Dark adaption and light adaptation

—Visual field

—After image and fusion phenomenon

—Binocular vision and stereopsis

来自外界物体的光线进入眼内,落在视网膜上,引起人对其形状、颜色、位置等的感觉叫做视觉(vision)。眼睛是引起视觉的外周感受器,由两部分组成。一是折光系统,能保证在视网膜上形成外界物体清晰的像;另一部分是与照相底片相似的感光系统,即视网膜上的感光细胞及与其相连的双极细胞和视神经节细胞。人眼的适宜刺激是波长 380～760nm 的电磁波;在这个可见光谱的范围内,人脑通过接受来自视网膜的传入信息,可以分辨出视网膜像的不同亮度和色泽,因而可以看清视野内发光物体与反光物质的轮廓、形状、颜色、大小、远近和表面细节等情况。自然界形形色色的物体以及文字、图形等,通过视觉系统在人脑得到反映。据估计,在人脑获得的全部信息中,至少有 70%以上来自视觉系统,因而眼无疑是人体最重要的感觉器官。

人眼的基本结构如图 9-6 所示。除了控制眼球运动的眼外肌和起保持、营养作用的巩膜、脉络膜等结构外,眼内与视觉传入信息的产生直接有关的功能结构,是位于眼球正

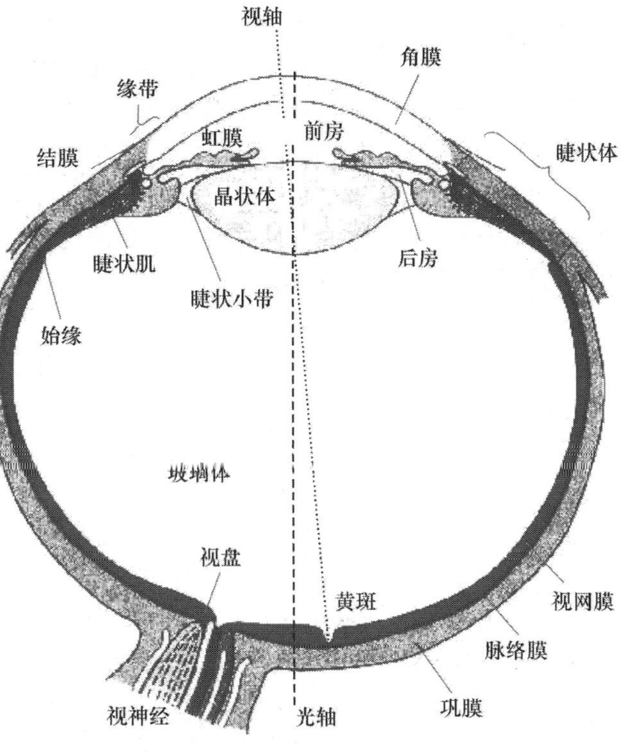

图 9-6 右眼眼球水平切面

中线上的折光系统和位于眼球后部的视网膜。由角膜经房水、晶状体、玻璃体直至视网膜的前表面，都是一些透明而无血管分布的组织，它们构成了眼内的折光系统，使来自眼外的光线发生折射，最后成像在视网膜上，视网膜具有同神经组织类似的复杂结构，其中包含有对光刺激高度敏感的视杆和视锥细胞，能将外界光刺激所包含的视觉信息转变成为电信号，并在视网膜内进行初步处理，最后以视神经纤维的动作电位的形式传向大脑。因此研究眼的视觉功能，首先要研究眼的折光系统，搞清楚它们是如何将不同远近的物体清晰地成像于视网膜上；其次，要阐明视网膜是怎样对成于其上的物象进行换能与编码的。

一、眼的折光系统及其调节(The Light-Refracting System of the Eye and Its Regulation)

(一) 眼的折光系统的光学特性(optical property of the light-refracting system of the eye)

根据光学原理，当光线遇到两个折射率不同的透明介质的界面时，将发生折射，其折射特性有界面的曲率半径和两种介质的折射率所决定。人眼的折光系统是一个复杂的光学系统。摄入眼内的光线通过角膜、房水、晶状体和玻璃体四种折射率不同的介质，并透过四个屈光度(diopter)不同的折射面，即角膜的前表面、后表面和晶状体的前表面、后表面，才能在视网膜上形成物像，其中，入射光线最主要的折射发生在角膜的前表面。

后主焦点的位置是平行光线经过折射后聚焦成一点的位置。每一物体的表面，都可认为是由无数的发光点或反光点组成，而由每一个点发出的光线都是辐散形的；只有这些点和相应的折射面的距离趋于无限大时，由这些点到达折射面的光线才能接近于平行，于是它们经折射后在主焦点所在的面上聚成一点，整个物质就达个面上形成物像。实际上对人眼和一般光学系统来说，来自 6m 以外物体的各光点的光线，都可以认为是近于平行的，因而可能在主焦点所在的面上形成物像。按几何光学原理进行较复杂的计算表明，正常成年人的眼在安静而不进行调节时，它的折光系统后主焦点的位置恰好是视网膜所在的位置。当然，人眼不是无条件的看清任何远处的特体，例如，人眼可以看清楚月亮(或其他更远的星体)和它表面较大的阴影，但不能看清楚月球表面更小的物体或特征。这是因为如果来自某物体的光线过弱，或它们在空间内传播时被散射或吸收，那么它们到达视网膜时已减弱到不足以兴奋感光细胞的程度，这样就不可能被感知；另外，如果物体过小或它们离眼的距离过大，则它们在视网膜上形成的大小，将会小到视网膜分辨能力的限度以下，因而也不能感知。

(二) 眼内光的折射与简化眼(refraction of light in the eye and reduced eye)

眼的折光系统是由多个折射率和曲率半径各不相同的折光体构成的复合透镜。每个曲面，若前后介质折射率不同，则成为折光面，其中角膜前表面是主要折光面。加之各折光面的曲率半径大，不属于基础光学所谓的薄透镜。因此，眼内光路曲折，难以用几何光学作图。因此有人根据眼的实际光学特性，设计了与正常眼在折光效果上相同，但更为简单的等效光学系统或模型，称为简化眼(reduced eye)。简化眼只是一个假想的人工模型，但其光学参数和其他特征与正常眼等值，故可用来研究折光系统的成像特征。简化眼有多种设计，以 Gullstrand's eye 最有名和实用，其参数是：单球面折光系统，曲率半径为 5 mm（即节点位置），内部为折光率 1.333 的均一介质，后主焦点在节点后 15 mm 处（即折光体后极，相当于活体眼视网膜位置），这个模型和正常安静时的人眼一样，正好能使平行光线聚焦在视网膜上（图 9-7）。

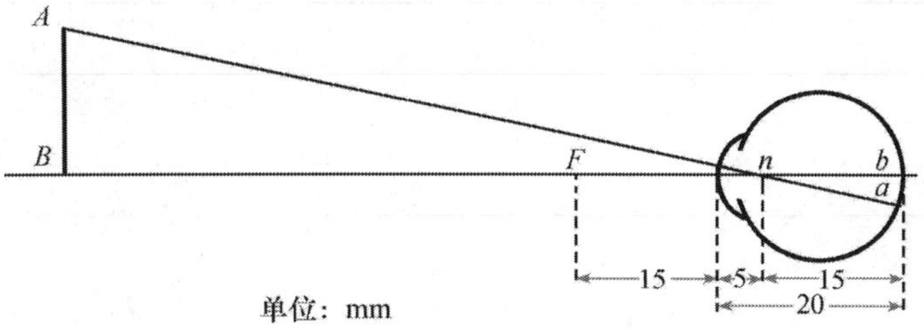

图 9-7　简化眼及其成像情况

n 为节点，*AnB* 和 *anb* 是两个相似三角形，如果物距已知，就可据物体大小算出物像大小，也可算出两三角形的顶角大小。角 *AnB* 即视角

利用简化眼可方便地计算出不同远近的物体在视网膜上成像的大小。*n* 为节点，*AnB* 和 *anb* 是两个相似三角形。*nb* 固定不变，约 15mm。根据物体的大小和它距眼的距离，就可算出物像的大小，也可算出两三角形对顶角（即视角）的大小。此外，利用简化眼可以算出正常人眼所能看清的物体的视网膜像大小的限度。检查证明，正常人眼即使在光照良好的情况下，如果物体在视网膜上成像小于 5μm，一般就不能引起清晰的视觉。这说明，正常人的视力有一个限度。要表示这个限度，只能用人所能看清的最小视网膜像的大小来表示，而不能用所能看清的物体大小来表示，因为物像的大小不仅与物体的大小有关，也与物体与眼之间的距离有关。人眼所能看清楚的最小视网膜像的大小，大致相当于视网膜中央凹处一个视锥细胞的平均直径。

$$\frac{\text{AB(物体的大小)}}{\text{Bn(物体至节点距离)}}=\frac{\text{ab(物像的大小)}}{\text{nb(节点至视网膜距离)}}$$

（三）眼的调节（accommodation）

正常眼不需作任何调节能正好把 6m 以外的物体成像在视网膜上，那么来自 6m 以内的物体的光线将是不同程度呈辐射状的，它们在折射后的成像位置将在主焦点，亦即视网膜的位置之后；由于光线到达视网膜时尚未聚焦，因而物像是模糊的，由此也只能引起一个模糊的视觉形象。但正常眼在看近物时也十分清楚，这是由于眼在看近物时已进行了调节（accommodation），使进入眼内的光线经历较强的折射，结果也能成像在视网膜上。人眼的调节主要是靠改变晶状体的折光力实现的，另外瞳孔的调节及双眼会聚对于视网膜上清晰图像的形成也起重要的作用。

1. 晶状体的调节（accommodation of the lenses）

晶状体是眼球中重要的屈光间质之一。它呈双凸透镜状，富有弹性。它最重要的作用是通过睫状肌的收缩或松弛改变屈光度，使看远或看近时眼球聚光的焦点都能准确地落在视网膜上。当眼看远物时，睫状肌处于松弛状态，这时悬韧带保持一定的紧张度，晶状体受悬韧带的牵引，其形状相对扁平；当看近物时，可反射性地引起睫状肌收缩，导致连接于晶状体囊的悬韧带松弛，晶状体因其自身的弹性而向前和向后凸出，尤以前凸更为明显。晶状体的变凸使其前表面的曲率增加，折光能力增强，从而使物像前移而成像于视网膜上（图 9-8）。

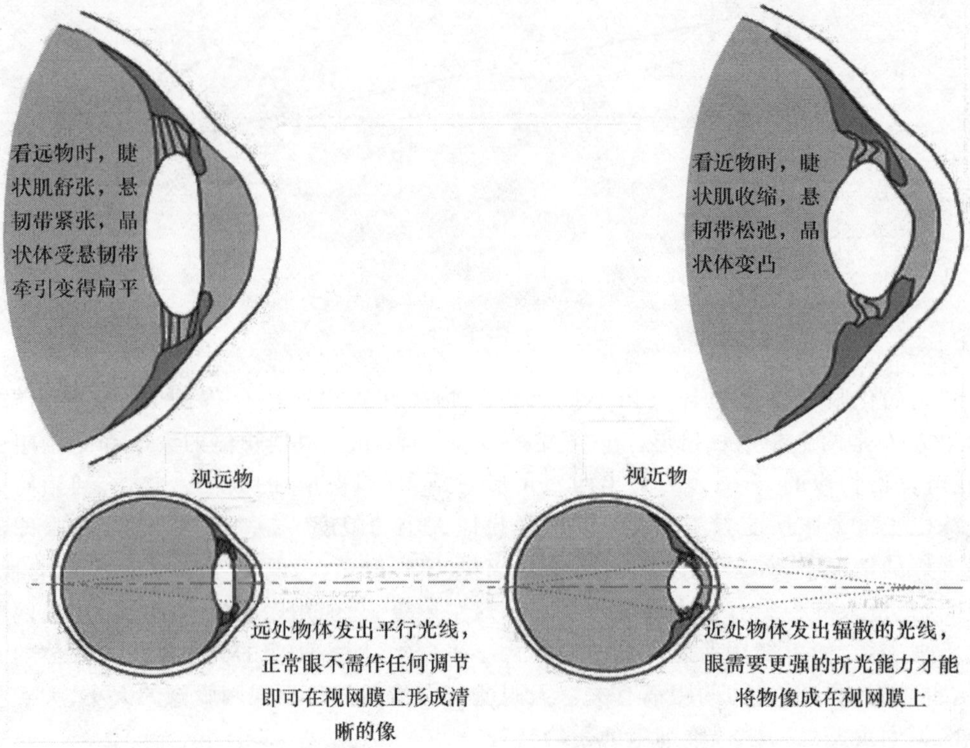

图 9-8　晶状体的调节

眼视近物时晶状体形状的改变是通过反射实现的，其反射过程如下：当模糊的视觉图像到达视觉皮层时，由此而引起的下行冲动经锥体束中的皮层-中脑束到达中脑的正中核，继而由正中核传到动眼神经缩瞳核，再经动眼神经中副交感节前纤维传到睫状神经节，最后再经睫状短神经到达眼的睫状肌，使其环行肌收缩，从而使悬韧带松弛，晶状体由于其自身的弹性而向前方和后方凸出。物体距眼睛越近，入眼光线的辐散程度越大，因而也需要晶状体作更大程度的变凸，才能使物像成像于视网膜上。由于睫状肌与缩瞳肌都受副交感神经支配，其递质为乙酰胆碱。临床上作某些眼科检查时，需要放大瞳孔，因此用阿托品点眼可阻断该神经肌接头的兴奋传递，达到散瞳的目的；但由于同时阻断了睫状肌收缩，因而可影响晶状体变凸而使视网膜成像变得模糊。

晶状体变凸是靠自身弹性实现的。目标越近，调节时所需变凸的程度越大。故晶状体弹性的大小反映最大调节能力。最大调节能力常用近点（near point）来表示，即晶状体最大程度变凸后所能看清的物体的最近距离。近点（晶状体的弹性）随年龄变化；儿童为

8.6cm，20 岁时为 10.4cm，60 岁时达 83.3cm。同年龄段中近视眼的近点偏小，而远视眼的偏大。随着增长，晶状体的弹性逐渐减弱，导致眼的调节能力降低，这种现象称为老视(presbyopia)。通常将人眼不作任何调节时能看清的物体的最远距离称为远点(far point)。正视眼的远点在 5 米以外，近视眼的远点小于 5 米。用 $D=1/F$(屈光度＝1 米/焦距)的公式可以计算出近视眼的远点，也就是近视眼所能看清目标的距离。如 4.00D 近视能看清目标的距离为 0.25 米。

2. 瞳孔的调节(accommodation of the pupils)

虹膜由两种平滑肌纤维组成，即由交感神经支配的散瞳肌和由副交感神经支配的缩瞳肌，中间的圆孔称为瞳孔。正常人眼瞳孔的直径可变动于 1.5～8.0mm 之间，瞳孔的大小可调节入眼内的光量。当视近物时，可反射性地引起双侧瞳孔缩小，称为瞳孔近反射(pupillary near reflex)或瞳孔调节反射(pupillary accommodation reflex)。瞳孔缩小可减少人眼的光量并减少折光系统的球面像差和色像差，使视网膜成像更为清晰。

瞳孔的大小主要由环境中光线的亮度所决定，当环境较亮时瞳孔缩小，环境变暗时瞳孔散大。瞳孔的大小由于入射光量的强弱而变化称为瞳孔对光反射(pupillary light reflex)。正常情况下，强光刺激一个眼，双侧瞳孔同时缩小，因此也称互感性对光反射(consensual light reflex)。瞳孔对光反射与视近物无关，它是眼的一种重要的适应功能，其意义在于调节进入眼内的光量，使视网膜不致因光量过强而受到损害，也不会因光线过弱而影响视觉。其反射过程如下：强光照射视网膜时产生的冲动经视神经传到中脑的顶盖前区更换神经元，然后到达双侧的动眼神经缩瞳核，再沿动眼神经中的副交感纤维传出，使瞳孔括约肌收缩，瞳孔缩小。瞳孔对光反射的中枢位于中脑，因此临床上常将它用作判断麻醉深度和病情危重程度的一个指标。

3. 双眼会聚(convergence of visual axes)

当双眼注视一个由远及近的物体时，两眼视轴向鼻侧会聚的现象，称双眼会聚(convergence of visual axes)。眼球会聚是由于两眼球内直肌反射性收缩所致，也称为辐辏反射(convergence reflex)。其意义在于两眼同时看一近物时，物像仍可坐在两眼视网膜的对称点上，避免复视。其反射途径是在上述晶状体调节中传出冲动到达正中核后，再经动眼神经核与动眼神经传至双眼内直肌，引起该肌收缩，从而使双眼球发生会聚。

(四) 眼的折光能力异常(defects in light refraction)

正常人眼无需任何调节就可使平行光线聚焦于视网膜上，因而可以看清远处的物体；经过调节的眼，只要物体离眼的距离不小于近点，也能看清 6 米以内的物体，这种眼称正视眼(emmetropia)。若眼的折光能力异常，或眼球的形态异常，使平行光线不能聚焦在安静未调节眼的视网膜上，则称为非正视眼(ametropia)，也称为曲光不正，包括近视眼、远视眼和散光眼。

1. 近视(myopia)

近视(myopia)的发生是由于眼球前后径过长(轴性近视)或折光系统的折光能力过强(屈光性近视)，故远处物体发出的平行光线被聚焦在视网膜前方，在视网膜上形成模糊的图像。近视眼可用凹透镜加以矫正。

2. 远视(hyperopia)

远视(hyperopia)的发生是由于眼球前后径过短(轴性远视)或折光系统的折光能力太弱(屈光性远视),故远处物体发出的平行光线被聚焦在视网膜后方,在视网膜上形成模糊的图像。远视眼可用凸透镜加以矫正。

3. 散光(astigmatism)

正常人眼的角膜表面呈正球面,球面上各个方向的曲率半径都相等,因而到达角膜表面各个点上的平行光线经折射后均能聚焦于视网膜上。散光(astigmatism)是指角膜表面在不同方向上曲率半径不同,一部分光线经曲率半径较小的角膜表面发生折射,聚焦于视网膜的前方;一部分光线经曲率半径正常的角膜表面发生折射聚焦于视网膜上;另一部分光线经曲率半径较大的角膜表面折射的光线,则聚焦于视网膜的后方。因此,平行光线经角膜表面各个方向入眼后不能在视网膜上形成焦点,而是形成焦线。因而造成视物不清或物像变形。除角膜外,晶状体表面曲率异常也可引起散光。纠正散光通常用柱面镜。

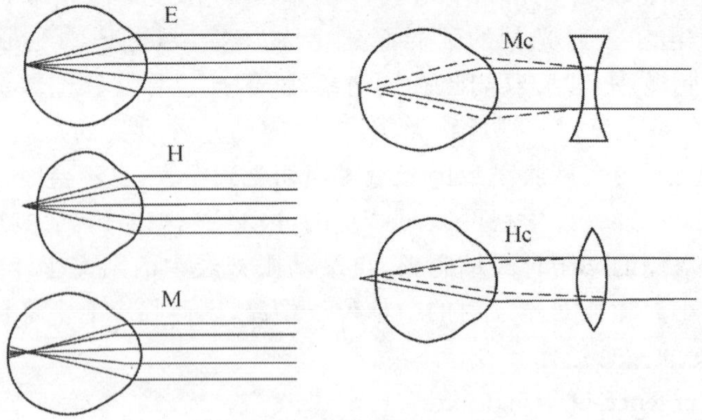

图 9-9 眼的折光异常及其矫正

E:正视眼;H:远视眼;M:近视眼;Mc:近视眼的矫正;Hc:远视眼的矫正

(五) 房水(aqueous humor)

房水(aqueous humor)是充满眼球前房和后房的透明液体,由睫状体的无色素上皮细胞分泌,生成后由后房经瞳孔进入前房,然后流过前房角进入巩膜静脉窦,最后汇入静脉系统。房水不断生成,又不断回流入静脉,川流不息,并保持动态平衡,眼房内的水量保持恒定,这就是所谓房水循环。其总体积大约 250μL,平均分泌的速度约每分钟 2.5μL,房水的成分与血浆类似,但其中抗坏血酸、丙酮酸、乳酸等的浓度更高,而蛋白、糖和一些代谢废物的浓度更低。由于眼的前、后房容积是相对恒定的,于是其中静水压(即眼内压)也保持相对的稳定。据国内调查资料,我国成年人眼内压正常值为 2.27～3.2kPa(17～24mmHg),平均 2.67kPa(20mmHg)。

房水是屈光间质之一,具有屈光作用,屈光指数为 1.3336。房水还向眼内的一些无血管的组织提供营养,例如,晶状体和角膜内皮,供给眼内组织营养和氧气,并排出其新陈代谢产物。房水维持眼内压的相对稳定,对保持眼球特别是角膜的正常形状和折光能力有重要的意义。当眼球被刺穿时,可能导致房水流失,眼内压下降,引起眼球变形,角膜也不能保持正常的曲度。人眼的总折光能力与眼内各折光体都有一定关系，但最主要的折射发生在空气与角膜接触的界面上，这约占总折光能力的80%。因此，角膜的曲度和形状的改变将显著地影响眼的折光能力，严重地影响视力。房水也对它所接触的无血管组织如角膜和晶状体起着营养的作用。房水循环障碍时(如房水排出受阻)会造成眼内压过高，临床上称为青光眼(glaucoma)，可导致角膜、晶状体以及虹膜等结构的代谢障碍，严重时造成角膜混浊、视力丧失。

二、眼的感光换能系统(Phototransduction System of the Eye)

眼折光系统所成物理像仅是视觉感觉的第一步；物理像经视网膜的换能变为电信号，再经中枢系统处理才能形成主观感觉。视网膜除了换能作用外，还能对视觉信息进行初步的整合。

(一) 视网膜的结构特点(functional anatomy of the retina)

视网膜是一层透明的神经组织膜，厚仅0.1～0.5 mm，组织学上分10层结构，功能上由外向内按细胞层次主要分以下四层(图9-10)：色素上皮细胞层，感光细胞层，双极细胞层，神经节细胞层。

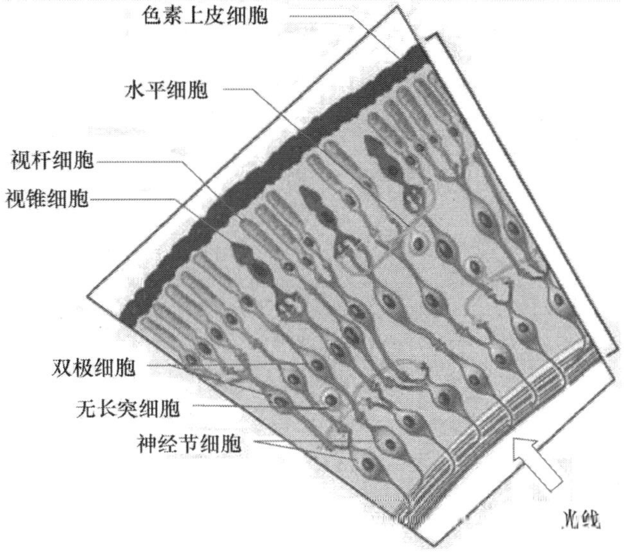

图9-10　视网膜的主要细胞层次及其联系模式图

1. 色素上皮层(pigment epithelial cells layer)

色素上皮层由单层色素上皮细胞(pigment epithelial cells)构成，排列规则，不属于神经组织，其血液供应来自脉络膜一侧。色素上皮细胞含有大量的黑色素颗粒，后者能捕捉光传导过程中未被光感受器吸收的光子，防止光的散射和反射，保证视网膜成像清晰。强光照射视网膜时，色素上皮细胞伸出伪足样突起，包被视杆细胞外段，使其相互隔离；当光线较弱时，伪足样突起缩回到胞体，使视杆细胞外段暴露，充分接受光刺激。此外该层在视网膜感光细胞的代谢中起重要作用，如传递营养、吞噬脱落膜盘和处理其他细胞的代谢产物(尤其是视黄醛)等。

2. 光感受器细胞层(photoreceptor cells layer)

光感受器细胞层有视杆细胞(rod cell)和视锥细胞(cone cell)两种特殊分化的神经上皮细胞。在视网膜中，这两种细胞的分布很不均匀(图 9-11)。在中央凹的中央只有视锥细胞(密度高达 150 000 个/mm^2)，从中央凹向两侧迅速降至 4000～5000 个/mm^2，并一直保持这个水平。视杆细胞最高密度在偏离中央凹 6mm(即视角 20 度)处，达 150 000 个/mm^2，离开该处后则逐渐下降，至视网膜周边部降至 30 000～40 000 个/mm^2。

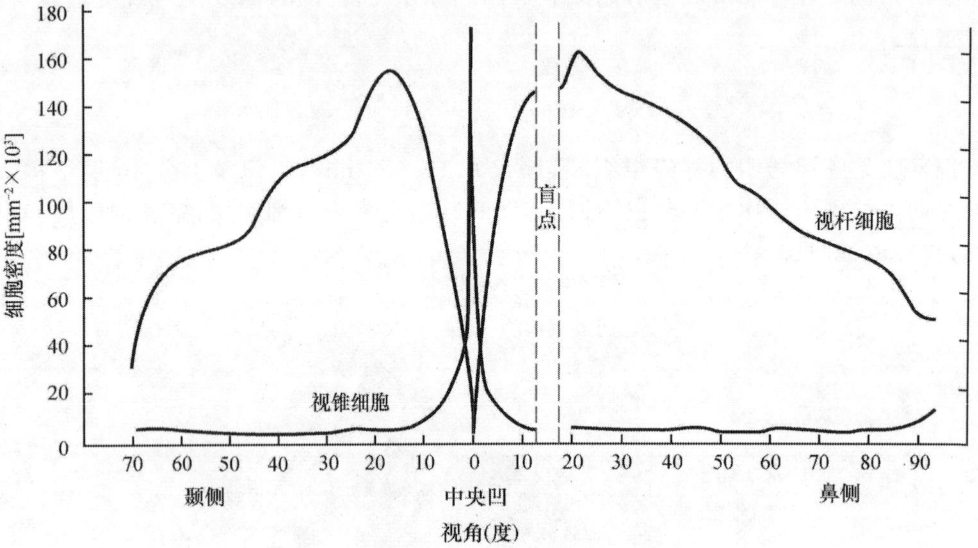

图 9-11　视杆细胞和视锥细胞在视网膜上的分布

在中央凹的中央只有视锥细胞，中央凹以外的周边部分则主要是视杆细胞

视杆和视锥细胞在形态上都可分为三部分，由外向内依次称为外段、内段和终足(图 9-12)。外段是视色素集中的部位，在感光换能中起重要作用。视杆和视锥细胞在形态上的区别，也主要在于外段的不同。视杆细胞外段呈长圆柱状，内含很多个重叠成层且排列整齐的圆盘状结构-膜盘(membranous disk)。膜盘是一些具有一般细胞膜脂质双分子层结构的扁平囊状物，膜上镶嵌着蛋白质，这些蛋白质绝大部分是一种被称为视紫红质(rhodopsin)的视色素。人的每个视杆细胞外段中有近千个膜盘，每个膜盘所含的视紫红质分子约 100 万个。视杆细胞的外段比视锥细胞外段更长，所含的视色素也多。视锥细胞外段呈圆锥状，也有类似的膜盘结构，膜盘膜上也含有特殊的视色素。人和绝大多数哺乳动物都具有 3 种不同的视锥色素，分别存在于 3 种不同的视锥细胞中。

3. 双极细胞层(bipolar cells layer)与神经节细胞层(ganglion cells layer)

视杆与视锥细胞都通过终足和双极细胞发生突触联系，双极细胞(bipolar cells)一般再和神经节细胞(ganglion cells)建立突触联系。人类一侧眼的视网膜中有 1.2×10^8个视

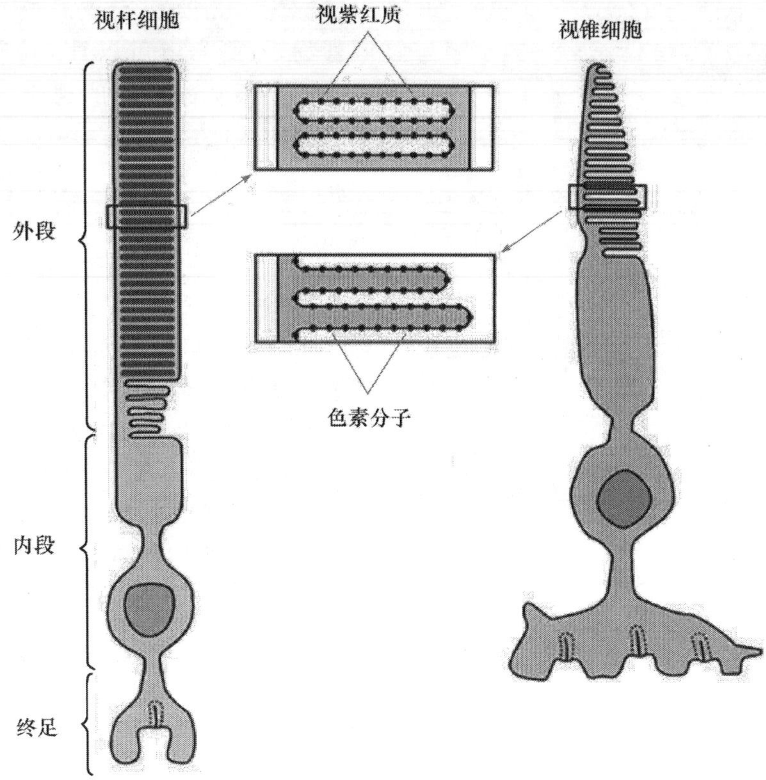

图 9-12　哺乳动物光感受器细胞模式图

视杆细胞和视锥细胞在形态上均可分外段、内段和终足三部分。视杆细胞外段呈长圆柱形，内含成层排列的膜盘，膜盘膜上镶嵌着视紫红质；视锥细胞的外段呈圆锥形，也有类似的膜盘结构，膜盘膜上含有特殊的视色素

杆细胞和 6×10^6 个视锥细胞，而一侧视神经中仅有 1.2×10^6 根视神经纤维，可见在感光细胞与双极细胞及神经节细胞间的联系中普遍存在着会聚现象，只是视锥细胞与双极细胞及神经节细胞之间的会聚程度很小，在中央凹处常见到一个视锥细胞仅与一个双极细胞、一个神经节细胞发生“单线联系”(图 9-13)。

视网膜中除了这种纵向的细胞间联系外，还存在横向的联系，如在感光细胞层和双极细胞层之间有水平细胞(horizontal cells)，在双极细胞层和神经节细胞层之间有无长突细胞(amacrine cells)。这些细胞的突起在两层细胞之间横向伸展，在水平方向上传递信息，使视网膜在不同区域之间有可能相互影响；有些无长突细胞还可直接向神经节细胞传递信号。

视网膜的视轴正对终点为黄斑中心凹。黄斑区是视网膜上视觉最敏锐的特殊区域，直径约 1～3mm，其中央为一小凹，即中心凹。黄斑鼻侧约 3mm 处有一直径为 1.5mm 的淡红色圆盘状区域，称为视神经盘(optic disc)，亦称视神经乳头(optic papilla)，是视网膜上视觉纤维汇集向视觉中枢传递的出眼球部位，无感光细胞，因而落于该处的光线不可能被感知，在视野中形成生理性盲点(blind spot)。由于是 Mariotte 于 1663 年首先发现，所

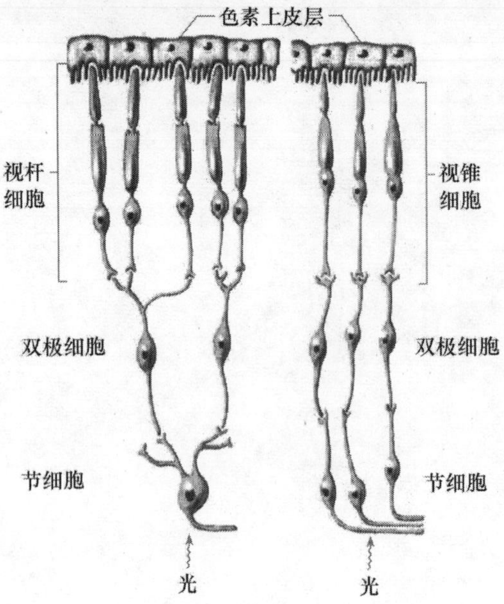

图 9-13　光感受器细胞与双极细胞和神经节细胞之间的联系方式

视杆细胞与双极细胞和神经节细胞之间存在会聚现象；而视锥细胞与双极细胞及神经节细胞之间的会聚程度小，在中央凹处是一对一的联系方式

以又称为 Mariotte 盲点。正常时由于用两眼看物，一侧盲点可以被对侧视觉补偿，所以人们并不觉察自己的视野中有一处无视觉感受的区域。

（二）视网膜的两种感光换能系统（retinal photoreceptor systems）

在人和大多数脊椎动物的视网膜中存在着两种感光换能系统，即视杆系统（rodsystem）和视锥系统（cone system）。视杆系统又称为晚光觉或暗视觉（scotopic vision）系统，由视杆细胞和与它们相联系的双极细胞和神经节细胞等组成，它们对光的敏感度较高，能在昏暗的环境中感受弱光刺激而引起暗视觉，但视物无色觉而只能区别明暗，且视物时只能有较粗略的轮廓，精确性差。视锥系统又称昼光觉或明视觉（photopicvision）系统，由视锥细胞和与它们联系的双极细胞、神经节细胞等组成，它们对光的敏感性较差，只有在强光条件下才能被激活，但视物时可辨别颜色，且对物体的细节具有较高的分辨能力。

以下几个观察结果可证明视网膜上确实存在上述两种不同的感光换能系统。

(1) 视杆细胞和视锥细胞在视网膜中的分布是不同的，如前所述，在中央凹处只有视锥细胞，而中央凹以外的周边部分则主要是视杆细胞。与上述细胞分布相一致，人眼视觉的特点是在明亮处中央凹的视敏度最高，且有色觉功能；在暗处，视网膜的周边部敏感度较中央凹处高，能感受弱光刺激，但分辨能力较低，且无色觉功能。

(2) 两种光感受器细胞与双极细胞以及神经节细胞的联系方式有所不同。在视杆系统普遍存在会聚现象，即多个视杆细胞与同一个双极细胞联系，而多个双极细胞又与同一个神经节细胞联系。在视网膜周边部，可看到多达 250 个视杆细胞经少数几个双极细胞会聚于一个神经节细胞的情况。这样的感受系统不可能有高的分辨能力，但这样的聚合方式却是刺激得以总和的结构基础。相比之下，视锥系统细胞间联系的会聚却少得多。在中央凹处甚至可看到一个视锥细胞只同一个双极细胞联系，而该双极细胞也只同一个神经节细胞联系的一对一联系方式，使视锥系统具有很高的分辨能力。

(3) 从动物种系的特点来看，某些只在白昼活动的动物，如鸡、鸽、松鼠等，其光感受器以视锥细胞为主；而另一些在夜间活动的动物，如猫头鹰等，其视网膜中只有视杆细胞。

(4) 从光感受器细胞所含的视色素来看，视杆细胞中只有一种视色素，即视紫红质，而视锥细胞却含有三种吸收光谱特性不同的视色素，这与视杆系统无色觉功能而视锥系统有色觉功能的事实是相符合的。

（三）视杆细胞的感光换能机制（mechanism of photoreception of the rod）

1. 视紫红质的光化学反应（photochemistry of rhodopsin）

视紫红质（rhodopsin）是一种结合蛋白质，由一分子称为视蛋白（opsin）的蛋白质和一分子称为视黄醛（retinene 或 retinal）的生色基团组成。视蛋白是由 348 个疏水性氨基酸残基组成的单链，有 7 个螺旋区（类似于 α-螺旋）穿过视杆细胞内膜盘的膜结构，11-顺视黄醛分子连接在第 7 个螺旋区的赖氨酸残基上。视黄醛由维生素 A 转变而来，后者是一种不饱和醇，在体内可氧化成视黄醛。

视紫红质在光照时迅速分解为视蛋白和视黄醛，这是一个多阶段反应。目前认为，视黄醛分子在光照作用下由11-顺型视黄醛（11-cis retinal）转变为全反型视黄醛（all-trans retinal）。视黄醛分子的这一光异构改变，导致它与视蛋白分子之间的构型不贴切而相互分离，视蛋白分子的变构可经过较复杂的信号转导系统的活动，诱发视杆细胞出现感受器电位（见后文）。在这一过程中，视色素失去颜色，称为漂白。据计算，一个光量子被视紫红质吸收可使生色基团变为全反型视黄醛，导致视紫红质最后分解为视蛋白和视黄醛。

视紫红质的光化学反应是可逆的，在暗处又可重新合成，其反应的平衡点决定于光照的强度。视紫红质的再合成是由全反型视黄醛变为 11-顺型视黄醛。这一过程需要一种异构酶，这种异构酶存在于视网膜色素上皮中。全反型视黄醛必须从视杆细胞中释放出来，被色素上皮摄取，再由异构酶将之异构化为 11-顺型视黄醛，并返回到视杆细胞与视蛋白结合，形成视紫红质（图 9-14）。此外，全反型视黄醛也可先转变为全反型视黄醇（维生素 A 的一种形式），然后在异构酶的作用下转变为 11-顺型视黄醇，最后再转变为 11-顺型视黄醛，并与视蛋白结合，形成视紫红质。另一方面，储存在色素上皮中的维生素 A，即全反型视黄醇，同样可以转变为 11-顺型视黄醛。所以在正常情况下，维生素 A 可被用于视紫红质的合成与补充，但这个过程进行的速度较慢，不是促进视紫红质再合成的即时因素。另外，视网膜中过多的视黄醇也可逆转成为维生素 A，这对视网膜适应不同的光强度特别重要。人在暗处视物时，实际是既有视紫红质的分解，又有它的合成，这是人在暗处能不断视物的基础；此时的合成过程超过分解过程，视网膜中处于合成状态的视紫红质数

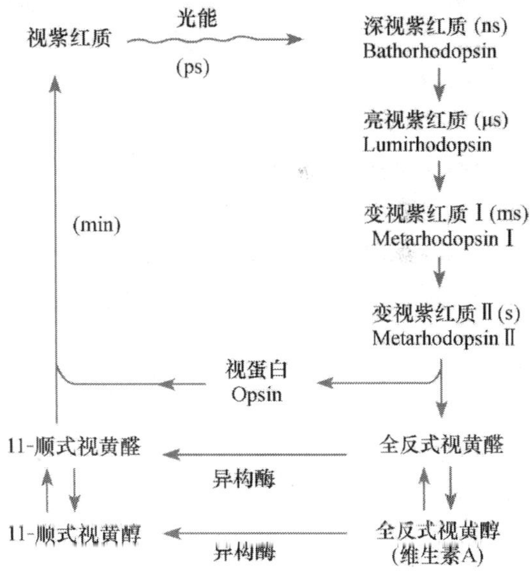

图 9-14 视杆细胞中视紫红质的光分解反应及视黄醛的再利用循环

括号内为各过程或中间产物的持续时间的数量级

量就较多，从而使视网膜对弱光较敏感；相反，人在亮光处时，视紫红质的分解大于合成，使视杆细胞几乎失去感受光刺激的能力。事实上，此时人的视觉是依靠视锥系统来完成的，视锥系统在弱光下不足以被激活，而在强光条件下视杆细胞中的视紫红质较多地处于分解状态时，视锥系统就取而代之成为强光刺激的感受系统。在视紫红质分解和再合成的过程中，有一部分视黄醛被消耗，依赖于食物进入血液循环（相当部分储存于肝）中的维生素 A 来补充。因此，如果长期维生素 A 摄入不足，会影响人的暗视觉，引起夜盲症（nyctalopia）。

2. 视杆细胞的感受器电位（generation of receptor potential）

应用细胞内微电极技术观察视杆细胞外段内外的电位差在光照前后的变化，发现在视网膜未经光照时，视杆细胞的静息电位只有 −40～−30mV，比一般细胞小得多。当视网膜受到光照时，可看到外段膜两侧电位短暂地向超极化的方向变化，这种超极化型的慢电位即为视杆细胞的感受器电位。视杆细胞外段和整个视杆细胞都没有产生动作电位的能力，但光刺激在外段膜上引起的感受器电位能以电紧张的形式扩布到细胞的终足部分，影响终足处的递质释放。

在静息（非光照）状态下，视杆细胞外段膜上就有相当数量的钠通道处于开放状态，发生持续 Na^+ 内流；而内段膜上的钠泵则不断将细胞内的 Na^+ 移出胞外，从而维持膜内外 Na^+ 的平衡。视杆细胞在静息状态时，由于胞质内 cGMP 浓度很高，所以感受器细胞外段膜上的钠通道处于开放状态，Na^+ 流入胞内，形成从视杆细胞内段流向外段的电流，称为暗电流（dark current），这时感受器细胞处于去极化状态，其突触终末释放兴奋性递质谷氨酸（图 9-15）。

当视网膜受到光照时，感受器细胞外段膜盘上的视紫红质受到光量子的作用，发生一系列光化学反应，最终视紫红质分解为视黄醛和视蛋白。与此同时，膜盘中的一种称为转导蛋白（transducin，Gt）的 G 蛋白被激活，进而激活附近的磷酸二酯酶，后者使外段胞质中的 cGMP 被大量分解为无活性产物 5′-GMP。由于 cGMP 的存在是感受器细胞外段膜上 Na^+ 通道开放的条件，因此随着细胞内 cGMP 浓度的下降，细胞膜上的 Na^+ 通道关闭，暗电流减少或消失，而内段膜上的钠泵仍继续活动，于是就出现超极化型感受器电位（图 9-15）。过去认为，Na^+ 穿过光感受器细胞的外段是暗电流产生的基础；但近年来的研究证明，暗电流的产生也有其他离子的参与，其中包括 Ca^{2+}。研究表明，当细胞外液中不含 Na^+ 时，就可阻断正常情况下在外段将 Ca^{2+} 转运出细胞外的作用。由于这种将细胞内的 Ca^{2+} 转运至细胞外的作用是通过 Na^+-Ca^{2+} 交换完成的，因此在无 Na^+ 环境中这种 Na^+-Ca^{2+} 的交换作用也就消失。Na^+-Ca^{2+} 交换体在将 3 个 Na^+ 转运人细胞内的同时，将 1 个 Ca^{2+} 转运出细胞，正是这种 Na^+-Ca^{2+} 交换的生电作用，才是产生暗电流的原因。据统计，一个视紫红质分子被激活时，至少能激活 500 个转导蛋白，而一个激活了的磷酸二酯酶每秒钟可使 2000 个 cGMP 分子分解。正是由于存在这种生物放大作用，1 个光量子便足以在外段膜上引起大量的 Na^+ 通道关闭，从而产生超极化型电变化。视杆细胞没有产生动作电位的能力，但外段膜上的超极化型感受器电位能以电紧张的形式扩布到细胞的终足部分，影响终足处的递质释放。

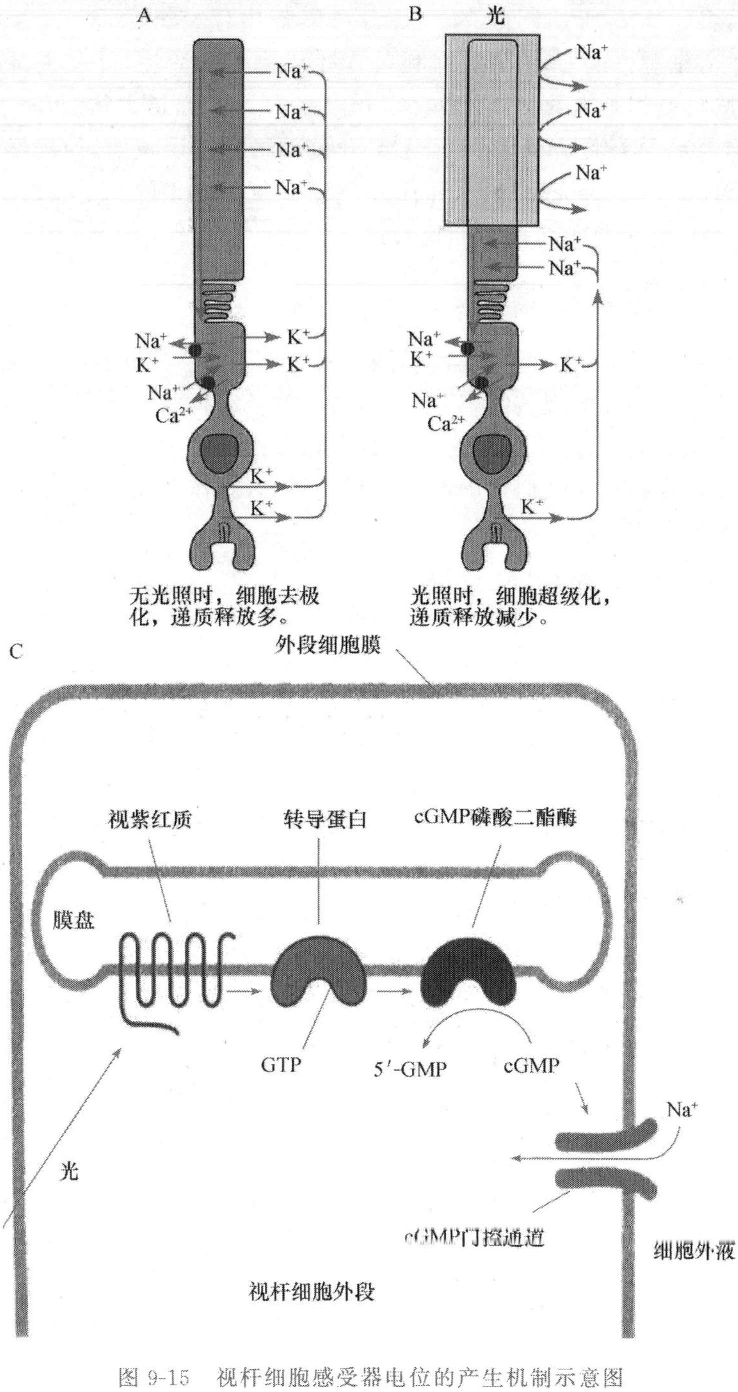

图 9-15　视杆细胞感受器电位的产生机制示意图

A. 在暗处，视杆细胞胞质内 cGMP 浓度很高，外段膜上的钠通道处于开放状态，Na^+ 流入外段，内段 K^+ 外流，感受器细胞处于去极化状态，其突触终末释放递质增多。内段的 Na^+/K^+ 泵使细胞内保持低 Na^+ 高 K^+；B. 光照时，细胞内 cGMP 浓度的下降，细胞膜上的 Na^+ 通道关闭，暗电流减少或消失，而内段膜上的钠泵仍继续活动，于是就出现超极化型感受器电位，突触终末释放递质减少；C. 膜盘和质膜的一部分已放大，显示经 cGMP 的换能过程，详见正文如上所述，由 cGMP 所控制的 Na^+ 通道在黑暗中保持开放状态，这些通道也允许 Ca^{2+} 通过，而进入细胞内的 Ca^{2+} 则能抑制鸟苷酸环化酶的活性，并使磷酸二酯酶活性增高。光照视网膜可使细胞内的 cGMP 减少，外段膜的 Na^+ 通道关闭，但光照也可使 Ca^{2+} 内流减少，细胞内 Ca^{2+} 浓度降低，对鸟苷酸环化酶的抑制作用减弱，使磷酸二酯酶活性降低，结果使细胞内 cGMP 合成增加，从而使 cGMP 回复至原来的水平。由此可见，Ca^{2+} 对稳定细胞内 cGMP 水平和恢复 Na^+ 通道开放起一定的调节作用。

（四）视锥系统的换能和颜色视觉（the cone system and color vision）

大多数脊椎动物的视锥细胞有三种不同的视色素，各存在于不同的视锥细胞中。这三种视锥色素都含有同样的视黄醛，只是视蛋白的分子结构稍有不同，这些结构不相同的视蛋白和视黄醛结合后，形成不同的视锥色素。光线作用于视锥细胞外段时，在它们的外段膜两侧也发生同视杆细胞类似的超级化型感受器电位，作为光电转换的第一步，最终在相应的神经节细胞上产生动作电位。

1. 色觉与三原色学说(color vision and trichromatic theory)

视锥细胞功能的重要特点是它有辨别颜色的能力。颜色视觉(color vision)是指对不同颜色的识别，即不同波长的光线作用于视网膜后在人脑引起不同的主观印象。人眼可以分辨可见光谱 380～760nm 内约 150 种不同的颜色，每种颜色都与一定波长的光线相对应。因此，在可见光谱的范围内，波长长度只要有 3～5nm 的增减，就可被视觉系统分辨为不同的颜色。很明显，视网膜中不可能存在上百种对不同波长的光线起反应的视锥细胞或视色素。那么，只有三种视色素的视锥系统是如何感知上百种不同颜色的呢？早在 19 世纪初，Young(1809)和 Helmholtz(1824)就提出了视觉的三原色学说(trichromatic theory)。该学说认为在视网膜上分布有三种不同的视锥细胞，分别含有对红、绿、蓝光线特别敏感的三种视色素。当某一波长的光线作用于视网膜时，可以一定的比例使三种视锥细胞分别产生不同程度的兴奋，这样的信息传至中枢，就产生某一种颜色的感觉。

近年来，三原色学说已被许多实验所证实。例如，有人用不超过单个视锥细胞直径的细小单色光束，逐个检查并绘制在体视锥细胞的光谱吸收曲线，发现视网膜上确实存在三类吸收光谱，其峰值分别在 564nm、534nm 和 420nm 处，相当于红、绿、蓝三色光的波长(图 9-16)。

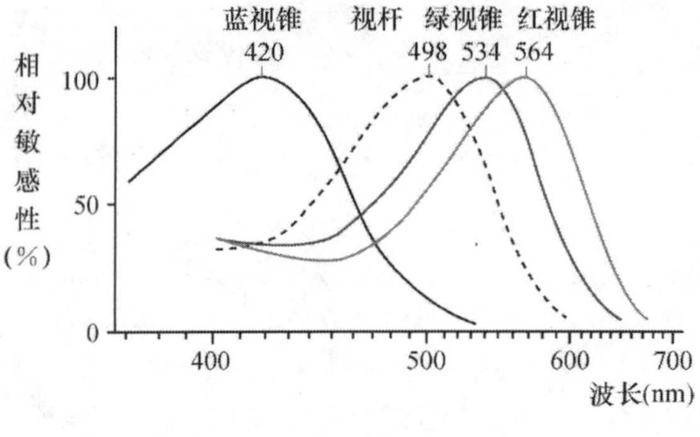

图 9-16 人视网膜中三种不同视锥细胞对不同波长光的相对敏感性

用微电极记录单个视锥细胞感受器电位的方法，也观察到不同单色光引起的超极化型感受器电位的大小，在不同视锥细胞是不一样的，峰值出现的情况也符合三原色学说。

2. 色盲与色弱(color blindness and color weakness)

三原色学说和它的实验依据能较合理地解释色盲和色弱的发病机制。色盲(color blindness)是一种对全部颜色或某种颜色缺乏分辨能力的色觉障碍。色盲可分为全色盲和部分色盲。全色盲极为少见，表现为只能分辨光线的明暗，呈单色视觉。部分色盲可分为红色盲、绿色盲及蓝色盲，其中前两种较常见。色盲绝大多数是由遗传因素引起的，只有极少数是由视网膜病变引起的。一般认为，蓝色盲基因位于第 7 对染色体上，红绿色盲决定于 X 染色体上的两对基因，即红色盲基因和绿色盲基因。红绿色盲的遗传方式是伴 X 染色体隐性遗传。因男性性染色体为 XY，仅有一条 X 染色体，所以只需一个色盲基因就表现出色盲；而女性性染色体为 XX，所以那一对控制色盲与否的等位基因，必须同时是隐性的才会表现出色盲。因而色盲患者中男性远多于女性。

有些色觉异常的产生并非由于缺乏某种视锥细胞，而只是由于某种视锥细胞的反应能力较弱，这样使患者对某种颜色的识别能力差一些，这种色觉异常称为色弱(color weakness)，常由后天因素引起。但是颜色视觉的引起是一个十分复杂的过程，目前还不能完全解释清楚它的机理。总的看来，颜色视觉需要从视锥系统到皮层神经元的多级神经成分的共同参与才能完成。

(五) 视网膜的信息处理(information process in the retina)

在光刺激作用下，由视杆和视锥细胞产生的电信号，在视网膜内要经过复杂的神经元网络的传递，最后才能由神经节细胞的神经纤维以动作电位的形式传向中枢。由于视网膜内各种神经元之间的排列、联系以及它们之间的信息交换过程非常复杂，因而视觉信息在从感光细胞向节细胞传递时，必然要经历种种改变；这实际就是视网膜本身对视觉信息的初步处理，但目前对这个过程的了解还是很肤浅的。

一般认为，只有神经节细胞及少数无长突细胞具有产生动作电位的能力，而双极细胞、水平细胞和多数无长突细胞同感光细胞一样，不能产生动作电位。当光线照射到感光细胞时，感光细胞产生感受器电位(超极化型慢电位)。这些慢电位，以电紧张的形式扩布到突触前膜，使突触前膜的递质释放减少，从而引起下一级细胞产生慢电位变化。只有当这样的慢电位传递到神经节细胞时，经过总和，使神经节细胞的静息膜电位能够去极化到阈电位水平时，才会产生“全或无”式的动作电位，作为视网膜的最后输出信号传向中枢(图 9-17)。

视网膜谷氨酸和 γ-氨基丁酸(GABA)两种氨基酸递质最重要。目前比较明确的是，视杆细胞和视锥细胞与双极细胞之间的信息传递是由谷氨酸介导的。同一种递质在双极细胞引起的电反应呈两种不同的形式：一些双极细胞的膜电位发生去极化，而另一些双极细胞的膜电位则出现超极化。目前认为这两种不同的反应是分别通过双极细胞膜上的促离子型和促代谢型谷氨酸受体介导的；这两种相反的电反应的意义在于为视网膜内的神经元网络提供一种对比机制，这一机制有助于视觉信号到达皮层时其对比度增加而不易失真。

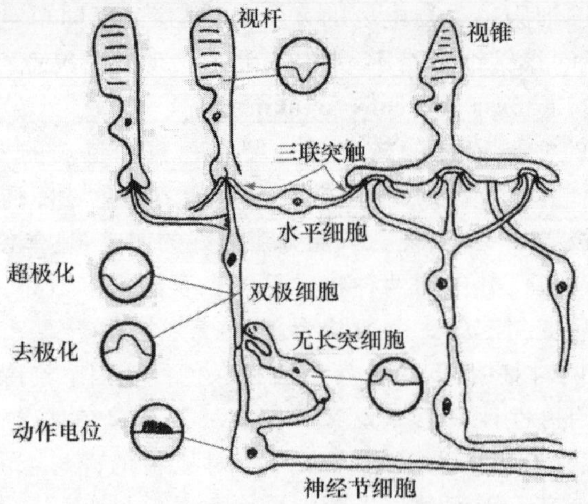

图 9-17 视网膜中各类细胞的排列及其产生的电反应类型

综上所述，从视网膜的突触组构来看，信号传递的直接通路是：光感受器→双极细胞→神经节细胞，而水平细胞和无长突细胞则分别在视网膜的外层和内层，从横向对信号的直接通路进行调制。网间细胞把传至视网膜内层的信号又反馈至外层。此外，在局部范围内除信号的前馈后，也存在有信号的反馈。这些特点使视网膜成为一个有普遍意义的神经网络。

（六）视觉中枢对视觉信息进行的综合处理（visual information processed by the visual center）

外界的物体在视网膜成像时，实际上是光线这个刺激因素被视网膜的感光细胞（视杆细胞和视锥细胞）转变为电信号，后者经视网膜内双极细胞传到神经节细胞形成神经冲动，即视觉信息。视觉信息再经视神经传向脑。

双极细胞可看成是视觉传导通路的第 1 级神经元，神经节细胞是第 2 级神经元。很多神经节细胞发出的神经纤维组成较粗大的视神经，视神经在眼球的后端离开眼球向后进入颅腔，这时，左右侧的视神经发生了交叉，交叉的部位我们称之为视交叉（optic chiasma）。有意思的是，左右侧视神经纤维并不是完全交叉，而仅仅是来自两眼鼻侧半视网膜的纤维发生交叉，来自两眼颞侧半（即外侧半）视网膜的纤维却不交叉，仍走在同侧。视交叉之后连着视束，很显然，一侧的视束纤维并不是完全来自这一侧的眼球。视束在大脑底面向后连于外侧膝状体。外侧膝状体是一个重要的视觉信息传导的中间站，其中含有的第 3 级神经元，它们发出的大量纤维组成所谓的视辐射，视辐射的纤维最后投射到大脑枕叶的视觉中枢——即视皮质。视觉信息只有传到脑的视皮质并经过处理、分析，才能最后形成主观的视觉感受（图 9-18）。

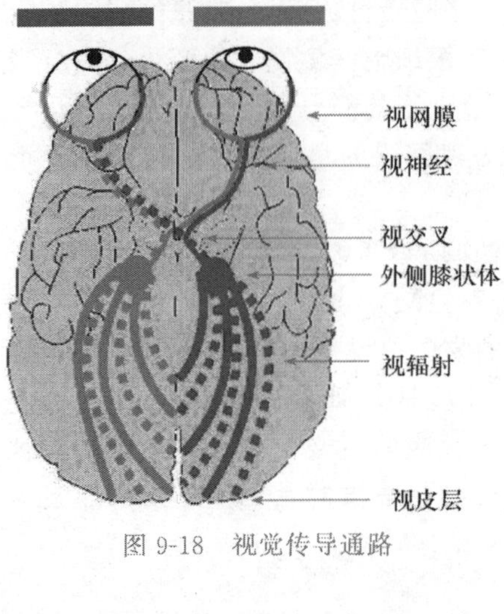

图 9-18 视觉传导通路

三、与视觉有关的若干生理现象(Other Visual Phenomena)

(一) 视敏度(visual acuity)

视敏度(visual acuity),又称视力或视锐度,是指眼对物体细小结构的分辨能力。视力是以最小视角来表示的。视角(visual angle)是指外界物体两个端点射向眼内的两条光线,在节点处交叉所形成的角度。正常情况下,人眼能分辨出两点间的最小距离所形成的视角为最小视角,即一分视角。视力表就是以一分视角为单位进行设计的。视角的大小决定了视网膜上成像的大小。即不论物体大小或距离远近,只要视角相等,其在视网膜上的成像必然相等。视力与视角大小成反比。影响视敏度的因素很多,如物体与眼睛的距离、照度、对象与背景的明度对比、眼睛的适应水平、对象落在视网膜上的部位以及物体的颜色等。

视力检查常用的视标类型有①字母视标:以字母为视标的视力表所测视力,不仅取决于字母基划宽度的视角,而且与被检者认读字母的能力及字母自身的结构有关。Snellen 于 1862 年提出用字母作为视标,如常用字母 E。字母每条线宽度及间隔均为 1 分视角,字母高度为 5 分视角(图 9-19)。②Landolt 环:此类型视标是一个带缺口的 C 环,C 环缺口的宽度为 1 分视角,环的直径为缺口宽度的 5 倍。当标准检查距离为 5 m 时,C 环缺口的宽度为 1.5 mm,环的直径为 7.5 mm。缺口对应视角的倒数,即为被检者的最小可分视力,视力正常者能辨认 1 分视角。1909 年国际眼科学会通过 Landolt 环形视标为国际通用视标。与字母视标相比较,Landolt 环辨认有一定难度,但受被测者主观因素影响小,检查结果更准确、客观。③数字和图画视标:数字和图画视标也是按视角原理设计的,主要用于儿童和没有文化人群的视力检测。

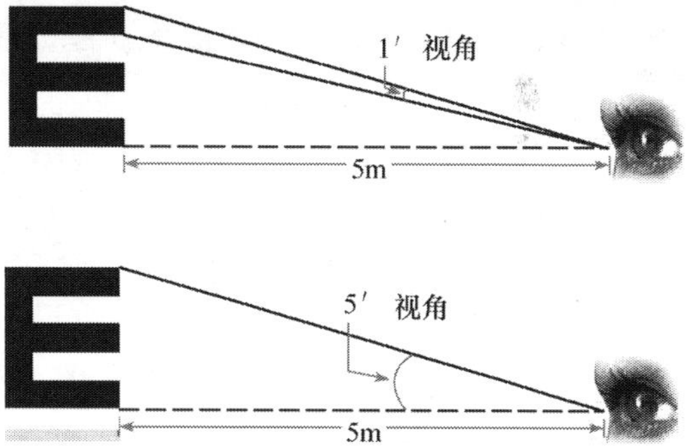

图 9-19 视力表原理图

视力表上 1.0 行的 E 形视标是根据 5 m 距离与眼成 1 分视角设计的,每条边线与线条间距的宽度是 1 分视角,故整个 E 字是 5 分视角

检查视力的国际通用的视力表的基本原理是:当人眼能看清 5m 远处的一个圆形的缺口(Landolt 环)或 E 字形上的开口(Snellen 图)(缺口或开口的距离为 1.5mm)的方向时,按简化眼计算,此缺口在视网膜像中的距离约为 5μm,说明此眼视力正常,定为 1.0;同时也可以算出,当物像为 5μm 时,由光路形成的两个三角形的对顶角即视角约相当于 1 分度(即 1′);因此,如果受试者在视角为 10 分度时才能看清相应增大了的视力表上标准图形的缺口(相当于国际视力表上最上面一排图),则视力定为 0.1;在表上还列出视力 0.2 至 0.9 时的逐步减小的图形。但国际视力表上对这些相应图形的大小设计是有缺点的,如相当于 0.2 视力的图形比视力 0.1 的图形小 1/2,而相当于视力 1.0 的图形只比视力为 0.9 时的图形小了 1/9。这种表示视力方法显然不利于临床上表示视力的改善程度,例如由原来 0.9 的视力改善为 1.0 较容易,但由 0.1 的视力改善为 0.2 却较难,虽然

视力都增加了 0.1，但其真正改善的程度并不一样。

目前国际上检查视力常用的视力表(visual acuity chart)有以下几种：①标准对数视力表(logarithmic visual acuity chart)，是我国缪天荣根据 Weber-Fechner 法则于 1959 年设计的对数视力表，它把国际视力表上记为 1.0 的正常视力记为 5.0，而将视角为 10 分度时的视力记为 4.0，其间相当于视力 4.1、4.2 直至 4.9 的图形，各比上一排形成的视角小 1.259 倍，而对数值为 0.1；这样，视力表上不论原视力为何值，改善程度的数值都具有同样的意义。目前我国各种体检都用这种视力表。② Snellen 视力表(Snellen visual acuity chart)，美国等西方国家普遍使用。③lgIMAR 视力表，常被用于学术研究。

（二）暗适应和明适应(dark adaption and light adaptation)

当人长时间在明亮环境中突然进入暗处时，最初看不见任何东西，经过一定时间后，视觉敏感度才逐渐增高，能逐渐看见在暗处的物体，这种现象称为暗适应(dark adaption)。相反，当人长时间在暗处而突然进入明亮处时，最初感到一片耀眼的光亮，不能看清物体，只有稍待片刻才能恢复视觉，这称为明适应(light adaption)。

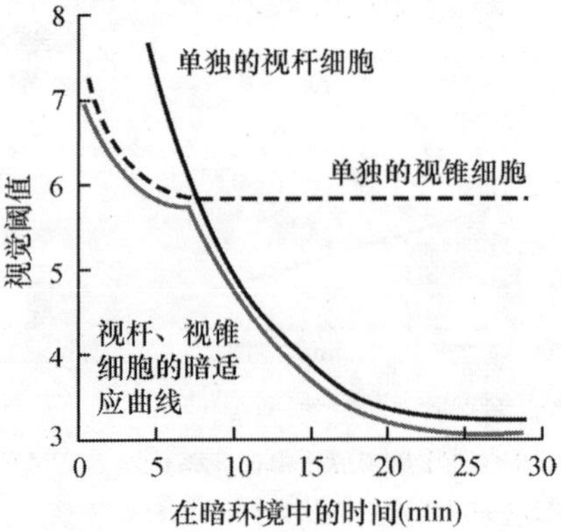

图 9-20 暗适应曲线

暗适应是人眼在暗处对光的敏感度逐渐提高的过程。如图 9-20 所示，一般是在进入暗处后的最初约 7 分钟内，人眼感知光线的阈值出现一次明显的下降，以后再次出现更为明显的下降；大约进入暗处 25～30 分钟时，阈值下降到最低点，并稳定于这一状态。据分析，暗适应的第一阶段主要与视锥细胞视色素的合成增加有关；第二阶段亦即暗适应的主要阶段，与视杆细胞中视紫红质的合成增强有关。

明适应的进程很快，通常在几秒钟内即可完成。其机制是视杆细胞在暗处蓄积了大量的视紫红质，进入亮处遇到强光时迅速分解，因而产生耀眼的光感。只有在较多的视杆色素迅速分解之后，对光较不敏感的视锥色素才能在亮处感光而恢复视觉。

（三）视野(visual field)

单眼固定地注视前方一点时，该眼所能看到的空间范围称为视野(visual field)。视野的最大界限应以它和视轴(单眼注视外界某一点时，此点的像正好在视网膜黄斑中央凹处，连接这两点的假想线即视轴)所形成夹角的大小来表示。在同一光照条件下，用不同颜色的目标物测得的视野大小不同，白色视野最大，其次为黄蓝色，再次为红色，绿色视野最小。视野的大小可能与各类感光细胞在视网膜中的分布范围有关。另外，由于面部结构(鼻和额)阻挡视线，也影响视野的大小和形状。如一般人颞侧和下方视野较大，而鼻侧与上方视野较小。临床医生检查视野，使用特制的视野仪，并用不同颜色的视标进行检查，目的在于了解视网膜的普遍感光能力，有时可藉以发现较大范围的视网膜病变。某些视网膜、视神经或视觉传导路的病变，有特殊形式的视野缺损，在医疗诊断上有意义。

（四）视后像和融合现象(after image and fusion phenomenon)

注视一个光源或较亮的物体，然后闭上眼睛，这时可感觉到一个光斑，其形状和大小均与该光源或物体相似，这种主观的视觉后效应称为视后像(after image)。如果给以闪光刺激，则主观上的光亮感觉的持续时间比实际的闪光时间长，这是由于光的后效应所致。后效应的持续时间与光刺激的强度有关，如果光刺激很强，视后像的持续时间也较长。

如果用重复的闪光刺激人眼，当闪光频率较低时，主观上常能分辨出一次又一次的闪光。当闪光频率增加到一定程度时，重复的闪光刺激可引起主观上的连续光感，这一现象称为融合现象(fusion phenomenon)。融合现象是由于闪光的间歇时间比视后像的时间更短而产生的。

能引起闪光融合的最低频率，称为临界融合频率(critical fusion frequency，CFF)。研究发现，临界融合频率与闪光刺激的亮度、闪光光斑的大小以及被刺激的视网膜部位有关。光线较暗时，闪光频率低至 3～4 周/秒即可产生融合现象；在中等光照强度下，临界融合频率约为 25 周/秒；而光线较强时，临界融合频率可高达 100 周/秒。电影每秒钟放映 24 个画面，电视每秒钟播放 60 个画面，因此，观看电影和电视时主观感觉其画面是连续的。在测定视网膜不同部位的临界融合频率时也发现，愈靠近中央凹，其临界融合频率愈高。另外，闪光的颜色、视角的大小、受试者的年龄及某些药物等均可影响临界融合频率，尤其是中枢神经系统疲劳可使临界融合频率下降。因此，在劳动生理中常将临界融合频率作为中枢疲劳的指标。

（五）双眼视觉和立体视觉(binocular vision and stereopsis)

在某些哺乳动物如牛、马、羊等，它们的两眼长在头的两侧，因此两眼的视野完全不重叠，左眼和右眼各自感受不同侧面的光刺激，这些动物仅有单眼视觉(monocular vision)。人和灵长类动物的双眼都在头部的前方，两眼的鼻侧视野相互重叠，因此凡落在此范围内的任何物体都能同时被两眼所见，两眼同时看某一物体时产生的视觉称为双眼视觉(binocular vision)。双眼视物时，两眼视网膜上各形成一个完整的物像，由于眼外肌的精细协调运动，可使来自物体同一部分的光线成像于两眼视网膜的对称点上，并在主观上产生单一物体的视觉，称为单视。眼外肌瘫痪或眼球内肿瘤压迫等都可使物像落在两眼视网膜的非对称点上，因而在主观上产生有一定程度互相重叠的两个物体的感觉，称为复视(diplopia)。双眼视觉的优点是可以弥补单眼视野中的盲区缺损，扩大视野，并产生立体视觉。

双眼视物时，主观上可产生被视物体的厚度以及空间的深度或距离等感觉，称为立体视觉。其主要原因是同一被视物体在两眼视网膜上的像并不完全相同，左眼从左方看到物体的左侧面较多，而右眼则从右方看到物体的右侧面较多。来自两眼的图像信息经过视觉高级中枢处理后，产生一个有立体感的物体的形象。然而，在单眼视物时，有时也能产生一定程度的立体感觉，这主要是通过调节和单眼运动而获得的。另外，这种立体感觉的产生与生活经验、物体表面的阴影等也有关。但是，良好的立体视觉只有在双眼观察时才有可能。

Clinical Note

Presbyopia

Presbyopia is a health condition where the eye exhibits a progressively diminished ability to focus on near objects with age. Presbyopia's exact mechanisms are not known with certainty; the research evidence most strongly supports a loss of elasticity of the crystalline lens, although changes in the lens's curvature from continual growth and loss of power of the ciliary muscles (the muscles that bend and straighten the lens) have also been postulated as its cause. Symptoms include: Having to hold items further away (at arm's length) to focus on them; Blurred vision when reading; Eye fatigue, discomfort, or drowsiness when doing close-up work. Similar to grey hair and wrinkles, presbyopia is a symptom caused by the natural course of aging. The first symptoms are usually first noticed between the ages of 40～50. The ability to focus on near objects declines throughout life, from an accommodation of about 20 dioptres (ability to focus at 50 mm away) in a child, to 10 dioptres at 25 (100 mm), and levels off at 0.5 to 1 dioptre at age 60 (ability to focus down to 1～2 meters only). Currently, there are no guidelines for preventing it or delaying its onset.

Summary

- Vision is the translation of reflected light into a mental image. Photoreceptors of the retina transduce light energy into an electrical signal that passes to the visual cortex for processing.
- The photoreceptors in the eye are only sensitive to wavelengths between 380～760nm.
- The eye refracts the entering light to focus the image on the retina. To bring near light sources into focus on the retina, accommodation of the lenses and pupils, as well as the convergence of visual axes must be used.
- Phototransduction by photoreceptors (rods and cones) converts light stimuli into neuronal signal.
- Rods provide indistinct gray vision at night whereas cones provide sharp color vision during the day. Color vision is dependent on the ratios of stimulation of the three cone types.
- Light-sensitive visual pigments in photoreceptors convert light energy into a change in membrane potential. The visual pigment in rods is rhodopsin. Cones have three different visual pigments.
- Rodopsin is composed of opsin and retinal. In the absence of light, retinal binds snugly to opsin.
- When light bleaches rhodopsin, retinal is released and transducin begins a second-messenger cascade that hyperpolarizes the rods and releases less neurotransmitter onto the

bipolar neurons.

- Signals pass from photoreceptors through bipolar neurons to ganglion cells, with modulation by horizontal and amacrine cells.
- Information from one side of the visual field is processed on the opposite side of the brain. Three-dimensional objects fall within the visual fields of both eyes.

Key Terms

Reduced eye; accommodation of the eye; near point of the vision; near reflex of the pupil; pupillary light reflex; rhodopsin; scotopic vision; photopic vision; dark current; trichromatic theory; visual acuity; visual field

Review Questions

1. Define each term

1) reduced eye; 2) near point of the vision; 3) far point of the vision; 4) near reflex of the pupil; 5) pupillary light reflex; 6) convergence reflex; 7) rod system; 8) cone system; 9) dark current; 10) trichromatic theory; 11) visual acuity; 12) dark adaption; 13) light adaption; 14) visual field; 15) binocular vision

2. Choose the correct answer

1) If a person's cornea, which helps focus light, is more rounded than normal, this person is more likely to be:

(A) hyperopic

(B) myopic

2) The absorption of a photon by photoreceptor cell results in:

(A) the depolarization of the photoreceptor

(B) the inhibition of the phosphodiesterase

(C) the conversion of the cGMP to 5'-GMP

(D) all of the above

3) The three primary colors of vision are:

(A) red, blue, green

(B) red, yellow, blue

(C) red, yellow, green

(D) green, blue, yellow

4) Vitamin A is a precursor for the synthesis of:

(A) somatostatin

(B) retinene

(C) the pigment of the iris

(D) scotopsin

(E) aqueous humor

3. Answer the following questions

1) Explain the accommodation of the eye for near vision.

2) Explain the defect in each of the following visual disorders: myopia, hyperopia and astigmatism.

3) Describe the process of phototransduction.

4) Compare the functional characteristics of rods and cones.

第三节 耳的听觉功能
Section 3 Function of the Auditory System

Section Outline

- Sound transmission through the external and middle ear
  —Functions of the external ear
  —Functions of the middle ear
  —Air and bone conduction
- Functions of cochlea
  —Anatomy of cochlea
  —Signal transmission in the cochlea
  —Cochlear bioelectric phenomena
- Action potential in auditory nerve
  —Compound action potential in auditory nerve
  —Action potential in single fibre of auditory nerve
- Auditory information processed by the auditory center

听觉(hearing)的外周感受器官是耳，它由外耳、中耳和内耳的耳蜗组成(图 9-21)。由声源引起空气振动产生的声波，通过外耳和中耳组成的传音系统传递到内耳，经内耳的换能作用将声波的机械能转变为听神经纤维上的神经冲动，后者传送到大脑的听觉中枢，从而产生听觉感受。听觉是我们获取外界信息的重要感觉活动，我们之所以能进行对话、交流思想、欣赏音乐、发现声音信号甚至躲避危险，都依赖于我们的听觉活动，所以听觉功能对人类认识自然、适应和征服自然有着重要意义。

人耳的适宜刺激是空气振动的疏密波，但振动的频率必须在一定范围内，并且达到一定强度才能产生听觉。通常人耳能感受的振动频率为 20～20 000Hz 之间，感受声波的压强范围为 0.0002～1000dyn/cm^2。对于每一种频率的声波，都有一个刚能引起听觉的最小强度，称为听阈(hearing threshold)。当声音的强度在听阈以上继续增加时，听觉的感受也相应增强，但当强度增加到某一限度时，它引起的将不单是听觉，同时还会引起鼓膜的疼痛感觉，这个限度称为最大可听阈。图 9-22 是以声波的频率为横坐标，以声音的强度或声压为纵坐标绘制而成的听力曲线。图中下方曲线表示不同频率的听阈，上方曲线表示其最大可听阈，两者所包含的面积为听域(audible area)。从图上可以看出，人耳最敏感的声波频率在 1000～3000Hz 之间，人类的语言频率也主要分布在 300～3000Hz 的范围内。

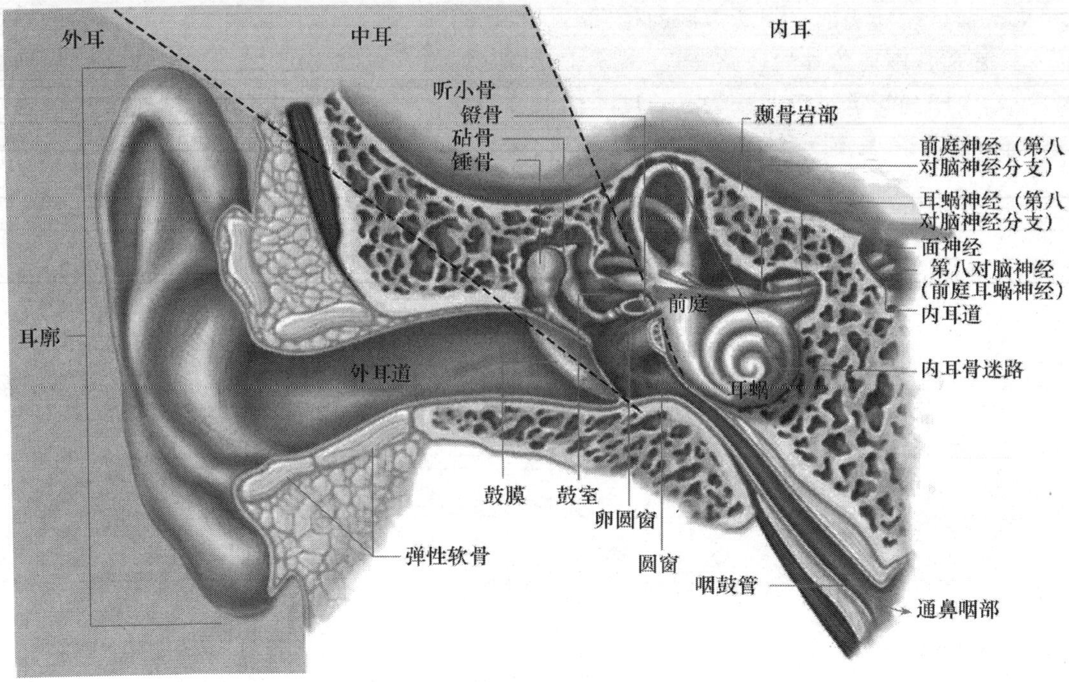

图 9-21 耳的解剖

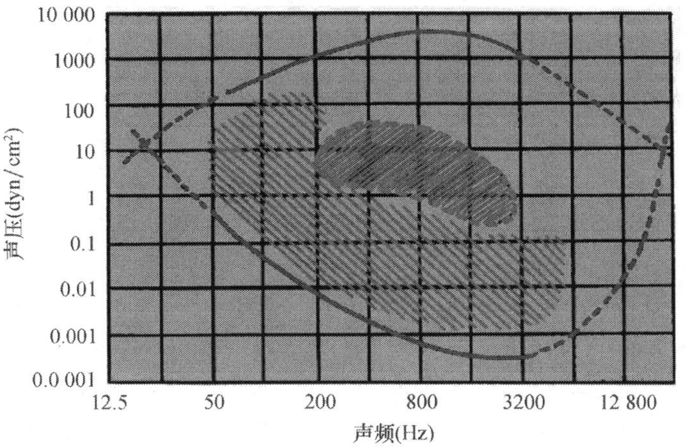

图 9-22 人的正常听域图

中心斜线区为通常的语言区，下方斜线区为次要语言区

一、外耳和中耳的功能（Sound Transmission through the External and Middle Ear）

（一）外耳的功能（functions of the external ear）

外耳由耳廓和外耳道组成。耳廓的形状有利于收集声波，起采音作用；耳廓还可帮助判断声源的方向。有些动物能转动耳廓以探测声源的方向。人耳耳廓的运动能力已经退

化，但可通过转动头部来判断声源的位置。

外耳道是声波传导的通路，其一端开口于耳廓，另一端终止于鼓膜。根据物理学原理，一端封闭的管道对于波长为其长度4倍的声波能产生最大的共振作用，即增压作用。人类的外耳道长约2.5cm，其共振频率约为3500Hz。因此，外耳道作为一个共鸣器(resonator)，3500Hz左右频率范围的声波进入外耳道后，与之形成共振，起到最大的放大声压效能。实验也证明，在外耳道口与鼓膜外侧表面分别测量传入外耳道的不同频率声波的声压，频率3～5kHz的声波在鼓膜附近比在外耳道要高约10分贝(decibel，dB)(图9-23)。

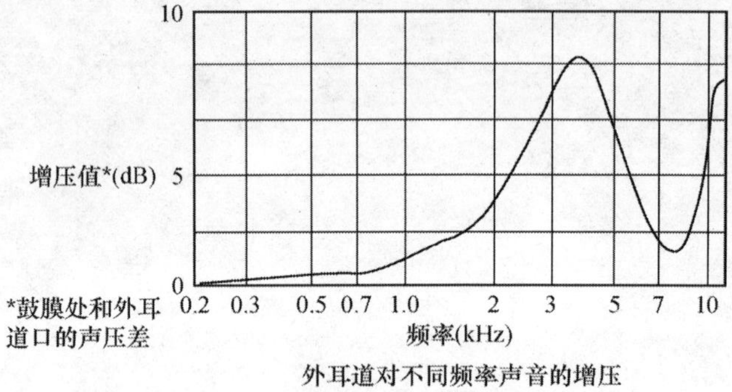

图9-23 外耳道对不同频率声音的增压

（二）中耳的功能(functions of the middle ear)

中耳由鼓膜(tympanic membrane)、听骨链(ossicular chain)、鼓室(tympanic cavity)和咽鼓管(auditory tube)等结构组成。中耳的主要功能是将空气中的声波振动能量高效地传递到内耳淋巴，其中鼓膜和听骨链在声音传递过程中起重要作用。鼓膜呈椭圆形，面积为50～90mm，厚度约0.1mm。它的形状如同一个浅漏斗，其顶点朝向中耳，内侧与锤骨柄相连。鼓膜很像电话机受话器中的振膜，是一个压力承受装置，具有较好的频率响应和较小的失真度。据观察，当频率在2 400Hz以下的声波作用于鼓膜时，鼓膜可复制外加振动的频率，其振动可与声波振动同始同终。

听骨链由锤骨(malleus)、砧骨(incus)、镫骨(stapes)依次连接而成。锤骨柄附着于鼓膜，镫骨的脚板与卵圆窗膜相贴，砧骨居中。三块听小骨形成一个固定角度的杠杆，锤骨柄为长臂，砧骨长突为短臂。杠杆的支点刚好在听骨链的重心上，因而在能量传递过程中惰性最小，效率最高。鼓膜振动时，如锤骨柄内移，则砧骨的长突和镫骨脚板也作相同方向的内移。

中耳对声音传导有增压效应。声波由鼓膜经听骨链到达卵圆窗膜时，其振动的压强增大，而振幅稍减小，这就是中耳的增压作用。其原因主要有以下两个方面：①鼓膜的实际振动面积约59.4mm^2，而卵圆窗膜的面积只有3.2 mm^2，二者之比为18.6∶1。如果听骨链传递时总压力不变，则作用于卵圆窗膜上的压强为鼓膜上压强的18.6倍。②听骨链杠杆的长臂与短臂之比为1.3∶1，这样，通过杠杆的作用在短臂一侧的压力将增大为原来的1.3倍。通过以上两方面的作用，在整个中耳传递过程中总的增压效应为 24.2 倍(18.6×1.3)(图 9-24)。

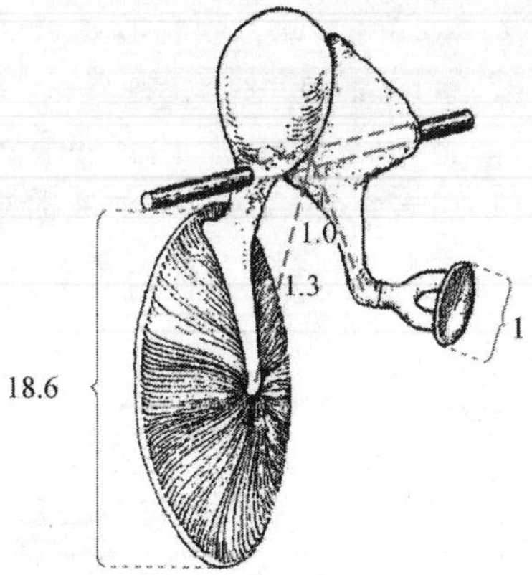

图 9-24 中耳的增压功能示意图

另外中耳还有保护机制。当声强过大时(70dB 以上),可反射性地引起鼓膜张肌和镫骨肌的收缩,结果使鼓膜紧张,各听小骨之间的连接更为紧密,导致听骨链传递振动的幅度减小,阻力加大,可阻止较强的振动传到耳蜗,从而对感音装置具有一定的保护作用。但完成这一反射需 40~160ms,所以对突发性爆炸声的保护作用不大。咽鼓管是连接鼓室和鼻咽部的通道,其鼻咽部的开口常处于闭合状态,在吞咽、打哈欠时开放。咽鼓管的主要功能是调节鼓室内的压力,使之与外界大气压保持平衡,这对于维持鼓膜的正常位置、形状和振动性能有重要意义。咽鼓管因炎症而被阻塞后,鼓室内的空气被吸收,可造成鼓膜内陷,并产生耳鸣,影响听力。

(三)声波传入内耳的途径(air and bone conduction)

声音是通过空气传导与骨传导两种途径传人内耳的。正常情况下以气传导为主。

1. 气传导(air conduction)

声波经外耳道引起鼓膜振动,再经听骨链和卵圆窗膜进入耳蜗,这一条声音传导的途径称为气传导(air conduction),是声波传导的主要途径。此外,鼓膜的振动也可引起鼓室内空气的振动,再经圆窗传入耳蜗。但这一气传导在正常情况下并不重要,只是当听骨链运动障碍时方可发挥一定的传音作用,但这时的听力较正常时大为降低。

2. 骨传导(bone conduction)

声波直接引起颅骨的振动,再引起位于颞骨骨质中的耳蜗内淋巴的振动,这个传导途径称为骨传导(bone conduction)。骨传导的敏感性比气传导低得多,因此在引起正常听觉中的作用甚微。但当鼓膜或中耳病变引起传音性耳聋时,气传导明显受损,而骨传导却不受影响,甚至相对增强。当耳蜗病变引起感音性耳聋时,气传导和骨传导将同样受损。因此,临床上可通过检查患者气传导和骨传导受损的情况来判断听觉异常的产生部位和原因。

二、内耳(耳蜗)的功能(Functions of Cochlea)

内耳又称迷路(labyrinth),由耳蜗(cochlea)和前庭器官(vestibular apparatus)组成。耳蜗的主要作用是把传递到耳蜗的机械振动转变为听神经纤维的神经冲动。

(一)耳蜗的结构要点(anatomy of cochlea)

耳蜗是由一条骨质管腔围绕一锥形骨轴旋转 $2\frac{1}{2}$~$2\frac{3}{4}$周所构成。在耳蜗管的横断面上有两个分界膜,一为斜行的前庭膜(vestibular membrane),一为横行的基底膜(basilar membrane)，此二膜将管道分为三个腔，分别称为前庭阶(vestibular canal/scala vestibuli)、鼓阶(tympanic canal/scala tympani)和蜗管(cochlear duct)(图 9-25)。前庭阶在耳蜗底部与卵圆窗膜相接，内充外淋巴(perilymph)；鼓阶在耳蜗底部与圆窗膜相接，也充满外淋巴，后者在耳蜗顶部与前庭阶中的外淋巴相交通。蜗管是一个充满内淋巴(endolymph)的盲管。基底膜上有声音感受器——螺旋器(也称柯蒂器；organ of Corti)，螺旋器由内、

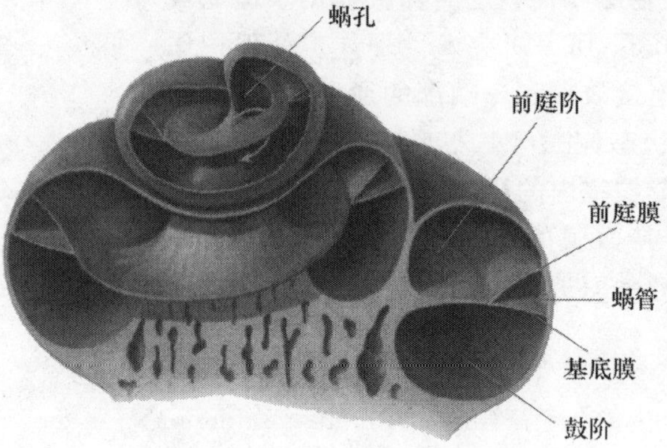

A

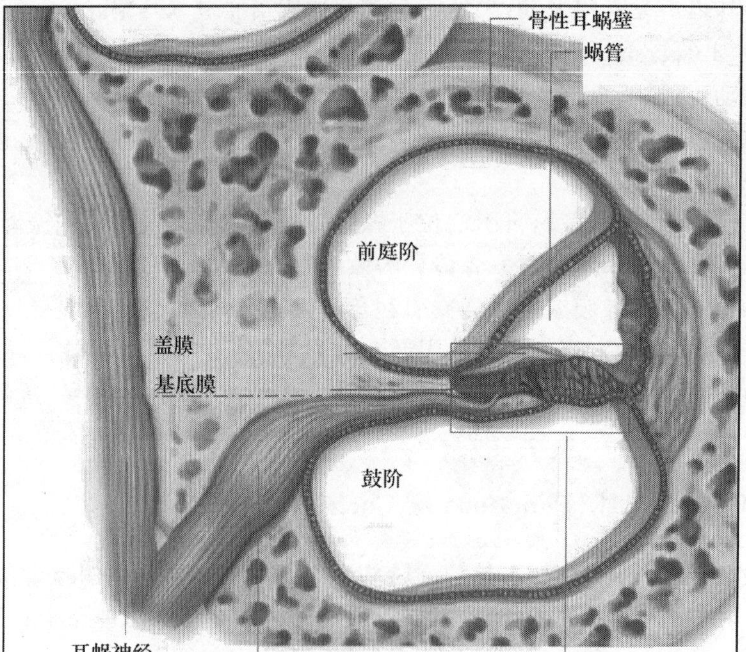

B

图 9-25 耳蜗的结构图

A. 耳蜗纵行剖面；B. 耳蜗管的横断面

外毛细胞(hair cell)及支持细胞等组成。在蜗管的近蜗轴侧有一行纵向排列的内毛细胞，靠外侧有 3～5 行纵向排列的外毛细胞。每一个毛细胞的顶部表面都有上百条排列整齐的纤毛，称为听毛，外毛细胞中较长的一些纤毛埋植于盖膜的胶冻状物质中。盖膜(tectorial membrane)在内侧连耳蜗轴，外侧则游离在内淋巴中。毛细胞的顶部与内淋巴接触，其底部则与外淋巴相接触。毛细胞的底部有丰富的听神经末梢(图 9-26)。

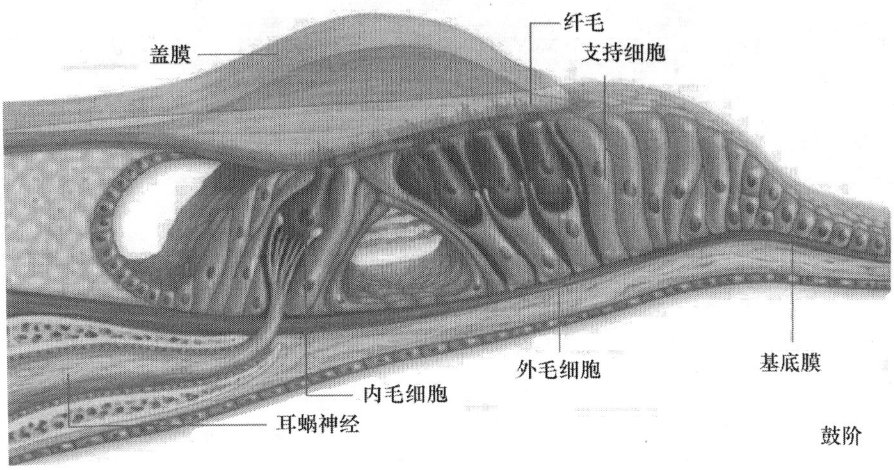

图 9-26　螺旋器的结构图

螺旋器由内外毛细胞及支持细胞等组成。在蜗管的近蜗轴侧有一行纵向排列的内毛细胞，靠外侧有 3～5 行纵向排列的外毛细胞。毛细胞的顶部与内淋巴接触，其底部与外淋巴相通。毛细胞底部有丰富的听神经末梢

(二) 耳蜗的感音换能作用(signal transmission in the cochlea)

1. 基底膜的振动和行波理论(vibration of basilar membrane and traveling wave theory)

当声波振动通过听骨链到达卵圆窗膜时，压力变化立即传给耳蜗内的液体和膜性结构。如果卵圆窗膜内移，前庭膜和基底膜则下移，最后鼓阶的外淋巴压迫圆窗膜，使圆窗膜外移；相反，当卵圆窗膜外移时，整个耳蜗内的液体和膜性结构又作相反方向的移动，如此反复，形成振动。在正常气传导的过程中，圆窗膜起缓冲耳蜗内压力变化的作用，是耳蜗内结构发生振动的必要条件。振动从基底膜的底部开始，按照物理学中的行波(travelling wave)原理向耳蜗的顶部方向传播，就像人在抖动一条绸带时，有行波沿绸带向其远端传播一样。不同频率的声波引起的行波都是从基底膜的底部开始，但声波频率不同，行波传播的远近和最大振幅出现的部位也不同。声波频率愈高，行波传播愈近，最大振幅出现的部位愈靠近卵圆窗处，换言之，靠近卵圆窗的基底膜与高频声波发生共振；相反，声波频率愈低，行波传播的距离愈远，最大振幅出现的部位愈靠近蜗顶(图 9-27)。因此，对于每一个振动频率来说，在基底膜上都有一个特定的行波传播范围和最大振幅区，位于该区域的毛细胞受到的刺激就最强，与这部分毛细胞相联系的听神经

纤维的传入冲动也就最多。起自基底膜不同部位的听神经纤维的冲动传到听觉中枢的不同部位，就可产生不同的音调感觉。这就是耳蜗对声音频率进行初步分析的基本原理。在动物实验和临床研究上都已证实，耳蜗底部受损时主要影响对高频声音的听力，而耳蜗顶部受损时主要影响低频听力。

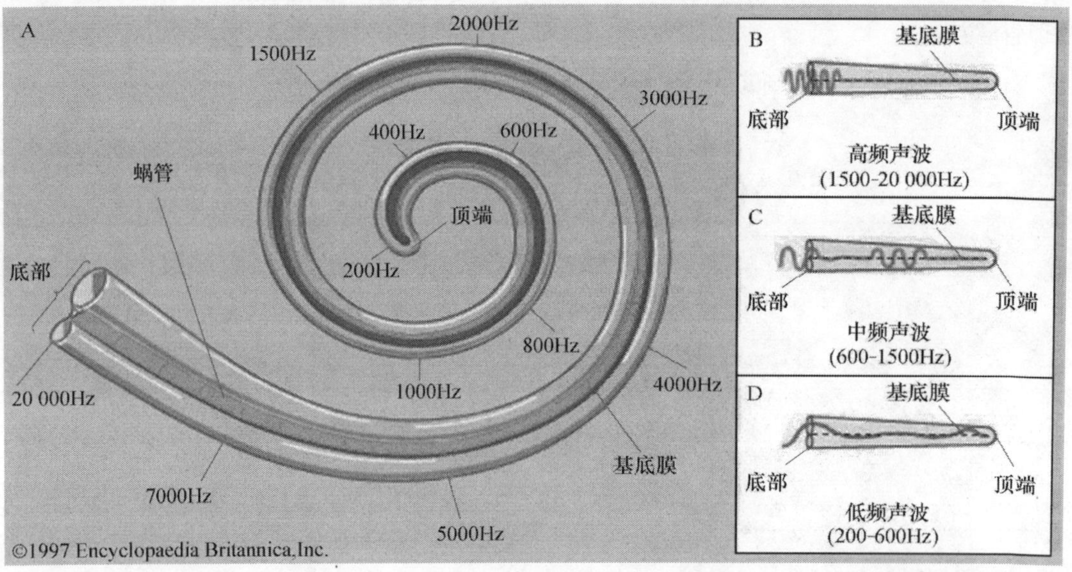

图 9-27 不同频率的纯音引起基底膜振动最大振幅出现的部位示意图

A. 声波频率不同，行波传播的远近和最大振幅出现的部位也不同；B. 高频声波，最大振幅出现的部位靠近卵圆窗；C. 中频声波，最大振幅出现在基底膜的中部；D. 低频声波，最大振幅出现的部位靠近蜗顶

实验表明，基底膜不仅仅是以固定的结构“被动”地对外界的振动产生行波，它还可以“主动”地增强行波的振动幅度。当一定频率的声波传导到基底膜的谐振区(即其谐振频率与声波频率一致的部位)时，除基底膜出现谐振外，该部位的外毛细胞亦可发生舒缩活动，即超极化时细胞伸长，去极化时细胞缩短，这种活动可以增强基底膜的振动，从而增强对声波反应的灵敏度以及对声音频率的分辨能力。而内毛细胞则是传递声音信息的主要细胞，外毛细胞的这种形体改变可以使所在基底膜部分原有的振动增强，亦对行经该处的行波起放大作用，这显然使位于该部分基底膜上的内毛细胞更易受到刺激，提高了对该振动频率的敏感性。

2. 毛细胞兴奋与感受器电位(hair cells transduce fluid movements into neural signals)

外毛细胞顶端有些纤毛埋植于盖膜的胶状物中，由于基底膜与盖膜的附着点不在同一个轴上，故当行波引起基底膜振动时，盖膜与基底膜便各自沿不同的轴上、下移动，于是在两膜之间便发生交错的移行运动，使纤毛受到剪切力(shearing force)的作用而发生弯曲或偏转；内毛细胞的纤毛较短，不与盖膜接触，呈游离状态，由内淋巴的运动使其弯曲或偏转。毛细胞顶部纤毛的弯曲或偏转是对声波振动刺激的一种特殊反应形式，也是引起毛细胞兴奋并将机械能转变为生物电的开始。近年来利用细胞电压钳和膜片钳技术对毛细胞的感受器电位进行了深入的研究，发现在毛细胞的顶部有机械门控离子通道，也称机械电换能通道，该通道对机械力的作用非常敏感。当静纤毛(stereocilium)处于相对静止状态时，有少部分通道开放并伴有少量的内向离子流，如果用玻璃微杆使静纤毛向动纤毛(kinocilium)一侧弯曲时，通道进一步开放，大量阳离子内流引起去极化而产生感受器电位。当静纤毛向背离动纤毛的一侧弯曲时通道关闭，内向离子流停止而出现外向离子流，造成膜的超极化(图 9-28)。

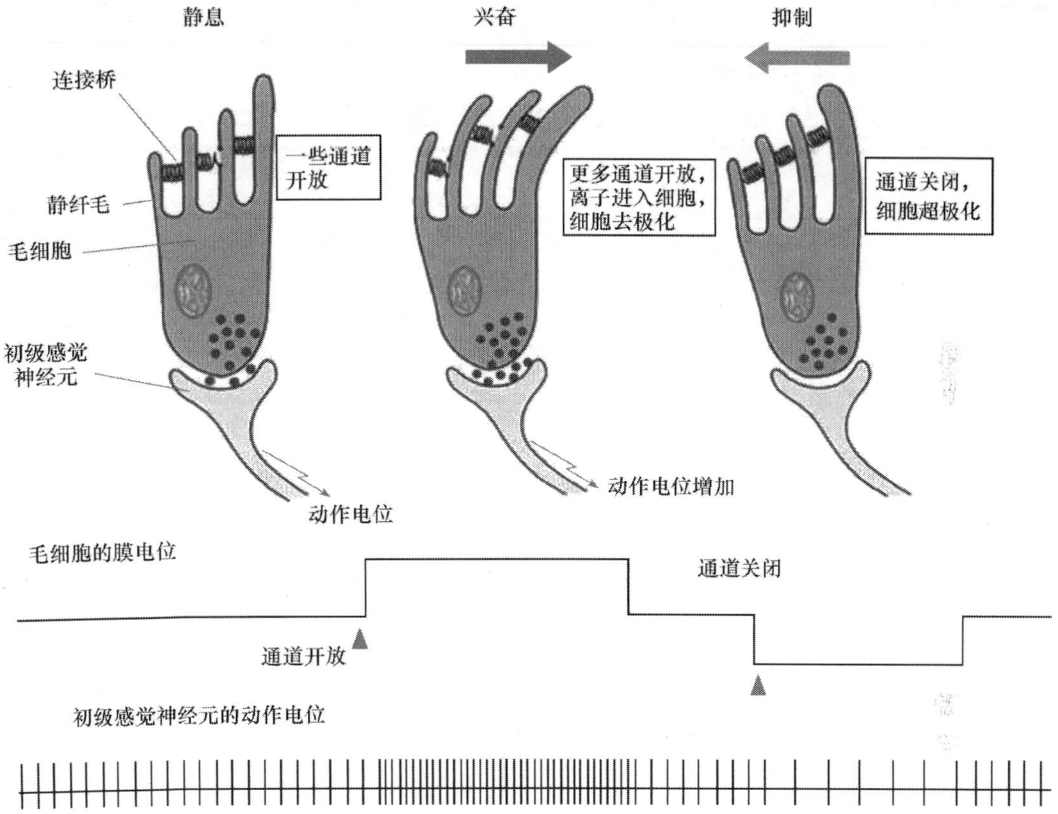

图 9-28　毛细胞感受器电位的产生

当静纤毛处于相对静止状态时，有少部分通道开放并伴有少量的内向离子流；当静纤毛向动纤毛一侧弯曲时，通道进一步开放，大量阳离子内流引起去极化而产生感受器电位；当静纤毛向背离动纤毛的一侧弯曲时通道关闭，内向离子流停止而出现外向离子流，造成膜的超极化

近年来在豚鼠的实验中发现，与外淋巴接触的毛细胞的基底侧膜上有两种被 Ca^{2+} 激活的 K^+ 通道，两者的开放均依赖于细胞内 Ca^{2+} 浓度的升高。纤毛的弯曲使毛细胞顶部的机械门控离子通道开放，导致纤毛外环境(内淋巴)中高浓度的 K^+ 流向细胞内，使毛细胞发生去极化。此时位于侧膜上的电压依赖性 Ca^{2+} 通道开放，导致 Ca^{2+} 内流。毛细胞内的 Ca^{2+} 浓度升高使毛细胞底部的递质向突触间隙释放。同时又激活毛细胞基底侧膜上的 Ca^{2+} 依赖性 K^+ 通道开放，造成 K^+ 外流，使毛细胞的电位接近于 K^+ 平衡电位，为毛细胞顶部的机械门控通道提供最大的电化学驱动力，有助于毛细胞的机械-电换能作用(图 9-29)。

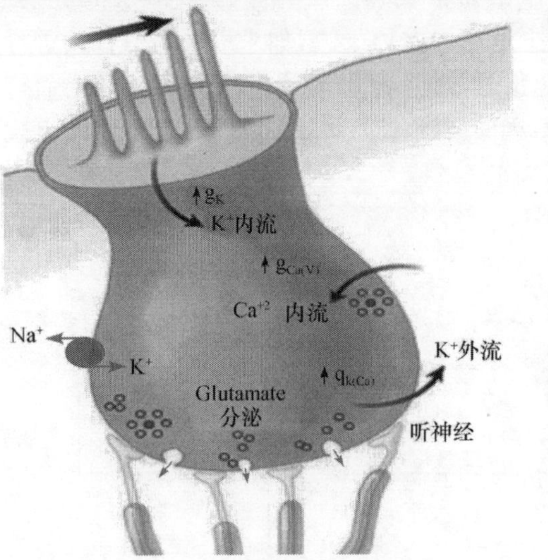

图 9-29 毛细胞离子通道及其作用示意图

纤毛的弯曲使毛细胞顶部的机械门控离子通道开放，导致 K^+ 内流，使毛细胞发生去极化。进而激活侧膜上的电压依赖性 Ca^{2+} 通道，导致 Ca^{2+} 内流。毛细胞内的 Ca^{2+} 浓度升高使毛细胞底部的递质向突触间隙释放，同时又激活毛细胞基底侧膜上的 Ca^{2+} 依赖性 K^+ 通道开放，造成 K^+ 外流、导致细胞复极化

人一侧耳蜗内毛细胞的总数约为 3500 个，外毛细胞约 20 000 个，听神经的传出、传入纤维总数约 28 000 条，其中约有 90%～95%的传入纤维分布到内毛细胞的底部，只有 5%～10%的传入纤维分布在外毛细胞。这说明一个内毛细胞可接受多条传入纤维的分布，而多个外毛细胞才能接受一个传入纤维的轴突分支。因此一般认为，绝大部分信息都是通过分布在内毛细胞的神经传向听觉中枢的；外毛细胞的阈值较低，对声音刺激的敏感性较高，其功能主要是对声音的感受。另外，耳蜗毛细胞顶部表面的静纤毛以阶梯形式排成 3 列，蜗底处静纤毛短，靠近蜗顶静纤毛逐渐变长。在成年的哺乳动物，耳蜗毛细胞失去动纤毛。

（三）耳蜗的生物电现象（cochlear bioelectric phenomena）

1. 耳蜗内电位（endocochlear potential，EP）

耳蜗各阶内充满着淋巴，其中前庭阶和鼓阶中是外淋巴，而蜗管中则是与脑脊液成分相似的内淋巴。在毛细胞之间有紧密连接，因此蜗管中的内淋巴不能到达毛细胞的基底部。内、外淋巴在离子组成上差异很大：内淋巴中的 K^+ 浓度比外淋巴中高 30 倍，而外淋巴中的 Na^+ 则比内淋巴中高 10 倍。这就造成静息状态下耳蜗不同部位之间存在一定的电位差。在耳蜗未受刺激时，如果以鼓阶外淋巴的电位为参考零电位，则可测出蜗管内淋巴的电位为＋80mV 左右，称为耳蜗内电位（endocochlear potential，EP），又称内淋巴电位（endolymphatic potential）；此时毛细胞的静息电位为－80～－70mV。由于毛细胞顶端浸浴在内淋巴中，而其他部位的细胞膜则浸浴在外淋巴中。因此，毛细胞顶端膜内、外的电位差可达 150～160mV。由于外淋巴较易通过基底膜，因此毛细胞基底部的浸浴液为外淋巴，所以在该部位毛细胞膜内、外的电位差仅约 80mV。这是毛细胞电位与一般细胞电位的不同之处。另外，检查外淋巴与内淋巴的离子成分时发现，前庭阶与鼓阶外淋巴的离子组成与一般的体液成分很相似，但蜗管中的内淋巴则是高 K^+、低 Na^+、低 Ca^{2+}。目前已证明，内淋巴中正电位的产生和维持与蜗管外侧壁血管纹细胞的活动密切相关。实验表明，在血管纹边缘细胞（marginal cell）的细胞膜上含有大量活性很高的钠泵。由于钠泵的活动和 Na^+-Cl^--K^+ 转运体的共同作用，将血浆中的 K^+ 转入内淋巴，同时又将内淋巴中的 Na^+ 摄回血浆。这就使内淋巴中有大量的 K^+ 蓄积，从而保持较高的正电位，同时也造成内淋巴中高 K^+、低 Na^+ 的离子分布情况。实验还证明，任何影响 ATP 生成和利用的因素均可使耳蜗内正电位消失甚至出现负电位。血管纹细胞对缺氧或哇巴因（钠泵抑制剂）非常敏

感，缺氧可使 ATP 生成及钠泵活动受阻；临床上常用的依他尼酸和呋塞米等利尿药也具有抑制钠泵的作用，因而也可引起内淋巴正电位不能维持，常导致听力障碍。

耳蜗内电位对基底膜的机械位移很敏感，当基底膜向鼓阶方向位移时，耳蜗内电位可增高 10～15mV；当向前庭阶位移时，耳蜗内电位约可降低 10mV。当基底膜持续位移时，耳蜗内电位亦保持相应的变化。

2. 耳蜗微音器电位(cochlea microphonic potential, CM)

当耳蜗受到声音刺激时，在耳蜗及其附近结构所记录到的一种与声波的频率和幅度完全一致的电位变化，称为耳蜗微音器电位(cochlea microphonic potential, CM)（图 9-30）。耳蜗微音器电位呈等级式反应，即其电位随刺激强度的增强而增大。耳蜗微音器电位无真正的阈值，没有潜伏期和不应期，不易疲劳，不发生适应现象。在人和动物的听域范围内，耳蜗微音器电位能重复声波的频率。在低频范围内，耳蜗微音器电位的振幅与声压呈线性关系，当声压超过一定范围时则产生非线性失真。这一现象正如向一个电话机的受话器或微音器(即麦克风)发声时，它们可将声音振动转变为波形类似的音频电信号一样，这正是把耳蜗的这种电变化称为微音器电位的原因。事实上，如果对着一个实验动物和耳廓讲话，同时在耳蜗引导它的微音器电位，并将此电位经放大后连接到一个扬声器，那么扬声器发出的声音正好是讲话的声音。这一实验生动地说明，耳蜗在这里起着类似微音器的作用，能把声波变成相应的音频电信号。

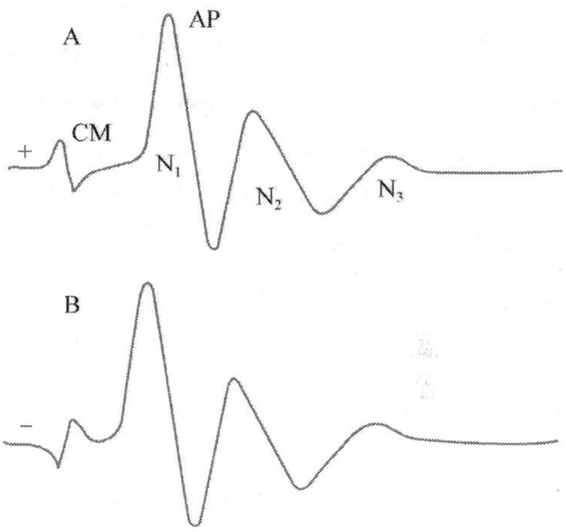

图 9-30　耳蜗微音器电位和听神经动作电位
CM：微音器电位；AP：听神经动作电位，包括 N_1、N_2、N_3 三个负电位。
A 与 B 对比表明，声音位相改变时，微音器电位位相倒转，但听神经动作电位位相不变

实验证明，微音器电位是多个毛细胞在接受声音刺激时所产生的感受器电位的复合表现。耳蜗微音器电位与动作电位不同，它具有一定的位相性，当声音的位相倒转时，耳蜗微音器电位的位相也发生逆转，但动作电位则不能。

在记录单一毛细胞跨膜电位的情况下，发现静纤毛只要有 0.1°的角位移，就可引起毛细胞出现感受器电位，而且电位变化的方向与纤毛受力的方向有关，即当静纤毛朝向动纤毛的方向弯曲时，出现去极化电位。反之，当静纤毛向背离动纤毛的一侧弯曲时，则出现超极化电位。这就说明为何微音器电位的波动能与声波振动的频率和幅度相一致的道理。

3. 总和电位(summating potential, SP)

在高频率、高强度的短纯音刺激期间，在蜗管或鼓阶内可记录到一种直流性质的电位变化，此即总和电位(summating potential, SP)。它是一个多种成分的复合电位，包括毛细胞感受器的电活动和听神经末梢的兴奋性突触后电位，前者为主要成分。将毛细胞完全破坏后，总和电位基本消失。总和电位有正 SP 和负 SP 两种成分，总和电位的极性和

幅度与刺激频率、刺激强度有关。例如，声刺激强度较低时，正 SP 明显，随着声刺激强度的增大，负 SP 占优势；声音刺激的持续时间长，总和电位的幅度大，声音刺激的持续时间短，则总和电位的幅度小。在 40ms 至 2s 的范围内，总和电位的幅度与声音持续时间的对数呈线性关系。

三、听神经动作电位(Action Potential in Auditory Nerve)

(一) 听神经复合动作电位(compound action potential in auditory nerve)

听神经复合动作电位是从整根听神经上记录到的复合动作电位，它是所有听神经纤维产生的动作电位的总和。由于神经冲动的振幅与波形不能反映声音的特性，只能依据神经冲动的节律及发放神经冲动的纤维在基底膜的起源部位来传递不同的声音信息。一般认为，不同频率的声音引起听神经发放的冲动的频率不同，而冲动的频率是对声音频率进行分析的依据。实验证明，如果声音频率低于 400Hz，听神经大体能按声音的频率发放冲动；如果声音频率在 400～5000Hz 范围时，则听神经中的纤维会分成若干个组发放冲动，虽然每一组纤维发放的冲动的频率跟不上声波的频率，但在每个声波周期内，总会有一定数目的纤维发放冲动，各组纤维同时发放数的总和则与声音频率相近。另外，持续的声刺激所产生的复合听神经动作电位和微音器电位重叠在一起，难以分离；而脉冲声刺激(如短声)产生的反应中，只要声音持续的时间足够短，听神经复合动作电位就能由于时程上的差异而和微音器电位区分开，此时记录到的反应波形的起始部分为微音器电位，其形状和极性都与刺激声波的形状和极性相同，而经过一定的潜伏期后，便出现了数个听神经动作电位，图 9-30 中的 N_1、N_2、N_3 就是从整个听神经上记录到的复合动作电位，其振幅取决于声音的强度、兴奋的纤维数目以及不同神经纤维放电的同步化程度。

(二) 听神经单纤维动作电位(action potential in single fibre of auditory nerve)

如果把微电极刺人听神经纤维内，可记录到单一听神经纤维的动作电位，它是一种“全或无”式的反应，安静时有自发放电，声音刺激时放电频率增加。仔细分析每一条听神经纤维的放电特性与声音频率之间的关系时可以发现，不同的听神经纤维对不同频率的声音敏感性不同，用不同频率的纯音进行刺激时，某一特定的频率只需很小的刺激强度便可使某一听神经纤维发生兴奋，这个频率即为该听神经纤维的特征频率(characteristic frequency，CF)或最佳频率。随着声音强度的增加，能引起单一听神经纤维放电的频率范围也增大。每一条听神经纤维都具有自己特定的特征频率。听神经纤维的特征频率与该纤维末梢在基底膜上的起源部位有关，特征频率高的神经纤维起源于耳蜗底部，特征频率低的神经纤维则起源于耳蜗顶部。由此可以认为，当某一频率的声音强度增大时，能使更多的纤维兴奋，由这些纤维传递的神经冲动，共同向中枢传递这一声音的频率及其强度的信息。在自然情况下，作用于人耳的声音的频率和强度的变化是十分复杂的，因此基底膜的振动形式和由此而引起的听神经纤维的兴奋及其组合也很复杂，人耳之所以能区别不同的音色，其基础可能亦在于此。

四、听觉中枢对听觉信息进行的综合处理(Auditory Information Processed by the Auditory Center)

蜗螺旋神经节内的双极细胞是听觉传导的第 1 级神经元,其周围突分布于内耳毛细胞,中枢突构成听神经(蜗神经)。蜗神经入脑后,终止于蜗神经腹核和背核。蜗神经腹核和背核内含第 2 级神经元,它们发出的纤维大部分在脑桥内形成斜方体并交叉至对侧,在上橄榄核外侧折向上行,称为外侧丘系。外侧丘系的纤维大部分终止于下丘。下丘内第 3 级神经元发出纤维从下丘臂到达内侧膝状体,第 4 级神经元在内侧膝状体,它们发出纤维组成听辐射,经内囊到达同侧的大脑颞叶颞横回,即听皮质。听皮质接受听觉信息,经分析综合,产生听觉意识。部分蜗神经腹、背核发出的纤维不交叉,进入同侧外侧丘系;也有部分外侧丘系纤维直接止于内侧膝状体;还有一些蜗神经核发出的纤维到达上橄榄核,后者发出的纤维加入同侧的外侧丘系;另外,下丘核的神经细胞也互有纤维联系(图 9-31)。因此,听神经的冲动是双侧传导的。

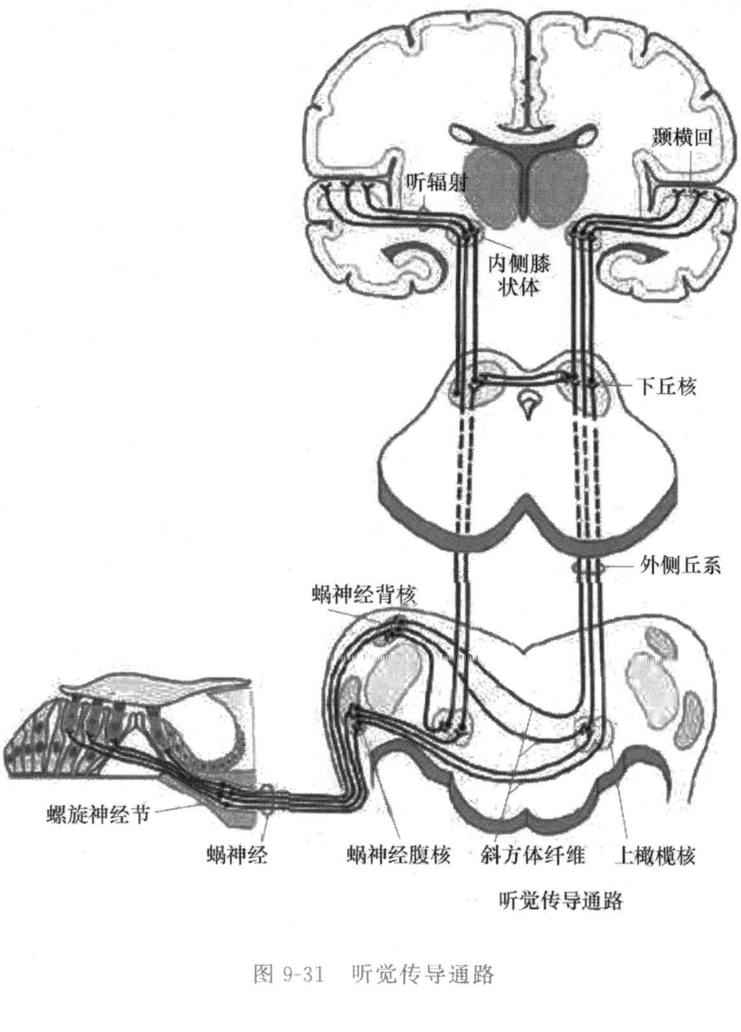

图 9-31　听觉传导通路

人的听觉最高级中枢位于大脑颞叶的颞横回前部，也称为皮质初级听区，该脑回大多被卷入外侧裂内。此部听皮质前部细胞感受低频声音，后部感受高频声音。电刺激该部可引起不同的声音感觉。声刺激也可引导出诱发电位。初级听区的周围带状区为次级听区，主要感受复杂声和语言。实验结果表明，听皮质与内侧膝状体对声音强度的辨别阈基本一致，而皮质听区对声音频率的分辨精确度比内侧膝状体高。动物对声音强度的分辨过程在皮质下内侧膝状体水平已基本完成。关于频率的分析，皮质下各级中枢都以不同方式进行处理，频率信息的分析在内侧膝状体虽达到一定的精度，但还需要皮质听区进行加工和处理，使频率辨别精度进一步提高。

Clinical Note

Hearing impairment

Hearing impairment or deafness refers to conditions in which individuals are fully or partially unable to detect or perceive at least some frequencies of sound which can typically be heard by members of their species.

Hearing impairments are categorized by their type (conductive, sensorineural, or both), by their severity, and by the age of onset. Furthermore, a hearing impairment may exist in only one ear (unilateral) or in both ears (bilateral). A conductive hearing impairment is an impairment resulting from dysfunction in any of the mechanisms that normally conduct sound waves through the outer ear, the eardrum or the bones of the middle ear. A sensorineural hearing impairment is one resulting from dysfunction in the inner ear, especially the cochlea where sound vibrations are converted into neural signals, or in any part of the brain that subsequently processes these signals. The vast majority of human sensorineural hearing loss is associated with abnormalities in the hair cells of the organ of Corti in the cochlea. This dysfunction may be present from birth due to genetic or developmental abnormalities, or arise through trauma or disease during the lifetime of an individual. There are also very unusual sensorineural hearing impairments that involve the VIIIth cranial nerve, the Vestibulocochlear nerve or, in rare cases, auditory cortex. Damage to parts of the brain that process auditory signals can lead to a condition in which sounds may be heard at normal thresholds, but the quality of the sound perceived is so poor that speech cannot be understood. Sensorineural hearing loss associated with abnormalities of the auditory system in the brain is called Central Hearing Impairment.

Summary

- Hearing is our perception of the energy carried by sound waves. Sound transduction turns air waves into mechanical vibrations, then fluid waves, chemical signals, and finally action potentials.

- Sound waves striking the outer ear are directed down the ear canal until they hit tympanic membrane and are converted into vibrations of the membrane. These vibrations are transferred to the malleus, the incus, and the stapes, in that order. As the stapes vibrates, it pulls and pushes on the oval window, to which it is attached. This is the function of the external ear and the middle ear.
- Vibrations at the oval window create waves in the fluid-filled channels of the cochlea. As waves over through the cochlea, they push on the flexible base membranes of the cochlear duct.
- The cochlea of the inner ear contains three parallel, fluid-filled ducts: the vestibular canal, tympanic canal and cochlear duct. The cochlear duct contains the organ of Corti, which contains hair cell receptors. When sound bends the hair cell cilia, the cells depolarize and release neurotransmitter onto the sensory neurons. Neurotransmitter binding to the sensory neurons initiates action potentials that send coded information about sound through the cochlear nerve to cranial nerve Ⅷ and the brain.
- Pitch discrimination (that is, the ability to distinguish between various frequencies of incoming sound waves) depends on the place on the basilar membrane that vibrates; loudness (intensity) discrimination depends on the amplitude of the vibration.
- Each auditory nerve responds to a narrow range of sound frequencies. In addition, the nerves are tonotopically organized so that those innervating hair cells near the base of the cochlea respond best to high frequencies while those innervating the apex respond best to low frequencies.
- The auditory cortex is mapped according to tone, and each region of the auditory cortex becomes excited only in response to a specific tone detected by a selected portion of the basilar membrane.

Key Terms

Hearing threshold; air conduction; bone conduction; labyrinth; cochlea; vestibular apparatus; perilymph; endolymph; hair cell; tectorial membrane; organ of Corti; travelling wave; endocochlear potential/endolymphatic potential; cochlea microphonic potential; characteristic frequency; vestibular membrane; basilar membrane

Review Questions

1. Define each term

1) air conduction; 2) bone conduction; 3) organ of Corti; 4) endocochlear potential/endolymphatic potential; 5) cochlea microphonic potential

2. Choose the correct answer

1) High-frequency pitches would result in the vibration of the basilar membrane:

(A) near the base of the cochlea

(B) near the apex of the cochlea

(C) at a location midway between the base and the apex

2) A conductive hearing impairment is an impairment resulting from dysfunction not in:

(A) outer ear

(B) the eardrum

(C) bones of the middle ear

(D) the cochlea

3) The basilar membrane of the cochlea:

(A) is unaffected by movement of fluid in the scala vestibule

(B) covers the oval window and the round window

(C) vibrates in a pattern determined by the form of the traveling wave in the fluids in the cochlea

(D) vibrates when the body is subjected to linear acceleration

4) Which of the following are incorrectly paired?

(A) Tympanic membrane: manubrium of malleus

(B) Helicotrema: apex of cochlea

(C) Foot plate of stapes: round window

(D) Basement membrane: cochlea

3. Answer the following questions

1) What are sound waves? What is responsible for the pitch and intensity of a sound?

2) Describe for the function of each of the following parts of the ear: pinna, ear canal, tympanic membrane, ossicles, oval window, and the various parts of the cochlea.

3) How sound waves are transduced into action potentials.

4) Compare air and bone conduction.

第四节 前庭器官的功能
Section 4 The Function of Vestibular Organ

Section Outline

- Vestibular apparatus and adequate stimulus
  —Receptor cells in vestibular organ
  —Adequate stimulus and physiological function of vestibular organ
  —Responses to linear acceleration
- Vestibular reactions
  —Posture reflex by vestibule
  —Vestibular autonervous reaction
  —Nystagmus

保持正常的姿势是人和动物进行各种活动的必要条件。正常姿势的维持依赖于前庭器官、视觉器官和本体感觉感受器的协同活动来完成,其中前庭器官的作用最为重要。前庭器官由内耳中的三个半规管(semicircular canal)、椭圆囊(utricle)和球囊(saccule)组成，它们是人体对自身的姿势和运动状态以及头部在空间的位置的感受器，在保持身体的平衡中起着重要的作用。

一、前庭器官的感受装置和适宜刺激(Vestibular Apparatus and Adequate Stimulus)

(一) 前庭器官的感受细胞(receptor cells in vestibular organ)

前庭器官的感受细胞都是毛细胞，它们具有类似的结构和功能。这些毛细胞有两种纤毛，其中有一条最长，位于细胞顶端的一侧边缘处，称为动纤毛(kinocilium)；其余的纤毛较短，数量较多，每个细胞有 6～100 条，呈阶梯状排列，称为静纤毛(stereocilium)。毛细胞的底部有感觉神经纤维末梢分布。实验证明，各类毛细胞的适宜刺激都是与纤毛的生长面呈平行方向的机械力的作用。当纤毛都处于自然状态时，细胞膜内侧存在约－80mV 的静息电位，同时与毛细胞相连的神经纤维上有一定频率的持续放电；当静纤毛朝向动纤毛一侧偏转时，毛细胞膜电位即发生去极化，如果去极化达到阈电位(－60mV)水平，支配毛细胞的传入神经冲动发放频率就增加，表现为兴奋效应；当静纤毛向背离动纤毛的一侧弯曲时，则毛细胞的膜电位发生超极化，传入纤维的冲动发放减少，表现为抑制效应(图 9-32)。这是前庭

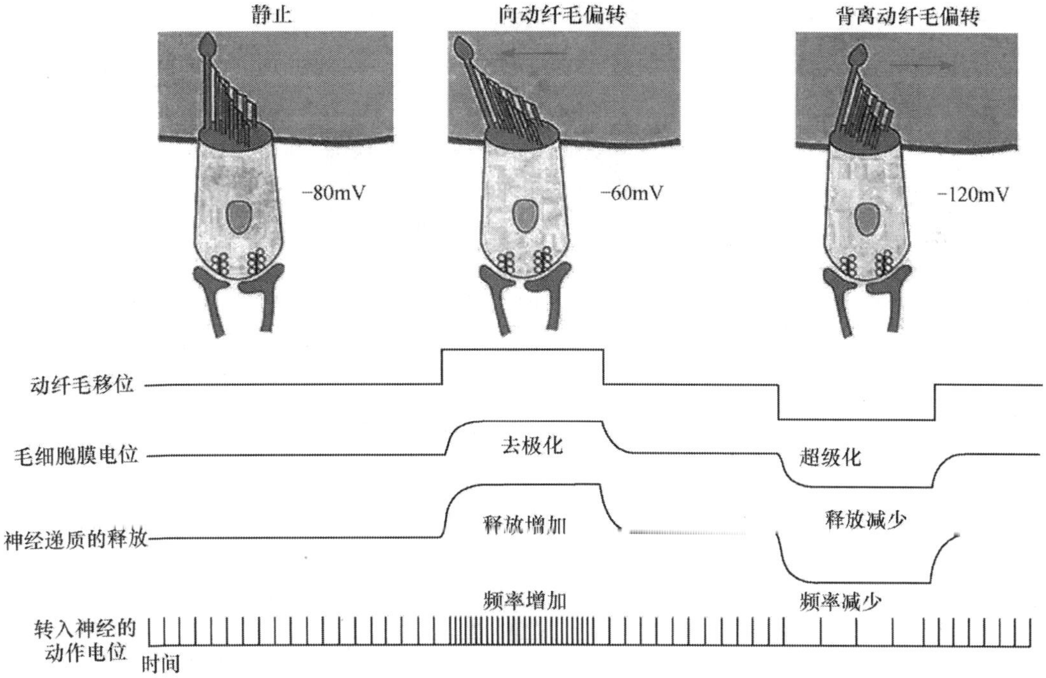

图 9-32　前庭器官中毛细胞顶部纤毛受力情况与电位变化关系示意图

当纤毛都处于自然状态时，细胞膜内侧存在约－80mV 的静息电位，同时与毛细胞相连的神经纤维上有一定频率的持续放电；当静纤毛朝向动纤毛一侧偏转时，毛细胞膜电位即发生去极化，支配毛细胞的传入神经冲动发放频率就增加，表现为兴奋效应；当静纤毛向背离动纤毛的一侧弯曲时，则毛细胞的膜电位发生超极化，传入纤维的冲动发放减少，表现为抑制效应

器官中所有毛细胞感受外界刺激的一般规律，其换能机制与耳蜗毛细胞相似。在正常条件下，机体的运动状态和头部在空间的位置的改变都能以特定的方式改变毛细胞纤毛的倒向，使相应的神经纤维的冲动发放频率发生改变，把这些信息传输到中枢，引起特殊的运动觉和位置觉，并出现相应的躯体和内脏功能的反射性变化。

（二）前庭器官的适宜刺激和生理功能（adequate stimulus and physiological function of vestibular organ）

（1）半规管的适宜刺激是正、负角加速度（angular acceleration or deceleration is the adequate stimulus of semicircular canal） 人体两侧内耳各有上、外、后三个半规管，分别代表空间的三个平面。当头向前倾30°时，外半规管与地面平行，其余两个半规管则与地面垂直。因此外半规管又称水平半规管。每个半规管与椭圆囊连接处都有一个膨大的部分，称为壶腹（ampulla），壶腹内有一块隆起的结构，称为壶腹嵴（crista ampullaris），其中有一排毛细胞面对管腔，毛细胞顶部的纤毛都埋植在一种胶质性的圆顶形壶腹帽（cupula）之中。毛细胞上动纤毛与静纤毛的相对位置是固定的。在水平半规管内，当内淋巴由管腔朝向壶腹的方向移动时，能使毛细胞的静纤毛向动纤毛一侧弯曲，引起毛细胞兴奋，而内淋巴离开壶腹时则静纤毛向相反的方向弯曲，则使毛细胞抑制。在上半规管和后半规管，因毛细胞排列方向不同，内淋巴流动的方向与毛细胞反应的方式刚好相反，离开壶腹方向的流动引起毛细胞兴奋，而朝向壶腹的流动则引起毛细胞抑制。

人体三个半规管所在的平面相互垂直，因此可以感受空间任何方向的角加速度，其感受阈值为1°～3°/s^2。当人体直立并以身体的中轴为轴心进行旋转运动时，水平半规管的感受器受到的刺激最大。当头部以冠状轴为轴心进行旋转时，上半规管及后半规管受到的刺激最大。旋转开始时，由于半规管腔中内淋巴的惯性，它的启动将晚于人体和半规管本身的运动，因此当人体向左旋转时，左侧水平半规管中的内淋巴将向壶腹的方向流动，使该侧毛细胞兴奋而产生较多的神经冲动；与此同时，右侧水平半规管中内淋巴的流动方向是离开壶腹，于是右侧水平半规管壶腹传向中枢的冲动减少。当旋转进行到匀速状态时，管腔中的内淋巴与半规管呈相同角速度的运动，于是两侧壶腹中的毛细胞都处于不受刺激的状态，中枢获得的信息与不进行旋转时无异。当旋转突然停止时，由于内淋巴的惯性，两侧壶腹中毛细胞纤毛的弯曲方向和冲动发放情况正好与旋转开始时相反（图9-33）。内耳迷路的其他两对半规管也接受与它们所处平面方向相一致的旋转变速运动的刺激。

（2）椭圆囊和球囊的适宜刺激是直线加速度运动（linear acceleration is the adequate stimulus of utricle and saccule） 椭圆囊和球囊的毛细胞位于囊斑（macula）上，毛细胞的纤毛埋植于位砂膜（statoconic membrane），又称耳石膜（otolith membrane）中。位砂膜是一种胶质板，内含位砂（耳石），位砂主要由蛋白质和碳酸钙组成，比重大于内淋巴，因而具有较大的惯性。当人体直立而静止不动时，椭圆囊囊斑的平面与地面平行，位砂膜在毛细胞纤毛的上方，而球囊囊斑的平面则与地面垂直，位砂膜悬在纤毛的外侧（图9-34）。椭圆囊和球囊囊斑的适宜刺激是直线加速度运动。例如，人在水平方向做直线变速运动时，椭圆囊囊斑上的毛细胞受到水平方向的力纤毛发生偏转；当头部倾斜时，由于耳石的

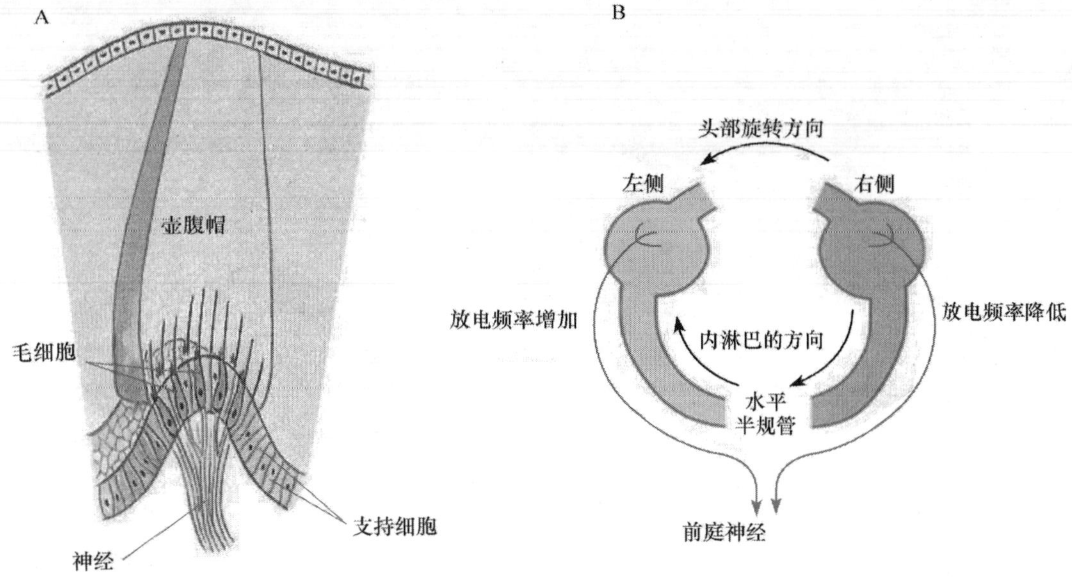

图 9-33　半规管壶腹脊的毛细胞及其激活

A. 半规管壶腹脊的毛细胞顶部的纤毛埋植在胶质性的壶腹帽中；B. 人体向左旋转时，左侧水平半规管中的内淋巴向壶腹的方向流动，使该侧毛细胞兴奋而产生较多的神经冲动；右侧水平半规管中内淋巴的流动方向是离开壶腹，该侧水平半规管壶腹传向中枢的冲动减少

重力作用，椭圆囊囊斑毛细胞的纤毛向头部倾斜方向偏转，毛细胞兴奋而产生较多的神经冲动。而乘电梯上升或下降时，球囊囊斑上的毛细胞受到垂直方向的力纤毛发生偏转。在椭圆囊和球囊的囊斑上，几乎每个毛细胞的排列方向都不完全相同。毛细胞纤毛的这种配置有利于分辨人体在囊斑平面上所进行的变速运动的方向。例如，当人体在水平方向作直线变速运动时，总有一些毛细胞的纤毛排列的方向与运动的方向一致，使静纤毛朝向动纤毛的一侧作最大的弯曲。由此而产生的传人信息为辨别运动方向提供依据。另一方面，由于不同毛细胞纤毛排列的方向不同，当头的位置发生改变或囊斑受到不同方向的重力及变速运动刺激时，其中有的毛细胞发生兴奋，有的则发生抑制。不同毛细胞综合活动的结果，可反射性地引起躯干和四肢不同肌肉的紧张度发生改变，从而使机体在各种姿势和运动情况下保持身体的平衡。

二、前庭反应（Vestibular Reactions）

（一）前庭姿势调节反射（posture reflex by vestibule）

来自前庭器官的传入冲动，除引起运动觉和位置觉外，还可引起各种姿势调节反射。例如，当汽车向前开动时，由于惯性，身体会向后倾倒，可是当身体向后倾倒之前，椭圆囊的位砂因其惯性而使囊斑毛细胞的纤毛向后弯曲，其传人信息即反射性地使躯干部的屈肌和下肢的伸肌的张力增加，从而使身体向前倾以保持身体的平衡。乘电梯上升时，椭圆囊中的位砂对毛细胞施加的压力增加，球囊中的位砂使毛细胞纤毛向下方弯曲，可反射性地引起四肢伸肌抑制而发生下肢屈曲。电梯下降时，位砂对囊斑的刺激作用

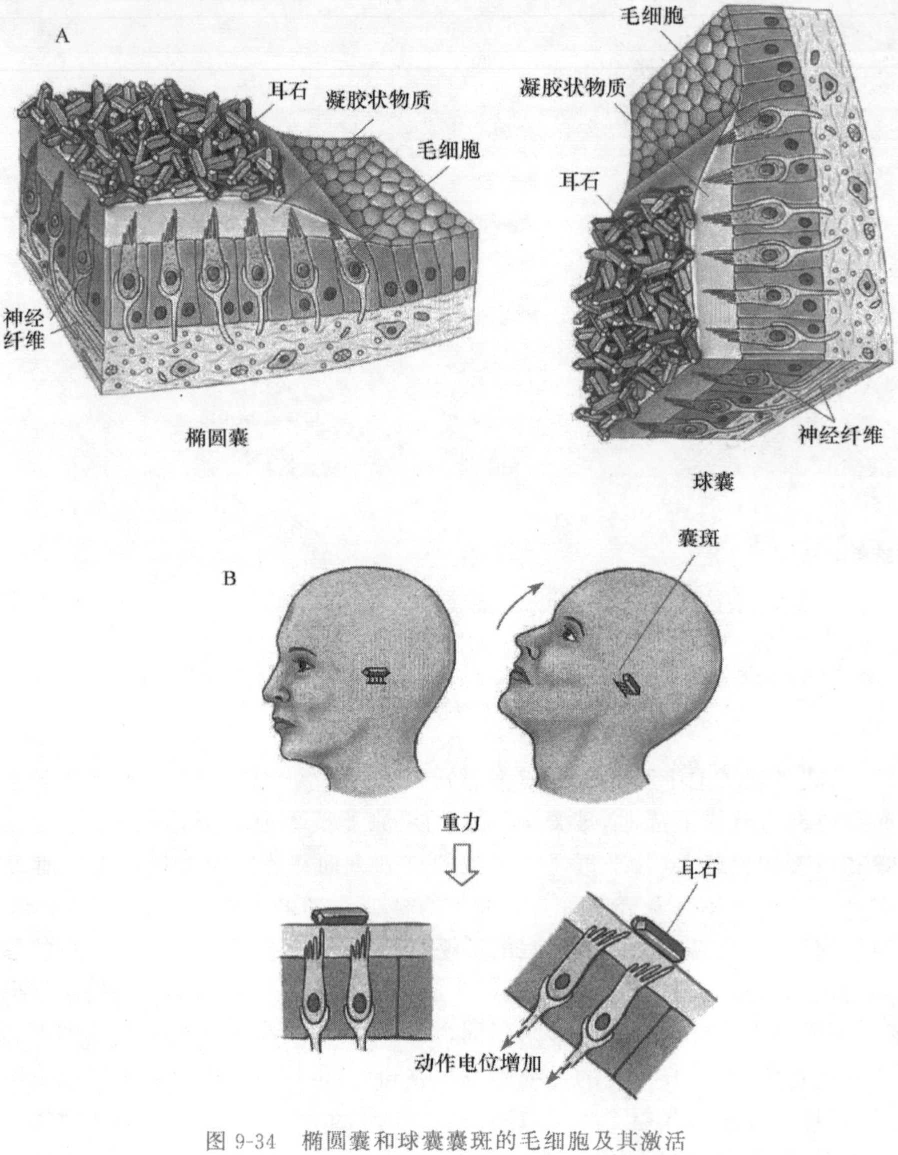

图 9-34　椭圆囊和球囊囊斑的毛细胞及其激活

A. 椭圆囊和球囊囊斑的毛细胞顶部的纤毛埋植在位砂膜中。当人体直立而静止不动时，椭圆囊囊斑的平面与地面平行，位砂膜在毛细胞纤毛的上方，而球囊囊斑的平面则与地面垂直，位砂膜悬在纤毛的外侧；B. 以椭圆囊为例，当头部倾斜时，由于耳石的重力作用，毛细胞的纤毛向头部倾斜方向弯曲，毛细胞兴奋而产生较多的神经冲动

可导致伸肌收缩，下肢伸直。这些都是前庭器官的姿势反射，其意义在于维持机体一定的姿势和保持身体平衡。

（二）前庭自主神经反应（vestibular autonervous reaction）

当半规管感受器受到过强或长时间的刺激时，可通过前庭神经核与网状结构的联系而引起自主神经功能失调，导致心率加速、血压下降、呼吸频率增加、出汗以及皮肤苍白、恶心、呕吐、唾液分泌增多等现象，称为前庭自主神经反应(vestibular autonervous reaction)。主要表现为以迷走神经兴奋占优势的反应。在实验室和临床上都能观察到这些现象，但临床上的反应比实验室中观察到的更加复杂。在前庭感受器过度敏感的人，一般的前庭刺激也会引起自主神经反应。晕船反应就是因为船身上下颠簸及左右摇摆使上、后半规管的感受器受到过度刺激所造成的。

(三) 眼震颤(nystagmus)

前庭反应中最特殊的是躯体旋转运动时引起的眼球运动，称为眼震颤(nystagmus)。眼震颤是眼球不自主的节律性运动。在生理情况下，两侧水平半规管受到刺激(如以身体纵轴为轴心的旋转运动)时，可引起水平方向的眼震颤，上半规管受刺激(如侧身翻转)时可引起垂直方向的眼震颤，后半规管受刺激(如前、后翻滚)时可引起旋转性眼震颤。人类在地平面上的活动较多(如转身、头部向后回顾等)，故下面以水平方向的眼震颤为例说明眼震颤出现的情况。当头与身体开始向左旋转时，由于内淋巴的惯性，使左侧半规管壶腹嵴的毛细胞受刺激增强，而右侧半规管正好相反，这样的刺激可反射性地引起某些眼外肌的兴奋和另一些眼外肌的抑制，于是出现两侧眼球缓慢向右侧移动，这一过程称为眼震颤的慢动相(slow component)；当眼球移动到两眼裂右侧端时，又突然快速地向左侧移动，这一过程称为眼震颤的快动相(quick component)；以后再出现新的慢动相和快动相，反复不已。当旋转变为匀速转动时，旋转虽在继续，但眼震颤停止。当旋转突然停止时，又由于内淋巴的惯性而出现与旋转开始时方向相反的慢动相和快动相组成的眼震颤(图 9-35)。眼震颤慢动相的方向与旋转方向相反，是由于对前庭器官的刺激而引起的，而快动相的方向与旋转方向一致，是中枢进行矫正的运动。临床上用快动相来

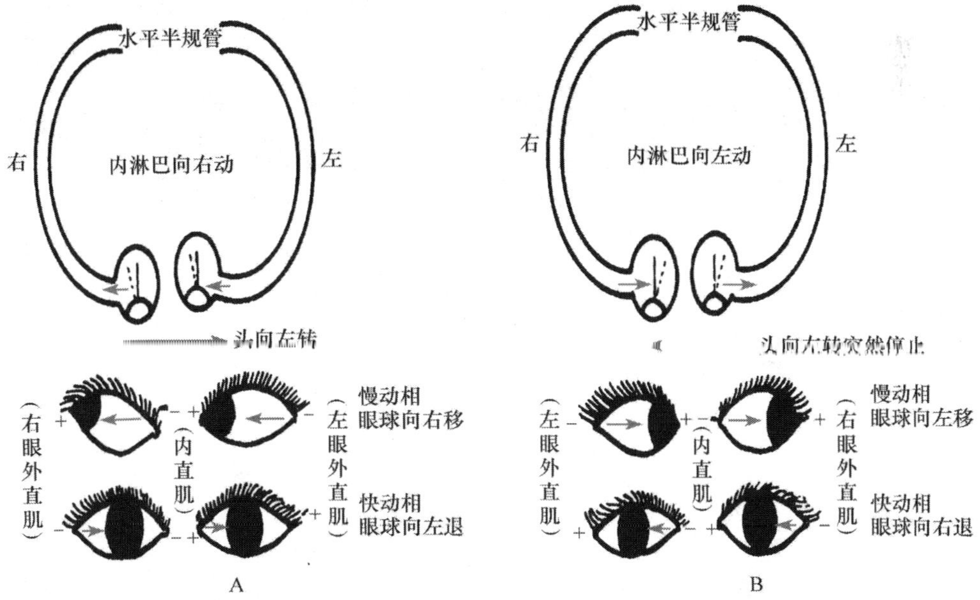

图 9-35 眼震颤示意图

A. 头前倾 30 度、旋转开始时的眼震颤方向；B. 旋转突然停止后的眼震颤方向

表示眼震颤的方向。进行眼震颤试验时，通常是在 20s 内旋转 10 次后突然停止旋转，检查旋转后的眼震颤。眼震颤的正常持续时间为 20～40s，频率为 5～10 次。如果眼震颤的持续时间过长，说明前庭功能过敏。前庭功能过敏的人容易发生晕车、晕船及航空病等。如果眼震颤的持续时间过短，说明前庭功能减弱。某些前庭器官有病变的患者，眼震颤消失。

Clinical Note

Ménière's Disease

Ménière's disease is a disorder of the inner ear that can affect hearing and balance to a varying degree. It is characterized by episodes of vertigo and tinnitus and progressive hearing loss, usually in one ear. It is caused by lymphatic channel dilation, affecting the drainage of endolymph. It is named after the French physician Prosper Ménière, who first reported that vertigo was caused by inner ear disorders in an article published in 1861. The condition affects people differently; it can range in intensity from being a mild annoyance to a chronic, lifelong disability.

The symptoms of Ménière's are variable; not all sufferers experience the same symptoms. However, so-called "classic Ménière's" is considered to comprise the following four symptoms: Periodic episodes of rotary vertigo or dizziness; Fluctuating, progressive, unilateral (in one ear) or bilateral (in both ears) hearing loss; Unilateral or bilateral tinnitus; A sensation of fullness or pressure in one or both ears. The exact cause of Ménière's disease is not known, but it is believed to be related to endolymphatic hydrops or excess fluid in the inner ear. It is thought that endolymphatic fluid bursts from its normal channels in the ear and flows into other areas causing damage. This is called "hydrops".

Meniere's disease usually starts confined to one ear but it often extends to involve both ears over time so that after 30 years, 50% of patients with Meniere's have bilateral disease. Treatments aimed at lowering the pressure within the inner ear include antihistamines, anticholinergics, steroids, and diuretics. Devices that provide transtympanic micropressure pulses (such as the Meniett) are now showing some promise and is becoming more widely used as a treatment for Ménière's.

Summary

- The vestibular apparatus detects position and motion of the head important for equilibrium and coordination of head, eye, and body movement.
- The semicircular canals detect angular acceleration or deceleration of the head; the utricle and saccule provide information about linear acceleration and head position relative to gravity.
- The hair cells of each semicircular canal are situated on top of a ridge located in the

ampulla, and the hairs are embedded in cupula; The hair cells of the utricle and saccule are located on the macula, and the hairs are embedded in statoconic membrane.

Key Terms

Vestibular apparatus; semicircular canal; utricle; saccule; cupula; crista ampullaris; macula; statoconic membrane; otolith; vestibular autonervous reaction; posture reflex by vestibule; nystagmus

Review Questions

1. Define each term

1) posture reflex by vestibule; 2) vestibular autonervous reaction; 3) nystagmus

2. Choose the correct answer

1) Postrotatory nystagmus is caused by continued movement of:

(A) aqueous humor over the ciliary body in the eye

(B) cerebrospinal fluid over the parts of the brainstem that contain the vestibular nuclei

(C) endolymph in the semicircular canals, with consequent bending of the cupula and stimulation of hair cells

(D) endolymph toward the helicotrema

(E) perilymph over hair cells that have their processes embedded in the tectorial membrane

2) In the utricle, hair cells are involved in:

(A) formation of perilymph

(B) linear acceleration

(C) movements of the basement membrane

(D) perception of sound

3. Answer the following questions

1) Discribe the location, structures and activation of the receptors in the vestibular apparatus for equilibrium.

2) Discuss the function of the semicircular canals, the utricle, and the saccule.

（王　俊）

参考文献(References)

戴培东等. 人类感知的奥秘. http://amuseum.cdstm.cn/AMuseum/perceptive/index.htm(2010年3月)

蒋正尧. 2005. 人体生理学. 北京:科学出版社:347～377

尼科尔斯. 2000. 神经生物学-从神经元到脑. 杨雄里译. 2003. 北京:科学出版社:430～473

朱大年. 2009. 生理学. 7版. 北京:人民卫生出版社:240～269

Sherwood L. 1989. Human Physiology from cells to systems. Saint Paul: West Publishing Company: 158～195

Silverthorn D U. 2009. Human Physiology. 4th ed. San Francisco: Pearson Education Inc: 328～375

第十章　神 经 系 统
Chapter 10　Physiology of Nervous System

Chapter Outline

- Functions of neuron and neuroglia
- Neurotransmission between neurons
- Sensory function of central nervous system
- Control of posture and movement
- Central regulation of visceral function
- Electrical activity of the brain, wakefulness and sleep
- Higher function of the nervous system

人体是由不同器官、系统组成的极其复杂的有机体，体内各个器官、系统都有各自的功能，但是它们彼此并非互相孤立、不相往来，而是相互联系、相互协调、相互配合和相互制约，共同完成整个人体的生理功能。人体各器官、系统的功能都是直接或间接受神经系统的调节控制，神经系统通过对体内、外环境变化做出精确、快速而完善的适应性调节，来维持各器官、系统功能的正常进行。神经系统在人体生理功能调节中起主导作用。

神经系统由中枢神经系统(central nervous system, CNS)和外周神经系统(peripheral nervous system, PNS)两部分组成。中枢神经系统包括脑(brain)和脊髓(spinal cord)；分别由脑和脊髓发出的脑神经和脊神经组成外周神经系统。根据支配器官的不同功能特点，外周神经系统可分为传入部分和传出部分，传出部分又可分为支配骨骼肌的躯体神经系统(somatic nervous system)和支配心肌、平滑肌和腺体等的自主神经系统(autonomic nervous system)两部分。

神经系统由神经元(neuron)和神经胶质细胞(neuroglia)构成。神经系统的基本活动方式是反射(reflex)活动。神经系统所有的功能，包括感觉分析、运动、对内脏活动的调节以及脑高级功能的调节等都是通过神经元的整合(integration)和反射活动来实现的。神经系统的调节功能主要依赖于中枢神经系统，因此本章着重介绍中枢神经系统的生理功能。

第一节　神经元和神经胶质细胞的功能
Section 1　Functions of Neuron and Neuroglia

Section Outline

- Neuron
  - —Basic structure and function of neuron
  - —Classification of nerve fiber

—Characteristics of excitation conducting along nerve fiber
—Conducting velocity of nerve fiber
—Axoplasmic transport
—Nervous trophic action and neurotrophin

- Neuroglia
  —Characteristics of neuroglia
  —Functions of neuroglia

一、神经元(Neuron)

(一)神经元的基本结构与功能(basic structure and function of neuron)

1. 神经元的基本结构(basic structure of neuron)

神经系统主要含有神经细胞和神经胶质细胞两大类细胞。神经细胞又称神经元，是神经系统最基本的结构和功能单位。人类中枢神经系统内约有 10^{11}～10^{12} 个神经元。神经元虽然形状、大小不一，但大多数神经元和典型的脊髓运动神经元相似，由胞体(soma)和突起两部分组成。突起又分为树突(dendrite)和轴突(axon)(图 10-1)。神经元胞体有多种形状(锥体形、卵圆形及纺锤形等)，其直径约在 5～100μm 范围。由胞体向外伸展，呈树枝状的分支称为树突，胞体中所有的细胞器大多可进入树突，树突区一般被认为是神经元的"感受"区(receptive zone)。一个神经元往往只有一根较细长的分支称为轴突，轴突直径较均匀、分支较少，但有时可发出侧支。胞体发出轴突的部分常呈圆锥形，称为轴丘(axon hillock)。轴丘后有一小段轴突无髓鞘，它与轴丘总称为始段(initial segment)。始段处较细，电流密度较大，因而兴奋阈值最低，是神经冲动的产生部位。轴突末端(axon terminal)分成许多分支，每个分支末梢部分膨大呈球状，称为突触小体(synaptic knob)或终扣(terminal buttons)，它们与其他神经元形成突触(synapse)，也可与肌肉或腺体细胞构成类似突触样结构，进行细胞间的信息传递。轴突是神经元的"输出"区(output zone)。较长的轴突和感觉神经元的长树突统称为轴索，轴索外包有髓鞘或神经膜，故称为神经纤维(nerve fiber)。神经纤维上传导的兴奋称为神经冲动(nerve impulse)。

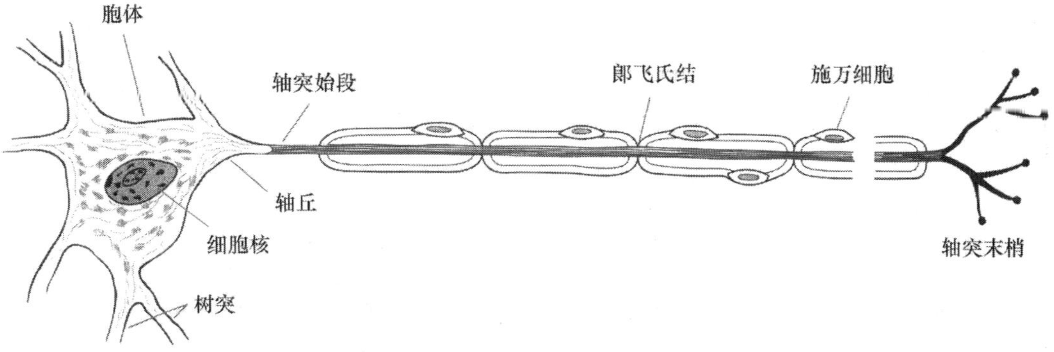

图 10-1 神经元基本结构模式图
(引自 Ganong WF:Review of Medical Physiology,22nd ed. McGraw-Hill,2005)

2. 神经元的分类(classification of neuron)

可以根据神经元的形态、功能及其产生的神经递质等来分类。

(1) 根据形态结构(based on the structure) 可分为单极(unipolar)、双极(bipolar)、多极(multipolar)和假单极(pseudounipolar)神经元等(图 10-2)。

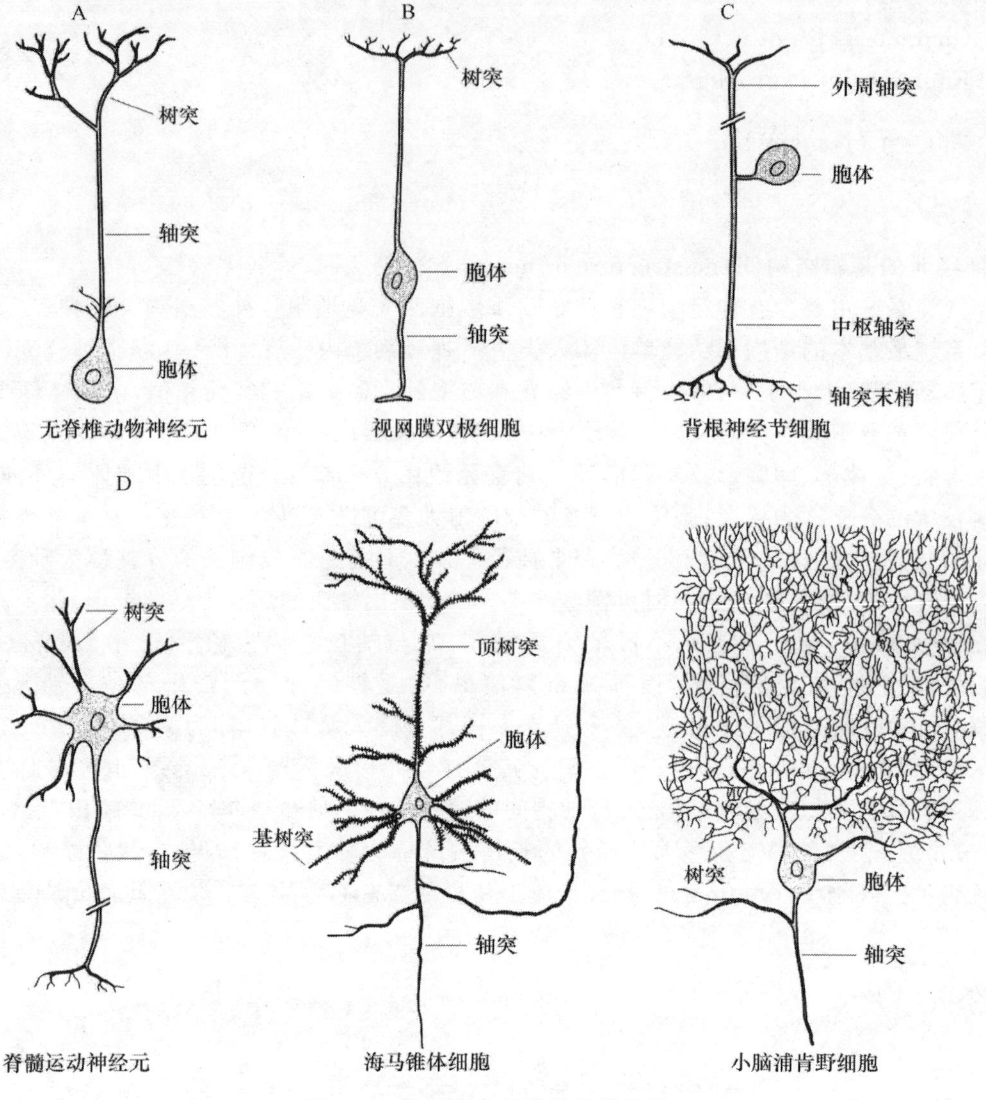

图 10-2 各种形态的神经元模式图

A. 单极细胞;B. 双极细胞;C. 假单极细胞;D. 三种类型的多极细胞

(2) 根据在反射弧中的位置(based on the position in reflex arc) 可分为①传入(感觉)神经元(afferent or sensory neuron),其外周端是可感受刺激的感受器,胞体位于脊髓附近的脊神经节内,向中端的轴突至脊髓;②中间(联络)神经元(interneuron or association neuron),介于传入、传出神经元之间,位于中枢神经系统,数量占神经元总数的99%,反射活动越复杂,参与的中间神经元越多;③传出(运动)神经元(efferent or motor

neuron)，其胞体位于中枢神经系统，轴突离开后支配肌肉或腺体等效应器。

(3) 根据对突触后神经元的作用(based on the effect on postsynaptic neuron)可分为①兴奋性神经元(excitatory neuron)和②抑制性神经元(inhibitory neuron)。

(4) 根据释放的神经递质(based on the released neurotransmitter)可分为胆碱能神经元(cholinergic neuron)、肾上腺素能神经元(adrenergic neuron)、多巴胺能神经元(dopaminergic neuron)、γ-氨基丁酸能神经元(GABAergic neuron)等。

3. 神经元的基本功能(basic function of neuron)

神经元的主要功能是接受刺激和传递信息。神经元的基本功能有：①感受体内、外环境变化的各种刺激信息；②对不同来源的各种信息进行分析、整合，以产生兴奋或抑制效应；③通过传出神经将调控信息传给靶器官、靶细胞，产生对生理功能的调节和控制效应；④中枢神经系统的某些神经元本身还能分泌激素(称为神经内分泌细胞)，调节相应的系统、器官和组织的功能。

(二) 神经纤维的分类(classification of nerve fiber)

神经纤维的分类有多种，可根据其有无髓鞘、电生理特征、直径来源以及其末梢释放的神经递质等来分类。

1. 根据神经纤维有无髓鞘(on the basis of myelin sheath)

根据神经纤维外有无髓鞘，更准确地说是根据神经纤维外髓鞘的厚薄将神经纤维分为有髓神经纤维(myelinated nerve fiber)和无髓神经纤维(unmyelinated nerve fiber)。外周神经系统的有髓神经纤维由施万细胞膜包裹数十次，故髓鞘较厚，每两个施万细胞的连接处无髓鞘，称为郎飞氏结(node of Ranvier)；无髓神经纤维由施万细胞膜包裹一次，故髓鞘较薄。中枢神经系统有髓神经纤维的髓鞘由少突胶质细胞形成。

2. 根据神经纤维电生理特征(on the basis of electrophysiological properties)

在记录较长神经干动作电位传导速度的实验中，由于神经干中不同神经纤维的传导速度不同，因此可记录到由不同潜伏期的多个波组成的复合动作电位(图 10-3)。Erlanger

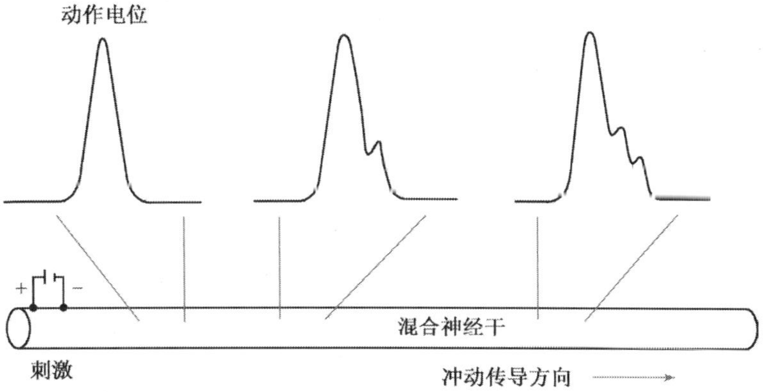

图 10-3 复合神经干动作电位

箭头显示随记录电极与刺激电极距离的增加，所记录到的复合神经干动作电位波形

(引自 Ganong WF：Review of Medical Physiology，22nd ed. McGraw-Hill，2005)

和 Gasser 根据神经纤维传导冲动的速度将哺乳动物的周围神经纤维分为 A、B、C 三类，又进一步将 A 类纤维分为 α、β、γ 和 δ 四个亚类。它们的来源、功能、传导冲动的速度等特性参见表 10-1。

表 10-1　哺乳动物神经纤维的分类

纤维类型	功能	纤维直径(μm)	传导速度(m/s)	相当于传入纤维的类型
A(有髓鞘)				
α	本体感觉、躯体运动	13～22	70～120	I_a、I_b
β	触-压觉	8～13	30～70	Ⅱ
γ	支配梭内肌(引起收缩)	4～8	15～30	
δ	痛觉、温度觉、触-压觉	1～4	12～30	Ⅲ
B(有髓鞘)	自主神经节前纤维	1～3	3～15	
C(无髓鞘)				
后根	痛觉、温度觉、触-压觉	0.4～1.2	0.6～2.0	Ⅳ
交感	交感节后纤维	0.3～1.3	0.7～2.3	

I_a 类纤维直径为 12～22μm；I_b 类纤维直径约为 12μm。

3. 根据神经纤维的直径及来源(on the basis of fiber diameter and origin)

Lloyd 和 Hunt 根据神经纤维直径粗细，将哺乳动物的感觉神经纤维分为Ⅰ、Ⅱ、Ⅲ和Ⅳ类，其中Ⅰ类又可分为 I_a 和 I_b 两类。

通常对于传出纤维多根据传导速度分类，而对于传入纤维则根据纤维直径及来源分类。表 10-1 显示了这两种分类方法的对应关系。

4. 根据神经纤维末梢释放的神经递质(on the basis of released neurotransmitter)

可根据神经纤维末梢释放的神经递质来命名神经纤维。如末梢释放 Ach 的神经纤维称为胆碱能纤维，释放多巴胺的神经纤维称为多巴胺能纤维，以及 5-羟色胺(5-HT)能纤维，GABA 能纤维等。

(三) 神经纤维传导兴奋的特征(characteristics of excitation conducting along nerve fiber)

神经纤维的主要功能是传导兴奋，即传导动作电位或传导神经冲动。兴奋在神经纤维上传导是依靠兴奋部位与未兴奋部位之间的局部电流来完成的。神经纤维传导兴奋的特征有：

1. 结构和功能的完整性(both structural and functional integrality)

兴奋要在神经纤维上正常传导，首先要求神经纤维在结构和功能上是完整的。如果神经纤维局部发生损伤或被切断，或局部应用麻醉药，都会影响局部电流通过这些区域，从而阻断神经纤维上兴奋的正常传导。

2. 绝缘性(isolated propagation)

一根神经干内含有许多神经纤维，但是每条神经纤维传导兴奋时基本上互不干扰，表现为每条纤维传导兴奋时彼此隔绝的特点。绝缘性的主要原因是细胞外液对电流的短路作用，使局部电流主要在一条神经纤维上构成回路。

3. 双向性(bi-directional propagation)

在实验条件下，人为刺激神经纤维上任何一点，只要刺激强度足够大，产生的兴奋可沿纤维向两端同时传播。这是因为刺激点两端都可产生兴奋部位与未兴奋部位之间的局部电流，并沿着纤维向远端传播。但是在整体活动中，神经冲动总是由胞体传向末梢，表现为传导的单向性，这是由突触的极性所决定的。

4. 相对不疲劳性(relative indefatigability)

连续电刺激神经数小时，神经纤维始终能保持其传导兴奋的能力，表现为不易发生疲劳。相对于兴奋在突触的传递，神经纤维传导兴奋时消耗的能量极少。突触传递容易疲劳，可能与递质耗竭有关。

(四) 神经纤维传导兴奋的速度(conducting velocity of nerve fiber)

用记录神经纤维动作电位的电生理方法，可以精确测定各类纤维的传导速度。神经纤维传导冲动的速度受神经纤维的直径、有无髓鞘、髓鞘的厚度以及温度等因素的影响。通常神经纤维的直径越粗，其传导兴奋的速度越快。这是因为直径粗，内阻小，局部电流强度和空间跨度就大。有髓神经纤维的传导速度与直径成正比，其大致关系是：传导速度(m/s)≈6×直径(μm)。这里的直径是指包括轴索和髓鞘在一起的总直径。有髓神经纤维的传导速度比无髓神经纤维快得多，因为有髓神经纤维的兴奋传导是跳跃式传导。轴索直径与神经纤维直径之比为0.6时，传导速度最快。此外，温度在一定范围内升高也可加快传导速度。如恒温动物神经纤维的传导速度要比变温动物同类纤维快得多。据测定，正常人上肢正中神经的感觉神经纤维的传导速度约为65 m/s。若此纤维发生病变或损伤，传导速度就减慢。因此，临床上可以通过测定神经纤维的传导速度来诊断神经纤维的疾患和估计神经损伤的预后。

(五) 神经纤维的轴浆运输(axoplasmic transport)

神经元轴突内的胞浆称为轴浆，轴浆是经常流动的，轴浆流动具有物质运输的作用，故称为轴浆运输(axoplasmic transport)。如果结扎神经纤维，可见到结扎部位的两端都有物质堆积，且近胞体端的堆积大于远胞体端，表明自胞体向轴突末梢方向的轴浆运输为主。如果切断轴突，可见轴突远端部分以及近端部分甚至胞体均可发生变性。可见，轴浆运输对维持神经元的结构和功能的完整具有重要作用。轴浆运输有两种方向：

1. 顺向轴浆运输(anterograde axoplasmic transport)

顺向轴浆运输(anterograde axoplasmic transport)指轴浆由胞体向轴突末梢方向流动。顺向轴浆运输又可分为快速和慢速轴浆运输两类。快速顺向运输(250～400mm/d)主要运输具有膜结构的细胞器，如线粒体、突触囊泡和分泌颗粒等。慢速顺向运输指轴浆内可溶性成分随微管、微丝等结构不断向前延伸而发生的移动，其速度约为1～12mm/d。快速顺向运输的机制是通过一种类似于肌球蛋白的驱动蛋白(kinesin)而实现的(图10-4)。驱动蛋白沿着微管推动具有膜结构的物质，微管提供轨道，而ATP提供移动所需的能量。驱动蛋白由一个杆部和两个呈球状的头部构成。杆部尾端连接被运输的细胞器，头部构成具有 ATP 酶活性的横桥，可与微管上的微管结合蛋白相结合。当一个头部与微管结合时，ATP 酶被激活，横桥分解 ATP 获能，使驱动蛋白颈部扭动，另一个头部与微管下一个位点结合，如此不停交替，推动被运输的细胞器沿着微管运输到轴突末梢。与此同时，微管也不断由胞体向轴突末梢方向移动。这是因为微管朝向末梢的一端不断形成，而朝着胞体的一端不断分解，从而使微管不断向末梢移动。

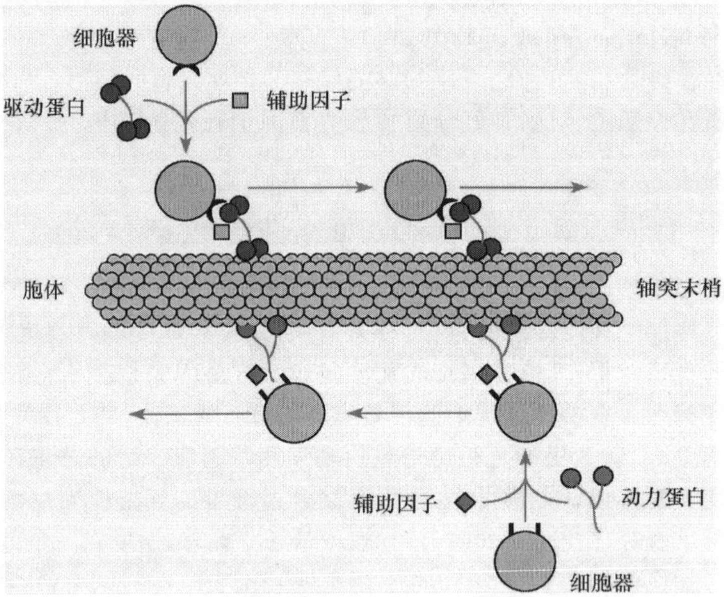

图 10-4　驱动蛋白和动力蛋白运输细胞器的示意图

（引自 Nicholls，JC：From Neuron to Brain，4th ed，2001）

2. 逆向轴浆运输（retrograde axoplasmic transport）

逆向轴浆运输（retrograde axoplasmic transport）指轴浆由轴突末梢向胞体方向流动。逆向轴浆运输可运输一些能被轴突末梢摄取的物质，如神经营养因子、狂犬病病毒、破伤风毒素等。这些物质入胞后可沿轴突被逆向运输到胞体，对神经元的活动和存活产生影响。逆向运输的速度约为快速顺向运输速度的一半（150～200mm/d）。逆向运输是由动力蛋白（dynein）沿微管进行运输。动力蛋白的结构和作用方式与驱动蛋白极为相似（图 10-4）。神经科学研究中常用辣根过氧化物酶（horseradish peroxidase，HRP）作示踪剂，其原理就是根据 HRP 可被轴突末梢摄取，并经逆向轴浆运输到胞体。神经元轴浆运输物质的速度和数量在发育及损伤时可发生变化，但与神经元的电活动无关。

（六）神经的营养性作用和神经营养性因子（nervous trophic action and neurotrophin）

神经元通过产生并传导冲动，影响其支配组织的功能活动，这称为功能性作用（functional action）。此外，神经末梢还经常释放某些营养性因子，持续调整所支配组织的组织结构、生化代谢及生理功能，这称为神经的营养性作用（nervous trophic action）。神经的营养性作用在神经被切断或损伤后发生的变性、坏死过程中可明显表现出来。如脊髓灰质炎患者，脊髓前角运动神经元的变性死亡，可使所支配的肌肉因失去神经的营养性作用而出现的肌肉内糖原合成减少，蛋白质分解加速，肌肉逐渐萎缩。而用局部麻醉药阻断神经冲动的传导，一般不能使所支配的肌肉发生代谢改变，表明神经的营养性作用与神经冲动关系不大。营养性因子可能借助于轴浆运输由胞体运送到轴突末梢，然后释放到所支配的组织中。此外，不同的神经纤维产生不同的营养性因子，因而可产生不同的神经营养性作用。

神经元对其所支配的组织可产生营养性作用，反过来神经元支配的组织也可释放神经营养因子来营养和支持神经元。神经营养因子(neurotrophin，NT)是一类由神经所支配的组织(如肌肉)和星形胶质细胞产生的且为神经元生长与存活所必需的蛋白质分子。神经营养因子通常以受体介导入胞的方式进入神经末梢，再经逆向轴浆运输到达胞体，促进与神经元生长、发育、存活有关的蛋白质的合成，从而发挥其对神经元的营养性作用。近年来发现，有些神经营养因子由神经元产生，经顺向轴浆运输到达神经末梢，维持突触后神经元形态和功能的完整性。迄今已经发现了多种神经营养性因子，主要有神经生长因子(nerve growth factor，NGF)，脑源性神经营养因子(brain-derived neurotrophic factor，BDNF)，神经营养因子3(NT-3)和神经营养因子4/5(NT-4/5)等。NGF是最先被发现的神经营养性因子，由2α、2β和2γ亚单位组成。NGF广泛存在于许多不同组织，对交感神经元和某些感觉神经元的生长是必需的。脑内的NGF可能与基底前脑和纹状体内的胆碱能神经元的生长有关，NGF的减少可导致该处神经元凋亡。BDNF、NT-3和NT-4/5与不同类型神经元的生长及预防凋亡有密切关系。如用基因敲除技术破坏NT-3的形成，可明显减少皮肤机械感受器。BDNF缺乏的小鼠，不但外周感觉神经元数量减少，而且前庭神经节内的神经元还会发生严重的退行性变。

此外，还发现有上皮生长因子(EGF)、血管源性生长因子(VEGF)、睫状神经节营养性因子(CNTF)、胶质细胞源神经营养性因子(GDNF)、白血病抑制因子(LIF)、胰岛素样生长因子(IGF-I)、转化生长因子(TGF)、成纤维细胞生长因子(FGF)和血小板源生长因子(PDGF)等，它们对神经元生长以及损伤后的恢复都有一定的作用。

二、神经胶质细胞(Neuroglia)

神经系统除了神经细胞以外，还有分布在神经细胞之间、数量更多的、具有一定形态结构和功能的神经胶质细胞(neuroglia)。分布在外周神经系统的神经胶质细胞主要有形成髓鞘的施万细胞和位于神经节内的卫星细胞等。在人类中枢神经系统中，胶质细胞主要有星形胶质细胞(astrocyte)、少突胶质细胞(oligodendrocyte)和小胶质细胞(microglia)三类(图10-5)，其总数达(1～5)×10^{12}个，为神经元的10～50倍。

(一)神经胶质细胞的特征(characteristics of neuroglia)

神经胶质细胞与神经元比较，在形态和功能上有很大差异。胶质细胞有突起，但无树突、轴突之分。它们与相邻细胞之间不构成化学性突触，但往往存在缝隙连接。神经胶质细胞膜对K^+通透性很高，其膜电位随细胞外液K^+浓度的改变而改变。胶质细胞不能产生动作电位。星形胶质细胞膜上存在多种神经递质的受体。此外，胶质细胞终身具有分裂增殖能力。

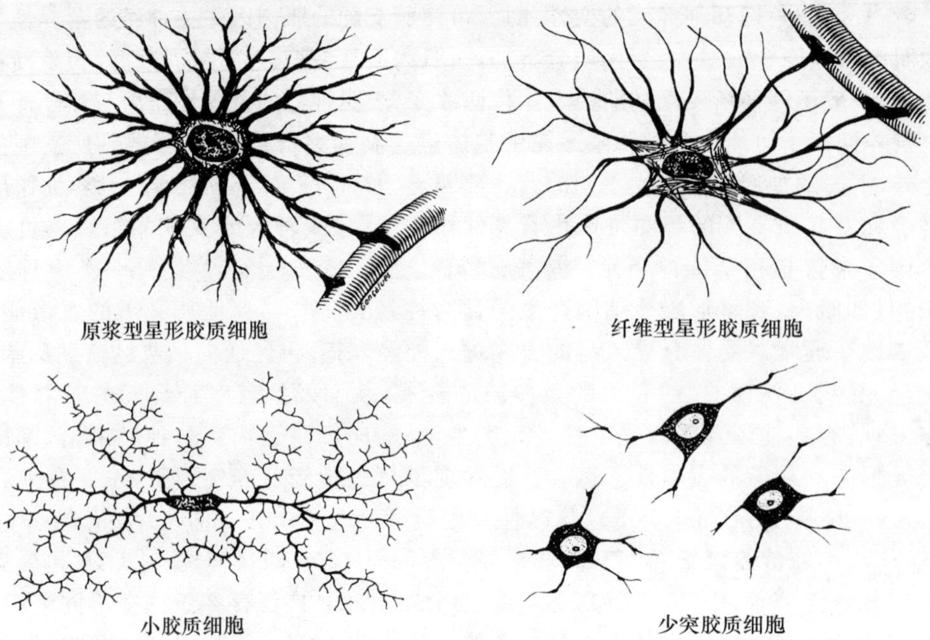

图 10-5 中枢神经系统各类胶质细胞示意图

(引自 Junqueira LC，Carneiro J：Basic Histology，10th ed. McGraw-Hill，2003)

(二) 神经胶质细胞的功能(functions of neuroglia)

1. 支持和引导神经元迁移(supporting and neuronal migration)

在中枢神经系统内，大量的神经胶质细胞充填于神经元及其突起之间的空隙内，其长突起在脑和脊髓内交织成网，形成支持神经元胞体和纤维的支架。此外，在人和猴的大脑和小脑皮层发育过程中，可观察到发育中的神经元沿胶质细胞的突起方向迁移到它们最终的定居部位。

2. 修复和再生作用(repairing and regeneration)

神经胶质细胞具有分裂能力，特别在脑和脊髓受到损伤后可大量分裂增生。当神经元因为疾病、缺氧或损伤而发生变性坏死时，局部可出现巨噬细胞。这些巨噬细胞除了来自血液中的单核细胞外，小胶质细胞也能转变为巨噬细胞，共同参与变性、坏死神经组织碎片的清除。清除碎片后留下的缺损由星形胶质细胞的增生来充填，从而起到修复和再生作用。如果胶质细胞增生过强，可形成脑瘤。在周围神经再生过程中，轴突必须沿着施万细胞构成的索道生长。

3. 绝缘和屏障作用(insulation and barrier)

神经胶质细胞可分隔神经元，起隔离、绝缘作用。少突胶质细胞和施万细胞还可形成有髓神经纤维的髓鞘，防止神经冲动传导时电流的扩散，使神经元活动互不干扰。此外，星形胶质细胞的血管周足是构成血-脑屏障(blood-brain barrier，BBB)的重要组成部分(图 10-6)，构成血-脑脊液屏障和脑-脑脊液屏障的脉络丛上皮细胞和室管膜细胞也属于胶质细胞。

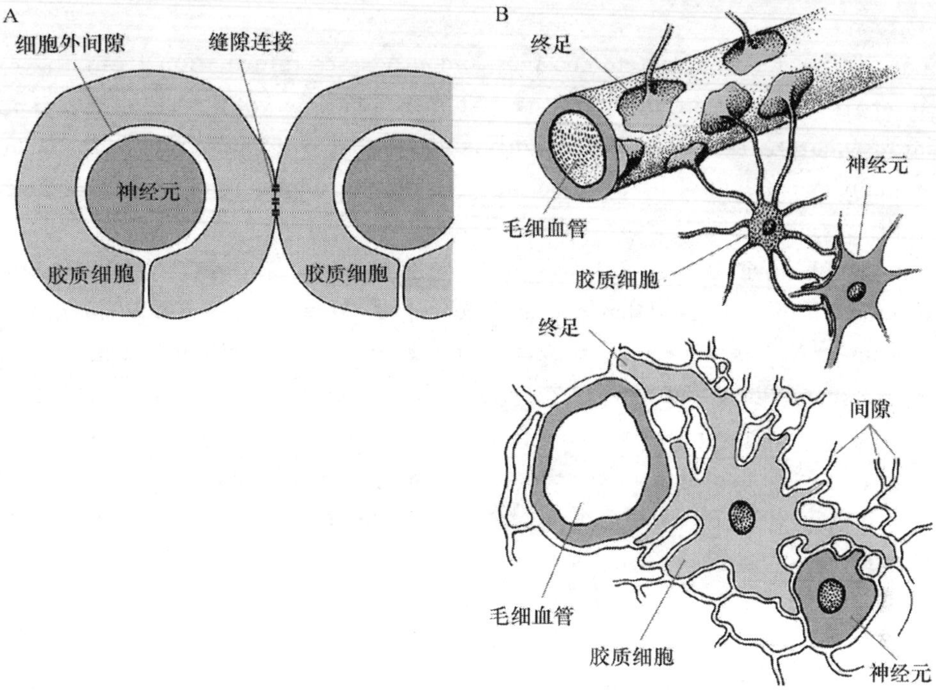

图 10-6　神经元、胶质细胞和毛细血管之间的结构关系图

（引自 Kuffler and Nicholls，1996）

4. 代谢和营养作用（metabolic and nutritive action）

星形胶质细胞的长突终止于毛细血管，其余突起穿行在神经元之间，提示它对神经元起运输营养物质和排除代谢产物的作用（图 10-6）。此外，星形胶质细胞还能产生神经营养因子，用来维持神经元的生长、发育及其正常功能。

5. 免疫应答作用（immune response）

星形胶质细胞是中枢内的抗原呈递细胞，其细胞膜上存在特异性主要组织相容性复合分子Ⅱ，后者能与经处理过的外来抗原结合，将其呈递给 T 淋巴细胞。

6. 维持内环境的稳定（homeostasis of internal environment）

星形胶质细胞膜对 K^+ 有较高的通透性，并且其质膜存在钠-钾泵。在神经元电活动引起细胞外液 K^+ 浓度升高时，星形胶质细胞通过开放钾通道和加强钠-钾泵活动，使集聚在胞外的 K^+ 进入胞内，再通过缝隙连接迅速扩散，降低胞内 K^+ 浓度，维持细胞内外 K^+ 的平衡，避免细胞外液 K^+ 浓度过高对神经元正常活动的干扰，从而维持内环境的稳定。当胶质细胞过度增生发生疤痕变化时，其泵 K^+ 能力减弱，胞外高 K^+ 将导致神经元去极化，兴奋性增高，形成局部癫痫病灶。

7. 合成、分泌活性物质（synthesizing and secreting substances）

星形胶质细胞可合成和分泌多种生物活性物质，如血管紧张素原、前列腺素、白细胞介素，以及神经生长因子、胰岛素样生长因子等多种神经营养因子。此外，星形胶质细胞内的谷氨酰胺合成酶可将摄取的谷氨酸和 GABA 转变为谷氨酰胺，然后再转运到神经元作为递质的合成原料。

Summary

- In general, the nervous system receives and processes information from the external and internal environment and initiates responses. The nervous system is composed of numerous neurons and neuroglia. Neurons are signal conducting cells of the nervous system and neuroglia are nonconducting cells that produce myelin, protect and possibly nourish neurons.
- Neuron could be divided into four parts functionally: soma, dendrite, axon and axonal ending. Generally, both the soma and dendrite are receiving the signals, the axon is the part of conducting impulse and the axonal endings are the part of outputting messages.
- Neurons can be classified into three categories functionally: (1) afferent or sensory neuron; (2) interneuron or association neuron; (3) efferent or motor neuron.
- The basic functions of neuron are to analyze, integrate and memorize the changeful information from both internal and external environment and to produce the physiological regulation for target organs or tissues.
- Nerve fibers can be classified into (1) myelinated nerve fiber and unmyelinated nerve fiber; (2) A, B and C fiber; (3) Ⅰ, Ⅱ, Ⅲ and Ⅳ fiber, according to their morphological and electrophysiological characteristics respectively.
- The characteristics of nerve impulse conducting along nerve fiber are: (1) both structural and functional integrality; (2) isolated propagation; (3) bi-directional propagation; (4) relative indefatigability.
- Anterograde transport means all necessary proteins are synthesized in the endoplasmic reticulum and Golgi apparatus of the cell body and then transported along the axon to the synaptic knobs by the process of anterograde transport.
- Retrograde transport means some of the material taken up at the ending by endocytosis, including nerve growth factor and various viruses, is also transported back to the cell body.
- Neurons have some trophic actions for the normal metabolism and functions of innervated tissues. The neurotrophines (NT) are also necessary for survival and growth of the neuron.
- Neuroglia are mainly composed of astrocyte, oligodendrocyte and microglia in central nervous system. Neuroglia have following functions: (1) supporting and neuronal migration; (2) repairing and regeneration; (3) insulation and barrier; (4) metabolic and nutritive action; (5) immune response; (6) homeostasis of internal environment; (7) synthesizing and secreting substances.

Key Terms

Neuron; neuroglia; myelinated nerve fiber; isolated propagation; bi-directional propagation; axoplasmic transport; anterograde transport; retrograde transport; nervous trophic action; neurotrophin

Review Questions

1. Define each term

1) axoplasmic transport; 2) anterograde axoplasmic transport; 3) retrograde axoplasmic transport; 4) nervous trophic action; 5) neurotrophin

2. Choose the best answer

1) Which of the following has the slowest conduction velocity?

(A) Aα fibers

(B) Aβ fibers

(C) Aγ fibers

(D) B fibers

(E) C fibers

2) Which part of a neuron has the highest concentration of Na^+ channels per square millimeter of cell membrane?

(A) Dendrites

(B) Cell body near dendrites

(C) Initial segment

(D) Axonal membrane under myelin

(E) None of the above

3) Which of the following statements about nerve growth factor is not true?

(A) It is made up of three polypeptide subunits

(B) It is found in high concentration in the submandibular salivary glands of female mice

(C) It is necessary for the growth and development of the sympathetic nervous system

(D) It is picked up by nerves from the organs they innervate

(E) It is present in the brain

3. Answer the following questions

1) What are the characteristics of nerve impulse conducting along nerve fiber?

2) Describe the classification of nerve fiber.

3) Compare the functions of neuron and neuroglia.

第二节　神经元之间的信息传递

Section 2　Neurotransmission between Neurons

Section Outline

- Synaptic transmission
  - —Chemical synaptic transmission
  - —Non-directed synaptic transmission
  - Electrical synaptic transmission
- Neurotransmitter and receptor

—Neurotransmitter

—Receptor

—Major neurotransmitter and receptor

- Basic principles of reflex

—Reflex is the basic unit of nervous regulation

—Connective types between central neurons

—Characteristics of synaptic transmission

—Central inhibition

—Central facilitation

神经系统的功能需要许多神经元参与，神经元之间虽然没有原生质的直接相连，但它们在功能上却存在着密切的联系，即一个神经元的兴奋可以传递给另一个神经元。神经元之间的相互作用方式有多种，其中以化学性突触传递为主。

一、突触传递(Synaptic Transmission)

一个神经元的轴突末梢与其他神经元的突起或胞体相连接，并进行兴奋或抑制传递，这个相邻的连接部位称为突触(synapse)。根据信息传递媒介物是神经递质还是局部电流，突触可分为化学性突触(chemical synapse)和电突触(electrical synapse)(图 10-7)。化学性突触又根据突触前、后成分之间有无紧密的解剖学关系，分为定向突触(directed synapse)和非定向性突触(non-directed synapse)两种。定向突触的突触前膜释放的递质

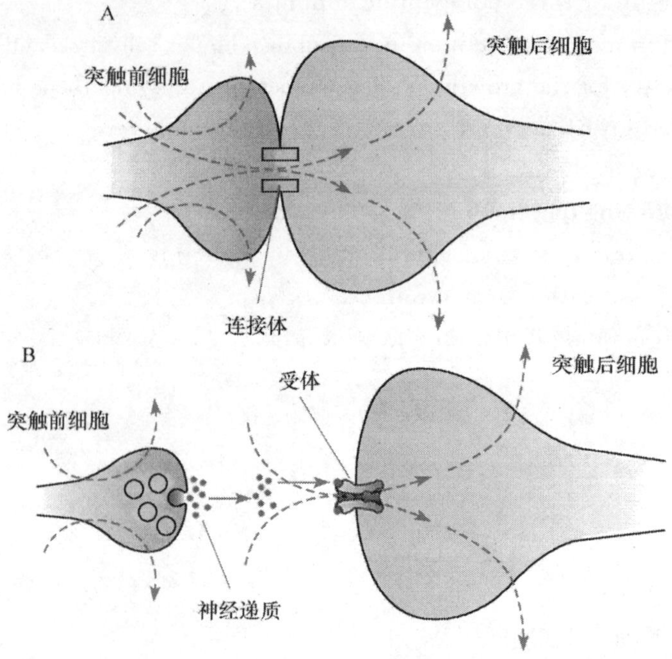

图 10-7 电突触与化学性突触

A. 电突触；B. 化学性突触

(引自 Nicholls，JC：From Neuron to Brain，4th ed，2001)

只作用于极为局限的突触后部分，而非定向突触的突触前膜释放的递质可扩散至较远和较广的突触后成分。人类中枢神经系统突触数量巨大，一个神经元平均有多达 2000 个突触，脊髓的运动神经元甚至可多达 10 000 个，其 40%的胞体和 75%的树突被突触覆盖。突触与神经元数量之比约为 40 000∶1。

（一）经典的突触传递（chemical synaptic transmission）

1. 突触的结构（synaptic structure）

一个神经元的轴突末梢分成许多分支，每个分支的末端膨大呈球状，称为突触小体（synaptic knob），突触小体与突触后神经元的胞体或突起的表面形成突触。在电子显微镜下观察到经典的突触由突触前膜、突触间隙和突触后膜三部分组成（图 10-8）。突触前膜和突触后膜较一般神经元膜增厚，约 7.5nm，突触间隙约 20～40nm。在突触前膜内侧的轴浆内，含有丰富的线粒体（mitochondrion）和突触小泡（synaptic vesicle）。突触小泡直径约为 20～80nm，内含高浓度的神经递质。不同突触所含的突触小泡的形状、大小及电子密度不完全相同。突触小泡一般可以分为三类：①小而透明的小泡，内含乙酰胆碱或氨基酸类递质；②小而有致密中心的囊泡，内含儿茶酚胺类递质；③大而有致密中心的小泡，内含神经肽类递质。上述第一、二类突触小泡分布在轴浆内靠近前膜部分，容易与膜

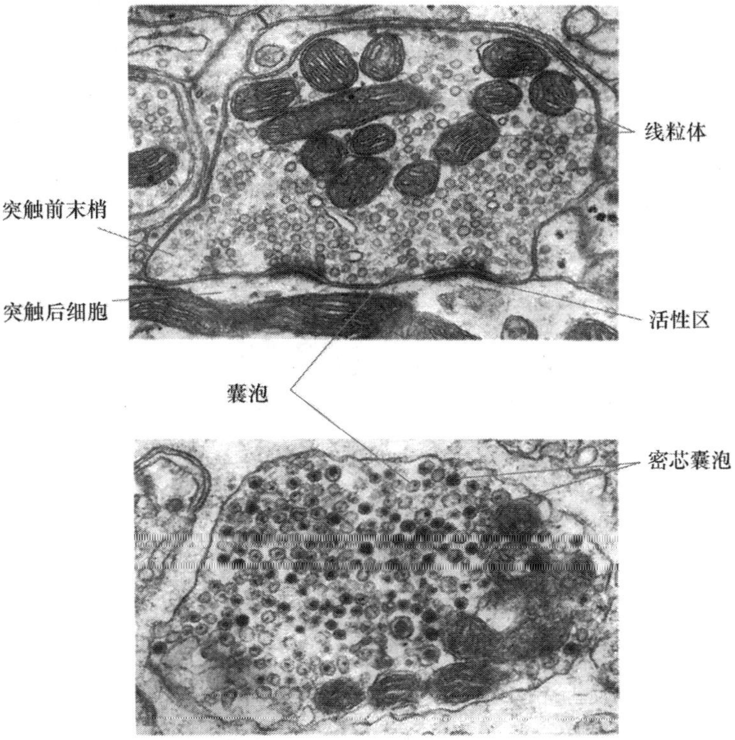

图 10-8 电镜下化学性突触的微细结构

上图：中枢神经系统的兴奋性突触；下图：外周神经系统的突触末梢，可见许多有致密中心的突触小泡

（引自 Heuser and Reese，1977）

融合，并迅速在前膜的激活区(active zone)释放其内容物，在相对应的突触后膜存在特异性受体或化学门控通道。而第三类突触小泡则均匀地分布在突触前末梢内，并可从突触前末梢膜的所有部位通过出胞作用而释放。

2. 突触的分类(classification of synapse)

根据突触连接部位的不同，可将经典的突触分为轴突-胞体突触、轴突-树突突触、轴突-轴突突触，树突-树突突触、树突-轴突突触、树突-胞体突触，以及胞体-胞体突触、胞体-树突突触、胞体-轴突突触。最常见的是轴突-树突突触和轴突-胞体突触。前者是一个神经元的轴突末梢与后继神经元的树突发生功能性连接，后者是一个神经元的轴突末梢与后继神经元的胞体发生功能性连接。轴突-轴突突触是一个神经元的轴突末梢与后继神经元的轴突发生功能连接，是构成突触前抑制和突触前易化的结构基础。

两个化学性突触或化学性突触与电突触可组合而成串联性突触(serial synapse)、交互性突触(reciprocal synapse)和混合性突触(mixed synapse)等(图 10-9)。

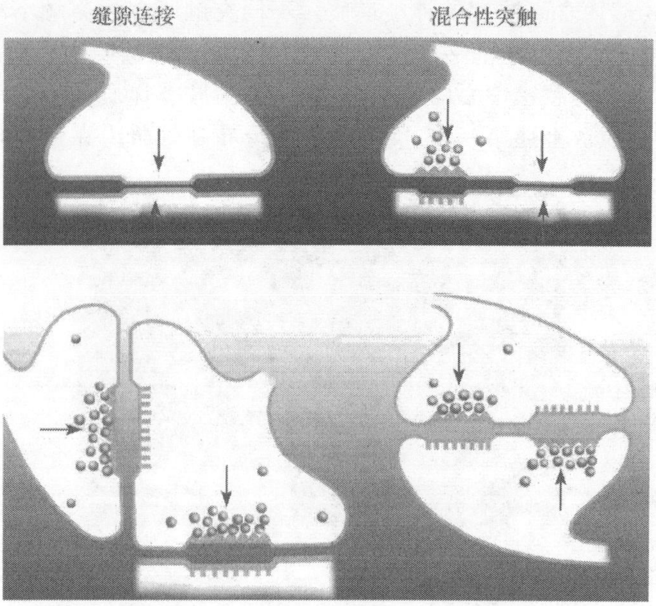

图 10-9 几种特殊型式的突触

箭头表示突触传递的方向

除根据神经元接触部位外，根据对突触后神经元的功能可将突触分为兴奋性突触(excitatory synapse)和抑制性突触(inhibitory synapse)。兴奋性突触是指突触前膜释放兴奋性递质，引起突触后膜去极化，使突触后神经元容易产生兴奋。抑制性突触是指突触前膜释放抑制性递质，引起突触后膜超极化，使突触后神经元不容易产生兴奋，即发生抑制。根据突触前膜和后膜胞质面致密物质厚度的不同，可将突触分为非对称性突触(asymmetrical synapse)和对称性突触(symmetrical synapse)两型。非对称性突触的突触后膜胞质面致密物质比前膜厚，因而膜的厚度不对称，其突触小泡呈球形，突触间隙较宽(20～50nm)。而对称性突触的突触前、后膜致密物质较少，厚度近似，突触小泡呈扁平形，突触间隙较窄（10～20nm）。一般认为非对称性突触是兴奋性突触，而对称性突触是抑制性突触（图 10-10）。

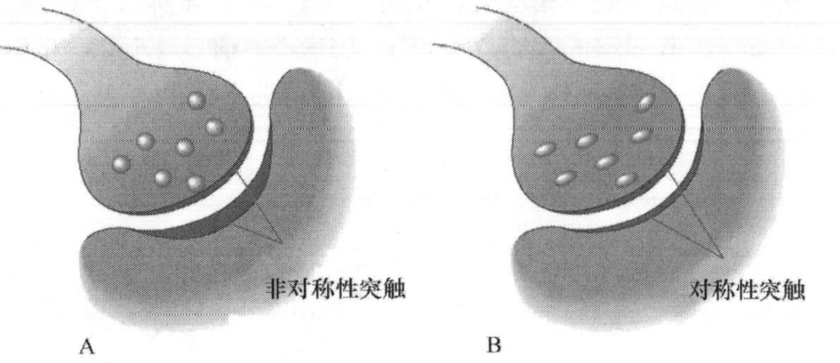

图 10-10　非对称性突触和对称性突触模式图

A. 非对称性突触；B. 对称性突触

3. 化学性突触传递过程（process of chemical synaptic transmission）

化学性突触传递是一个电—化学—电的过程，即先有突触前神经元兴奋传导至轴突末梢，突触前膜电压门控钙通道开放，Ca^{2+} 进入突触前末梢，引起末梢释放神经递质，神经递质通过弥散与突触后膜上相应的受体特异性结合，改变突触后膜对 Na^+、K^+、Ca^{2+}、Cl^- 等离子的通透性，使突触后膜产生相应的局部电变化，称为突触后电位（postsynaptic potential）。

1）兴奋性突触后电位（excitatory postsynaptic potential，EPSP）

如果突触前神经元轴突末梢释放的是兴奋性递质，与突触后膜上相应受体结合可提高膜对 Na^+ 和 K^+ 的通透性，Na^+ 内流大于 K^+ 外流，从而导致突触后膜局部去极化，这种电变化称为兴奋性突触后电位（excitatory postsynaptic potential，EPSP）。这是一种快 EPSP，它和骨骼肌终板电位一样，具有局部兴奋的性质。EPSP 经过总和达到阈电位水平，在突触后神经元轴突始段爆发动作电位（图 10-11）。

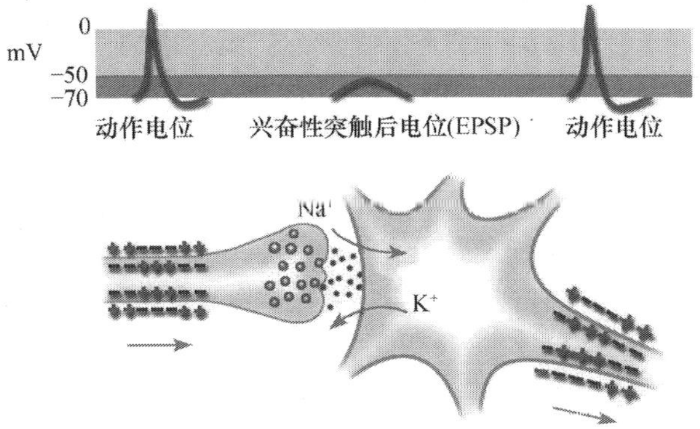

图 10-11　兴奋性突触后电位产生机制示意图

在中枢神经系统还存在一种慢 EPSP，其潜伏期为 100～500ms，可持续几十秒钟。慢 EPSP 通常由突触后膜对 K^+ 通透性降低所致。例如在交感神经节，乙酰胆碱通过激活 M 型胆碱能受体，降低 K^+ 电导，产生慢 EPSP。此外，在交感神经节还发现一种迟慢 EPSP，其潜伏期为 1～5s，持续时间可达几十分钟。迟慢 EPSP 的发生机制可能是促性腺激素释放激素或某些肽类物质与相应受体结合，降低 K^+ 电导所致。在慢 EPSP 期间，K^+ 电导的降低可增加神经节细胞的兴奋性。在慢 EPSP 之前及之后，通过电极施加去极化电流脉冲引起单个动作电位，而在慢 EPSP 期间，同样的电流脉冲可引起高频率动作电位的发放(图 10-12)。

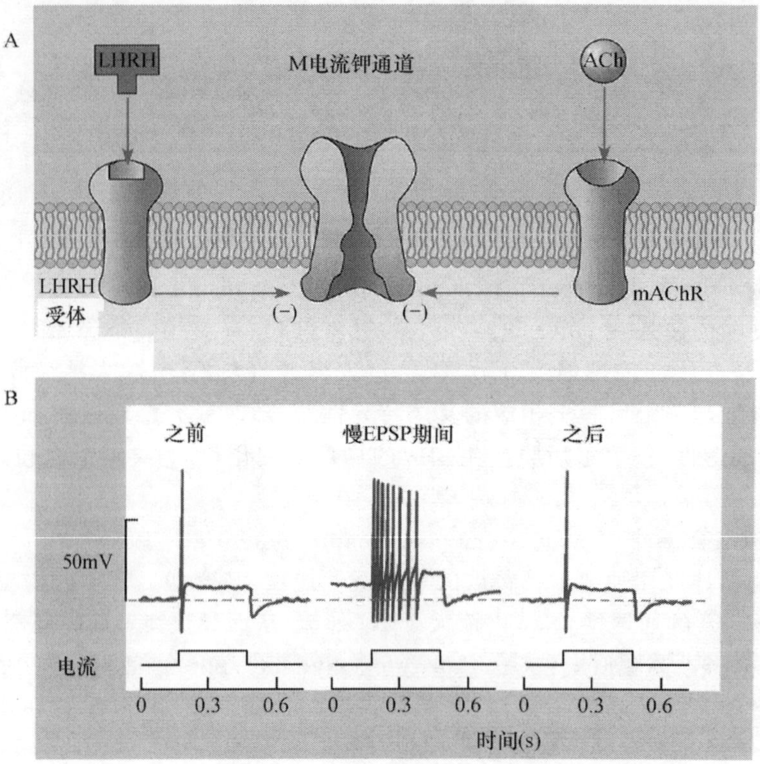

图 10-12 交感神经节细胞钾电流抑制所致的慢 EPSP

A. Ach 和 LHRH 与相应受体结合均可抑制 M 电流钾通道；B. 在慢 EPSP 之前或之后，去极化电流刺激引起单个动作电位。而在慢 EPSP 期间，同样的电流脉冲可引起高频动作电位的发放。Ach：乙酰胆碱；LHRH：黄体生成素释放激素

(引自 Jones and Adams，1987)

2) *抑制性突触后电位*(inhibitory postsynaptic potential，IPSP)

如果突触前神经元轴突末梢释放的是抑制性递质，与突触后膜上相应受体结合可提高膜对 Cl^- 或/和 K^+ 的通透性，Cl^- 内流或/和 K^+ 外流，从而导致突触后膜超极化，这种电变化称为抑制性突触后电位(inhibitory postsynaptic potential，IPSP)。膜对 Cl^- 电导增加产生的是快 IPSP，而膜对 K^+ 电导增加则产生慢 IPSP。在自主神经节和大脑皮层神经元可观察到慢 IPSP，其潜伏期和持续时间与慢 EPSP 相似。IPSP 降低了突触后神经元的兴奋性。IPSP 也可以总和，进一步阻止突触后神经元发生兴奋，呈现抑制效应(图 10-13)。此外，IPSP 的形成还可能与突触后膜 Na^+ 通道和 Ca^{2+} 通道的关闭有关。

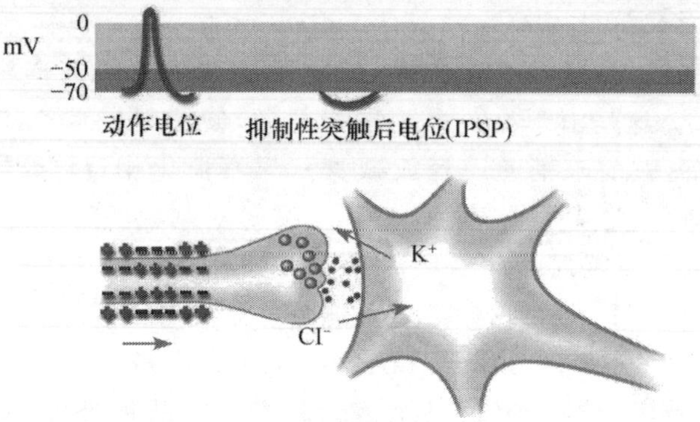

图 10-13 抑制性突触后电位产生机制示意图

神经元通常会同时接受许多兴奋性与抑制性突触的影响，既产生 EPSP 又产生 IPSP。因此，某一时间突触后膜的电位状态实际上是 EPSP 和 IPSP 的代数和，如果是 EPSP 占优势，突触后神经元就呈现兴奋状态，而如果是 IPSP 占优势，突触后神经元则呈现抑制状态。

4. 突触传递的调节(modulation of synaptic transmission)

突触前神经元和突触后神经元之间的突触传递受多种因素的调节。主要包括对突触前膜递质释放的调节及对突触后膜受体的调节。

1) 突触前膜递质释放的调节(modulation of neurotransmitter release from presynaptic membrane)

突触前膜递质释放的数量主要取决于进入前膜的 Ca^{2+} 的量，因此凡是能调制 Ca^{2+} 内流量的因素都能影响前膜递质的释放。在突触前膜上分布有某些自身受体(autoreceptor)，它们可与释放的神经递质或神经调质(neuromodulator)结合，控制前膜递质释放的数量。此外，突触前膜还能通过加速或减慢对所释放递质的摄取量和酶促代谢过程来调制突触传递。

2) 突触后膜受体的调制(modulation of postsynaptic receptor)

突触后膜上受体的数量以及与递质结合的亲和力在不同的生理或病理生理情况下是可以改变的(见后文)。

5. 突触的可塑性(synaptic plasticity)

突触可塑性(synaptic plasticity)是指突触传递功能较长时间的增强或减弱。突触可塑性在中枢神经元的活动中，尤其在学习、记忆等脑的高级功能中具有重要作用。突触传递效能改变机制主要涉及突触前、后的修饰作用。突触前修饰作用包括神经递质的合成、储存及释放；而突触后的修饰作用主要包括受体的特性、数量、受体的激活、第二信使、G 蛋白、膜离子流及磷酸化等环节。突触可塑性主要有以下几种形式：

1) 强直后增强(posttetanic potentiation)

当突触前末梢接受一短串强直刺激后，突触后神经元膜上的 EPSP 发生明显增强的现象，称为强直后增强(posttetanic potentiation)。强直后增强通常持续几分钟。其机制是强直刺激可使突触前神经元内 Ca^{2+} 浓度持续维持在一定水平，从而使突触前末梢持续释放神经递质，引起突触后电位的增强。

2）习惯化和敏感化（habituation and sensitization）

当重复给予较温和刺激时，突触对刺激的反应逐渐减弱甚至消失，这种现象称为习惯化（habituation）。这是由于不断重复温和刺激，使突触前膜上 Ca^{2+} 通道逐渐失活，Ca^{2+} 内流减少，导致突触前末梢递质释放减少。与习惯化相反，敏感化（sensitization）是指重复给予较强的刺激（尤其是伤害性刺激）时，突触对刺激的反应性增强，使传递效能增强的现象。敏感化是由于较强的刺激激活了腺苷酸环化酶，cAMP 含量增加，Ca^{2+} 内流增加，从而使递质释放增多。所以，敏感化可能是一种突触前易化机制（见后文）。

3）长时程增强和长时程抑制（long-term potentiation and long-term depression）

长时程增强（long-term potentiation，LTP）是指突触前神经元在短时间内受到快速的重复性刺激后，突触后神经元快速形成的持续时间较长的突触后电位增强。它类似于强直后增强，但它的持续时间要长得多，最长可达数天到数周。LTP 的产生机制是由于突触后神经元 Ca^{2+} 浓度的增加，而不是强直后增强的突触前神经元 Ca^{2+} 的增加。LTP 可在中枢神经系统许多部位，尤其是与学习记忆有关的海马等脑区发生。LTP 一直以来被认为是学习记忆的神经基础之一，是研究学习记忆的理想模型。与 LTP 相反，长时程抑制（long-term depression，LTD）是指突触传递效能的长时程降低。在海马、小脑皮层和新皮层等脑区可观察到 LTD，但对其发生机制及其生理意义还不太清楚。

（二）非定向突触传递（non-directed synaptic transmission）

非定向突触传递是一种无经典突触结构的化学传递，又称为非突触性化学传递（non-synaptic chemical transmission）。在研究哺乳动物交感神经节后神经元对心肌、平滑肌的支配方式时，发现此类神经元轴突末梢有许多分支，而分支上布满许多含有生物活性物质囊泡的串珠状膨大结构，称为曲张体（varicosity）（图 10-14）。当该神经元兴奋时，神经冲动到达轴突末梢，使曲张体内囊泡释放生物活性物质。这些化学物质通过扩散到达邻近的靶细胞，与靶细胞膜上的受体结合而产生一定的生理效应。与经典的化学性突触传递相比，非定向突触传递有如下特点：①没有经典的突触前、后膜结构；②一个曲张体可作用于多个靶细胞，不存在经典的化学性突触那样一对一关系；③神经递质弥散距离远，因此传递时间长；④神经递质有无效应取决于靶细胞膜上有无相应的受体。非突触性化学传递首先在交感神经节的肾上腺素能神经元发现，后来在大脑皮层、黑质以及肠神经系统中也发现其存在。

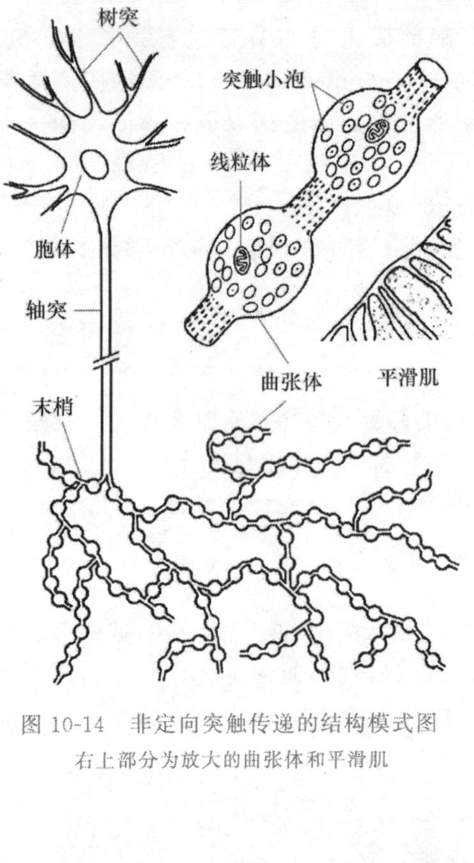

图 10-14　非定向突触传递的结构模式图
右上部分为放大的曲张体和平滑肌

(三) 电突触传递(electrical synaptic transmission)

电突触传递与上述经典的化学性突触传递和非定向性突触传递有本质上的差别,它不属于化学性传递,而是一种电传递。电突触的结构基础是缝隙连接(gap junction)。突触前、后膜靠得很近,两层膜之间仅相隔 2~4nm,连接部位的细胞膜并不增厚,膜两侧细胞浆内不存在突触小泡。缝隙连接处的膜两侧由类似桥状结构的水相通道蛋白连接而成,允许带电离子和直径小于 1 nm 的分子通过。由于电突触无突触前、后膜之分,因此它的传递是双向的;又因为是低电阻通道,局部电流可以迅速通过,因而传递速度很快,几乎不存在潜伏期。电突触广泛存在于中枢神经系统,其主要功能可能是促进同类神经元产生同步性活动。

二、神经递质和受体(Neurotransmitter and Receptor)

神经递质(neurotransmitter)是神经系统内神经元之间信息传递的重要化学信使(第一信使),神经递质必须与相应受体结合才能完成信使传递功能。因此,神经递质和受体是中枢神经系统信息传递的重要环节。

(一) 神经递质(neurotransmitter)

1. 神经递质的定义和鉴定标准(definition and standard of neurotransmitter)

神经递质(neurotransmitter)是指由突触前神经元合成并在末梢释放,能与突触后神经元特异性受体结合,并使突触后神经元产生一定效应的化学物质。

中枢神经系统内存在多种化学物质,只有符合下列条件的化学物质才能确定为神经递质。神经递质的鉴定标准如下:①存在:突触前神经元具有合成递质的前体物质和合成酶系统;②释放:递质存储于突触小泡内,当神经冲动到达时,小泡内递质释放到突触间隙;③效应:突触前神经元兴奋所释放的递质能与突触后膜上的受体结合,产生某种生理效应,而用递质的拟似剂或受体阻断剂可产生加强或阻止递质的效应;④灭活:存在递质灭活酶或重摄取机制。

2. 神经递质的发现(discovery of neurotransmitter)

20 世纪初,当时学术界的共识是神经末梢向其效应器官传递信息是通过伴随神经冲动的电波传导,但电波的性质难以解释刺激某一神经可增强某一器官的功能,但却降低另一器官的功能。这种矛盾现象使人产生了是否还存在其他传递方式的疑惑。德国科学家洛伊维(Otto Loewi)在 1921 年设计了一个非常巧妙的离体实验,他将两个蛙心(A 和 B)取出,A 带有神经,B 不带神经。刺激 A 心脏的迷走神经引起心跳减慢,随即将 A 心脏灌流液吸出,加入到 B 心脏,发现 B 心脏的心跳也减慢了。同样,刺激 A 心脏的交感神经引起心跳加快的作用,也能在 B 心脏出现。该实验有力地证明迷走神经末梢释放了一种可抑制心脏活动的化学物质,而交感神经末梢释放的是另一种兴奋心脏活动的化学物质。洛伊维当时还不知道这两种究竟是什么物质,直到 1926 年,他才把迷走物质确定为乙酰胆碱。至于交感物质直到 40 年代中期才被确认为去甲肾上腺素。

3. 神经调质(neuromodulator)

神经调质(neuromodulator)是由神经元释放的一些化学物质,它们本身不直接在神经元之间起信息传递作用,但能调节神经递质的信息传递效应。

4. 递质和调质的分类(classification of neurotransmitter and neuromodulator)

根据化学结构的不同,可将神经递质和调质分为几大类见表 10-2 所示。

表 10-2 哺乳类动物神经递质和神经调质的分类

分类	主要成员
胆碱类	乙酰胆碱
单胺类	儿茶酚胺:去甲肾上腺素、肾上腺素、多巴胺 5-羟色胺、组胺
氨基酸类	兴奋性氨基酸:谷氨酸、门冬氨酸 抑制性氨基酸:γ-氨基丁酸、甘氨酸
肽类	下丘脑调节肽、血管升压素、催产素、速激肽、阿片肽、脑-肠肽、心房钠尿肽、血管活性肠肽、血管紧张素Ⅱ、神经肽 Y 等
嘌呤类	腺苷、ATP
气体类	一氧化氮、一氧化碳
脂类	花生四烯酸及其衍生物、神经类固醇

5. 递质的共存(co-existence of neurotransmitter)

长期以来,人们一直认为一个神经元内只存在一种递质,故其末梢释放的也只有一种递质。这个原则称为戴尔原则(Dale principle)。近年来通过免疫细胞化学等实验技术发现,脑内许多神经元可以存在并释放两种或两种以上的递质(或调质),这种现象称为递质的共存(neurotransmitter co-existence)。如支配猫唾液腺的副交感神经末梢内存在乙酰胆碱和血管活性肠肽(vasoactive intestinal peptide,VIP)。乙酰胆碱引起唾液腺分泌,而血管活性肠肽可增加唾液腺的血液供应,并提高唾液腺上胆碱能受体的亲和力。两者共同作用,结果引起唾液腺分泌大量稀薄的唾液。支配唾液腺的交感神经内含有去甲肾上腺素和神经肽 Y,前者有促进唾液分泌和减少血供的作用,而后者主要收缩血管,减少血供,结果使唾液腺分泌少量黏稠的唾液(图 10-15)。递质共存的生理作用似乎是其中一种递质起传

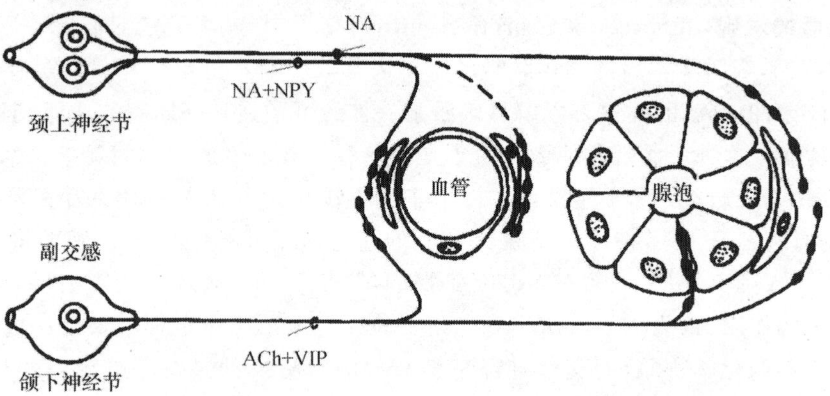

图 10-15 唾液腺中递质共存模式图

NA:去甲肾上腺素,NPY:神经肽 Y,Ach:乙酰胆碱,VIP:血管活性肠肽

递信息作用，而另一种递质对信息的传递起调节作用，其意义在于协调某些生理过程。

（二）受体(receptor)

1. 受体的概念(definition of receptor)

受体(receptor)是指细胞膜或细胞内能与某些化学物质(如神经递质、调质、激素等)发生特异性结合，并诱发生物效应的特殊生物分子。能与受体发生特异性结合并能产生生物效应的化学物质称为激动剂(agonist)；只发生特异性结合，但不产生生物效应的化学物质称为拮抗剂(antagonist)，两者统称为配体(ligand)。

受体与配体的结合具有以下三个特点。①特异性：一定的受体只能与特定的配体结合，才能产生特定的生物效应。这种特异性并非绝对的，而是相对的；②饱和性：由于分布在细胞膜上受体数量有限，因此能结合配体的数量也是有限的，这称为饱和性；③可逆性：配体与受体的结合是可逆的，两者可以结合，也可以解离，但不同配体的解离常数差别较大，有些拮抗剂与受体结合很难解离，几乎为不可逆结合。

2. 受体的分类(classification of receptor)

受体大多都有不同的亚型。目前主要根据天然配体进行分类和命名，如乙酰胆碱受体可分为毒蕈碱受体和烟碱受体；肾上腺素受体可分为 α 受体和 β 受体，α 受体又可分为 α_1 和 α_2，β 受体又可分为 β_1、β_2 和 β_3。根据受体激活机制的不同，可将受体分为离子通道型受体或促离子型受体(ionotropic receptor)和 G-蛋白耦联受体或促代谢型受体(metabotropic receptor)。多数神经递质的受体属于 G-蛋白耦联受体超家族(表 10-3)。此外，根据受体在突触前、后膜的分布，可将受体分为突触前受体和突触后受体。

表 10-3　部分神经递质及其受体的主要激活机制

神经递质	促离子型受体	促代谢型受体	第二信使	离子通透性
乙酰胆碱	N			↑Na^+，其他小离子
		M_1	↑IP_3，DG	↑Ca^{2+}
		M_2(心脏)	↓cAMP	↑K^+
		M_3	↑IP_3，DG	
		M_4，M_5	↑IP_3，DG	
去甲肾上腺素		α_{1A}、α_{1B}、α_{1D}	↑IP_3，DG	↓K^+
		α_{2A}、α_{2B}、α_{2C}	↓cAMP	↑K^+，↓Ca^{2+}
		β_1、β_2、β_3	↑cAMP	
多巴胺		D_1，D_5	↑cAMP	
		D_2	↓cAMP	↑K^+，↓Ca^{2+}
		D_3，D_4	↓cAMP	
5-羟色胺		5-HT_1，5-HT_5	↓cAMP	
		5-HT_2	↑IP_3，DG	
	5-HT_3		↑Na^+	
		5-HT_4，5-HT_6，5-HT_7	↑cAMP	

续表

神经递质	促离子型受体	促代谢型受体	第二信使	离子通透性
组胺		H_1	↑IP_3,DG	
		H_2	↑cAMP	
		H_3	↓cAMP	
谷氨酸	AMPA,KA			↑Na^+
	NMDA			↑Na^+,Ca^{2+}
		mGluR1、mGluR5	↑IP_3,DG	
		mGluR2、mGluR3	↓cAMP	
		mGluR4、mGluR6-8	↓cAMP	
γ-氨基丁酸	$GABA_A$			↑Cl^-
		$GABA_B$	↑IP_3,DG	↑K^+,↓Ca^{2+}
	$GABA_C$			↑Cl^-
甘氨酸	GlyR			↑Cl^-
嘌呤类腺苷		A_1,A_3	↓cAMP	
		A_{2A},A_{2B}	↑cAMP	
嘌呤类 ATP		P2Y,P2U	↑IP_3,DG	
	P2X,P2Z			↑Na^+,K^+,Ca^{2+}

3. 突触前受体(presynaptic receptor)

大多数受体存在于突触后膜,但有部分受体存在于突触前膜。存在于突触前膜上的受体称为突触前受体(presynaptic receptor),它们与配体结合后,多数抑制突触前递质的进一步释放。如去甲肾上腺素能突触的突触前膜存在 α_2 受体,当末梢释放的去甲肾上腺素达到或超过一定量时,即能和 α_2 受体结合,反馈抑制突触前末梢进一步释放去甲肾上腺素(图 10-16)。可见突触前受体的主要作用是负反馈控制神经递质的释放。但是也有一些突触前受体对低浓度的神经递质很敏感,激活后能易化神经递质的释放。突触前受体分为自身受体(autoreceptor)和异源受体(heteroreceptor)两种。自身受体一般位于释放递质的突触本身,对该递质释放产生反馈调节作用;而异源受体存在于释放递质神经元以外的其他神经元的突触前膜,调节其他递质的释放,如 $GABA_B$ 受体可分布在谷氨酸突触前末梢,调节谷氨酸的释放。

4. 受体的调节(modulation of receptor)

细胞膜上受体的数量以及与递质结合的亲和力在不同的生理或病理生理情况下是可以改变的。当神经递质分泌不足时,受体数量将会增加,亲和力也会增加,这称为受体的上调(up regulation);相反,当神经递质分泌过多时,后膜上递质受体数量将会减少,亲和力也会降低,这称为受体的下调(down regulation)。突触后膜上受体的下调可能是通过内化(internalization)机制,即当受体与递质结合后,形成受体-递质复合物进入胞浆,以此来减少受体的数量。进入胞浆的受体有的通过再循环重新回到膜上,有的则在胞内被新合成的受体代替。受体下调还有另一种形式,即受体的脱敏(desensitization),脱敏是受体蛋白经过某种修饰过程,如发生磷酸化,使其反应性降低。

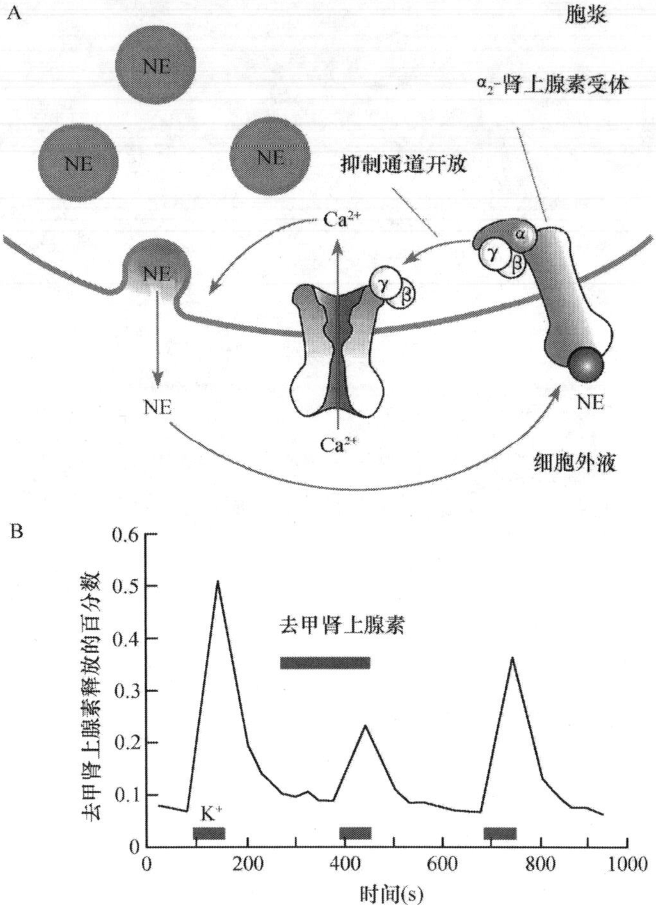

图 10-16 突触前受体调节去甲肾上腺素释放的示意图

A. 去甲肾上腺素与突触前膜 α_2 受体结合，激活 G 蛋白，减少钙内流，从而限制递质的进一步释放；B. 去甲肾上腺素减少交感神经节的递质释放。钾溶液（灰条）的去极化作用可引发递质释放。加入去甲肾上腺素后，减少钾诱发的递质释放。

（引自 Nicholls，JC：From Neuron to Brain，4th ed，2001）

（三）主要的递质和受体系统（major neurotransmitter and receptor）

1. 乙酰胆碱（acetylcholine，Ach）

乙酰胆碱（acetylcholine，Ach）是最早被发现的神经递质。以 Ach 为递质的神经元称为胆碱能神经元（cholinergic neuron），释放 Ach 的神经纤维称为胆碱能纤维（cholinergic fiber）。

1）乙酰胆碱的代谢（metabolism of acetylcholine）

Ach 是由胆碱和乙酰辅酶 A 在胆碱乙酰基转移酶的催化下合成的。胆碱乙酰基转移酶在脑内与胆碱能神经元平行分布，可作为胆碱能神经元的标志酶。Ach 失活的主要方式是被胆碱酯酶水解生成乙酸和胆碱，胆碱可被神经末梢再摄取（图 10-17）。Ach 的迅速失活可防止因大量 Ach 与受体长期接触而导致的受体功能下调。

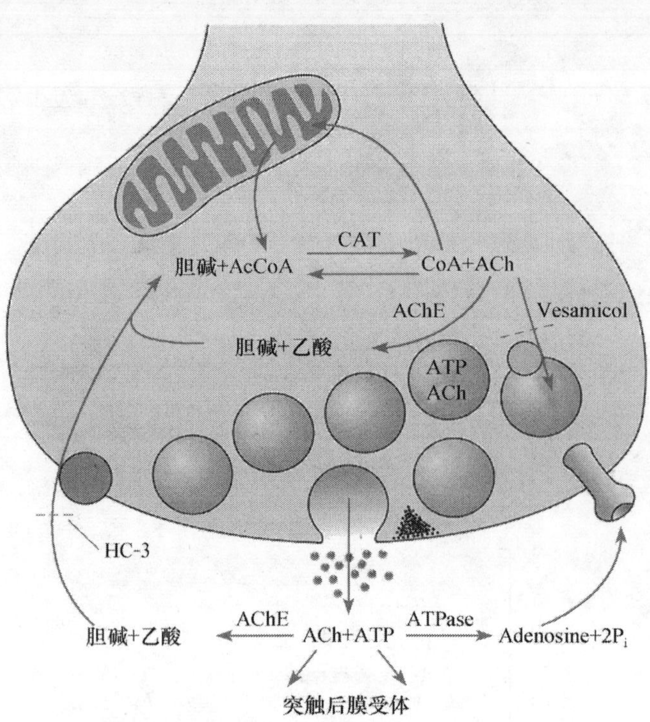

图 10-17　Ach 的合成、储存、释放和降解

(引自 Nicholls, JC: From Neuron to Brain, 4th ed, 2001)

2) 胆碱能神经元的胞体定位及纤维投射(distribution of cholinergic neurons and fibers)

胆碱能神经元在中枢神经系统广泛分布,如脊髓前角运动神经元、脑干网状结构上行激动系统、丘脑特异性感觉投射神经元、纹状体、边缘系统的杏仁核、海马和大脑皮层等部位。脑内的 Ach 通路支配中枢神经系统的大部分区域,主要包括:①纹状体内中间神经元的局部 Ach 通路;②从中隔核向海马的投射;③从基底核到大脑皮层和杏仁核的投射(图 10-18)。在中枢神经系统内,Ach 对突触后神经元主要起兴奋效应。

在外周神经系统中,交感和副交感神经节前纤维、副交感神经节后纤维、少数交感神经节后纤维(支配汗腺的交感节后纤维和支配骨骼肌的交感舒血管纤维)和躯体运动神经纤维共五种纤维的末梢释放 Ach。在外周,Ach 的传递效应既有兴奋,也有抑制,主要取决于受体的性质。

3) 乙酰胆碱受体(cholinergic receptor)

能与 Ach 特异性结合并产生生理效应的受体称为胆碱能受体(cholinergic receptor)。根据其药理特性不同,胆碱能受体分为两种:毒蕈碱受体(muscarinic receptor, M 受体)和烟碱受体(nicotinic receptor, N 受体),它们分别能与天然植物中的毒蕈碱和烟碱两种生物碱相结合并产生生物学效应。在中枢神经系统,Ach 调节机体感觉和运动功能,维持机体觉醒状态,促进学习、记忆和认知功能,调节心血管活动、体温、摄食和饮水等生理活动。

毒蕈碱受体(M 型受体)属于与 G 蛋白结合的受体家族,根据药理学特性的不同,M

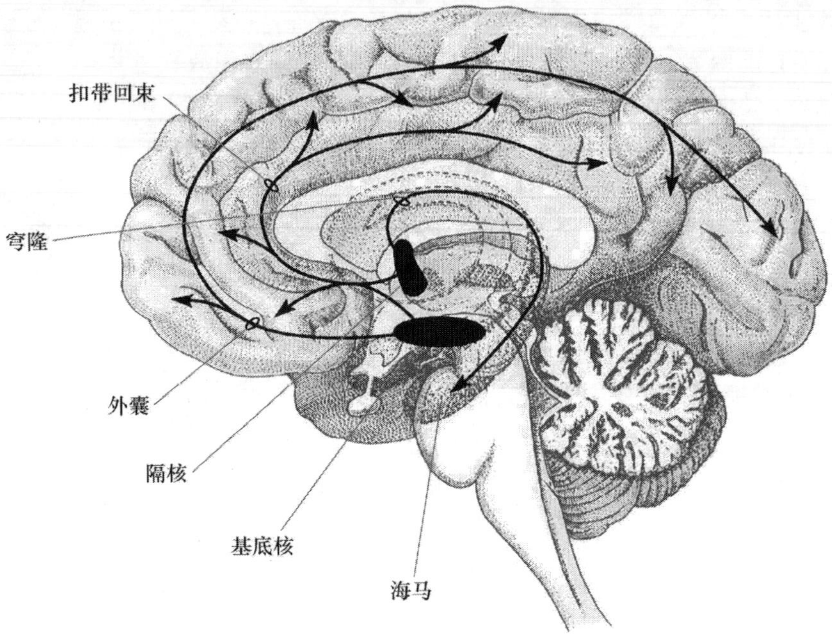

图 10-18　中隔核和基底核神经元对皮层和海马的胆碱能纤维支配
（引自 Nicholls，JC：From Neuron to Brain，4th ed，2001）

型受体可分为 M_1、M_2、M_3、M_4 和 M_5 五种亚型，不同亚型基因序列具有高度的同源性，在结构上也具有共同的特点。M_1、M_3 和 M_5 受体可与 Gq 或 Gs 蛋白结合，M_2 和 M_4 受体可与 Gi 或 Gk 蛋白结合。通过改变细胞内第二信使（cAMP、IP_3 和 DG）的水平，进而产生一系列生物学效应。此外，突触前膜 M_2 受体激活可通过负反馈调节 Ach 释放。

M 型受体广泛分布于中枢神经系统，如大脑皮层、海马、纹状体、黑质、丘脑、中脑和延髓等部位。在外周，M 受体主要存在于大多数副交感神经节后纤维支配的效应器细胞膜上，少数存在于交感节后纤维（支配汗腺和骨骼肌舒血管纤维）支配的效应器细胞膜上。如 M_2 受体主要分布于心脏，M_1 和 M_3 受体主要分布于外分泌腺，M_2 和 M_3 受体主要分布于平滑肌。当 Ach 与 M 型受体结合，会产生一系列自主神经节后胆碱能纤维兴奋的效应，如心脏活动抑制、胃肠道及膀胱平滑肌收缩、瞳孔括约肌收缩、消化腺分泌增加，以及汗腺分泌增加和骨骼肌血管舒张等。M 受体拮抗剂为阿托品（atropine）。

烟碱受体（N 型受体）分为外周 N 受体和中枢 N 受体两大类。在外周，N 型受体存在于交感和副交感神经节神经元的突触后膜和神经-肌肉接头的终板膜上。神经节神经元及中枢神经系统的突触后膜上的受体称为神经元型烟碱受体（neuronal-type nicotinic receptor），也称为 N_1 受体。神经-肌肉接头的终板膜上的受体称为肌肉型烟碱受体（muscle-type nicotinic receptor），即 N_2 受体。N 受体属于配体门控离子通道，因此也可称为 N 型 Ach 门控通道。N 受体是由 5 个亚单位组成的阳离子通道，激活时可提高细胞膜对 Na^+ 和 K^+ 的通透性，通常 Na^+ 内流大于 K^+ 外流。此外，外周 Ach 能突触前末梢也存在 N 型自身受体，可正反馈调节 Ach 释放。中枢 N 受体广泛分布于大脑皮层、丘脑、下丘脑、海马、脑干、小脑等部位。中枢 N 受体分为突触前 N 受体和突触后 N 受体。突触后 N 受体主要介导兴奋性突触传递。而突触前 N 受体主要为异源受体，激活后通过正反馈调节去甲肾上腺素、多巴胺、谷氨酸和 GABA 等递质的释放。外周 N_1 受体的阻断剂为六烃季铵，N_2 受体的阻断剂为十烃季铵。中枢 N 受体阻断剂有五烃季铵、六烃季铵等。筒箭毒(tubocurarine)可阻断肌肉型和神经元型烟碱受体的功能。

2. 儿茶酚胺(catecholamine)

儿茶酚胺类递质包括去甲肾上腺素(norepinephrine，NE 或 noradrenaline，NA)、肾上腺素(epinephrine，E 或 adrenaline，A)和多巴胺(dopamine，DA)。

1) 儿茶酚胺的代谢(metabolism of catecholamine)

体内儿茶酚胺的生物合成是以酪氨酸为底物，在胞浆内酪氨酸羟化酶催化下生成多巴，再经多巴脱羧酶催化形成多巴胺。之后多巴胺在多巴胺转运体作用下进入囊泡，经多巴胺 β-羟化酶作用形成 NE(图 10-19)。在肾上腺髓质和脑内某些部位，NE 可在苯乙醇胺氮位甲基转移酶(PNMT)催化下进一步形成 E。

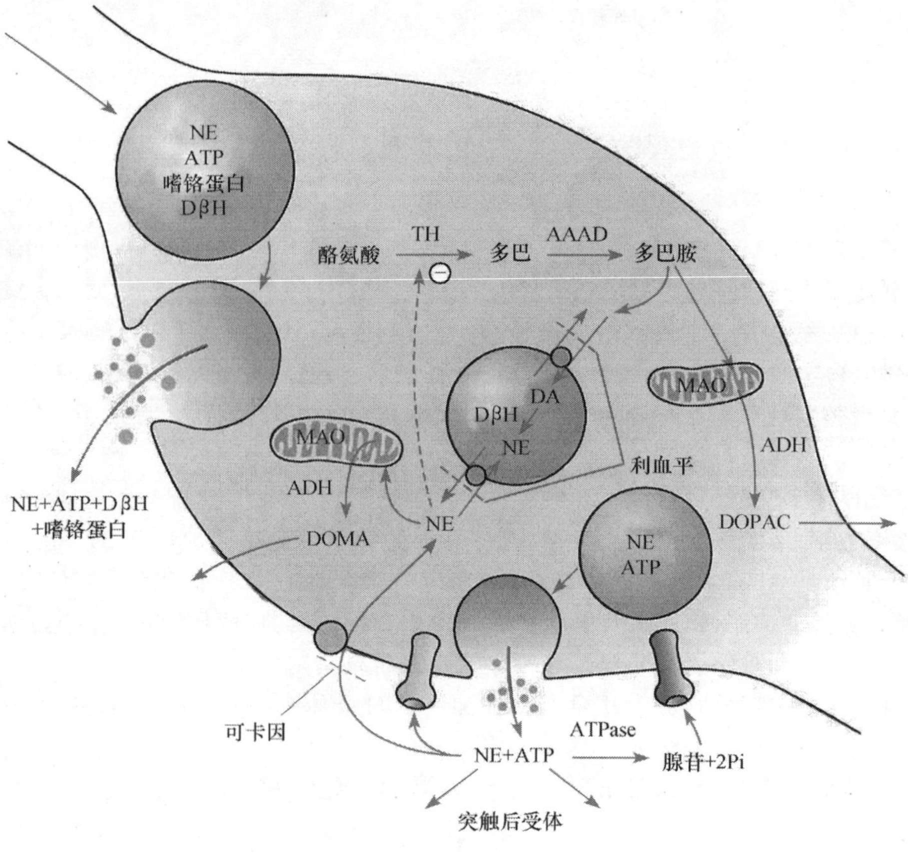

图 10-19　NE 的合成、储存、释放和摄取途径

(引自 Nicholls，JC：From Neuron to Brain，4th ed，2001)

酪氨酸羟化酶专一性强、活性低、含量少，因此是儿茶酚胺合成的限速因子。多巴脱羧酶存在于胞浆内，而多巴胺 β-羟化酶完全存在于囊泡内，苯乙醇胺氮位甲基转移酶存在

于肾上腺髓质嗜铬细胞和肾上腺素能神经元的胞浆内，可使 NE 的氮位甲基化生成 E，因而可作为鉴定肾上腺素能神经元的标志酶。

儿茶酚胺在囊泡合成后，储存于囊泡。在电子显微镜下，储存儿茶酚胺的囊泡有一致密中心。儿茶酚胺的释放是一种依赖 Ca^{2+} 的量子释放。当突触间隙 NE 释放过多时，可激活突触前膜 α_2 受体，反馈性抑制其释放；而当 NE 释放过少时，突触间隙低浓度 NE 可激活突触前膜 β_2 受体，增加 NE 释放。此外，前列腺素和乙酰胆碱等激素可分别通过作用于去甲肾上腺素末梢上的突触前异源受体，调节 NE 的释放。

儿茶酚胺主要通过重摄取和酶解两条途径终止作用，酶解是其最终失活途径。突触间隙的儿茶酚胺绝大部分被突触前神经末梢重新摄取。儿茶酚胺在单胺氧化酶(monoamine oxidase，MAO)或儿茶酚氧位甲基转移酶(catechol-O-methyl transferase，COMT)作用下降解失活。被摄入突触前末梢的儿茶酚胺大部分进入囊泡，小部分被 MAO 降解。

2) 儿茶酚胺能神经元胞体定位及纤维投射(distribution of catecholaminergic neurons and fibers)

中枢 NE 能神经元的胞体主要集中在延髓和脑桥，分为 A1～A7 等 7 个细胞群。其中 A6 是蓝斑核，是脑内最重要的去甲肾上腺素能神经元胞体所在脑区。NE 上行投射纤维投射到大脑皮层、中脑、小脑、丘脑、海马和下丘脑等部位，下行投射通路支配脊髓侧角、背角和前角，也可发出纤维投射到延髓孤束核和迷走神经背核(图 10-20)。

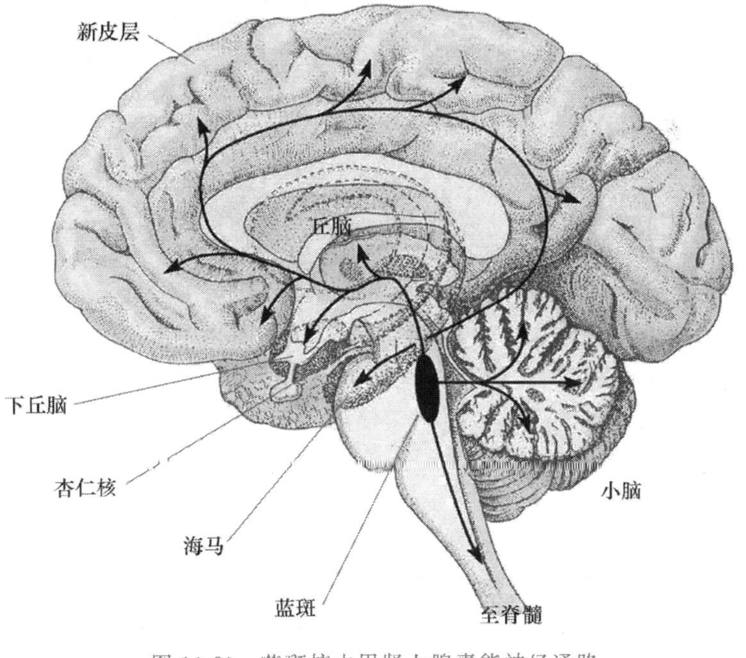

图 10-20 蓝斑核去甲肾上腺素能神经通路

(引自 Nicholls，JC：From Neuron to Brain，4th ed，2001)

中枢 E 能神经元主要位于延髓，分为 C1～C3 三个细胞群。E 能神经元发出纤维，经网状结构、被盖腹侧区，支配迷走神经背核、孤束核、蓝斑核，以及丘脑和下丘脑等核团。

部分纤维可支配杏仁核、伏隔核和隔区。

脑内多巴胺能神经元胞体集中在中脑的黑质致密带(substantia nigra pars compacta, SNc, A9)、中脑腹侧被盖区(ventral tegmental area, VTA, A10)和下丘脑及脑室周围。中枢神经系统主要有 3 条多巴胺能神经通路(图 10-21):①黑质-纹状体系统:起于中脑黑质致密部,发出长纤维止于纹状体。刺激黑质纹状体束,可引起好奇、探究、运动增多、觅食等活动;②中脑边缘系统:胞体位于中脑腹侧被盖区,轴索上行到伏核、杏仁核和前额叶皮层。中脑边缘多巴胺通路的功能尚不明确,推测可能与某些情绪活动有关;③结节漏斗系统:胞体位于丘脑下部,发出短轴索下行,终止于正中隆起。此部分神经元可能与神经内分泌功能有关。

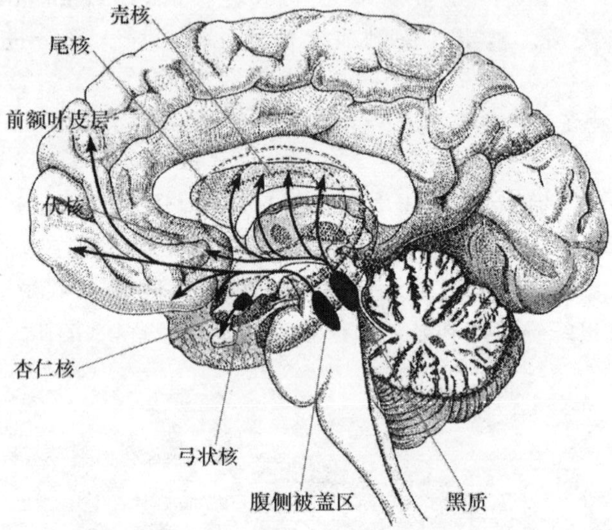

图 10-21　脑内多巴胺能神经通路

(引自 Nicholls, JC: From Neuron to Brain, 4th ed, 2001)

3) 儿茶酚胺能受体(catecholaminergic receptor)

(1) 肾上腺素受体(adrenergic receptor)　能与 NE 和 E 特异性结合,并能产生生理作用的受体称为肾上腺素能受体(adrenergic receptor)。肾上腺素能受体可分为 α 型肾上腺素能受体(α 受体)和 β 型肾上腺素能受体(β 受体)两种。

α 受体又可再分为 α_1 和 α_2 两个亚型。α_1 受体主要分布在突触后膜;α_2 受体主要分布在突触前膜,也可分布在突触后膜。α_1 受体又分为 α_{1A}、α_{1B} 和 α_{1D} 三种亚型。α_2 受体又分为 α_{2A}、α_{2B} 和 α_{2C} 三种亚型。α_1 受体 mRNA 广泛分布于大脑皮层、海马、丘脑、松果体、蓝斑核、延髓腹外侧区、孤束核和脊髓等部位。α 受体是 G 蛋白耦联受体。激活 α_1 受体,通过 G 蛋白的介导,激活 PLC,生成 IP_3 和 DG,调控细胞的功能。位于突触前膜的 α_2 受体,通过 Gi/o 蛋白的介导,减少突触前神经元 cAMP 水平,从而减少神经递质的释放,起到突触前抑制效应。

β 受体又分为 β_1、β_2 和 β_3 三个亚型。β_1 受体 mRNA 主要分布于大脑皮层、松果体、脊髓和交感神经节。β_2 受体 mRNA 主要分布于嗅球、海马、小脑皮质和脊髓。β_3 受体主要分布在外周组织。β受体激活通过Gs蛋白的介导，增强AC的活性，增加cAMP，通过激活蛋白激酶A，使细胞内一些酶及蛋白磷酸化。

中枢肾上腺素能受体的主要作用是调节心血管活动、参与觉醒和睡眠维持、调控体温以及参与摄食调控。

在外周，α_1受体主要分布在小血管的平滑肌上，尤其是在皮肤、胃肠和肾脏等内脏血管平滑肌上，也分布于子宫平滑肌、胃肠道括约肌和瞳孔扩大肌上。NE与α_1受体结合主要产生兴奋效应，引起血管、子宫平滑肌、胃肠道括约肌和瞳孔扩大肌的收缩等。此外，也有少数产生抑制性的效应，如NE与胃肠平滑肌α_1受体结合时，使它们发生舒张。酚妥拉明(phentolamine)是α受体的特异性阻断剂，即它对α_1和α_2受体都有阻断作用，但它对α_1受体的作用比对α_2受体大3～5倍。α_1和α_2受体的特异性拮抗剂分别是哌唑嗪和育亨宾。临床上常应用α_2受体激动剂可乐定来治疗高血压。

β受体分布范围较广，除了骨骼肌血管和腹腔内脏血管的平滑肌外，还广泛分布于心肌、支气管平滑肌、胃肠道平滑肌、膀胱平滑肌和子宫平滑肌等部位。E和NE与心肌β_1受体结合产生兴奋性效应，使心率加快、收缩加强；而E和NE与平滑肌上β_2受体结合一般产生抑制性效应，如血管舒张、支气管舒张、小肠及子宫平滑肌舒张。β受体的特异性拮抗剂是普奈洛尔(心得安)，β_1和β_2受体的特异性拮抗剂分别是普拉洛尔(心得宁)和丁氧胺(心得乐)。β受体的拮抗剂在临床上已经被广泛地使用，如心绞痛和心动过速可用心得安来降低心肌的代谢及活动，以达到缓解治疗疾病目的。因为心得安可同时阻断β_1和β_2受体，因此在使用心得安时，可能引起支气管的痉挛，故不宜用于伴有哮喘等呼吸系统疾病的患者。

(2) 多巴胺受体(dopaminergic receptor) 目前已克隆出D_1、D_2、D_3、D_4和D_5五种多巴胺受体亚型。根据信号转导机制的不同，这五种多巴胺受体分属于多巴胺D_1和D_2两大受体家族。D_1受体家族包括D_1和D_5受体亚型，D_2受体家族包括D_2、D_3和D_4受体亚型。

D_1受体家族中的D_1和D_5亚型被激活后，主要通过Gs-AC-cAMP-PKA途径以及Gq-PLC-IP_3/DG途径，发挥生物学效应。而多巴胺D_2受体家族激活后，主要通过Gi/o蛋白介导，抑制AC活性，减少cAMP生成，降低PKA活性，从而调控细胞的功能活动。

脑内多巴胺系统的主要生理功能是参与机体运动功能、精神情绪活动、垂体内分泌功能以及心血管活动的调控。

3. 5-羟色胺(5-hydroxytryptamine, 5-HT)

1) 5-HT的代谢(metabolism of 5-HT)

5-HT的合成是色氨酸经色氨酸羟化酶催化生成5-羟色氨酸，再经5-羟色氨酸脱羧酶催化成5-HT。色氨酸是人体必需氨基酸之一，必须从食物中获得。色氨酸羟化酶仅存在于5-HT能神经末梢的胞浆内，是5-HT合成的限速酶。5-HT在胞浆合成后，储存于含有致密中心的囊泡。释放入突触间隙的5-HT，主要依靠突触前膜的5-HT转运体(5-HT transporter, 5-HTT)重摄取。被摄入突触末梢的5-HT，一部分进入囊泡储存再利用，另一部分在线粒体表面MAO的作用下氧化分解。

2) 5-HT能神经元胞体定位及纤维投射(distribution of 5-HT neurons and fibers)

脑内5-HT能神经元胞体主要位于脑干的中线部位，称为中缝核群，由它发出的投射纤维广泛分布于脑的各部。这些 5-HT 能神经元组成 9 个神经元簇，分别为 B1～B9 组。5-HT 能神经元胞体聚集的中缝核群又分为两大组（图 10-22）：①尾侧组，位于延髓内，包含中缝大核（B5 组）、中缝隐核（B1、B2、B3 组）及中缝苍白核（B4 组）3 个亚组。②喙侧组，位于脑桥及中脑，包含中缝背核（B6、B7 组）、中缝正中核（B8、B9 组）。

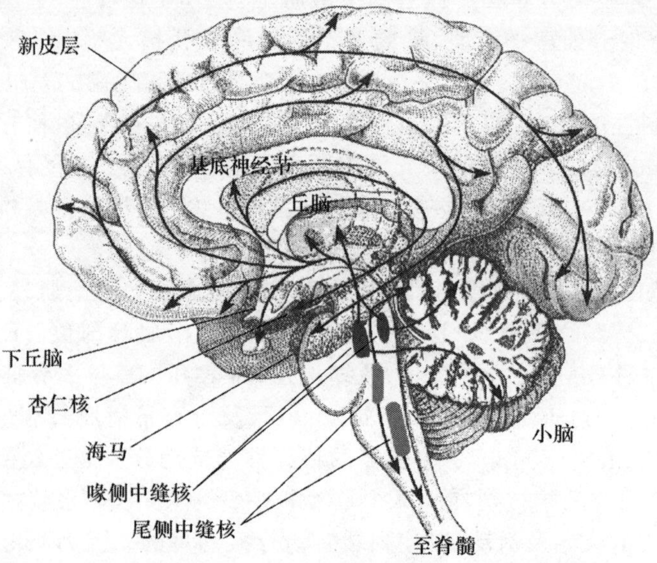

图 10-22 脑内 5-HT 能胞体及纤维投射

（引自 Nicholls，JC：From Neuron to Brain，4th ed，2001）

5-HT 上行投射纤维起自中缝核上部，纤维投射到纹状体、丘脑、下丘脑、边缘前脑和大脑皮层；下行纤维起自 B1～B3，沿脊髓侧索下行，分布于脊髓背角、侧角和前角；支配低位脑干部分的纤维分布在低位脑干内部。

3）5-HT 受体（5-HT receptor）

迄今为止，根据分子生物学和药理学机制不同，已经确定有 7 种 5-HT 受体家族，包括至少 14 种受体亚型。这些 5-HT 受体中，除 5-HT_3 受体属于促离子型受体（即配体门控型离子通道）外，其他 5-HT 受体均属于 G 蛋白耦联受体超家族。

①$5\text{-HT}_1$ 受体包括 5 种受体亚型：5-HT_{1A}，5-HT_{1B}，5-HT_{1D}，5-HT_{1E} 和 5-HT_{1F}。所有 5-HT_1 受体亚型均以 Gi/o 蛋白-腺苷酸环化酶途径对细胞发挥抑制性调控。②$5\text{-HT}_2$ 受体包含 5-HT_{2A}、5-HT_{2B} 和 5-HT_{2C} 三种亚型。这三种亚型均与 Gq 蛋白耦联，通过刺激 PLC 途径使细胞内 IP_3/DG 水平增加，从而完成各种生物学功能。③$5\text{-HT}_3$ 受体是已发现的 5-HT 受体家族中唯一以配体门控通道发挥作用的受体亚型。5-HT_3 受体激活能开启非选择性阳离子通道（Na^+、Ca^{2+} 内流；K^+ 外流），引起短暂的内向电流，从而使细胞快速去极化。④$5\text{-HT}_4$ 受体是一种 Gs 蛋白耦联受体，通过激活 AC，增加 cAMP 而发挥作用。⑤$5\text{-HT}_5$ 受体分为 5-HT_{5A} 和 5-HT_{5B} 两种受体亚型，二者有 70％的氨基酸序列相同。啮齿类动物体内两种受体亚型均有表达，而人类体内只发现有 5-HT_{5A} 受体的表达。5-HT_{5A} 受体可能通过负性调节 cAMP 发挥作用。⑥$5\text{-HT}_6$ 和 5-HT_7 受体与

$5\text{-}HT_4$ 受体一样，通过与 Gs 蛋白耦联，刺激 AC，增加细胞内 cAMP，引起细胞内信号转导过程。

5-HT 受体广泛分布于边缘系统、纹状体、丘脑、下丘脑、大脑皮层和脊髓。脑内 5-HT 系统主要调节精神和情绪活动、睡眠、体温、性行为、疼痛以及垂体内分泌等功能活动。

4. 组胺(histamine)

1）组胺的代谢(metabolism of histamine)

组胺是由 L-组氨酸经组氨酸脱羧酶脱羧基而合成。脑内组胺的代谢主要是通过组氨酸-N-甲基移位酶降解，尚未发现组胺重摄取机制。

2）组胺能神经元胞体定位及纤维投射(distribution of histaminergic neurons and fibers)

中枢神经系统组胺能递质和去甲肾上腺素能、肾上腺素能、多巴胺能和 5-HT 能系统一样，其神经元胞体分布较局限，但纤维投射却相当广泛。脑内组胺能神经元的胞体主要集中在下丘脑后部的结节乳头体内，通过其上行及下行纤维投射到包括大脑皮层和脊髓在内的中枢神经系统广泛区域。

3）组胺受体(histaminergic receptor)

组胺受体广泛存在于中枢及外周神经系统。组胺有 H_1、H_2 和 H_3 三种受体，均属于 G 蛋白耦联受体。组胺 H_1 受体与 Gq 蛋白耦联，激活后刺激 PLC 使细胞内 IP_3/DG 水平增加，从而调节细胞功能。组胺 H_2 和 H_3 受体分别耦联 Gs 和 Gi 蛋白，通过增加或降低细胞内 cAMP 水平而发挥作用。多数组胺 H_3 受体为突触前受体，激活后可抑制组胺或其他递质的释放。脑内组胺能递质系统主要调节精神活动、体温、饮水、性行为、垂体激素分泌和痛觉等功能活动。

5. 谷氨酸(glutamate)

谷氨酸和门冬氨酸对神经元有较强的兴奋效应，故称为兴奋性氨基酸(excitatory amino acid，EAA)。近年来研究表明门冬氨酸缺乏足够的证据支持其符合神经递质的鉴定标准。

1）谷氨酸的代谢(metabolism of glutamate)

谷氨酸广泛分布于中枢神经系统。谷氨酸的合成是由糖代谢三羧酸循环的中间产物 α-酮戊二酸，在转氨酶的作用下加氨基而生成。谷氨酸也可由谷氨酰胺经谷氨酰胺酶脱氨基生成。谷氨酸生成后，经囊泡膜谷氨酸转运体(vesicular glutamate transporters，VGluTs)转运入突触囊泡内储存。VGluT 可作为中枢神经系统内谷氨酸能突触末梢的特异性标记物。

囊泡内的谷氨酸以钙依赖的胞裂外排形式释放入突触间隙。激活受体后，谷氨酸主要通过位于突触前末梢和胶质细胞膜上的高亲和力的谷氨酸转运体重摄取而失活。摄入突触前末梢的谷氨酸可直接被再利用，而摄入胶质细胞的谷氨酸在谷氨酰胺合成酶的作用下转变为谷氨酰胺，后者进入神经末梢经谷氨酰胺酶脱氨基生成谷氨酸，在神经元和胶质细胞之间形成“谷氨酸-谷氨酰胺循环”(图 10-23)。

2）谷氨酸受体(glutamatergic receptor)

谷氨酸受体分为两大类，促离子型谷氨酸受体和促代谢型谷氨酸受体。促离子型谷氨酸受体是由 4 个或 5 个亚基组成的阳离子通道。每个亚基的 M1、M3 和 M4 疏水性片

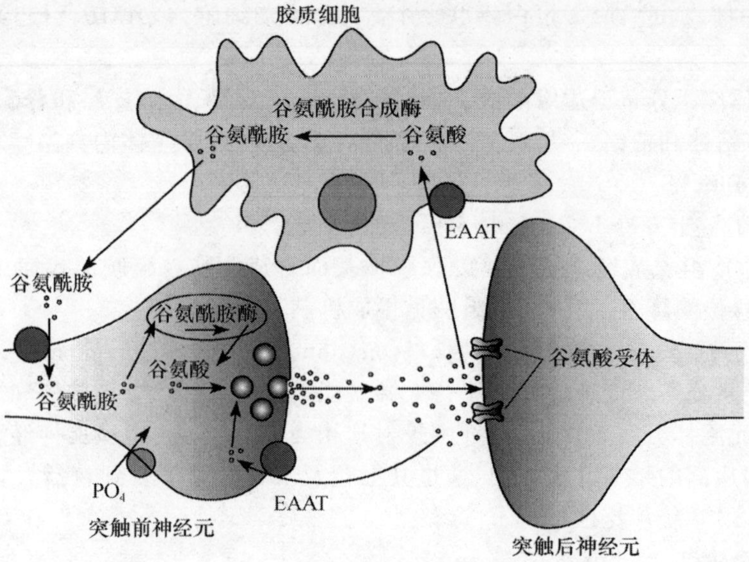

图 10-23 谷氨酸的合成、储存、释放和摄取途径

(引自 Nicholls, JC: From Neuron to Brain, 4th ed, 2001)

段跨越细胞膜,M2 片段是由发夹环凹面的两臂组成,是形成通道的主要结构。与其他促离子型受体不同,促离子型谷氨酸受体的 N 端位于细胞外,而 C 端位于细胞内。促离子型谷氨酸受体又分为 NMDA(N-methyl-D-Aspartic acid)受体、AMPA(α-amino-3-hdroxy-5-methyl-4-isoxazoepionate)受体和海人藻酸(kainate, KA)受体。AMPA 和 KA 受体常合称为非 NMDA 受体。代谢型谷氨酸受体属 G 蛋白耦联受体,经 G 蛋白——第二信使介导其效应。

(1) 非 NMDA 受体(non-NMDA receptor) AMPA 受体包括 GluR1～GluR4 亚基,KA 受体包括 GluR5～GluR7 亚基和 KA1、KA2 亚基。KA1、KA2 对 KA 的亲和力更高。非 NMDA 受体介导快速兴奋性突触传递。当非 NMDA 受体激活时,主要允许单价阳离子 Na^+、K^+ 通透,膜电位去极化,产生快速兴奋性突触后电位。

AMPA 受体在中枢神经系统广泛分布。AMPA 受体的 GluR2 亚基决定了该受体对 Ca^{2+} 不通透。GluR2 亚基的第二跨膜区的 586 位氨基酸残基若为谷氨酸(Q)则对 Ca^{2+} 有通透性,而转变为精氨酸(R)则对 Ca^{2+} 没有通透性。AMPA 受体在兴奋性突触处的分布是动态的,有研究发现部分兴奋性突触后膜只有 NMDA 受体而不含有 AMPA 受体,使得突触难以完成兴奋传递过程,这种突触成为沉寂突触。在 LTP 过程中,大量 AMPA 受体直接插入到细胞膜,增强兴奋性突触的传递功能。而 AMPA 受体的内吞使膜上 AMPA 受体减少被认为与 LTD 发生有关。

KA 受体不同亚型在脑内不同区域存在分布差异,以 KA2 分布最为广泛。KA 受体除分布于突触后膜完成兴奋性突触传递外,还存在于突触前膜调节递质释放。KA 受体和 AMPA 受体均可被非 NMDA 受体阻断剂 CNQX 阻断。

(2) NMDA 受体(NMDA receptor) 目前已克隆出 3 种 NMDA 受体亚基,即 NR1、NR2 和 NR3。NR2 又可分为 NR2A～2D 四种。功能性 NMDA 受体至少含有一个 NR1

亚基和一个 NR2 亚基，NR1 亚基是形成功能 NMDA 受体的基本亚单位，而 NR2 则为调节亚单位。

NMDA 受体激活时对 Na^+、K^+ 和 Ca^{2+} 都通透，产生慢时程兴奋性突触传递。NMDA 受体通道内有 Mg^{2+} 结合位点，Mg^{2+} 以电压依赖方式阻断 NMDA 受体。在静息电位或超极化时，Mg^{2+} 结合 NMDA 受体，阻塞通道；只有当膜去极化达到一定水平时，Mg^{2+} 从通道移出，通道才开放，这就是 NMDA 受体对谷氨酸反应较慢的原因。因此，突触前膜释放的谷氨酸首先和非 NMDA 受体结合，Na^+、K^+ 通过非 NMDA 通道，突触后膜去极化达一定程度后，移开堵塞 NMDA 通道的 Mg^{2+}，谷氨酸才能打开 NMDA 受体通道。Ca^{2+} 通过 NMDA 受体通道内流，通过 PKC 和钙-钙调蛋白依赖性激酶等途径，使 AMPA 受体数量增加，在 LTP 诱导过程中起重要作用(图 10-24)。

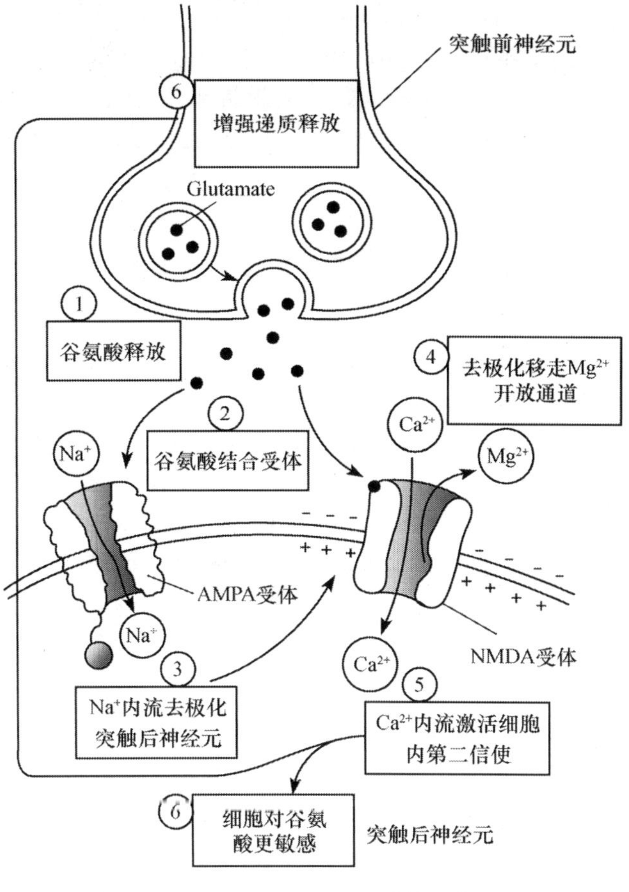

图 10-24 AMPA 和 NMDA 受体的激活过程

NMDA 受体激活的另一特点是除谷氨酸外，还需要一个共同激动剂：甘氨酸。NMDA 受体膜外侧存在能与甘氨酸结合的位点，甘氨酸与之结合不仅为谷氨酸产生兴奋效应所必需，而且还能增加其耦联通道的开放频率(图 10-25)。此外，NMDA 受体功能活动还受 Zn^{2+}、H^+、多胺、氧化还原和蛋白磷酸化等多因素的调节。NMDA 受体可被其特异性阻断剂 AP5 阻断。

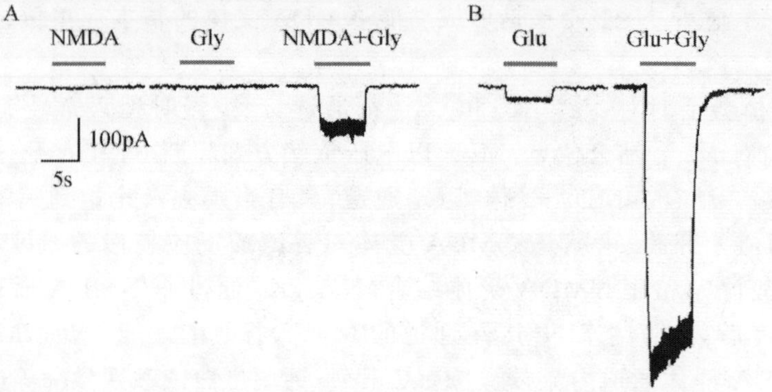

图 10-25　甘氨酸是 NMDA 受体的共同激动剂

A. 甘氨酸增强 NMDA 所致的内向电流；B. 甘氨酸增强谷氨酸所致的内向电流

(3) 代谢型谷氨酸受体(metabotropic glutamate receptor)　代谢型谷氨酸受体(mGluRs)可分为 8 个不同的亚型 mGluR1～8，根据氨基酸序列的同源性及其药理学特征和信号转导机制的不同，可将其分为 3 组，第一组(mGluR1、mGluR5)受体与 Gq 蛋白耦联，激活 PLC，生成第二信使 DG 和 IP_3，后者进一步刺激 IP_3 受体介导 Ca^{2+} 释放。第二组(mGluR2、mGluR3)和第三组(mGluR4、mGluR6、mGluR7、mGluR8)均可与 Gi 蛋白耦联，抑制 AC，从而降低细胞内 cAMP。代谢型谷氨酸受体在脑内广泛分布，互有重叠。第一组 mGluR 主要分布在突触后膜，而第二及第三组 mGluR 除分布于突触后膜，还可分布于突触前膜，调节神经递质的释放。

谷氨酸的兴奋效应主要通过 AMPA 和 NMDA 受体介导。这两种受体共存于同一突触内。在中枢神经元记录到的谷氨酸受体介导的 EPSP 包含两种成分：快速的 AMPA 成分和缓慢的 NMDA 成分。AMPA 受体与谷氨酸的亲和力较低，结合时间短，受体激活后迅速失敏，因而 AMPA 受体介导的电流迅速衰减。NMDA 受体与谷氨酸亲和力高，结合时间长，可引起通道反复开放(图 10-26)。突触可塑性是学习记忆的神经生物学基础。

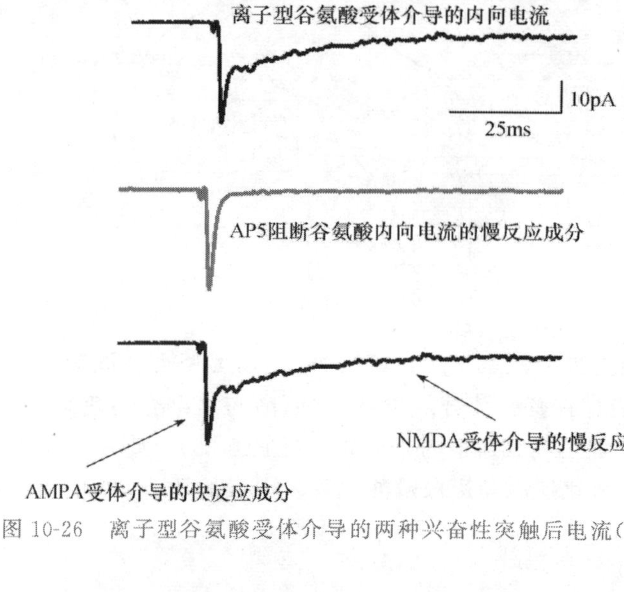

图 10-26　离子型谷氨酸受体介导的两种兴奋性突触后电流(EPSC)

谷氨酸 NMDA 受体在 LTP 和 LTD 发生机制中起重要作用。此外，中风、脑组织损伤、癫痫等引起的脑缺血缺氧，可释放过量的谷氨酸，从而导致神经元的退行性病变和死亡，这种现象称为兴奋毒作用。代谢型谷氨酸受体是否直接参与脑内兴奋性突触传递尚不十分清楚。

6. γ-氨基丁酸(γ-aminobutyric acid，GABA)

GABA 是脑内最主要的抑制性递质。脑内有 30%的突触以 GABA 作为神经递质传递信息。GABA 能递质系统是中枢神经系统许多药物作用的靶点，其中包括抗焦虑、镇静、催眠、抗惊厥等药物。

1) GABA 的代谢(metabolism of GABA)

GABA 是谷氨酸在谷氨酸脱羧酶(GAD)的作用下脱羧基而生成的，该反应需要磷酸吡哆醛(VitB6)为辅酶。在大部分脑区，GAD 的分布与 GABA 相平行。GAD 常用作测定 GABA 的标记酶。

GABA 合成后储存在扁平型的突触小泡内。GABA 释放后主要通过重摄取和酶解两种形式失活。GABA 的重摄取依靠神经元和胶质细胞膜上的 GABA 转运体。GABA 的酶解失活是通过 GABA 转氨酶(GABA-T)来实现的。

2) GABA 受体(GABA receptor)

GABA 受体分为 $GABA_A$、$GABA_B$ 和 $GABA_C$ 三型。

(1) $GABA_A$ 受体($GABA_A$ receptor)　$GABA_A$ 受体广泛分布于中枢神经系统，对神经系统各部位的神经元发挥抑制作用。$GABA_A$ 受体属于氯离子通道受体，GABA 与 $GABA_A$ 受体结合后，增加细胞膜的氯电导，氯离子内流，使突触后膜产生超极化。这是一种快速 IPSP。$GABA_A$ 受体的效应可被其特异性阻断剂荷包牡丹碱阻断。

$GABA_A$ 受体由 5 个亚单位构成，每个亚单位有 4 个疏水性跨膜 α 螺旋，5 个亚单位围绕成氯通道。目前已克隆出至少 20 个 $GABA_A$ 受体亚单位，包括 α1～6，β1～4，γ1～3，ρ1～3，π，ε，δ 和 θ。$GABA_A$ 受体上除 GABA 结合位点外，还有苯二氮䓬、巴比妥、神经活性甾体激素和锌等结合位点，这些位点对 $GABA_A$ 受体的功能活动起重要的调节作用。苯二氮䓬与 $GABA_A$ 受体的相应位点结合可通过变构性调制，增加 GABA 开启氯通道的频率，但不影响每个氯通道开放的时间，增强 GABA 的抑制效应。巴比妥类药物与苯二氮䓬作用机制不同，通过增加 $GABA_A$ 受体氯通道的平均开放时间，增强 GABA 的抑制效应，但对通道的电导及开放频率均无影响。神经甾体激素既可以增加氯通道开放频率，又可以延长通道的开放时间，从而发挥镇静作用。锌离子是体内重要的微量元素之一，可以通过变构调节机制抑制 GABA 与 $GABA_A$ 受体的结合。

(2) $GABA_B$ 受体($GABA_B$ receptor)　$GABA_B$ 受体属于 G 蛋白耦联受体。根据其对激动剂和拮抗剂敏感性的不同，分为 $GABA_{B1}$ 和 $GABA_{B2}$ 两种亚型。$GABA_{B1}$ 亚型与配体结合，完成受体的功能；而 $GABA_{B2}$ 亚型主要与受体由细胞内转运并表达在细胞膜有关。完整的 $GABA_B$ 受体依赖 $GABA_{B1}$ 和 $GABA_{B2}$ 两种亚型在细胞膜的共表达，形成异二聚体。$GABA_B$ 受体对特异性激动剂氯苯丁氨酸(baclofen)敏感。

$GADA_B$ 受体广泛分布于整个神经系统。不同于 $GABA_A$ 受体的突触后膜分布，$GABA_B$ 受体既分布于突触后膜，也分布于突触前膜。在突触前膜，$GABA_B$ 受体作为自身受体及异源受体，降低电压依赖型钙通道的钙内流，减少 GABA 或其他递质的释放。在突触后膜，$GABA_B$ 受体激活通过 Gi/o 蛋白介导，抑制 AC 活性，减少 cAMP 生成，从而激活钾通道，使钾外流增加，突触后膜超极化，介导慢抑制性突触后电位。

(3) $GABA_C$ 受体($GABA_C$ receptor)　在神经系统某些部位，如小脑、海马、大脑皮质以及视网膜存在另一种与 $GABA_A$ 和 $GABA_B$ 受体不同的 GABA 受体，称为 $GABA_C$ 受体。$GABA_C$ 受体是由 ρ 亚单位组成，目前已克隆出 ρ1～5 亚基。$GABA_C$ 受体和 $GABA_A$ 受体相似，属于离子通道受体，通过打开氯通道介导抑制效应。$GABA_C$ 受体对 GABA 较为敏感、激活时通道开放缓慢而持久，且不容易失敏。目前有关 $GABA_C$ 受体的特性大多是通过对视网膜的研究获得的。$GABA_C$ 受体对荷包牡丹碱和氯苯丁氨酸不敏感，可被印防己毒素所阻断。

GABA 在脑内主要发挥抗焦虑、抗惊厥、镇痛以及调节下丘脑-垂体分泌等功能。

7. 甘氨酸(glycine)

甘氨酸也是一种抑制性神经递质，广泛分布于中枢神经系统，尤其在脊髓含量很高。甘氨酸合成主要有两条途径：一是以丝氨酸为底物，经丝氨酸羟甲基移位酶，在辅酶四氢叶酸的作用下生成甘氨酸。另一种是乙醛酸在转氨酶作用下生成甘氨酸。甘氨酸主要依靠高效重摄取机制失活而终止效应。

甘氨酸受体与 $GABA_A$ 受体类似，属于氯通道受体。该受体是由 α 和 β 亚基组成的五聚体。甘氨酸受体激活后，氯通道开放，氯离子内流，突触后膜超极化，产生抑制性突触后电位。甘氨酸受体的选择性拮抗剂为士的宁。

甘氨酸神经元主要分布在脊髓背角Ⅰ～Ⅲ层，作为一种抑制性神经递质，对感觉和运动反射进行调控。阻断甘氨酸的抑制效应，可提高中枢神经系统的兴奋性，甚至产生各种惊厥病。脊髓甘氨酸受体表达减少与牛和马等动物的肌阵挛有关。

除了激活上述士的宁敏感的甘氨酸受体外，甘氨酸还作为谷氨酸 NMDA 受体的共同配体，激活并增强 NMDA 受体的功能，从而调节兴奋性突触传递(见前文)。犬尿喹琳酸可作用于谷氨酸 NMDA 受体上的甘氨酸高亲和力结合位点，从而阻断甘氨酸对 NMDA 受体的易化效应。

8. 神经肽(neuropeptide)

神经肽是在中枢神经系统发现的具有生物活性的大分子物质，它们是由氨基酸组成的多肽类。目前发现的神经肽种类很多，包括速激肽、阿片肽、脑肠肽、下丘脑调节肽、垂体肽等。神经肽与经典递质不同，肽类递质的合成和释放位点是分离的。神经肽的合成是在神经元胞体内核糖体上先合成无活性的大分子前体蛋白，再转运到内质网、高尔基复合体同酶类一起装入形成的分泌颗粒或囊泡内，经轴浆运输转运到末梢，在转运中经多种水解酶的作用，逐步被切割成有活性的神经肽。从作用效率来看，经典递质一般起效快，失效也快。而神经肽一般起效慢，作用持久。神经肽不但起神经递质作用，也起调质作用。另外，经典递质发挥作用后，可被重摄取入突触前末梢再利用。而多肽类递质在发挥作用后主要依靠酶解失活，不再重新摄取。

1) 速激肽(tachykinin)

速激肽包括 P 物质(substance P)、神经激肽 A、神经激肽 K、神经激肽 α、神经激肽 A

(3-10)和神经激肽B六个成员。目前已克隆出三种神经激肽受体，即NK-1、NK-2和NK-3受体，它们分别对P物质、神经激肽A和神经激肽B敏感。这三种受体均属G蛋白耦联受体，激活后通过IP_3/DG通路，进一步激活细胞内包括Ca^{2+}在内的信号转导系统，调节细胞功能活动。

大量研究表明，速激肽尤其是P物质广泛存在于中枢神经系统和外周组织，作为神经递质、神经调质或神经营养样因子，参与机体多种生理和病理过程，包括疼痛、炎症、抗焦虑、抗抑郁、学习记忆、神经保护和神经退行性变等。例如，在脊髓初级传入纤维中含有丰富的P物质，很可能是慢痛传入通路的调质。

2）阿片肽(opioid peptide)

中枢神经系统阿片肽主要有脑啡肽(enkephalin)、β-内啡肽(β-endorphin)和强啡肽(dynorphin)三类。脑啡肽主要有甲硫脑啡肽和亮脑啡肽两种。脑内β-内啡肽主要分布于下丘脑、腺垂体、丘脑、脑干和脊髓等处。脑啡肽在脑内分布广泛，在下丘脑、纹状体、苍白球、杏仁核、延髓和脊髓浓度较高。强啡肽与脑啡肽分布有相当大程度的重叠。

根据药理学特性可将阿片肽受体分为μ、κ和δ受体。阿片肽受体都属于G-蛋白耦联受体，均可抑制AC活性，降低细胞内cAMP水平。激活μ受体可增加K^+电导，而激活κ和δ受体可关闭钙通道。阿片肽在体内参与调节感觉(尤其是痛觉)、运动、内脏活动、内分泌、体温和摄食等多种功能。

3）下丘脑调节肽(hypothalamic regulatory peptides, HRP)

下丘脑调节腺垂体功能的肽类激素称为下丘脑调节肽(hypothalamic regulatory peptides, HRP)。其中大部分激素也存在于下丘脑以外的脑区，提示它们可能是神经递质或神经调质。例如生长抑素，通过激活其G蛋白耦联受体，降低cAMP水平，参与调节感觉和运动等功能活动。在下丘脑以外脑区存在促甲状腺激素释放激素(TRH)和相应的受体，TRH能直接影响神经元的放电活动。

另外，室旁核有向脑干和脊髓投射的纤维，通过末梢释放催产素和血管升压素，调节交感和副交感神经活动，并能抑制痛觉。

4）脑肠肽(brain-gut peptide)

脑肠肽(brain-gut peptide)是指在胃肠道和脑内双重分布的肽类物质。脑肠肽主要有胆囊收缩素(cholecystokinin, CCK)、神经降压素(neurotensin)、胃泌素(gastrin)、血管活性肠肽(vasoactive intestinal polypeptide, VIP)、胃动素(motilin)、甘丙肽(galanin)等。CCK是较早发现的多肽，广泛分布于大脑皮层、下丘脑、基底神经节、杏仁核、海马、脑干等部位。CCK受体主要有CCK_A和CCK_B两种，它们均属G蛋白耦联受体，在脑内主要参与摄食行为的调控。

9. 嘌呤类递质(purine)

嘌呤类递质主要包括腺苷(adenosine)和ATP。腺苷是脑内抑制性调质。嘌呤能受体分为腺苷(P1)受体和嘌呤核苷酸(P2)受体，分别对腺苷和ATP敏感。P1受体是G蛋白耦联受体，分外A_1、A_{2A}、A_{2B}和A_3几种亚型。A_1和A_3受体与Gi/o蛋白耦联，激活后可降低cAMP水平。A_1受体可分布在突触前膜和后膜，激活后分别抑制递质释放及引起突触后膜超极化。A_2受体与Gs蛋白耦联，激活可提高cAMP水平，对细胞有兴奋作用。

与 ATP 结合的 P2 受体有 P2X、P2Z、P2Y 和 P2U 等，前两者属于化学门控通道，后两者是 G 蛋白耦联受体。P2X 受体有 7 个亚单位 $P2X_{1\sim7}$，是核苷酸门控的阳离子通道(nucleotide-gated non-selective cation channels)，激活后可提高膜对 Na^+、K^+ 和 Ca^{2+} 通透性。P2Y 受体有 8 个亚单位，配体与 P2Y 结合后，通过与 G 蛋白耦联激活 PLC 或抑制 AC，调控细胞功能活动。

10. 其他可能的递质(other neurotransmitters)

1) 一氧化氮(nitric oxide，NO)

一氧化氮具有神经递质的某些特征，在神经系统起信息传递作用。某些神经元含有一氧化氮合成酶(nitric oxide synthase，NOS)，能催化 L-精氨酸生成 NO 和瓜氨酸。NO 作为一种气体分子，与经典递质有显著不同，它不储存于突触囊泡中，也不依赖于出胞作用，而是通过弥散方式从一个细胞弥散到邻近细胞。NO 到达靶细胞后，与胞浆内的可溶性鸟苷酸环化酶(sGC)结合，激活 sGC，促使细胞内产生第二信使 cGMP。cGMP 通过①激活cGMP 依赖性蛋白激酶；②调节 cGMP 相关的磷酸二酯酶；③调节 cGMP 门控的离子通道等几条复杂的细胞内信号转导途径，产生各种生物效应。

2) 一氧化碳(carbon monoxide，CO)

一氧化碳可能是脑内另一种气体分子递质，它是血红素代谢过程中由血红素氧合酶作用而形成的。其作用与 NO 相似，也能直接激活鸟苷酸环化酶。

三、反射活动的基本规律(Basic Principles of Reflex)

人体中枢神经系统内神经元数量巨大，神经元之间有复杂的突触联系，而且有种类繁多的递质及受体系统，这就决定了神经系统活动极其错综复杂。然而，神经系统实现其复杂功能活动的基本方式是反射。

(一) 反射是神经调节的基本方式(reflex is the basic unit of nervous regulation)

1. 反射的概念及分类(definition and classification of reflex)

反射(reflex)是指在中枢神经系统的参与下，机体对内、外环境变化所产生的规律性应答。生理学家巴甫洛夫将反射分为非条件反射(unconditioned reflex)和条件反射(conditioned reflex)两类。非条件反射是指生来就有的、数量有限、反射弧固定、形式比较低级的反射活动，包括食物反射、防御反射和性反射等一些属于本能类的反射。非条件反射是人和动物在长期的种系发展和进化中形成的，对个体和种系的生存有重要的意义。条件反射是指通过后天的学习和训练，在非条件反射基础上建立起来的、数量几乎无限、反射弧不固定，一定要通过大脑皮层的高级反射活动。条件反射是人和动物在个体的生活过程中建立起来的，可使机体对环境变化具有更强、更精确的适应力和预期性。高等动物形成条件反射的主要中枢部位在大脑皮层。巴甫洛夫的条件反射称为经典条件反射(classical conditioned reflex)，在此基础上，发展了一种用于学习与记忆的条件反射，称为操作式条件反射(operant conditioned reflex)。

2. 反射弧是反射的结构基础(reflex arc is the basic unit in a reflex)

反射弧是反射的结构基础和基本单位，它包括 5 个部分：感受器(receptor)、传入神经

(afferent nerve)、神经中枢(reflex center)、传出神经(efferent nerve)和效应器(effector)。感受器的内容已在第九章介绍。效应器是指产生效应的器官或组织,如各种内脏器官、骨骼肌等。神经中枢部分是指中枢神经系统内调节某一特定功能的神经元群。神经中枢的范围有很大差异,一般简单反射活动的神经中枢的范围较窄,而调节复杂反射活动的神经中枢的范围比较广。生理情况下,正常反射活动有赖于反射弧的完整以及反射弧各部分功能的健全。反射弧中只有传入与传出两个神经元在中枢经过一次突触接替的反射称为单突触反射(monosynaptic reflex)。骨骼肌的腱反射就是一种单突触反射。单突触反射的反射时很短,中枢延搁仅 0.7ms,相当于一个突触传递时间。几乎所有的神经反射均为多突触反射(polysynaptic reflex),各种不同的多突触反射都有自己特定的反射弧,完成各种不同的神经调节功能。多突触反射的复杂程度取决于反射中枢,通常神经调节功能越复杂,多突触反射的复杂程度也越大。

(二) 中枢神经元的联系方式(connective types between central neurons)

根据神经元在反射弧中所处的位置,可把神经元分为传入神经元、中间神经元和传出神经元三类。人体中枢神经系统内中间神经元数目最多。中枢神经元主要有以下几种联系方式(图 10-27)。

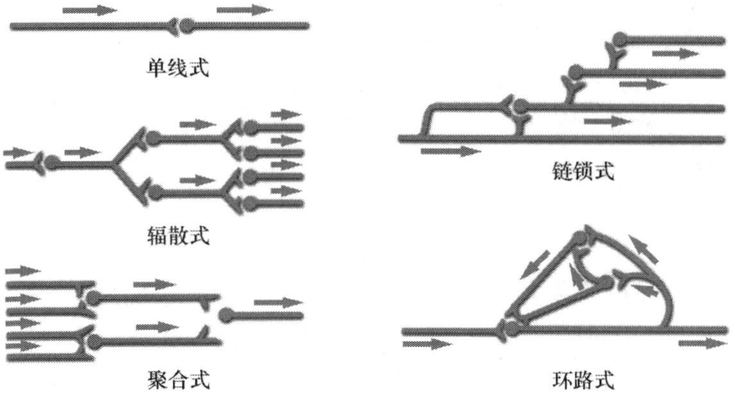

图 10-27 中枢神经元的联系方式示意图

1. 单线式联系(single line connection)

单线式联系是指一个突触前神经元只与一个突触后神经元发生突触联系。例如,视网膜中央凹处的一个视锥细胞只与一个双极细胞形成突触联系,而且此双极细胞也只与一个神经节细胞形成突触联系。视网膜的这种单线式联系可使视锥细胞具有较高的分辨能力。体内真正的单线式联系很少见。

2. 辐散和聚合式联系(divergent and convergent connection)

一个神经元的轴突末梢通过其分支与其他许多神经元建立突触联系的方式称为辐散式联系。通过这种联系方式,可使一个神经元信息扩布到许多神经元,使它们同时发生兴奋或抑制。辐散联系方式多见于感觉传入通路上。

许多神经元通过其轴突末梢,共同与同一神经元建立突触联系的方式称为聚合方式。

聚合方式使许多神经元的作用都影响同一神经元的活动，这种联系方式有可能使来源于不同神经元的兴奋或抑制在同一神经元上发生整合。聚合联系方式在传出通路上较多见。

3. 链锁式和环状联系(chain and recurrent connection)

中间神经元之间的联系更为复杂，形式多样，有的形成链锁状，有的呈环状。兴奋通过链锁状联系，在空间上扩大其作用范围。兴奋通过环状联系时，由于环路中神经元的性质不同而表现出不同的效应。如果环路中各种神经元都是兴奋性的，则兴奋反复在环路中传导，导致兴奋活动时间延长。如果环路中存在抑制性中间神经元，则兴奋经过环状联系将使原来神经元的活动减弱或及时终止。前者是正反馈，而后者是负反馈。

(三) 中枢兴奋传播的特征(characteristics of synaptic transmission)

1. 单向传递(one-way transmission)

由于突触结构和功能的特点，只有突触前膜才能释放递质，突触后膜才有相应的受体。因此，神经冲动通过突触传递只能从突触前神经元向突触后神经元方向传播，而不能逆传。但近来有研究揭示，有些突触后的靶细胞能释放一些气体分子或多肽，它们逆向传递到突触前末梢，改变突触前神经元的递质释放过程。因此，从信息沟通观点看，突触信息传递又可以是双向的。

2. 突触延搁(synaptic delay)

突触延搁(synaptic delay)又称中枢延搁(central delay)。因为绝大多数突触传递都是以电-化学-电的形式进行的，故有一定的时间延搁。突触延搁主要消耗在突触前膜递质释放，递质弥散及发挥作用的过程。兴奋通过一个突触至少需要 0.5ms，相当于 EPSP 产生的潜伏期。要确定一个特定反射通路是单突触还是多突触，只要测定该反射的反射时，用反射时减去兴奋传入和传出时间，就是兴奋在中枢传递时间，即中枢延搁的时间。显然反射过程中通过的突触越多，中枢延搁所消耗的时间就越长。

3. 兴奋的总和(summation)

在反射活动中，单根神经纤维的传入冲动一般不能使中枢发出传出效应。如果若干传入纤维同时传入冲动至同一中枢，则这些冲动的作用协同起来才可能产生传出效应，这一过程称为兴奋的总和。由时间前后产生的电位相加的现象称为时间总和(temporal summation)。如果一个突触后神经元同时或几乎同时接受不同轴突末梢传来的冲动，则不同部位产生的 EPSP 叠加起来的现象称为空间总和(spatial summation)。IPSP 也可以产生类似的时间总和与空间总和。

4. 兴奋节律的改变(change of excitatory rhythm)

在反射活动中，传出神经元的放电频率和传入神经元的放电频率不同，提示兴奋通过中枢的突触传递，其节律发生了改变。这是因为传出神经元的放电频率不仅取决于传入神经元的冲动频率，而且与其本身及中间神经元的功能状态有密切关系。

5. 后放(after discharge)

在反射活动中，当刺激停止后，传出神经元仍可在一定时间内继续发放神经冲动，这种现象称为后放(after discharge)。后放的主要原因之一是中枢神经系统内存在中间神经元的环状联系。此外，效应器发生反应时，效应器内部的感受器受到刺激而兴奋，冲动经过传入神经到达中枢，这种继发性的传入冲动也是产生后放的原因。

6. 对内环境变化的敏感性和易疲劳性(susceptibility to internal environment and fatigue)

在反射活动中，突触部位最容易受到内环境变化的影响，例如，缺氧、CO_2 分压增高、pH 变化、麻醉剂等因素均可作用于突触，改变其兴奋性，从而影响突触部位的兴奋传递。许多神经系统药物的作用环节就是突触。突触也是最容易发生疲劳的环节。当重复快速刺激突触前末梢时，突触后神经元高频放电最多持续几秒钟，此后放电频率逐渐减少，这就是突触传递的疲劳现象。突触传递的疲劳可能与突触前末梢神经递质的耗竭有关。

(四) 中枢抑制(central inhibition)

在任何反射活动中，中枢既有兴奋又有抑制，从而使反射得以协调进行。根据其产生的机制不同，中枢抑制可分为突触后抑制(postsynaptic inhibition)和突触前抑制(presynaptic inhibition)。

1. 突触后抑制(postsynaptic inhibition)

突触后抑制是指由抑制性中间神经元释放抑制性递质，使突触后神经元产生 IPSP，从而发生的抑制。因此，突触后抑制又称超极化抑制(hyperpolarization inhibition)。根据抑制性中间神经元联系方式的不同，突触后抑制可分为传入侧支性抑制(afferent collateral inhibition)和回返性抑制(recurrent inhibition)两种(图 10-28)。

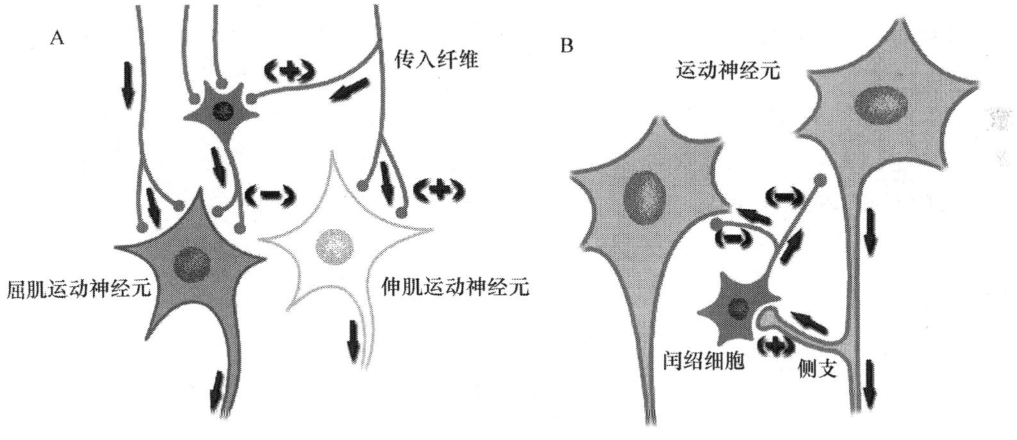

图 10-28 突触后抑制示意图

A. 传入侧支性抑制；B. 回返性抑制

(1) 传入侧支性抑制(afferent collateral inhibition) 是指传入纤维进入中枢后，除兴奋某一中枢神经元外，还发出侧支兴奋一个抑制性中间神经元，再通过抑制性中间神经元转而抑制另一中枢神经元。如在牵张反射过程中，当伸肌的感受器受到刺激发生兴奋后，其传入冲动进入脊髓，除了直接兴奋支配伸肌的 α 运动神经元外，同时发出侧支兴奋另一个抑制性中间神经元，通过其释放的抑制性递质，抑制屈肌 α 运动神经元，导致伸肌的收缩和屈肌的舒张。这种形式的抑制可使不同中枢之间的反射活动得以协调进行。

(2) 回返性抑制(recurrent inhibition) 是指某一中枢神经元兴奋时,其传出冲动沿轴突外传,又经其轴突侧支兴奋另一抑制性中间神经元,该抑制性中间神经元释放抑制性递质,回返作用于原先发生兴奋的神经元及同一中枢的其他神经元,抑制它们的活动。例如,脊髓前角的 α 运动神经元兴奋时,其传出冲动沿轴突外传的同时发出侧支兴奋闰绍细胞(Renshaw cell),闰绍细胞属于抑制性中间神经元,通过其末梢释放甘氨酸使原先发动兴奋的 α 运动神经元活动减弱或停止。回返性抑制的意义在于使神经元活动及时终止,或使同一中枢内许多神经元之间的活动同步化。

2. 突触前抑制(presynaptic inhibition)

突触前抑制是由突触前神经元兴奋性递质释放减少而产生的抑制,因而又称为去极化抑制(depolarization inhibition)。图 10-29 显示了突触前抑制发生的结构基础,轴突末梢 A 与运动神经元 C 构成轴突-胞体式突触,当神经冲动到达末梢 A,可使运动神经元产生 EPSP。轴突末梢 B 与末梢 A 构成轴突-轴突突触,而不与运动神经元形成突触联系。当仅有来自末梢 B 的神经冲动时,此运动神经元不产生任何反应。但是如果末梢 B 先兴奋,接着末梢 A 也兴奋,则运动神经元产生的 EPSP 明显减小,呈现突触前抑制效应。突触前抑制的可能机制是:末梢 B 兴奋时,释放的 GABA 作用于末梢 A 上的 $GABA_A$ 受体,引起末梢 A 的 Cl^- 电导增加,使传导到末梢 A 的动作电位幅度减小,进入末梢 A 的 Ca^{2+} 减少,转而使末梢 A 释放的兴奋性递质减少,导致运动神经元的 EPSP 减小。此外,末梢 A 还可能表达促代谢型 $GABA_B$ 受体,激活后可提高膜对 K^+ 通透性,引起 K^+ 外流,同时也将减少末梢 A 的 Ca^{2+} 内流,从而产生抑制。

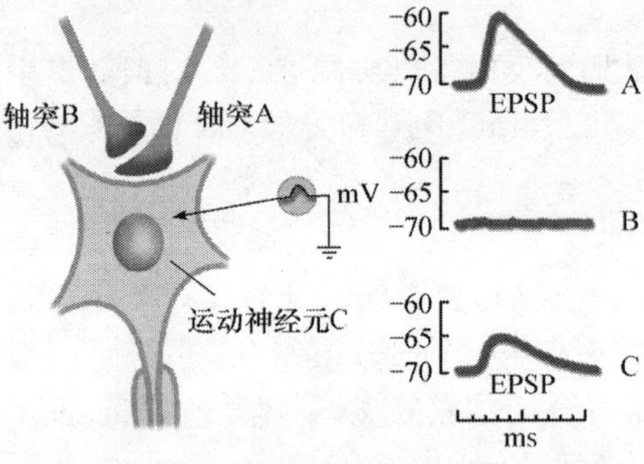

图 10-29 突触前抑制示意图

突触前抑制在中枢神经系统内广泛存在,尤其多见于感觉传入途径,对调节感觉传入活动有重要作用。

(五) 中枢易化(central facilitation)

根据发生部位不同,中枢易化也可分为突触后易化(postsynaptic facilitation)和突触前易化(presynaptic facilitation)。突触后易化表现为突触后膜 EPSP 的总和,使膜电位接近阈电位水平,从而更容易产生动作电位。突触前易化与突触前抑制具有同样的结构基础,如果抵达末梢 A 的动作电位时程延长,则 Ca^{2+} 通道开放时间延长,进入末梢 A 的 Ca^{2+} 增加,末梢 A 递质释放增加,从而使运动神经元产生的 EPSP 增大,即产生突触前易化。至于引起末梢 A 动作电位时程延长,可能是由于轴突-轴突突触末梢某种递质释放(如 5-HT),引起细胞内 cAMP 水平升高,使 K^+ 通道发生磷酸化而关闭,从而延缓动作电位复极化所致。

Clinical Note

The Role of Glutamate Receptors in Nerve Cell Death in Hypoxic/Ischemic Disorders

Excitatory amino acid (EAA), glutamate and asp, are the neurotransmitters for more than half the total neuronal population of the CNS. It is not surprise to see that most neurons in the CNS contain receptors for EAA. When transmission in glutamatergic neurons functions normally, very low concentrations of EAA appear in the synapse at any time, primarily because of the efficient uptake mechanisms by both presynaptic neuron and neighboring glial cells. In certain pathological conditions, however, extraneuronal concentrations of EAA exceed the ability of the uptake mechanisms to remove them, resulting in cell death in some minutes. This can be seen in severe hypoxia and in ischemia as in stroke. In either condition, the affected area is deprived of oxygen and glucose, which are essential for normal neuronal functions, including energy-dependent mechanisms for the removal of extracellular EAA and their conversion of glutamate.

The consequence of prolonged exposure of neurons to EAA has been described as excitotoxicity. Much of the cytotoxicity can be attributed to the destructive action of high intracellular calcium brought about by stimulation of various subtypes of glutamatergic receptors.

Summary

- A synapse is a specialized zone of contact at which one neuron communicates with another. The majority of synapses in nervous system are chemical synapses.
- Inside the presynaptic terminal are many mitochondria, as well as many membrane-enclosed vesicles, which contain the neurotransmitters.
- There are three kinds of synaptic vesicles: small, clear synaptic vesicles that contain acetylcholine, glycine, GABA, or glutamate; small vesicles with a dense core that contain catecholamines; and large vesicles with a dense core that contain neuropeptides.
- The EPSP is produced by depolarization of the postsynaptic cell membrane immediately under the presynaptic ending. The excitatory transmitter opens Na^+ or Ca^{2+} ion channels in the postsynaptic membrane, producing an inward current.
- An IPSP can be produced by a localized increase in Cl^- transport. When an inhibitory synaptic knob becomes active, the released transmitter triggers the opening of Cl^- channels in the area of the postsynaptic cell membrane under the knob. Cl^- moves down its concentration gradient. The net effect is the transfer of negative charge into the cell, so that the membrane potential increases.
- Long-term potentiation (LTP) is a rapidly developing persistent enhancement of the

postsynaptic potential response to presynaptic stimulation after a brief period of rapidly repeated stimulation of the presynaptic neuron.

- Non-synaptic chemical transmission has no typical synaptic structure and is characterized by releasing chemical substances from varicosity to its possible target cells.
- In electrical synapses, the membranes of the presynaptic and postsynaptic neurons come close together, and gap junctions form between the cells. Like the intercellular junctions in other tissues, these junctions form low-resistance bridges through which ions pass with relative ease.
- The fact that transmission at most synapses is chemical is of great physiologic and pharmacologic importance.
- Identified neurotransmitters can be divided into broad categories or families based on their chemical structure; some are amines, some are amino acids, and many are polypeptides. Some are purines, and NO and CO are gases.
- Each ligand has many subtypes of receptors.
- There are receptors on the presynaptic as well as the postsynaptic elements for many secreted transmitters. These presynaptic receptors, or autoreceptors, often inhibit further secretion of the ligand, providing feedback control.
- Prolonged exposure to their ligands causes most receptors to become unresponsive, ie, to undergo desensitization.
- The basic unit of integrated reflex activity is the reflex arc. This arc consists of a sense organ, an afferent neuron, one or more synapses that are generally in a central integrating station, an efferent neuron, and an effector.
- Reflex can be divided into unconditioned reflex and conditioned reflex, and also can be divided into monosynaptic and polysynaptic ones according to the structure of reflex.
- In mammals, the connection between afferent and efferent somatic neurons is generally in the brain or spinal cord.
- The inhibition of synaptic responses can be produced by two ways: postsynaptic inhibition (hyperpolarization inhibition) and presynaptic inhibition (depolarization inhibition).
- Presynaptic inhibition decreases neurotransmitter release and presynaptic facilitation increases neurotransmitter release.

Key Terms

Synapse; chemical synapse; electrical synapse; directed synapse; non-directed synapse; excitatory postsynaptic potential; inhibitory postsynaptic potential; synaptic plasticity; posttetanic potentiation; habituation; sensitization; long-term potentiation; long-term depression; neurotransmitter; neuromodulator; co-existence of neurotransmitter; receptor; autoreceptor; heteroreceptor; reflex; unconditioned reflex; conditioned reflex; reflex arc; temporal summation; spatial summation; after discharge; afferent collateral inhibition; recurrent inhibition; presynaptic inhibition; presynaptic facilitation

Review Questions

1. Define each term

1) synapse; 2) excitatory postsynaptic potential; 3) inhibitory postsynaptic potential; 4) synaptic plasticity; 5) posttetanic potentiation; 6) habituation; 7) sensitization; 8) long-term potentiation; 9) long-term depression; 10) neurotransmitter; 11) neuromodulator; 12) receptor; 13) autoreceptor; 14) reflex; 15) temporal summation; 16) spatial summation; 17) after discharge; 18) afferent collateral inhibition; 19) recurrent inhibition;

2. Choose the correct answer

1) Which of the following is a ligand-gated ion channel?

(A) VIP receptor

(B) Norepinephrine receptor

(C) $GABA_A$ receptor

(D) $GABA_B$ receptor

(E) Metabotropic glutamine receptor

2) Which of the following is most likely not to be involved in production of LTP?

(A) NO

(B) Ca^{2+}

(C) NMDA receptors

(D) Membrane hyperpolarization

(E) Membrane depolarization

3) Which one is the excitatory neurotransmitter?

(A) GABA

(B) Glycine

(C) Ach

(D) Glutamate

(E) Norepinaphrone

4) Which of the following synaptic transmitters is not a peptide, polypeptide, or protein?

(A) Substance P

(B) Met-enkephalin

(C) β-Endorphin

(D) Serotonin

(E) Dynorphin

5) Activation of which of the following receptors would be expected to decrease anxiety?

(A) Nicotinic cholinergic receptors

(B) Glutamate receptors

(C) $GABA_A$ receptors

(D) Glucocorticoid receptors

(E) α1-adrenergic receptors

3. Answer the following questions

1) What membrane conductance changes can produce EPSPs and IPSCs, respectively.

2) Describe the major difference between chemical synapse and electrical synapse.

3) Describe the types and possible mechanism of synaptic plasticity.

4) What is the identification standard of a neurotransmitter?

5) Compare the neurotransmitter and neuromodulator.

6) Compare presynaptic inhibition and postsynaptic inhibition.

7) Describe the characteristics of synaptic transmission.

8) How many connective types between central neurons? What are they?

第三节 神经系统的感觉分析功能
Sensory Function of Central Nervous System

Section Outline

- Somatosensory pathways
  —Conducting pathways of superficial sensation
  —Conducting pathways of deep sensation
  —Conducting pathways of craniofacial sensation
  —Conducting characteristics of somatic sensation in spinal cord
- Thalamus and its sensory projection system
  —Relay nucleus in the thalamus
  —Sensory projection system
- Sensory area of cerebral cortex
  —Representative area of somatic sensory
  —Proprioceptive cortical representation
  —Visceral sensory area
  —Visual sense
  —Auditory sense
  —Osphresis and taste
- Pain
  —Pain sensation and pain reaction
  —Acute pain and chronic pain
  —Algogenic substances and receptor of pain
  —Afferent fiber of pain sensation
  —Primary center of pain and its regulation
  —Visceral pain and referred pain

体内、外环境的变化，作用于机体的感受器或感觉器官，通过感受器的换能和编码，由特定的传导通路，经过相关中枢的整合，最终在大脑皮层产生感觉(sensation)。本章只介绍各种刺激作用于相应感受器，如何通过传入神经通路将感觉信息传导至各级中枢，最终在大脑皮层特定区域神经元的加工处理后，产生感觉以及对感觉做出的分析。至于感受器的兴奋以及如何换能和编码，请参阅感受器一章。

一、躯体感觉的传导通路(Somatosensory Pathways)

躯体感觉包括浅感觉和深感觉。浅感觉又包括触-压觉(触觉和压觉)、温度觉(热觉和冷觉)以及痛觉；深感觉即本体感觉(proprioception)，主要包括位置觉和运动觉。躯体感觉的传导通路一般都由三级神经元组成，第一级神经元(初级感觉神经元)位于脊神经节或脑神经节内，第二级神经元在脊髓后角或脑干的某些核团内，第三级神经元则位于丘脑的感觉接替核内。

(一) 浅感觉传导路径(conducting pathways of superficial sensation)

传导粗略触-压觉和痛、温觉的传入纤维由后(背)根的外侧部进入脊髓，与后角相应层次的神经元(第二级感觉神经元)和中间神经元形成突触连接，传入信息进行整合。第二级感觉神经元发出纤维在脊髓中央管前交叉到对侧，再分别经脊髓丘脑前束(传导粗略触-压觉)和脊髓丘脑侧束(传导痛觉和温度觉)上行抵达丘脑的感觉接替核(第三级感觉神经元)，再进行信息的整合和粗略分析(图 10-30A)。皮肤的深压觉和辨别觉的传导路

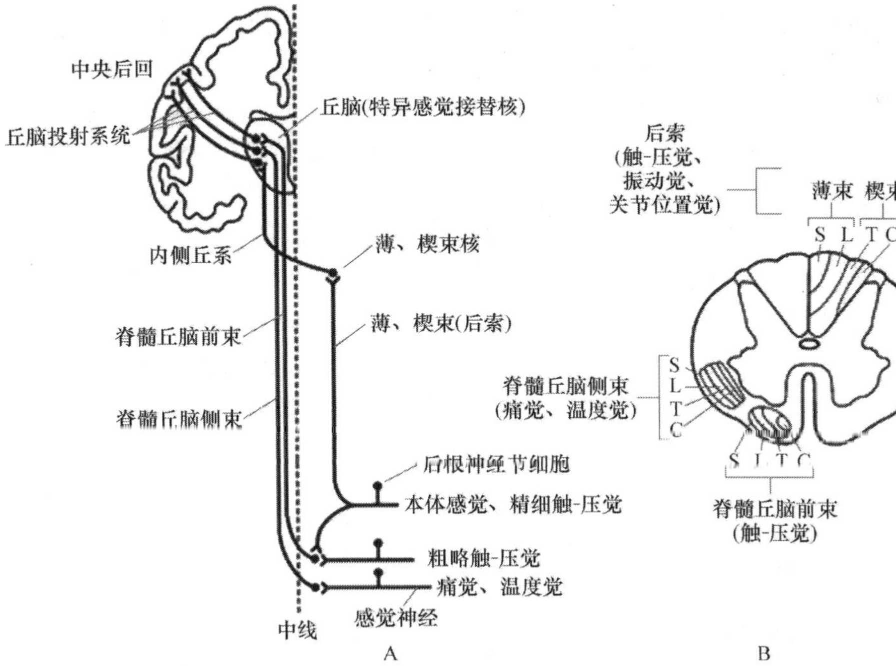

图 10-30　躯体感觉传导通路及脊髓横断面示意图

A. 躯体感觉传导通路；B. 感觉通路的脊髓横断面

S：骶；L：腰；T：胸；C：颈

径基本上和深感觉传导路径一致。

(二) 深感觉传导路径(conducting pathways of deep sensation)

传导肌肉、关节本体感觉、深压觉和精细触觉的传入纤维由后(背)根的内侧部进入脊髓,其上行支在同侧后束上行,抵达延髓下部的薄束核和楔束核,与其中的神经元(第二级感觉神经元)形成突触联系,传入信息进行整合。第二级感觉神经元再发出纤维交叉到对侧,经内侧丘系至丘脑后腹核等感觉接替核(第三级感觉神经元),再进行信息的整合(图 10-30A)。

(三) 头面部的感觉传导路径(conducting pathways of craniofacial sensation)

来自头面部的触觉、本体感觉的传入纤维与三叉神经主核和中脑核(第二级感觉神经元)形成突触联系并进行信息整合;头面部的温度觉和痛觉的传入纤维与延髓中相当于脊髓背角的结构-三叉神经脊束核(第二级感觉神经元)形成突触连接并进行信息整合。第二级感觉神经元发出投射纤维至对侧组成三叉丘系,再上行至丘脑感觉接替核(第三级感觉神经元),再进行信息的整合和粗略分析。

(四) 躯体感觉脊髓内传导的特点(conducting characteristics of somatic sensation in spinal cord)

(1) 由于传导痛觉、温度觉和粗略触-压觉的纤维在脊髓是先交叉后上行,而传导深感觉和精细触-压觉的纤维是先上行后交叉,因此临床上的脊髓半横断的布朗-塞卡尔氏综合征(Brown-Sequard's Syndrome)患者表现浅感觉障碍发生在离断对侧的下方,深感觉障碍发生在离断同侧的下方。脊髓空洞症(syringomelia)患者较局限损害中央管前交叉的浅感觉传导路径,仅使相应节段双侧皮肤的痛、温觉发生障碍,而粗略触-压觉基本不受影响。这是因为痛、温觉传入纤维进入脊髓后,在进入水平的 1～2 个节段内换元并经前联合交叉到对侧,而粗略触-压觉传入纤维进入脊髓后在多个节段内换元再交叉到对侧,因此表现为痛、温觉和粗略触-压觉障碍的分离现象。

(2) 具有空间分布特点。上述两个传入系统在前外侧索,从内向外依次为来自颈、胸、腰、骶区域的轴突;在后索,从内到外则依次为来自骶、腰、胸、颈部的纤维(图 10-30B)。因此,如果肿瘤从脊髓外部压迫脊髓丘脑传导束,首先受累的是骶、腰部传来的纤维。

(3) 存在平行的结构或通路,即同一种感觉类型的信息并不局限于一条通路上传递,往往有平行的第二条甚至多条通路。如触觉信息主要通路是背柱-内侧丘系,但前外侧系统也能传递一些信息。感觉传递中平行通路存在的意义是保证感觉传导的安全以及可能产生的代偿或弥补作用。

二、丘脑及其感觉投射系统(Thalamus and Its Sensory Projection System)

(一) 丘脑的核团(relay nucleus in the thalamus)

在大脑皮层不发达的动物,丘脑是感觉的最高级中枢;在大脑皮层高度发达的人类,丘脑只是感觉传导的接替站，并进行感觉的整合和粗略分析。除嗅觉以外，人体其他所有感觉信息都要经过丘脑的中继，即感觉信息在这里进行加工、整合和粗略分析处理后再传导到大脑皮层。丘脑的中继核团从功能上大致可分为三大类(图 10-31)。

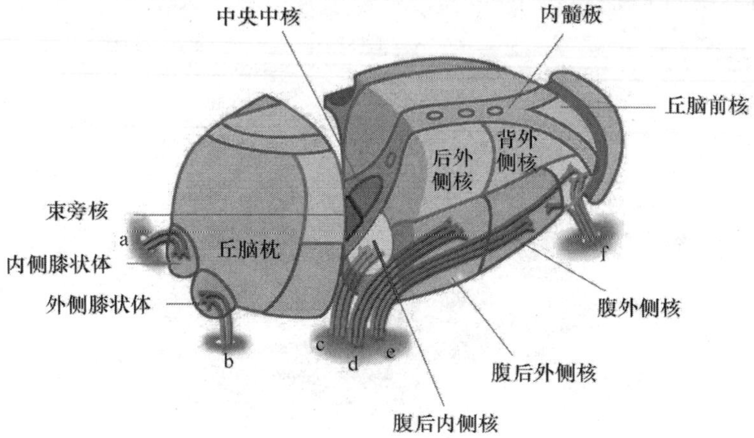

图 10-31 丘脑主要核团示意图

a. 听觉传来的纤维；b. 视觉传来的纤维；c. 来自头面部的感觉纤维；d. 来自躯干四肢的感觉纤维；e. 来自小脑的纤维；f. 来自苍白球的纤维

(1) 特异性感觉接替核(specific sensory relay nucleus) 特异性感觉接替核(specific sensory relay nucleus)接受第二级感觉投射纤维，换元后发出纤维投射到大脑皮层特定的感觉区，产生特定的感觉。特异性感觉接替核主要包括后腹核、外侧膝状体和内侧膝状体等。后腹核外侧部为脊髓丘脑束和内侧丘系的换元站，与躯体感觉传导有关；后腹核内侧部为三叉丘系的换元站，与头面部的感觉传导有关。外侧膝状体是视觉传导路径的换元站，由此发出纤维投射到大脑皮层的视觉中枢；而内侧膝状体是听觉传导路径的换元站，由此发出纤维投射到大脑皮层的听觉中枢。

(2) 联络核(associated nucleus) 联络核(associated nucleus)接受感觉接替核和其他皮层下中枢上行的纤维(但不直接接受感觉的投射纤维)，经过换元，发出纤维投射到大脑皮层的某一特定区域，其功能与各种感觉在丘脑和大脑皮层的联系和协调有关。例如，联络核中的丘脑前核接受下丘脑乳头体的纤维，并发出纤维投射到大脑皮层的扣带回，参与内脏活动的调节；丘脑外侧腹核主要接受小脑、苍白球和后腹核的纤维，发出纤维投射到大脑皮层的运动区，参与运动调节；丘脑枕接受内侧与外侧膝状体的纤维，并发出纤维投射到大脑皮层的顶叶、枕叶和颞叶的中间联络区，参与各种感觉的联系功能。此外，丘脑还有许多细胞群，发出纤维向下丘脑、大脑皮层的前额叶和眶区或顶叶后部联络区等区域投射。

(3) 非特异投射核(nonspecific projection nucleus) 非特异投射核(nonspecific projection nucleus)是指靠近中线的内髓板以内的细胞群，包括中央中核、束旁核、中央外侧核等。这类细胞群发出纤维不直接投射到大脑皮层，而是通过多突触联系，弥散地投射到大脑皮层广泛区域，具有维持和改变大脑皮层兴奋状态的功能。

（二）感觉投射系统(sensory projection system)

根据丘脑各部分向大脑皮层投射特征的不同，可将感觉投射系统分为特异投射系统和非特异投射系统两大系统（图 10-32）。

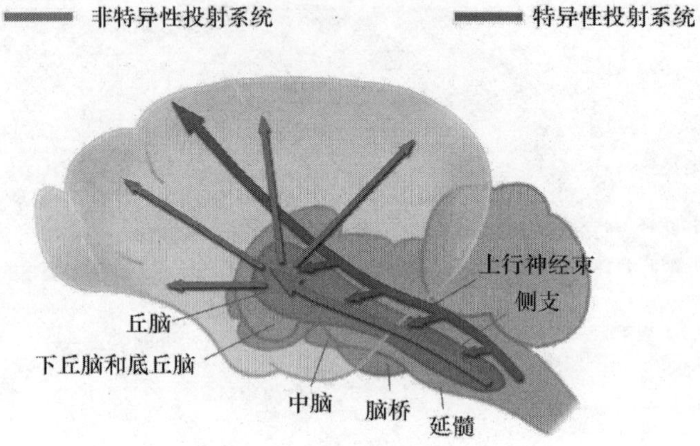

图 10-32　特异性和非特异性投射系统示意图

(1) 特异投射系统(specific projection system)　特异投射系统(specific projection system)是指丘脑特异性感觉接替核及其投射至大脑皮层的通路。包括躯体感觉、视觉、听觉等其他所有人体感觉的传导通路上行到丘脑，都要在感觉接替核和联络核交换神经元，然后发出纤维投射到大脑皮层特定的感觉区，产生特定的感觉。特异投射系统具有点对点的投射关系。投射纤维主要终止于皮层的第四层神经细胞。特异投射系统的功能是引起特定的感觉，并激发大脑皮层发出神经冲动。

(2) 非特异投射系统(nonspecific projection system)　非特异投射系统(nonspecific projection system)是指丘脑非特异投射核及其投射至大脑皮层的神经通路。经典感觉传导通路第二级感觉神经元的上行纤维经过脑干时，发出侧支与脑干网状结构的神经元形成多突触连接，再到达丘脑髓板内核群（非特异投射核），最后弥散地投射到大脑皮层广泛区域。非特异投射系统不具有点对点的投射关系，其功能是维持和改变大脑皮层的兴奋状态，使机体保持一定的觉醒状态。非特异性投射系统在脑干网状结构段是具有上行唤醒作用的功能系统，称为脑干网状结构上行激动系统(ascending reticular activating system)。这一系统受到损伤，可发生昏睡不醒。由于此系统是一个多次突触接替的上行系统，因此容易受到药物的作用而发生传导阻滞。一些全身性麻醉药可能是阻断了这个系统的冲动传导，抑制了大脑皮层的兴奋活动而产生麻醉作用。

三、大脑皮层感觉代表区(Sensory Area of Cerebral Cortex)

大脑皮层是机体感觉的最高级中枢。各种特异性感觉的传入冲动最终到达大脑皮层，经过大脑皮层的分析综合，产生各种感觉。大脑皮层的躯体感觉代表区包括体表感觉区和本体感觉区。

（一）体表感觉代表区（representative area of somatic sensory）

（1）第一躯体感觉区（somatic sensory area Ⅰ）　第一躯体感觉区（somatic sensory area I）位于中央后回 3-1-2 区，为全身体表感觉的主要投射区。3 区为慢适应的皮肤感觉，1 区为快适应的皮肤感觉，而 2 区为肌肉、关节等深部感觉。通过对灵长类皮层诱发电位的研究，发现中央后回的感觉投射有以下规律：①投射的交叉性，即身体一侧的传入冲动向对侧皮层投射，但是头面部是双侧投射；②投射的倒置性，即精细的定位呈倒立安排。下肢代表区在顶部，上肢及躯干代表区在中间部，头面部在底部，总的安排是倒置的，但是头面部本身是正立安排；③投射的不均匀性，即投射区域的大小和不同体表部位的感觉敏感程度有关，分辨越精细的部位则代表区越大（图 10-33）。

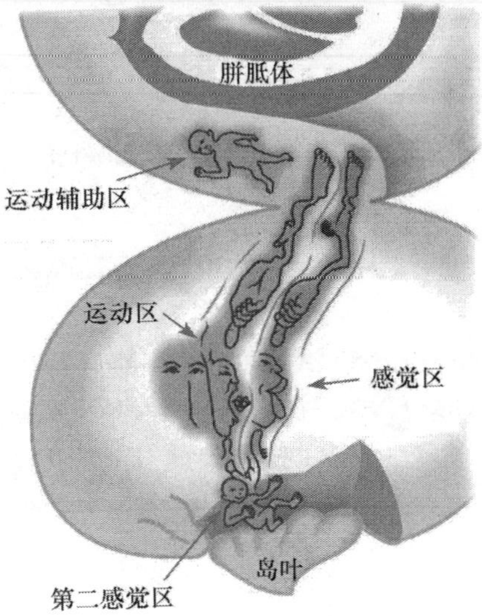

图 10-33　大脑皮层躯体感觉与运动代表区示意图

（2）第二躯体感觉区（somatic sensory area Ⅱ）

在人和灵长类动物脑内存在第二躯体感觉区（somatic sensory area II），位于中央前回和岛叶之间，面积远比第一躯体感觉区小（图 10-33）。区内投射安排是正立、双侧性，可能只与感觉初步分析功能有关。切除人类第二躯体感觉区或此区受到损伤时，并不引起明显的感觉障碍。有人认为第二躯体感觉区接受痛觉传入冲动，与痛觉有关。

（二）本体感觉代表区（proprioceptive cortical representation）

人和灵长类动物的本体感觉代表区位于中央前回（4 区），肌肉和关节等处的感觉传入纤维投射到该区。中央前回是运动区（图 10-33）。在较低等的哺乳类动物，体表感觉区与运动区基本重合在一起，称为感觉运动区，该区既是体表感觉和肌肉本体感觉的代表区，又是运动区。在灵长类动物，体表感觉区与运动区逐渐分离，前者位于中央后回，后者位于中央前回，但这种分化也是相对的。

（三）内脏感觉区（visceral sensory area）

内脏感觉区范围较分散，与体表感觉区有某些重叠。刺激内脏大神经可在相应的躯体感觉代表区引导出诱发电位。刺激盆神经的传入纤维可在下肢体表代表区记录到诱发电位。人脑手术时，电刺激第二感觉区可产生味觉或排便等内脏感觉；而刺激运动辅助区会产生心悸等内脏感觉。边缘系统的皮层部位也是内脏感觉的投射区域。

（四）视觉（visual sense）

大脑皮层枕叶内侧面的距状裂上、下缘（17 区）是视觉代表区。视觉投射特点是：左眼颞侧视网膜和右眼鼻侧视网膜投射到左侧大脑皮层枕叶，右眼颞侧视网膜和左眼鼻侧视网膜投射到右侧大脑皮层枕叶；视网膜周边部投射到距状裂前部，黄斑部投射到距状裂后部；视网膜上半部投射到距状裂上部，视网膜下半部投射到距状裂下部。

（五）听觉(auditory sense)

颞叶外侧沟下壁的颞横回和颞上回(41、42 区)为听觉代表区。听觉的投射是双侧的，即一侧的听觉皮层代表区接受来自双侧耳蜗的传入纤维的投射。电刺激皮层的听觉代表区，可使受试者产生铃声或吹风样的主观感觉。

（六）嗅觉和味觉(osphresis and taste)

嗅觉在大脑皮层的投射区随着进化而逐渐缩小，在高等动物只有边缘叶的前底部区域与嗅觉功能有关(包括梨状区皮层的前部、杏仁核的一部分等)。在人脑的刺激研究中观察到，刺激这些相应的结构可以引致特殊的主观嗅觉，如焦橡胶气味等。此外，味觉投射区在中央后回头面部感觉投射区下部。

四、痛觉(Pain)

痛觉是各种强烈刺激作用于机体，引起组织细胞损伤而产生的一种不愉快的感觉。痛觉是临床上多种疾病的常见症状之一，也是患者求医的常见原因之一。痛觉具有两重属性：①疼痛是一种警示或警戒信号，表示机体已经发生或即将遭受损伤，这对生物机体的保护具有一定的意义；②疼痛作为疾病的一个组成部分，它的长期持续存在必定使机体遭受伤害与痛苦，影响生命质量。

（一）痛感觉和痛反应(pain sensation and pain reaction)

(1) 痛感觉(pain sensation)　痛感觉(pain sensation)即痛觉，是伤害性刺激作用于伤害性感受器，再通过感觉传导通路，最终在大脑皮层产生的不愉快感觉。人体痛觉可用语言表达，疼痛的程度也可测定。生理学上把刚能引起痛觉的最小刺激强度称为痛阈(pain threshold)，能够耐受的最大刺激强度称为耐痛阈(pain tolerance threshold)。疼痛不仅仅是躯体感觉之一，而且往往伴有其他感觉成分和情绪色彩。

(2) 痛反应(pain reaction)　痛反应(pain reaction)是指伤害性刺激作用产生疼痛意识的同时，所出现的躯体运动性、植物-内脏性及神经-精神性的反应。躯体运动性反应包括疼痛时出现的肢体屈曲反射、叫喊、逃逸以及疼痛局部的肌肉反射性痉挛。动物实验中常用的痛指标如甩尾、张颌都属于此类反应。植物-内脏性反应包括机体受到伤害性刺激后出现的交感-肾上腺髓质系统和下丘脑-垂体-肾上腺皮质系统兴奋导致心率加快、心输出量增加、血压上升、出汗、血糖升高、瞳孔开大以及血液中促肾上腺皮质激素和糖皮质激素浓度升高。神经-精神性反应包括痛觉传导通路上痛敏感神经元放电增加以及精神上的痛苦、不安和焦虑等精神活动。

（二）急性痛和慢性痛(acute pain and chronic pain)

急性痛(acute pain)是各种伤害性刺激作用于机体而产生的即时性疼痛，一旦伤害性刺激作用停止，疼痛也随之消失。急性痛一般由较少组织损伤甚至还没有产生损伤时引起的一种警示性的痛觉，其意义在于使机体及时排除此伤害性刺激的继续作用，以维持机体的完整和健康。所以，急性痛又称生理性疼痛(physiological pain)。慢性痛(chronic pain)可以是急性痛的继续和发展，往往伴有持续的、明显的组织损伤或炎症等，这时伤害性刺激可能还存在，也可能已经消失。慢性痛均发生在病理条件下，故慢性痛又称病理性疼痛(pathological pain)。

（三）致痛物质和痛觉感受器(algogenic substances and receptor of pain)

各种形式的伤害性刺激作用于组织细胞时，往往会引起一定程度的组织细胞损伤，而损伤细胞释放的能产生疼痛的化学物质称为致痛物质(algogenic substances)。常见的致痛物质有 K^+、5-HT、缓激肽(bradykinin)、组胺及前列腺素(prostaglandin，PG)，这些致痛物质可直接激活伤害性感受器，从而激活痛感觉神经元，或使伤害性感受器敏感化。所以，致痛物质既参与疼痛的发生，也参与疼痛的发展和疼痛过敏。

痛觉感受器是游离神经末梢，电镜下表皮内的游离神经末梢脱去其外裹的施万细胞，可直接接触由损伤细胞释放的致痛物质，引起其兴奋。

（四）痛感觉传入纤维(afferent fiber of pain sensation)

伤害性感受器发出的伤害性(疼痛)传入纤维只有两类：①直径较粗的有髓鞘的 A_δ 纤维，这种纤维传导痛觉信号速度快，先到达大脑皮层，产生快痛(fast pain)，也称第一痛或锐痛；②直径较细的无髓鞘的 C 纤维，这种纤维传导痛觉信号速度慢，后到达大脑皮层，产生慢痛(slow pain)，也称第二痛或钝痛。快痛的特征是：感觉敏锐，定位明确，产生快消失也快，一般不伴有明显的情绪变化；而慢痛的特征是：感觉较模糊，定位不清，发生慢消退也慢，常常伴有明显的情绪反应。

（五）痛觉的初级中枢及其调控(primary center of pain and its regulation)

(1) 痛觉的初级中枢(primary center of pain)　脊髓背角包括 A_δ 和 C 纤维的痛觉初级传入纤维通过背根进入脊髓背角，并在此对伤害性信息进行加工和处理，然后将信息上传至高位中枢(同时还接受高位中枢的下行调节)。因此，脊髓背角作为痛觉传入中继、整合第一站，所以是痛觉的初级中枢。

(2) 脊髓背角对痛觉的调控：闸门控制学说(gate control theory)　痛觉初级传入纤维终止于脊髓背角，尤其是脊髓背角第Ⅱ层的胶状质神经元，此层有许多兴奋性和抑制性中间神经元组成的局部神经元回路。高位中枢的下行纤维也主要投射到此部位。所有这些形态学证据提示该部位对痛觉信息的调制可能起重要作用。20 世纪 60 年代 Mclzack 和 Wall 提出了闸门控制学说，该学说的要点有：①脊髓背角Ⅱ层的胶状质细胞(SG)起着控制伤害性信息传入的闸门作用，即当 SG 细胞兴奋时，通过释放抑制性递质，抑制背角的投射神经元，即痛觉传递细胞（T 细胞），形成“闸门关闭”效应；而当 SG 细胞对背角的 T 细胞控制作用减弱，意味着“闸门开放”，伤害性信息经过 T 细胞向上传递。②有髓鞘的 A_δ 纤维发出侧支兴奋 SG 细胞，从而抑制 T 细胞上传的痛信息；而无髓鞘的 C 纤维兴奋则同时抑制了 SG 细胞，使其对 T 细胞的抑制解除，有利于痛信号的上传。闸门控制学说较好地解释了日常生活中轻揉皮肤可以止痛的现象（图 10-34），并且在临床上也发展了刺激背柱镇痛以及经皮肤电刺激神经（transcutaneous electrical nerve stimulation，TENS）的镇痛方法。但是脊髓背角神经元之间的形态及功能联系远比闸门控制学说所概括的要复杂得多，闸门控制学说也难以解释躯体感觉对痛觉的复杂调控。

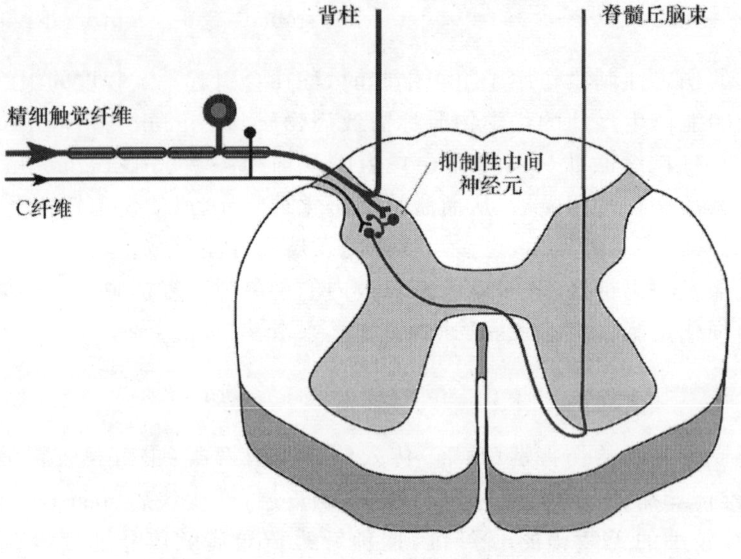

图 10-34 躯体感觉抑制痛觉传递

痛觉传入纤维（C 纤维）至第二级神经元时被抑制性中间神经元抑制。该抑制性中间神经元可被有髓鞘的精细触觉纤维的侧支激活

（引自 Nicholls，JC：From Neuron to Brain，4th ed，2001）

（六）内脏痛和牵涉痛（visceral pain and referred pain）

（1）内脏痛（visceral pain） 内脏痛（visceral pain）通常由胀、压等机械刺激，炎症和代谢产物等化学性刺激所引起。内脏中痛觉感受器稀少，故内脏痛的特点是疼痛缓慢、持久，定位不明确，对刺激分辨力差。内脏痛容易引起不愉快的情绪反应，这可能是因为内脏痛的传入通路和引起恶心、呕吐及其他自主神经效应的通路之间有密切关系之故。内脏中感受痛刺激的神经末梢对机械切割或烧灼刺激不敏感，但对机械牵拉、缺血、痉挛和炎症刺激非常敏感。胃肠痉挛、胆管或输尿管结石所致的强烈蠕动，可引起剧烈的绞痛。

内脏痛也可以由某些致痛物质（K^+、HCl、5-HT、组胺和缓激肽等）作用于内脏痛觉感受器而引起。

（2）牵涉痛（referred pain） 某些内脏疾病往往可引起远隔体表部位发生疼痛或痛

觉过敏的现象称为牵涉痛(referred pain)。例如,心肌缺血时发生的心前区、左肩和左上臂的疼痛;胆囊病变时发生的右肩区的疼痛;阑尾炎时出现的上腹部或脐区的疼痛等。

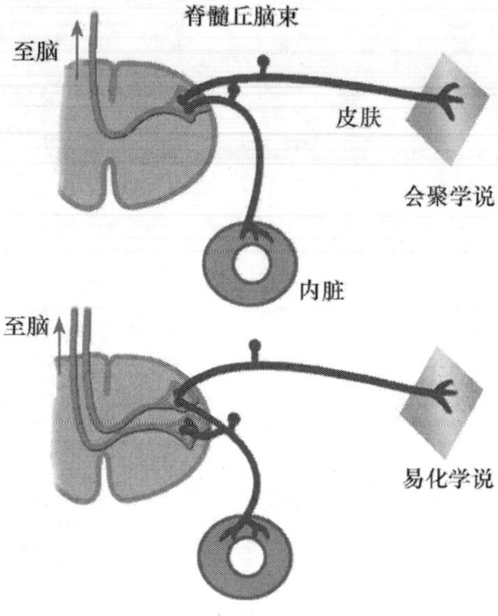

图 10-35 牵涉痛的会聚学说和易化学说示意图

牵涉痛产生的机制有两种学说:会聚学说(convergence theory)和易化学说(facilitation theory)(图 10-35)。①会聚学说:某一内脏器官的传入纤维与发生牵涉痛的皮肤部位的传入纤维都进入脊髓的同一水平,而且会聚到脊髓后角的同一神经元,由同一上行纤维传入大脑。患者在主观上会将患病内脏传来的痛信息误认为是来自牵涉痛区域皮肤的痛信号。②易化学说:来自内脏和躯体的传入纤维到达脊髓后角的同一区域内彼此非常接近的不同神经元,由患病内脏传来的痛觉冲动可提高邻近的躯体感觉神经元的兴奋性,从而对体表传入冲动产生易化作用,因而较弱的躯体传入冲动也能引起痛觉。

Clinical Note

Denervation Hypersensitivity

When the motor nerve to skeletal muscle is cut and allowed to degenerate, the muscle gradually becomes extremely sensitive to acetylcholine. This denervation hypersensitivity or supersensitivity is also seen in smooth muscle. Smooth muscle, unlike skeletal muscle, does not atrophy when denervated, but it becomes hyperresponsive to the chemical mediator that normally activates it. Denervated exocrine glands, except for sweat glands, also become hypersensitive. A good example of denervation hypersensitivity is the response of the denervated iris. If the postganglionic sympathetic nerves to one iris are cut in an experimental animal and, after several weeks, norepinephrine is injected intravenously, the denervated pupil dilates widely. A much smaller, less prolonged response is observed on the intact side. The reactions triggered by section of an axon are summarized in Figure below. Hypersensitivity of the postsynaptic structure to the transmitter previously secreted by the axon endings is a general phenomenon, largely due to the synthesis or activation of more receptors. There is in addition orthograde degeneration (wallerian degeneration) and retrograde degeneration of the axon stump to the nearest collateral (sustaining collateral). A series of changes occur in the cell body that include a decrease in Nissl substance (chromatolysis). The nerve then starts to regrow, with multiple small branches projecting along the path the axon previously followed (regenerative sprouting). Axons sometimes grow back to their original targets, especially in locations like the neuromuscular junction. However, nerve regeneration is generally limited because axons often become entangled in the area of tissue damage at the site where they were disrupted. This difficulty has been reduced by administration of neurotropins. For example, sensory neurons torn when dorsal nerve roots are avulsed from the spinal cord regrow and form functional connections in the spinal cord if the experimental animals are treated with NGF, neurotropin 3, or GDNF. Hypersensitivity is limited to the structures immediately innervated by the destroyed neurons and fails to develop in neurons and muscle farther "downstream." Suprasegmental spinal cord lesions do not lead to hypersensitivity of the paralyzed skeletal muscles to acetylcholine, and destruction of the preganglionic autonomic nerves to visceral structures does not cause hypersensitivity of the denervated viscera. This fact has practical implications in the treatment of diseases due to spasm of the blood vessels in the extremities. For example, if the upper extremity is sympathectomized by removing the upper part of the ganglion chain and the stellate ganglion, the hypersensitive smooth muscle in the vessel walls is stimulated by circulating norepinephrine, and episodic vasospasm continues to occur. However, if preganglionic sympathectomy of the arm is performed by cutting the ganglion chain below the third ganglion (to interrupt ascending preganglionic fibers) and the white rami of the first three thoracic nerves, no hypersensitivity results. Denervation hypersensitivity has multiple causes. A deficiency of a given chemical messenger generally produces an up-regulation of its receptors. Another factor is lack of reuptake of secreted neurotransmitters.

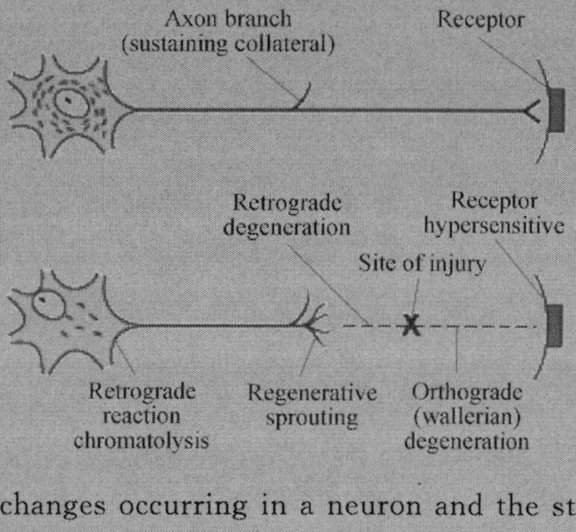

Figure, Summary of changes occurring in a neuron and the structure it innervates when its axon is crushed or cut at the point marked X.

Summary

- From the specific sensory nuclei of the thalamus, neurons carrying sensory information project in a highly specific way to the two somatic sensory areas of the cortex: somatic sensory area Ⅰ (SI) in the postcentral gyrus and somatic sensory area Ⅱ (SII) in the wall of the sylvian fissure.
- Irritation of a viscus frequently produces pain that is felt not in the viscus but in some somatic structure that may be a considerable distance away. Such pain is said to be referred to the somatic structure.
- The main cause of referred pain appears to be plasticity in the CNS coupled with convergence of peripheral and visceral pain fibers on the same second-order neurons that project to the brain
- The reticular activating system (RAS) and related components of the brain concerned with consciousness and sleep.
- Axons of the spinothalamic tracts from sacral and lumbar segments of the body are pushed laterally by axons crossing the midline at successively higher levels. On the other hand, sacral and lumbar dorsal column fibers are pushed medially by fibers from higher segments
- Fast pain is due to activity in the A_δ pain fibers, whereas slow pain is due to activity in the C pain fibers.

Key Terms

Specific projection system; nonspecific projection system; ascending reticular activating system; referred pain; gate control theory of pain

Review Questions

1. Define each term

1) specific projection system; 2) nonspecific projection system; 3) ascending reticular activating system; 4) referred pain; 5) gate control theory of pain

2. Answer the following questions

1) Compare the characteristics and functions of specific projection system and nonspecific projection system.
2) Compare the characteristics of visceral pain and skin pain.
3) Describe the possible mechanisms of referred pain.
4) Describe the main points of the gate control theory of pain.

第四节 神经系统对姿势和运动的调节
Section 4 Control of Posture and Movements

Section Outline

- Final common path

—Motor neuron

—Motor unit

• Spinal shock and control of posture at spinal cord level

—Spinal shock

—Modulation of posture at spinal cord level

• Posture control by brainstem

—Regulation of brainstem on muscle tonus

—Regulation of brainstem on posture

• Cortical control of voluntary movement

—Cortical motor area

—Motor pathways

• Regulation of movement by the basal ganglia

—Functional circuitry of the basal ganglia

—Disease of the basal ganglia

• Regulation of movement by cerebellum

—Functional division and function

—Cytoarchitecture of the cerebellar cortex

神经系统对躯体运动的调节机制十分复杂。例如，做某一肢体活动时，首先由脑对这一活动进行设计，组织多个关节同时进行相应的活动，并通过把"现行的操作"和"原先的设计"相比较，即在操作过程中迅速不断地进行反馈调节，而且通过反复地做某一活动达到"熟能生巧"的境界。

如图 10-36 所示，随意运动的指令来自皮层联络区(cortical association area)，由大脑皮层、基底神经节和小脑半球的外侧部对运动进行设计。基底神经节和小脑把来自皮层联络区的运动指令传送到运动前区和运动皮层(premotor and motor cortex)。从运动皮层发出的指令经皮质脊髓束和皮质脑干束传到脊髓和脑干的运动神经元。由此引起的肌肉收缩活动又使来自肌肉、肌腱和关节的传入冲动发生变化，这类反馈信息或

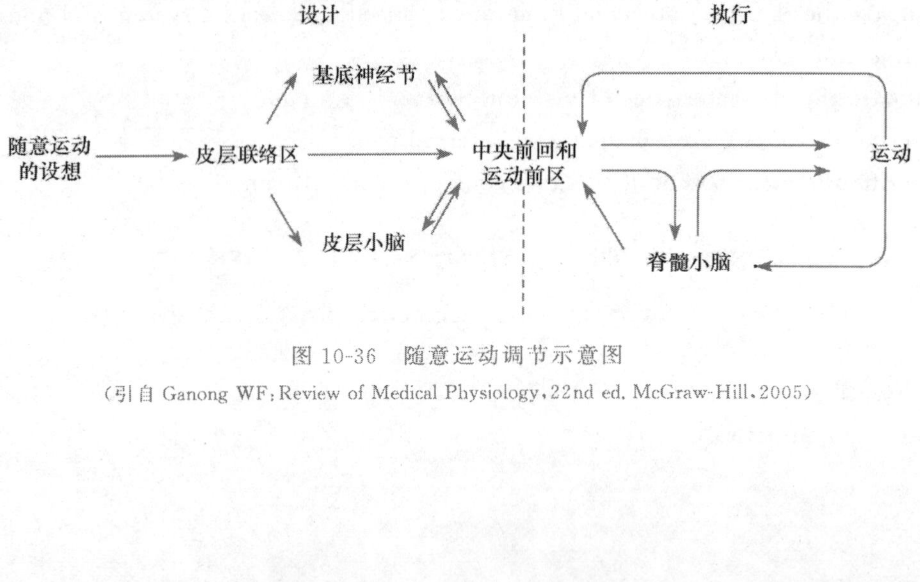

图 10-36 随意运动调节示意图

(引自 Ganong WF: Review of Medical Physiology, 22nd ed. McGraw-Hill, 2005)

直接抵达运动皮层，或先抵达脊髓小脑再返回运动皮层，进一步使运动更加平稳而精确。

一、运动传出的最后公路(Final Common Path)

(一) 运动神经元(motor neuron)

脊髓前角存在大量的α、β和γ运动神经元，脑干的大多数脑神经核也存在各种脑运动神经元。脊髓的α运动神经元和脑运动神经元接受来自外周的传入信息，也接受来自脑干到大脑皮层各级高位中枢的下传冲动。所有的运动指令均汇聚在运动神经元，其轴突离开脊髓或脑干支配骨骼肌，产生一定的反射传出冲动。因此，Sherrington 把运动神经元称作控制骨骼肌活动的最后公路(final common path)。脊髓中主要的运动神经元是α运动神经元。γ运动神经元支配骨骼肌的梭内肌纤维，兴奋性较高，通常呈现高频放电，通过轴突末梢释放乙酰胆碱调节肌梭敏感性(见后文)。β运动神经元发出的纤维支配骨骼肌的梭内肌和梭外肌纤维，但对其功能尚不十分清楚。

(二) 运动单位(motor unit)

一个脊髓α运动神经元及其所支配的全部肌纤维所组成的功能单位，称为运动单位(motor unit)。运动单位的大小取决于其支配的肌肉的大小。眼外肌的运动神经元仅支配数根肌纤维，有利于肌肉进行精细运动。而四肢肌肉的运动神经元所支配的肌纤维可达数千根，有利于产生巨大的肌张力。

据估计，一个α运动神经元可以接受约 10 000 个突触小体，其中大约 2000 个突触小体和运动神经元形成轴突-胞体式突触，约 8000 个突触小体和运动神经元形成轴突-树突式突触。这些传入轴突末梢来自同一或者其他神经节段、脑干和大脑皮层，有的传入轴突末梢直接终止于运动神经元，而大多数则经由中间神经元(interneuron)。支配某一特定肌肉的全部运动神经元胞体往往成群排列形成运动核(motor nuclei)或运动神经元池(motor neuron pool)。一般支配躯干或近端肢体肌肉的运动核位于脊髓灰质腹内侧，而支配肢体远端肌肉的运动核位于背外侧，这一排列规则称作“近侧-远侧端规则”(proximal-distal rule)。伸肌运动神经元位于屈肌运动神经元的腹侧。

进一步研究表明α运动神经元又分为小运动神经元和大运动神经元。小运动神经元支配较少的肌纤维，阈值较低，所以较早兴奋放电，所支配的肌纤维收缩的张力也较小，其电生理特点是传导速度较慢，不应期较长，一般支配慢肌，可持续较长时间，通常支配抗重力的躯干肌肉，有利于维持姿势。大运动神经元支配较多的肌纤维，阈值较高，兴奋放电较晚，但是大运动神经元传导速度较快，一般支配快肌，产生快速的收缩和较大的张力。因此，小运动神经元先兴奋，产生较小的收缩张力，随着收缩的进行，大运动神经元被募集(recruitment)，更多运动单位参与收缩，产生更大的张力。因此肌肉收缩的张力是按照大小运动单位有序的募集进行分级的，随着募集运动单位数量的增多，收缩产生的张力也更大，这一原则称为“大小原则”(size principle)

二、脊休克以及脊髓对姿势的调节(Spinal Shock and Control of Posture at Spinal Cord Level)

(一) 脊休克(spinal shock)

为了单纯研究脊髓的功能,常采用离断脊髓的动物标本。这种脊髓与高位中枢离断的动物称为脊动物(spinal animal)。脊休克(spinal shock)是指与高位中枢离断的脊髓暂时丧失反射活动能力而进入无反应状态的现象。脊休克时,断面以下的所有反射暂时消失,表现为骨骼肌的紧张性降低甚至消失,血管舒张,血压降低,发汗反射以及排尿、排便反射消失。脊休克之后,一些基本中枢在脊髓的反射活动逐渐恢复。恢复过程中,简单、原始的反射先恢复,如屈肌反射、腱反射等;较复杂的反射后恢复,如对侧伸肌反射、搔爬反射等。随后,血压也逐渐恢复到一定水平,并具有一定的排尿和排便反射。

脊休克产生的原因是失去了高级中枢对脊髓的易化作用。过一段时间后,脊髓的反射功能可逐渐恢复,甚至出现脊髓反射亢进的现象。反射恢复的速度与不同动物脊髓反射对高位中枢的依赖程度有关。动物进化越高,脊休克持续的时间越长,恢复越慢。例如蛙的脊休克只持续数分钟,猫和狗持续1～2小时,猴则持续数天,而人至少持续两周。

有研究表明,脊休克时运动神经元的膜电位比正常大2～6 mV,其原因可能是突然失去高位中枢下行通路对运动神经元的兴奋作用等,导致膜电位发生超极化。随后的反射不但可以恢复,而且可出现屈肌反射亢进,这可能是由于去神经支配后对递质超敏,或是由于神经元轴突侧支的枝芽生长,与中间神经元、运动神经元形成兴奋性突触联系。

(二) 脊髓对姿势的调节(modulation of posture at spinal cord level)

姿势反射(postural reflex)是中枢神经系统通过调节骨骼肌的紧张度和产生相应的运动,以保持或改正身体在空间的姿势。脊髓完成的姿势反射有对侧伸肌反射、牵张反射、节间反射等。

1. 对侧伸肌反射(crossed extensor reflex)

当脊动物受到伤害性刺激时(疼痛等),受刺激的一侧肢体出现屈肌收缩而伸肌舒张,称为屈肌反射(flexor withdrawal reflex)。引发屈肌反射的刺激通常是伤害性刺激。屈肌反射时同侧的肢体屈曲避开伤害刺激,因而是一种保护性反射。如果对某一侧肢体施加更强的伤害性刺激,引发的反应不仅仅是同侧的肢体屈曲,而且对侧肢体发生伸肌收缩和屈肌舒张以维持身体平衡,称为对侧伸肌反射(crossed extensor reflex)。对侧伸肌反射是一种姿势反射,对维持躯体平衡具有重要意义。屈肌反射和对侧伸肌反射均是多突触反射。

2. 牵张反射(stretch reflex)

牵张反射(stretch reflex)是指有完整神经支配的骨骼肌受外力牵拉时引起同一肌肉收缩的反射。牵张反射的感受器是肌梭,效应器为梭外肌。

1) 牵张反射的类型(types of stretch reflex)

(1) 腱反射(tendon reflex) 腱反射(tendon reflex)是指快速牵拉肌腱时发生的牵张反射。膝跳反射是一种典型的腱反射,在膝关节半屈曲情况下,叩击股四头肌肌腱,该肌肉因受到牵拉,立即发生一次反射性的快速缩短。同样,叩击跟腱以牵拉腓肠肌,该肌也发生一次反射性的收缩(跟腱反射)。腱反射的传入纤维传导速度较快(90m/s 以上),反射潜伏期较短(约 0.7ms),只相当于一次突触接替的时间延搁,因此腱反射是单突触反射。

(2) 肌紧张(muscle tonus) 肌紧张(muscle tonus)是指缓慢持续牵拉肌腱时,受牵拉肌肉发生紧张性收缩的牵张反射。肌紧张是维持躯体姿势最基本的反射活动,是姿势反射的基础。肌紧张的收缩力量不大,表现为同一肌肉的不同运动单位进行交替性的收缩,因此不表现明显的动作,但能持续进行而不易发生疲劳。

伸肌和屈肌都有牵张反射,但因为伸肌是抗重力肌,因此人类脊髓的牵张反射主要表现为伸肌的牵张反射。牵张反射受高位中枢的调节。临床上常以腱反射来了解神经系统的功能状态,如腱反射减弱或消退提示反射弧某一环节损害,而腱反射亢进提示高位中枢病变。

2) 牵张反射的机制(mechanism of stretch reflex)

(1) 牵张反射的感受器——肌梭的功能(function of muscle spindle) 肌梭(muscle spindle)是监测肌肉长度的本体感受器,每个肌梭大约有十几根肌纤维,包绕在结缔组织囊内,与梭外肌平行排列,结缔组织囊两端附着于肌腱上或附着在梭外肌的侧方。梭内肌(intrafusal fibers)的两端为其收缩成分,受 γ 运动神经元传出纤维的支配。梭内肌的中间部分为感受装置(图 10-37)。梭内肌纤维分核袋纤维和核链纤维两类,其结

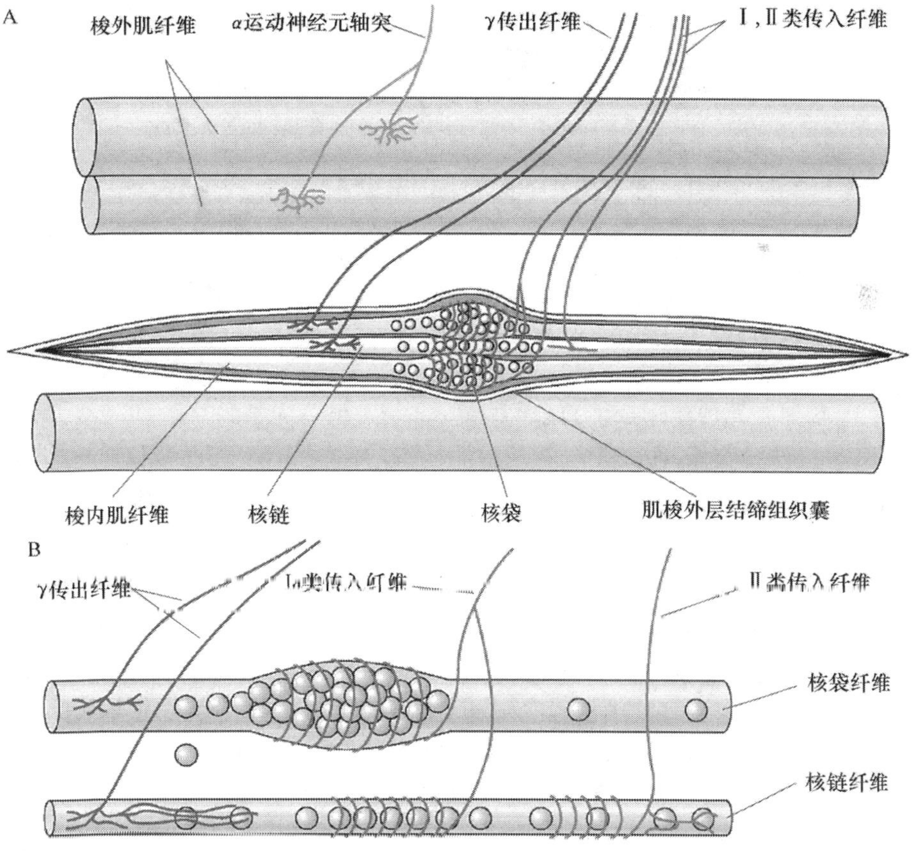

图 10-37 肌梭结构示意图

A. 梭外肌和梭内肌;B. 核袋纤维和核链纤维

构和功能特点见表 10-4。

表 10-4 梭内肌纤维的分类

	核袋纤维(nuclear bag fiber)	核链纤维(nuclear chain fiber)
结构	中间部膨大,核密集	细而短,两端附着于核袋纤维
数量	每个肌梭有 2 个	4 个
传入纤维	Ⅰa	Ⅰa,Ⅱ
传出支配	γ-板状末梢(支配两端)	γ-蔓状末梢(支配两端)
功能特点	动态性反应,监测肌肉长度变化率,对稳态持续牵拉不敏感	静态性反应,对稳态牵拉敏感

(2) 牵张反射的反射过程(process of stretch reflex) 牵张反射的具体反射过程是:牵拉肌肉→肌梭感觉神经末梢变形→Ⅰa、Ⅱ类传入纤维传导冲动至脊髓→支配同一肌肉的 α 运动神经元兴奋→α 传出纤维→梭外肌收缩。

如上所述,牵拉核袋纤维引发动态反应(dynamic response),即牵张速率增加时,Ⅰa 传入冲动频率增加,而对随后的持续牵拉则放电频率变化不明显。而牵拉核链纤维引发一种静态反应(static response),即在整个牵拉过程中传入冲动频率均增加(图 10-38)。

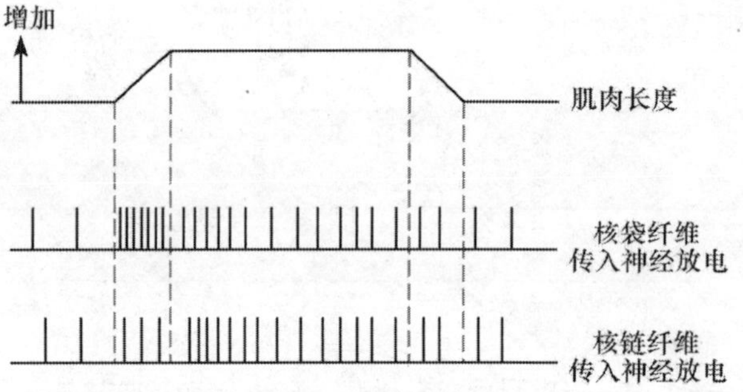

图 10-38 不同类型肌梭对牵张刺激的不同反应形式

(3) γ 运动神经元的作用(effects of γ motor neuron) 刺激 γ 运动神经元传出纤维并不直接引起梭外肌收缩,而是先兴奋梭内肌两端的收缩成分,进而牵拉肌梭中间部的感受装置(环绕型末梢),使Ⅰa 传入冲动频率增加,从而反射性地引起梭外肌收缩。γ 运动神经元的传出冲动调节肌梭对牵拉刺激的敏感性。有证据表明,伴随 α 运动神经元传出冲动的增加,γ 运动神经元的传出冲动也随之增加。因此在梭外肌缩短的全过程,肌梭也相应收缩变短,γ 运动神经元以这种形式在梭外肌收缩的全过程调节 α 运动神经元的放电。

脑内许多区域发出下行纤维调控 γ 运动神经元的活动,通过调节和改变肌梭的敏感性和躯体不同部位的牵张反射的阈值,以适应机体姿势调节的需要。另外,焦虑可使 γ 运动神经元发出冲动增加,因此焦虑患者腱反射常亢进。

3) 反相牵张反射(inverse stretch reflex)

一般情况下,牵拉肌肉的刺激强度越大,反射性收缩也越强。但是,当肌肉收缩产生的张力大到某一临界值,收缩突然终止而产生舒张。这种对过强牵拉刺激而产生的舒张称为反相牵张反射(inverse stretch reflex)。

反相牵张反射的感受器是高尔基腱器官(Golgi tendon organ),分布于肌腱胶原纤维之间,与梭外肌串联排列,其传入纤维是传导速度较快的Ⅰb有髓纤维,传入纤维通过抑制性中间神经元终止于支配该肌肉的α运动神经元,抑制α运动神经元,而Ⅰb传入纤维与支配拮抗肌的α运动神经元则形成兴奋性突触联系(图10-39)。

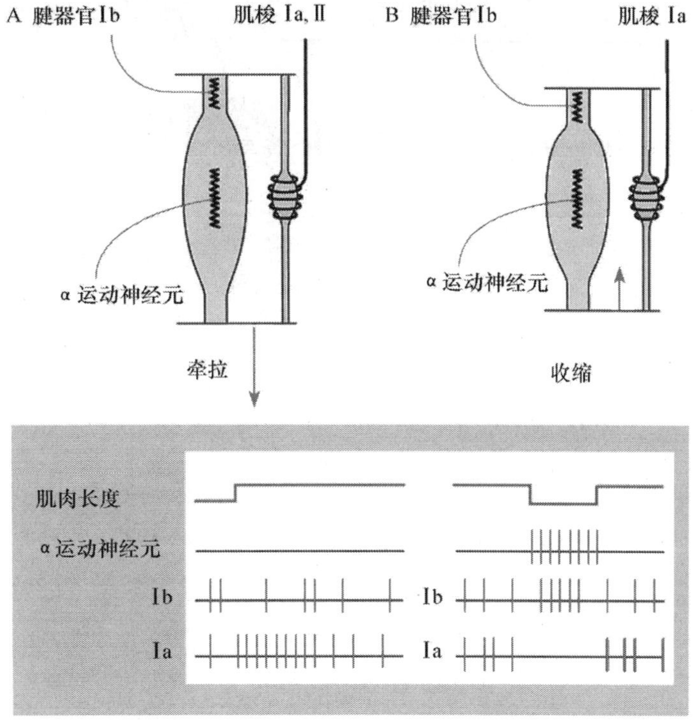

图10-39　肌梭和腱器官对刺激的不同反应

总之,肌梭是一种长度感受器,而腱器官是一种张力感受器。肌肉收缩时,与梭外肌并联的肌梭感受肌肉长度和收缩速度的变化,通过Ⅰa和Ⅱ传入纤维兴奋α运动神经元;而与梭外肌串联的腱器官感受肌肉收缩张力的变化,梭外肌的强力收缩可激活腱器官,其Ⅰb传入纤维通过一个抑制性中间神经元,抑制α运动神经元(图10-40)。

3. 节间反射(intersegmental reflex)

节间反射(intersegmental reflex)是指脊髓一个节段神经元发出的轴突与邻近节段的神经元发生联系,通过上下节段之间神经元的协同活动所发生的反射活动,如刺激脊动物腰部皮肤引起后肢发生的搔爬反射(scratching reflex)。

三、脑干对肌紧张及姿势的调节(Posture Control by Brainstem)

脑干接受以下三方面的传入信息,对姿势进行控制和调节:①由耳石器官而来的前庭传入冲动;②从肌梭、腱器官和关节本体感受器的传入冲动;③从上丘而来的视觉传入。

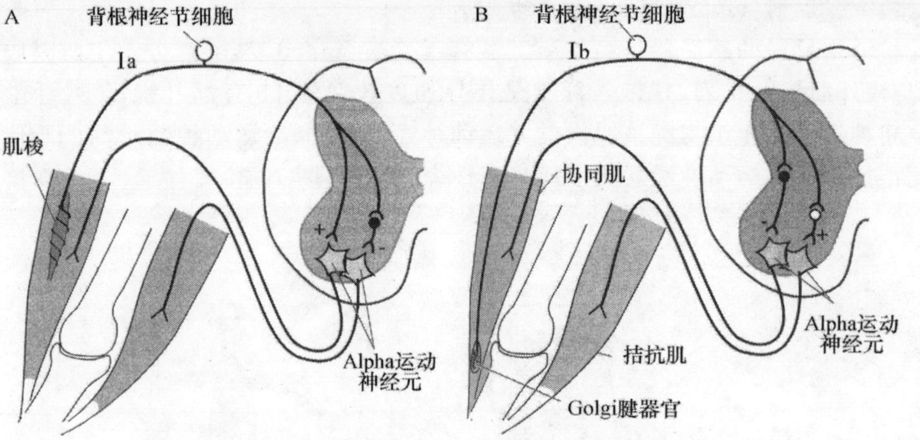

图 10-40　牵张反射和反相牵张反射通路示意图

A. 牵张反射；B. 反相牵张反射

（一）脑干对肌紧张的调节（regulation of brainstem on muscle tonus）

1. 去大脑僵直（decerebrate rigidity）

在中脑上、下丘之间切断脑干的动物，立即出现伸肌紧张性亢进，四肢伸直，坚硬如柱，头尾昂起，脊柱挺硬。这一现象称为去大脑僵直（decerebrate rigidity）。如果此时切断相应的脊髓后根以消除肌梭传入冲动，则该肌的僵直即消失，说明去大脑僵直是过度的牵张反射。

2. 脑内调节肌紧张的区域（brain areas regulating muscle tonus）

大量研究证明，脊髓以上的不同脑区对牵张反射分别有易化和抑制的作用（图 10-41）。脑干网状结构加强肌紧张的区域称为易化区，包括延髓网状结构背外侧部、脑桥的被盖、中脑中央灰质及被盖。脑干网状结构易化区可记录到自发放电，可能是对网状激活系统传入冲动的一种反应。脑干网状结构抑制肌紧张的结构称为抑制区，位于延髓网状结构

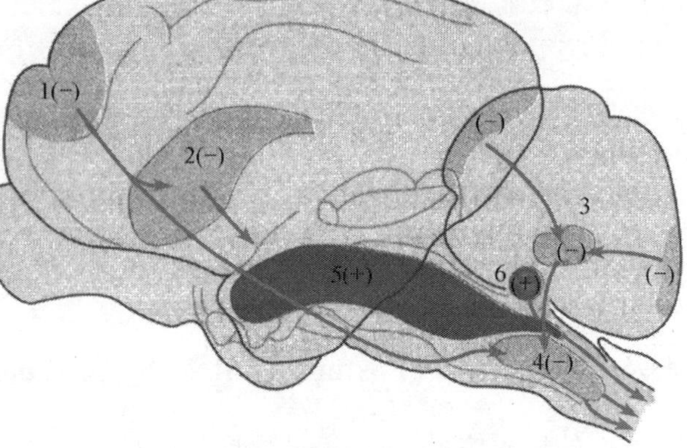

图 10-41　猫脑内调节肌紧张的区域

（＋）易化肌紧张的区域；（－）抑制肌紧张的区域

的腹内侧，直到斜方体平面为止。抑制区并无自发性放电，接受来自大脑皮层、纹状体和小脑等部位的驱动而发挥其抑制 γ 运动神经元作用。除脑干外，抑制肌紧张的区域还包括大脑皮层抑制区、纹状体（尾、壳核）和小脑前叶蚓部。易化区还包括前庭核、小脑前叶两侧等部位。易化区和抑制区的下行冲动行走于脊髓外侧索。在中脑上、下丘之间横断脑干，由于大脑皮层运动区和纹状体的抑制性下行冲动被切除，形成易化区活动占优势，γ 运动神经元传出冲动显著增强，表现为伸肌牵张反射亢进。人类中脑疾患出现去大脑僵直的表现为头后仰、上下肢均僵硬伸直、上臂内旋、手指屈曲。而当脑内疾患导致皮层与皮层下失去联系时，可出现明显的下肢僵直以及上肢半屈的状态，称为去皮层僵直(decorticate rigidity)（图 10-42）。

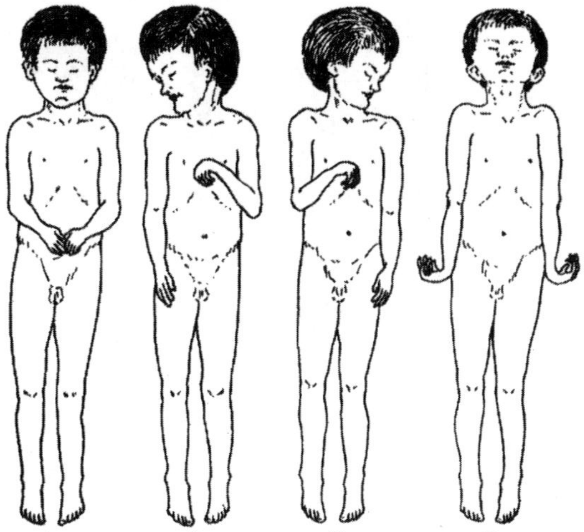

图 10-42 人类去皮层僵直及去大脑僵直

A、B、C. 去皮层僵直；D. 去大脑僵直

（引自 Ganong WF：Review of Medical Physiology，22nd ed. McGraw-Hill，2005）

3. α-僵直和 γ-僵直(α-rigidity and γ-rigidity)

上述经典的去大脑僵直是由于高位中枢下行冲动，首先提高 γ 运动神经元的活动，使肌梭敏感性提高而 Ia 传入冲动增多，继而兴奋 α 运动神经元，导致肌紧张过强出现的僵直，称为 γ-僵直。如剪断背根消除肌梭传入冲动后，γ-僵直消失。在此基础上，再去除小脑前叶蚓部抑制区可使肌僵直再现，这是因为此时下行冲动提高 α 运动神经元的活动所致，此为 α-僵直。出现 α-僵直后，若切断第 8 对脑神经，消除由内耳半规管和前庭传到前庭核的冲动，则 α-僵直消失，说明从前庭脊髓束的下行冲动经脊髓前索直接兴奋 α 运动神经元。

（二）脑干对姿势的调节(regulation of brainstem on posture)

1. 状态反射(attitudinal reflex)

状态反射(attitudinal reflex)是指头在空间的位置发生改变以及头与躯干的相对位

置发生改变，可以反射性地改变躯体肌肉的紧张性。状态反射包括迷路紧张反射(tonic labyrinthine reflex)和颈紧张反射(tonic neck reflex)。迷路紧张反射是内耳迷路的椭圆囊和球囊的传入冲动对躯体伸肌紧张性的反射性调节，其反射中枢是前庭核。在去大脑动物，动物仰卧位时伸肌紧张性最高，而取俯卧位时伸肌紧张性最低。颈紧张反射是颈部扭曲时颈部本体感受器的传入冲动对四肢肌肉紧张性的反射性调节，其反射中枢位于颈部脊髓。当头向一侧扭转时，下颌所指的一侧伸肌紧张性加强；当头后仰时，前肢伸肌紧张性加强，而头前俯时后肢伸肌紧张性加强。正常情况下，状态反射受到高位中枢的抑制而不表现出来，但在人类去皮层僵直，可出现颈紧张反射(图 10-42)。

2. 翻正反射(righting reflex)

翻正反射(righting reflex)是指动物如果被推倒，可翻正过来。例如动物四脚朝天从空中落下，在坠落过程中首先是头颈扭转翻正位置，然后前肢和躯干扭转过来，接着后肢也扭转过来，最后四肢着地。翻正反射的发生是由于头部位置不正常以及头部与躯干的位置不正常，刺激颈部关节韧带及肌肉所诱发的反射。

四、大脑皮层的运动调节功能(Cortical Control of Voluntary Movement)

随意运动是高层次的运动调节，通常受感觉传入特别受视觉信息的引导，是一种有计划的、通过学习获得的、有技巧、有目的的运动。随意运动受大脑皮层传出指令调控，有次序地激活相关肌群，而外周感觉反馈信息也可传入大脑皮层，通过对运动进行不断纠正，使动作更趋平稳和精确。

(一) 大脑皮层运动区(cortical motor area)

大脑皮层运动区是发出皮质脑干束和皮质脊髓束的锥体细胞聚集区，包括 Brodmann 4 区和 Brodmann 6 区。Brodmann 4 区即中央前回，是初级运动皮层(primary motor cortex，MI)。Brodmann 6 区包括辅助运动区(supplementary motor area，SMA)和前运动区(premotor area，PM)。中央前回的初级运动皮层负责运动的执行(execution of movement)，具有精细的功能定位。总体安排是倒置的(面部除外)，代表区面积大小与运动精细程度密切相关；对躯体运动的支配呈现交叉，但头面部肌肉呈双侧性支配。Brodmann 6 区的辅助运动区和前运动区总称第二运动区(secondary motor cortex，MⅡ)。SMA 调控躯干和肢体近端的肌肉，而 MⅠ控制肢体远端的肌肉。

MⅡ的重要功能是“运动策划”(planning movement)。在某一随意运动开始前，MⅡ神经元的放电可持续达 800ms，然后把制定好的“运动计划”转移到 MⅠ付诸实施。SMA 和 PM 相比，功能略有不同。SMA 参与制定复杂运动的顺序(complex motor sequence)，在思考一个运动顺序时，SMA 的活动被激活，损伤猴的 SMA，双手运动协调有困难。PM 常常对视觉信号的传入冲动做出反应，PM 通过 Brodmann 5、7 区获得有关视觉、躯体感觉和前庭感觉的传入信号，从而制定意向运动。

大脑皮层运动区内调节同一功能的运动神经元呈柱状排列，即数百个功能相同的锥体束神经元均位于与皮层表面相垂直的同一个柱状范围内，称为运动柱(motor column)。

（二）运动传导通路(motor pathways)

控制随意运动的传导通路称“外侧运动传导通路”(lateral motor pathways)，以区别于调控姿势反射的传导通路。由大脑皮层发出，经内囊、脑干下行到达脊髓前角运动神经元的传导束称为皮质脊髓束(corticospinal tract)。皮质脊髓束约80%在延髓锥体交叉构成皮质脊髓侧束(lateral corticospinal tract)，其余20%在锥体并不交叉，直到和运动神经元形成突触前才交叉至对侧构成皮质脊髓前束(anterior corticospinal tract)。皮质脊髓前束一般和中间神经元构成突触，调控躯干和近端肢体肌肉运动。相反，皮质脊髓侧束终止于前角外侧部运动神经元，调控肢体远端肌肉的精细运动(图10-43)。

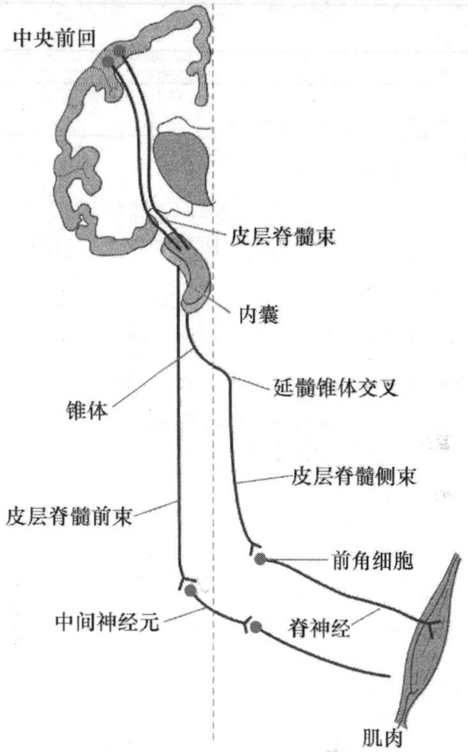

图10-43 皮质脊髓传导通路示意图

皮质脊髓束神经元以谷氨酸(glutamate)为递质，有的轴突末梢直接和α或γ-运动神经元形成突触，支配肢体远端肌肉的精细运动；有的终止于中间神经元，间接支配α-运动神经元。

从大脑皮层到脑干颅神经核的神经纤维构成皮质脑干束(corticobullbar tract)，支配面、舌、咽喉部肌肉和胸锁乳突肌及斜方肌。

红核脊髓束(rubrospinal tract)是由前运动皮层神经元发出的轴突纤维或轴突侧支抵达红核的大细胞，红核细胞发出红核脊髓束交叉至对侧下行，终止于脊髓背外侧的中间神经元，参与调节四肢远端肌肉的精细运动。此外，起源于运动皮层的纤维，经脑干某些核团接替后形成顶盖脊髓束、网状脊髓束和前庭脊髓束，参与近端肌肉的粗略运动和姿势的调节。

五、基底神经节的运动调节功能(Regulation of Movement by the Basal Ganglia)

（一）基底神经节的功能环路(functional circuitry of the basal ganglia)

基底神经节(basal ganglia)是哺乳动物大脑皮层下一群对随意运动的起始和控制发挥重要作用的神经核团。基底神经节包括纹状体(striatum，由尾核 caudate nucleus 和壳核 putaman 组成)、苍白球(globus pallidus，GP)/灵长类动物为苍白球外侧段(external segment of globus pallidus，GPe)、脚间核(entopeduncular nucleus，EP)/灵长类动物为苍白球内侧段(internal segment of globus pallidus，GPi)、丘脑底核(subthalamic nucleus，STN)、黑质致密带(substantia nigra pars compacta，SNc)和黑质网状带(substantia nigra pars reticulata，SNr)。

基底神经节主要的传入冲动来自大脑皮层和丘脑的谷氨酸能纤维，这些传入纤维主要到达纹状体，约占纹状体所有突触的85%。纹状体内95%的神经元为“中型棘状神经元”(medium spiny neuron)，以GABA为其神经递质。这类GABA能神经元又分为两类：第一类GABA能神经元和P物质以及强啡肽共存，细胞膜表达多巴胺D_1受体，这类神经元的传出纤维投射至苍白球内侧段及黑质网状带；第二类GABA能神经元与脑啡肽和神经降压素共存，细胞膜表达多巴胺D_2受体，传出纤维投射至苍白球外侧段。除此之外，纹状体的非棘状胆碱能中间神经元和GABA能中间神经元，也直接接受大脑皮层的兴奋性传入冲动。

基底神经节功能环路的传出结构为黑质网状带和苍白球内侧段，两者结构和功能相似，均接受来自纹状体第一类GABA能神经元的抑制性传入冲动和丘脑底核的谷氨酸能神经元的兴奋性传入冲动，而且均发出GABA能传出冲动至丘脑，从丘脑返回大脑皮层。苍白球外侧段接受纹状体第二类GABA能神经元的传入冲动，苍白球外侧段为GABA能神经元，其轴突投射至丘脑底核。

1. 直接通路(direct pathway)

直接通路起自纹状体的第一类GABA能神经元，纤维直接投射到苍白球内侧段和黑质网状带，对其产生抑制效应，从而使苍白球内侧段和黑质网状带对丘脑的抑制作用减弱，这种现象称为去抑制(disinhibition)。由于丘脑－皮层投射是兴奋性谷氨酸能系统，因而直接通路的作用是易化大脑皮层的运动功能。直接通路是一条正反馈环路，通过该环路使发动运动的大脑皮层的兴奋性增高。

2. 间接通路(indirect pathway)

间接通路起自纹状体的第二类GABA能神经元，其GABA能抑制性传出纤维抑制苍白球外侧段，从而解除其对丘脑底核的抑制作用，丘脑底核发出谷氨酸能兴奋性传出纤维兴奋苍白球内侧段和黑质网状带，这两个核团进而发出GABA能纤维抑制丘脑和大脑皮层神经元的活动。间接通路是一条负反馈环路，通过间接通路使发动运动的大脑皮层兴奋性降低。

3. 黑质-纹状体多巴胺通路的调制作用(modulation of dopaminergic pathway)

黑质致密带位于网状带的背侧，是多巴胺能神经核团。黑质致密带发出多巴胺能黑质-纹状体投射纤维对纹状体的两种GABA能神经元产生不同的调制作用。由于纹状体发出直接通路的第一类GABA能神经元表达D_1受体，多巴胺和D_1受体结合，增加细胞内cAMP水平，兴奋这类细胞，使直接通路的兴奋作用增强。多巴胺和发出间接通路的纹状体GABA能神经元的D_2受体结合，降低细胞内cAMP水平，抑制神经元，从而使间接通路对大脑皮层的抑制作用减弱。因此，黑质-纹状体多巴胺通路通过兴奋直接通路和抑制间接通路，提高大脑运动皮层兴奋性(图10-44)。

(二) 基底神经节疾病(disease of the basal ganglia)

1. 帕金森病(Parkinson's disease)

1817年James Parkinson描述了帕金森病(Parkinson's disease)的临床特征主要有运动减少、运动不能、肌僵直和静止性震颤。静止性震颤在随意运动时震颤消失，运动的

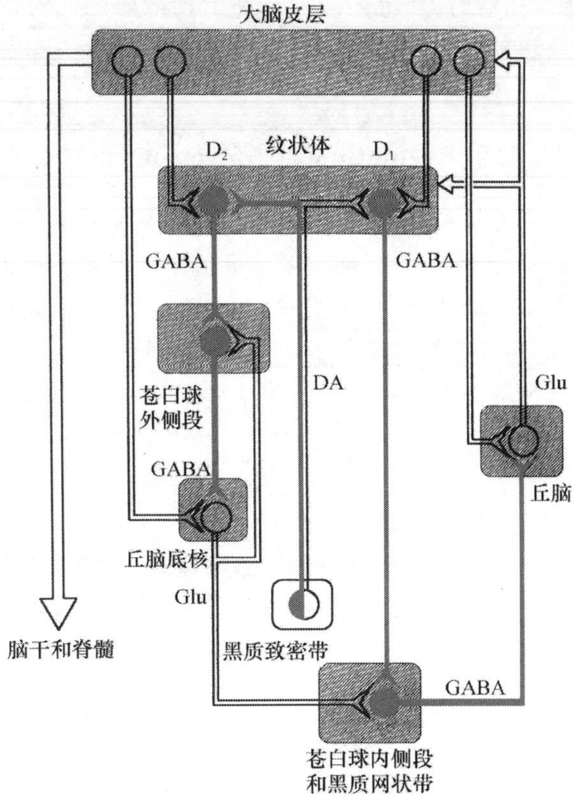

图 10-44 基底神经节功能环路模式图

“始发”困难，运动一旦发生则呈现运动迟缓。20 世纪 50 年代 Arvid Carlson 发现脑内 80％的多巴胺分布于基底神经节，到了 60 年代已证明帕金森病的主要病变是黑质致密带的多巴胺能神经元变性坏死，而且静脉给予多巴胺的前体物质左旋多巴（L-DOPA）可迅速改善症状。黑质致密带多巴胺能神经元退行性变，导致间接通路纹状体投射神经元过度活动，使苍白球外侧段的活动受到抑制，从而对丘脑底核的抑制解除，丘脑底核的过度活动促使苍白球内侧段和黑质网状带的抑制性传出增强，抑制大脑皮层从而引起运动功能减退。同时，黑质致密带多巴胺能神经元退行性变，导致其对直接通路纹状体投射神经元的兴奋作用减弱，纹状体 GABA 能传出减弱，从而使苍白球内侧段和黑质网状带的抑制性传出增强，引起运动功能减退。根据这一原理，临床上对难治性帕金森病患者以外科手术选择性损毁苍白球内侧段可收到良好的疗效。

2. 亨廷顿病（Huntington's disease）

亨廷顿病（Huntington's disease）是另一种基底神经节运动障碍性疾病，又称为舞蹈病（chorea）。亨廷顿舞蹈病的特点是不自主的上肢和头部的舞蹈样动作，伴肌张力降低。主要病变是纹状体发出间接环路的 GABA 能神经元变性坏死。纹状体对苍白球外侧段的抑制作用减弱，苍白球外侧段对丘脑底核的抑制加强，丘脑底核对苍白球内侧段和黑质网状带的兴奋作用减弱，致使其对丘脑的抑制作用解除，从而引起大脑运动皮层过度兴奋,运动增多。亨廷顿舞蹈病时,在上述间接通路活动减弱的同时,直接通路的活动相对增强。亨廷顿舞蹈病是一种遗传性疾病。临床上主要是采取手术治疗,损毁活动过度增强的苍白球外侧段。

六、小脑的运动调节功能(Regulation of Movement by Cerebellum)

小脑和基底神经节都参与机体运动功能的调节,但两者有一定的差异。基底神经节主要在运动的准备和发动阶段起作用,而小脑主要调节正在进行的运动。此外,基底神经节主要与大脑皮层和丘脑形成回路,而小脑除与大脑皮层形成回路外,还与脑干和脊髓有大量的纤维联系。因此,基底神经节主要参与运动的设计,而小脑既参与运动的设计,也参与运动的执行(图 10-36)。

(一) 小脑的功能分区及功能(functional division and function)

小脑由皮层、白质和深部三对小脑核团(顶核、间置核和齿状核)组成。小脑皮层横向分为前叶、后叶和绒球小结叶,也可纵向分为蚓部和半球部,后者又分为中间部和外侧部。小脑接受来自脊髓、脑干和大脑皮层的传入纤维,经过小脑深部核团发出传出纤维投射到脑干和大脑皮层。根据小脑的纤维联系以及功能,可以将小脑分为前庭小脑、脊髓小脑和皮层小脑三个功能区(图 10-45)。

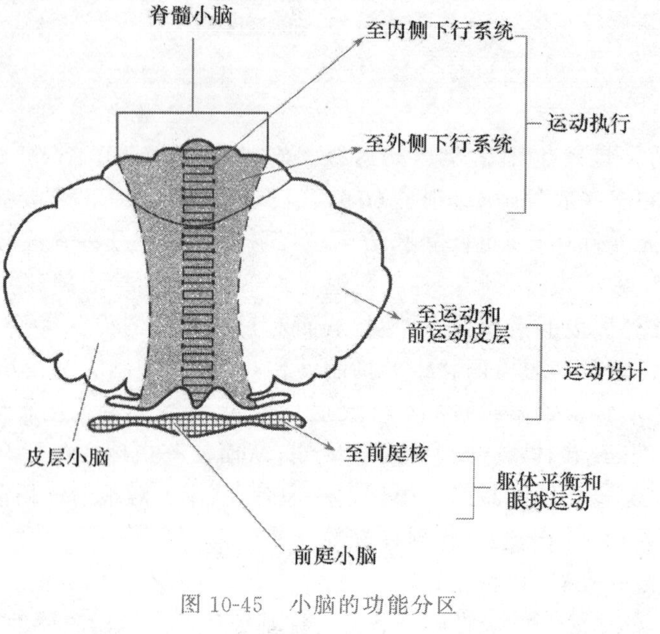

图 10-45 小脑的功能分区

1. 前庭小脑(vestibulocerebellum)

前庭小脑(vestibulocerebellum)从发生上是最古老的结构,即绒球小结叶。前庭小脑主要接受前庭器官的传入纤维,其传出纤维直接和前庭核发生联系,再经过前庭脊髓束抵达脊髓内侧部分的运动神经元。

前庭小脑的主要功能是维持躯体的平衡和控制眼球运动。损伤绒球小结叶，在头部转动时不能利用前庭器官的信号调节眼球运动，难以保持身体平衡。受损伤的病人为了保持平衡而不得不在站立或行走时两脚分开很宽（步基宽）、站立不稳、步态蹒跚且容易跌倒。但是当这类患者横躺时（即身体和头部得到支撑时），肢体运动则不受影响，说明主要障碍是不能利用前庭器官的传入信号来调控站立和行走。

2. 脊髓小脑(spinocerebellum)

脊髓小脑(spinocerebellum)由蚓部和半球的中间内侧部构成。脊髓小脑主要接受脊髓小脑束和三叉小脑束的传入纤维，也接受视觉和听觉的传入纤维。蚓部发出传出纤维至顶核，经前庭核和脑干网状结构下行至脊髓前角内侧部分，也可经丘脑外侧核上行至运动皮层。脊髓小脑的中间内侧部传出纤维经小脑间置核，由红核脊髓束下行至脊髓前角外侧部分，也可经丘脑外侧腹核上行至运动皮层。

脊髓小脑的主要功能是调节正在进行的运动，协助大脑皮层对随意运动进行适时的调控。脊髓小脑一方面通过皮层脊髓束的侧支接受有关运动指令的“副本”，另一方面还接受来自肌肉关节等处的本体感觉传入以及视、听觉传入纤维。脊髓小脑将来自这两方面的反馈信息加以比较和整合，察觉运动的指令和运动的执行之间的误差。随后，小脑分别向大脑皮层和脊髓发出纠正信号，从而准确地控制随意运动的力量、方向及限度。脊髓小脑损伤的患者不能完成精细运动，在动作进行过程中肌肉发生抖动而把握不住方向，特别是在精细动作的终末出现震颤，称为意向性震颤(intention tremor)。这些患者在行走时跨步过大而躯干落后，容易跌倒；或走路摇晃呈酩酊蹒跚状，沿直线行走则更不平稳。以上这些动作协调障碍称为小脑性共济失调(cerebellar ataxia)。

3. 皮层小脑(cerebrocerebellum)

皮层小脑(cerebrocerebellum)是指小脑半球外侧部，主要和大脑皮层构成纤维回路。皮层小脑接受来自大脑皮层的传入纤维，发出的纤维经齿状核换元后投射到丘脑外侧腹核，再回到大脑皮层。另有部分纤维投射到红核，换元后发出纤维经下橄榄核和脑干网状结构，分别返回皮层小脑及经网状脊髓束下达脊髓。

皮层小脑的主要功能是参与随意运动的设计和程序的编制。皮层小脑和基底神经节作为从皮层联络区到运动皮层的联络通路，参与运动计划的形成和运动程序的编制，使运动逐步协调起来。当大脑皮层发动精细运动时，首先从皮层小脑提取程序，然后通过皮层脊髓束发动运动，从而使运动能非常协调、快速地进行。小脑外侧部损伤可出现运动起始延缓和已形成的快速而熟练动作缺失等表现。

(二) 小脑皮层的细胞构筑(cytoarchitecture of the cerebellar cortex)

小脑皮层由外向内依次分为分子层、浦肯野细胞层和颗粒层3层结构。皮层有星状细胞、篮状细胞、浦肯野细胞、颗粒细胞和高尔基细胞5类神经元，前2类细胞位于分子层，后2类位于颗粒层。颗粒细胞是小脑皮层唯一的兴奋性细胞，以谷氨酸为递质，发出平行纤维(parallel fiber)激活其他4类细胞。其他4类细胞均为抑制性神经元，其末梢释放 GABA，其中浦肯野细胞是小脑皮层唯一的传出神经元，其轴突与小脑深部核团及前庭核形成抑制性突触。

小脑皮层主要接受小脑外部传来的苔藓纤维(mossy fiber)和攀缘纤维(climbing fiber)，两者均以兴奋性谷氨酸为递质。苔藓纤维起源于脊髓、前庭核和许多脑干中继核团，以苔藓样末梢终止于颗粒层，与颗粒细胞形成兴奋性突触。进而，颗粒细胞发出兴奋性平行纤维支配浦肯野等其他细胞。攀缘纤维起自下橄榄核，其末梢缠绕于浦肯野细胞的胞体和树突，形成多个兴奋性突触。苔藓纤维兴奋颗粒细胞后经平行纤维使浦肯野细胞产生简单动作电位(simple spike)。攀缘纤维可形成极强的兴奋传入，使浦肯野细胞产生复杂动作电位(complex spike)。此外，苔藓纤维和攀缘纤维进入小脑后，还发出侧支到达小脑深部核团，激活这些核团的神经元。因此，小脑通过复杂的神经元回路，在空间和时间上对运动功能的协调进行调控(图 10-46)。

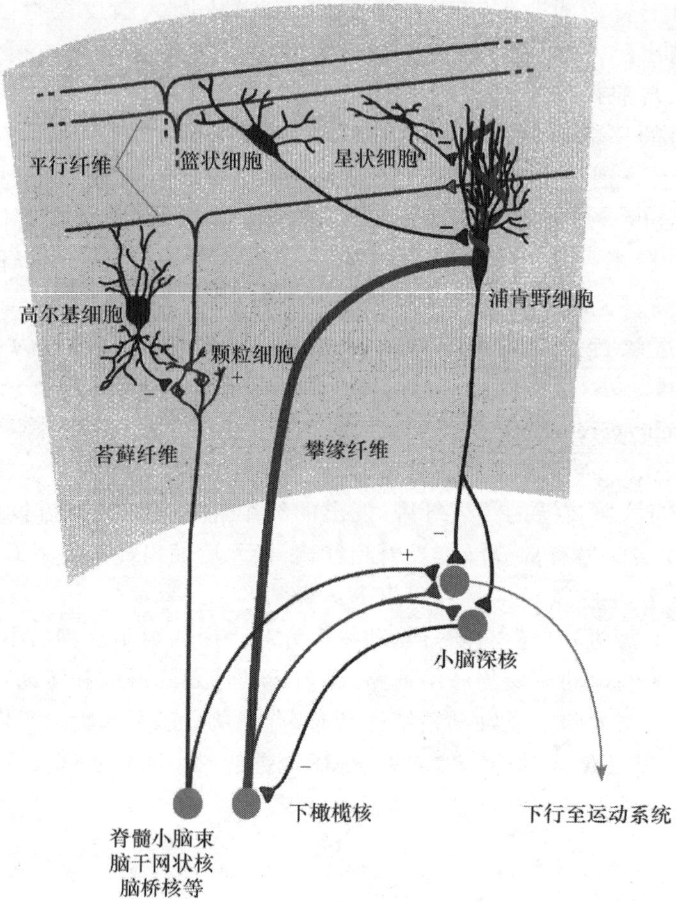

图 10-46　小脑皮层组织结构及神经元回路示意图

Clinical Note

Parkinson's Disease and Brain Cell Transplants

Parkinson's disease is a disorder of the motor system characterized by slowness of movement, tremor of the fingers and hands (most prominent at rest), absence of facial expression, slowness of speech, stooped body posture, and a shuffling gait. In extreme cases, patients are bedridden and incapable of feeding and caring for themselves. This disorder frequently appears in persons between the ages of 50 and 65 years.

Examination of brain tissue from Parkinson's patients has revealed a loss of dopamine-producing neurons in an area called the substantia nigra, located in the brain stem nucleus. These neurons send axons to form connections with other neurons in the striatum, an area of brain involved in locomotor activity. The resulting depletion of dopamine in the striatum appears to be the major cause of this disorder.

The reason for the degeneration of dopamine cells in the substantia nigra in unknown. A form of juvenile parkinsonism is thought to be genetically inherited. Evidence for a genetic component for adult parkinsonism is more controversial. Epidemiological studies reveal a strong correlation between parkinsonism and agricultural communities. It is thought that pesticides may be a contributing factor in the development of Parkinson's disease.

One form of treatment for Parkinson's disease-the administration of drugs such as L-dopa that become precursors for the synthesis of dopamine-has been found to be an effective form of therapy for many patients. Some patients, however, do not respond to drug therapies, or experience debilitating side effects such as hallucinations.

In animal models of Parkinson's disease, scientists have taken a new approach in which nerve cells that produce dopamine are transplanted directly into the striatum. These transplanted neurons form synaptic connections with those of the host. In addition, they are capable of correcting the locomotor abnormalities associated with Parkinson's disease. The sources of these dopamine neurons in laboratory animal experiments are fetuses of the same species. Because of social issues concerning the use of human fetal tissue, however, medical researchers are also exploring the possible use of alternative source of dopamine cells for transplantation.

Recent studies suggest that the lack of dopamine results in an abnormal outflow of neural activity from the striatum, which is responsible for the motor deficits associated with Parkinson's disease.

Summary

- Motor unit consists of a single motoneuron and muscle fibers that it innervates.
- The motoneurons pool is the group of motoneurons that innervates fibers within the same muscle.
- The force of muscle contraction is graded by recruitment of additional motor units (size principle). The size principle states that as additional motor units are recruited, more motoneurons are involved and more tension is generated.
- When a skeletal muscle with an intact nerve supply is stretched, it contracts. This response is called the stretch reflex.
- The sense organ for stretch reflex is the muscle spindle. Muscle spindle is complex sensory structures that are exquisitely responsive to the muscle absolute (or static) length.
- Nuclear bag fibers detect the rate of change in muscle length (fast, dynamic changes), are innervated by group Ia afferent.
- Nuclear chain fibers detect static changes in muscle length, are innervated by group Ⅱ afferent.
- γ-motoneurons innervate intrafusal muscle fibers, adjust the sensitivity of muscle spindle so that it will respond appropriately during muscle contraction.
- Voluntary movements are the highest hierarchy of motor control. They will normally be guided by perceptual (e. g. , visual) input. Intentional movements are planned, learned, skilled and then excuted by output of motor commands which specify the correct sequence of muscle activation. Sensory feedback can be used to optimize performance.
- Basal ganglia consist of the striatum, globus pallidus, substantia nigra and subthalamic nuclei.
- The striatum is the major recipient of inputs to the basal ganglia from the cerebral cortex, thalamus and brain stem. Output structure of the basal ganglia are the GPi and SNr, Gpi and SNr have very similar structure and functionally equivalent.
- Direct pathway uses the GABA/SP/DYN cells, which inhibits GABAergic outflow of GPi and SNpr to the thalamus, it is a positive feedback loop, by which cortical area that initiated the activity are further excited.
- Indirect pathway starts with the GABA/ENK neurons output to GPe, inhibitory neurons from which go to the subthalamic nuleus (STN).
- Dopamine has an excitatory effect on the direct pathway via D_1 receptors and an inhibitory effect on the indirect pathway via D_2 receptors. Thus, both effects increase the output of the system.
- Overactivity in the indirect pathway is a major factor in parkinsonian signs, due to the degeneration of dopaminergic neurons in the substantia nigra.
- The cerebellar cortex contains only five types of neurons: Purkinje, granule, basket,

stellate, and Golgi cells. It has three layers: an external molecular layer, a Purkinje cell layer that is only one cell thick, and an internal granular layer.

- From a functional point of view, the cerebellum is also divided into three parts, vestibulocerebellum, spinocerebellum and cerebrocerebellum.
- The spinocerebellum receives proprioceptive input from the body as well as a copy of the "motor plan" from the motor cortex. By comparing plan with performance, it smoothes and coordinates movements that are ongoing.
- The cerebrocerebellum interact with the motor cortex in planning and programming movements.
- The vestibulocerebellum, which is phylogenetically the oldest part of the cerebellum, has vestibular connections and is concerned with equilibrium.

Key Terms

Motor neuron; motor unit; proximal-distal rule; size principle; spinal shock; postural reflex; flexor withdrawal reflex; crossed extensor reflex; stretch reflex; tendon reflex; muscle tonus; inverse stretch reflex; decerebrate rigidity; attitudinal reflex; righting reflex

Review Questions

1. Define each term

1) motor unit; 2) spinal shock; 3) flexor withdrawal reflex; 4) crossed extensor reflex; 5) stretch reflex; 6) tendon reflex; 7) muscle tonus; 8) inverse stretch reflex; 9) decerebrate rigidity; 10) attitudinal reflex; 11) righting reflex

2. Choose the correct answer

1) The inverse stretch reflex:

(A) has a lower threshold than the stretch reflex

(B) is a monosynaptic reflex

(C) is a disynaptic reflex with a single interneuron inserted between the afferent and efferent limbs

(D) is a polysynaptic reflex with many interneurons inserted between the afferent and efferent limbs

(E) requires the discharge of central neurons that release acetylcholine

2) When γ-motor neuron discharge increases at the same time as a-motor neuron discharge to muscle,

(A) prompt inhibition of discharge in spindle Ia afferents takes place

(B) the contraction of the muscle is prolonged

(C) the muscle will not contract

(D) the number of impulses in spindle Ia afferents is smaller than when a-discharge alone is increased

(E) the number of impulses in spindle Ia afferents is greater than when a-discharge alone is increased

3) Which of the following is not characteristic of a reflex action?
   (A) Modification by impulses from various parts of the central nervous system
   (B) May involve simultaneous contraction of some muscles and relaxation of others
   (C) May involve either somatic or visceral responses but never both simultaneously
   (D) Always involves transmission across at least one synapse
   (E) Frequently occurs without conscious perception
4) Withdrawal reflexes are not
   (A) initiated by nociceptive stimuli
   (B) prepotent
   (C) prolonged if the stimulus is strong
   (D) affected by transection of the spinal cord
   (E) dependent on local sign for their exact pattern
5) A primary function of the basal ganglia is
   (A) sensory integration
   (B) short-term memory
   (C) planning voluntary movement
   (D) neuroendocrine control
   (E) slow-wave sleep

3. Answer the following questions

1) Describe the roles of the direct/indirect pathways of basal ganglia in the control of movement.
2) Describe the changes of basal ganglia circuitry under Parkinson's disease and Huntington's disease, respectively.
3) What is an intention tremor? Why does it occur in cerebellar disease?
4) What is the role of gamma motor neurons in regulating the sensitivity of muscle spindle activity?
5) How are alpha motor neurons involved in increasing the force of muscle contraction?
6) Describe the functions of vestibulocerebellum, spinocerebellum and cerebrocerebellum.

第五节 神经系统对内脏活动的调节
Section 5 Central Regulation of Visceral Function

Section Outline

- Autonomic nervous system
  —Structural characteristics of sympathetic and parasympathetic nerves
  —Functions of sympathetic and parasympathetic nerves
  —Functional characteristics of sympathetic and parasympathetic nerves

- Central regulation of visceral activity
  - —Regulation of visceral activity by spinal cord
  - —Regulation of visceral activity by brainstem
  - —Regulation of visceral activity by hypothalamus
  - —Regulation of visceral activity by cerebral cortex
- Central regulation of instinctual behavior and emotional reaction
  - —Regulation of instinctual behavior
  - —Regulation of emotion
  - —Emotional reaction

一、自主神经系统(Autonomic Nervous System)

自主神经系统是指调节内脏功能活动的神经系统,也可称为植物神经系统或内脏神经系统。自主神经系统包括传入神经和传出神经两部分,但通常所指的自主神经系统仅指支配内脏器官的传出神经,而不包括传入神经。自主神经包括交感神经(sympathetic nerve)和副交感神经(parasympathetic nerve)两部分,它们分布至内脏、心血管和腺体,并调节这些器官的功能。自主神经系统接受中枢神经系统的控制。

(一)交感和副交感神经的结构特征(structural characteristics of sympathetic and parasympathetic nerves)

自主神经由节前神经元和节后神经元组成。节前神经元的胞体位于中枢内,发出的神经纤维称为节前纤维(preganglionic fiber)。从中枢发出的自主神经节前纤维在抵达效应器官前必须先进入外周神经节内换元,由节内神经元发出节后纤维(postganglionic fiber)支配效应器官。节前纤维属于有髓鞘的B类纤维,传导速度较快;节后纤维是无髓鞘的C类纤维,传导速度较慢。交感神经节离效应器官较远,因此节前纤维短而节后纤维长;副交感神经节离效应器官较近,有的神经节就在效应器官壁内,因此节前纤维长而节后纤维短(图10-47)。

交感神经起自脊髓胸腰段灰质的侧角,副交感神经起自脑干的脑神经核和脊髓骶段灰质相当于侧角的部位。刺激交感神经的节前纤维,反应比较弥散;而刺激副交感神经的节前纤维,反应比较局限。其主要原因是:①交感神经分布广泛,几乎所有内脏器官都受它支配,而副交感神经分布较局限,某些器官没有副交感神经支配。例如,皮肤和肌肉的血管、一般的汗腺、竖毛肌、肾上腺髓质和肾脏等只有交感神经支配。②一根交感节前纤维往往和多个节内神经元发生突触联系,而副交感神经则不同。例如,猫颈上神经节内的交感节前与节后纤维之比为1∶(11～17),而睫状神经节内的副交感节前与节后纤维之比为1∶2。

荧光组织化学研究发现,哺乳动物交感神经节后纤维除直接支配效应器官细胞外,还有少量交感神经节后纤维支配器官壁内的神经节细胞。可见,交感和副交感神经的相互作用,可以发生在器官壁内神经节细胞水平,而不一定发生在效应器官细胞水平。

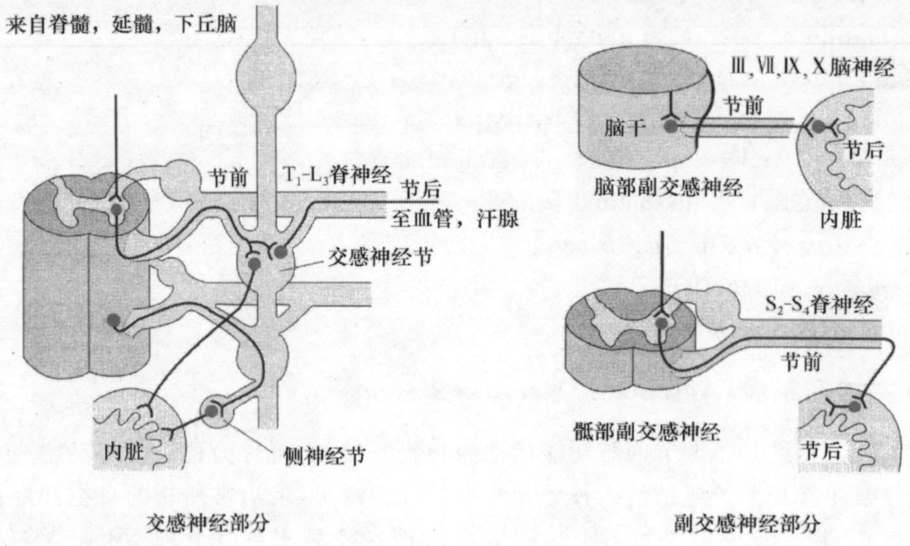

图 10-47　自主神经系统结构模式图

（引自 Ganong WF：Review of Medical Physiology，22nd ed. McGraw-Hill，2005）

（二）交感和副交感神经系统的功能（functions of sympathetic and parasympathetic nerves）

自主神经系统的主要功能是调节心肌、平滑肌和腺体（消化腺、汗腺、部分内分泌腺）的活动（表 10-5）。除少数器官外，一般组织器官都接受交感和副交感神经的双重支配。自主神经系统主要的递质是乙酰胆碱和去甲肾上腺素，此外还存在少量肽类和嘌呤类递质。例如，肠道肌间神经丛的抑制性神经元可释放血管活性肠肽，而兴奋性神经元可释放 P 物质。支配幽门 G 细胞的迷走神经节后纤维释放胃泌素释放肽。

表 10-5　自主神经系统胆碱能和肾上腺素能受体的分布及其生理功能

效应器	胆碱能系统		肾上腺素能系统	
	受体	效应	受体	效应
自主神经节	N1	节前-节后兴奋传递		
眼				
虹膜环行肌	M	收缩（缩瞳）		
虹膜辐射状肌			α_1	收缩（扩瞳）
睫状体肌	M	收缩（视近物）	β_2	舒张（视远物）
心				
窦房结	M	心率减慢	β_1	心率较快
房室传导系统	M	传导减慢	β_1	传导加快
心肌	M	收缩力减弱	β_1	收缩力增强

续表

效应器	胆碱能系统		肾上腺素能系统	
	受体	效应	受体	效应
血管				
冠状血管	M	舒张	α_1	收缩
			β_2	舒张为主
皮肤黏膜血管	M	舒张	α_1	收缩
骨骼肌血管	M	舒张	α_1	收缩
			β_2	舒张为主
脑血管	M	舒张	α_1	收缩
腹腔内脏血管			α_1	收缩为主
			β_2	舒张
唾液腺血管	M	舒张	α_1	收缩
支气管				
平滑肌	M	收缩	β_2	舒张
腺体	M	促进分泌	α_1	抑制分泌
			β_2	促进分泌
胃肠				
胃平滑肌	M	收缩	β_2	舒张
小肠平滑肌	M	收缩	α_2	舒张
			β_2	舒张
括约肌	M	舒张	α_1	收缩
腺体	M	促进分泌	α_2	抑制分泌
胆囊和肠道	M	收缩	β_2	舒张
膀胱				
逼尿肌	M	收缩	β_2	舒张
三角区和括约肌	M	舒张	α_1	收缩
输尿管平滑肌	M	收缩(?)	α_1	收缩
子宫平滑肌	M	收缩或舒张	α_1	收缩(有孕)
			β_2	舒张(无孕)
皮肤				
汗腺	M	促进温热性发汗	α_1	促进精神性发汗
竖毛肌			α_1	收缩
唾液腺	M	分泌大量稀薄唾液	α_1	分泌少量黏稠唾液
代谢				
糖酵解			β_2	加强
脂肪分解			β_3	加强

（三）交感和副交感神经系统的功能特征(functional characteristics of sympathetic and parasympathetic nerves)

(1) 紧张性支配(tonic innervation)　自主神经对效应器的支配，一般具有持久的紧张性作用。这可通过切断神经后观察它所支配的器官活动是否发生改变而得到证实。例如，切断心迷走神经，则心率加快，说明心迷走神经通过紧张性传出冲动，对心脏具有持久的抑制作用；而切断心交感神经，则心率减慢，说明心交感神经也有兴奋心脏的紧张性传出冲动。又如，切断支配虹膜的副交感神经，则瞳孔散大；而切断其交感神经，则瞳孔缩小。自主神经的紧张性来源于其中枢的紧张性活动，而中枢紧张性来源于神经反射性和体液因素等多种原因。例如，来自颈动脉窦和主动脉弓压力感受器的传入冲动，对维持自主神经的紧张性活动有重要作用，而中枢神经组织内 CO_2 浓度，对维持交感缩血管中枢的紧张性活动有重要作用。

(2) 对同一效应器的双重支配(double innervation) 许多组织器官都受交感和副交感神经的双重支配，两者的作用往往相互拮抗。例如心迷走神经抑制心脏活动，而心交感神经则兴奋心脏；迷走神经具有增强小肠平滑肌运动的作用，而交感神经却具有抑制作用。但有时两者对某一器官的作用也有一致的方面，例如，支配唾液腺的交感神经和副交感神经都有促进分泌的作用，但两者的作用也有差别，前者分泌黏稠唾液，后者分泌稀薄唾液。

(3) 效应器所处功能状态对自主神经作用的影响(dependence on the functional level of effector organ) 自主神经的外周性作用与效应器本身的功能状态有关。例如，刺激交感神经可抑制未孕动物的子宫平滑肌，但可兴奋有孕动物的子宫平滑肌。这是因为未孕子宫和有孕子宫表达的受体不同(表 10-4)。又如，胃幽门处于收缩状态时，刺激迷走神经能使之舒张，而幽门处于舒张状态时，刺激迷走神经则使之收缩。

(4) 对整体生理功能调节的意义(significance on the organismal regulation) 交感神经系统的活动一般比较广泛，常以整个系统参与反应，促使机体适应环境的急骤变化。例如在肌肉剧烈运动、窒息、失血或寒冷环境等情况下，交感神经系统活动亢进，机体出现心率加速、皮肤与腹腔内脏血管收缩、血液储存库排出血液以增加循环血量、红细胞计数增加、支气管扩张、肝糖原分解加速以及血糖浓度上升、肾上腺素分泌增加等现象。因此交感神经系统在环境急骤变化的条件下，可以动员机体许多器官的潜在力量，以适应环境的急变。虽然交感神经系统活动具有广泛性，但对于一定的刺激，不同部分的交感神经的反应方式和程度是不同的，表现为不同的整合形式。

副交感神经系统的活动相对比较局限。整个副交感神经系统活动主要在于保护机体、休整恢复、促进消化、积蓄能量以及加强排泄和生殖功能等方面。例如心脏活动的抑制，瞳孔缩小避免强光的进入，消化道功能增强以促进营养物质吸收和能量补给等，这些都是副交感神经积蓄能量和保护机体的例子。

二、内脏活动的中枢调节(Central Regulation of Visceral Activity)

(一) 脊髓对内脏活动的调节(regulation of visceral activity by spinal cord)

脊髓对内脏活动的调节是初级的，基本的血管张力反射、发汗反射、排尿反射、排便反射、阴茎勃起反射等活动可在脊髓完成。例如，脊休克之后，血压可以恢复到一定水平，说明脊髓中枢可以完成基本的血管张力反射；同时脊髓可以完成基本的排尿与排便反射。脊髓对内脏活动的调节平时受高位中枢的控制。如仅依靠脊髓本身的反射活动，则不能很好地适应生理功能的需要。如脊髓离断的病人在脊休克过后，由平卧位转成直立位时常会感到头晕，因为此时体位性血压反射的调节能力很差，外周血管阻力不能及时发生适应性改变。又如截瘫病人虽有一定的反射性排尿能力，但排尿不受意识控制，且排尿也不完全。

（二）低位脑干对内脏活动的调节（regulation of visceral activity by brainstem）

由延髓发出的自主神经传出纤维支配头部的所有腺体、心、支气管、喉、食管、胃、胰腺、肝和小肠等；同时，脑干网状结构中存在许多与内脏功能活动有关的神经元，其下行纤维支配脊髓，调节脊髓的自主神经功能。许多基本生命现象（如循环、呼吸等）的反射调节在延髓水平已能初步完成，因此，延髓有“生命中枢”之称。此外，中脑是瞳孔对光反射的中枢部位。有关低位脑干对内脏活动调节的内容均已在前面各章叙述，这里不再重复。

（三）下丘脑对内脏活动的调节（regulation of visceral activity by hypothalamus）

下丘脑大致可分为四个部分，即前区、内侧区、外侧区和后区。前区的最前端为视前核，严格说来它属于前脑的范畴，稍后为视上核、视交叉上核、室旁核，再后是下丘脑前核。内侧区又称结节区，包括腹内侧核、背内侧核、结节核与灰白结节，还有弓状核与结节乳头核。外侧区有分散的下丘脑外侧核，其间穿插有内侧前脑束。后区主要是下丘脑后核与乳头体核。

下丘脑与边缘前脑及脑干网状结构有紧密的形态和功能联系。下丘脑的传入冲动可来自边缘前脑、丘脑、脑干网状结构，其传出冲动也可抵达这些部位。下丘脑还可通过垂体门脉系统和下丘脑-垂体束调节垂体前叶和后叶的活动。下丘脑被认为是较高级的内脏活动调节中枢，调节体温、摄食行为、水平衡、内分泌、情绪反应、生物节律等重要生理过程。

（1）体温调节（themoregulation） 在哺乳类动物下丘脑以下部位横切脑干，动物不能保持体温的相对稳定；而在间脑以上切除大脑皮层的动物，体温基本能保持相对稳定。调节体温的中枢在下丘脑。视前区-下丘脑前部存在温度敏感神经元，它们既能感受所在部位的温度变化，也能对传入的温度信息进行整合。当该处温度超过或低于体温调定点水平时，即可通过调节散热和产热活动，使体温保持稳定（见第七章）。

（2）水平衡调节（regulation of water balance） 水平衡包括水的摄入与排出两个方面，人体通过渴觉引起饮水，而排水则主要取决于肾脏的活动。毁损下丘脑可导致动物烦渴与多尿，说明下丘脑能调节水的摄入与排出，从而维持机体的水平衡。下丘脑对肾排水的调节是通过控制视上核和室旁核合成和释放的抗利尿激素实现的。下丘脑前部存在脑渗透压感受器，可根据血液中渗透压的变化调节抗利尿激素的合成和分泌（见第八章）。电生理研究观察到，当颈动脉内注入高渗盐水时，视上核某些神经元放电频率增多，这一事实支持渗透压感受器在视上核的推测。一般认为，下丘脑控制摄水的区域与控制抗利尿激素分泌的核团在功能上是有联系的，两者协同调节水平衡。

（3）对腺垂体和神经垂体激素分泌的调节（regulation of adenohypophysical and neurohypophysical hormones） 下丘脑内有些神经元（神经分泌小细胞）能合成调节腺垂体

激素分泌的肽类物质，称为下丘脑调节肽（hypothalamic regulatory peptide）。这些肽类物质经轴浆运输到达正中隆起，由此经垂体门脉系统到达腺垂体，促进或抑制各种腺垂体激素的分泌。下丘脑内还存在监察细胞，能感受血液中一些激素浓度的变化，并参与反馈调节下丘脑调节肽的分泌（见第十一章）。

此外，下丘脑视上核和室旁核的神经内分泌大细胞能合成抗利尿激素和催产素，这两种激素经下丘脑-垂体束运抵神经垂体储存，下丘脑可控制其分泌。

（4）生物节律控制（control of biorhythm） 机体许多功能活动常按一定的时间顺序发生周期性变化，称为生物节律（biorhythm）。人体许多生理功能都有日周期节律（circadian rhythm）。日周期是最重要的生物节律，如血细胞数、体温、促肾上腺皮质激素分泌等都有日周期的变动。研究表明，下丘脑的视交叉上核可能是生物节律的控制中心。破坏小鼠的视交叉上核，可使原有的日周期节律丧失。视交叉上核可通过视网膜-视交叉上核传导束与视觉感受装置发生联系，因此外环境的昼夜光照变化可影响视交叉上核的活动，从而使体内日周期节律与外环境的昼夜节律同步。控制生物节律的传出途径既有神经性的，也有体液性的。如人为改变每日的光照和黑暗的时间，可使一些机体功能的日周期位相发生移动。

（5）其他功能（other functions） 下丘脑能产生某些行为的欲望，如食欲、渴觉和性欲等，并能调节相应的摄食行为、饮水行为和性行为等本能行为。下丘脑还参与睡眠、情绪及情绪生理反应等。

（四）大脑皮层对内脏活动的调节（regulation of visceral activity by cerebral cortex）

（1）边缘叶和边缘系统（limbic lobe and limbic system） 大脑半球内侧面皮层与脑干连接部和胼胝体旁的环周结构，曾被称为边缘叶（limbic lobe）。这部分结构从进化上是比较古老的，其中最内侧的环状结构包括海马、穹窿等，称为古皮层。较外圈的环状结构包括扣带回、海马回等称为旧皮层。边缘叶和大脑皮层的岛叶、颞极、眶回，以及皮层下的杏仁核、隔区、下丘脑前核等皮层下结构，统称为边缘系统（limbic system）。有人把中脑中央灰质及被盖等结构也归入该系统，从而形成边缘前脑（1imbic forebrain）和边缘中脑（1imbic midbrain）的概念。

边缘系统对内脏活动的调节作用复杂而多变。例如，刺激扣带回前部可引起呼吸抑制或加速、血压下降或上升、心率减慢、胃运动抑制、瞳孔扩大或缩小；刺激杏仁核可引起咀嚼、唾液和胃液分泌增加、胃蠕动增强、排便、心率减慢、瞳孔扩大；刺激隔区可引起阴茎勃起、血压下降或上升、呼吸暂停或加强。

（2）新皮层（neocortex） 电刺激动物新皮层，除了能引起躯体运动外，也可引致内脏活动的改变。刺激皮层内侧面 4 区一定部位，会产生直肠与膀胱运动的变化；刺激皮层外侧面一定部位，会产生呼吸、血管运动的变化；刺激 4 区底部，会产生消化道运动及唾液分泌的变化。刺激 6 区一定部位可引致竖毛与出汗，也会引致上、下肢血管的舒缩反应。此外，刺激 8 区和 19 区等，除了可引致眼外肌运动外，也可引致瞳孔的反应。所有这些结果说明新皮层与内脏活动有关。电刺激人类大脑皮层也能见到类似的结果。

三、本能行为和情绪的神经调节(Central Regulation of Instinctual Behavior and Emotional Reaction)

本能行为(instinctual behavior)是指动物在进化过程中形成并经遗传固定下来的,对个体和种族生存具有重要意义的行为,如摄食、饮水和性行为等。情绪(emotion)是指人类和动物对客观环境刺激所表达的一种特殊的心理体验和某种固定形式的躯体行为表现。情绪有恐惧、焦虑、发怒、平静、愉快、痛苦、悲哀和惊讶等多种表现形式。发生本能行为和情绪改变时,常伴有自主神经系统和内分泌系统活动的改变。本能行为和情绪主要受下丘脑和边缘系统的调节。人类的本能行为和情绪受后天学习和社会因素的影响十分明显。

(一)本能行为的调节(Regulation of instinctual behavior)

(1) 摄食行为的调节(regulation of food intake) 摄食行为是动物维持个体生存的基本活动。通过埋藏电极刺激下丘脑外侧区可引起动物多食,而破坏该区则导致拒食,提示该区内存在一个摄食中枢(feeding center)。刺激下丘脑腹内侧核可引起动物拒食,而破坏此核则导致食欲增加而逐渐肥胖,提示该区内存在一个饱中枢(satiety center)。用微电极分别记录下丘脑外侧核和腹内侧核的神经元放电,观察到动物在饥饿情况下,前者放电频率较高而后者放电频率较低;静脉注射葡萄糖后,则前者放电频率减少而后者放电频率增多。说明摄食中枢和饱中枢之间可能存在交互抑制的关系。

杏仁核也参与摄食行为的调节。实验中破坏猫的杏仁核,动物可因摄食过多而肥胖;电刺激杏仁核的基底外侧核群可抑制摄食活动;同时记录杏仁核基底外侧核群和下丘脑外侧区(摄食中枢)的神经元放电,可见到两者的自发放电呈相互制约的关系,即当一个核内神经元放电增多时则另一个核内神经元放电减少。因此推测杏仁核基底外侧核群能易化下丘脑饱中枢并抑制摄食中枢的活动。此外,刺激隔区也可易化饱中枢和抑制摄食中枢的活动。

(2) 饮水行为的调节(regulation of water intake) 人类和高等动物的饮水行为是通过渴觉而引起的。引起渴觉的主要因素是血浆晶体渗透压升高和细胞外液量明显减少。前者通过刺激下丘脑前部的脑渗透压感受器而起作用;后者则主要由肾素-血管紧张素系统所介导。低血容量能刺激肾素分泌增加,血液中血管紧张素Ⅱ的含量因而增高,血管紧张素Ⅱ能作用于间脑的特殊感受区穹窿下器和终板血管器,这两个区域都属于室周器,该处血-脑屏障较薄弱,血液中的血管紧张素Ⅱ能够达到这些区域而引起渴觉。在人类,饮水常常是习惯性的行为,不一定由渴觉引起。

(3) 性行为的调节(regulation of sexual behavior) 性行为是动物维持种系生存的基本活动。神经系统许多部位参与对性行为的调节。交媾本身是由一系列的反射在脊髓和低位脑干中进行整合的,但伴随它的行为成分、交媾的欲望、发生在雌性和雄性动物一系列协调的顺序性调节,在很大程度上是在边缘系统和下丘脑进行的。刺激大鼠、猫、猴等动物的内侧视前区,雄性或雌性动物均会有性行为的表现;破坏该部位,则出现对异性的冷漠和性行为的丧失。在该区注入性激素也可诱发性行为。

此外，杏仁核的活动也与性行为有密切关系。实验表明，杏仁外侧核以及基底外侧核具有抑制性行为的作用；而杏仁皮层内侧区则具有兴奋性行为的作用。

（二）情绪的调节（regulation of emotion）

(1) 恐惧和发怒（fear and rage） 动物在恐惧（fear）时表现为出汗、瞳孔扩大、蜷缩、左右探头和企图逃跑；而在发怒（rage）时则常表现出攻击行为。引发恐惧和发怒的环境刺激具有相似之处，一般都是对动物的机体或生命可能或已经造成威胁和伤害的信号。当危险信号出现时，动物通过快速判断后作出抉择，或者逃避，或者进行格斗。因此，恐惧和发怒是一种本能的防御反应（defense reaction），也有人称为格斗-逃跑反应（fight-flight reaction）。

在间脑水平以上切除大脑的猫，只要给予微弱的刺激，就能激发强烈的防御反应，通常表现为张牙舞爪的模样，好像正常猫在进行搏斗时的表现，这一现象称为假怒（sham-rage）。这是因为平时下丘脑的这种活动受到大脑皮层的抑制而不易表现出来，切除大脑后则抑制解除，防御反应就表现出来。研究表明，下丘脑内存在防御反应区，主要位于近中线的腹内侧区。在清醒动物，电刺激该区可引发防御性行为。此外，电刺激下丘脑外侧区也可引起动物出现攻击行为，电刺激下丘脑背侧区则出现逃避行为。人类下丘脑发生疾病时也往往伴随出现不正常的情绪活动。

此外，与情绪调节有关的脑区还包括边缘系统和中脑等部位。如电刺激中脑中央灰质背侧部也能引起防御反应。又如刺激杏仁核外侧部，动物出现恐惧和逃避反应；而刺激杏仁核内侧部和尾部，则出现攻击行为。

(2) 愉快和痛苦（pleasure and agony） 愉快是一种积极的情绪，通常由那些能够满足机体需要的刺激所引起，如在饥饿时得到美味的食物；而痛苦（agony）则是一种消极的情绪，一般是由伤害躯体和精神的刺激或因渴望得到的需求不能得到满足而产生的，如严重创伤、饥饿和寒冷等。

在动物实验中，预先在脑内埋藏一刺激电极，并让动物学会自己操纵开关而进行脑刺激，这种实验方法称为自我刺激（self-stimulation）。如果将刺激电极置于大鼠脑内从下丘脑到中脑被盖的近中线部分，只要动物无意中有过一次自我刺激的体验后，就会一遍又一遍地进行自我刺激，很快发展到长时间连续的自我刺激。表明刺激这些脑区能引起动物的自我满足和愉快。这些脑区被称为奖赏系统（reward system）或趋向系统（approach system）。已知从腹侧被盖区到伏隔核的多巴胺能神经通路与之有关。给予动物多巴胺 D_2 受体激动剂，能增加自我刺激的频率，而给予 D_2 受体拮抗剂则可减少自我刺激频率。D_2 受体可能主要存在于伏隔核内。如果置电极于大鼠下丘脑后部的外侧部分、中脑的背侧和内嗅皮层等部位，则无意中的一次自我刺激将使动物出现退缩、回避等表现，且以后不再进行自我刺激。表明刺激这些脑区可使动物感到嫌恶和痛苦，因此称这些脑区为惩罚系统（punishment system）或回避系统（avoidance system）。据统计，在大鼠脑内奖赏系统所占脑区约为全脑的35%；惩罚系统区约占5%；而既非奖赏系统又非惩罚系统区约占60%。在一些患有精神分裂症、癫痫或肿瘤伴有顽痛的病人中，用自我刺激的方法可在一定程度上减轻痛苦。

（三）情绪生理反应（emotional reaction）

情绪生理反应（emotional reaction）是指在情绪活动中伴随发生的一系列生理变化。它主要由自主神经系统和内分泌系统活动的改变而引起。

（1）自主神经系统的情绪生理反应（emotional reaction of autonomic system） 自主神经系统的情绪生理反应多数情况下表现为交感神经系统活动的相对亢进。例如，在动物发动防御反应时，可出现骨骼肌血管舒张，皮肤和内脏血管收缩，血压升高和心率加快等交感活动的改变。这些变化可使各器官的血流量得到重新分配，使骨骼肌获得充足的血液供应。在某些情况下，情绪生理反应也可表现为副交感神经系统活动的相对亢进，如食物性刺激可增强消化液分泌和胃肠道运动；性兴奋时生殖器官血管舒张；悲伤时则表现为流泪等。

（2）内分泌系统的情绪生理反应（emotional reaction of endocrine system） 涉及内分泌系统情绪生理反应的激素种类很多。例如，在创伤、疼痛等原因引起应激而出现痛苦、恐惧和焦虑等反应中，血液中促肾上腺皮质激素和肾上腺糖皮质激素浓度明显升高，肾上腺素、去甲肾上腺素、甲状腺激素、生长激素和催乳素等浓度也升高；又如情绪波动时往往出现性激素分泌紊乱，并引起育龄期女性月经失调和性周期紊乱。

Summary

- Anatomically, the autonomic outflow is divided into two components: the sympathetic and parasympathetic divisions of the autonomic nervous system.
- Transmission at the synaptic junctions between pre-and postganglionic neurons and between the postganglionic neurons and the autonomic effectors is chemically mediated. The principal transmitter agents involved are acetylcholine and norepinephrine.
- The neurons that are cholinergic are (1) all preganglionic neurons, (2) the anatomically parasympathetic postganglionic neurons, (3) the anatomically sympathetic postganglionic neurons that innervate sweat glands, and (4) the anatomically sympathetic neurons that end on blood vessels in skeletal muscles and produce vasodilation when stimulated.
- The hypothalamus functions with the limbic system as a unit that regulates emotional and instinctual behavior.
- Those that regulate respiration and blood pressure are integrated in the medulla oblongata. Those that control pupillary responses to light and accommodation are integrated in the midbrain.

Key Terms

Circadian rhythm; instinctual behavior; hypothalamic regulatory peptide

Review Questions

1. Define each term

1) circadian rhythm; 2) instinctual behavior; 3) hypothalamic regulatory peptide

2. Choose the correct answer

1) Which type of receptor is found on the target cells of postganglionic parasympathetic nerve fibers?

(A) Nicotinic receptor

(B) Muscarinic receptor

(C) Alpha receptor

(D) Beta receptor

(E) Both alpha receptor and beta receptor

2) A drug that enhances the release of norepinephrine from nerve terminals in the heart would:

(A) increase heart rate

(B) decrease heart rate

(C) increase the force of contraction

(D) decrease the force of contraction

(E) both (A) and (C)

3. Answer the following questions

1) Describe the structural characteristics of sympathetic and parasympathetic nerves.

2) Describe the functional characteristics of sympathetic and parasympathetic nerves.

3) What are the major functions of hypothalamus?

第六节 脑电活动与觉醒和睡眠

Section 6 Electrical Activity of the Brain, Wakefulness and Sleep

Section Outline

- Electrical activity of the brain
  —Electroencephalogram
  —Evoked cortical potential
- Wakefulness and sleep
  —Maintenance of wakefulness
  —Mechanism of sleep phase

一、脑电活动(Electrical Activity of the Brain)

大脑皮层神经元具有生物电活动。大脑皮层的电活动有两种不同形式,一种是在无明显刺激情况下,大脑皮层能经常自发地产生节律性的电位变化,这种电位变化称为自发脑电活动(spontaneous electrical activity of the brain)。另一种是感觉传入系统或脑的某一部位受刺激时,在皮层某一局限区域引出的电位变化,这种电位变化称为皮层诱发电位(evoked cortical potential)。

（一）脑电图（electroencephalogram，EEG）

脑电图（electroencephalogram，EEG）是指在头皮表面记录到的自发脑电活动（图10-48）。在打开颅骨后直接从皮层表面记录到的电位变化，称为皮层电图（electrocorticogram）。

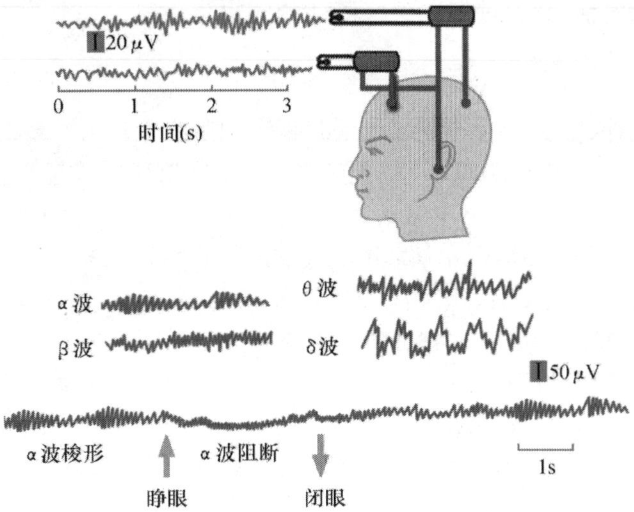

图 10-48　脑电图记录方法与正常脑电图波形

1. 脑电图的波形（wave of electroencephalogram）

根据自发脑电活动的频率和波幅，脑电图的波形分为α、β、θ和δ波。在成年人，清醒安静闭目时呈现α波，频率约8～13Hz，波幅大约20～100μV，在枕叶最明显。睁眼或接受刺激时，α波消失变成快波（β波），称α波阻断（alpha block），闭目时又出现。α波为波幅由小变大、再由大变小反复变化的梭形波（图10-48）。睁眼后由于视觉信号传入皮层，脑电图呈现β波，频率约14～30Hz，幅度较低，约5～20μV，在额叶和顶叶较明显。成年人困倦时在颞叶和顶叶可记录到θ波，频率约4～7Hz，电压幅度约100～150μV。正常成年人深睡眠时脑电图可见δ波，频率约0.5～3Hz，电压幅度约20～200μV，主要出现在颞叶和枕叶皮层。

一般认为快波是新皮层处在紧张活动状态时的主要脑电活动表现；α波是皮层处在安静状态时的主要表现；慢波是睡眠状态下的主要表现。在幼儿时期，脑电波频率比成人慢，一般常可见θ波，到10岁后才出现明确的α波；在婴儿时期，脑电波频率更慢，常见到δ波。此外，成年人在极度疲劳及麻醉状态下也可出现δ波。

癫痫患者脑电图可出现异常的高频高幅脑电波，或在高频高幅波后跟随一个慢波综合波形。在皮层有占位性病变（肿瘤等）的区域，即使病人处于清醒状态，亦可引出θ波或δ波。因此，临床上可以借这些脑电波改变的特点，并结合临床资料，来诊断癫痫或探索肿瘤所在的部位。

2. 脑电波形成的机制（mechanism of electroencephalogram）

脑电波是由大量神经元同步发生的突触后电位经总和而形成的。可以设想，单一神经元的突触后电位变化是不足以引起皮层表面的电位改变，必须有大量的神经细胞同时发生突触后电位变化，才能同步起来引起皮层表面出现电位改变。从皮层的神经元组成来看，锥体细胞的分布排列比较整齐，其顶树突互相平行并垂直于皮层表面，因此其电活动在同步时易于发生总和而形成较强的电场，从而改变皮层表面的电位。引起自发脑电形成的同步机制，就是皮层与丘脑非特异投射系统之间的交互作用，一定的同步节律的丘脑非特异投射系统的活动，促进了皮层电活动的同步化。

（二）皮层诱发电位（evoked cortical potential）

皮层诱发电位（evoked cortical potential）是指刺激感觉传入系统时，在中枢神经系统内引起的电位变化。受刺激的部位可以是感觉器官、感觉神经或感觉传导途径上的任何一点。常见的皮层诱发电位有躯体感觉诱发电位、听觉诱发电位和视觉诱发电位等。由于皮层随时存在自发脑电波，因此诱发电位通常出现在自发脑电波的背景之上。躯体感觉诱发电位一般可分为主反应、次反应和后发放三个部分（图 10-49）。主反应为先正后负的电位变化，在大脑皮层的投射有特定的中心区。主反应出现的潜伏期是相对固定的，潜伏期的长短取决于刺激部位与皮层的距离、神经纤维的传导速度和接替的突触数目等。次反应跟随主反应之后，在皮层无中心区，与刺激也无锁时关系。后发放则是在主反应和次反应之后，为一系列正相的周期电位变化。皮层诱发电位是用以寻找感觉投射部位的重要方法，在研究皮层功能定位方面起着重要的作用。

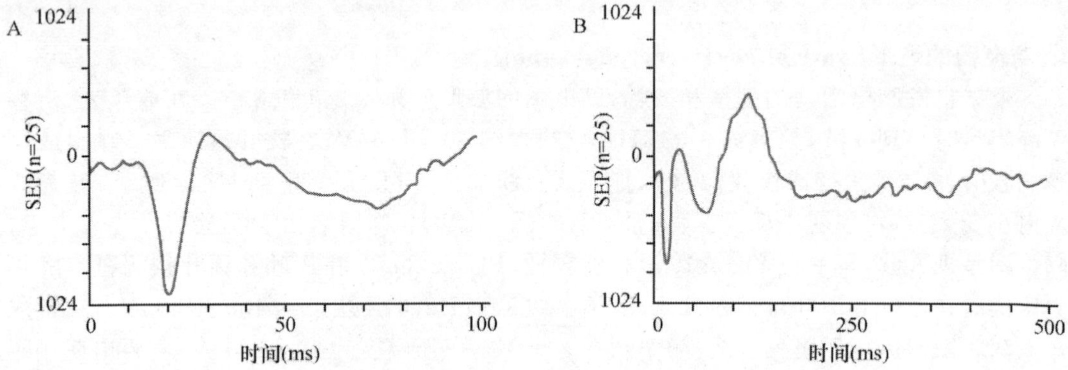

图 10-49 刺激家兔腓总神经引起的体感诱发电位（SEP）

A. 刺激后 0～100ms 内的 SEP 描记，即 B 中前 100ms 的展宽；B. 刺激后 0～500ms 内的 SEP 描记，刺激后约 12ms 出现先正（向下）后负（向上）的主反应，随后出现次反应，约 300ms 后出现后发放。横坐标为描记时间，纵坐标为计算机数字量，*n* 数为计算机叠加次数

二、觉醒和睡眠（Wakefulness and Sleep）

觉醒和睡眠都是生理活动所必要的过程，只有在觉醒状态下，人体才能进行劳动和其他活动；而通过睡眠，可以使人体的精力和体力得到恢复，于睡眠后保持良好的觉醒状态。成年人一般每天需要 7～9 小时睡眠，儿童需要睡眠的时间比成年人长，而老年人睡眠的时间比较短。与觉醒对比，睡眠时许多生理功能发生了变化，一般表现为：①嗅、视、听、触等感觉功能暂时减退；②骨骼肌反射活动和肌紧张减弱；③伴有一系列自主神经功能的改

变。例如，血压下降、心率减慢、瞳孔缩小、尿量减少、体温下降、代谢率降低、呼吸变慢、胃液分泌可增多而唾液分泌减少、发汗功能增强等。

(一) 觉醒状态的维持(maintenance of wakefulness)

觉醒状态的维持与感觉传入直接相关。刺激中脑网状结构能唤醒动物，脑电图呈现去同步化快波。在中脑头端切断网状结构后，动物即进入持久的昏睡状态，各种感觉刺激都不能唤醒动物，脑电波呈同步化慢波(图 10-50)。因此，觉醒状态的维持是脑干网状结构上行激动系统的作用。目前认为，脑干网状结构上行激动系统可能是乙酰胆碱递质系统，静脉注射阿托品能阻断脑干网状结构对脑电的唤醒作用。

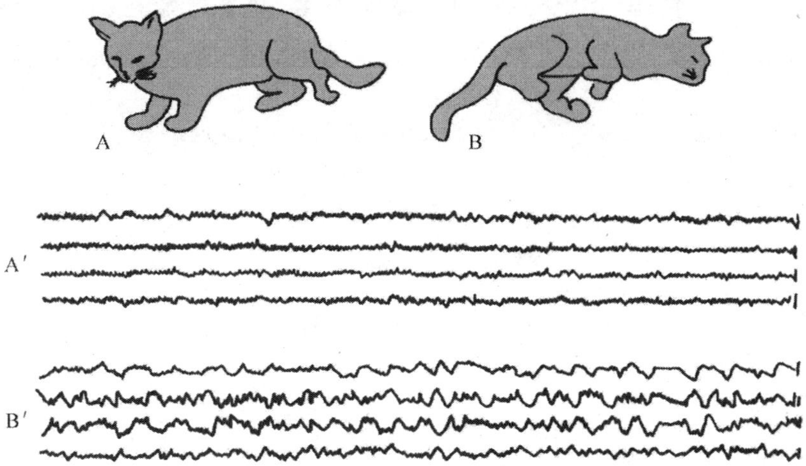

图 10-50　切断特异性传导通路和非特异性传导通路后猫的行为与脑电图变化

A. 切断特异性传导通路而不损伤非特异性传导通路的猫，处于觉醒状态，A′为其脑电图；B. 切断非特异性传导通路的猫，处于昏睡状态，B′为其脑电图

进一步研究观察到，动物在注入阿托品后，脑电呈现同步化慢波而不再出现快波，但动物在行为上并不表现睡眠。因此，觉醒状态的维持比较复杂，脑电觉醒状态(呈现快波)与行为觉醒状态的维持有不同的机制。动物实验观察到，破坏中脑黑质多巴胺递质系统后，动物在行为上不表现觉醒，对新异的刺激不能产生探究行为，但脑电仍可有快波出现。因此，行为觉醒的维持可能是黑质多巴胺递质系统的功能。动物实验还观察到，破坏蓝斑核上部的去甲肾上腺素能递质系统后，动物脑电快波明显减少，但如有感觉刺激传入冲动时，动物仍能被唤醒，脑电呈现快波，但这种唤醒作用很短暂，感觉传入刺激一停止，唤醒作用即终止。因此，蓝斑核上部去甲肾上腺素能递质系统与脑电觉醒的维持也有关系，其作用是持续的紧张性活动。而上行激动系统的乙酰胆碱的作用是时相性作用，它可调制去甲肾上腺素的脑电觉醒作用。

(二) 睡眠的时相和产生机制(mechanism of sleep phase)

睡眠可分为两个时相：慢波睡眠(slow wave sleep，SWS)和异相睡眠(paradoxical sleep，PS)。异相睡眠也称为快速眼动相睡眠(rapid eye movement sleep，REM)。慢波

睡眠与异相睡眠是两个相互转化的时相。成年人睡眠一开始首先进入慢波睡眠，慢波睡眠持续约 80～120min 左右转入异相睡眠；异相睡眠持续约 20～30min 左右，又转入慢波睡眠。整个睡眠期间，这种反复转化约 4～5 次，越接近睡眠后期，异相睡眠持续时间越长。在成年人，慢波睡眠和异相睡眠均可直接转为觉醒状态，但觉醒状态只能进入慢波睡眠，而不能直接进入异相睡眠。

1. 慢波睡眠(slow wave sleep)

根据脑电波的特点，慢波睡眠分为四个时期(图 10-51)。

(1) Ⅰ期(stage Ⅰ)　又称为入睡期，其特征是 α 波逐渐减少，呈现若干 θ 波，脑电波趋于平坦。

(2) Ⅱ期(stage Ⅱ)　又称为浅睡期，其特征是在 θ 波的背景上呈现睡眠梭形波(即 σ 波，是 α 波的变异，频率为 13～15Hz，幅度为 20～40μV)和若干 κ-复合波(是 δ 波和 σ 波的复合)。

(3) Ⅲ期(stage Ⅲ)　又称为中度睡眠期，其特征是出现高幅(＞75μV)的 δ 波，占 20%～50%。

(4) Ⅳ期(stage Ⅳ)　又称为深度睡眠期，其特征是出现连续的高幅 δ 波，数量超过 50%。

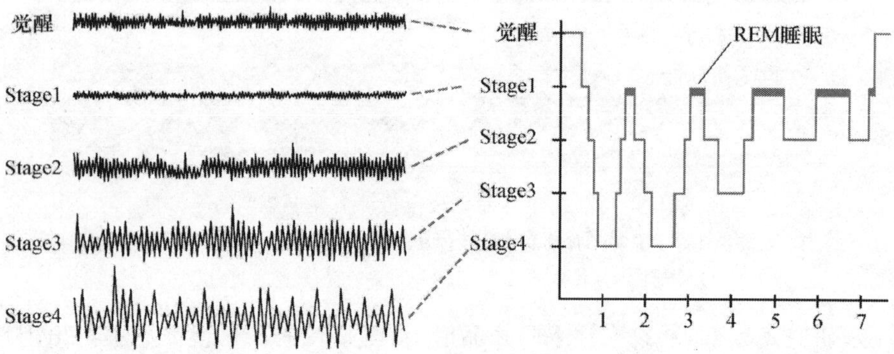

图 10-51　正常成年人睡眠时相及脑电图

慢波睡眠为正常人所必需。在慢波睡眠中，机体的耗氧量下降，但脑的耗氧量不变；同时，腺垂体分泌生长激素明显增多。因此，慢波睡眠有利于促进机体生长和体力恢复。如果成年人持续觉醒 15～16h，便可称为睡眠剥夺。睡眠剥夺后，如果任其自然睡眠，则慢波睡眠，尤其是深度睡眠将明显增加，以补偿前阶段的睡眠不足。

关于睡眠的发生机制，目前仍不十分清楚。有研究表明，睡眠不是大脑活动的简单抑制，而是一个主动过程。与慢波睡眠有关的脑区包括间脑、脑干尾端网状结构上行抑制系统(ascending inhibitory system)和基底前脑等。脑内多种递质系统参与慢波睡眠，5-HT 可抑制睡眠，而腺苷、前列腺素 D_2 可促进睡眠。

2. 异相睡眠(paradoxical sleep)

异相睡眠不分期，脑电波呈不规则的 β 波，与觉醒时很难区别。异相睡眠与慢波睡眠相比，各种感觉功能进一步减退，以致唤醒阈提高，骨骼肌反射和肌紧张进一步减弱，肌肉几乎完全松弛，可有间断的阵发性表现，如眼球快速运动、部分躯体抽动、血压升高、心率加快、呼吸加快而不规则等。异相睡眠期间，脑血流量增多，脑内蛋白质合成加快，有利于建立新的突触关系，促进幼儿中枢神经系统的发育成熟，并可能促进学习和记忆。因此，异相睡眠对促进精力的恢复是有利的。但是，异相睡眠会出现间断性的阵发性表现，这可能与某些疾病在夜间发作有关，例如心绞痛、哮喘、阻塞性肺气肿缺氧发作等。有人报道，病人在夜间心绞痛发作前常先做梦，梦中情绪激动，伴有呼吸加快、血压升高、心率加快，以致心绞痛发作而觉醒。此外，做梦是异相睡眠的特征之一。

异相睡眠与脑桥网状结构的活动密切相关。在脑桥网状结构、外侧膝状体和视皮层可记录到一种脑桥-外侧膝状体-枕叶锋电位，即 PGO 锋电位(ponto-geniculo-occipital spike)。目前认为，PGO 锋电位是异相睡眠的启动因素，与快速眼球运动几乎同时出现，在觉醒和慢波睡眠时明显减少，而在异相睡眠时显著增加。此外，蓝斑核去甲肾上腺素能神经元和中缝核 5-HT 能神经元对觉醒的作用可能与异相睡眠的终止有关。

异相睡眠占总睡眠时间随年龄有较大变化。早产儿异相睡眠的时间占总睡眠时间的 80%，足月新生儿占 50%，10 岁儿童占 25%。异相睡眠和慢波 4 期睡眠的时间随年龄增大而减少，60 岁以上老年人不再有 4 期睡眠(图 10-52)。

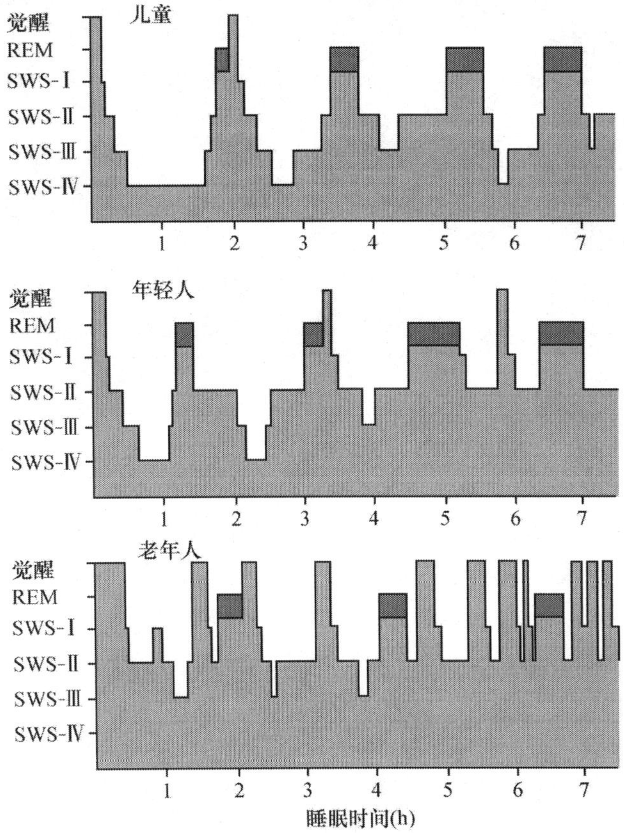

图 10-52　不同年龄正常人的睡眠周期

(引自 Kales AM, Kales JD: Sleep disorders. N Engl J Med 1974; 290: 487)

Clinical Note

Clinical Uses of the EEG

The EEG is sometimes of value in localizing pathologic processes. When a collection of fluid overlies a portion of the cortex, activity over this area may be damped. This fact may aid in diagnosing and localizing conditions such as subdural hematomas. Lesions in the cerebral cortex cause local formation of irregular or slow waves that can be picked up in the EEG leads. Epileptogenic foci sometimes generate high-voltage waves that can be localized. Epilepsy is a syndrome with multiple causes. In some forms, characteristic EEG patterns occur during seizures; between attacks, however, abnormalities are often difficult to demonstrate. Seizures are now divided into those that arise from one cerebral hemisphere (partial or local seizures) and those that involve both hemispheres simultaneously (general-onset seizures). Each category is further subdivided. Generalized seizures of the tonic-clonic (grand mal) type are characterized by loss of consciousness, which usually occurs without warning. This is followed by a tonic phase, with sustained contraction of limb muscles, followed by a clonic phase with symmetric jerking of the limbs as a result of alternating contraction and relaxation. There is fast EEG activity during the tonic phase. Slow waves, each preceded by a spike, occur at the time of each clonic jerk. For a while after the attack, slow waves are present. Similar changes are seen in experimental animals during convulsions produced by electric shocks. Absence (petit mal) seizures are one of the forms of generalized seizures characterized by a momentary loss of responsiveness. They are associated with 3/s doublets, each consisting of a typical spike and rounded wave.

Summary

- The primary evoked potential is highly specific in its location and can be observed only where the pathways from a particular sense organ end.
- When attention is focused on something, the alpha rhythm of EEG is replaced by fast, somewhat irregular low-voltage activity. This phenomenon is called alpha block. A break-up of the alpha pattern is also produced by any form of sensory stimulation.
- There are two different kinds of sleep: rapid eye movement (REM) sleep and non-REM (NREM), or slow wave sleep. NREM sleep is divided into four stages.
- A person falling asleep first enters stage 1, which is characterized by low-amplitude, high-frequency EEG activity. Stage 2 is marked by the appearance of sleep spindles. In stage 3, the pattern is one of lower frequency and increased amplitude of the EEG waves. Maximum slowing with large waves is seen in stage 4.
- The proportion of REM sleep falls rapidly and plateaus at about 25% until it falls fur-

ther in old age. Children have more total sleep time and stage 4 sleep than adults.

- In a typical night of sleep, a young adult first enters NREM sleep, passes through stages 1 and 2, and spends 70～100 minutes in stages 3 and 4. Sleep then lightens, and an REM period follows.

Key Terms

Spontaneous electrical activity of the brain; evoked cortical potential; slow wave sleep; paradoxical sleep

Review Questions

1. Define each term

1) spontaneous electrical activity of the brain; 2) evoked cortical potential; 3) slow wave sleep; 4) paradoxical sleep

2. Choose the correct answer

1) In a healthy, alert adult sitting with the eyes closed, the dominant EEG rhythm observed with electrodes over the occipital lobes is

(A) delta (0.5～4Hz)

(B) theta (4～7Hz)

(C) alpha (8～13Hz)

(D) beta (18～30Hz)

(E) fast, irregular low-voltage activity

2) What form of sleep does a young adult first enter in a typical night of sleep:

(A) slow wave sleep stage Ⅰ

(B) slow wave sleep stage Ⅱ

(C) slow wave sleep stage Ⅲ

(D) slow wave sleep stage Ⅳ

(E) paradoxical sleep

3. Answer the following questions

1) Describe the primary types of rhythms that make up the EEG.

2) Summarize the behavioral and EEG characteristics of each of the stages of slow-wave sleep and the mechanisms responsible for their production.

3) Summarize the electroencephalographic and other characteristics of rapid eye movement (REM) sleep, and describe the mechanisms responsible for its production.

4) Compare REM and non-REM sleep.

第七节 脑的高级功能
Section 7 Higher Function of the Nervous System

Section Outline

- Learning and memory

—Forms of learning
—Signal systems
—Types of memory
—Process of memory
—Loss of memory
—Mechanism of learning and memory
• Language
—Dominant hemisphere and laterality of cerebral dominance
—Cerebral language center

一、学习和记忆(Learning and Memory)

学习是指人和动物获得外界信息的神经活动过程，而记忆则是将获得的信息加以储存和读出的神经活动过程。学习和记忆密切相关，这里一并予以讨论。

(一) 学习的形式(forms of learning)

(1) 非联合型学习(nonassociative learning)　非联合型学习(nonassociative learning)是一种简单的学习形式，不需要在刺激和反应之间形成某种明确的联系。不同形式的刺激引发的突触传递的习惯化和敏感化等可塑性改变，就属于非联合型学习。

(2) 联合型学习(associative learning)　联合型学习(associative learning)是指在时间上很接近的两个事件重复地发生，最后在脑内逐渐形成联系。条件反射的建立和消退属于联合型学习。

反射分为非条件反射(unconditioned reflex)和条件反射(conditioned reflex)两类。非条件反射是生来就有、数量有限、比较固定和形式低级的反射活动。它是人和动物在长期的种系发展中形成的，对于个体和种系的生存具有重要意义。条件反射则是在非条件反射的基础上，通过后天学习和训练而形成的高级的反射活动。条件反射的数量是无限的，可以建立，也可消退。条件反射又分为经典条件反射和操作式条件反射。

(1) 经典条件反射(classical conditioning)　也称巴甫洛夫条件反射。在动物实验中，给狗吃食物会引起唾液分泌，这是非条件反射。给狗以铃声则不会引起唾液分泌，因为铃声与食物无关，这种情况下铃声称为无关刺激。但是，如果每次给狗吃食物前先出现一次铃声，然后再给以食物，这样多次结合以后，当铃声一出现，动物就会出现唾液分泌。铃声本来是无关刺激，现在由于多次与食物结合应用，铃声具有了引起唾液分泌的作用，即铃声已成为进食(非条件刺激)的信号。所以这时就把铃声称为信号刺激或条件刺激，这样的反射就称为条件反射。可见，条件反射是在后天生活中形成的。形成条件反射的基本条件就是无关刺激与非条件刺激在时间上的结合，这个过程称为强化(reinforcement)。任何无关刺激与非条件刺激结合应用，都可以形成条件反射。

条件反射建立后，如果只给条件刺激，而不用非条件刺激强化，条件反射就会减弱，最后完全消失。这称为条件反射的消退(extinction)。条件反射的消退不是条件反射的简单消失，而是原先引起兴奋性效应的信号转变为产生抑制性效应的信号。

(2) 操作式条件反射(operant conditioning) 操作式条件反射比较复杂,它要求动物完成一定的操作。例如,将大鼠放入实验箱内,当它在走动中偶然踩到杠杆时,即喂食以强化这一操作;如此重复多次,大鼠即学会了主动踩杠杆而获得食物。然后,在此基础上进一步训练动物只有当出现某一特定的信号(如灯光)后踩杠杆,才能得到食物的强化。在训练完成后,动物见到特定的信号,就去踩杠杆而获得食物。这类条件反射的特点是动物必须通过自己完成某种运动或操作后才能得到强化,所以称为操作式条件反射。

(二) 两种信号系统的学说(signal systems)

上述采用的条件刺激是光、声等具体的信号。在人类,可以用抽象词语代替具体的信号而形成条件反射。因此,巴甫洛夫提出人类有两种不同的信号系统,第一信号系统是具体的信号,第二信号系统是相应的词语。但抽象信号是以具体信号为基础的。

(三) 记忆的形式(types of memory)

1. 根据记忆储存和回忆的方式(based on the forms of storing and retrieving knowledge)

(1) 陈述性记忆 陈述性记忆(declarative memory)与觉知或意识有关,依赖于海马、内侧颞叶等脑区。陈述性记忆还可分为情景式记忆(episodic memory)和语义式记忆(semantic memory)。前者是记忆一件具体事物或一个场面;后者则为记忆文字和语言等。

(2) 非陈述性记忆 非陈述性记忆(non-declarative memory)指某些技巧性的动作、习惯性的行为和条件反射等,与觉知或意识无关,也不涉及海马等脑区。非陈述性记忆又称反射性记忆,例如某些运动技巧和职业性手技均可不加思考而熟练完成。

2. 根据记忆保留的时间长短(based on the time of memory)

(1) 短时程记忆(short-term memory) 信息保留时间仅几秒钟到几分钟,如打电话时的拨号,拨完后记忆随即消失。其特点是容易受干扰,保存时间短暂,记忆容量有限。

(2) 中时程记忆(intermediate memory) 信息保留时间自几分钟到几天,记忆在海马和其他脑区内进行处理,并能转变为长时程记忆。

(3) 长时程记忆(long-term memory) 信息保留时间自几天到数年,有些内容可终生保持记忆。

(四) 人类的记忆过程(process of memory)

人类的记忆过程可以细分成四个阶段(图 10-53),即感觉性记忆、第一级记忆、第二级记忆和第三级记忆。前二个阶段相当于短时性记忆,后二个阶段相当于长时性记忆。感觉性记忆是指通过感觉系统获得信息后,首先在脑的感觉区内储存的阶段,这阶段储存的时间很短,一般不超过 1 秒钟,如果没有经过注意和处理很快就会消失。如果在这阶段经过加工处理,把不持续的、先后进来的信息整合成新的连续的印象,就可以从短暂的感觉性记忆转入第一级记忆。这种转移一般可通过两种途径来实现,一种是通过把感觉性记忆的资料变成口头表达性的符号(如语言符号)而转移到第一级记忆,这是最常见的;另一种非口头表达性的途径,目前还了解得不多,但它是幼儿学习所采取的途径。信息在第一级记忆中停留的时间仍然很短暂，平均约几秒钟。通过反复运用学习，信息在第一级记忆中循环，从而延长了信息在第一级记忆中停留的时间，使信息容易转入第二级记忆。第二级记忆是一个大而持久的储存系统。发生在第二级记忆内的遗忘，似乎是由于先前的或后来的信息的干扰所造成的。有些记忆的痕迹，如自己的名字和每天都在进行操作的手艺等，通过长年累月的运用，是不易遗忘的，这一类记忆储存在第三级记忆中。

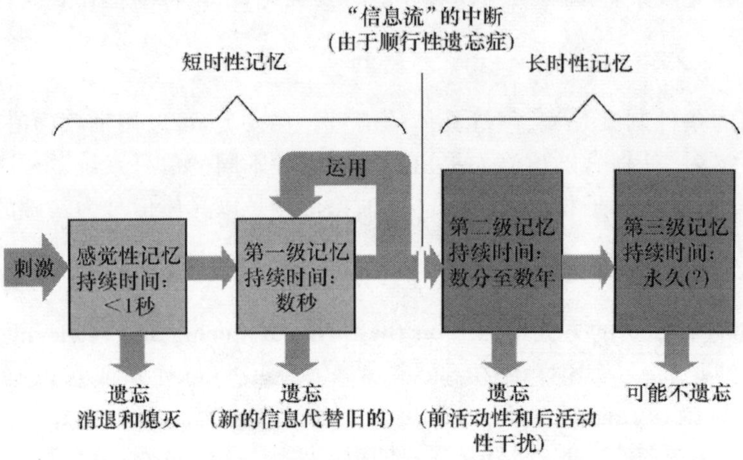

图 10-53　从感觉性记忆至第三级记忆的信息流示意图

（五）遗忘(loss of memory)

临床上把记忆障碍分为两类，即顺行性遗忘症(anterograde amnesia)和逆行性遗忘症(retrograde amnesia)。凡不能保留新近获得的信息的称为顺行性遗忘症。患者对于一个新的感觉性信息虽能做出合适的反应，但只限于该刺激出现时，一旦该刺激物消失，患者在数秒钟就失去做出正确反应的能力。所以患者易忘近事，而远的记忆仍存在。本症多见于慢性酒精中毒者。发生本症的机制，可能是由于信息不能从第一级记忆转入第二级记忆。一般认为，这种障碍与海马的功能损坏有关，海马及其环路的功能遭受破坏，会发生近期记忆障碍。凡正常脑功能发生障碍之前的一段时间内的记忆均已丧失的，称为逆行性遗忘症。患者不能回忆起紧接着本症发生前一段时间的经历。一些非特异性脑疾患(脑震荡、电击等)和麻醉均可引起本症。例如，车祸造成脑震荡的患者在恢复后，不能记起发生车祸前一段时期内的事情，但自己的名字等仍能记得。所以，发生本症的机制可能是第二级记忆发生了紊乱，而第三级记忆却不受影响。

（六）学习和记忆的机制(mechanism of learning and memory)

1. 记忆系统的解剖定位(anatomic localization of memory systems)

由于正电子发射体层摄影(PET)和功能性磁共振(fMRI)等现代脑成像技术的应用，并通过脑外科临床对某些记忆功能障碍患者的观察，提示某些脑区参与学习记忆活动。内侧颞叶(medial temporal lobe)对陈述性记忆的形成极为重要。某些操作技巧需要纹状体，运动学习技能需要小脑的参与。前额叶协调短期记忆的形成，加工后的信息转移至海马，海马在长时记忆的形成中起十分重要的作用，海马受损则短时记忆不能转变为长时记忆。

1953 年 Brenda Milner 给一名癫痫患者做手术，切除了内侧颞叶，包括杏仁核，海马的前三分之二和海马回。手术后病人不能形成新的长时陈述性记忆，不能学习记忆新单词，对前一天医生和他的会面毫无记忆，但是他对儿童时期的记忆还是完整的，而且该患者仍具有学习某些技巧的能力。

2. 学习记忆的机制(mechanism of learning and memory)

(1) 从神经生理(neurophysiology)的角度看，感觉性记忆和第一级记忆主要是神经元生理活动的功能体现。通过神经活动具有一定的后作用，在刺激作用过去以后，活动仍存留一定时间，这可能是感觉性记忆的机制。神经元之间形成许多环路联系，环路的连续活动可能是第一级记忆的机制。例如，海马环路的活动就与第一级记忆的保持以及第一级记忆转入第二级记忆有关。

近年来对突触传递过程的变化与学习记忆的关系进行了许多研究。在海兔(一种海洋软体动物)缩鳃反射的研究中观察到，习惯化的发生是由于突触传递出现了改变，突触前末梢的递质释放量减少导致突触后电位减少，从而使反应性逐渐减弱；敏感化的机制是突触传递效能的增强，突触前末梢的递质释放量增加。在高等动物中也观察到突触传递具有可塑性。1973 年 Bliss 等首先在麻醉兔上发现当给以短暂的高频刺激传入纤维后，随后单刺激产生的持续性突触传递效能增强，即 EPSP 波幅增大。这种易化现象可持续四小时以上，称长时程增强(long-term potentiation，LTP)。不少人把长时程增强与学习记忆联系起来，认为它可能是学习记忆的神经基础。

(2) 从神经生化(neurochemistry)的角度看，长时性记忆与脑内蛋白质的合成有关。在金鱼建立条件反射的过程中，如用嘌呤霉素注入动物脑内以抑制脑内蛋白质的合成，则不能完成条件反射的建立，学习记忆能力发生明显障碍。人类的第二级记忆可能与蛋白质合成密切相关。逆行性遗忘症可能就是由于脑内蛋白质合成代谢受到破坏，致使前一段时间的记忆丧失。

脑内乙酰胆碱、去甲肾上腺素、谷氨酸、GABA，以及血管加压素和脑啡肽等多种递质系统与学习记忆有关。例如给动物注射拟胆碱药可加强学习记忆，而注射抗胆碱药可抑制学习记忆。

(3) 从神经解剖(neuroanatomy)角度看，持久性记忆可能与脑内新的突触联系的建立有关。动物实验观察到，生活在复杂环境中的大鼠，其大脑皮层较厚，而生活在简单环境中的大鼠，大脑皮层较薄。这说明学习记忆活动多的大鼠，其大脑皮层发达，突触的联系多。人类第三级记忆的机制可能与新突触的建立有关。

二、语言功能(Language)

(一) 优势半球和一侧优势(dominant hemisphere and laterality of cerebral dominance)

语言是交流思想和传递信息的工具。人类两侧大脑半球的功能是不对等的，语言中枢所在的大脑半球称优势半球(dominant hemisphere)。人类的语言活动是由利手的对侧大脑皮层主管的，即在主要使用右手的成年人，语言活动中枢主要在左侧大脑皮层。这种一侧优势(laterality of cerebral dominance)的现象仅出现于人类。一侧优势现象虽与遗传有一定关系，但主要是在后天生活实践中逐步形成，这与人类习惯使用右手有关。左脑损伤造成语言障碍的机会比右脑损伤要多一倍。人类的左侧优势自 10～12 岁起逐步建立。如在成年后左侧半球受损，就很难在右侧皮层再建语言中枢。

左侧大脑皮层在语言功能活动上占优势，并不意味着右侧半球不重要。研究指出，右侧半球在非词语性的认知功能上占优势，如对空间的辨认、深度知觉、触一压觉认识、图像视觉认识、音乐欣赏分辨等。

（二）大脑皮层的语言中枢(cerebral language center)

有证据表明，位于优势半球颞上回后端的 Wernicke 区(22 区)理解语言(包括听到的和看到的语言)，它通过弓状束将信息投射到 Broca 区(44 区)。Broca 区位于前额叶，运动皮层下端的前方，对来自 Wernicke 区的信息进行加工处理为相应的发声形式，然后投射到运动皮层，引发唇、舌、喉的运动。图 10-54 显示了当人们看到某一物体并说出该物体名称时，整个信号传递过程的顺序。Wernicke 区后方的角回(angular gyrus)可以将阅读的文字转变为 Wernicke 区所能接受的听觉文字形式。

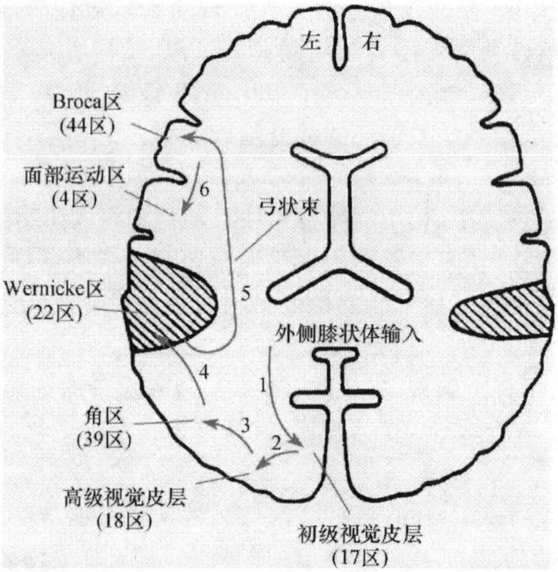

图 10-54 语言中枢传送和处理视觉传入信息的有关脑区和纤维示意图

临床上发现，人类优势大脑皮层一定区域的损伤可引起各种特殊的语言功能障碍(图 10-55)。损伤 Broca 区可致运动失语症(motor aphasia)。病人可以看懂文字和听懂别人谈话，但自己却不会讲话，不能用语词来口头表达。然而，其与发音有关的肌肉并不麻痹，就是不能用“词”来表达自己的意思。损伤额中回后部接近中央前回手部代表区的部位，则病人可以听懂别人的谈话，看懂文字，自己也会讲话，但不会书写。然而，其手部的其他运动并不受影响，这种情况称为失写症(agraphia)。颞上回后部 Wernicke 区损伤，会导致感觉失语症(sensory aphasia)，病人可以讲话及书写，也能看懂文字，但听不懂别人的谈话；事实上，病人能听到别人的发音，但是不懂其含义。角回受损可致失读症(alexia)，病人看不懂文字，但其视觉却是良好的，其他的语言功能活动仍健全。因此，语言活动的完整功能是与广大皮层区域的活动有关的，各区域的功能是密切相关的。严重的失语症可同时出现上述四种语言功能活动的障碍。

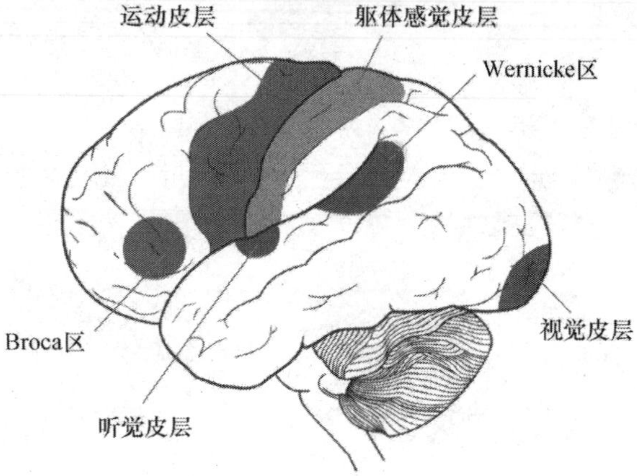

图 10-55　人类大脑皮层语言功能区域示意图

Clinical Note

Alzheimer's Disease & Senile Dementia

Alzheimer's disease is characterized by progressive loss of short-term memory followed by general loss of cognitive and other brain functions, the need for constant care, and, eventually, death. It was originally characterized in middle-aged people, and similar deterioration in elderly individuals is technically senile dementia of the Alzheimer type, though it is frequently just called Alzheimer's disease as well. Most cases are sporadic, but some are familial. Senile dementia can be caused by vascular disease and other disorders, but Alzheimer's disease is the most common cause, accounting for 50%～60% of the cases. It is present in about 17% of the population aged 65～69, but its incidence increases steadily with age, and in those who are 95 and older, the incidence is 40%～50%. Thus, Alzheimer's disease plus the other forms of senile dementia are a major medical problem. The cytopathologic hallmarks of Alzheimer's disease are intracellular neurofibrillary tangles, made up in part of hyperphosphorylated forms of the tau protein that normally binds to microtubules, and extracellular senile plaques, which have a core of-amyloid peptides (Aβ) surrounded by altered nerve fibers and reactive glial cells. The Aβ peptides are products of a normal protein, amyloid precursor protein (APP), a transmembrane protein that projects into the ECF from all nerve cells. This protein is hydrolyzed at three different sites by α-secretase, β-secretase, and γ-secretase, respectively. When APP is hydrolyzed by α-secretase, nontoxic peptide products are produced. However, when it is hydrolyzed by β-secretase and γ-secretase, polypeptides with 40～42 amino acids are produced; the actual length varies because of variation in the site at which γ-secretase cuts the protein chain. These polypeptides are toxic, the most toxic being $A\beta_{s1\sim42}$. The polypeptides form extracellular aggregates, which can stick to AMPA receptors and Ca^{2+} ion channels, increasing Ca^{2+} influx. The polypeptides also initiate an inflammatory response, with production of intracellular tangles. The damaged cells eventually die.

An interesting finding that may well have broad physiologic implications is the observation, now confirmed in a rigorous prospective study, that frequent effortful mental activities, such as doing difficult crossword puzzles and playing board games, slow the onset of cognitive dementia due to Alzheimer's disease and vascular disease. The explanation of this "use it or lose it" phenomenon is as yet unknown, but it certainly suggests that the hippocampus and its connections have plasticity like other parts of the brain and skeletal and cardiac muscles.

Summary

- In humans, bilateral destruction of the ventral hippocampus, or Alzheimer's disease and similar disease processes that destroy its CA1 neurons, cause striking defects in short term memory.
- In summary, much is still to be learned about the encoding of explicit memory. However, according to current views, information from the senses is temporarily stored in various areas of the prefrontal cortex as working memory. It is also passed to the medial temporal lobe, and specifically to the parahippocampal gyrus. From there, it enters the hippocampus and is processed in a way that is not yet fully understood.
- One group of functions more or less localized to the neocortex in humans consists of those related to language. It is a well-established fact that human language functions depend more on one cerebral hemisphere than on the other. This hemisphere is concerned with categorization and symbolization and has often been called the dominant hemisphere.
- A region at the posterior end of the superior temporal gyrus called Wernicke's area is concerned with comprehension of auditory and visual information. It projects via the arcuate fasciculus to Broca's area (area 44) in the frontal lobe immediately in front of the inferior end of the motor cortex. Broca's area processes the information received from Wernicke's area into a detailed and coordinated pattern for vocalization and then

projects the pattern via a speech articulation area in the insula to the motor cortex, which initiates the appropriate movements of the lips, tongue, and larynx to produce speech.

Key Terms

Nonassociative learning; associative learning; unconditioned reflex; conditioned reflex; declarative memory; non-declarative memory; dominant hemisphere

Review Questions

1. Define each term

1) nonassociative learning; 2) associative learning; 3) unconditioned reflex; 4) conditioned reflex; 5) declarative memory; 6) non-declarative memory; 7) dominant hemisphere

2. Choose the correct answer

1) The representational hemisphere
  (A) is the right cerebral hemisphere in most righthanded individuals
  (B) is the left cerebral hemisphere in most lefthanded individuals
  (C) includes the part of the brain concerned with language functions
  (D) is the site of lesions in most patients with aphasia
  (E) is morphologically identical to the opposite nonrepresentational hemisphere

2) Which of the following is not characteristic of conditioned reflexes?
  (A) Failure to form conditioned reflexes when the conditioned and unconditioned stimuli are separated by more than 2 minutes
  (B) Disappearance of the conditioned reflex if it is not reinforced from time to time
  (C) Rapid formation of conditioned reflexes when the conditioned stimulus is pleasant for the animal
  (D) Failure to form conditioned reflexes when the conditioned stimulus is unpleasant to the animal
  (E) Failure to form conditioned reflexes when, after the conditioned stimulus, there is a distracting stimulus before the unconditioned stimulus

3) A lesion of Wernicke's area (the posterior end of the superior temporal gyrus) in the categorical hemisphere causes patients to
  (A) lose short-term memory
  (B) speak in a slow, halting voice
  (C) lose the ability to write
  (D) talk rapidly but make little sense
  (E) lose the ability to recognize faces

3. Answer the following questions

1) What methods are used to study learning and memory in humans and experimental

animals?

2) Discuss the functions of Wernicke's area, Broca's area, and angular gyrus in the production of speech.

3) Describe the various types of memory.

4) Summarize the differences between fluent and nonfluent aphasia, and explain each type on the basis of its pathophysiology.

（陈　蕾　谢俊霞）

参考文献(References)

韩济生. 2009. 神经科学. 3 版. 北京:北京大学医学出版社

孙凤艳. 2008. 医学神经生物学. 上海:上海科学技术出版社

姚泰. 2005. 生理学(供 8 年制及 7 年制). 北京:人民卫生出版社

朱大年. 2009. 生理学. 7 版. 北京:人民卫生出版社

Bear M F, Connors B W, Paradiso M A. 2001. Neuroscience: Exploring the Brain. 2nd ed. Lippincott Willianms and Wilkins Inc

Ganong W F. 2005. Review of Medical Physiology. 22th ed. Stamford, Connecticut: McGraw-Hill

Guyton A C, Hall J E. 2000. Textbook of Medical Physiology. 10th ed. Philadelphia: WB Saunders

Kandel E R, Schwartz J H, Jessell T M. 2000. Principles of Neurla Science. 4th ed. Chicago: McGraw-Hill

Nicholls J G, Martin R, Wallace B G, Fuchs P A. 2001. From Neuron to Brain. 4th ed. Massachusetts: Sinauer Associates, Inc

第十一章 内 分 泌
Chapter 11 Endocrine

Chapter Outline

- Introduction to endocrinology
- Hypothalamus and pituitary gland
- The thyroid gland
- Hormone of regulation on calcium and phosphate metabolism
- The adrenal glands
- Endocrine functions of the pancreatic islets

第一节 概 述
Section 11 Introduction to Endocrinology

Section Outline

- Endocrine system
  - —Endocrine system：endocrine glands and cells
  - —Concepts：hormone，telecrine，paracrine，neurocrine，autocrine
- Hormone
  - —Chemical classification of hormones：amine hormones，polypeptide and protein hormones，lipid hormones (steroid hormones and fatty acid derivative)
  - —Characteristics of hormone action
  - —Mechanisms of hormone action：second messenger，effects of gene group
  - —Regulation of hormone secretion

一、内分泌系统(Endocrine System)

内分泌系统(endocrine system)是由内分泌腺和散在的分布于某些器官组织中的内分泌细胞组成的，是发布信息调控机体功能的系统。内分泌系统与外分泌腺不同之处在于该系统没有导管，体内一些分泌细胞分泌的物质不通过导管排到体表或器官管腔，而是直接释放进入血液或组织液发挥其生理作用，这种分泌方式称为内分泌(endocrine)，人体主要的内分泌腺有下丘脑、松果体、垂体、甲状腺、甲状旁腺、肾上腺、胰岛和性腺等(图 11-1)。散在内分泌细胞主要存在于胃肠道、下丘脑、肾脏和心房肌等。机体依赖神经系统、内分泌系统和免疫系统的共同控制与协调，以适应不断变化的外界环境，保持机体内环境的相对稳定，使机体满足各器官、系统活动的需要，完成生长、发育、生殖、代谢、思维和运动等功能，抵御内、外的不良因素与病理变化的侵袭，维持机体的健康。

由内分泌腺或内分泌细胞分泌的高效能的生物活性物质,经血液循环或组织液运送,对靶组织或靶细胞发挥调节作用,此种化学物质称为激素(hormone)。激素传输信息的主要方式包括远距分泌(telecrine),旁分泌(paracrine),神经分泌(neurocrine)及自分泌(autocrine)等(图 11-2)。激素经血液循环运输至远处靶组织发挥作用的方式称为远距分泌;经组织间液直接扩散而作用于邻近的其他靶细胞的方式称为旁分泌;而经神经内分泌细胞将激素释放到血液循环中发挥作用称为神经分泌。如果内分泌细胞所分泌的激素在局部扩散又返回作用于该细胞的方式称为自分泌。

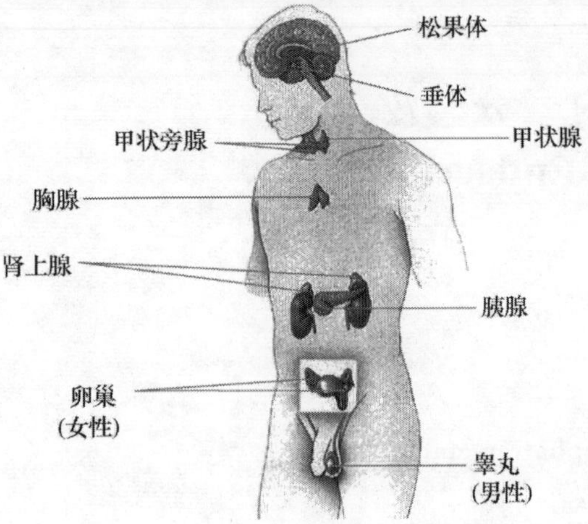

图 11-1 机体内分泌腺的解剖部位

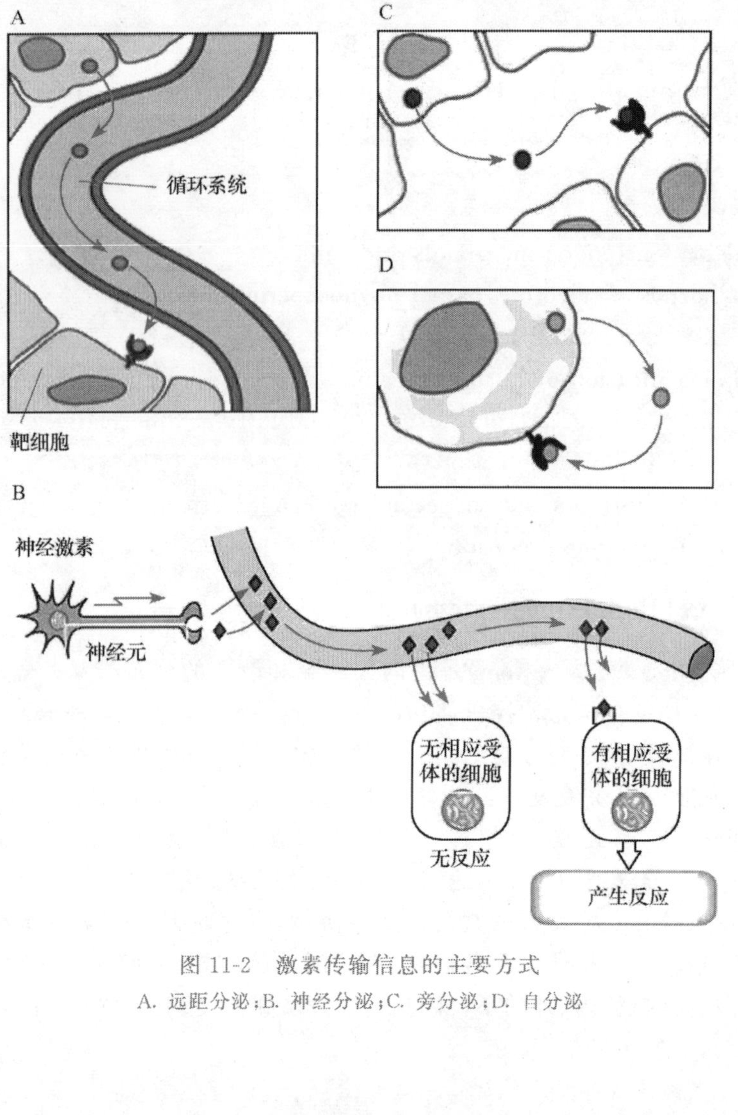

图 11-2 激素传输信息的主要方式

A. 远距分泌;B. 神经分泌;C. 旁分泌;D. 自分泌

二、激素(Hormone)

(一) 激素的分类(chemical classification of hormones)

激素种类繁多,根据其化学结构可分为三类:

1. 胺类激素(amine hormones)

胺类激素(amine hormones)多为氨基酸的衍生物,包括甲状腺激素、肾上腺素、去甲肾上腺素及褪黑素。甲状腺激素是由含碘酪氨酸缩合而成的,其脂溶性强,通过与位于细胞核内的受体结合发挥生物学效应。肾上腺素和去甲肾上腺素是由酪氨酸修饰而成,具有亲水性,通过细胞膜表面的受体发挥作用。褪黑素是以色氨酸为原料合成的。其受体既存在于细胞膜也存在于细胞核内,一般认为褪黑素主要是通过膜受体引起生物学效应。

2. 肽类和蛋白质类激素(peptide and protein hormones)

肽类和蛋白质类激素(peptide and protein hormones)种类繁多,包括下丘脑分泌的激素、腺垂体和神经垂体激素、甲状旁腺素、胰岛素、降钙素、胃肠激素等。胺类激素与肽类和蛋白质激素又称为含氮类激素。含氮类激素具有亲水性,主要通过与膜受体结合,启动细胞内信息转导系统,发挥其生物学效应。此类激素大部分易被消化酶水解,所以若作为药物使用时,一般不宜口服。

3. 脂类激素(lipid hormones)

(1) 类固醇激素(甾体类激素)(steroid hormones) 类固醇激素(甾体类激素)(steroid hormones)包括肾上腺皮质激素和性激素,它们的分子中都有环戊烷多氢菲结构。甾体激素都由胆固醇合成,可以口服。1,25-二羟维生素 D_3 由胆固醇衍生,作用机制也类似,故也被归入此类。此类激素主要通过与位于细胞质或核内的受体结合产生调节作用。

(2) 脂肪酸衍生物(fatty acid derivative) 近年来,有人将脂肪酸衍生物(fatty acid derivative)——廿烷酸类(eicosanoids)列为第三类激素,包括白细胞三烯(leukotrienes)、前列腺素族(prostaglandins)、血栓素(thromboxanes)等。此类激素由花生四烯酸(arachidonic acid)转化而成,分布广泛,既可通过膜受体也可通过胞内受体发挥作用。

(二) 激素作用的特征(characteristics of hormone action)

激素作为一种信使物质(称为第一信使),种类繁多,作用机制非常复杂,但其对机体的生理作用具有一些共同的特征。

1. 特异性(specificity)

某种激素释放入血液后,只能选择性地作用于某些器官(包括内分泌腺)、组织和细胞,称为激素的特异性。激素能选择性地作用于靶细胞是因为靶细胞膜上或胞浆内存在能与激素发生特异性结合的受体。激素受体可分为两类:细胞膜受体和细胞内受体。受体的分布情况决定了激素作用的范围,如下丘脑腺垂体分泌的促激素主要作用于相应的靶腺,而有些激素受体几乎遍及全身,如生长激素受体,故生长激素对几乎全身各部位的细胞均可发挥生物学效应。

2. 信息传递作用(message transmission)

内分泌系统通过激素在细胞与细胞之间进行信息传递。激素只能影响靶细胞原有功能活动或代谢反应的强度与速度,不产生新的功能,也不能给机体提供能量,仅仅起着信使的作用。在信息传递后,即被分解而失活。

3. 生物放大作用(biological amplification)

激素在血液中的生理浓度很低(一般在 pmol/L～nmol/L 数量级),但其效应显著。例如,0.1μg 的促肾上腺皮质激素释放激素可引起肾上腺皮质分泌 40μg 糖皮质激素,放大了 400 倍。这是因为激素作用于受体后,通过一系列酶促反应将激素信息逐级放大所致。

4. 激素间的相互作用(interaction of hormones)

各种激素的作用可以相互影响,主要有:①协同作用。不同激素对同一生理活动都有增强效应,如生长激素、糖皮质激素、胰高血糖素和肾上腺素都具有使血糖升高的作用,在升糖效应上有协同作用。②拮抗作用。不同激素对某一生理活动作用相反,如胰高血糖素使血糖升高而胰岛素使血糖降低。③允许作用。某种激素本身对某器官、组织或细胞不发生直接作用,但它的存在却是另一种激素产生生物效应的必要条件,称为激素的允许作用(permissive action)。例如,糖皮质激素本身不引起血管平滑肌收缩,但它的存在是去甲肾上腺素发挥缩血管作用的前提。其机制可能是糖皮质激素可以调节靶细胞膜上肾上腺素能受体的数量,或对其信号转导途径中信号分子进行调节。

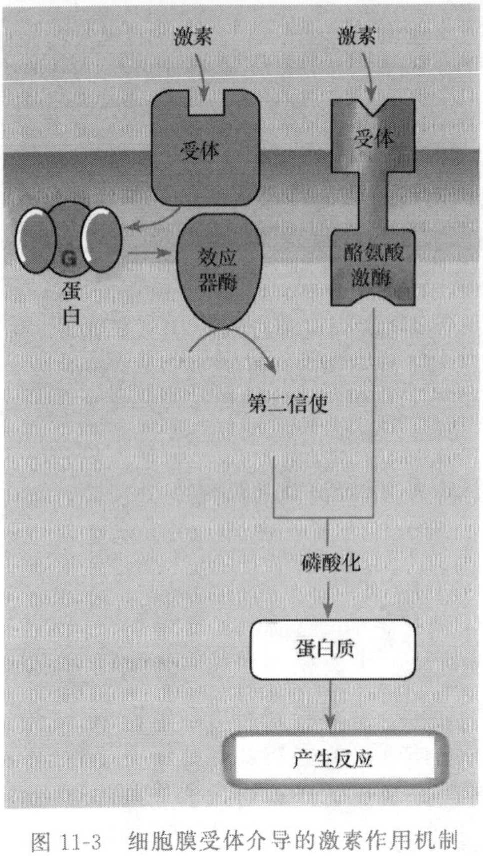

图 11-3 细胞膜受体介导的激素作用机制

(三) 激素作用的机制(mechanisms of hormone action)

生命活动的维持、机体内环境的稳定取决于细胞对外界信号产生应答的一系列复杂的信号转导和调节系统。激素作为细胞外信息分子,如何将信息传到细胞,产生一系列的变化并引起细胞各种应答反应,是内分泌学研究的焦点。随着分子生物学的发展,对激素作用机制的研究有了突破性的进展。按激素的性质不同,将激素作用的机制分为两类。

1. 细胞膜受体介导的信号转导——第二信使学说(signal transduction mediated by membrane receptor-second messenger theory)

胺类激素(甲状腺激素除外)、肽类激素和蛋白质激素是通过与细胞膜 G 蛋白耦联受体和酶耦联受体结合,调节细胞内效应器酶发挥其生物学效应的(图 11-3)。

(1) G蛋白-AC-cAMP信号途径(G protein-AC-cAMP signaling pathway) Sutherland在进行肝糖原分解实验中发现了一种耐热因子,后来证实为环一磷酸腺苷(cyclic adenosine monophosphate,cAMP),相对分子质量为329.2,它对热稳定,在微酸或微碱溶液中煮沸30min仍很稳定。于是Sutherland(1965年)提出了第二信使学说的概念,认为:①人体内的多种含氮类激素是第一信使(first messenger),与靶细胞膜上特异受体结合;②激素-受体复合物通过G蛋白激活膜内侧腺苷酸环化酶(adenylyl cyclase,AC),在Mg^{2+}存在时AC使ATP变成cAMP;③ cAMP作为胞内第二信使激活某种cAMP依赖的蛋白激酶A (protein kinase A,PKA);④活化的PKA进一步促进胞内许多特异蛋白的磷酸化,导致靶细胞产生生理效应(见第二章)。此学说的提出,推动了激素作用机制的研究工作迅速深入发展,为此,Sutherland获1971年诺贝尔生理学或医学奖。体内多种含氮激素,如促肾上腺皮质激素释放激素、促甲状腺激素、肾上腺素、胰高血糖素及黄体生成素等,都是通过这一途径发挥生物学效应。

(2) G蛋白-PLC-IP_3/DG信号途径(G protein-PLC-IP_3/DG signaling pathway) 80年代,许多研究结果表明肌醇磷脂的降解是跨膜信号转导(transmembrane signal transduction)的重要步骤,发现了细胞内一条非核苷酸类的第二信使通路,将肌醇脂质代谢中产生的三磷酸肌醇(inositol-1,4,5-triphosphate,IP_3)和甘油二酯(diacylglycerol,DG)确认为第二信使。IP_3和DG产生的基本过程是:激素激活细胞膜受体,经G蛋白的耦联作用,引发磷脂酶C(phospholipase C,PLC)活化,活化的PLC使二磷酸磷脂酰肌醇(phosphatidylinositol-4,5-bisphophate,PIP_2)分解产生大量IP_3和DG两种信使物质,二者分别激活两条独立又相互协调的信号传递途径,即IP_3-Ca^{2+}和DG-PKC(protein kinase C,蛋白激酶C)。IP_3主要使细胞内Ca^{2+}库释放Ca^{2+},使胞浆中游离Ca^{2+}水平增高,然后通过钙-钙调素(calcium-calmodulin system,Ca^{2+} · CaM)系统影响细胞功能。DG则能特异性激活PKC,然后催化细胞内各种底物磷酸化,从而产生生物学效应(见第二章)。体内有些含氮类激素,如促性腺激素释放激素、儿茶酚胺、胃泌素及血管升压素等,都是通过此途径发挥调节作用。

(3) 鸟苷酸环化酶受体介导的信号途径(guanylyl cyclase receptor mediated signaling pathway) 体内的心房钠尿肽和一氧化氮是通过与鸟苷酸环化酶受体结合,激活鸟苷酸环化酶,继而催化胞质内的GTP生成cGMP,cGMP作为第二信使,激活蛋白激酶G,通过对底物蛋白质的磷酸化发挥其生物学效应。

(4) 酪氨酸激酶受体和酪氨酸激酶耦联受体介导的信号转导系统(tyrosine kinase receptor and tyrosine kinase coupled receptor mediated signaling pathway) 体内有些激素,如生长激素、催乳素、胰岛素、胰岛素样生长因子等,与相应受体结合后,通过活化受体本身的酪氨酸激酶或激活胞质内的酪氨酸激酶,对下游信号分子进行磷酸化,激活信息传递的级联反应,产生调节效应(见第二章)。

2. 细胞内受体介导的信号途径——基因组效应(signal transduction mediated by intracellular receptor-effects of gene group)

脂溶性激素如类固醇激素、甲状腺激素等可以自由透过细胞膜的脂质双分子层而进入细胞,在细胞内通过核受体介导的基因组效应诱导靶细胞内新酶或结构蛋白的合成而实现激素效应。类固醇激素基因组效应的主要过程是:①激素直接透过细胞膜进入胞浆,与胞浆中特异受体结合成激素-受体复合物；②在 Ca^{2+} 存在条件下，复合物发生变构，并进入核内；③复合物结合在染色质特异位点上，与核内 DNA 上的激素反应元件（hormone response element，HRE）结合，启动或抑制 DNA 的转录过程；④促进或抑制 mRNA 的形成，从而使蛋白质（主要是酶）的合成增加或减少，实现生物学效应（图 11-4）。

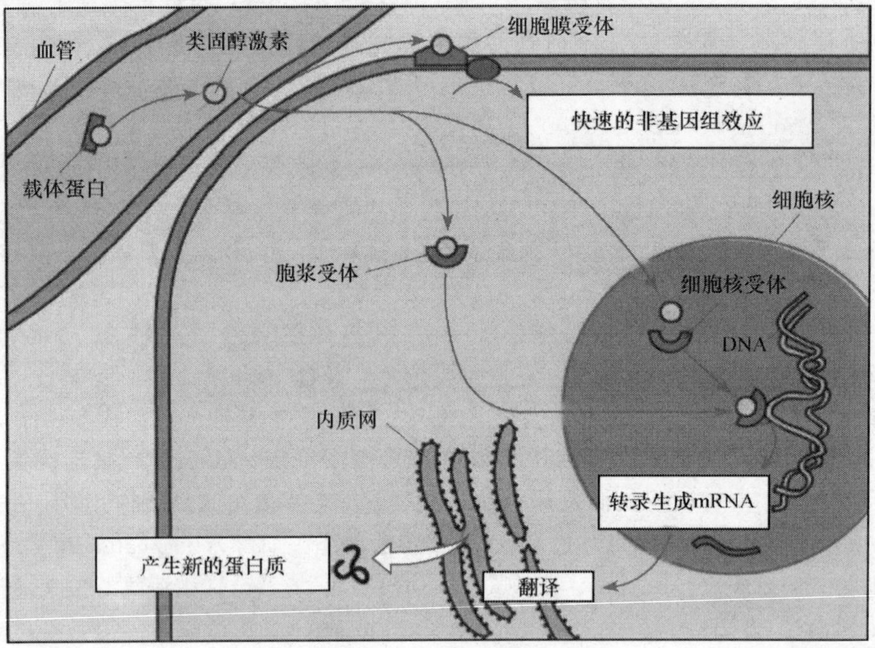

图 11-4　类固醇激素作用原理

近年来的研究发现，经典的核受体具有和一个配体结合的激素结合域、一个高度保守的负责和 DNA 结合的 DNA 结合结构域及一个可变 N 末端的转录激活结构域等，受体未与激素结合时，是与一种相对分子质量为 90kD 的热休克蛋白（heat shock protein，HSP）结合在一起的。HSP90 一方面有助于受体与激素的结合，另一方面遮蔽受体与 DNA 的结合部位，使之与 DNA 只能疏松结合。受体与激素结合后，即释出 HSP90，显露出 DNA 结合部位，与 DNA 紧密结合并调节基因的表达（图 11-5）。

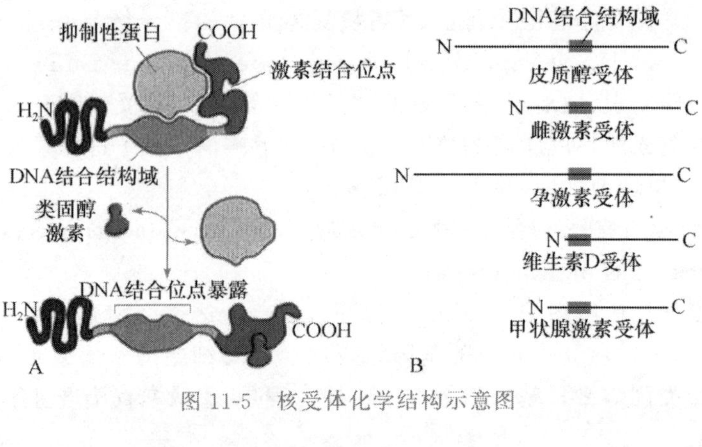

图 11-5　核受体化学结构示意图

激素的作用机制非常复杂，近年来的研究发现，类固醇激素除了通过经典的基因机制发挥调控作用外，还可以通过膜受体及离子通道，在数分钟甚至数秒钟之内，发挥快速的非基因效应(图 11-4)。

(四) 激素分泌的调节(regulation of hormone secretion)

体内激素水平的相对稳定对于机体内环境和生理功能稳态的维持起着非常重要的作用，机体对其分泌活动有着精确的调节机制。

1. 轴系反馈调节(regulation through axis and feedback)

由下丘脑-腺垂体-靶腺轴构成的三级水平功能调节环路，如下丘脑-腺垂体-甲状腺轴、下丘脑-腺垂体-肾上腺轴和下丘脑-腺垂体-性腺轴，调节着甲状腺激素、肾上腺皮质激素和性腺激素的分泌。通常在此环路中，上位内分泌腺细胞分泌的激素对下位内分泌腺细胞的活动起促进作用；而下位内分泌细胞分泌的激素反过来对上位内分泌腺细胞的活动具有反馈作用，且绝大多数是负反馈性调节。在上述的下丘脑-腺垂体-靶腺轴的调节中，分别形成了长反馈(long-loop feedback)、短反馈(short-loop feedback)和超短反馈(ultrashort-loop feedback)等闭合的控制环路(图 11-6)。长反馈是指靶腺分泌的激素对下丘脑和腺垂体的反馈调节；短反馈是指腺垂体分泌的激素对下丘脑的反馈调节；超短反馈是指下丘脑分泌的调节肽对下丘脑内部相应的肽能神经元的调节作用。

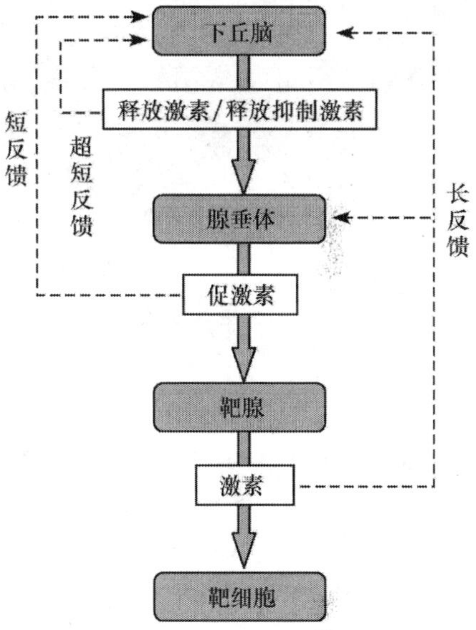

图 11-6 激素分泌的调节

--→ 反馈作用途径

在轴系反馈调节中，少数情况下，激素分泌的调节是以正反馈的形式进行的。如在月经周期中雌激素一般是对下丘脑促性腺激素释放激素(GnRH)神经元的活动起负反馈调节作用，但在排卵前雌激素水平达到高峰时，雌激素对 GnRH 神经元起正反馈调节作用，使 Gn-RH 释放增加，正反馈地引起黄体生成素(LH)分泌高峰，进而引起排卵。

2. 体液代谢物调节(regulation through metabolites)

许多激素在体内参与物质代谢的调节，而物质代谢过程中引起的某些物质水平的变化又反过来参与激素分泌水平的反馈调节。例如，胰岛 B 细胞对血糖水平的变化非常敏感，进餐后血糖水平升高可直接刺激胰岛 B 细胞分泌胰岛素增加，从而使血糖降低；而血糖水平降低则反过来使胰岛素分泌减少。同样，甲状旁腺激素和降钙素的分泌也是直接受血 Ca^{2+} 调节的，血 Ca^{2+} 浓度的轻微下降，即可引起甲状旁腺激素分泌的增加，血 Ca^{2+} 浓度增加时，降钙素的分泌便会增多。

3. 神经调节(nervous regulation)

许多内分泌腺的活动都是直接或间接地受中枢神经系统活动的调节。神经活动对激素分泌的调节对于机体具有特殊的意义。例如，当机体遭遇特殊紧急情况时，如缺氧、剧痛、失血、恐惧等，交感神经活动增强，肾上腺髓质分泌的儿茶酚胺类激素增多，可协同交感神经系统产生应急反应，广泛动员整体功能，释放能量，以适应内外环境的变化；而迷走神经活动增强时，可促进胰岛 B 细胞分泌胰岛素，帮助机体积蓄能量。

Summary

- The endocrine system and the nervous system are the two primary means for communication in the body, and these two systems function in a coordinated manner to promote homeostasis. Neuroendocrine cells provide a means by which information in the nervous system can be transferred into endocrine signals.
- Organs of the endocrine system include adrenal, gonads, hypothalamus, pancreas, parathyroid, pituitary, thyroid, heart, kidney and gastrointestinal tract.
- The original definition of a hormone is a chemical produced in small amounts, released into the blood stream, and carried to a distant site where it acts on the cells of organ.
- Hormones are signaling molecules that are conveyed by the blood stream(endocrine), by neural axons and the blood stream(neurocrine), or by local diffusion(paracrine, autocrine).
- Hormones are divided into three categories based on chemical structure: amines, peptide or protein hormones, lipid hormones, which are further subdivided into steroid hormones and eicosanoids.
- The amines hormones are derivative of the amino acid tyrosine. Peptide hormones and small protein hormones are composed of sequences of amino acids. Steroid hormones are derivatives of cholesterol.
- Peptide, protein and catecholamine hormones act on target cells via specific protein receptors located in the plasma membranes. Binding of a hormone to its receptor on the cell surface results in the generation of intracellular second messengers, which alter or regulate cell function. Currently known second messengers include cyclic adenosine monophosphate(cAMP), diacylglycerol(DG), inositol triphosphate (IP_3) and certain ions, most notably calcium. These molecules act intracellularlly to increase or decrease enzyme activities.
- Thyroid and steroid hormones act by means of specific protein receptors located in the nucleus. The hormone-receptor complex interacts with promoter, enhancer, or negative enhancer elements in DNA molecules to induce or repress expression of target genes. In turn, this leads to increase or decrease in the concentration of enzymes and other protein.
- Signal amplification occurs at nearly every step in hormone action, allowing hormones to be effective regulators of cell function even through they are present in the blood in extremely small amounts.

Key Terms

Endocrine system; hormone; second messenger

Review Questions

1. Define each term

1) endocrine system; 2) hormone; 3) telecrine; 4) paracrine; 5) neurocrine; 6) autocrine; 7) permissive action; 8) second messenger

2. Choose the correct answer

1) Which one of the following hormones initiates a biological effect by activation of cell membrane receptors?

(A) Progesterone　(B) Estrogens　(C) Cortisol
(D) Epinephrine　(E) Thyroxine

2) Which one of the following hormones interacts with a cytoplasmic receptor, then localizes in the nucleus and directs protein and nucleotide synthesis?

(A) Cortisol　(B) Thyrotropin-releasing hormone　(C) Luteinizing hormone
(D) Epinephrine　(E) Insulin

3. Answer the following questions

1) Describe the characteristics of hormone action.
2) Describe the signaling transduction of peptide and protein hormones.
3) What is the general mechanism of action of steroid and thyroid hormones?

第二节　下丘脑与垂体
Section 2　Hypothalamus and Pituitary Gland

Section Outline

- Hypothalamic-hypophysis unit
  —Hypothalamic-adenohypophysical system
  —Hypothalamic-neurohypophysical system
- Hypothalamic regulatory peptides
- Adenohypophysical hormone
  —Growth hormone
  —Prolactin
  —Melanophorc stimulating hormone
  —Tropic hormone
- Neurohypophysical hormone
  —Vasopressin
  —Oxytocin

下丘脑是人体神经-内分泌的高级调节中枢，也是神经调节和体液调节的汇合部位与转换站。人的下丘脑较小，只占全脑的1%（约4g），但是与体内的水平衡、体温调节、电解质代谢、摄食、生殖、免疫、情绪等生命活动的关系非常密切，在维持机体内环境稳定和神经-内分泌功能方面具有十分重要的意义。下丘脑与垂体在结构和功能上有非常密切的联系，可看作是一个内分泌功能单位。下丘脑-垂体功能单位(hypothalamus-hypophysis unit)包括下丘脑-腺垂体系统(Hypothalamic-adenohypophysical system)和下丘脑-神经垂体系统(Hypothalamic-neuroohypophysical system)两部分。

一、下丘脑-垂体功能单位(Hypothalamus-Hypophysis Unit)

(一)下丘脑-腺垂体系统(hypothalamic-adenohypophysical system)

下丘脑与腺垂体之间并没有直接的神经联系,主要是通过血管网络—垂体门脉系统联系。垂体上动脉先在正中隆起形成初级毛细血管网,然后再汇集成几条长的垂体门脉血管进入垂体,并再次形成次级毛细血管网。下丘脑内侧基底部促垂体区含有肽能神经元,可分泌下丘脑调节肽(hypothalamic regulatory peptide,HRP),其神经轴突在正中隆起、垂体柄处与垂体门脉系统的第一微血管丛相接,下丘脑调节肽在此处释放入血,沿着垂体门脉血管到达腺垂体,兴奋或抑制腺垂体激素的分泌(图 11-7A)。下丘脑不同部位的功能和形态并不相同:①下丘脑前区有一部位与促性腺激素的分泌有关,在雌激素的兴奋作用下(正反馈)引起月经中期大量促性腺激素(以黄体生成素为主)的释放,促进排卵;②下丘脑中后区也影响促性腺激素的分泌,其作用是兴奋的,雌激素对其有抑制作用(负反馈),这与促性腺激素的经常性分泌有关;③下丘脑前区一个较广泛的区域与促甲状腺激素的分泌有关;④近正中隆起处与生长素分泌有关;⑤控制促肾上腺皮质激素分泌的区域较为广泛,因此下丘脑损害不容易使正中隆起的促肾上腺皮质激素释放激素的浓度下降。

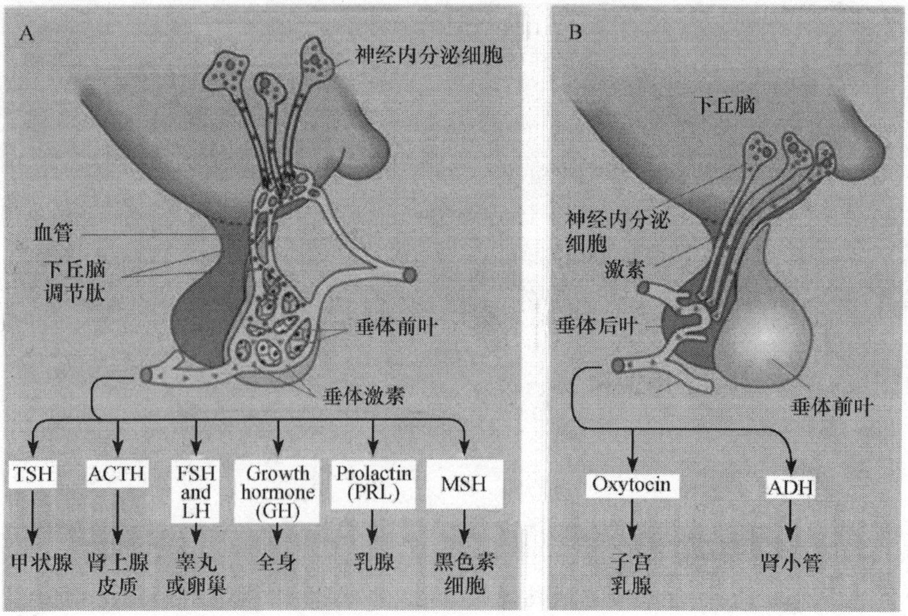

图 11-7 下丘脑-腺垂体系统与下丘脑-神经垂体系统

(引自 Addison Wesley Longman. Inc)

（二）下丘脑-神经垂体系统（hypothalamic-neurohypophysical system）

下丘脑与神经垂体有着直接的神经联系。下丘脑的视上核和室旁核细胞体积较大，轴突较长，其轴突向下投射到神经垂体，组成下丘脑-垂体束（hypothalamo-hypophyseal tract）。视上核和室旁核可以生成血管升压素（vasopressin，VP）和缩宫素（oxytocin，OT），经轴突下行输送至垂体后叶的神经末梢并储存，构成下丘脑-神经垂体系统（图 11-7 B），当机体需要时，在适宜的刺激下释放入血。

二、下丘脑调节肽（Hypothalamic Regulatory Peptides）

下丘脑调节肽（hypothalamic regulatory peptide，HRP）是指下丘脑促垂体区肽能神经元分泌的能调节腺垂体活动的肽类物质。下丘脑内侧基底部存在的促垂体区主要包括正中隆起、弓状核、腹内侧核、视交叉上核和室周核等核团。这里的神经内分泌细胞与中脑，边缘系统及大脑皮层神经元构成突触。下丘脑调节肽在化学结构上都是小分子多肽，其含量极微（<1.0～10μg）。迄今为止，已发现下丘脑调节肽有 9 种。其中 5 种已分离成功称为激素，包括促甲状腺激素释放激素（thyrotropin-releasing hormone，TRH）、促性腺激素释放激素（gonadotropin-releasing hormone，GnRH）、生长抑素（growth hormone-inhibiting hormone，GHIH，或 somatostatin）、 生长激素释放激素（growth hormone-releasing hormone，GHRH）、促肾上腺皮质激素释放激素（corticotropin-releasing hormone，CRH）；4 种化学结构尚未完全清楚称为因子，包括催乳素释放因子（prolactin-releasing factor，PRF）、催乳素释放抑制因子（prolactin release-inhibiting factor，PIF）、促黑素细胞激素释放因子（melanophore-stimulating hormone-releasing factor，MRF）、 促黑素细胞激素抑制因子（melanophore-stimulating hormone -inhibiting factor，MIF）。下丘脑分泌的调节腺垂体激素名称、英文缩写、生理作用、激素结构和作用机制列于表 11-1。

表 11-1　下丘脑分泌的调节腺垂体激素

激素名称	缩写	生理作用	激素结构
促甲状腺激素释放激素	TRH	促进甲状腺激素和催乳素分泌	3 肽
促性腺激素释放激素	GnRH	促进黄体生成素和卵泡刺激素分泌	10 肽
生长抑素	GHIH	抑制生长激素和促甲状腺激素等的分泌	14 肽
生长素释放激素	GHRH	促进生长激素分泌	44 肽
促肾上腺皮质激素释放激素	CRH	促进促肾上腺皮质激素分泌	41 肽
催乳素释放因子	PRF	促进催乳素分泌	31 肽
催乳素释放抑制因子	PIF	抑制催乳素分泌	多巴胺
促黑素细胞激素释放因子	MRF	促进促黑素细胞激素分泌	5 肽
促黑素细胞激素抑制因子	MIF	抑制促黑素细胞激素分泌	3 肽

从上表的生理作用可见，下丘脑激素有二大类型：①兴奋性激素，如 TRH、GnRH、GHRH、CRH、PRF、MRF。当下丘脑被毁或垂体与下丘脑的血管联系中断后，垂体靶细胞的激素分泌减少。②抑制性激素，如 GHIH、PIF、MIF。当下丘脑被毁或垂体与下丘脑的血管联系中断后，垂体靶细胞的激素分泌增加。下丘脑激素除了在生理学上有重要作

用外，在临床上也具有重要的意义：①在发病机制中，可以解释为什么下丘脑损害常伴有多种内分泌功能紊乱；②在诊断方面，TRH、GnRH 已用于检查促甲状腺激素及黄体生成素/卵泡刺激素储备功能，以判断内分泌功能紊乱是发生在下丘脑还是在腺垂体；③在治疗方面，黄体生成素已用于促进排卵，治疗不育症，GHIH 可用于治疗肢端肥大症、休克、心肌病和 Graves 眼病等。

下丘脑激素的分泌活动主要受神经和体液的调节，下丘脑肽能神经元的活动受其他脑区的神经纤维及外周感觉神经传入的信息影响。神经纤维通过其释放的神经递质，调控下丘脑肽能神经元的活动，这些神经递质的分布及种类比较复杂，大致可以分为两大类：一类是肽类物质，包括脑啡肽、β-内啡肽、P 物质、神经降压素、血管活性肠肽及胆囊收缩素等；研究发现脑啡肽和 β-内啡肽可以抑制 CRH 和 GnRH 的释放，但对 TRH 和 GHRH 则具有促进作用；另一类是单胺类神经递质，包括多巴胺（dopamine）、去甲肾上腺素（NE）和 5-羟色胺（5-TH）。单胺类神经元可与肽能神经元直接或间接的发生突触联系，通过释放单胺类神经递质调节肽能神经元的功能活动，其调节活动比较复杂，如去甲肾上腺素可以促进 TRH、GnRH 和 GHRH 的分泌，而对 CRH 和 PRF 的分泌具有抑制作用；多巴胺可以促进 GHRH 的分泌，抑制 TRH、CRH 和 PRF 的分泌，对 GnRH 有抑制作用或作用不明显；5-TH 对 TRH 和 GnRH 的分泌具有抑制作用，而对于 GHRH、CRH 和 PRF 的分泌则具有促进作用。

三、腺垂体激素（Adenohypophysical Hormone）

垂体（hypophysis or pituitary gland）分为腺垂体（adenohypophysis）和神经垂体（neurohypophysis）两部分。腺垂体包括远侧部、结节部和中间部。神经垂体由神经部、漏斗干和正中隆起三部分组成。腺垂体主要由腺细胞构成，是体内最重要的内分泌腺之一，它是中枢神经系统与靶腺之间的重要桥梁。腺垂体的内分泌功能不仅涉及到机体的生长、发育、行为、生殖、泌乳、蛋白质、碳水化合物、脂肪以及水盐代谢等方面，而且与协调机体其他内分泌腺的活动有关。腺垂体合成和分泌 7 种含氮类激素，其中促甲状腺激素（thyroid stimulating hormone，TSH），促肾上腺皮质激素（adrenocorticotropic hormone，ACTH）、黄体生成素（luteinizing hormone，LH）和卵泡刺激素（follicle stimulating hormone，FSH ）均有各自靶腺，分别形成三个轴：即下丘脑-腺垂体-甲状腺轴、下丘脑-腺垂体-肾上腺皮质轴和下丘脑-腺垂体-性腺轴，从而通过各自靶腺发挥作用。而生长激素（growth hormone，GH）、催乳素（prolactin，PRL）和促黑素细胞激素（melanophore stimulating hormone，MSH）则无靶腺，直接作用于靶组织或靶细胞，分别调节物质代谢、个体生长、乳腺发育和泌乳以及黑色素细胞代谢活动等。

（一）生长激素（growth hormone，GH）

GH 是腺垂体合成量最大的蛋白质激素，平均每克组织含有 8.5mg。人生长激素（human growth hormone，hGH）是由 191 个氨基酸残基组成的多肽，相对分子质量为 22kD，有种属特异性，不同种属动物生长激素的化学结构差别较大。正常人基础状态下血清 GH 水平很低，成年男性不超过 5μg/L，女性不超过 10μg/L，血中半衰期为6～

20min。血中的 GH 有结合型和游离型两种形式，其中结合型 GH 约占 40%～45%。人和动物的血浆和组织液中有两种与 hGH 特异性结合的生长激素结合蛋白(GH-binding protein，GHBP)，即高亲和力(high affinity)GHBP 和低亲和力(low affinity) GHBP。前者相对分子质量较小(61kD)，是 GH 在血浆中的主要存在形式，其水平的高低可以反映 GH 受体的数量；后者相对分子质量较大(100kD)，其分子结构和作用尚未清楚。研究结果显示，在先天性 GH 受体缺乏的 Laron 侏儒症患者血清中高亲和力 GHBP 水平极低，但低亲和力 GHBP 水平较高。此外，GH 的基础分泌呈节律性脉冲式释放，每隔 1～4h 出现一次脉冲，入睡后 GH 分泌明显增加，1h 后达到分泌高峰，随后逐渐减少。青春期脉冲波峰最高，随着年龄增长，分泌量逐渐减少，50 岁后睡眠后的 GH 峰逐渐消失。

1. GH 的生物学作用(biological actions of growth hormone)

1) 促进生长、发育(promote growth and development)

GH 是调节机体生长、发育的关键性激素之一。GH 促生长的作用，主要是由于其能促进骨、软骨、肌肉及其他组织细胞分裂、增殖和机体蛋白质合成，从而促进骨骼和肌肉的生长发育。动物实验观察到，幼年动物摘除垂体后，生长立即停止，但是如果及时补充 GH，仍可使动物维持正常的生长与发育。因此，人幼年时期如果缺乏 GH，则生长、发育停滞，尤其长骨发育迟缓，身材矮小，称为侏儒症(dwarfism)，但对脑发育影响不大，幼儿智力正常；当 GH 过多，使生长发育过度，则患巨人症(gigantism)。成年后骨骺发育成熟，长骨不再增长，此时如果 GH 分泌过多，因骨骺已闭合，长骨已不能继续生长，GH 刺激肢端短骨、颌面部骨及其软骨组织增生，同时结缔组织中透明质酸和硫酸软骨素聚集，患者出现手足粗大、鼻大唇厚、下颌突出，内脏器官如肝、肾等也增大，称为肢端肥大症(acromegaly)。

2) 促进代谢(promote metabolism)

GH 对物质代谢具有广泛的影响。GH 促进蛋白质合成，增强 Na^+、K^+、Ca^{2+}、P、S 等元素的摄取和利用。同时通过抑制糖的消耗，加速脂肪分解，使能量来源由糖代谢转向脂肪代谢，有利于机体的生长和修复过程。因此，有人认为 GH 使机体各组织的代谢维持年轻状态，即蛋白质和体液较多而脂肪较少。

(1) 蛋白质代谢(protein metabolism) GH 促进氨基酸进入细胞速度增加，加强 DNA 合成，刺激 RNA 形成，加速蛋白质合成，因而尿氮减少，机体呈正氮平衡。

(2) 脂肪代谢(fat metabolism) GH 增加脂肪与其受体结合后，可以激活对激素敏感的脂肪酶，促进脂肪氧化分解，组织脂肪含量减少。特别是肢体中脂肪减少，血中游离脂肪酸增加。游离脂肪酸进入肝脏后，在肝内氧化以提供能量。

(3) 糖代谢(glycometabolism) GH 对糖代谢的影响主要表现为升高血糖。GH 可降低肌肉与脂肪组织对葡萄糖的摄取与利用，促进肝脏产生葡萄糖，结果导致血糖升高。GH 分泌过多的患者可出现血糖过高，甚至出现糖尿，称为垂体性糖尿。

2. GH 的作用机制(mechanism of growth hormone action)

GH 发挥作用的机制是首先与生长激素受体(growth hormone receptor，GHR)结合。GHR 是一种由单一基因编码，含 620 个氨基酸残基的跨膜蛋白，为催乳素/促红细胞生成素/细胞因子受体超家族成员之一，属于酪氨酸激酶耦联受体。当 GH 与 GHR 结合后主要激活非受体型胞浆可溶性酪氨酸激酶——Janus 激酶(Janus kinase or just another kinase，两面神激酶)简称 JAK。激活的 JAK2 使其自身及 GHR 磷酸化，并与磷酸化的受体一起将 GH 信号进一步向下游传递，最后使信号转导与转录激活因子(signal transducer and activator transcription，STAT)磷酸化而激活，并转入细胞核内，启动 DNA 转录过程，促进蛋白质的合成。此外，GHR 被激活后，还可以通过 SHC-MAPK，PLC-DG-PKC，IRS-PI3K-转运体等多条信号转导途径，发挥其代谢物转运和细胞增殖与分化等多种生物学效应(图 11-8)。

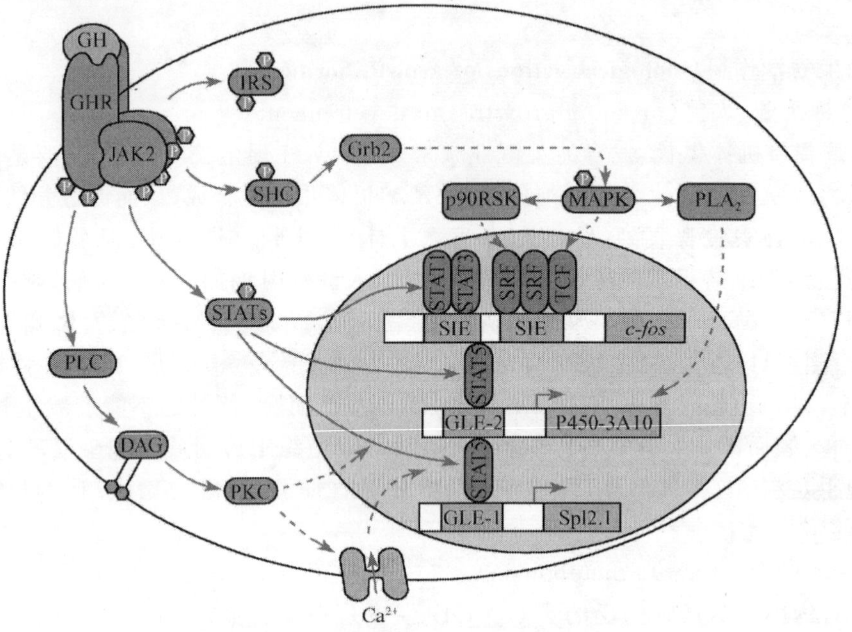

图 11-8 生长激素受体介导的信号转导途径

(引自 Ganong WF. Review of medical Physiology，22th edition. New York，McGraw-Hill Companies. 2005 JAK2：Janus 激酶 2；IRS：胰岛素受体底物；STATs：信号转导与转录激活因子；Grb2：生长因子受体结合蛋白 2；p90[RSK]：一种丝氨酸/苏氨酸激酶；PLA_2：磷脂酶 A_2；SIE：Sis 诱导的元件；SRE：血清应答元件；SRF：血清应答因子；TCF：三元复合物因子；GLE-1 和 GLE-2：类 γ-干扰素激活序列应答元件；Spi2.1：丝氨酸蛋白酶抑制剂)

GH 的部分效应如促生长作用，不仅需要 GH 本身的作用，还与 GH 能诱导靶细胞产生一种具有促生长作用的肽类物质——生长素介质(somatomedin，SM)的作用有关(图 11-9)。SM 的化学结构与胰岛素近似并具有胰岛素活性，故又称为胰岛素样生长因子(insulin-like growth factor，IGF)。IGF 有两种，即 IGF-1 和 IGF-2，分别含有 70 个和 67 个氨基酸残基。IGF-1 的主要作用是：①促进细胞有丝分裂；②增强 DNA、RNA 和蛋白质的合成，促进肌细胞、脂肪细胞、神经细胞及软骨组织等的分化与增殖；③作为 GH 的介导分子(或靶激素)而发挥 GH 的间接作用；④在肿瘤组织中可促进肿瘤的生长。IGF-2 的主要作用有：①增加细胞 Ca^{2+} 内流，促进细胞有丝分裂；②竞争 IGF-1 受体，具有抗

IGF-1 的作用；③在胎儿时期，各组织中的 IGF-2 以自分泌或旁分泌形式作用于胚胎组织，促进胚胎发育；④癌细胞产生的 IGF-2 及血管内皮生长因子(vascular endothelial growth factor，VEGF)等能促进癌细胞迅速生长和扩散，IGF-2 mRNA 可作为 Wilm 细胞肉瘤的标记物。一般认为，GH 的促生长作用主要是通过 IGF-1 实现的。临床研究结果显示，肢端肥大症患者血中 IGF-1 明显增高，侏儒症患者血中 IGF-1 明显降低。

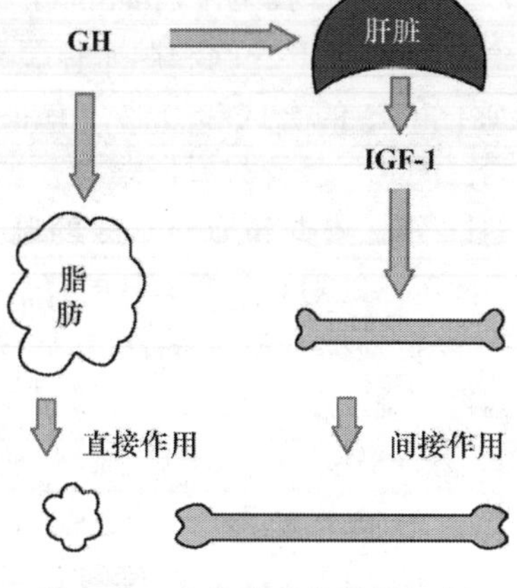

图 11-9　生长激素的作用机制

3. GH 的分泌调节(regulation of growth hormone secretion)

GH 以脉冲方式分泌入血，受下丘脑 GHRH 和 GHIH 双重调节；循环血中的 IGF-1 和 GH 对垂体 GH 分泌和下丘脑 GHRH/GHIH 的分泌有反馈抑制和调控作用；代谢因素、激素和睡眠对 GH 的分泌也有影响。

1) 下丘脑对 GH 分泌的调节(hypothalamic control of growth hormone secretion)

腺垂体 GH 的分泌受 GHRH 和 GHIH 的双重调节。GHRH 神经元主要位于下丘脑弓状核和腹内侧核；GHIH 神经元主要位于室周区前部。GHRH 促进 GH 分泌，而 GHIH 则抑制 GH 分泌。一般认为，下丘脑分泌 GHRH 是 GH 分泌的经常性调节，而 GHIH 则是在应激刺激 GH 分泌过多时才发挥对 GH 分泌的抑制作用。通常情况下，以 GHRH 的调节作用占优势；腺垂体内分泌细胞上的 GHRH 受体与内源性配体 GHRH 结合即可触发 GH 的释放(图 11-10)。

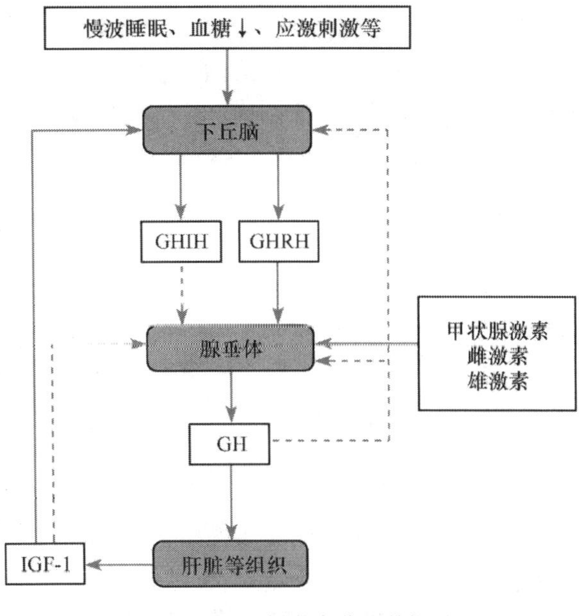

图 11-10　生长激素分泌的调节

→ 表示促进作用或分泌活动；- - → 表示抑制

2）反馈性调节(feedback control)

GH对下丘脑和腺垂体具有负反馈调节作用,能反馈抑制下丘脑GHRH的释放及腺垂体GH的合成和分泌。有证据表明,摘除大鼠垂体后,血中GH浓度下降,而下丘脑GHRH的含量却有所增加。给大鼠侧脑室注射GHRH,引起下丘脑GHRH含量降低、GH分泌减少和抑制GH的脉冲释放,说明GH对下丘脑GHRH的释放有反馈抑制作用,而GHRH对其本身的释放也起反馈调节作用。此外,IGF-1是垂体GH分泌的另一主要负反馈抑制因子,IGF-1能抑制培养的垂体细胞GH的基础分泌和GHRH刺激的GH分泌,表明IGF-1可通过下丘脑和腺垂体两个水平对GH分泌起调节作用。在整体动物,IGF-1能刺激下丘脑释放GHIH,抑制腺垂体分泌GH。

3）睡眠的影响(effects of sleeping)

70%的GH是在夜间分泌的,在不同的睡眠时相中,GH分泌量不同,进入慢波睡眠后,GH分泌增加,分泌高峰大约出现在入睡1小时左右。转入异相睡眠后,GH分泌减少。

4）代谢因素的影响(effects of metabolic factors)

低血糖是刺激GH分泌最有效的因素,血糖降低,GHRH神经元兴奋性增高,GHRH释放增多,进而促进GH的分泌。相反,若血糖升高则会抑制GH的分泌。

5）激素的影响(effects of hormones)

甲状腺激素、雌激素、雄激素和应激刺激均能促进GH分泌。在青春期,血中性激素水平升高,可明显增加GH分泌,促进青春期的生长发育。

6）神经递质的调节(regulation of neurotransmitters)

在GH分泌中起重要作用的神经递质如下。①多巴胺:正常人给予多巴胺前体左旋多巴、多巴胺受体激动剂或滴注多巴胺,均能使血清GH水平增高。②去甲肾上腺素:去甲肾上腺素对GH分泌的调节既有兴奋作用又有抑制效应,取决于作用受体的类型,兴奋作用主要通过α_2受体激活,α_1和β受体的激活则起抑制作用。③乙酰胆碱:胆碱能系统活动增强,GH分泌增加。④其他:阿片肽、5-羟色胺、γ-氨基丁酸、胆囊收缩素和血管活性肠肽等也参与GH分泌的调节。

（二）催乳素(prolactin,PRL)

PRL是腺垂体PRL细胞合成和分泌的含199个氨基酸残基的多肽激素,相对分子质量为22kD,分子结构与hGH相似。基础分泌量＜20～25μg/L,妊娠妇女在第三个月开始升高,至妊娠末期可高达200～500μg/L。PRL受体既存在于细胞膜上,也存在于细胞器,属造血生长因子受体家族。

1. PRL的生理作用(actions of PRL)

PRL是垂体前叶分泌的激素中不通过靶腺而引起生物学效应的一种多肽激素,其生理作用广泛,如泌乳、生殖、调节渗透压和免疫反应。

1）对乳腺和泌乳的作用(effects on breast and milk secretion)

PRL主要是促进乳腺导管和分泌组织的生长与发育,启动和维持泌乳,使乳腺细胞合成乳蛋白增加而调节乳汁成分。青春期乳腺的发育主要是间质和脂肪细胞的发育，并由 GH、PRL、雌激素、孕激素及甲状腺激素等共同作用。腺泡只有在妊娠期才发育，在妊娠期，PRL、雌激素和孕激素的分泌明显增多，使乳腺组织进一步发育。妊娠末期血清中的 PRL 水平很高但不泌乳，这是由于受高水平的孕激素和雌激素抑制所致。当胎盘娩出后，雌激素和孕激素水平下降，正常乳汁分泌启动。婴儿吸吮乳头，可使 PRL 分泌增加。

2）对卵巢的作用(effects on ovary)

①PRL 促黄体作用。PRL 通过维持 LH 受体数目，与 LH 一起促进黄体细胞生长和分泌孕激素，是早期妊娠的主要激素。②妊娠时腺垂体的 PRL 细胞增殖、垂体肥大，PRL 的分泌增加与雌激素分泌增加有关。③过高的 PRL 可抑制卵巢功能。血中 PRL 增高时下丘脑多巴胺更新速率加快，抑制 GnRH 释放而 LH 分泌减少，并降低卵巢对 LH 的反应性。临床上，高 PRL 血症者，最初是黄体期缩短，随后不排卵、月经稀少，最后闭经。

3）对睾丸功能的影响(effects on testis)

PRL 在睾酮存在时，对男性的前列腺和精囊有促生长作用，能增强 LH 对 Leydig 细胞的作用，从而使睾酮合成增加。慢性高 PRL 血症可导致性功能减退，血睾酮水平降低和精子生成减少，发生阳痿和男性不育。

4）参与免疫反应(take part in immunologic reaction)

胸腺的免疫细胞功能处于 PRL 和 GH 的控制之下，在人的 B 和 T 淋巴细胞上有 PRL 受体。PRL 通过与受体结合，促进淋巴细胞的增殖及抗体产量的增加。另一方面，已有研究证实，免疫细胞可以产生 PRL，通过自分泌和旁分泌的方式发挥作用。

5）参与应激反应(take part in stress response)

在应激状态下，血中 PRL 水平升高，常与 ACTH 和 GH 的增加同时出现。可见，PRL 是应激反应时腺垂体分泌的三大激素之一。

2. PRL 的分泌调节(regulation of PRL secretion)

PRL 受下丘脑分泌的 PRF 与 PIF 双重调节。正常情况下以 PIF 抑制性影响为主，下丘脑病变、垂体柄阻断或自身垂体移植到其他部位均使 PRL 分泌增加，这是由于 PIF 抑制性调节削弱所致。现在的研究已证实，PIF 就是多巴胺。应激、吮乳和睡眠等均可促进 PRL 的分泌，这些调节是由下丘脑的 PIF 和 PRF 介导的。此外，TRH、VIP、5-HT、内源性阿片肽、雌激素和糖皮质激素等可促进 PRL 的分泌，而多巴胺、γ-氨基丁酸、GHIH、MSH、GnRH 相关肽和甲状腺激素等则可抑制 PRL 的分泌。

PRL 可以通过对下丘脑正中隆起多巴胺能神经元的易化作用，直接抑制下丘脑 GnRH 和腺垂体 PRL 的分泌，发挥负反馈调节作用。

（三）促黑素细胞激素(melanophore stimulating hormone，MSH)

人类 MSH 主要由垂体中叶细胞分泌，有三种类型：α-MSH(14 肽)、β-MSH(18 肽)和 γ-MSH(12 肽)。在下丘脑、腺垂体远侧部或中间部存在一种由 267 个氨基酸组成的阿黑皮素原(proopiomelanocortin，POMC)，经酶解形成 MSH，故在结构上与 ACTH 相似。黑素细胞主要分布于机体的皮肤与毛发、虹膜、视网膜色素层和软脑膜。MSH 的主要生理作用是促使黑色素细胞中酪氨酸转变为黑色素，使皮肤和毛发的颜色加深。在病理情况下，如肾上腺皮质功能低下(阿狄森氏病)时，血中 ACTH 和 MSH 都增加，患者出现皮肤色素沉着。

MSH 的分泌主要受下丘脑 MRF 和 MIF 的双重调控，前者促进 MSH 的分泌，后者则抑制其分泌。

(四) 促(靶腺)激素(trophic hormone)

1. TSH

TSH 由 2 个糖蛋白亚单位的肽链组成，相对分子质量约 25～28kD。TSH 能促进甲状腺腺泡细胞的增生，甲状腺增大，血流增加。缺乏 TSH 则甲状腺萎缩。甲状腺激素抑制 TSH 的分泌和阻断 TRH 对垂体的作用。

2. ACTH

ACTH 是由垂体合成的一个大分子的 ACTH 前身物 POMC 经蛋白水解酶降解产生。经分解产生 39 肽的 ACTH，13 肽的 MSH，91 肽的 β-促脂素(β-LPH)和 31 肽的 β-内啡肽(β-endorphin)均与 ACTH 等分子比例释放。

正常人血中 ACTH 浓度很低，上午为 6.6pmol/L(30pg/mL)，下午 10 时为 1.76pmol/L(8pg/mL)。分泌率为 25μg/d，半衰期为 3～9min。ACTH 分泌具有明显的昼夜节律性波动，夜间工作白天睡觉的人，这种节律性可颠倒。

ACTH 的生理作用主要表现为：①促进肾上腺皮质增生和刺激类固醇激素的合成与释放；②刺激脂肪细胞的脂解作用，使其释放甘油和脂肪酸；③促进皮肤色素沉着；④加强学习记忆、动机行为、体温调节、心血管功能调节、神经损伤修复与再生以及抗阿片肽等；⑤参与免疫调节作用，如 ACTH 可与 U-2 或 B 淋巴细胞生长因子协同作用刺激 B 淋巴细胞的生长和分化。

ACTH 的分泌受 CRH 的调节。糖皮质激素、雌激素、孕激素和雄激素等均参与 ACTH 的分泌调节。

3. 促性腺激素(gonadotropic hormone，GTH)

GTH 包括 LH 和 FSH。这两种激素在青春期血中浓度较低，青春期在下丘脑 GnRH 的刺激下分泌量增加。成年女子血中 LH 和 FSH 水平与月经周期变化有关。其生理作用及其调节参见第十二章。

四、神经垂体激素(Neurohypophysical Hormone)

神经垂体属于神经组织，由神经纤维、神经胶质细胞和由神经胶质细胞分化而来的垂体细胞组成，它不含腺细胞。神经垂体本身不能合成激素，它只是下丘脑神经元所合成的血管加压素(vasopressin，VP)和缩宫素(oxytocin，OT)储存和释放的部位。VP 和 OT 均由下丘脑视上核和室旁核合成，但 VP 主要由视上核产生，而 OT 主要由室旁核合成。两种激素都是 9 肽，其结构上只有第 3 位和第 8 位氨基酸残基有所不同。VP 和 OT 在下丘脑合成后，分别由各自特异的神经垂体激素转运蛋白(neurophysins)携带，沿下丘脑-神经垂体束到达神经垂体储存。视上核或室旁核神经元在适宜刺激下产生兴奋，神经冲动沿下丘脑-垂体束传至神经垂体的轴突末梢，使其去极化，激活电压门控钙通道，Ca^{2+}内流，导致分泌颗粒以出胞方式将神经垂体激素释放，激素分泌时与转运蛋白分开，各自独立的进入邻近的毛细血管。

（一）血管加压素（vasopressin，VP）

VP又称为抗利尿激素（antidiuretic hormone，ADH），人血管加压素第8位的氨基酸为精氨酸，故称为精氨酸血管加压素（arginine vasopressin，AVP），是调节机体水平衡的重要激素。VP的主要生理作用如下：

1. 抗利尿作用（antidiuretic effect）

在生理条件下，VP与V_2受体结合，通过G蛋白（Gs）激活PKA，促进水通道蛋白——水孔蛋白（aquaporin，AQP）转位，从而增加远曲小管和集合管对水的重吸收，使尿量减少。常染色体隐性肾性尿崩症是由于AQP_2基因突变所致。

2. 调节血压（regulation of blood pressure）

VP在生理情况下，血中的浓度很低（约1～4ng/L），对动脉血压无明显影响。在大失血时，血容量下降可引起VP大量释放，与V_1受体结合，通过G蛋白（Gq）激活磷脂酶C，经IP_3和Ca^{2+}介导，引起血管收缩，血压升高。临床上ADH常用作微血管（如肺、子宫血管等）出血的止血药。

（二）缩宫素（oxytocin，OT）

OT，也称催产素，OT与VP不仅在化学结构上相似，而且在生理功能上也有一定程度的重叠。例如OT的抗利尿作用约为VP的1/200，而VP对子宫的收缩作用约为OT的1/500。

1. OT主要生理作用（physiological effect of OT）

（1）刺激哺乳期乳腺不断分泌乳汁和射乳（stimulate milk production and milk ejection in lactation） 哺乳时，吸吮动作所造成的负压，可克服乳头括约肌的阻力，使乳汁被吸出。同时，吸吮乳头的感觉信息通过传入神经传入下丘脑，OT神经元兴奋，引起OT分泌增加，促进乳汁排出。此神经内分泌反射称为射乳反射（milk-ejection reflex）。

（2）促使妊娠子宫收缩（promote contraction in pregnant uterus） OT能够促进子宫收缩，有利于分娩，但其作用强度与子宫的功能状态有关。OT对非孕子宫的作用较弱，而对于妊娠子宫则具有较强的缩宫作用。OT与子宫平滑肌特异性OT受体结合，触发Ca^{2+}内流等机制，通过钙调蛋白和蛋白激酶，引起子宫平滑肌收缩。低剂量的OT引起子宫的节律性收缩，高剂量的OT则引起子宫强直收缩。

2. OT分泌的调节（regulation of OT secretion）

OT分泌的调节，属于神经内分泌调节。吸吮乳头，分娩时女性生殖道扩张及性交均可经传入神经，到达下丘脑，反射性引起OT的分泌。哺乳期，吸吮乳头的刺激既可引起射乳反射，又可促进下丘脑多巴胺和β-内啡肽的分泌，二者可抑制下丘脑GnRH的释放，使腺垂体促性腺激素分泌减少，导致哺乳期月经周期暂停。同时，哺乳期OT的释放，对产后子宫的收缩复原产生促进作用。

Clinical Note

Acromegaly

Tumors of the somatotropes of the anterior pituitary secrete large amounts of growth hormone, leading in children to gigantism and in adults to acromegaly. Hypersecretion of growth hormone is accompanied by hypersecretion of prolactin in 20%～40% of patients with acromegaly. In addition, secretion of glycoprotein hormone α subunits is said to occur in up to 37% of patients. Acromegaly can be caused by extrapituitary as well as intrapituitary growth hormone-secreting tumors and by hypothalamic tumors that secrete GRH, but these are rare. About 25% of patients have abnormal glucose tolerance tests, and 4% develop lactation in the absence of pregnancy.

Summary

- Pituitary gland and hypothalamus function in a coordinated manner to integrate many endocrine glands.
- Nine hormones are secreted by groups of hypothalamus: thyrotropin-releasing hormone(TRH), gonadotropin-releasing hormone(GnRH), growth hormone release-inhibiting hormone (GHIH) or somatostatin, growth hormone releasing hormone(GHRH), corticotropin-releasing hormone(CRH), prolactin releasing factor(PRF), prolactin release-inhibiting factor(PIF), melanophore-stimulating hormone releasing factor (MRF), melanophore-stimulating hormone release-inhibiting factor (MIF)
- The pituitary is a small gland located just below the hypothalamus at the base of the brain and consists of two main lobes: the anterior lobe and posterior lobe.
- The anterior pituitary secretes seven hormones that are peptides or small proteins: thyroid stimulating hormone(TSH), adrenocorticotropic hormone(ACTH), luteinizing hormone(LH), follicle stimulating hormone(FSH), growth hormone(GH), prolactin (PRL), melanophore stimulating hormone(MSH)
- Secretion of anterior pituitary hormones is under the control of hypothalamic releasing hormones.
- Neurohypophysis(posterior pituitary) secretes two hormones, oxytocin and antidiuretic hormone, that are synthesized by nerves in the paraventricular and supraoptic nuclei of the hypothalamus and are then transported down their respective axons to the posterior pituitary where they are released into capillaries when the hypothalamus receives an appropriate stimulus.
- Growth hormone (GH) secretion from the anterior pituitary is regulated by GHRH and somatostatin. GH effects are generally anabolic, although specific effects can be ei-

ther insulin like or diabetogenic. GH affects metabolism in liver, muscle, and adipose tissue and stimulates production of somatomedins by the liver. Somatomedins stimulate both skeletal growth and tissue growth.

- Prolactin stimulates milk production by the alveolar cells of the female breast. Prolactin secretion increases in response to suckling stimuli.

Key Terms

Hypothalamus; adenohypophysis (anterior pituitary); neurohypophysis (posterior pituitary)

Review Questions

1. Define each term

1) hypothalamic regulatory peptide; 2) dwarfism; 3) giantism; 4) acromegaly; 5) somatomedin

2. Choose the correct answer

1) Which of the following hormones exerts the least effect on growth?

(A) Growth hormone (B) Testosterone (C) T4

(D) Insulin (E) Vasopressin

2) The growth hormone receptor

(A) activates Gs (B) requires dimerization to exert its effects

(C) must be internalized to exert its effects

(D) resembles the IGF-I receptor (E) resembles the ACTH receptor

3. Answer the following questions

1) What are the differences in physical appearance among dwarfism, gigantism and acromegaly? What factors account for the differences?

2) Describe the processes involved in the synthesis and secretion of prolactin.

3) What are the primary stimuli for secretion and the pirmary actions of antidiuretic hormone?

4) What are the endocrinologic cause of dwarfism, and how does each lead to short stature?

第三节 甲 状 腺
Section 3 The Thyroid Gland

Section Outline

- Synthesis and secretion of the thyroid hormone
  - —Iodine metabolism in body
  - —Iodine metabolism in thyroid gland
  - Storage, release and metabolism of TH
- Functions of TH
  - —Effect of TH on growth

—Effect of TH on metabolism

—Effect of TH on nervous system

—Other actions of TH: cardiovascular system; digestion system; blood system; endocrine and reproduction system

• Regulation of TH secretion

—Control of hypothalamus-pituitary-thyroid axis

—Autoregulation of thyroid gland

—Regulation of autonomic nervous system

甲状腺是人体内最大的内分泌腺，分为左、右两侧叶，中间以峡部相连，似“H”形。正常成年人的甲状腺质量约为20g，女性稍大，其侧叶体积为：长4～5cm，宽1～2cm，厚2～3cm。甲状腺血流丰富，是体内血流速度最快的器官之一。甲状腺内含有大约300万个大小不一的甲状腺滤泡（follicle）。滤泡是甲状腺的基本组织结构和功能单位，直径为15～500μm。滤泡由单层上皮细胞构成，是甲状腺激素合成和释放的部位（图11-11）。滤泡腔内充满大量胶质，其主要成分是含有甲状腺激素的甲状腺球蛋白，它是甲状腺激素的储存库。故甲状腺激素是体内唯一的细胞外储存的内分泌激素。甲状腺的主要功能是分泌甲状腺激素（thyroid hormone，TH）和降钙素（calcitonin，CT），前者主要调节体内的各种代谢并影响机体的生长发育，后者是由散在的滤泡旁细胞（parafollicular cell，即C细胞）分泌，主要参与机体的钙、磷稳态和骨代谢的调节。

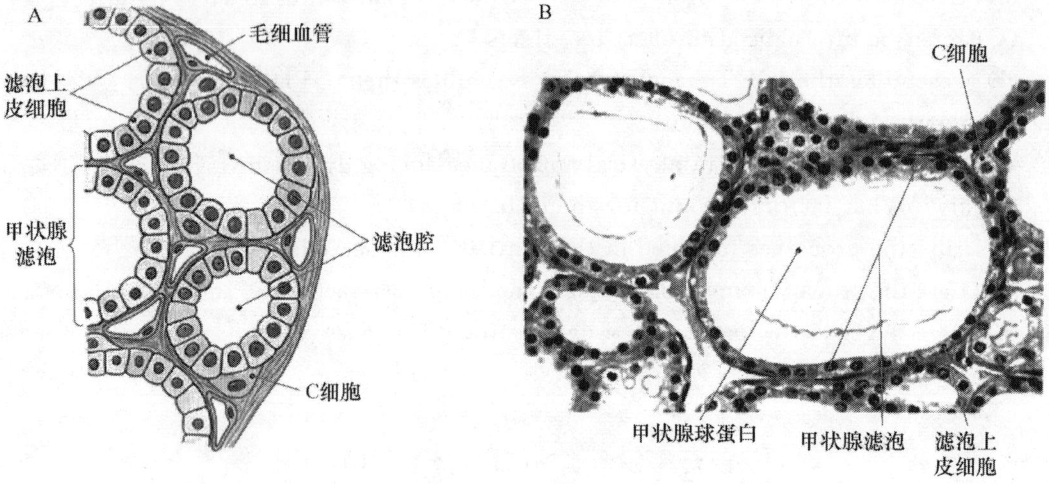

图11-11 甲状腺滤泡

A. 结构示意图；B. 组织切片显微镜图

一、甲状腺激素的合成与分泌（Synthesis and Secretion of the Thyroid Hormone）

（一）机体内碘的代谢（Iodine metabolism in body）

人体内含碘20～50mg（平均30mg），其中绝大部分存在于甲状腺中。通常甲状腺内的储存碘可供3个月左右的生理需要。甲状腺外组织含碘量极少，主要以有机碘形式存在。我国地域广阔，自然环境中的碘差异很大，国人从食物中摄入的碘量为 100～200μg/d。人体碘的来源主要是食物（80%～90%）、饮水（10%～20%）和空气（5%）。食物中的碘化物主要以碘离子（I^-）的形式被消化道吸收，吸收入血的 I^- 绝大部分经肾脏以尿方式快速排出。血液循环中约 1/5（20%）的 I^- 被移入甲状腺滤泡，用于合成甲状腺激素。

（二）甲状腺内碘的代谢（Iodine metabolism in thyroid gland）

1. 甲状腺滤泡聚碘（iodide trapping of thyroid gland follicle）

血液中的碘以 I^- 形式存在，浓度远低于甲状腺滤泡上皮细胞内浓度，且滤泡上皮细胞内又有-50mV 膜电位，所以 I^- 要进入滤泡上皮细胞必须通过一种与 Na^+-K^+-ATP 酶耦联的碘泵的主动转运机制，逆电化学梯度进入。其转运机制是由 Na^+/I^- 同向转运体（Na^+/I^- symporter，NIS）来完成的，NIS 属 Na^+/葡萄糖协同转运蛋白家族中的成员，该转运体以 $1I^-$：$2Na^+$ 的同向转运，使甲状腺内 I^- 的浓度在生理情况下比血清高 20～40 倍。除甲状腺外，乳腺、胃黏膜、唾液腺、胎盘绒毛膜和睫状体等均可表达 NIS，但不能浓集 I^-，故认为 NIS 是甲状腺组织的特异性蛋白，在甲状腺疾病的诊断中具有与甲状腺球蛋白（thyroglobulin，TG）或甲状腺过氧化物酶（thyroid peroxidase，TPO）一样的意义。例如，先天性甲状腺功能减退是由于 NIS 基因突变所致；许多良性和恶性甲状腺肿瘤细胞均伴有 NIS 的转录异常；自身免疫性甲状腺炎时，与淋巴细胞邻近的滤泡细胞的 NIS 表达增多，而甲状腺腺瘤细胞或甲状腺癌细胞则 NIS 表达减少或缺失。

2. I^- 的氧化和酪氨酸碘化（oxidation of the iodide ion and iodination of tyrosine）

I^- 转运到甲状腺滤泡后，在 H_2O_2 存在的情况下，TPO 催化 I^-，使 I^- 迅速被氧化（活化）成碘的中间产物并与 TG 中酪氨酸残基相结合，使 TG 分子中特定位置的酪氨酸残基发生碘化，生成一碘酪氨酸（monoiodotyrosine，MIT）残基和二碘酪氨酸（diiodotyrosine，DIT）残基。I^- 氧化过程的中间产物的本质未明，可能是 I_2，也可能是碘自由基或与过氧化物酶形成某种复合物。I^- 的氧化和有机碘化作用被氰化物及叠氮化物、抗甲状腺药物及高浓度 I^- 抑制。过氧化物酶缺陷、H_2O_2 生成障碍或 TG 异常等均可影响 I^- 的活化或有机碘化。现已克隆、分离和纯化的 TPO 为 933 个氨基酸残基，相对分子质量 103kD。TPO 作为甲状腺滤泡细胞微粒体的自身抗原，可用于检测 TPO 的自身抗体。

3. 甲状腺激素的合成（synthesis of TH）

甲状腺激素是由碘化酪氨酸缩合形成的，一个分子的 MIT 与一个分子的 DIT，或二个分子的 DIT 在 TPO 作用下发生耦联分别生成三碘甲腺原氨酸（3,5,3′-triiodothyronine，T_3）和四碘甲腺原氨酸（3,5,3′,5′-tetraiodothyronine，T_4，即甲状腺素）。此外，还能合成极少量的逆 T_3（rT_3）（图 11-12）。

需要指出的是，酪氨酸的碘化和碘化酪氨酸的耦联作用都是在 TG 分子上进行的，因此 TG 分子上既含有酪氨酸、MIT、DIT，也含有 T_3 和 T_4。正常成年人甲状腺内有机碘化物的比例大约是：MIT 23%，DIT 33%，T_3 7%，T_4 35%，其余为 rT_3 等成分。缺碘时，TG 所含的碘化酪氨酸减少，MIT 较 DIT 相对增多，DIT 减少时 T_4 量减少，而 T_3 合成量增多；反之，DIT 含量相对增多，T_4 合成量增多。抗甲状腺药物抑制过氧化物酶和耦联的酶促反应，TG 的碘化和碘化酪氨酸的耦联缩合反应均被抑制。

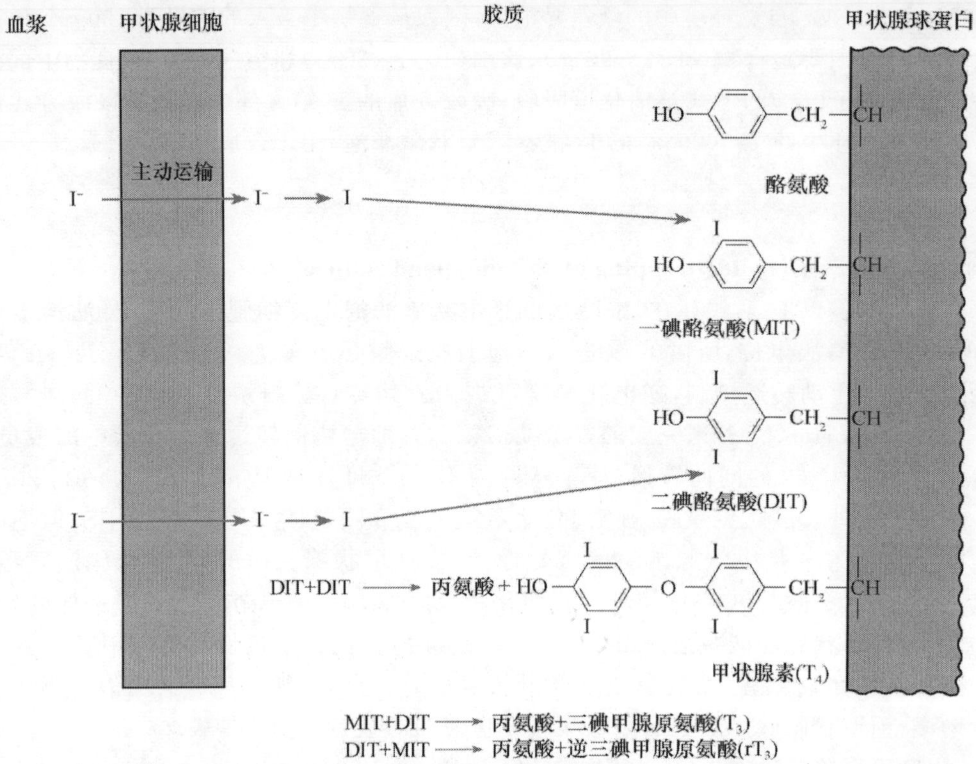

图 11-12 甲状腺激素的合成

(引自 Ganong WF. Review of medical Physiology, 22th edition. New York, McGraw-Hill Companies. 2005)

（三）TH 的储存、释放和代谢(storage, release and metabolism of TH)

1. 储存与运输(storage and transport)

合成的 TH 以 TG 形式储存于甲状腺滤泡腔内，这是内分泌腺中唯一储存在细胞外的内分泌激素。此储存形式可能有利于更多的 TH 供机体在缺碘时利用。甲状腺滤泡腔内储存的 TH 含有 T_3、T_4 及 MIT、DIT，其中以 T_4 的贮量最大，约为 T_3 的 10～15 倍。

成年人血浆 T_4 的含量大约是 80μg/L(103nmol/L)，T_3 的含量大约是 1.5μg/L(2.3nmol/L)。正常情况下，99%以上的 T_4 和 T_3 主要是与血浆甲状腺结合球蛋白(thyroxine-binding globulin, TGB)、甲状腺结合前白蛋白(thyroxine-binding prealbumin, TBPA)和白蛋白结合。游离的 T_4 和 T_3 分别约占 0.03%和 0.3%。游离 TH 和与蛋白结合的 TH 保持动态平衡，只有游离的 TH 才能进入靶细胞，发挥生物学效应。

2. 释放(release)

TSH 调节 TH 的分泌，当 TSH 与滤泡上皮细胞膜上的 TSH 受体结合后，甲状腺滤泡细胞顶部一侧微绒毛伸出伪足，以胞饮的方式将 TG 从滤泡腔中转运到滤泡细胞内，在蛋白水解酶的催化下，释放 T_3 和 T_4。被水解的少量 MIT、DIT 及未被水解的微量 TG 可进入血液循环。释放出的 MIT 和 DIT 在脱碘酶的作用下放出游离无机碘，脱下的碘大部分储存在甲状腺内重新碘化 TG 上的酪氨酸，以合成新的激素。

3. 代谢(metabolism)

血浆中 T4 的半衰期约为 7 天,T3 的半衰期不足 1 天。T_3 和 T_4 主要在肝脏、肾脏等组织脱碘降解。其中 80%的 T_4 在外周组织经脱碘酶的作用而脱碘,其中 45%的 T_4 经脱碘生成 T_3,55%的 T_4 经脱碘生成 rT_3。血液中 87%的 T_3 是由 T_4 脱碘形成的。同样,95%的 rT_3 也是由 T_4 脱碘形成的。T_4 和 T_3 在外周组织单脱碘酶的作用下脱碘而失活。单脱碘酶有三种类型:Ⅰ型单脱碘酶主要存在于肝、肾和垂体,主要监测外周血中由 T_4 脱碘形成的 T_3 水平。在甲亢时增高,而在甲亢治疗后或甲低时降低。此酶对丙硫氧嘧啶的抑制作用较敏感,但对他巴唑无作用,因此丙硫氧嘧啶可作为严重甲亢或甲亢危象的首选药物。Ⅱ型单脱碘酶主要分布于脑、垂体和褐色脂肪组织。主要维持组织细胞内 T_3 浓度的恒定。Ⅲ型单脱碘酶存在于脑和生殖组织。T_3 和 T_4 脱下的碘可由甲状腺再摄取或由肾脏排出,肝降解的 T_4 和 T_3,可以形成葡萄糖醛酸或硫酸盐的代谢产物,经胆汁排入小肠,然后随粪排出。

二、TH 的生理作用(Functions of TH)

TH(T_3、T_4)几乎对所有细胞都有作用。T_3、T_4 是亲脂性激素,可以自由穿过细胞膜,进入细胞核后与甲状腺激素受体(THR)结合,形成二聚体,而使其活化。活化受体作用于靶基因 DNA 分子上的甲状腺激素反应元件(thyroid-responsive element,TRE),启动基因的表达、转录,促使细胞合成某些蛋白质如 Na^+-K^+-ATP 酶及一些与物质、能量代谢有关的酶类,出现相应生理效应(图 11-13)。THR 与 T_3 的亲和力约为 T_4 的 10 倍。此外,研究显示 TH 还可以不通过核受体改变细胞的活性和功能。

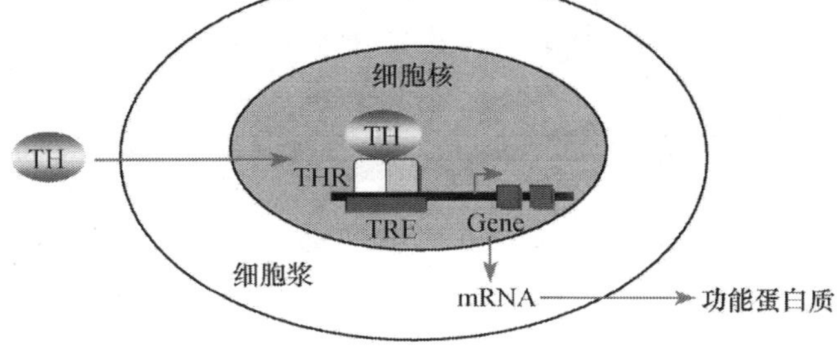

图 11-13 甲状腺激素的作用机制

TH:甲状腺激素;THR:甲状腺激素受体;TRE:甲状腺激素反应元件

(一) TH 对生长发育的作用(effect of TH on growth)

机体正常的生长发育离不开 TH,特别是脑和骨骼。TH 是胎儿和新生儿神经细胞分化、增殖、移行、突起、突触和神经鞘膜形成所必需的关键激素之一,一旦缺乏 TH,其损害是不可逆的。迄今已证明,神经细胞和胶质细胞的生长、神经系统功能的发生与成熟、脑血流量的正常供应等均有赖于 TH 的正常水平;同时,骨的生长发育以及长骨的二次骨化中心的出现时间和骨化速度也受 TH 的刺激和调控。自胎儿至出生后的半年内,TH 对机体生长发育的影响十分明显,尤其是对骨骼生长及神经系统的发育影响巨大。

因此，在胚胎及婴幼儿期缺乏 TH，则表现为以智力迟钝和身材矮小为特征的呆小病（克汀病，cretinism）。

（二）TH 对代谢的作用（effect of TH on metabolism）

1. 产热效应(calorigenic effect)

TH 提高大多数组织的耗氧量，使产热量增加。这种作用在骨骼肌、心肌、肝和肾等组织的效果十分显著，而其他一些组织，如脑、脾、性腺和皮肤等的耗氧量和产热量无明显影响。据报道，1mg T_4 可增加机体产热量约 4200kJ，基础代谢率提高 28%，甲亢（甲状腺功能亢进，hyperthyroidism）时基础代谢率升高 60%～80%，产热量增加。甲低（甲状腺功能减退，hypothyroidism）的患者，其基础代谢率可降低 30%～50%。TH 的产热效应可能与解耦联蛋白（uncoupling protein，UCP）和 Na^+-K^+-ATP 酶的活性有关。T_3 使 UCP 激活后，线粒体膜内外的质子电化学梯度减少，甚至消失，ATP 生成短路，化学能不能用于 ATP 的生成而以热能形式释放。T_3 还可以提高膜 Na^+-K^+-ATP 酶活性，增加细胞消耗能量，应用 Na^+-K^+-ATP 酶抑制剂哇巴因（ouabain）可以消除 TH 的产热效应。

2. 对物质代谢的影响(effects of TH on material metabolism)

TH 可作用于物质代谢的多个环节，包括合成代谢和分解代谢，对蛋白质、糖、脂肪代谢以及矿物质、维生素、水与电解质代谢均有不同程度的影响。例如，在心肌细胞，T_3 可促进 Na^+ 内流；在红细胞中，T_3 可增加 Ca^{2+} 浓度。TH 对蛋白质、糖、脂肪代谢的影响见表 11-2。

表 11-2　TH(T4、T3)对物质代谢的影响

物质代谢	作用
糖代谢	既有促进消化道对糖的吸收、肝糖原分解和糖异生的升糖作用，又有促进外周组织对糖利用的降血糖作用，但总的作用使血糖升高
蛋白质代谢	生理剂量：促进合成，刺激 DNA 转录过程，促进 mRNA 形成，加速蛋白质与各种酶的生成，使细胞增生，体积增大，尿氮减少，表现为正氮平衡 大剂量：促进蛋白质（包括骨骼蛋白质）分解，肌肉收缩无力，并可导致血 Ca^{2+} 升高和骨质疏松分泌不足：蛋白质合成减少，可患“黏液性水肿”
脂肪代谢	既可促进胆固醇分解和脂肪酸氧化，又可促进胆固醇合成，但分解作用大于合成

（三）TH 对神经系统的影响（effect of TH on nervous system）

TH 对成熟神经系统的影响主要表现为中枢神经系统的兴奋作用。如甲亢或应用过量的 TH 时，可表现为注意力分散、过敏疑虑、多愁善感、喜怒失常、烦躁不安、情绪激动、失眠多梦，甚至出现幻觉、狂躁或惊厥。而甲低的病人，中枢神经系统的兴奋性下降，表现为行动迟缓、记忆力减退、淡漠等。

（四）TH 的其他作用（other actions of TH）

1. 心血管系统(cardiovascular system)

心脏是 TH 作用的最重要靶器官。T_3、T_4 可增加心肌收缩能力、心率加快、心输出量与心脏做功增加。甲亢患者常表现为心悸、第一心音亢进、心肌可因过度耗竭而导致心力衰竭。这些作用是由于 TH 调节心脏特异基因表达(如增加肌球蛋白 α 重链基因、Ca^{2+}-ATP 酶基因、苹果酸基因、Na^{+}-K^{+}-ATP 酶基因和心钠素基因等)、增加肾上腺素能受体数量和亲和力所致。

2. 消化系统(digestion system)

胃肠蠕动和消化吸收功能均受 TH 的影响,此影响可能是通过神经系统、胃肠激素或其他内分泌功能而实现的。甲亢时,胃肠蠕动加速,胃排空增快,肠吸收减少,甚至出现顽固性吸收不良性腹泻,故病人表现为食欲亢进而机体消瘦。反之,甲低时可出现腹胀和便秘。

3. 血液系统(blood system)

生理浓度的 TH 为维持正常造血功能所必需,并增强促红细胞生成素的生血作用,红细胞生成增加。增加红细胞内的 2,3-二磷酸甘油酸含量,使血红蛋白与氧解离加快,有助于向组织供氧。甲低时,由于胃肠道的消化功能下降、食欲不振、胃酸缺乏、骨髓造血活力降低或伴月经过多等原因而发生贫血。

4. 内分泌和生殖系统(endocrine and reproductive system)

TH 可增加组织对其他激素的需要量,促进激素分泌与代谢。TH 可维持正常的性欲和性功能,甲亢患者可出现月经稀少,甚至闭经;而甲低时,患者表现为月经失调。

三、TH 分泌的调节(Regulation of TH Secretion)

(一) 下丘脑-腺垂体-甲状腺轴的调节(control of hypothalamus-pituitary-thyroid axis)

甲状腺功能受腺垂体 TSH 的调节,TSH 的分泌又受下丘脑 TRH 的调节,血液中游离的 T_3、T_4 起负反馈调节作用。下丘脑、腺垂体与甲状腺之间构成一个完整的控制系统,称为下丘脑-腺垂体-甲状腺轴,共同调节甲状腺功能和 TH 的分泌(图 11-14)。

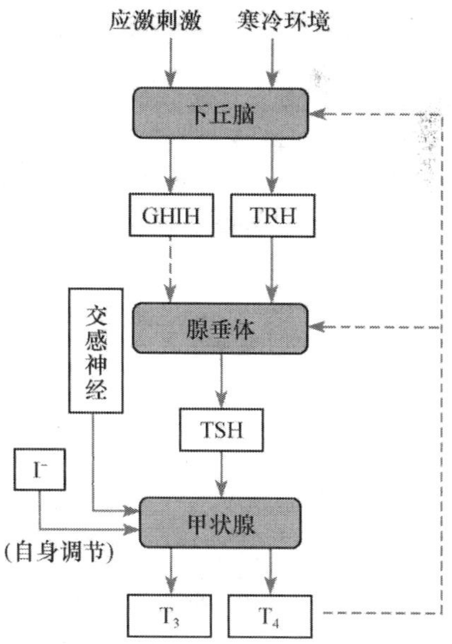

图 11-14 甲状腺激素的分泌调节

→ 表示促进作用或分泌活动;

‑‑▸ 表示抑制

1. TRH 对 TSH 分泌的调节(TSH secretion is regulated by TRH)

下丘脑分泌的 TRH 可促进腺垂体 TSH 的合成和分泌,TRH 与腺垂体细胞上的促甲状腺激素释放激素受体(thyrotropin-releasing hormone receptor,TRHR)结合,通过耦联的 G 蛋白激活磷脂酶 C,水解磷脂酰肌醇,产生 DA 和 IP_3。IP_3 引起胞内 Ca^{2+} 浓度的增加,可以促进 TSH 的爆发性释放,而 DG 激活的 PKC,则可调控基因转录,促进 TSH 的合成,以保持其释放的持久。同时下丘脑分泌的 GHIH 可减少或阻止 TSH 的合成和释放。应激性刺激(如外科手术、大出血、重症创伤等)则可引起 GHIH 分泌,使 TSH 释放减少,TH 分泌也减少,从而减少机体的代谢消耗,促进机体的修复。

下丘脑 TRH 神经元接受中枢其他部位的调控，由此与腺垂体建立神经-体液调节的联系。例如，寒冷刺激一方面传到下丘脑体温调节中枢，另一方面通过去甲肾上腺素将信息传递到 TRH 神经元，使 TRH 分泌增加，进而导致 TSH 的分泌，血中 T_3、T_4 随之升高。

2. TSH 增强甲状腺的分泌(stimulation of thyroid secretion by TSH)

TSH 增强甲状腺分泌的主要作用是促进 TH(T_3、T_4)的合成与释放以及促进甲状腺组织增生。TSH 与甲状腺腺泡上皮细胞膜上的 TSH 受体结合，通过 Gs-AC-cAMP-PKA 和 Gq-PLC-IP_3/DG 信号转导途径：①激活溶酶体内 TG 水解酶的活性，增强甲状腺腺泡上皮细胞吞饮胶质小滴，增加 T_3 和 T_4 的释放；②促进 I^- 的转运、活化和 TG 碘化；③促进 TPO 基因表达及甲状腺腺泡细胞内的葡萄糖氧化；④TSH 长期过量的刺激，可通过刺激细胞核酸和蛋白质的合成，导致甲状腺细胞增生并引起弥漫性甲状腺肿。

3. TH 对 TRH 和 TSH 的反馈调节(feedback control of TH on secretion of TRH and TSH)

循环血中游离的 T_4、T_3 浓度的升降对腺垂体合成与分泌 TSH 起经常性的负反馈调节作用。当血液中 T_4、T_3 浓度增高时，可以使腺垂体促甲状腺激素细胞膜上的 TRH 受体下调，降低细胞对 TRH 的敏感性，TSH 分泌减少，从而使血中 T_4、T_3 的浓度降至正常水平。此外，TH 还可以刺激腺垂体产生一种"抑制性蛋白"，导致细胞 TSH 的合成和释放减少。通常情况下，T_3、T_4 对 TSH 细胞的负反馈性调节和 TRH 对其的兴奋作用是相互拮抗、相互制约的，共同调节着腺垂体 TSH 的释放量，其中以前者占优势。在病理情况下，这种优势更加明显，例如在甲亢时，由于 T_3、T_4 对 TSH 细胞的强烈抑制，即使大剂量 TRH 亦不能兴奋 TSH 细胞。

(二) 甲状腺的自身调节(autoregulation of thyroid gland)

甲状腺的自身调节是指在没有神经和体液因素影响的情况下，甲状腺本身根据血碘水平调节其自身碘摄取及合成 TH 的能力。在一定范围内，血碘水平升高，TH 的合成增加。但是，当血碘水平超过到一定浓度时(>1mmol/L)，甲状腺聚碘能力开始下降，TH 合成减少。若血碘浓度达到 10mmol/L 时，甲状腺的聚碘作用完全消失。这种过量的碘抑制甲状腺聚碘能力及抑制 TH 合成的效应，称为 Wolff-Chaikoff 阻滞现象。这是甲状腺固有的一种保护性反应，防止摄入大量碘时的中毒作用。其作用迅速可靠，大剂量无机碘能立即阻断 TH 的合成与分泌。因此，在临床上，可用于甲亢危象的抢救。

(三) 自主神经系统的调节作用(regulation by autonomic nervous system)

甲状腺受交感神经和副交感神经的双重支配，在甲状腺腺泡细胞膜上存在有 α 和 β 肾上腺素能受体和 M 胆碱能受体。电刺激交感神经可促进 TH 的分泌，而刺激副交感神经则起抑制效应。自主神经系统发挥调控作用的生理意义在于在内外环境变化机体产生应急反应时对甲状腺功能起调节作用，交感-甲状腺轴参与应急情况下对高水平 TH 的需求，而副交感-甲状腺轴则在激素分泌过多时发挥抑制作用，以保持 TH 水平的相对稳定。

除上述调节外，还有一些因素参与甲状腺功能的调节。例如，雌激素可增强 TSH 细胞对 TRH 的反应性，生长抑素和肾上腺皮质激素则可降低其反应性；临床上，甲状腺疾病的发生率女性高于男性，可能与性激素水平有关。

Clinical Note

Hyperthyroidism

Hyperthyroidism is characterized by nervousness; weight loss; hyperphagia; heat intolerance; increased pulse pressure; a fine tremor of the outstretched fingers; a warm, soft skin; sweating; and a BMR from +10 to as high as +100. It has various causes. However, the most common cause is Graves' disease (Graves' hyperthyroidism), which accounts for 60%~80% of the cases. The condition, which for unknown reasons is much more common in women, is an autoimmune disease in which antibodies to the TSH receptor stimulate the receptor. This produces marked T4 and T3 secretion and enlargement of the thyroid gland (goiter). However, due to the feedback effects of T4 and T3, plasma TSH is low, not high Another hallmark of Graves' disease is the occurrence of swelling of tissues in the orbits, producing protrusion of the eyeballs (exophthalmos). This occurs in 50% of patients and often precedes the development of obvious hyperthyroidism. A subpopulation of fibroblasts in the orbits ultimately develop into adipocytes, and these preadipocyte fibroblasts contain TSH receptor protein. The current theory of the development of exophthalmos is that when stimulated by the TSH receptor-stimulating antibodies in the circulation, these cells release cytokines that promote inflammation and edema. Other antithyroid antibodies are present in Graves' disease, including antibodies to thyroglobulin and thyroid peroxidase. In Hashimoto's thyroiditis, autoimmune antibodies ultimately destroy the thyroid, but during the early stage the inflammation of the gland causes excess thyroid hormone secretion and thyrotoxicosis.

Summary

- The thyroid gland is the source of T4 and T3. T4 and T3 are synthesized from tyrosine and iodine by the enzyme complex, peroxidase. Inside the cell, iodide ions are oxidized to molecules of iodine (I_2) by thyroid peroxidase.
- Thyroglobulin, synthesized within the epithelial cells, is a large protein composed of many tyrosine molecules. Thyroglobulin and I_2 are both secreted into the lumen of follicle where I_2 is chemically combined with some of the tyrosines of thyroglobulin to form monoiodotyrosine(MIT) and diiodotyrosine (DIT).
- Some of MIT and DIT combine to form T3 and some DIT combine to form T4. Ten times more T4 is formed than T3 because the combination of two DIT molecules is much faster.
- Thyroid hormones promote calorigenesis in most cells of the body, with specific effects

on carbohydrate, lipid and protein metabolism.

- Normal growth will not occur in the absence of thyroid hormone, even with the presence of adequate growth hormone. Thyroid hormones stimulate the synthesis and activity of many enzymes particularly the Na^+-K^+-ATPase involved in ion transport.
- The thyroid hormones are essential for the development and normal maturation of both the central and peripheral nervous systems. The mechanisms for these effects are not fully understood.
- The most common cause of excess thyroid hormone production (hyperthyroidism) is an autoimmune disease in which a normally produced antibody to TSH receptors, thyroid-stimulating immunoglobulin, is produced in excess causing intense stimulation of the thyroid gland, This is known an Graves' disease. Symptoms include weight loss accompanied by increased appetite, increased oxygen consumption, rapid heart and breathing rates, and nervousness.
- The most common cause of thyroid hormone deficiency is autoimmune destruction of the thyroid gland (thyroiditis). If hypothyroidism occurs early in development, irreversible retardation of growth and mental ability(cretinism) occurs.
- Secretion of thyroid hormone (T_3 and T_4) is stimulated by the TSH-TRH axis. TRH is released from the hypothalamus in response to stimuli from the central nervous system.
- TRH acts on the anterior pituitary and stimulates TSH release. TSH acts on the thyroid gland and stimulates every aspect of thyroid hormone synthesis and secretion.
- These actions are mediated through G-protein couple membrane TSH receptor on the thyroid gland that stimulate the formation of cyclic AMP and a cascade of protein phosphorylation steps.
- Increasing blood levels of free TH act on anterior pituitary to decrease their number of TSH receptors. This makes TRH less effective, decreasing the amount of TSH release and therefore, the amount of thyroid hormone secreted.
- The net effect of this feedback process is to produce a relatively constant blood level of thyroid hormones.

Key Terms

Thyroid gland; iodine metabolism; thyroid hormone; hypothalamus-pituitary-thyroid axis

Review Questions

1. Define each term

1) cretinism; 2) hypothalamus-pituitary-thyroid axis; 3) Wolff-Chaikoff effect

2. Choose the correct answer

1) Which of the following is not essential for normal biosynthesis of thyroid hormones?

(A) Iodine (B) Ferritin (C) Thyroglobulin

(D) Protein synthesis (E) TSH

2) The metabolic rate is least affected by an increase in the plasma level of

(A) TSH　(B) TRH　(C) TBG

(D) free T4　(E) free T3

3) Increasing intracellular I^- due to the action of the Na^+/I^- symporter is an example of

(A) Endocytosis　(B) Passive diffusion

(C) Na^+ and K^+ cotransport　(D) Primary active transport

(E) Secondary active transport

3. Answer the following questions

1) Describe the steps of thyroid hormone synthesis.

2) What effects do thyroid hormones have on carbohydrate, lipid and protein metabolism?

3) Describe the regulation of thyroid hormone.

4) Discuss the causes and symptoms of both hypothyroidism and hyperthyroidism.

第四节　调节钙磷代谢的激素
Section 4　Hormone of Regulation on Calcium and Phosphate Metabolism

Section Outline

- Hormones involved in calcium and phosphate homeostasis: parathyroid hormone, calcitonin and vitamine D3
- Regulation of calcium and phosphate in plasma

机体正常的含钙量大约是1100g(27.5mol)，其中90%的钙是存在于骨骼中，血浆钙的浓度大约是100mg/L(2.5mmol/L)。钙离子是体内重要的第二信使，对血液凝固、肌肉收缩和神经功能等都是必不可少的。血钙浓度维持依赖于小肠对钙吸收，肾小管对钙重吸收，骨质溶解的钙与骨盐沉淀，尿粪中排出的钙之间的相对平衡。

体内磷的总量大约是500～800g(16.1～25.8mol)，其中85%～90%是存在于骨骼中，血浆磷的浓度大约是120mg/L。磷主要参与机体能量的储备、蛋白质的磷酸化、DNA和RNA的生成等。

机体内至少有三种激素，即甲状旁腺激素、降钙素和1,25-二羟维生素D_3，参与钙代谢调节，并控制着血钙水平。

一、甲状旁腺激素(Parathyroid Hormone, PTH)

甲状旁腺位于甲状腺背面，通常有四个，每个腺体体积大约是3mm×6mm×2mm，质量30～50mg(图11-15)。甲状旁腺激素(parathyroid hormone, PTH)是由甲状旁腺主细胞合成的含有84个氨基酸残基的直链多肽激素，相对分子质量为9500Da(图11-16)。PTH正常的血浆浓度是10～55ng/L，半衰期大约是10min，主要是在肝脏水解灭活，其代谢产物由肾脏排出。

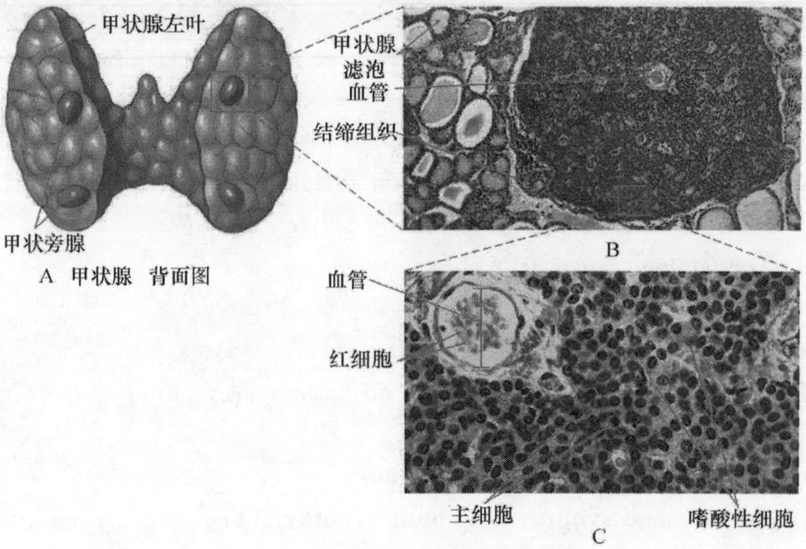

图 11-15 甲状旁腺

A. 解剖位置示意图；B 和 C. 组织切片显微镜图

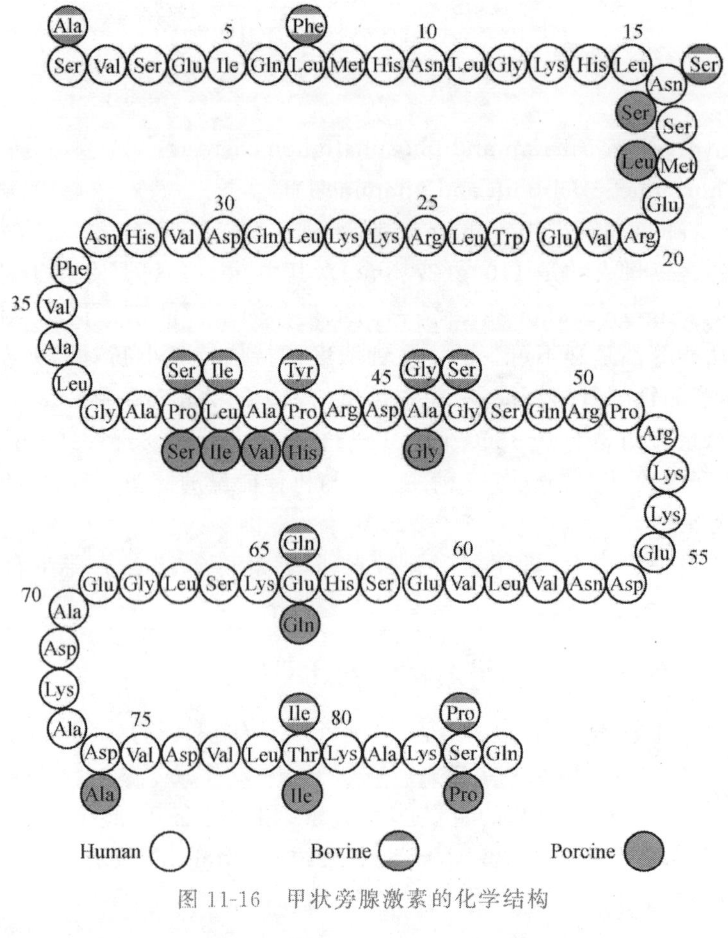

图 11-16 甲状旁腺激素的化学结构

(一) 甲状旁腺激素的主要作用(actions of PTH)

PTH 的靶器官主要是骨骼、肾和小肠，其主要作用是升高血钙，降低血磷，维持血钙和血磷浓度于正常水平。

(1) 对骨的作用(actions on bone) PTH 可直接作用于骨，促进骨的吸收，动员骨钙入血，其作用可分为快速效应和延缓效应两个时相。快速效应是在 PTH 作用数分钟内发生，2～3 小时达高峰，主要是提高骨细胞膜对 Ca^{2+} 的通透性，使骨液 Ca^{2+} 快速进入骨细胞内，同时骨细胞膜上 Ca^{2+} 泵活动增强，将 Ca^{2+} 从细胞内转运到细胞外液，使血 Ca^{2+} 浓度升高；延缓效应是在 PTH 作用后 12～24 小时起作用，通常在几天或几周后达高峰，这一时相主要是加强破骨细胞的的溶骨作用和促进破骨细胞增生而实现的，使血钙水平长时间升高。

(2) 对肾脏的作用(actions on kidney) PTH 与肾小管细胞膜上的 PTH 受体结合，通过 Gs-AC-cAMP-PKA 信号途径，促进肾小管对 Ca^{2+} 的重吸收，使血钙升高。同时，PTH 通过抑制 Na-Pi 转运蛋白抑制近球肾小管对磷的重吸收，使尿磷排出增多，血磷降低。

(3) 对小肠的作用(actions on intestine) PTH 对肠道 Ca^{2+} 的吸收作用是间接的，主要通过激活肾脏 1α-羟化酶，催化 25(OH)D_3 转变成活性更高的 1,25-$(OH)_2D_3$，1,25-$(OH)_2D_3$ 与小肠黏膜上的受体结合，通过刺激小肠细胞钙结合蛋白的形成，促进小肠对钙、磷的吸收。

上述的作用，使 Ca^{2+} 向细胞外流动增加，血钙浓度升高。如果在进行甲状腺手术时误切除了甲状旁腺可导致血钙浓度下降，出现神经和肌肉的兴奋性增高而表现为手足搐搦、喉肌和膈肌痉挛，甚至死亡。因此，甲状旁腺功能的完整是保证血钙浓度正常的关键因素之一，而血钙浓度的稳定对维持神经、肌肉正常兴奋性又是非常必要的。

(二) 甲状旁腺激素分泌的调节(regulation of PTH secretion)

PTH 主要受血 Ca^{2+} 浓度调节，血 Ca^{2+} 与 PTH 呈反变关系(图 11-17)。当血 Ca^{2+} 降

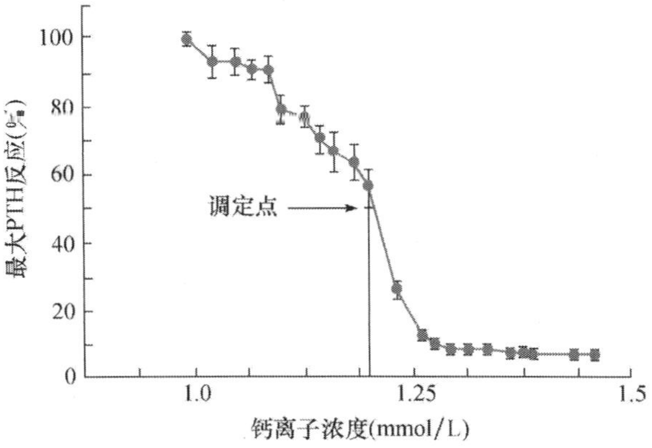

图 11-17 血钙与甲状旁腺激素水平的关系

低时,PTH 分泌加速,长期低血 Ca^{2+} 可致甲状旁腺增生;当血 Ca^{2+} 升高时,则 PTH 分泌减少,长期高血 Ca^{2+} 可使腺体萎缩。血 Ca^{2+} 对 PTH 分泌的调控是通过甲状旁腺细胞膜上的钙受体实现的。血 Ca^{2+} 升高,Ca^{2+} 与钙受体结合,通过 Gq-PLC-IP3/DG 信号途径,抑制 PTH 分泌。

二、降钙素(Calcitonin,CT)

降钙素(calcitonin,CT)是由甲状腺腺泡旁细胞(C 细胞)分泌的一种含有 32 个氨基酸残基的肽类激素,相对分子质量为 3500Da。降钙素正常的血浆浓度是 10～50ng/L,半衰期小于 1 小时,主要在肾脏降解排出。

(一)降钙素的主要作用(actions of CT)

CT 的靶器官主要是骨骼和肾脏,在骨骼和肾脏细胞上存在有 CT 受体,其主要作用是降低血钙,降低血磷。

(1)对骨的作用(actions on bone) CT 的主要生理作用是抑制破骨活动,由于破骨细胞数量减少及其活动减弱,故溶骨过程减弱;同时,CT 能够增强成骨过程,促进钙、磷在骨的沉积,从而使血钙、血磷水平降低。

(2)对肾脏的作用(actions on kidney) CT 能够抑制肾小管对钙、磷、钠和氯的重吸收,促进其排出,从而导致血钙降低。

(二)降钙素分泌的调节(regulation of CT Secretion)

C 细胞分泌的 CT 主要受血钙浓度调节,即血钙浓度升高时,CT 分泌增加;反之分泌减少。C 细胞上存在有 Ca^{2+} 受体,故 CT 的调节是通过 C 细胞上的 Ca^{2+} 受体来实现的。此外,某些激素也参与 CT 分泌的调节,如糖皮质激素、胰高血糖素、胃泌素等可促进其分泌,而 D 细胞分泌的生长抑素则抑制其分泌。

此外,人血中还存在另一种由降钙素基因编码,但是转录和表达不同的生物活性多肽—降钙素基因相关肽(calcitonin gene-related peptide,CGRP),它由 37 个氨基酸残基组成,主要分布于神经系统和心血管系统,CGRP 与受体结合,激活腺苷酸环化酶,使细胞 cGMP 水平升高,从而发挥生物学作用。主要作用表现为舒张血管、降低血压;提高心率,使心肌收缩能力和心输出量增加;促进缺血心肌功能恢复,抑制脂质过氧化,防止蛋白和酶的漏出;此外,它还促进前列腺素释放和细胞内、外 Na^+/K^+ 的交换。

三、维生素 D_3(Vitamine D_3,VD_3)

维生素 D_3(vitamine D_3,VD_3)即胆骨化醇(calciferols)可来自食物,也可由皮肤中 7-脱氢胆固醇经紫外线照射后转变而来。但无论是外源性的还是内源性的 VD_3 均不具有生物活性,它必须在肝内 25-羟化酶的作用下,将其羟化成 25-(OH)D_3,后者在肾脏中经 1α-羟化酶进一步羟化生成为 1,25-$(OH)_2D_3$ 后才有活性(图 11-18)。1,25-$(OH)_2D_3$ 对于骨代谢具有重要的调控作用，儿童缺乏 1,25-$(OH)_2D_3$ 会患佝偻病，成年人则患骨质疏松。

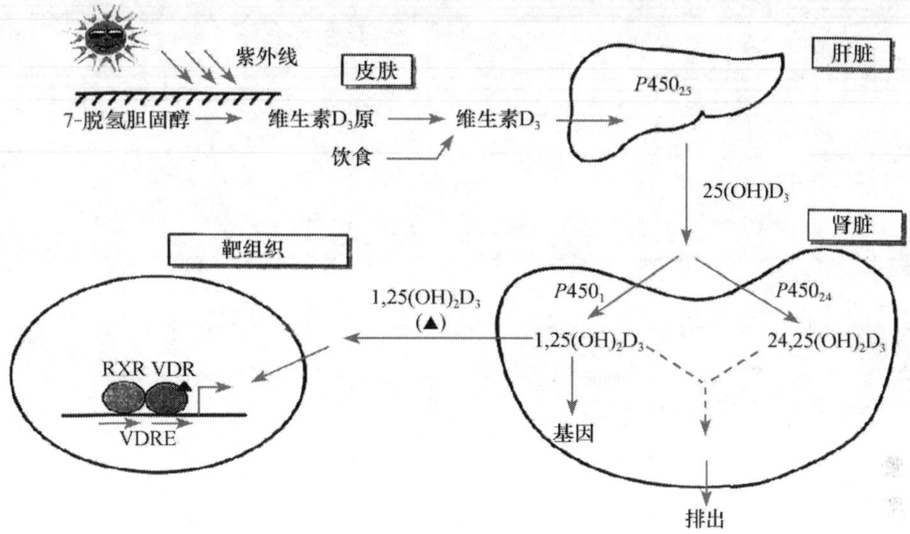

图 11-18 维生素 D_3 的生成与羟化

（一）1,25-$(OH)_2D_3$ 的主要作用(actions of 1,25-$(OH)_2D_3$)

(1) 对小肠的作用(actions on intestine) 1,25-$(OH)_2D_3$ 可促进小肠黏膜上皮细胞对钙、磷的吸收，从而升高血钙和血磷。其作用机制是 1,25-$(OH)_2D_3$ 通过与小肠黏膜上皮细胞核内特异性受体结合，促进基因的转录，生成了与钙具有高亲和力的钙结合蛋白(calbindin)，参与小肠钙的转运。

(2) 对骨的作用(actions on bone) 1,25-$(OH)_2D_3$ 既可动员骨钙入血，又可促进钙在骨中的沉积。1,25-$(OH)_2D_3$ 能够刺激破骨细胞前体的成熟，增加破骨细胞的数量，从而动员骨钙和骨磷，使血钙和血磷水平升高。此外，1,25-$(OH)_2D_3$ 也可以刺激成骨细胞的活动，促进骨盐的沉积和骨的形成。但其总的效应是升高血钙和血磷。

(3) 对肾脏的作用(actions on kidney) 促进肾脏远曲小管对钙、磷的重吸收，使血钙、血磷升高。在肾脏进行的 1-α 位羟化是在线粒体混合功能氧化酶催化下进行的，PTH 可增强此酶活性，故促进 1,25-$(OH)_2D_3$ 的合成，而 CT 抑制此酶活性，所以抑制 1,25-$(OH)_2D_3$ 的生成。

（二）1,25-$(OH)_2D_3$ 生成的调节(regulation of 1,25-$(OH)_2D_3$ formation)

1,25-$(OH)_2D_3$ 的生成受血钙、血磷、PTH 及肾 1α-羟化酶等因素的调控，血钙、血磷和 PTH 通过调控肾 1α-羟化酶的活性，影响 1,25-$(OH)_2D_3$ 的生成。血钙降低，引起 PTH 的分泌增加，PTH 可激活肾 1α-羟化酶，从而使 1,25-$(OH)_2D_3$ 的生成增加；血磷降低可直接刺激 1α-羟化酶的活性，促进 1,25-$(OH)_2D_3$ 的生成。

Clinical Note

Familial Hypercalcemia & Hypocalcemia

Mutations in the gene for the Ca^{2+} receptor cause predictable long-term changes in plasma Ca^{2+}. Individuals heterozygous for inactivating mutations have familial benign hypocalciuric hypercalcemia, a condition in which there is a chronic moderate elevation in plasma Ca^{2+} because the feedback inhibition of PTH secretion by Ca^{2+} is reduced. Plasma PTH levels are normal or even elevated. However, children who are homozygous for inactivating mutations develop neonatal severe primary hyperparathyroidism. Individuals with gain-of function mutations of the gene for the Ca^{2+} receptor develop familial hypercalciuric hypocalcemia due to increased sensitivity of the parathyroid glands to plasma Ca^{2+}.

Summary

- Calcium is involved in a number of important physiological processes in the body including neurotransmission, hormone secretion and action, enzyme activities, muscle contraction and blood clotting.
- Calcium is also the chief mineral contributing to the structural integrity of the skeleton and teeth.
- Three tissues are primarily involved in regulating calcium and phosphate metabolism: bones, kidneys and small intestine.
- Parathyroid hormone (PTH), calcitonin and vitamin D are the three hormones of Ca homeostasis. PTH is secreted in response to decreased plasma calcium. Its target tissues are kidney, bone, and, indirectly, the small intestine, with a net effect of increasing calcium and decreasing phosphate in plasma.
- Calcitonin plays only a minor role in regulation. It is secreted in response to increased plasma calcium. Acting primarily on bone, its net effect is to decrease both calcium and phosphate in plasma.
- Vitamin D_3 is converted into 1,25-$(OH)_2$-vitamin D_3, the active metabolite, by sequential conversion in liver and kidney. The final step of vitamine D activation in kidney is stimulated by PTH. The net effect of 1,25-$(OH)_2$-vitamin D_3 is to increase blood levels of both Ca and phosphate, acting primarily on the intestines to increase calcium absorption.

Key Terms

Parathyroid hormone; calcitonin; vitamine D_3

Review Questions

1. Define each term

1) parathyroid hormone; 2) calcitonin

2. Choose the correct answer

1) Which of the following exerts the greatest effect on parathyroid hormone secretion?

(A) Plasma phosphate concentration (B) Calcitonin

(C) 1,25-Dihydroxycholecalciferol (D) Total plasma calcium concentration

(E) Plasma Ca^{2+} concentration

2) 1,25-Dihydroxycholecalciferol affects intestinal Ca^{2+} absorption through a mechanism that

(A) includes alterations in the activity of genes

(B) activates adenylyl cyclase

(C) decreases cell turnover

(D) changes gastric acid secretion

(E) is comparable to the action of polypeptide hormones

3. Answer the following questions

1) Why must plasma Ca^{2+} be closely regulated?

2) What are the actions of parathyroid hormone that tend to raise plasma calcium and lower plasma phosphate?

3) What conditions lead to increased secretion of PTH or calcitonin?

第五节 肾 上 腺
Section 5 The Adrenal Gland

Section Outline

- The adrenal cortex
  - —Synthesis and metabolism of adrenocortical hormones
  - —Glucocorticoid (cortisol)
  - —Mineralocorticoid (aldosterone)
- Adrenal medulla
  - —Synthesis, metabolism and regulation of adrenomedullary hormones
  - —Actions of adrenomedullary hormones: epinephrine, norepinephrine

肾上腺为腹膜外的内分泌器官。位于腹膜和腹后壁之间、两侧肾内上方,由中央部髓质和外层皮质所组成。肾上腺髓质受交感神经支配,其合成和释放的儿茶酚胺(包括肾上腺素、去甲肾上腺素和多巴胺),主要参与心血管活动的调节。肾上腺皮质为生命所必需,它合成分泌三类激素,即盐皮质激素、糖皮质激素和性激素。

一、肾上腺皮质(The Adrenal Cortex)

肾上腺皮质起源于中胚层,约占肾上腺总体积的 80%~90%,根据皮质细胞的形态结构、排列、血管和结缔组织结构等特征可将皮质由外向内分为球状带、束状带和网状带三层。球状带(zona glomerulosa)位于被膜下,约占皮质总体积的 15%,细胞较小呈矮柱状或锥形,球状排列,主要分泌盐皮质激素(mineralocorticoid)——醛固酮(aldosterone);束状带(zona fasciculate)是皮质中最厚的部分,约占皮质总体积的 50%,细胞较大呈多边形,与网状带细胞交错排列,主要分泌糖皮质激素(glucocorticoids)——皮质醇(cortisol)和皮质醇酮(corticosterone);网状带(zona reticularis)位于最内层,约占皮质总体积的 7%,细胞相互吻合成网,主要分泌性激素(sex steroids)——雄激素(androgens)和少量雌激素(estrogens)(图 11-19)。

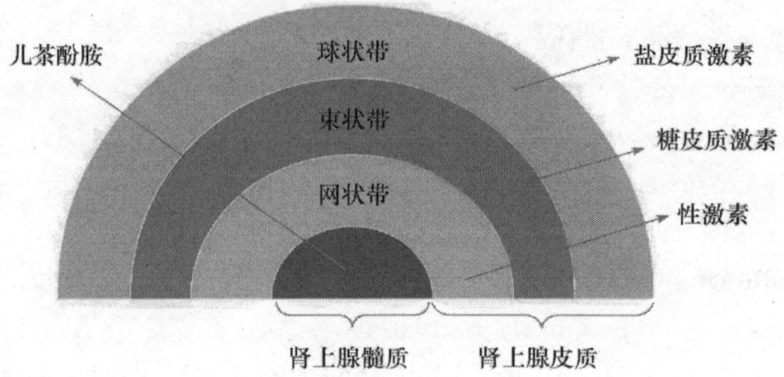

图 11-19 肾上腺的结构示意图及其分泌的激素

(一)肾上腺皮质激素的生物合成及代谢(synthesis and metabolism of adrenocortical hormones)

盐皮质激素、糖皮质激素和性激素都是胆固醇衍生物,均属于类固醇激素。它们合成的原料胆固醇(占 80%)来自血浆中的低密度脂蛋白或高密度脂蛋白。小部分在肾上腺皮质由乙酸或乙酸盐经甲基戊酸、鲨烯合成胆固醇。胆固醇中大部分是胆固醇酯,胆固醇酯在被用作合成类固醇激素的原料时,在细胞内首先被胆固醇酯酶水解成游离胆固醇,然后被转运到线粒体内。在线粒体内胆固醇经胆固醇侧链裂解酶先转变为孕烯醇酮,再经一系列羟化酶和氧化酶作用,最后生成盐皮质激素、糖皮质激素和少量性激素。

肾上腺皮质分泌的激素经肾上腺静脉进入血液循环,其中 90%以上的类固醇激素与血浆蛋白结合而运输,主要的血浆结合蛋白有:①皮质类固醇结合球蛋白(corticosteroid-binding globulin,CBG)或称皮质激素转运蛋白(transcortin);②睾酮结合球蛋白(testosterone-binding globulin,TeBG)或称性激素结合球蛋白(sex hormone-binding globulin,SHBG);③白蛋白。结合型的激素不易被降解和清除,并能调节血液中游离激素的浓度。醛固酮与血浆蛋白结合力较弱,主要以游离形式存在,因此它的半衰期很短。

肾上腺皮质激素自分泌入血就开始了降解代谢过程,此过程主要在肝脏中进行,皮质醇的代谢产物与葡萄糖醛酸或硫酸盐结合后,其水溶性增加。在肝细胞,尿苷二磷酸葡萄糖醛酸转移酶催化胆红素、类固醇物质和其他物质发生葡萄糖醛酸化,葡萄糖醛酸可结合任何羟基(主要是 3α-羟基)。大多数皮质醇的 3α,5α-四氢衍生物均以葡萄糖醛酸形式从尿排出。醛固酮在体内也存在与葡萄糖醛酸结合的复合物,结合的醛固酮有两种代谢方式,即尿排出(占 15%)和体内降解(占 85%)。肾上腺皮质激素代谢产物经尿途径排出占 90%,其次是粪便。因此,测定尿或粪便中肾上腺代谢产物是否正常,可有助于了解机体肾上腺皮质激素的代谢情况。

（二）糖皮质激素(glucocorticoid)

人体血液中的糖皮质激素主要为皮质醇，其次是皮质酮，后者含量仅为前者的1/10～1/20。糖皮质激素的作用十分广泛，除调节糖代谢外，还参与机体多种生理功能的调节。其分泌调节受下丘脑(CRH)-腺垂体(ACTH)-肾上腺(cortisol)轴(H-P-A 轴)的调节。

1. 生理作用(actions of glucocorticoid)

1）对物质代谢的作用(effects on material metabolism)

(1) 糖代谢(glycometabolism) 糖皮质激素能够显著升高血糖。糖皮质激素可激活糖原合成酶，抑制糖原磷酸酶，使肝糖原合成增加；直接激活肝糖异生酶，如诱导磷酸烯醇式丙酮酸羧化酶基因转录并增加其活性，从而促进糖异生，血糖升高。糖皮质激素增加靶细胞对儿茶酚胺的敏感性，促进脂肪分解为脂肪酸，后者为糖异生提供能量。糖皮质激素对糖代谢的影响还表现为抗胰岛素作用，降低肌肉与脂肪等组织细胞对胰岛素的反应性，减少外周组织对葡萄糖的摄取利用，促进血糖升高。总之，糖皮质激素对糖代谢的影响是通过“开源”和“节流”来升高血糖浓度。所以，糖皮质激素分泌过多(或服用此类激素的药物过多)，可引起血糖升高，甚至出现糖尿；反之，糖皮质激素分泌过少，则出现低血糖。

(2) 蛋白质代谢(protein metabolism) 促进肝外组织(肌肉、骨骼、结缔组织和淋巴组织等)的蛋白质分解，减少 RNA 和蛋白质的合成，长期糖皮质激素分泌过多可导致组织蛋白质广泛破坏，发生负氮平衡、肌肉消瘦、骨质疏松、皮肤变薄和伤口愈合迟缓等。皮肤和骨的胶原蛋白与基质合成也受抑制，使成骨细胞、成纤维细胞、胸腺细胞和脂肪细胞等组织萎缩。这是由于糖皮质激素刺激 RNA 的生成，合成特异蛋白，改变细胞膜的某些特性，从而阻止葡萄糖和氨基酸转运入细胞内所致。

(3) 脂肪代谢(fat metabolism) 促进脂肪分解和脂肪酸释放入血，使血中游离脂肪酸增高。由于组织对葡萄糖的利用受抑制，所以又能间接地促进脂肪分解氧化，提供能量。同时，糖皮质激素通过升高血糖，继发性引起胰岛素分泌增加，促进脂肪合成和沉积。不同部位的脂肪细胞对糖皮质激素的敏感性不同，故肾上腺功能亢进或长期应用糖皮质激素后出现机体脂肪重新分布，四肢脂肪相对缺乏，而颈项部、锁骨上区、躯干、前纵隔和肠系膜脂肪沉积，以致出现满月脸(moon face)、水牛背(buffalo hump)、躯干部发胖而四肢消瘦的特殊体形，即所谓的“向心性肥胖”。

2）对水盐代谢作用(effects on water and salt metabolism)

糖皮质激素可以降低肾小球入球小动脉的阻力，使得肾血浆流量和肾小球滤过率增加，促进水的排出。肾上腺皮质功能不足的患者，排水功能明显减弱，严重时甚至会出现水的潴留超过 Na^+ 潴留的“水中毒”现象。此现象可能与血管加压素(抗利尿激素)和心房钠尿肽的合成、分泌有关，因为糖皮质激素缺乏的大鼠室旁核血管加压素 mRNA 表达增多，而糖皮质激素则可增加心房钠尿肽 mRNA 含量，增加心房钠尿肽合成和分泌。此外，糖皮质激素具有弱的保 Na^+ 排 K^+ 作用。

3）对神经系统的作用(effects on nervous system)

糖皮质激素易透过血脑屏障而维持中枢神经系统的正常功能，包括睡眠形式、情绪、认知和感觉等。Cushing 综合症的病人大多数出现心理障碍，在自发性或医源性者以抑郁为主，而外源性者则表现为欣快感、躁狂，甚至精神失常。

4) 对循环系统作用(effects on circulatory system)

糖皮质激素对维持机体正常血压是必需的，它能增强血管平滑肌对儿茶酚胺的敏感性(允许作用)；抑制具有舒张血管作用的前列腺素的合成。糖皮质激素还能降低毛细血管内皮细胞的通透性，有利于维持血容量以及增强离体心肌的收缩能力。

5) 对消化系统的作用(effects on digestive system)

糖皮质激素促进胃液和胃蛋白酶的分泌，增强胃腺对迷走神经和胃泌素的反应性，故长期应用治疗剂量的糖皮质激素可增加消化道溃疡发生率，抑制溃疡愈合。此外，糖皮质激素加速胎儿肝脏和胃肠道酶的形成。

6) 对血细胞的作用(effects on blood cells)

糖皮质激素可使血液中红细胞、血小板、单核细胞和嗜中性粒细胞数量增加；而使淋巴细胞、嗜酸性粒细胞数减少。糖皮质激素可通过增强骨髓造血功能而使红细胞、血小板等增加，还通过抑制淋巴细胞 DNA 合成，有效抑制淋巴细胞增殖。因此，临床上常用糖皮质激素治疗急性淋巴细胞性白血病。

7) 对免疫和炎症的影响(effects on immunity and inflammation)

内源性糖皮质激素能影响免疫细胞的迁移，使周围血免疫细胞明显减少，以 T 淋巴细胞减少为主，糖皮质激素调节胸腺 T 淋巴细胞发育、增殖和凋亡，其机制可能是由于糖皮质激素与胸腺 T 细胞上的受体结合，通过细胞内信号转导机制而诱导细胞凋亡所致。糖皮质激素抑制单核细胞分化成巨噬细胞从而使后者的吞噬功能受到抑制。此外，糖皮质激素的抑制特性被用于控制器官抑制后的排斥反应及自身免疫性疾病的治疗，对炎性介质如前列腺素和丝氨酸蛋白酶也有抑制作用。

8) 对骨骼系统和结缔组织的作用(effects on bone and connective tissue)

(1) 骨骼系统(bone)　糖皮质激素抑制成骨细胞的增殖和分化；刺激破骨细胞的增殖和活性，引起骨质溶解；增强 PTH 及维生素 D_3 对骨的作用，进一步促进骨小梁的溶解。

(2) 结缔组织(connective tissue)　糖皮质激素调节成纤维细胞的增殖过程和分化功能，刺激成纤维细胞产物(如弹性蛋白、纤维结合素和细胞外基质糖蛋白)的生成，其中弹性蛋白是成纤维细胞分化成为韧带细胞后的产物之一。长期过量应用糖皮质激素可导致伤口不愈和结缔组织松脆，巨噬细胞向创伤部位移动受抑制。

9) 参与应激反应(take part in stress response)

机体受到各种伤害性刺激(如缺氧、创伤、饥饿、疼痛、高温、寒冷、愤怒、恐惧、焦虑、感染、中毒等)，使血液中 ACTH 及糖皮质激素浓度升高的反应，称为应激反应(stress response)。如把与应激反应所分泌剂量相等的糖皮质激素用于安静状态的机体时，可引起肾上腺皮质功能亢进的症状，但是应激状态下这种亢进症状并不出现，提示应激状态机体对糖皮质激素的需要量大大增加。切除肾上腺皮质而保留肾上腺髓质的动物，极易因伤害性刺激而死亡，但切除肾上腺髓质而保留肾上腺皮质则不威胁动物的生命。因此，肾上腺皮质激素又称为“保命激素”。

应激刺激主要激活了下丘脑-腺垂体-肾上腺轴，引起肾上腺皮质激素分泌增加，同时应激刺激也激活交感-肾上腺髓质系统，血中儿茶酚胺含量明显增高，Cannon称之为应急反应（emergency reaction）。此时神经系统的兴奋性、心脏活动、血流速度、糖原分解等均明显增加，有利于机体以应付环境的急剧变化，故肾上腺激素又称为警觉激素（alert hormone）。

2. 分泌调节（regulation of glucocorticoid secretion）

血液中的糖皮质激素的分泌是受下丘脑-腺垂体-肾上腺皮质轴的调节。在生理状态下，其分泌呈脉冲式分泌，一般清晨觉醒前达到分泌高峰，逐渐减少，白天维持在较低水平，午夜降至最低，凌晨又逐渐升高（图 11-20）。

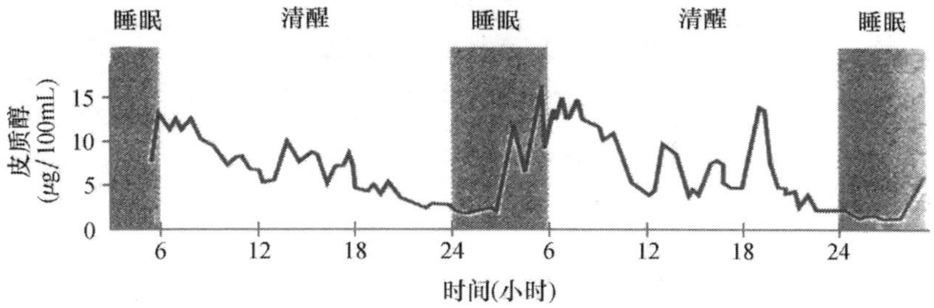

图 11-20 血浆糖皮质激素分泌水平的昼夜节律

1）CRH 对 ACTH 的调节（ACTH secretion regulated by CRH）

下丘脑室旁核及促垂体区CRH神经元分泌的CRH，经垂体-门脉系统作用于垂体的ACTH细胞上的CRH受体，刺激ACTH的分泌。下丘脑CRH的释放具有日周期节律和脉冲式释放的特点，清晨6～8时分泌达高峰，午夜分泌最少。实验证明，室旁核或正中隆起受损，应激动物的ACTH释放明显减少；给人或动物静脉注射CRH后血浆ACTH、内啡肽明显升高。因此，可用CRH试验来了解垂体的ACTH储备功能，并对Cushing综合症的病因有鉴别意义。

2）ACTH 对肾上腺皮质的作用（effects of ACTH on adrenal cortex）

ACTH是由39个氨基酸残基构成的多肽链，相对分子质量是4500Da，在血液中的半衰期约10min。ACTH经血液循环作用于肾上腺皮质细胞膜上的ACTH受体，经过Gs AC-cAMP-PKA信号通路，激活胆固醇酯酶，使胆固醇酯水解为游离的胆固醇，转运至线粒体，合成孕烯醇酮，进一步转化为皮质醇，促进皮质醇的合成和分泌（图 11-21）。此外，ACTH还能够使肾上腺皮质增生、肥大。

3）糖皮质激素对 ACTH 和 CRH 的负反馈调节（feedback control of glucocorticoid on ACTH and CRH）

血浆糖皮质激素升高能够负反馈抑制下丘脑CRH和腺垂体ACTH的分泌，使血中糖皮质激素保持相对稳定。糖皮质激素抑制ACTH的作用包括快速和延迟反馈抑制两种类型。实验发现，输入皮质醇后几分钟可使ACTH分泌减少80%，20min后消失；数小时后又再次出现ACTH降低现象。快速反馈抑制可能与糖皮质激素的膜结合活性以及引发的ACTH分泌抑制有关，而延迟反馈抑制则是糖皮质激素与核受体结合，激活相关

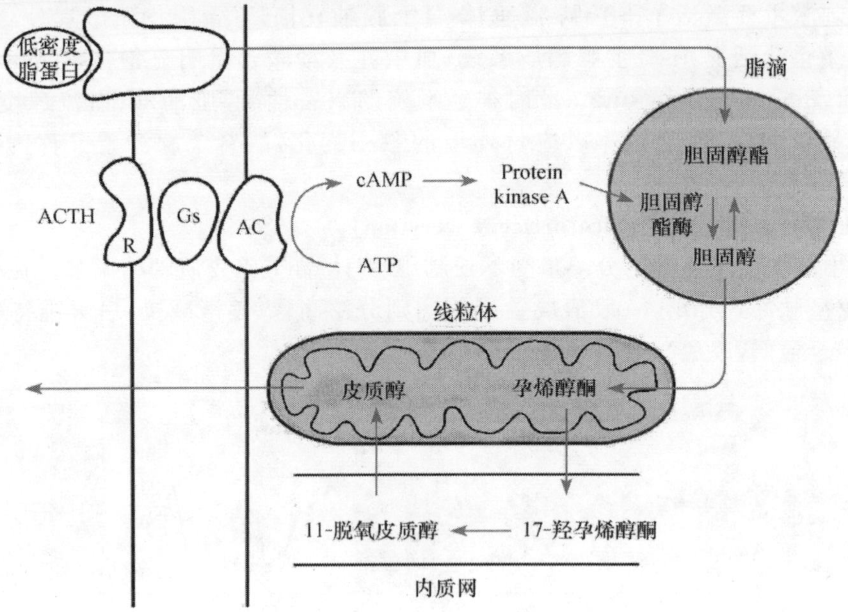

图 11-21 ACTH 作用的机制

（引自 Ganong WF. 22th edition. Review of medical Physiology，New York，McGraw-Hill Companies. 2005）

基因表达，mRNA 转录和新的蛋白质合成的结果。临床上长期大量应用外源性糖皮质激素治疗时，可使 ACTH 分泌减少，导致其肾上腺皮质萎缩。所以，长期大量应用糖皮质激素禁忌骤然停药，应逐渐减量后再停药，以使下丘脑与腺垂体有时间从反馈抑制中得以恢复。ACTH 和糖皮质激素对 CRH 神经元均有负反馈调节作用。

总之，下丘脑-腺垂体-肾上腺轴组成一个紧密联系的活动系统，从而维持血液糖皮质激素的相对稳定，以适应机体在不同状态下的变化（图 11-22）。

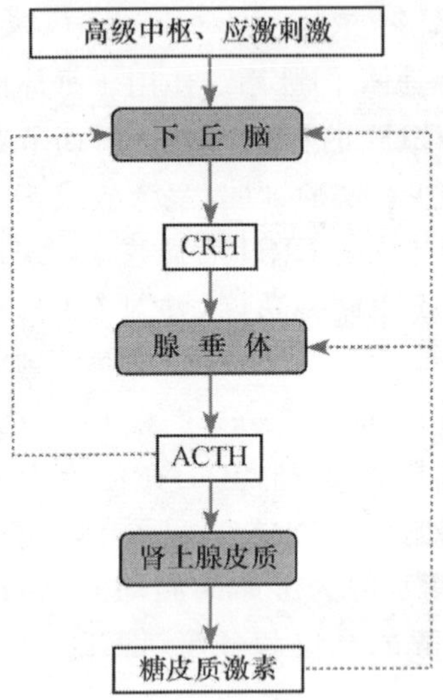

图 11-22 糖皮质激素分泌的调节

→表示促进作用或分泌活动；

--→ 表示抑制

（三）盐皮质激素（mineralocorticoid）

体内的盐皮质激素包括醛固酮，11-去氧皮质酮和 11-去氧皮质醇，由肾上腺皮质球状带细胞合成和分泌，在水盐代谢中发挥调节作用，其中醛固酮的调节作用最强。

1. 生理作用（actions of mineralocorticoid）

醛固酮的主要作用是促进肾脏远曲小管和皮质集合管对 Na^+ 和水的重吸收以及 K^+ 排泄。它作用于髓质集合管，促进 H^+ 的排泄，酸化尿液。当体内醛固酮分泌过多时，可导致 Na^+ 和水潴留，引起高血 Na^+、低血 K^+ 和碱中毒。而当体内醛固酮分泌减少时，如阿狄森病，可使血 Na^+ 减少、血容量减少，血压降低、血 K^+ 升高，甚至出现代谢性酸中毒。

2. 分泌调节(regulation of mineralocorticoid secretion)

醛固酮的分泌主要受肾素-血管紧张素-醛固酮系统的调节。当血容量减低时，肾动脉压下降，交感神经兴奋，致密斑的 Na^+ 负荷减少，刺激肾小球球旁器使肾素分泌增加(见第八章)。

血 K^+ 浓度是调控醛固酮合成的另一重要原因。当血 K^+ 升高时，可直接刺激肾上腺皮质球状带合成醛固酮，而醛固酮亦可通过刺激肾脏排泄 K^+ 来调节血 K^+ 浓度。但是，血 Na^+ 降低时，主要通过调节肾小球旁器细胞合成肾素来影响醛固酮的合成。此外，ACTH 可短暂性刺激醛固酮分泌，血管加压素、多巴胺、5-羟色胺和生长抑素等对醛固酮也有一定的调节作用。

二、肾上腺髓质(Adrenal Medulla)

肾上腺髓质既可看作植物神经系统的一个交感神经节，它又属于内分泌系统。肾上腺髓质起源于外胚层，细胞质内有可被铬盐染成黄褐色的嗜铬颗粒，故称为嗜铬细胞。嗜铬细胞主要合成、分泌肾上腺素(epinephrine，E)和去甲肾上腺素(norepinephrine，NE)及少量多巴胺(dopamine，DA)和阿片肽(opioid peptide，OP)。

(一) 肾上腺髓质激素的生物合成、代谢和调节(synthesis，metabolism and regulation of adrenomedullary hormones)

肾上腺髓质主要分泌的 E 和 NE 均属于儿茶酚胺类激素，是以酪氨酸为底物在酪氨酸羟化酶、多巴脱羧酶及多巴胺 β-羟化酶的作用下，合成 NE。由于嗜铬细胞中含有大量苯乙醇胺氮位甲基转移酶(phenylethanolamine-N-methyltransferase，PNMT)可使 NE 甲基化而形成 E。髓质中 E 与 NE 的比例约为 4∶1。血液中的 NE，除肾上腺髓质分泌外，主要来自肾上腺素能神经纤维末梢，而血液中的 E 主要来自肾上腺髓质。

机体内儿茶酚胺代谢的途径主要有三条：①被交感神经末梢再摄取；②转化成无活性的代谢产物；③由肾脏排泄。E 和 NE 通过单胺氧化酶(monoamine oxidase，MAO)和儿茶酚-O-位甲基转移酶(catechol-O-methyltransferase，COMT)的作用而灭活。例如，E 和 NE 在 MAO 的作用下转变成3，4-二羟扁桃酸(3，4-dihydroxymandelic acid)；在肝、肾中，高含量的 COMT 使循环中的 NE 转化为去间甲肾上腺素(normetanephrine)，E 转化为间甲肾上腺素(metanephrine)。大多数儿茶酚胺以香草扁桃酸(vanillylmandelic acid，VMA)和高香草酸(homovanillic acid，HVA)等形式排出，少部分以原形或间甲肾上腺素、去间甲肾上腺素的形式排出。因此，测定尿中 VMA、HMA 浓度可反映体内儿茶酚胺的代谢水平，对嗜铬细胞瘤的筛选和诊断等具有一定的参考价值；测定未被代谢的儿茶酚胺排出量也能较好的反映交感-肾上腺系统的活性。

儿茶酚胺在合成过程中受交感神经胆碱能节前纤维、ACTH 和糖皮质激素的调控，交感神经兴奋时，释放乙酰胆碱，与嗜铬细胞上的 N 受体结合，促进肾上腺髓质激素的合成与释放。ACTH 和糖皮质激素主要是增强了儿茶酚胺合成酶系活性。ACTII 即可直接提高酪氨酸羟化酶的活性，又可通过糖皮质激素提高 PNMT 和多巴胺 β-羟化酶的活性。当肾上腺髓质细胞内 NE 或 DA 达一定浓度时，可抑制酪氨酸羟化酶；当 E 合成量增加时，可抑制 PNMT 活性，从而抑制髓质激素的合成(图 11-23)。此外，PNMT 的活化常被高浓度的皮质醇(正常血浆浓度的 100 倍以上)诱导，故凡能抑制 PNMT 本身或显著降低髓质皮质醇浓度的药物均有降低血压和降低血糖的作用。

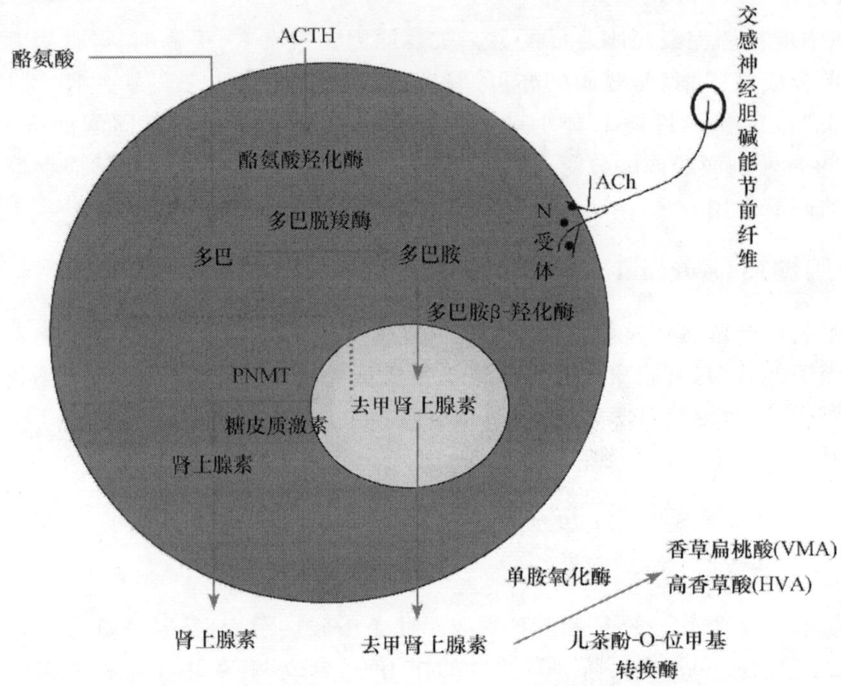

图 11-23 去甲肾上腺素和肾上腺素的合成、代谢及分泌调节

——→ 表示促进作用或分泌活动；- - -→ 表示抑制

（二）肾上腺髓质激素的作用(actions of adrenomedullary hormones)

1. 物质代谢(material metabolism)

髓质激素的生理作用与交感神经节后纤维的作用基本上是一致，在相关章节中已讨论。肾上腺髓质激素对物质代谢的影响主要是促进分解代谢，通过特异性受体亚型，对糖和脂肪的代谢进行调节(表 11-3)。

表 11-3 肾上腺髓质激素对代谢的调节

受体	生理作用
α1	增强糖异生
α2	抑制胰岛素分泌
β1	促进脂肪分解，酮体生成
β2	促进糖原分解，减少葡萄糖利用
β3	动员脂肪，提高基础代谢率

2. 应急反应(emergency reaction)

交感神经与肾上腺髓质组成的交感-肾上腺髓质系统在应急反应中起着重要作用。

当机体遭遇紧急情况时，如剧痛、缺氧、脱水、大出血、畏惧及剧烈运动时，交感-肾上腺髓质系统发生适应性反应，肾上腺素和去甲肾上腺素分泌大大增加，发生的一系列反应称应急反应。应急反应包括中枢神经系统的兴奋性提高；心率加强，心收缩力增强，心输出量增加，血压升高；呼吸加深加快；皮肤内脏血管收缩，骨骼肌血管舒张，血液重新分配，使重要脏器得到更多血液供应；血糖升高，葡萄糖、脂肪酸氧化代谢加强。实际上应急反应和应激反应两者相辅相成，共同维持机体的适应力和耐受力。

Clinical Note

Addison's Disease

Primary adrenal insufficiency due to disease processes that destroy the adrenal cortex is called Addison's disease. The condition used to be a relatively common complication of tuberculosis, and now it is usually due to autoimmune inflammation of the adrenal. Patients lose weight, are tired, and become chronically hypotensive. They have small hearts, probably because the hypotension decreases the work of the heart. Eventually they develop severe hypotension and shock (addisonian crisis). This is due not only to mineralocorticoid deficiency but to glucocorticoid deficiency as well. Fasting causes fatal hypoglycemia, and any stress causes collapse. Water is retained, and there is always the danger of water intoxication. Circulating ACTH levels are elevated. The diffuse tanning of the skin and the spotty pigmentation characteristic of chronic glucocorticoid deficiency are due, at least in part, to the MSH activity of the ACTH in the blood. Minor menstrual abnormalities occur in women, but the deficiency of adrenal sex hormones usually has little effect in the presence of normal testes or ovaries.

Summary

- Humans have two adrenal glands, one located just above each kidney. Each adrenal consists of two distinct endocrine glands: the adrenal cortex and the adrenal medulla.
- The adrenal cortex primarily secretes three steroid hormones: glucocorticoid, mineralocorticoid and steroids.
- The adrenal medulla secretes the catecholamines, epinephrine and norepinephrine.
- The adrenal gland are essential to survival because of the cortisol they produce.
- All adrenocortical hormones are synthesized from cholesterol, which is obtained primarily from the blood. The enzymes for adrenal steroid hormone synthesis belong to a large family of enzymes called P450 oxidases.
- The initial and rate limiting step common to the syntheses of all adrenocortical hormones is the formation of pregnenolone through the action of cholesterol desmolase (P450scc).

- The activity of this enzyme is under the control of ACTH. Each cell layer has unique enzymes that enable the layer to synthesize its unique hormone from pregenolone.
- Glucocorticoids(cortisol) are essential for life. Glucocorticoids are catabolic and diabetogenic, reduce inflammation, suppress immune responses, and support vascular response to catecholamines.
- We cannot survive without glucocorticold secretion from the adrenal cortex. Cortisol plays an important role during fasting and starvation. Cortisol, glucagon, grown hormone, and epinephrine all act to prevent a fall in blood glucose level.
- Secretions of the zona fasciculate and reticularis are under the sole control of the CRH-ACTH axis.
- Cortisol secretion from the zona fasciculate is pulsatile with a diurnal rhythm driven by activity within the brain.
- Stress stimulates the hypothalamus-pituitary-adrenal axis to increase cortisol secretion.
- Cortisol secretion is limited by a negative feedback system at the level of both the hypothalamus and anterior pituitary.
- Secretions of the zona glomerulosa are affected primarily by the action of angiotensin II and to a lesser extent by K ions and ACTH.
- The adrenal medulla is coupled to the sympathetic nervous system and consists of neuroendocrine cells that produce and secrete catecholamines.
- Nerve stimulation results in the release of stored epinephrine and norepinephrine from chromaffin cells.
- Catecholamines have widespread effects on the cardiovascular system, muscle system, and metabolism.

Key Terms

Adrenal gland; adrenal cortex, cortisol; aldosterone; adrenal medulla; epinephrine; norepinephrine; dopamine

Review Questions

1. Define each term

1) Cushing's syndrome; 2) stress response; 3) emergency reaction

2. Choose the correct answer

1) Adrenalectomy is associated with

(A) Hyperglycemia with decreased insulin sensitivity

(B) Increased mobilization and utilization of fatty tissues

(C) Augmented water excretion by the kidneys and sodium loss in the urine

(D) Improved resistance to infection or shock

(E) Euphoria

2) The effects of primary hyperaldosteronism(Conn's syndrome) include

(A) Hypertension

(B) Hyperkalemia

(C) Decreased extracellular fluid volume

(D) Increased concentrating ability to kidney

(E) Increased hematocrit

3. Answer the following questions

1) What hormones are secreted by the adrenal cortex? What are the functions and control of each of these hormones?

2) What is relationship of the adrenal medulla to the sympathetic nervous system?

3) What are the functions of epinephrine and norepinephrine?

第六节 胰岛的内分泌
Section 6 Endocrine Function of the Pancreatic Islets

Section Outline

- Insulin
  —Actions of insulin
  —Regulation of insulin release
- Glucagon
  —Actions of glucagon
  —Regulation of glucagon release
- Somatostatin
- Pancreatic polypeptide

胰腺的内分泌腺是由100万～200万个散在于胰腺外分泌腺之间的内分泌小岛(腺细胞团)组成,称为胰岛或"兰氏(Langerhans)小岛"。每个分泌小岛都有丰富的血供。人类胰岛内分泌细胞至少有五种,即A细胞、B细胞、D细胞、D1细胞和F细胞(PP细胞)。A细胞约占20%,分泌胰高血糖素(glucagon);B细胞数量最多,约占60%～75%,分泌胰岛素(insulin);D细胞约占5%,分泌生长抑素(somatostatin);D1细胞和F细胞数量很少,分别分泌血管活性肠肽(vasoactive intestinal peptide)和胰多肽(pancreatic polypeptide)。

一、胰岛素(Insulin)

胰岛素(insulin)是由Banting和Best于1922年首次从胰腺分离的小分子蛋白质,它含有51个氨基酸,相对分子质量为5808Da。正常人空腹时的血清胰岛素浓度为35～145pmol/L。胰岛素分子由A、B两条肽链组成,其中A链含有21个氨基酸,B链含有30个氨基酸。A链和B链之间靠两个二硫键连接(图11-24),如果二硫键断裂则胰岛素即失去活性。B细胞首先合成大分子的前胰岛素原(preproinsulin),然后加工修饰成86肽的胰岛素原(proinsulin),再经转换酶水解成胰岛素和游离的C-肽(C-peptide)。C-肽与胰岛素一起释放入血液，但 C-肽不具有胰岛素的生物活性；少量胰岛素原也进入血液，但生物活性只有胰岛素的 3%～5%。由于游离的 C-肽是在胰岛素合成过程中形成的，其数量与胰岛素分泌量相平行，故测定血中 C-肽的含量可反映 B 细胞分泌胰岛素的功能。血液中胰岛素的半衰期为 5min，主要在肝内灭活，肌肉和肾等组织也能灭活。

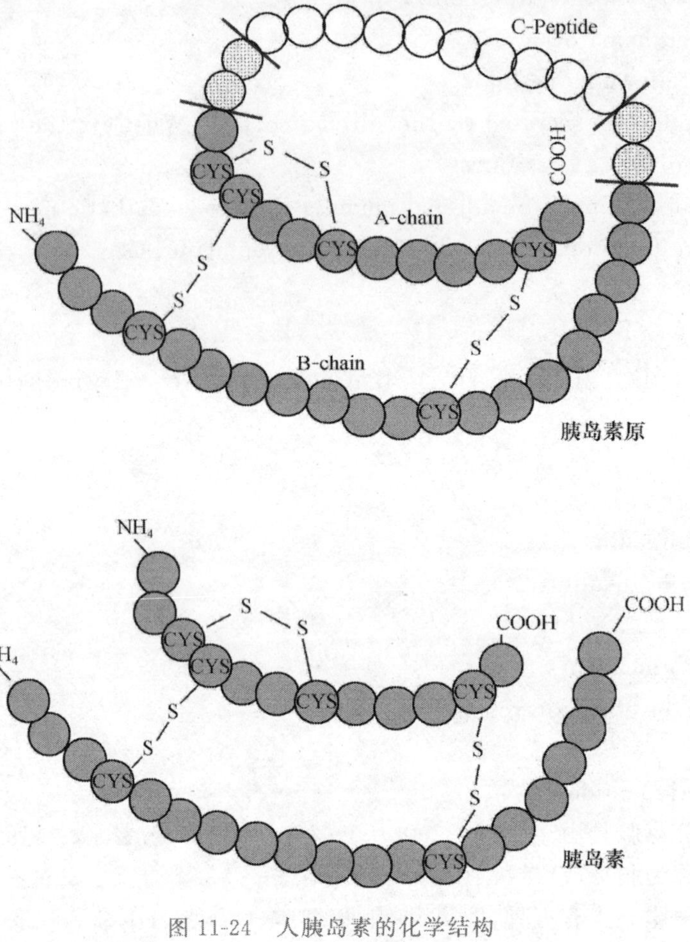

图 11-24　人胰岛素的化学结构

我国于 1965 年首先在世界上人工合成了具有高度生物活性的结晶胰岛素，开创了人类历史上第一次人工合成大分子生物活性物质——蛋白质的先例。在胰岛素的空间结构与功能关系的研究中，亦取得重大成果，不仅在生物化学和内分泌领域中为人类作出了巨大的成绩，而且在揭示生命的本质上也作出了巨大的贡献。

（一）胰岛素的生理作用（actions of insulin）

胰岛素的生理作用是通过与各种组织细胞上的胰岛素受体（insulin receptor）结合而发挥作用。胰岛素受体是有两个 α 亚单位和两个 β 亚单位构成的一种四聚体跨膜糖蛋白，通过三个二硫键将四个亚单位连在一起。α 亚单位含有 719 个氨基酸残基，暴露在细胞外，是胰岛素结合的部位，β 亚单位由 620 个氨基酸残基组成，分为胞外 N-端、跨膜结构域和胞内 C-端三个结构域，在胞内段含有多个酪氨酸残基，具有酪氨酸蛋白激酶的活性，当胰岛素与 α 亚单位结合后，受体被激活，胞内段 β 亚单位的酪氨酸残基发生自身磷酸化，激活酪氨酸激酶，β 亚单位活化后与胰岛素受体底物 1(insulin receptor substrate-1，IRS-1)结合，磷酸化其多个酪氨酸残基，激活的 IRS-1 与胞内多个靶蛋白结合，经 PI3-K、Ras-Raf-MAPK 及 PLCγ 等多条信号途径，激活多个与糖、脂肪和蛋白质代谢相关的酶系，产生生物学效应(图 11-25)。

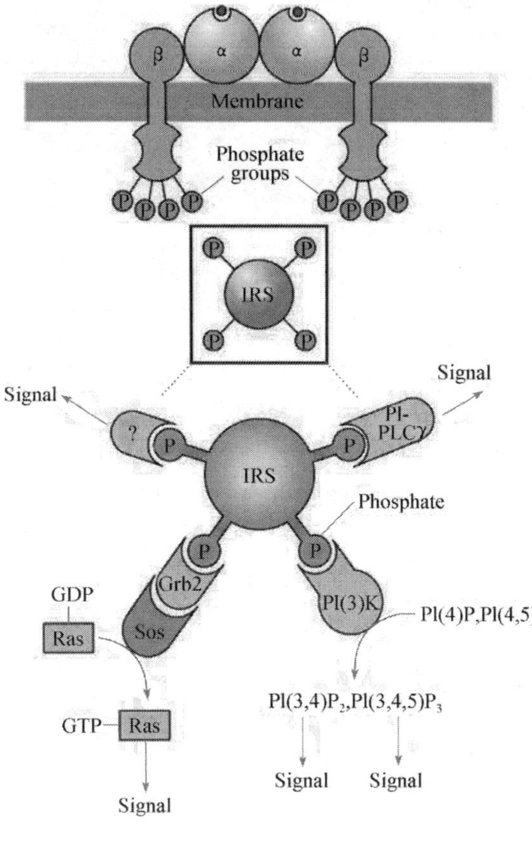

图 11-25 胰岛素受体及其作用机制

1. 对糖代谢的作用(actions on glycometabolism)

胰岛素促进全身组织细胞(特别是肝脏、肌肉和脂肪)对葡萄糖的摄取和利用，加速糖元合成和储存，抑制糖异生，促进糖转化为脂肪并储存于脂肪细胞，通过减少血糖来源，增加血糖去路降低血糖。其促进葡萄糖摄取的机制是通过 IRS 激活 PI3-K 信号通路，使骨骼肌、心肌和脂肪等组织细胞内的葡萄糖转运体 4(glucose transporter 4，GLUT4)数量增加，促进 GLUT4 从胞质转运到细胞膜，增强葡萄糖的摄取(图 11-26)。在肝脏细胞中，胰岛素则是通过活化葡萄糖磷酸激酶，生成 6-磷酸葡萄糖，细胞内葡萄糖浓度降低，利于葡萄糖通过易化扩散进入肝细胞。胰岛素缺乏时，血糖浓度升高，超过肾糖阈，尿中就会出现尿糖。

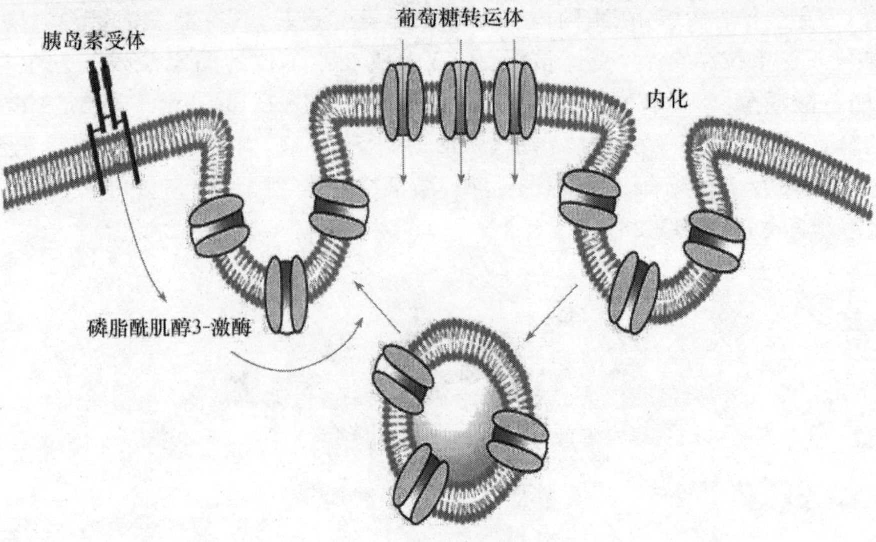

图 11-26 胰岛素受体介导的葡萄糖转运体的循环

(引自 Ganong WF. Review of medical Physiology，22th edition. New York，McGraw-Hill Companies. 2005)

2. 对脂肪代谢的作用(actions on fat metabolism)

胰岛素可增加脂肪合成酶系的活性，促进脂肪酸在肝脏的合成，并转运到脂肪细胞储存；促进葡萄糖进入脂肪细胞，合成甘油三酯；抑制脂肪酶对脂肪的分解。当胰岛素缺乏时，出现脂肪代谢紊乱，脂肪分解加强，血脂升高，血酮体升高，甚至出现酮血症与酮症酸中毒。

3. 对蛋白质代谢作用 (actions on protein metabolism)

胰岛素促进蛋白质合成，抑制蛋白质分解。胰岛素通过多种方式促进蛋白质合成：①促进氨基酸透过细胞膜转运入细胞从而促进蛋白质和核酸的合成；②加快细胞核的复制和转录过程，增加 DNA 和 RNA 的合成；③加速翻译过程，产生特定的蛋白质分子。由于胰岛素促进蛋白质的合成过程，因此它与腺垂体分泌的生长激素一样对机体生长也起促进作用。有趣的是，胰岛素单独作用时，对机体的生长无明显作用，只有两种激素同时存在和共同作用时才表现出很强的促进生长作用。

此外，胰岛素还可以通过促进 K^+、Mg^{2+} 和磷酸根离子进入细胞，参与细胞代谢。其促进离子进入细胞的机制还不清楚，研究显示胰岛素可以增加细胞膜 Na^+-K^+ ATP 酶的活性。

(二) 胰岛素分泌调节(regulation of insulin secretion)

1. 血糖水平的调节(regulation by blood glucose)

血糖水平是调节胰岛素分泌的最重要因素。胰岛 B 细胞对血糖水平非常敏感，血糖浓度升高引起胰岛素分泌，使血糖水平降低，血糖降至正常水平后，胰岛素的分泌也迅速恢复到基础水平。血糖水平持续升高时，胰岛素分泌可表现为两个时相，第一时相，胰岛素分泌在 5min 内达到高峰，此阶段主要是葡萄糖与胰岛 B 细胞上的葡萄糖受体结合，引起储存的胰岛素释放；血糖水平持续升高 15min 后，胰岛素的分泌会再次升高，2～3h 达到分泌高峰，且持续时间较长，此阶段胰岛素的来源是高血糖刺激的B细胞新合成的胰岛素。

2. 血氨基酸及脂肪酸水平的调节(regulation by amino acid and fatty acid)

血中氨基酸水平升高可刺激胰岛素分泌，血糖与氨基酸水平均升高，对刺激胰岛素的分泌有协同作用，可使胰岛素的分泌量成倍增长；在多种氨基酸中以精氨酸和赖氨酸的促分泌作用最强。血中脂肪和酮体大量增加，也促进胰岛素的分泌。

3. 激素的调节(regulation by hormone)

实验证实，口服葡萄糖引起的胰岛素分泌量明显高于静脉注射葡萄糖引起的反应，表明胃肠激素参与了胰岛素分泌的调节。在胃肠激素中，胃泌素、促胰液素、CCK及抑胃肽(又称为依赖葡萄糖的促胰岛素多肽，glucose-dependent insulin-stimulating polypeptide)等均有刺激胰岛素分泌的作用。其中抑胃肽是葡萄糖依赖的胰岛素分泌直接刺激因子，而胃泌素、促胰液素和CCK则是通过升高血糖间接刺激胰岛素分泌。进食后，小肠吸收的葡萄糖、氨基酸和脂肪酸等成分即可刺激抑胃肽的释放，抑胃肽在血糖升高之前刺激B细胞释放胰岛素，为各种营养成分的吸收做好准备，这是一种前馈性调节。胃肠激素与胰岛素分泌之间的关系被称为“肠-胰岛轴”(entero-insular axis)。

生长激素、甲状腺激素和皮质醇等可通过增加血糖浓度而间接刺激胰岛素的分泌。

肾上腺素和去甲肾上腺素等儿茶酚胺物质通过兴奋α_2受体可抑制胰岛B细胞分泌胰岛素，而兴奋了β-肾上腺素能受体，则可促进胰岛素的分泌。

下丘脑调节肽中，促甲状腺激素释放激素、生长激素释放激素和促肾上腺皮质激素释放激素等均可促进胰岛素分泌。

4. 自主神经系统的调节(regulation by autonomic nervous system)

迷走神经通过释放Ach与M受体结合，从而促进胰岛素的分泌。迷走神经也可刺激胃肠激素释放，间接引起胰岛素的分泌。交感神经通过释放去甲肾上腺素作用于B细胞的α_2受体，抑制胰岛素的分泌，而作用于β_2受体则促进胰岛素的分泌。

5. 胰岛内激素的调节(regulation by pancreatic hormone)

胰岛A细胞分泌的胰高血糖素可通过旁分泌的方式刺激B细胞的分泌，而D细胞分泌的生长抑素则抑制B细胞的分泌。胰岛素对B细胞也通过自分泌抑制其胰岛素的分泌。

二、胰高血糖素(Glucagon)

胰岛A细胞分泌的胰高血糖素(glucagon)是由29个氨基酸残基组成的直链多肽激素，相对分子质量为3485Da，血清浓度为50～100ng/L，半衰期为5～10min。胰高血糖素的灭活主要在肝脏，肾脏也能降解该激素。

(一) 胰高血糖素的生理作用(actions of glucagon)

胰高血糖素与肝细胞膜上的胰高血糖素受体结合，通过激活G蛋白-AC-cAMP-PKA或G蛋白-PLC-IP_3/DG信号途径，促进分解代谢。胰高血糖素能促进糖元分解，促进糖异生，使氨基酸转化为葡萄糖，血糖升高。胰高血糖素通过激活的蛋白激酶A，活化脂肪细胞的脂肪酶，促进脂肪分解。

（二）胰高血糖素分泌调节(regulation of glucagon secretion)

1. 血糖水平的调节(regulation by blood glucose)

胰高血糖素的分泌与胰岛素基本相同，也受血糖浓度的调节。在生理情况下，胰高血糖素的分泌量与血糖浓度成反变关系，即血糖降低促进其分泌，血糖升高则抑制分泌。

2. 血氨基酸水平的调节(regulation by amino acid and fatty acid)

氨基酸除了能刺激胰岛素分泌外，也可直接刺激胰高血糖素的分泌。高蛋白饮食或静脉注射氨基酸可刺激胰高血糖素的分泌。血中氨基酸对血糖水平的调节具有双相作用，一方面可以通过促进胰岛素分泌降低血糖；另一方面又可通过刺激胰高血糖素的分泌升高血糖，避免低血糖的发生。

3. 胰岛内激素的调节(regulation by pancreatic hormone)

通过旁分泌的方式，胰岛内激素之间可以相互作用。胰岛 B 细胞和 D 细胞分泌的胰岛素和生长抑素直接抑制 A 细胞分泌胰高血糖素。同时，胰岛素又可以通过降低血糖间接地刺激 A 细胞分泌胰高血糖素。

4. 自主神经系统的调节(regulation by autonomic nervous system)

胰高血糖素也受神经系统的调节，迷走神经兴奋通过 M 受体抑制其分泌，而交感神经兴奋则可促进其分泌。

三、生长抑素(Somatostatin)

生长抑素(somatostatin，SS)是由胰岛 D 细胞分泌的激素，有 SS_{14} 和 SS_{28} 两种类型。主要作用是通过旁分泌抑制胰岛其他三类细胞的分泌活动，参与胰岛素分泌调节。

四、胰多肽(Pancreatic Polypeptide)

胰多肽(pancreatic polypeptide)是由 PP 细胞分泌的含有 36 个氨基酸残基的直链多肽，相对分子质量是 4.2kD。胰多肽在餐后释放，其主要作用是通过抑制胰腺分泌胰蛋白酶和碳酸氢盐及胰腺的基础分泌和兴奋后分泌，影响食物的消化和吸收。

Clinical Note

Diabetes Mellitus

The incidence of diabetes mellitus in the human population has reached epidemic proportions worldwide, and it is increasing at a rapid rate. Ninety percent of the present cases are type 2 diabetes (see below), and most of the increase will be in type 2, paralleling the increase in the incidence of obesity. Diabetes is sometimes complicated by acidosis and coma, and in long-standing diabetes additional complications occur. These include microvascular, macrovascular, and neuropathic disease. The microvascular abnormalities are proliferative scarring of the retina (diabetic retinopathy), leading to blindness; and renal disease (diabetic nephropathy), leading to renal failure. The macrovascular abnormalities are due to accelerated atherosclerosis, which is secondary to increased plasma LDL. The result is an increased incidence of stroke and myocardial infarction. The neuropathic abnormalities (diabetic neuropathy) involve the autonomic nervous system and peripheral nerves. The neuropathy plus the atherosclerotic circulatory insufficiency in the extremities and reduced resistance to infection can lead to chronic ulceration and gangrene, particularly in the feet. The ultimate cause of the microvascular and neuropathic complications is chronic hyperglycemia, and tight control of the diabetes reduces their incidence. Intracellular hyperglycemia activates the enzyme aldose reductase. This increases the formation of sorbitol in cells, which in turn reduces cellular Na^+-K^+ ATPase. In addition, intracellular glucose can be converted to so-called Amadori products, and these in turn can form advanced glycosylation end products (AGEs), which cross-link matrix proteins. This damages blood vessels. The AGEs also interfere with the leukocyte responses to infection.

Summary

- Cells of the endocrine pancreas are organized into clusters called islets of Langerhans.
- Islets of Langerhans are mainly composed of three cell types-alpha, beta and delta—that secrete glucagon, insulin, and somatostatin, respectively.
- Insulin is a peptide hormone consisting of an A-chain and a B-chain held together by disulfide bonds. The most important physiological stimulus for insulin secretion is an increased blood glucose concentration.
- Insulin reduces blood glucose levels by stimulating glucose uptake into skeletal muscle and fat cells; by stimulating the intracellular conversion of glucose to glycogen in the liver; and by inhibiting the synthesis and subsequence release of new glucose (gluconeogenesis) from the liver.
- Insulin also decreases blood levels of fatty acids and amino acids. Fatty acid levels are decreased because insulin stimulate fatty acid synthesis and promotes the storage of fatty acid in adipose tissue by inhibiting fatty acid release and breakdown.
- Insulin stimulates the accumulation of protein in most tissues of the body, thus promoting a positive nitrogen balance.
- Glucagon's primary function is to prevent a fall in blood glucose levels and together with cortisol, growth hormone, and epinephrine guard against hypoglycemia.
- Glucagon is released when blood glucose level are low, such as during fasting and starvation. However, glucagons secretion is also stimulated by an increase in blood amino acid levels that occur after a meal.
- Somatostatin and pancreatic polypeptide are secreted by the D-, F-(PP-) cells of the

endocrine pancreas respectively.

- Pancreatic somatostatin inhibits glucagon and insulin secretion in a paracrine manner, that is, it acts locally rather than being released into the general circulation.
- Pancreatic polypeptide plays an important role in absorption of food.

Key Terms

Insulin, glucagon; somatostatin; pancreatic polypeptide

Review Questions

1. Define each term

1) insulin; 2) C-peptide; 3) glucagon

2. Choose the correct answer

1) Insulin increases the entry of glucose into

(A) all tissues (B) renal tubular cells (C) the mucosa of the small intestine

(D) most neurons in the cerebral cortex (E) skeletal muscle

2) Which of the following are incorrectly paired?

(A) B cells: insulin (B) D cells: somatostatin (C) A cells: glucagon

(D) D1: vasoactive intestinal peptide (E) F cells: gastrin

3. Answer the following questions

1) Name the two major cell types of the islets of Langerhans, and indicate the hormonal product of each.

2) Decribe the mechanism whereby insulin stimulates glucose uptake into cells.

3) Describe the physiological effects of insulin and glucagons.

（陈文芳）

参考文献(References)

姚泰. 2003. 生理学. 6 版. 北京：人民卫生出版社.

朱大年. 2008. 生理学. 7 版. 北京：人民卫生出版社.

Ganong W F. 2005. Review of Medical Physiology. 22th ed. New York: McGraw-Hill Companies

Rhoades R, Pflanzer R. 1996. Human Physiology. 3rd ed. Philadephia: Saunders College Publishing

Silverthorn D U. 2009. Human Physiology. 4th ed. San Francisco: Pearson Education, Inc

第十二章　生　　殖
Chapter 12　Reproduction

Chapter Outline

- Male reproductive physiology
  - —Spermatogenesis of testes
  - —Endocrine function of testes
  - —The regulation of testes functions
- Female reproductive physiology
  - —Oogenesis of ovaries
  - —Endocrine function of ovaries
  - —Ovarian cycle and its control
  - —Pregnancy

生物体生长发育成熟后，能够产生与自己相似的子代个体，这种功能称为生殖(reproduction)，它是维持生物绵延和繁殖种系的重要生命活动。高等动物的生殖是通过两性生殖器官的活动实现的。生殖过程包括生殖细胞的形成过程、交配和受精过程以及胚胎发育等重要环节。本章主要学习精子和卵子的生成和发育过程及调节因素。同时简单介绍妊娠与分娩等生理过程。

第一节　男性生殖
Section 1　Male Reproductive Physiology

Section Outline

- Spermatogenesis of testes
  - —The process of spermatogenesis
  - —The transport of sperms and ejaculation
- Endocrine functions of testes
  - —Androgens:metabolism and physiological functions
  - —Inhibin
- The regulation of testes functions
  - —Control of testes functions by hypothalamus and pituitary
  - —Feedback regulation of testes hormones
  - —Local regulation of testes functions

男性生殖系统由睾丸、生殖管道(附睾、输精管、射精管、尿道)、附属腺(前列腺、精囊、尿道球腺)以及外生殖器组成(图 12-1A)。男性生殖功能主要包括睾丸的生精作用和内分泌功能、性行为与性反应等。

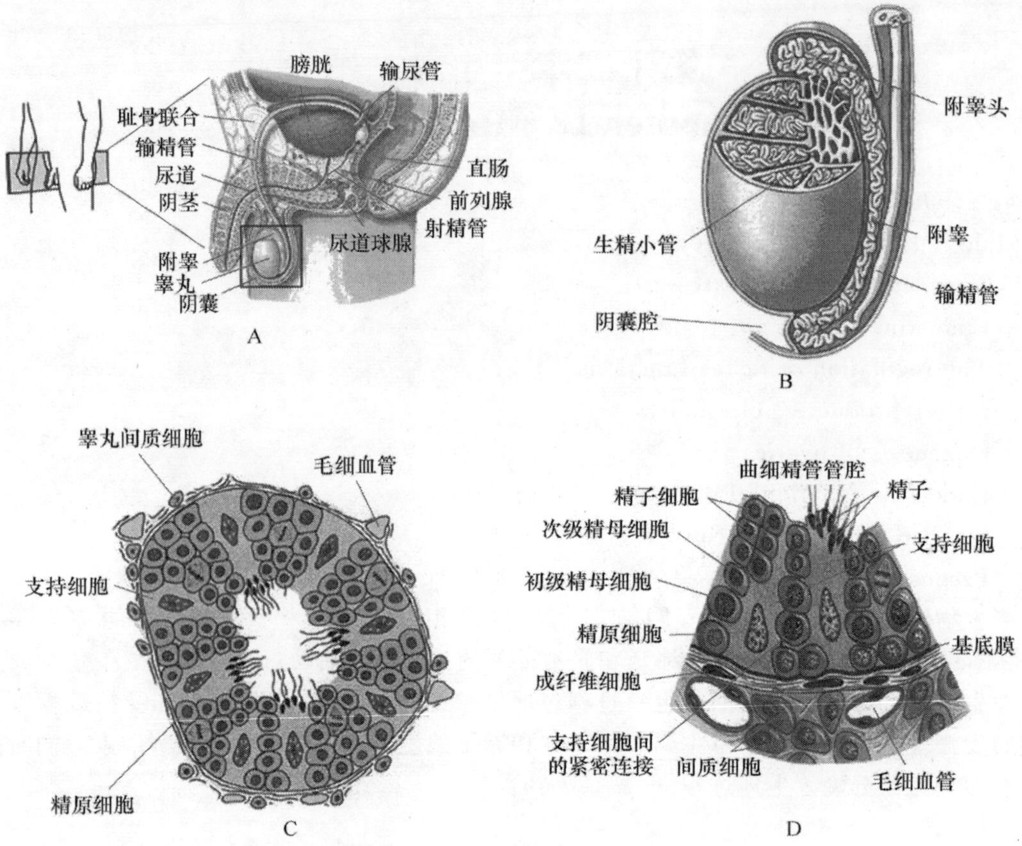

图 12-1　男性生殖系统、睾丸曲细精管上皮和间质细胞

一、睾丸的生精作用(Spermatogenesis of Testes)

(一) 精子的生成过程(the process of spermatogenesis)

睾丸(testes)由曲细精管(seminiferous tubules)(图 12-1B)和间质细胞(interstitial cells or Leydig cells)组成。曲细精管上皮又由生精细胞(spermatogenetic cells)和支持细胞(Sertoli cells)构成(图 12-1C)。原始的生精细胞为精原细胞(spermatogonia),紧贴于曲细精管的基膜上,从青春期(puberty)开始,精原细胞分阶段发育形成精子。在曲细精管的管壁中,各种不同发育阶段的生精细胞是顺次排列的,由基膜至管腔,分别为精原细胞、初级精母细胞(primary spermatocytes)、次级精母细胞(secondary spermatocytes)、精子细胞(spermatids)、分化中的精子,直至发育成为成熟的精子(mature sperms or spermatozoa),脱离支持细胞进入管腔(图 12-1D)。从精原细胞发育成为精子约需两个半月。

精子生成需要适宜的温度。阴囊内温度较腹腔内温度低 2～3℃,适于精子的生成。在胚胎发育期间,由于某种原因睾丸不降入阴囊而停留在腹腔内或腹股沟内,称隐睾症,患者曲细精管不能正常发育,也无精子产生,但睾酮分泌不受影响。

支持细胞呈不规则锥体形，基部紧贴基膜，顶部伸达管腔，侧面和腔面有许多不规则凹陷，其内镶嵌着各级生精细胞，为各级生殖细胞提供营养(图 12-1D)，并起着支持和保护的作用。相邻支持细胞侧面近基部的胞膜形成紧密连接(tight junction)(图 12-1D)，它与间质的血管及其内皮、结缔组织、生精上皮基膜一起，构成血—睾屏障(blood-testis barrier)，可阻止某些物质进出曲细精管，形成并维持有利于精子发生的微环境，还能防止精子的抗原物质逸出曲细精管外而发生自体免疫反应。

精子在形成过程中丢失了大部分细胞器，没有核糖体、粗面内质网及高尔基复合体，且核高度浓缩、变长。在显微镜下观察，精子形如蝌蚪，分头尾两部分(图 12-2)。新生的精子本身没有运动能力，需要被输送到附睾进一步发育成熟。

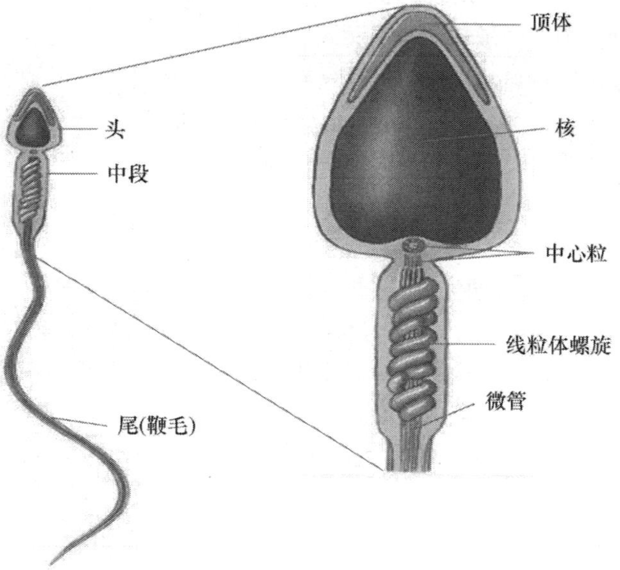

图 12-2 精子的结构

（二）精子的运输和射精(the transport of sperms and ejaculation)

新生的精子进入曲细精管的管腔后，主要靠小管外周肌样细胞的收缩以及管腔液的移动而被运送至附睾(epididymis)，在附睾内精子进一步成熟，并获得运动能力。附睾内可储存少量的精子，大量的精子则储存于输精管(vas deferens)及其壶腹部。在性活动中，通过输精管的蠕动，把精子运送至尿道(urethra)。精子和附睾、精囊腺(seminal vesicle gland)、前列腺(prostate gland)和尿道球腺(bulbo-urethral gland)的分泌物混合形成精液(semen)，在性高潮时排出体外。正常男子每次射出精液约 3～6mL。每毫升精液约含二千万到四亿个精子，少于二千万精子，不易使卵子受孕。

二、睾丸的内分泌功能(Endocrine Function of Testes)

睾丸间质细胞(Leydig)分泌雄激素，主要是睾酮(testosterone)，睾丸支持细胞(Sertoli)分泌抑制素(inhibin)。

（一）雄激素(androgen)

1. 睾酮的合成和代谢(synthesis & metabolism of testosterone)

睾酮是C-19类固醇激素。在间质细胞内，胆固醇经羟化、侧链裂解形成孕烯醇酮，再经17-羟化并脱去侧链形成睾酮。睾酮在某些靶器官（如附睾和前列腺）内，被5α-还原酶还原为双氢睾酮(dihydrotestosterone，DHT)，再与靶细胞内的受体结合而发挥作用。睾酮也可在芳香化酶的作用下转变为雌二醇(estradiol)。睾酮主要在靶器官组织中降解，其代谢产物随尿液排除，少量经粪便排出。

正常男性在20～50岁，睾丸每日约分泌4～9mg睾酮。血浆睾酮浓度为22.7±4.3nmol/L。50岁以上随年龄增长，睾酮的分泌量逐渐减少。成年男子血浆中睾酮水平呈现年节律、日节律及脉冲式分泌，但个体差异较大。

血液中98%的睾酮与血浆蛋白结合，只有2%是游离的。在血浆中，一部分(30%)睾酮与性激素结合蛋白(sex hormone-binding globulin，SHBG)结合，而另一部分(68%)与白蛋白结合。睾酮主要在肝内被灭活，以17-氧类固醇结合型由尿排出，少量经粪便排出。

2. 睾酮的生理作用(physiological functions of testosterone)

①维持生精作用：睾酮自间质细胞分泌后，可扩散进入支持细胞并转变为活性更强的双氢睾酮。在卵泡刺激素(follicle-stimulating hormone，FSH)的作用下，支持细胞可产生一种对睾酮和双氢睾酮亲和性都很强的蛋白质，称为雄激素结合蛋白(androgen binding protein，ABP)，ABP与睾酮和双氢睾酮结合后，转运至曲细精管，提高雄激素在曲细精管的局部浓度，有利于生精过程；②刺激生殖器官的生长发育，促进男性副性征出现并维持其正常状态；③维持正常的性欲；④促进蛋白质合成，特别是肌肉和生殖器官的蛋白质合成，同时还能促进骨骼生长与钙磷沉积和红细胞生成等。

（二）抑制素(Inhibin)

抑制素是睾丸支持细胞分泌的糖蛋白激素，相对分子质量为31000～32000Da，由α和β两个亚单位组成，它与激活素(activins)共同属于转化生长因子β(transforming growth factor-β)多肽蛋白调控家族。生理剂量的抑制素对腺垂体FSH的分泌有很强的抑制作用，而对黄体生成素(luteinizing hormone，LH)的分泌却无明显的影响。

三、睾丸功能的调节(The Regulation of Testes Functions)

睾丸的生精作用和内分泌功能均受到下丘脑-垂体的调节，而睾丸分泌的激素又能反馈调节下丘脑-垂体的分泌活动，它们在功能上互相联系，互相影响，称为下丘脑-垂体-睾丸轴(hypothalamus-pituitary-testes axis)(图12-3)。此外，睾丸还存在复杂的局部调节机制。

（一）下丘脑-垂体对睾丸活动的调节(control of testes functions by hypothalamus and pituitary)

下丘脑通过释放促性腺激素释放激素(gonadotropin releasing hormone，GnRH)，调

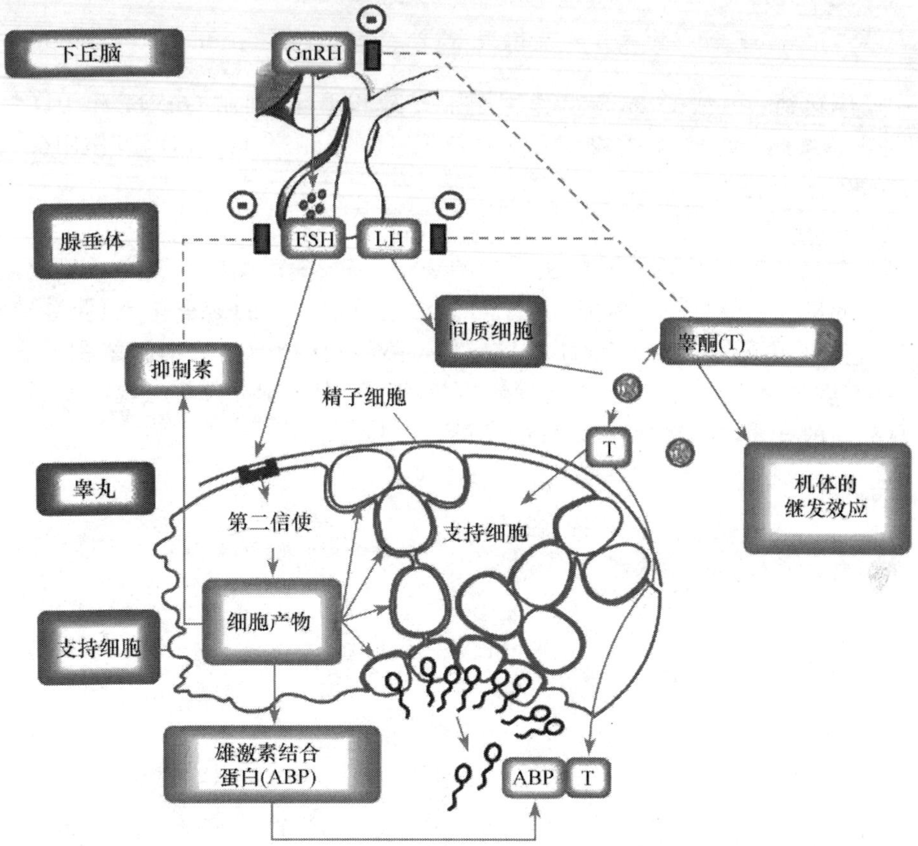

图 12-3 下丘脑-垂体-睾丸轴活动的调节

控腺垂体合成和分泌 LH 和 FSH，影响睾丸的功能。LH 主要作用于间质细胞，FSH 主要作用于生精细胞和支持细胞。

1. 垂体对睾酮分泌的调控(control of testosterone secretion by anterior pituitary)

LH 促进间质细胞合成与分泌睾酮，所以 LH 又称间质细胞刺激素(interstitial cell stimulating hormone，ICSH)。LH 与间质细胞膜上的 LH 受体结合后，激活腺苷酸环化酶，使细胞内 cAMP 增加，进而激活依赖 cAMP 的蛋白激酶，促进睾酮合成酶体系的磷酸化，加速睾酮的合成。

2. 垂体对精子生成的调控(control of spermatogenesis by anterior pituitary)

LH 与 FSH 对生精过程都有调节作用，LH 的作用是通过睾酮实现的。大鼠实验表明，如果生精过程已经开始，只要给予适量的睾酮，生精过程便可维持；如果生精过程尚未开始，或因某种原因中断，仅有睾酮则难以使生精过程启动或恢复，该过程必须有 FSH 的作用。可见 FSH 对生精过程有始动作用，而睾酮则有维持生精的作用。FSH 与支持细胞上的 FSH 受体结合后，经 cAMP-蛋白激酶系统，促进支持细胞上蛋白质的合成，这些蛋白质中，可能有启动精子生成的成分。此外，生精过程需要曲细精管内存在高浓度的睾酮，睾酮可能刺激精原细胞的形成和精母细胞的第二次减数分裂(meiotic division)，导致精子细胞的出现。

(二) 睾丸激素对下丘脑-垂体的反馈调节(feedback regulation of testes hormones)

血中睾酮达到一定浓度后,便可作用于下丘脑和垂体,抑制 GnRH 和 LH 的分泌。FSH 促进支持细胞分泌抑制素,抑制素对垂体 FSH 的分泌有负反馈调节作用(图 12-3)。

(三) 睾丸内的局部调节(local regulation of testes functions)

近年的实验研究表明,在支持细胞与生精细胞之间、间质细胞与支持细胞之间,存在着错综复杂的局部调节机制。例如,FSH 可激活支持细胞内的芳香化酶,促进睾酮转变为雌二醇,它可降低腺垂体对 GnRH 的反应性,并能直接抑制间质细胞睾酮的合成。此外,睾丸可产生多种肽类、GnRH、胰岛素样生长因子及白细胞介素等,这些物质可能以旁分泌或自分泌的方式,在局部调节睾丸的功能。

Clinical Note

Adiposogenital Syndrome

A disease characterized by abnormal distribution of fat(obesity) accompanied by underdevelopment of the genitalia. The condition is caused by damage to certain parts of the hypothalamus, with a decrease in the secretion of gonadotropic hormones from the anterior lobe of the pituitary gland. Treatment depends on the primary cause of the condition, usually a tumor or infection involving the hypothalamus. Called also Fröhlich's syndrome.

Summary

- Spermatogenesis takes place in seminiferous tubules of the testes.
- During spermatogenesis, germ cells undergo a series of division and differentiate from spermatogonia into mature spermatozoa.
- The Sertoli cells, which form a protective blood-testes barrier around the seminiferous tubules, ensure that the sperms develop in a protected environment.
- Sperms mature in the epididymis and are stored in the vas deferens.
- The seminal vesicles, prostate glands, and bulbo-urethral gland contribute important fluids that nourish sperms and add volume to the ejaculate.
- Neuroendocrine control of reproduction in the male involves the secretion of gonadotropin-releasing hormone (GnRH) from the hypothalamus, which in turn stimulates the release of luteinizing hormone(LH) and follicle-stimulating hormone (FSH) from the pituitary.
- LH stimulates the Leydig cells of the testes to secrete testosterone. FSH simulates spermatogenesis in the testes. Release of GnRH, LH and FSH is controlled through feedback loops involving both testosterone and inhibin.

• Testosterone stimulates the onset of puberty and promotes spermatogenesis in the testes.

Key Terms

Reproduction; testosterone; inhibin; blood-testes barrier; androgen-binding proteins (ABP)

Review Questions

(1) What do Sertoli cells secrete? What do Leydig cells secrete?

(2) Explain why the use of exogenous anabolic steroids migh shrink a man's testes and make him temporarily infertile.

第二节 女性生殖
Section 2 Female Reproductive Physiology

Section Outline

- Oogenesis of ovaries
  - —The process of follicle maturation
  - —Ovulation and formation of corpus luteum
- Endocrine function of ovaries
  - —Synthesis and metabolism of estrogen & progesterone
  - —Functions of estrogen & progesterone
- Ovarian cycle and its control
  - —Follicular phase
  - —Luteal phase
- Pregnancy
  - —Fertilization
  - —Implantation
  - —Maintenance and hormonal control of pregnancy
  - —Parturition

女性生殖系统包括卵巢(ovaries)、输卵管(uterine tubes)、子宫(uterus)、阴道(vagina)及外阴等。女性生殖功能主要包括卵巢的产卵作用与内分泌功能、妊娠和分娩等。

一、卵巢的产卵作用(Oogenesis of Ovaries)

(一) 卵泡的发育过程(the process of follicle maturation)

卵泡(follicle)由卵母细胞(oocyte)和卵泡细胞(follicular cell)组成。出生后,两侧卵巢中有30万~40万个原始卵泡(primordial follicle),青春期减至4万个。自青春期起,一般每月有15~20个卵泡开始生长发育,但通常只有1个卵泡发育成优势卵泡并成熟,排出其中的卵细胞,其余的卵泡退化为闭锁卵泡。

原始卵泡是由 1 个初级卵母细胞(primary oocyte)和包围它的单层卵泡细胞构成。随着卵泡的发育,卵母细胞逐渐增大,卵泡细胞不断增殖,由单层变为多层的颗粒细胞(granulosa cell),出现卵泡细胞腔和卵泡液,并停留在分裂前期,直到卵泡排卵前才完成第一次成熟分裂。原始卵泡经历初级卵泡、次级卵泡(secondary follicle)两个发育阶段,最后才成为成熟卵泡(图 12-4)。

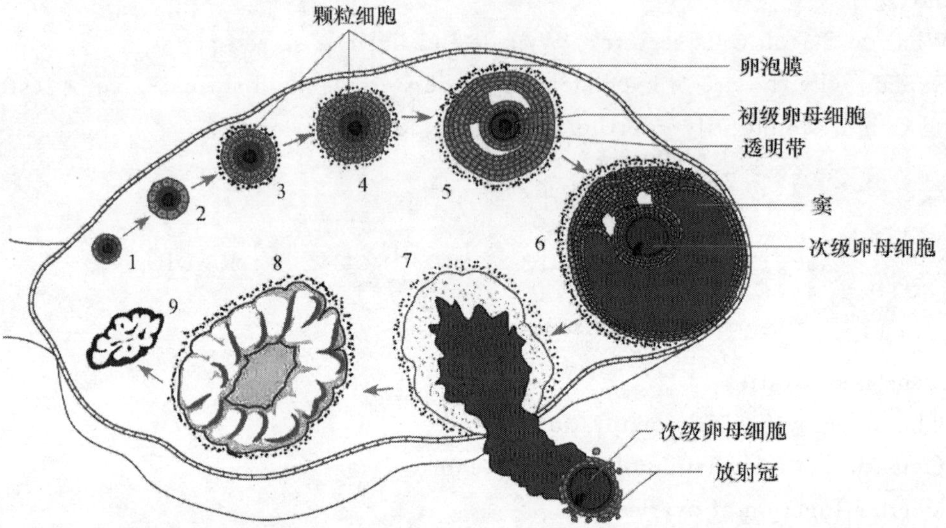

图 12-4 卵泡的发育成熟过程

(二) 排卵与黄体的形成(ovulation and formation of corpus luteum)

成熟卵泡壁发生破裂,卵细胞、透明带与放射冠随同卵泡液排出卵泡,称为排卵(ovulation)。卵细胞排后,残余的卵泡壁内陷,血管破裂,血液进入腔内凝固,形成血体。血液被吸收后,大量新生血管长入,血体转变为一个血管丰富的内分泌细胞团,外观呈黄色,故称为黄体(corpus luteum)。在 LH 作用下,黄体细胞分泌大量的雌激素和孕激素。

女子在生育年龄,卵泡的生长发育、排卵与黄体形成呈现周期性变化,每月一次,周而复始,称为卵巢周期(ovarian cycle)。在卵巢激素的作用下,子宫内膜发生周期性剥脱,产生流血现象,称为月经(menstruation)。所以女性生殖周期又称为月经周期(menstrual cycle)。

二、卵巢的内分泌功能(Endocrine Function of Ovaries)

卵巢分泌的雌激素(estrogen)主要为雌二醇(estradiol),孕激素主要为孕酮(progesterone)。卵巢还分泌少量的雄激素。另外,卵巢的颗粒细胞也能分泌抑制素。

(一) 雌激素和孕激素的合成与代谢(Synthesis and Metabolism of Estrogen & Progesterone)

卵巢在排卵前由卵泡分泌雌激素,在排卵后由黄体分泌孕激素和雌激素。

一般认为，卵泡的内膜细胞和颗粒细胞共同参与雌激素的合成，称为雌激素合成的双重细胞学说（图 12-5）。内膜细胞在 LH 的作用下产生雄激素（雄烯二酮），通过扩散转运至颗粒细胞，在 FSH 作用下增强颗粒细胞内芳香化酶的活性，从而把雄激素转变为雌激素。排卵后，黄体细胞合成大量的孕激素，也能分泌较多的雌激素。

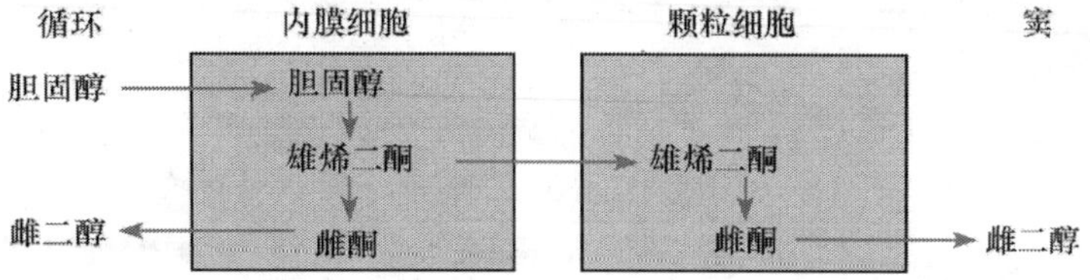

图 12-5　雌激素合成的双重细胞学说

在月经周期中，血中雌激素和孕激素呈周期性波动。雌激素浓度随卵泡的发育而升高，在排卵前一周左右，卵泡分泌的雌激素明显增多，血中的含量迅速上升，至排卵前一天达顶峰，旋即下降，而在黄体期的雌激素再次升高。所以，在月经周期中，雌激素浓度形成两次高峰，但黄体期的雌激素高峰较卵泡期低。血中孕激素浓度在卵泡期一直很低，排卵后随着黄体的形成和发育，在排卵后 5～10 天出现高峰，以后降低。

血中 70％雌二醇与血浆中的 SHBG 结合，25％与血浆白蛋白结合，其余为游离型；孕酮在血中约有 48％与 CBG 结合，50％与血浆白蛋白结合，其余为游离型。雌二醇和孕酮主要在肝中降解，雌三醇是雌二醇的主要代谢产物，而孕二醇是孕酮的主要降解产物。这些代谢产物与葡萄糖醛酸或硫酸结合，随尿粪排出体外。

（二）雌激素和孕激素的生理作用（Functions of Estrogen & Progesterone）

1. 雌激素（estrogen）

雌激素主要促进女性生殖器官的发育和副性征的出现，并维持在正常状态，此外，它对代谢也有明显的影响。

（1）对生殖器官的作用（Effect of estrogen on reproductive organs）　①雌激素可协同 FSH 促进卵泡发育，诱导排卵前 LH 峰的出现，从而促进排卵；②促使输卵管上皮细胞增生，增强输卵管的分泌和运动，有利于精子和卵子的运行；③促进子宫发育，子宫内膜发生增生期的变化，使子宫颈分泌大量清亮、稀薄的黏液，其中的黏蛋白纵行排列，有利于精子的穿行。雌激素也促进子宫肌的增生，使肌细胞内肌纤蛋白和肌动蛋白的含量增加。分娩前，雌激素能增强子宫肌的兴奋性，提高子宫肌对催产素（oxytocin）的敏感性；④使阴道黏膜细胞增生，糖原含量增加，表浅细胞角化，黏膜增厚并出现皱折。糖原分解使阴道呈酸性（pH 4～5），有利于阴道乳酸杆菌的生长，从而排斥其他微生物的繁殖，所以雌激素能增强阴道的抵抗力。

（2）对乳腺和副性征的影响（Estrogen influence breast and secondary sex characteristics）　雌激素刺激乳腺导管和结缔组织增生，促进乳腺发育，并使全身脂肪和毛发分布具有女性特征，例如音调较高，骨盆宽大，臀部肥厚。

（3）对代谢的作用（Effect of estrogen on metabolism）　雌激素对代谢的作用比较广

泛，主要有：①刺激成骨细胞的活动，而抑制破骨细胞的活动，加速骨的生长，促进钙盐沉积，并能促进骨骺软骨的愈合，因而在青春期早期女孩的生长较男孩快，而最终身高反而较矮；②可降低血胆固醇和β脂蛋白含量，所以雌激素是抗动脉硬化的重要因素之一；③可使体液向组织间隙转移，由于血容量减少而引起醛固酮分泌，促进肾小管对水和钠的重吸收，从而导致水钠潴留。

2. 孕激素(progesterone)

孕激素主要作用于子宫内膜和子宫肌，适应孕卵着床和维持妊娠。由于孕酮受体含量受雌激素调节，所以孕酮的绝大部分作用都必须在雌激素作用的基础上才能发挥。

(1) 对子宫的作用(Effect of progesterone on uterus) 孕酮促使在雌激素作用下增生的子宫内膜进一步增厚，并发生分泌期的变化，有利于孕卵着床前在子宫腔的生存和着床。着床后，孕酮促进子宫基质细胞转化为蜕膜细胞，其胞浆富含较多的糖原颗粒、肽类和脂类，可为胚泡(blastocyst)提供丰富的营养物质和促进胚泡生长的活性物质。另外，孕酮可使子宫肌细胞膜发生超极化，兴奋性降低，并使子宫肌对催产素的敏感性降低，从而抑制子宫收缩，并可抑制母体对胎儿的排斥反应，防止将胚胎排出子宫。孕酮还可使宫颈黏液减少而变稠，黏蛋白分子弯曲，交织成网，使精子难以通过。

(2) 对乳腺的作用(Effect of progesterone on bresast) 在雌激素作用的基础上，孕激素主要促进乳腺腺泡的发育，并在妊娠后期为泌乳作好准备。

(3) 产热作用(Thermogenic effect) 女性基础体温在排卵前先出现短暂降低，而在排卵后升高0.5℃左右，并在黄体期一直维持在此水平。临床上常将这一基础体温的双相变化，作为判断排卵的标志之一。妇女在绝经(menopause)或卵巢切除后，这种双相的体温变化消失，如果注射孕酮则可引起基础体温升高，因此认为基础体温的升高与孕酮作用于下丘脑体温调节中枢有关。

3. 雄激素(androgen)

女子体内有少量的雄激素，是由卵泡内膜细胞和肾上腺皮质网状带细胞产生。适量的雄激素配合雌激素可刺激阴毛及腋毛的生长，并能增强女子的性欲，维持性快感。女子雄激素过多时，可引起男性化与多毛症。

三、卵巢周期及其调节(Ovarian Cycle and Its Control)

卵巢的周期性活动受到下丘脑-垂体的调控，而卵巢分泌的激素一方面使子宫内膜发生周期性的变化，同时对下丘脑-垂体进行反馈调节。

在青春期前，卵巢激素的分泌量虽然不大，但由于下丘脑的GnRH神经元对卵巢激素的反馈抑制作用比较敏感，而且GnRH神经元尚未发育成熟，所以腺垂体卵泡生成素(Follicle-stimulating hormone FSH)与LH的分泌以及卵巢的功能也相应处于低水平状态。至青春期，下丘脑GnRH神经元发育成熟，对卵巢激素反馈作用的敏感性也明显降低，GnRH分泌增加，FSH和LH的分泌也随之增加，卵巢功能开始活跃，呈现周期性的变化(卵巢周期)。习惯上将卵巢周期分为卵泡期(follicular phase)和黄体期(luteal phase)。在一个月经周期中，血液中的GnRH、FSH、LH以及卵巢激素的水平发生周期性的变化。

（一）卵泡期(follicular phase)

在卵泡发育的不同阶段,影响和调控因素是不同的。原始卵泡发育到初级卵泡的早期,不受垂体促性腺激素的控制,其发育取决于卵泡本身的内在因素。到初级卵泡发育的晚期,颗粒细胞上出现了 FSH 受体,内膜细胞上出现了 LH 受体,并随卵泡发育成熟,颗粒细胞和内膜细胞上的 LH 受体不断增加。从初级卵泡后期直到排卵,都受垂体促性腺激素和卵巢激素的调控。

卵泡期开始时,血中雌激素与孕激素的浓度均处于低水平,对垂体 FSH 和 LH 分泌的反馈作用较弱,血中 FSH 含量逐渐增高,随之 LH 也有所增加。排卵前一周左右,卵泡分泌的雌激素明显增多,血中的浓度迅速上升,而血中 FSH 水平有所下降。这是由于增加的雌激素和颗粒细胞分泌的抑制素对垂体 FSH 的分泌发挥负反馈抑制作用。虽然血中 FSH 浓度暂时处于低水平,但雌激素并不因此减少,反而持续增加,其原因是雌激素可加强内膜细胞的分化和生长,使 LH 受体数量增加,从而加强雄激素的合成。较多的雄激素扩散到颗粒细胞,促进芳香化酶的作用,使雄激素转变为雌激素的速率加快。

至排卵前一天左右,血中雌激素浓度达到顶峰,在其作用下,下丘脑增强 GnRH 的分泌,GnRH 经垂体门脉系统转运至腺垂体,刺激 LH 与 FSH 分泌,以 LH 的分泌增加最为明显,形成 LH 高峰(LH surge)。若事先用抗雌激素血清处理动物,则 LH 峰不再出现,说明 LH 峰是由雌激素高峰所诱导出现的,雌激素这种促进 LH 大量分泌的作用,称为雌激素的正反馈(positive feedback)效应。

在 LH 峰出现前,卵母细胞已基本发育成熟,但由于包围卵母细胞的颗粒细胞分泌一种卵母细胞成熟抑制因子(oocyte maturation inhibitor,OMI),使卵母细胞成熟分裂中断于前期。LH 峰出现的瞬间,高浓度的 LH 立即抵消 OMI 的抑制作用,卵母细胞恢复中断了的成熟分裂。成熟卵泡向卵巢表面突出,形成透明的卵泡小斑。LH 在孕酮的配合下,使卵泡壁溶解酶(如纤溶酶与胶原酶等)活性增加,导致卵泡壁融化和松解。此外,LH 又可使卵泡分泌前列腺素,后者促使卵泡壁肌样细胞收缩,于是卵细胞和附着的透明带、放射冠从破裂的卵泡壁处被排入腹腔,排出的卵子立即被输卵管伞捕获,并送入输卵管。LH 峰是排卵所必需,消除内源 LH 峰(如用大剂量的孕酮),则排卵被抑制,而注射外源 LH 则能诱发排卵,可见 LH 峰是控制排卵发生的关键性因素。

在卵泡期,子宫内膜(endometrium of uterus)也发生相应的变化,主要表现为内膜增厚,腺体增多并变长,此期称为增生期(proliferative phase)。

（二）黄体期(luteal phase)

在黄体期,黄体细胞分泌大量的孕激素和雌激素,血中孕酮和雌二醇的浓度因而明显升高。雌激素能增加黄体细胞上 LH 受体的数量,有利于 LH 促进孕酮的分泌,使孕酮维持于较高的水平。黄体期高浓度的孕激素和雌激素可抑制下丘脑 GnRH 和腺垂体 FSH 与 LH 的分泌。

(三) 分泌期(secretory phase)

子宫内膜在雌激素作用的基础上又接受孕激素的刺激,内膜细胞体积增大,糖原含量增加,腺管由直变弯,分泌含糖原的黏液,故称分泌期(secretory phase),一切为妊娠做好准备。黄体的寿命为12~15天,若不受孕,黄体即退化,血中孕激素和雌激素浓度明显下降,子宫内膜血管发生痉挛性收缩,随后出现子宫内膜脱落与流血,出现月经。雌激素和孕激素分泌减少,使腺垂体FSH和LH的分泌又开始增加,重复另一周期。

一个月经周期中卵泡和相关激素的变化见图12-6。

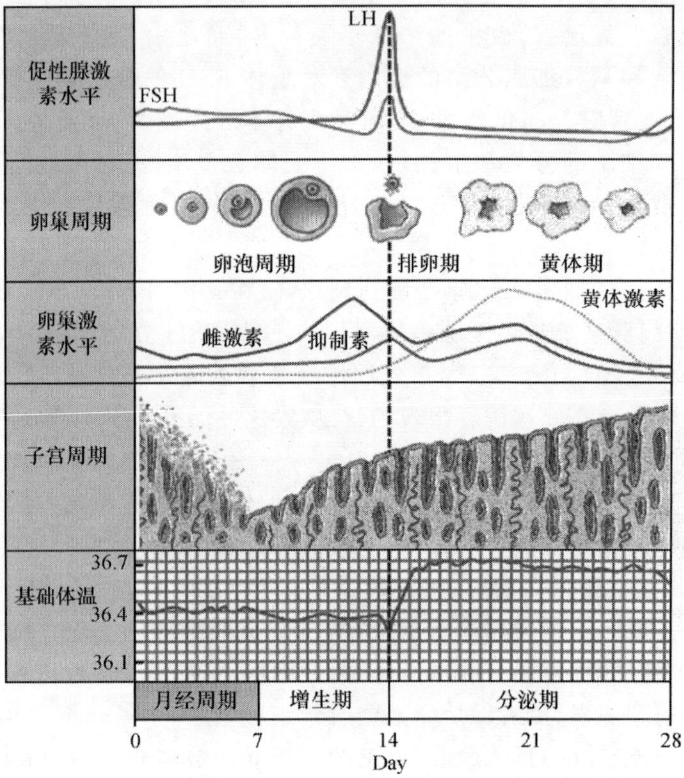

图12-6 月经周期中卵泡和相关激素的变化

四、妊娠(Pregnancy)

妊娠是新个体产生的过程,包括受精(fertilization)与着床(implantation)、妊娠(pregnancy)的维持、胎儿的生长以及分娩(parturition)。

(一) 受精(fertilization)

精子射出后是经阴道、子宫颈、子宫腔才能到达输卵管,精子和卵子在输卵管壶腹部相遇。精子穿入卵细胞使二者互相融合,称受精(fertilization)。

射入阴道的精子进入输卵管与卵子相遇的过程比较复杂,精子的运行不完全依靠本身的运动，子宫颈、子宫腔和输卵管对精子的运行都起到一定的作用。精液射入阴道后穹窿后，很快(约 1min)就变成胶冻样物质，使精液不易流出体外，并暂时保护精子免受酸性阴道液的破坏。但是，阴道内的精子绝大部分被阴道内的酶杀伤失去活力，存活的精子随后又遇到宫颈黏液的拦截。月经中期在雌激素的作用下，宫颈黏液清亮、稀薄，其中的黏液蛋白纵行排列成行，有利于精子的穿行，而黄体期在孕激素的作用下，宫颈黏液变得黏稠，黏液蛋白卷曲，交织成网，使精子难于通过。总之，宫颈作为精子在女性生殖道内要通过的第一个关口，它在排卵时，为精子的穿行提供了最优越的条件。一部分精子靠本身的运动及射精后引起的子宫收缩进入子宫腔。精液中含有很高浓度的前列腺素(prostaglandin)，可刺激子宫发生收缩，收缩后的松弛造成宫腔内负压，可把精子吸入宫腔。精子进入输卵管后，在其中的运行主要受输卵管蠕动的影响。月经中期在雌激素的作用下，输卵管的蠕动由子宫向卵巢方向移行，推动精子由峡部运行至壶腹部。黄体期分泌的大量孕酮能抑制输卵管的蠕动。一次射精虽能排出数以亿计的精子，但最后能到达受精部位的只有 15～50 个精子，到达的时间约在性交后 30～90min。精子在女性生殖道内的受精能力大约只能保持 48 小时。

人类和大多数哺乳动物，精子必须在雌性生殖道内停留一段时间，方能获得使卵子受精的能力，称为精子获能(capacitation)。精子经过在附睾的发育，已经具备了受精能力，但在附睾与精浆中存在去获能因子，它与精子结合后，妨碍精子和卵子的识别，阻止顶体反应的发生。当精子进入雌性生殖道后，去获能因子可被去除，从而使精子恢复受精的能力。获能的主要场所是子宫，其次是输卵管。

精子与卵子在输卵管壶腹部相遇后尚不能立即结合，精子的顶体外膜与头部的细胞膜首先融合，继之破裂，形成许多小孔，释放出顶体酶，以溶解卵子外周的放射冠及透明带，这一过程称为顶体反应(acrosome reaction)。顶体酶包含多种蛋白水解酶，如放射冠穿透酶可使放射冠的颗粒细胞松解，脱离卵细胞外围。颗粒细胞脱落后，在透明带周围仍残存一层放射冠基质，可在透明质酸酶的作用下，基质被分解，使透明带暴露出来。透明带为糖蛋白，在顶体蛋白酶的作用下，使透明带发生部分水解，促使精子能突破透明带的一个局限区进入卵细胞内。有一个精子穿透越透明带后，精子与卵细胞膜接触，激发卵细胞发生反应，主要是位于卵细胞周边部的皮质颗粒包膜与卵细胞膜逐渐融合、破裂，并向卵周隙释放其内容物，作用于透明带，可能起封锁透明带的作用，从而使其他的精子难以再穿越透明带进入卵细胞内。精子进入卵细胞后立即激发卵细胞完成第二次成熟分裂，并形成第二极体。进入卵细胞的精子，其尾部迅速退化，细胞核膨大形成雄性原核，随即与雌性原核融合，形成一个具有 46 条染色体的受精卵。

受精卵在输卵管的蠕动和纤毛的作用下，逐渐运行至子宫腔。受精卵在运行途中，一面移动，一面进行细胞分裂，经胚球和桑椹期阶段，发育为胚泡(blastocyst)。在受精后第四、五天，桑椹胚或早期胚泡进入子宫腔，桑椹胚在子宫腔内继续分裂变成胚泡。胚泡在子宫腔内停留 2～3 天，胚泡外面的透明带变薄，继而消失，胚泡可以直接从子宫内膜分泌的液体中汲取营养。

（二）着床(implantation)

着床是胚泡植入子宫内膜的过程，经过定位、黏着、穿透三个阶段。着床必须具备的条件有：①透明带必须消失；②胚泡的滋养层细胞迅速增殖分化，形成合体滋养层细胞；③胚泡与子宫内膜必须同步发育和相互配合；④体内必须有足够数量的孕激素，并在雌激素的配合下，使子宫出现一个极短的敏感期，才能接受胚泡着床。

在着床过程中，胚泡不断发出信息，使母体能识别妊娠并发生相应的反应。胚泡可产生多种激素和化学物质，如 hCG，它能刺激卵巢的月经黄体转变为妊娠黄体，继续分泌妊娠所需要的孕激素。近年发现，受精 24 小时的受精卵便可产生早孕因子(early pregnancy factor)，它能抑制母体淋巴细胞的功能，使胚泡免遭母体的排斥反应。

（三）妊娠的维持及激素调节(maintenance & hormonal control of pregnancy)

正常妊娠的维持有赖于垂体、卵巢和胎盘(placenta)分泌的各种激素的相互配合。在受精和着床之前，在腺垂体 FSH 和 LH 的控制下，卵巢黄体分泌大量的孕激素和雌激素，导致子宫内膜发生分泌期的变化，以适应妊娠的需要。如果受孕，在受精后的第六天左右，胚泡滋养层细胞便开始分泌绒毛膜促性腺激素(human chorionic gonadotropin, hCG)，以后逐渐增多，刺激卵巢的月经黄体变为妊娠黄体，继续分泌孕激素和雌激素。胎盘形成后，即成为妊娠期一个重要的内分泌器官，它能分泌大量的蛋白质激素、肽类激素和类固醇激素，以适应妊娠的需要和促进胎儿的生长发育。胎盘所分泌激素主要包括四种，即人绒毛膜促性腺激素(hCG)、人绒毛膜生长素(human chorionic somatomammotropin, hCS)、孕激素和雌激素。

1. 人绒毛膜促性腺激素(hCG)

hCG 是由胎盘绒毛组织的合体滋养层细胞分泌的一种糖蛋白激素，相对分子质量 45,000～50,000Da。hCG 分子由 α 和 β 亚单位组成，其 α 亚单位氨基酸数量与序列几乎与 LH 相同，β 亚单位的氨基酸组成也有很大部分与 LH 相同，但在 β 亚单位的羧基端约有 30 个氨基酸是独特的。因此，hCG 与 LH 的生物学作用与免疫特性基本相似。

卵子受精后第六天左右，胚泡形成滋养层细胞，开始分泌 hCG，但分泌量甚少。妊娠早期形成绒毛组织后，由合体滋养层细胞分泌大量的 hCG，而且分泌量增长很快，至妊娠 8～10 周，hCG 的分泌达到高峰，随后逐渐下降，在妊娠 20 周左右降至较低水平，并一直维持至妊娠末期。如无胎盘残留，于产后四天血中 hCG 消失。在妊娠过程中，尿中 hCG 含量的动态变化与血液相似。因为 hCG 在妊娠早期即出现，所以检测母体血中或尿中的 hCG，可作为诊断早孕的准确指标。

在早孕期，hCG 刺激卵巢黄体转变成妊娠黄体。妊娠黄体的寿命只有 10 周左右，以后便发生退缩，与此同时胎盘分泌孕激素和雌激素，逐渐接替了妊娠黄体的作用。

2. 人绒毛膜生长素(hCS)

hCS 为胎盘合体滋养层细胞分泌的单链多肽，含 191 个氨基酸残基，其中 96% 与人生长素相同，因此具有生长素的作用，可调节母体与胎儿的糖、脂肪与蛋白质代谢，促进胎儿生长。

3. 孕激素(progesterone)

胎盘合体滋养细胞可分泌孕酮。从母体进入胎盘的胆固醇，先转变为孕烯醇酮，然后再转变为孕酮。胎儿肾上腺虽能合成孕烯醇酮，但由于缺乏 3β-羟脱氢酶，故不能将孕烯醇酮转变为孕酮，而胎盘此种酶活性很强，能把来自胎儿和母体中的孕烯醇酮转变为孕酮。

在妊娠期间，母体血中孕酮的浓度随着孕期的增长而稳步上升。在妊娠 10 周以后，由胎盘代替卵巢持续分泌孕酮，血中孕酮含量迅速增加，到妊娠足月时达高峰，平均浓度可达 60nmol/L。

4. 雌激素(estrogen)

胎盘分泌的雌激素主要为雌三醇。其合成的途径是：胎儿肾上腺的脱氢异雄酮硫酸盐先在胎儿肝中羟化，形成 16α-羟脱氢异雄酮硫酸盐，然后随血液进入胎盘，在胎盘内脱去硫酸基，成为 16α-羟脱氢异雄酮，再经芳香化酶的作用，转化为雌三醇。由此可见，雌三醇是胎儿与胎盘共同参与制造的，故把二者称为胎儿-胎盘单位。检测母体血中雌三醇含量多少，可用来判断胎儿是否存活。

(四) 分娩(parturition)

成熟的胎儿及其附属物从母体子宫产出体外的过程，称为分娩。子宫的节律性收缩是将胎儿及其附属物从子宫逼出的主要力量。临产发动的机制尚不清楚，催产素、雌激素及前列腺素是调节子宫肌肉收缩的重要因素。另外，在妊娠妇女的血中可出现一种称为松弛素(relaxin)的肽类激素，它主要由卵巢的妊娠黄体分泌，但在子宫蜕膜与胎盘也能产生。松弛素的主要作用是使妊娠妇女骨盆韧带松弛，胶原纤维疏松，子宫颈松软，以利于分娩的进行。

Clinical Note

Irregularity of Menses

The quantity of estrogens produced by the ovaries must rise above a critical value if they are to be able to cause rhythmical sexual cycles. Consequently, in hypogonadism or when the gonads are secreting small quantities of estrogens as a result of other factors, such as hypothyroidism, the ovarian cycle probably will not occur normally. Instead, several months may elapse between menstrual periods or menstruation may cease altogether (amenorrhea). Prolonged ovarian cycles are frequently associated with failure of ovulation, presumably because of insufficient secretion of LH at the time of the preovulatory surge of LH, which is necessary for ovulation.

Summary

- Oogenesis begins with the growth of primary follicles in the ovary. Once each month, beginning at puberty, one of the primary follicles in the ovaries grows at a rapid rate and differentiates into a mature follicle containing an ovum.

- At midcyle, this mature follicle releases its ovum in a process termed ovulation. Following ovulation, the ovarian follicle becomes the corpus luteum.
- Neuroendocrine control of female reproduction involves the secretion of both GnRH from the hypothalamus and LH and FSH from the pituitary.
- During the follicular phase of the ovarian cycle, FSH stimulates the growth of the ovarian follicles, which in turn secrete estrogen.
- The luteal phase of the ovarian cycle, which begins following ovulation, is marked by growth of the corpus luteum in response to LH stimulation. The corpus luteum secretes both estrogen and progesterone, which in turn simulate growth and proliferation of the endometrium of the uterus.
- Estrogen, secreted first by the developing follicle and later by the corpus luteum, has a wide variety of effects on the female reproductive system and other tissues of the body.
- About every 28 days, gonadotropic hormones from the anterior pituitary gland cause new follicles to begin to grow in the ovaries. One of the follicles finally becomes "mature" and ovulates on the 14th day of the cycle. During growth of the follicles, mainly estrogen is secreted.
- After ovulation, the secretory cells of the follicle develop into a corpus tuteum that secretes large quantities of the female hormones progesterone and estrogen. After another 2 weeks, the corpus luteum degenerates, whereupon the ovarian hormones estrogen and progesterone decrease greatly and menstruation begins. A new ovarian cycle them follows.

Key Terms

Menstruation; follicle-stimulating hormone (FSH); estrogen; progesterone; corpus luteum.

Review Questions

1. Define each term

1) Inhibin; 2) Blood-testes barrier; 3) Androgen-binding proteins(ABP); 4) Corpus luteum

2. Choose the best answer

1) Sperm become motile in the:

(A) Seminiferous tubules (B) Epididymis (C) Urethra (D) Vas deferens

2) At the onset of puberty, the ovary contains the following number of follicles:

(A) 400 (B) 4,000 (C) 400,000 (D) 400,000,000

3. Answer the following questions

1) In what way are Sertoli cells important for spermatogenesis?

2) Explain why the use of exogenous anabolic steroids might shrink a man's testes and make him temporarily infertile.

3) Why is formation of the corpus luteum important for reproduction?

4) Name the phases of the ovarian cycle and the corresponding phases of the uterine cycle?

5) Describe the endocrine control of the reproductive functions both in male and female.

（董　静）

参考文献(References)

蒋正尧. 2005. 人体生理学. 北京:科学出版社

姚泰. 2005. 生理学. 北京:人民卫生出版社

朱大年. 2008. 生理学. 7版,北京:人民卫生出版社

Ganong W F. 2005. Review of medical Physiology. 22nd ed. Stamford:the McGraw-Hill Companies

Silverthorn D U. 2009. Human Physiology. 4th ed. San Francisco:Pearson Education Inc

索　引